시장시스템들의 붕괴와 대변환

최배근

집문당

머리말

이행기의 세계경제

우리는 지난 2세기 이상 인류세계의 발전을 주도해왔던 시장시스템들의 몰락을 목도하고 있다. 이른바 '다보스 포럼'이라 불리는 '2012 세계경제포럼(WEF)'에서 '거대한 변환: 새로운 모델 만들기(The Great Transformation: Shaping New Models)'라는 주제를 내걸고 '자본주의 실패'에 대한 논쟁이 벌어진 이유다. 그러나 시의적절한 주제의 설정에도 불구하고 다보스 포럼은 성과를 만들어내지 못했다. 무엇보다 글로벌 금융위기의 본질에 대한 이해가 충분하지 못했기 때문이다. 이해를 하고 있는 일부조차도 구체적인 방안을 제시하지 못하는 것은 기존의 지적 체계나 과거의 패러다임으로 바라보기 때문이다. 2007년 발생한 금융위기는 자본주의 역사 속에 주기적으로 발생했던 과거의 금융위기와는 다르다. 그것은 규모의 차이가 아니라 발생 원인에서 근본적인 차이를 갖고 있다. 현재 인류세계는 자본주에서 새로운 시대로의 이행기에 진입하고 있다. 15세기 전후로부터 18세기 중반까지 자본주의 이행기를 거쳐 산업화와 자본주의 시대로 진입했듯이, 훗날 역사가들은 적어도 1970년대를 새로운 시대로의 이행기의 출발점이라고 부를 것이다. 영국 산업화의 시점인 1770년대부터 약 200년간 세계경제는 시장시스템에 기초해 새로운 시대를 만들어냈다. 무엇보다 시장시스템들은 산업화를 성공적으로 만들어냄으로써 이전 시기와는 비교가 되지 않을 정도로 소득을 비약적으로 증대시켰다. 이를 기반으로 1960년 전후 서구 사회는 경제성장과 민주주의의 병행 발전을 이룰 수 있었다. 자본주의와 민주주의가 함께 발전할 수 있었던 것은 자본주의가 가치 창출에서 성공적 역할을 수행할 수 있었기 때문이다. 이러한 성과는 각국의 고유한 유산을 반영한 독자적인 시장시스템들에 기초한 것이었다. 영·미형 자기조정 시장시스템이나 일본형의 네트워크 시장시스템 등이 그것들이다.

그러나 산업화가 일단락되면서 인류세계는 새로운 단계로 진화해야 하는 과제에 직면했다. 1960년대 말 미국을 필두로 70년대까지 선진국들은 산업화를 완료하였다. 인류세계가 적어도 1770년대부터 산업화 시대로 확실히 진입했지만, 그 이전 약 200년간 이행기를 거쳤듯이 현재의 인류세계는 산업화 이후의 새로운 시대로의 진화에 직면하고 있다. 그러나 70년대 이후의 탈산업화는 기본적으로 '경제의 금융화'로 이어졌다. 금융이 산업이냐에 대해서는 논란이 있지만, 금융이 산업이라 하더라도 속성상 홀로 발전하는 것은 불가능하다. 혹자는 제조업 이후에도 IT 산업의 발전이 있지 않았는가를 얘기할 것이다. 흔히 탈산업화 이후의 시대를 식자들이 정보사회, 지식사회 등으로 부르듯이 말이다. 그럼에도 불구하고 IT 산업은 기본적으로 금융경제화에 의해 추동된 것이다. 많은 사람들이 2000년대 IT 혁명 이후의 장밋빛 청사진을 제시했음에도 불구하고 정체를 보인 이유도 IT를 비롯한 새로운 산업들의 비제조업적 특성을 이해하지 못한 데서 비롯한다. 즉 많은 사람들이 지식사회나 정보사회가 산업사회와 다르다고 얘기하면서도 새로운 사회를 바라보는 기본적인 시각과 패러다임은 여전히 자본주의를 만들어 냈던 지적 체계나 자본주의 사회에서 작동했던 패러다임에 기초하고 있다. 제조업에 비교한 새로운 산업들의 핵심적 차이는 무형 가치와 네트워크화 특성에 있다.

70년대부터 시작된 미국 주도의 금융경제화는 현대 금융과 관련된 제도나 금융 지식들 대부분이 70년대를 배경으로 하고 있다는 점에서도 확인된다. 금융을 새로운 성장 동력으로 삼은 금융경제화는 철저하게 금융의 수익성 추구에 맞춰져 진행되었다. 금융 부문의 탈규제, 고용과 연계된 사회보장시스템으로의 전환, 시장순응적 통화정책(monetary accommodation policy, 화폐수요의 변화에 의해 물가나 이자율이 변화하는 것을 방지하는 방향으로 통화공급량을 조절하는 정책)의 도입 등이 그것이다. 경제구조를 금융 중심으로 전환시킨 미국은 자본시장 개방을 다른 국가들에 강요하였고, 또한 많은 국가들은 금융자유화를 자발적으로 수용하기도 하였다. 그런데 미국과 다른 금융시스템을 갖고 있던 국가들은 금융자유화로 시스템 충돌의 문제를 겪는다. 예를 들어, 관계은행 시스템에 기초했던 일본형 네트워크 시장시스템은 금융자유화로 원자화된 금융시스템으로 이동하게 되고, 그 결과 금융중개 역할과 성장률이 크게 저하된다. 그리고 금융의 비즈니스 모델의 변화는 80년대 후반 엔화 가치의 대폭 절상과 결합되며 자산시장의 버블을 만들어 낸다. 여기에 인구구조의 변화가 맞물린 결과가 '잃어버린 20년'이다. 한국 경제 역시 예외는 아니었다. 외환위기는 금융자유화와 깊은 관련을 맺고 있다. 한국 경제 역시 외환위기 이후 금융중개의 역할과 성장률의 저하를 경험하였다. 단지, 일본의 경우 자산버블의 붕괴 및 금융위기가 발생했던 시점에 '인구오너스'가 시작된 반면, 한국의 경우에는 외환위기 이후에도 '인구보너스' 시대가 지속되었다는 점이 양자의 차이다. 게다가 일본 경제는 80년대 말 제조업의 과잉상태에 놓여 있었고, 산업체계의 전면적 재검토가 필요한 시점이었다. 그러나 산업구조의 업그레이드나 산업체계의 다양화에 필요한 새로운 경제시스템을 마련하지 못했다. 대신 일본 고유의 관계의존적 네트워크 시스템(안정성)과 금융자유화로 유입된 원자화된 시스템(효율성) 사이에서 방황을 하며 국가부채가 GDP의 두 배가 넘을 정도로 재정자원을 고갈시켰다. 그 결과가 현재의 파산 위기다.

한편, 미국 경제는 1990년대 초 경기침체부터 '고용 없는 성장'을 경험한다. 미국 경제는 탈산업화가 시작된 70년대부터 일자리 성장률이 하락하기 시작했다. 그리고 90년대 초 경기침체는 80년대 말 '저축대부조합(S&L) 사태'의 결과였다. 즉 '고용 없는 성장'은 금융을 성장의 동력으로 삼은 과잉금융 체제에서 발생하는 경기침체의 특성이다. '고용 없는 성장'은 일자리와 연계한 사회보장시스템의 취약성을 드러냈다. 소비가 70%를 차지하는 미국 경제에서 일자리 만들기와 경기 부양은 통화완화정책과 소비 부양에 의존할 수밖에 없다. 양자를 결합한 것이 저소득층에 대한 주택금융 지원이라는 '신자유주의 포퓰리즘'이었다. 사실 미국의 모기지 시스템은 장기고용 시스템을 전제로 한 것이다. 그런데 고용의 불안정성이 심화된 상황이었기에 인위적인 주택시장 부양책을 선택한 것이다. 여기에 '불투명성'을 기본특성으로 하는 그림자금융과 '꼬리 리스크'를 외면한 금융공학 그리고 월가의 로비에 따른 탈규제의 가속화가 결합되어 주택가격의 버블을 가속화시킨다. 소득과 일자리가 취약한 저소득층에게 빚을 내 주택을 구입케 하는 주택소유 정책은 주택가격이 계속 상승할 경우에는 주택소유자와 월가 그리고 정치인 모두가 만족할 수 있지만, 주택가격이 하락세로 돌아설 경우에는 파국으로 이어지는 지속 불가능한 정책이다. 부채에 기초한 주태가격의 버블 형성 그리고 주택가격 상승에 의해 뒷받침된 미국민의 소비 증가는 경제성장률을 끌어올렸다. 그러나 새로 창출된 일자리는 금융 및 금융 관련 부문을 제외하면 대부분 질이 낮은 것들이었다. 닷컴버블이 붕괴된 21세기 이후에는 혁신조차 실종되었기 때문이다. 벤처모델을 포함한 미국 금융의 혁신 비즈니스 창출 능력은 크게 저하됐다. 게다가 미국의 수입 증대는 무역적자의 증대를 수반하였다. 80년대 이래 미국 무역적자의 급증은 미국의 절대적 경제력(단극체제)을 기반으로 한 낡은 국제통화시스템도 한몫을 했다.

이처럼 서구사회에서 엘리트층을 중심으로 자본주의 한계와 실패가 거론되는 근본 이유는 제도와 시스템으로서 자본주의의 혁신 역량이 고갈되었기 때문이다. 산업화 역사의 2세기 동안 시장시스템들이 경기순환 속에서도 지속적인 진화를 계속할 수 있었던 것은 역기능에도 불구하고 가치 창출이라는 순기능을 발휘할 수 있었기 때문이다. 서구사회에서 1960년대에 경제성장과 민주주의 그리고 복지사회의 구축이 가능했던 것도 가치 창출이 지속되었기 때문이다. 즉 가치 창출을 바탕으로 서구사회의 보수와 진보 진영은 세 가지 최소 지점에 합의를 만들어낼 수 있었다. 첫째, 경제성장의 결과가 균등하게 배분되지 않지만 대다수가 혜택을 향유할 수 있다는 믿음을 가질 수 있었고 그 결과 경제를 기본적으로 시장에 의해 운용한다는 점에 합의하였다. 둘째, 시장 경쟁이 제대로 작동하기 위해서는 공정성이 전제되어야 하고, 이는 구성원 모두가 자신의 능력을 발휘할 기회를 갖는 것을 의미하기에 최소한의 공정성을 확보하기 위해 구성원 모두에게 균등한 교육 기회를 제공한다는 점에 합의하였다. 셋째, 그럼에도 불구하고 시장 경쟁에서는 낙오자가 존재할 수밖에 없기 때문에 낙오자에게도 최소한의 사회안전망의 제공이 필요하다는 점에 합의하였다.

그러나 1970년대 중반 이후부터 성장은 소수에게 집중되었다. 이른바 선진국의 시장시스템들이 일자리와 가치 창출 역량이 하락하면서 일자리와 소득 양극화 현상이 나타났기 때문이다. 게다가 자본의 수익률이 하락하면서 신자유주의를 바탕으로 자본과 보수 진영은 감세와 사회적 지출의 축소 등 신자유주의 정책을 추진하였다. 그 결과가 소득불평등의 심화였던 것이다. 많은 서민들이 기본적인 삶을 위협받는 상황에서 정치인들은 단기적 효과를 갖는 포퓰리즘 정책을 선택할 가능성이 높다. 실제로 소득불평등이 확대될수록 소득 대비 가계부채 비율(DTI) 및 GDP 대비 은행의 민간대출 비율이 증가하는 공진화 현상이 위기 직전에 반복적으로 나타났다. 저소득층의 실질소득과 고용 안정이 개선되지 않는 한 가계부채 증가는 지속되고, 결국 위기를 야기하는 금융취약성으로 이어진 것이다. 이처럼 금융위기의 주요 원인으로 작용한 소득불평등의 심화가 기본적으로 일자리와 가치 창출 역량의 저하에서 비롯한 것이라는 점에서 70년대 이후 시장시스템은 하나의 제도로서 더 이상 대다수 사회 구성원의 안정적인 삶을 보장해주지 못하고 있는 것이다. 상호 연관된 고용시스템-사회보장시스템-주거시스템-금융시스템-혁신시스템 모두가 제대로 작동하지 않게 된 이유다.

2007년 발발한 글로벌 금융위기에서 비롯한 경기침체에 대응하기 위해 주요국들은 대규모로 재정 및 금융 자원을 투입하고, G20을 구성하여 국제공조도 시도하였다. 그 결과 국가들마다 시차는 달랐지만 2009년 하반기부터 경기침체 종료를 선언했다. 그런데 2010년 말~2011년 초 사이에 침체에 대한 우려의 목소리가 다시 나오기 시작했다. 2011년 여름 미국에서 국가부채의 상한선 확대를 둘러싼 정쟁이 미국 신용등급 강등으로 이어지고, 유로존 재정위기가 부상하면서 글로벌 금융시장은 다시 불확실성 속에 빠져들었다. 금융시장의 불안정은 실물경제의 둔화와 침체로 발전하였다. 이처럼 리먼브라더스 사태가 발발한 지 3년도 채 되지 않아 글로벌 금융시장과 실물경제가 취약성을 드러낸 것은 금융위기가 근본적으로 해결되지 않았기 때문이다. 글로벌 금융위기와 경기침체에 대한 대응으로 대규모 재정 자원을 투입함으로써 국가부채가 급증할 수밖에 없었고, 그 결과 국가부채 위기의 가능성이 현실화된 것이다. 그리고 국가 파산에 대한 우려가 국채를 보유한 은행들의 손실로 이어진 것이다.

게다가 선진국의 중앙은행들이 금리를 바닥까지 인하하고 통화를 프린트해 국채 등을 매입하는 양적 완화(QE) 등 온갖 비전통적 수단들을 동원하였다. 그러나 천문학적 유동성 공급으로 주가를 끌어올리고 금융회사들의 유동성 부족을 해소시켰지만 실물경기, 주택시장, 고용시장 등을 회복시키는데 역부족이었고 그 결과 은행의 수익성 구조도 근본적으로 개선되지 않고 있다. 실업률 하락에서 보듯이 미국 고용시장이 회복되는 등 빠르지는 않지만 미국 경제가 회복되고 있다는 주장은 실업률 수치에 가려져 있는 고용의 질이나 높은 장기실업률의 지속, 그 결과 경제활동 포기자의 증가 등을 간과하고 있다. 가계부문의 디레버리지와 주택시장의 침체가 지속되고 있고, 여기에 미국의 재정 투입 여력이 고갈되는 상황이기에 고용시장이 구조적으로 개선되기 어렵다는 점이다. 즉 달러 프린트는 '모르핀'의 역할 이상을 수행하지 못하고 있는 것이다. 문제는 선진국의 양적 완화가 신흥경제의 자산 인플레와 통화가치 절상 그리고 글로벌 인플레 등의 문제를 야기함으로써 통화전쟁과 보호주의를 부상시키며 국제공조도 어렵게 만들고 있다. 사실, 대규모 달러 프린트는 기축통화 지위의 유지와 양립할 수 없다. 또한, 선진국 중앙은행의 대차대조표, 즉 자산 규모가 크게 증가하면서 중앙은행의 '대차대조표 위기'를 키우고 있다는 점이다. 통화 공급으로 경제 붕괴를 막고 있는 상황이 지속되며 이자율을 인상할 수 없는 '이자율 함정'에 빠져들고 있다. 일본이 반면교사다.

한편, 미국(과 소련) 중심의 세계질서에 대응하고 유럽의 평화와 공동 번영 등을 위해 유럽 국가들이 결성한 유럽연합(EU)은 아무도 가보지 않은 새로운 길을 가고 있는 중이다. 초국가 간 협력의 달성이라는 새로운 실험을 하고 있기 때문이다. 인류세계는 '집단행동의 딜레마'를 한 국가 혹은 지역 내에서 해결하는 지혜는 축적해 왔지만 초국가 범위에서 '집단행동의 딜레마'는 개별 국가의 자율성과 협력을 전제로 하기 때문이다. 흔히, 유로존 재정위기의 구조적 원인으로 정치와 경제의 불일치 혹은 비대칭성을 지적한다. 즉 개별 국가의 경제는 이질적이고 차이가 있기 때문에 통화동맹에서 (경상수지) 불균형이 발생하는 것은 불가피하다. 따라서 일부에서 초국가 재정동맹 없이는 유로존이 지속 불가능한 구조라고 주장하지만 이는 유로존의 재정위기를 적자국의 책임으로만 돌리는 것이다. 이러한 주장은 적자국에게 긴축을 요구하고 총수요를 위축시킨다는 점에서 사태 해결에도 결코 도움이 되지 않는다. 사실, 유로존 적자국들의 재정적자는 글로벌 금융위기 발발 이전까지 심각한 상황은 아니었다. 이는 적자국들이 자율적으로 경제수렴기준을 지키기 위해 재정건전화를 위해 노력했다는 것을 의미한다. 즉 금융흐름의 자유화나 (글로벌 금융위기 같은) 외부로부터의 충격이 불균형을 재정위기로 발전시킨 것이다. 세계경제에도 일시적인 국제수지 불균형을 지원하기 위한 제도가 마련되어 있듯이 유로존에서 통화동맹을 유지하기 위해서는 불균형의 한 축인 흑자국 역시 수지의 불균형을 청산하는, 즉 균형을 창출하는 방법의 마련에 적극 협조해야 한다. 흑자국의 적극적 협력 속에 유로존의 재정위기가 해소될 경우 통화동맹의 유지를 위해 위기 극복 과정에서 상당한 비용을 지불한 적자국을 포함해 회원국의 자율성과 협력은 크게 증가할 가능성이 높다. 문제는 유로존의 흑자국들이 근시안적 자기이익 추구에서 벗어날 때 가능하다는 점이다.

이처럼 지난 2세기 이상 세계경제의 주역들이 의존해왔던 시장시스템들은 더 이상 역동성을 발휘하지 못하고 있다. 선진국 경제가 장기 저성장 국면에 진입할 수밖에 없는 이유다. 지난 30년간 성장을 주도했던 금융은 여전히 새로운 비즈니스 모델을 찾아내지 못하고 있다. 게다가 성장 중심의 전략은 더 이상 괜찮은 일자리 만들기에 기여하지 못하고 있다. 미국 사회의 대다수 엘리트들이 미국의 사회계약이 깨지고 있고 갈수록 악화될 가능성이 높다고 우려하는 이유다. 게다가

미국이 세계경제라는 주식회사의 대주주에서 '최다 소액주주'로 전락한 결과 세계경제의 불확실성은 크게 증가하였고, '초국가 협력리더십' 없이는 세계경제의 주요 문제를 해결하기 어렵다. 예를 들어, 현재의 환율제도는 어느 한쪽에 편향되게 결정된 방법으로 모든 국가의 성장과 발전, 구조조정 목표를 수용하기 위해 새로운 제도를 수립해야 한다는 목소리가 높아지고 있다. 즉 미국 중심의 단극체제에 기초한 환율제도가 다극체제에 조응하는 환율제도로 바뀌어야 한다. 이처럼 세계경제의 상호 의존성의 범위와 깊이는 현재의 통치구조로 공동 이익을 추구하기 어려움을 보여준다. 세계경제의 상호 연관성은 세계적 규모의 협동관리 혹은 공동통치를 위한 새로운 글로벌 거버넌스가 필요함을 의미한다. 이처럼 인류세계는 새로운 가치 창출 역량과 더불어 새로운 통치구조의 창출, 그리고 문명의 진화까지 필요한 시점에 놓여 있는 것이다.

목 차

제1장

무형재 경제의 도래와 그 기원

제1절 새로운 경제현상들과 무형재 경제

사람들은 현대 사회와 경제를 지식사회(the knowledge society), 정보사회(the information society), 지식기반경제(the knowledge-based economy), 디지털경제(the digital economy), 무중량경제(the weight-less economy), 지적 자본주의(the intellectual capitalism), 넥스트 이코노미(the next economy) 등으로 부른다. 이들 개념들이 공통적으로 강조하는 것은 무형 가치의 중요성이다. 경제학에서 3대 생산요소를 토지와 노동과 자본으로 규정하듯이 산업화 시대의 가치 창출은 상대적으로 유형 혹은 물적 생산요소에 의존하였던 반면, 오늘날 경제에서는 아이디어와 지식 등 무형 자산(intangible assets)[1]이 절대적 역할을 수행하고 있다. 한 추정[2]에 따르면

1 (브랜드, 프랜차이즈, 상표권, 특허, 카피라이트, 비즈니스 모델, 등) 물리적으로 만질 수 없는 비물질적 가치로 이해하는 무형자산은 지식자산, 지적 자본(intellectual capital)으로도 불리며, 현재는 물리적 혹은 재정적 실체를 갖고 있지 않지만 향후 미래에 경제적 편익을 가져올 수 있는 속성을 가진 것으로 정의한다.

2 http://www.1000ventures.com/business_guide/crosscuttings/new_economy_transition.html

비즈니스의 주요 가치의 동인으로 (지식, 노하우, 비즈니스 모델, 사람 등) 무형자산의 비중이 1978년 5%에서 1998년에는 72%, 2004년에는 90%로 급증하였다.

무형자산의 비중 증대는 경제성장에서 무형자산의 역할 증대에서도 확인된다. OECD 회원국 전체에서도 전반적으로 기업의 무형자산에 대한 투자가 큰 증가 추세를 보이고 있으며 일부 국가에서는 물적 자산에 대한 투자 규모보다 더욱 큰 규모로 무형자산 투자가 확대되고 있다. 예를 들어, 미국 경제에서의 무형자산의 투자 규모를 추정한 한 연구[3]에 의하면 미국 경제는 이미 1990년대 초반부터 무형자산에 대한 투자가 유형자산에 대한 투자규모를 상회하기 시작했으며 2000년대 후반에 이르러서는 거의 두 배 가까운 수준을 보이고 있는 것으로 나타난다. 특히, 미래 산업의 선도적 역할을 담당할 지식 및 아이디어 집약적 산업군과 비즈니스 영역에서 이러한 무형자산의 중요성이 더욱 높아지고 있다.

이처럼 18세기 후반 애덤 스미스(Adam Smith)의 세계에서 주역이었던 공장노동자는 유형의 상품을 생산한 반면, 오늘날 세계에서 주역들이 창출해내는 가치는 배우의 연기나 교수의 강의처럼 만들어지는 순간 소멸하는 무형의 서비스이거나 소프트웨어 같은 무형재이다. 즉 산업사회에서는 노동, 자본, 토지가 생산의 3대 요소였고, 특히 유형(tangibles)의 물적 자본이 사회적 생산에 가장 많이 기여했다. 예를 들어, 1840~1960년간 미국의 국민순생산(NNP)은 약 60배가 증가하였는데 이 기간에 물적 자본은 105배, 토지는 12배, 노동력은 13배가 증가하였다[4]. 마찬가지로 일본을 제외한 동아시아 주요 국가들이 공업화를 경험하였던 1960~94년간 이 지역에서의 노동력당 소득은 연평균 4.2%의 성장률을 기록하였는데 물적 자본이 성장의 약 60%를 기여하였다.[5] 이처럼 산업화에서 물적 자본은 결정적

3 Corrado, C.A., Hulten, C.R. and Sichel, D.E., September 2009, "Intangible Capital and Economic Growth," *Review of Income and Wealth* Series 55, Number 3. 이 연구에서 무형자산투자는 컴퓨터 소프트웨어 및 DB, R&D, 디자인・저작권・라이센스, 기업경쟁력 강화에 필요한 브랜드 가치 투자, 인적자본투자, 조직혁신투자를 의미하며 이 규모는 2003년 기준 미국 GDP의 14% 수준인 것으로 추정한다.

4 L.E. Davis, et al.(eds.), 1972, *American Economic Growth: An Economist's History of the United States*, Harper & Row, p. 34.

역할을 하였다. 실제로 서구역사를 보면 19세기 내내 기술진보는 유형자본에 유리하게 작용했으며 그 일반 경향은 노동이란 생산요소의 절약에 있었다.[6]

그런데 무형자산은 유형자산(tangible assets)과 비교해 많은 차이를 보이고, 그 결과 새로운 경제 현상들을 만들어내고 있다. 무형자산의 몇 가지 주요 특성들을 소개하면 다음과 같다. 공간의 물리적 제약을 받지 않는 무형성, 아무리 사용해도 소모되지 않고 동시에 다양한 용도로 사용을 가능케 하는 비경합성(non-rivalry), 결합 혹은 축적될수록 가치가 증대하는 가치결합성 혹은 가치누적성, 빛과 같은 속도로 이동하는 성질로 인해 시기적절한 사용을 가능케 하는 적시성(適時性, speed & timing), 구성원이나 참가자가 많아질수록 효용과 이익이 증가하는 네트워크 외부성(network externality), 집합적으로 사용되고 분리하기 어려운 불가분성 혹은 비분할성(non-divisibility or non-separability), 공개된 후에는 다른 사람이 이를 이용하는 것을 배제하기 어려운 혹은 소유자의 배타적 효용과 이익이 불가능한 부분적 배제성(partial excludability) 혹은 비배제성(non-excludability), 초기투자의 높은 위험을 내포하는 내재적 위험성(intrinsic risk) 등이 있다.

이러한 무형자산의 고유 특성들은 과거와는 다른 경제 현상뿐만 아니라 현대 경제의 주요 특성을 만들어내고 있다. 예를 들어, 게임이나 소프트웨어 등 아이디어 산업은 자동차나 전자업종 등 제조업보다 영업이익률이 훨씬 높은데 이는 비경합성(비소모성)에서 비롯한다.[7] 이른바 무형자산의 수확체증 효과이고, 자원이 유형재 경제에서 무형재 경제로 이동하는 배경이다. '개방형의 협력적 혁신(open collaborative innovation)', 집단지성이나 소셜 매뉴팩처링(social manufacturing)이

5 S. Collins and B. Bosworth, 1996, "Economic Growth in East Asia: Accumulation versus Assimilation," *Brookings Papers on Economic Activity* 2.

6 Abramovitz & David, 1996, "Technological change, intangible investments and growth in the knowledge-based economy: the US historical experience," in Foray et Lundvall(eds.), *Employment and growth in the knowledge-based economy*, OECD, Paris.

7 비경합성에서 비롯하는 영업이익률의 차이는 넥슨, 엔시소프트, NHN 등과 삼성전자, 현대자동차 등의 비교에서 확인되고, 심지어 삼성전자와 애플의 스마트폰과의 비교에서도 확인되며, 삼성전자의 4대 사업부문인 반도체, 디스플레이패널(DP), 통신, 디지털미디어&어플라이언스(DM&A) 간에도 확인된다.

나 '이타자리(利他自利)'형 비즈니스 모델(예: 앱스토어) 등 이른바 '공동창조(co-creation)', 그리고 협력적 소비(collaborative consumption)의 개념은 기본적으로 무형자산의 가치결합성에서 비롯한다. 연구개발(R&D) 지출과 기업 수익성 간의 상관성 약화가 한 예다. 이에 대한 내용들은 제3장에서 소개할 것이다. 또한, 비경합성과 더불어 가치결합성, 네트워크 외부성 등의 특성이 소셜 커머스(social commerce)를 가능케 하였다. 다품종 소량생산이나 온라인업종에서의 '롱테일(long-tail) 법칙' 역시 무형자산의 특성들과 관련이 있다.

경제주체 간, 업종 간, 국민경제 간 구분이 모호해지거나 소멸된, 이른바 '불분명경제(Blur Economy)'로 묘사되는 경제의 네트워크화도 무형재 경제의 도래의 결과이다. 프로슈머(prosumer)나 디슈머(disumer) 등은 진부한 얘기가 되었고 소셜 커머스에서 보듯이 소비자가 판매자 역할을 수행하고 앱스토어에서 보듯이 기업의 안(기업의 노동자)과 밖(앱 개발자)의 역할 구분이 무의미해졌다. 또한, 이미 오래전에 '액체사회(liquid society)'라는 개념이 등장했듯이 업종 간 경계가 무너지고 구분이 무의미해졌다. 나이키의 시장을 잠식했던 닌텐도가 스마트폰에 의해 시장을 잠식당하는 운명을 겪고 있듯이 말이다.[8] 마찬가지로 시장이자율이 개별 국가의 중앙은행에 의해 결정되지 않고 글로벌 채권시장에서 결정되고, 글로벌 공급체인망의 형성으로 개별 국가의 고용 정책이 효과를 보지 못하는[9] 등 경제정

---

8 2006년 나이키(Nike)는 나이키의 신발과 의류에 애플(Apple) MP3 플레이어(player) 아이팟(iPod)을 연결해 '나이키 + 아이팟 스포츠 키트(Nike + iPod Sport Kit)'를 출시하였다. 그 이유가 게임업이 스포츠업종의 경쟁자로 부상했기 때문이었다. 세계 1위 스포츠용품 업체인 나이키는 지난 1994~98년까지 5년 연속 연간 실적이 세 배 이상 뛰어오르는 성장률을 기록하다가 성장률 둔화 기미가 보였는데 그 이유가 소니, 닌텐도, 애플 등의 게임 소프트웨어에 의한 시장 잠식이었다. 나이키의 주요 고객인 청소년들에게 스포츠와 게임은 대체재 관계였기 때문이다. 부모로부터 용돈을 받으면 그 돈의 60%를 신발이나 스포츠 용품 구입에 썼다. 하지만 이들이 닌텐도 게임을 접하면서 스포츠에 할애하는 시간이 줄어들게 돼 운동화 구입 비중이 30%로 줄어들고 나머지는 게임기나 게임용 소프트웨어 구매로 트렌드가 바뀐 것이다. 마찬가지로 2008년까지만 해도 '세계 비디오게임 시장의 최강자'라는 수식어가 가장 잘 어울렸던 닌텐도의 2010 회계연도 순이익은 2009년 대비 3분의 2로 줄어들고, 영업이익은 반토막이 나면서 1947년 창사 이래 최대 위기를 맞고 있다. 스마트폰과 SNS 등장 이후 급속히 늘어난 모바일 게임기가 DS(Dual Screen) 전용 게임기 시장을 잠식한 이유이다.

9 예를 들어, Businessweek(July 4-10, 2011), "Does Government Matter?" pp. 10-11 참조. http://www.businessweek.com/magazine/does-government-matter-06302011.html, 또한, 한국의 경우

책의 자율성은 크게 약화되었다. 국민경제 간의 경계가 소멸되고 있는 것이다.

이러한 현상들을 어떻게 이해하느냐의 문제는 '글로벌 금융위기' 이후 길을 찾지 못하는 현대 경제의 문제와 방향을 이해하는 문제이기도 하다.

제2절 산업화 완료와 새로운 시대의 시작

인류사회는 18세기 말부터 19세기 초 사이에 영국에서 진행된 '산업혁명' 이래 적어도 200년간 공업화를 진행해왔다. 그런데 이러한 공업화는 1960년대 후반부터 새로운 국면을 맞이한다. 즉 산업혁명으로 시작한 공업화는 19세기 말과 20세기 초에 또 다른 기술혁명(이른바 2차 산업혁명)을 경험하였다. 국가들마다 공업화의 전개 과정에 차이는 있지만 1960년대까지 미국과 서유럽 국가들, 그리고 일본 등 이른바 공업화의 선진국들은 기본적으로 중화학 공업화를 완료한다. 그 결과 인류 세계의 공업 생산력은 비약적으로 발전하였지만, (상대적) 과잉 공급의 문제에 직면하게 된다. 공급 과잉은 자본의 이윤율 하락으로 확인된다. 제조업에서 주요 선진국의 이윤율을 보면 1960년대까지 대체적으로 25% 이상을 유지했으나, 1973년 이후 1980년대까지 높아야 16%, 낮게는 10%까지 하락했다. 〈표

표 1-1. 주요 선진국들의 산업 전체의 수익성과 결정요인들, 1965~87(연평균 변화율)

	1965~73	1973~87	1973~75	1975~79	1979~82	1982~87
이윤율	-2.8	-0.9	-12.8	1.9	-5.6	5.1
이윤몫	-1.7	0.2	-6.8	1.5	-1.8	3.4
노동생산성	3.2	1.5	-0.7	2.5	0.4	2.3
실질임금	3.5	0.9	1.0	2.0	-0.2	0.8
실현된 부가가치/투자자본	-1.1	-1.1	-6.5	0.3	-3.8	1.7

출처: P. Amstrong, A. Glyn, and J. Harrison, 1991, *Capitalism Since 1945*, 김수행 역, 『1945년 이후의 자본주의』, 1993, 동아출판사, 표 14-9.

와 관련하여 조선일보, 2011.4.5, "중국, 한국 채권 매집중 … 우리 금리정책이 안 먹힌다", 참조 http://biz.chosun.com/site/data/html_dir/2011/04/04/2011040402184.html

▌표 1-2. 전후 선진국의 법인기업 전체 및 제조업의 순이윤율(단위: %)

연 도	선진국	미국 외 선진국	유 럽	프랑스	독 일	일 본	영 국	미 국
1952	17.5 30.2	17.8 24.3	18.5 24.3	19.6 22.1	24.8 36.8	12.8 17.1	13.2 17.2	17.3 33.9
53	17.0 29.4	18.1 23.8	18.3 24.0	18.8 23.2	24.0 36.2	17.1 19.6	13.7 16.6	16.3 32.9
54	16.4 26.6	18.7 24.1	18.8 23.9	19.6 23.6	23.3 34.6	18.0 26.0	14.3 17.3	14.9 28.4
55	18.8 30.7	19.4 24.2	19.8 24.3	20.4 23.7	25.8 35.6	16.6 22.9	14.2 16.8	18.4 35.3
56	17.1 26.6	18.9 22.7	19.3 21.8	20.7 21.6	24.9 32.0	16.6 27.9	12.8 14.7	15.9 29.5
57	16.4 24.6	19.6 22.6	19.4 20.8	23.4 21.7	24.4 30.1	20.4 36.9	12.3 14.1	14.3 26.1
58	14.8 21.1	18.6 21.7	18.6 20.8	22.7 23.2	22.5 29.4	18.4 30.6	11.5 13.6	12.1 20.6
59	16.8 25.2	19.1 22.1	19.2 20.9	21.3 18.6	23.2 29.7	18.5 32.7	12.2 14.4	15.1 27.8
1960	16.9 24.7	21.0 24.6	20.5 21.5	24.2 20.2	22.9 28.6	23.3 47.3	13.5 15.6	13.8 24.8
61	16.6 24.0	20.1 23.9	19.2 19.3	24.0 19.5	20.2 25.2	24.5 52.8	11.5 12.7	13.9 24.2
62	17.2 24.3	18.8 20.7	18.0 16.7	24.1 18.7	18.0 21.0	22.2 42.6	10.3 11.0	15.9 27.9
63	17.7 25.7	18.5 20.6	17.6 15.7	25.6 19.5	16.2 18.6	22.3 45.0	11.3 11.7	17.0 30.7
64	18.5 27.5	19.0 22.8	18.0 16.8	27.5 21.6	17.0 20.0	22.8 50.6	11.8 12.9	18.2 32.3
65	19.4 29.1	18.7 21.5	18.2 16.7	27.9 21.5	16.5 19.4	20.9 43.6	11.2 12.0	19.9 36.4
66	19.5 28.2	19.3 21.0	17.9 15.9	28.5 22.4	15.1 16.7	24.1 43.3	9.8 10.2	19.6 35.2
67	19.0 26.1	20.9 22.7	18.1 15.9	29.0 22.1	14.3 16.7	29.4 49.8	9.5 10.0	17.5 29.4
68	19.3 26.8	21.9 24.9	18.8 17.4	27.1 22.5	15.9 20.6	30.8 52.8	9.6 9.5	17.1 28.8
69	18.8 25.3	22.9 26.1	19.0 18.2	27.8 24.9	15.8 21.4	33.7 53.6	9.3 9.1	15.1 24.5
1970	17.1 21.9	22.4 25.0	17.3 16.8	27.1 23.2	14.5 18.5	34.8 52.7	7.5 9.7	11.9 18.0
71	16.0 20.7	19.5 21.3	16.4 14.5	26.7 21.5	13.3 16.4	26.8 42.6	7.4 7.8	12.5 19.9
72	16.1 21.3	19.2 21.0	16.7 14.7	26.6 22.4	12.8 14.8	24.6 39.3	7.7 9.1	13.1 21.6
73	15.4 21.9	17.8 21.8	16.0 15.4	27.0 23.3	12.2 15.2	21.6 38.8	8.0 8.9	13.2 22.0
74	12.6 16.4	14.8 17.3	13.7 13.8	24.5 22.1	10.4 13.7	17.3 26.1	4.5 4.3	10.4 15.1
75	11.7 13.1	12.4 10.8	11.4 8.8	20.7 13.0	9.2 11.0	14.5 15.2	3.3 2.4	11.0 16.2
76	12.3 15.3	13.0 13.1	11.9 11.2	18.9 15.1	10.9 13.3	15.4 18.0	4.1 3.0	11.7 18.2
77	13.0 16.0	13.5 13.1	12.5 11.8	19.9 16.2	11.1 12.9	15.8 16.3	6.4 6.2	12.5 19.7
78	13.2 16.2	14.3 14.3	12.9 12.4	19.9 17.5	11.6 13.0	17.4 18.9	6.6 6.5	12.1 18.5
79	12.6 14.9	14.5 14.9	13.4 13.8	19.8 18.7	11.8 13.4	16.9 17.0	6.0 4.6	10.7 14.9
1980	12.1 12.3	14.9 13.5	13.5 12.1	21.7 14.0	10.0 9.5	17.4 16.2	5.0 2.5	9.2 10.6
81	11.5 11.5	13.4 11.7	11.8 10.4	16.9 11.8	8.9 7.8	16.3 14.0	5.1 1.5	9.6 11.3
82	10.6 10.2	13.2 11.4	11.7 10.5	16.3 12.0	9.0 8.8	15.9 13.9	6.7 3.3	7.9 8.5
83	11.5 11.5	13.5 12.0	12.5 11.6	17.1 12.9	10.4 11.6	15.2 13.1	8.1 4.4	9.4 10.8
84	13.1 14.2	14.4 13.8	13.6 12.7	18.4 14.5	10.9 12.2	15.9 15.3	8.9 5.0	11.7 14.8
85	13.2 14.3	15.0 14.8	14.3 14.3	19.1 16.2	11.3 14.1	16.3 15.5	10.0 6.9	11.3 13.5
86	13.5 15.1	15.9 15.7	15.7 16.7	21.6 19.1	12.2 16.2	16.2 14.3	9.0 8.5	11.2 14.2
87	13.6 15.9	16.1 16.2	16.3 17.7	22.2 21.5	12.4 14.9	15.7 14.6	10.4 10.2	11.2 15.4

주: 왼쪽 수치는 법인기업 전체의 수익률이고, 오른쪽 수치는 제조업의 수익률.
출처: P. Amstrong, et al.(1993: 부표 1, 2).

1-1〉에서 보듯이 주요 선진국의 자본수익률을 보면 1965~73년 기간에 연평균 -2.8%를 기록했고, 이 중 이윤몫의 부분이 연평균 -1.7% 그리고 '실현된 부가가치/투하자본'의 부분이 연평균 -1.1%를 기록하였다. 그런데 1973~87년 선진국

의 자본수익률을 보면 연평균 -0.9%로, 1965~73년 기간에 비해 하락 폭이 줄어드는 경향을 보여준다. 이 기간 중 이윤몫이 연평균 0.2%로 증가했듯이 자본수익률의 하락을 줄인 요인은 이윤몫의 개선에 의한 것이었다.

이윤율 내용의 변화를 이해하려면 기업의 이윤 실현 과정을 이해할 필요가 있다. 기업의 이윤 실현은 생산(가치창출)과 판매(가치실현)의 두 과정으로 나누어 이해할 수 있다. 즉 기업이 이윤 추구의 목적으로 투입한 자본은 노동 등 생산요소를 구입하여 상품을 생산할 것이고, 그 생산물을 시장에 판매하면 자본은 이윤을 실현하게 된다. 따라서 이윤율은 크게 볼 때 생산 과정에서 노동의 기여(노동생산성)와 노동비용(임금)의 상대적 크기(이윤몫)와 산출량 중 판매량의 비중(공급 대비 시장 수요의 크기)에 의해 영향을 받을 것이다. 이윤몫이 하락에서 상승으로 변했다는 것은 노동생산성(AP_L)의 증가율이 실질임금의 그것을 상회했음을 보여주는 것이다. 그러나 '실현된 부가가치 / 투하자본'의 부분은 연평균 -1.1%로 앞의 기간과 동일한 모습을 보이고 있다.

$$\text{이윤율} \equiv \frac{\text{이윤}}{\text{투하자본}} = \frac{\text{이윤}}{\text{실현된 부가가치}} \times \frac{\text{실현된 부가가치}}{\text{투하자본}}$$

$$= \text{이윤몫} \times \frac{\text{실현된 부가가치}}{\text{투하자본}}$$

여기서

$$\text{이윤몫} \equiv \frac{\text{이윤}}{\text{실현된 부가가치}} = \frac{\text{실현된 부가가치} - \text{노동비용}}{\text{실현된 부가가치}}$$

$$= 1 - \text{노동몫}$$

$$\text{노동몫} \equiv \frac{\text{노동비용}/\text{노동력}}{\text{실현된 부가가치}/\text{노동력}}$$

$$= \frac{\text{노동력 한 단위의 노동비용}}{\text{한 단위 노동력으로 만든 실현부가가치}}$$

따라서 1970년대 이후 세계경제 환경의 주요 변화들은 이윤율 하락에 대한 자본의 대응과 밀접한 관련을 맺고 있다. 1960년대 후반부터 효율성의 시장 원리를 만능시하는 신자유주의 확산이 그것이고, 1970년대 말, 특히 80년대 이후의 신자유주의 경제정책들, 예를 들어 긴축정책, 감세, 노동시장과 산업현장에 대한 탈규제, 민영화 등은 바로 신자유주의 사상에 기초한 것들이다. 신자유주의 사상의 아버지로 불리는 하이에크(Hayek, 1974년 노벨상 수상)는 신자유주의는 국내적으로나 국제적으로 시장 기능의 복원과 확대가 개인의 자유와 행복을 증대시키는 길이라고 주장한다. 자유방임주의를 옹호하고 민간주도 경제를 지향하는 통화주의자들의 복귀나 새고전학파(New Classical)의 부상 그리고 시장실패 부분에 대한 정부 역할의 필요성을 주장하는 케인즈주의의 퇴조 등이 그것이다.

자본주의 발흥기의 구자유주의와 달리 신자유주의는 서구의 강력한 노조와 복지정책에 대한 자본의 반격으로 등장했다. 즉 신자유주의는 자본의 이윤 추구를 제약하는 민주성의 논리에 대항하려는 것으로, 특히 글로벌화가 진전되면서 그 힘이 강화되었다. 실제로 신자유주의에 기초한 경제정책들로 '이윤몫'은 상당히 개선되었다. 그러나 이윤몫의 회복과 그에 따라 이윤율의 감소폭이 줄어들었는데도 이윤율의 또 다른 주요 구성요소인 '실현된 부가가치/투하자본'의 하락은 개선되지 않았다. 그 결과 이윤율은 충분히 회복될 수 없었다. '실현된 부가가치/투하자본' 비율의 하락은 상대적 과잉생산(과잉설비)에 기인한 것으로, 즉 시장 수요 부족의 문제였기 때문이다. 사실, 신자유주의 경제정책들은 한편에서는 '이윤몫'의 개선을 통해 이윤율을 증대시켰지만, 다른 한편으로는 시장을 축소시켜 이윤율을 하락시키는 측면도 있었다. 예를 들어 미국에서는 1970년대 초 이래 실질임금 하락과 실업 증가를, 그리고 유럽에서는 1979년 이후 실질임금 증가의 둔화로 이윤몫에 대한 압력을 완화시켰다. 그런데 이는 동시에 시장수요(구매력)를 하락시키는 요인으로 작용할 수밖에 없다. 즉 이윤율 개선은 시장을 추가로 확장하지 않고서는, 새로운 시장의 창출 없이는 한계를 가질 수밖에 없는 것이었다. 시장 개방, 즉 무역자유화의 흐름이 그것이다. 이제 구체적으로 신자유주의 경제정책들의 효과와 결과를 살펴보자.

제3절 신자유주의의 정치경제학

신자유주의는 기본적으로 경제 운영에서 시장 기능의 강화, 즉 정부 개입의 반대를 의미한다. 자본주의 발흥기의 구자유주의와 다른 점은 신자유주의는 서구의 강력한 노조와 복지정책에 대한 자본의 반격으로 등장했다는 사실이다. 신자유주의는 국내적으로나 국제적으로 시장 기능의 복원과 확대가 개인의 자유와 행복을 증대시키는 길이라고 주장한다. 물론 자유주의의 전통에 따라 법 아래에서의 자유가 확대되기를 주장한다. 그리고 시장의 국제화 · 세계화에 따라 국제시장, 세계시장을 관리하기 위한 국제협력과 국제기구의 역할을 중시한다. 이처럼 이는 자본의 이윤추구를 제약하는 민주성의 논리에 대항하려는 것이었고, 특히 글로벌화가 진전되면서 그 힘이 강화되었다.

재정정책의 비효과성과 필립스곡선 존재의 부정

1930년대 대공황을 경험한 이후 경제가 침체에 빠질 경우 정부지출의 증대로 총수요의 부양이 필요하다는 케인즈 경제학이 1960년대까지 주요 흐름으로 자리를 잡았다. 이른바 정부지출의 승수효과를 긍정적으로 평가하였다. 감세와 정부지출 축소 등을 주장하는 미국 공화당 출신의 대통령이었던 리처드 닉슨(Ricahrd Nixon)조차 1971년에 "이제 우리는 모두 케인스주의자(Now, we are all keynesian!!)"라고 말을 할 정도였다. 그러나 '화폐수량설'을 되살림으로써 통화주의자들의 대부로 불리는 밀턴 프리드먼(Milton Friedman, 1976년 노벨 경제학상 수상)은 고개를 저었다. 그는 정부지출 확대는 곧 민간부문 경제활동을 위축시키기 때문에 실질 효과가 없다며 '정부지출의 승수효과'에 근본적인 의문을 제기했다. 이른바 '구축효과(crowding-out effect)'이다. 재정 확대로 경제 살리기에 따른 중

장기 효과가 불투명하다는 사실을 증명하려면 필립스곡선(Phillips Curve)이 중장기적으로 존재하지 않는다는 사실을 입증해야만 한다.

참고로 1958년에 필립스(A.W. Phillips)는 95년 기간에 대한 영국의 실업률과 임금 상승(wage inflation)의 자료를 그렸고, 그 결과를 통해 실업과 인플레이션 사이에 상충(trade-off) 관계가 존재한다는 사실을 발견하였다. 즉 실업률과 인플레이션율 사이에 음(-)의 기울기를 갖는 필립스곡선을 의미한다. 이 사실은 실업률 하락은 인플레이션 상승을 야기하고, 역으로 인플레이션 하락은 실업률 상승을 허용함으로써만 가능하다는 것을 의미하였다. 즉 정부가 실업률을 낮추기를 원하면 총수요를 증가시킴으로써 노동과 생산물 시장에서 인플레이션 대가를 지불하고 단기적으로는 국민소득과 고용을 증가시킬 수 있게 된다. 따라서 정부지출의 승수효과를 부정하기 위해서는 필립스곡선이 존재하지 않음을 입증해야 했다.[10]

이와 관련하여 1968년 프리드먼은 '화폐정책의 역할(The Role of Monetary Policy)'이라는 논문에서 구조적 특성에 의해 결정되는 실업률(마찰적 실업에 의해 발생할 수밖에 없는 일정수준의 실업률)을 의미하는 '자연실업률(natural rate of unemployment)'과 '적응적 기대(adaptive expectation)' 개념을 도입하였다. 즉 자연실업률은 사람들의 기대 인플레이션율과 실제 인플레이션율이 같은 점을 '장기균형'이라 하고 이에 대응하는 실업률을 의미하였다.[11] 즉 기대 인플레이션율

---

10 사실 필립스곡선이 나타내는 관계는 직관적으로 볼 때 일리가 있다. 일반적으로 실업률이 낮다는 것은 노동과 다른 자원이 부족한 경제 상태임을 말하는 것이기에 물가상승을 가져올 가능성이 높고, 반대로 실업률이 높을 때는 경제에 유휴 자원이 많다는 것을 의미하기에 물가는 하락할 가능성이 높기 때문이다. 한편 인플레이션율에 영향을 미치는 것은 수요 충격만이 아니다. 유가나 원자재 등 상품가격의 상승 같은 공급 충격도 인플레이션율에 영향을 미친다. 혹은 실질 GDP가 잠재생산량 수준에 있을 때 총수요 확장은 궁극적으로 물가만 상승시킬 가능성이 높다.

11 자연실업률에 영향을 미칠 수 있는 요인으로 인구구조와 산업구조의 변화, 노동시장의 효율성, 근로유인과 관련된 제도, 경제주체의 선호변화, 생산성의 변화 등이 지적된다. 자연실업률의 개념은 1968년에 프리드먼이 전미경제학회(American Economics Association)에서 행한 강연에서 제시되었다. "The 'natural rate of unemployment', in other words, is the level that would be ground out by the Warlasian system of general equilibrium equations, provided there is imbedded in them the actual structural characteristics of the labor and commodity markets, including market imperfections, stochastic variability in demands and supplies, the cost of gathering

을 초과하는 실제 인플레이션율, 즉 기대 밖의 인플레이션율이 실물경제에 영향을 미친다는 견해에 입각하여 기대 인플레이션율과 실제 인플레이션율이 일치하면 인플레이션율과 실업률 사이의 상충관계는 없어진다고 주장했다. 예를 들어, 정부의 총수요 팽창정책은 단기적으로 물가상승과 실업률 감소를 가져오지만, 시간이 지남에 따라 자신의 실질임금의 하락을 경험한 노동자들은 명목임금의 인상을 요구하게 되고 그에 따라 실질임금이 다시 상승하기 시작하면 고용은 줄어들고 실업률은 올라가기 시작한다. 다시 말해 물가상승률이 명목임금의 인상을 초과하는 한 실질임금의 하락만큼 고용은 증가하고 실업률은 감소한다. 그러나 궁극적으로 명목임금이 물가의 상승을 상쇄할 정도로 인상되면 고용의 수준도 원래 수준으로 감소하고 물가만 상승한 결과가 된다. 따라서 장기적으로 필립스곡선은 수직선의 모양을 갖게 된다고 주장하였다.

참고로 프리드먼의 자연실업률 개념이 화폐수량설의 복원과 관련이 있다는 것은 실업률을 조절하려는 정부의 정책은 의미가 없는 반면 인플레이션을 줄이기 위한 정책은 어느 정도 효과를 볼 수 있기 때문이다. 즉 정부가 인플레이션을 줄이겠다고 선언함으로써 대중의 기대인플레이션을 낮춘 뒤, 실제로 긴축 정책을 통해 인플레이션을 감소시킨다는 것이다. 이처럼 '인플레이션은 화폐적 현상'이라는 화폐수량설과 필립스곡선이 장기적으로 수직선이 되는 자연실업률 개념은 시장과 가격기능에 대한 강한 믿음이 전제가 되고 있다.

우하향의 필립스곡선이 존재하지 않는다는 주장은 새 고전학파(new classical)의 '합리적 기대(rational expectation)' 개념에 의해서 더 강화된다. 예를 들어, 1972년 '기대와 화폐의 중립(Expectations and the Neutrality of Money)'이라는 논문을 쓴 루카스(Lucas, 1995년 노벨상 수상자)는 이러한 프리드먼의 '적응적 기대'마저 실제로 존재하지 않으며, 경제주체는 완전히 과거와 현재 그리고 미래의 다양한 경제지표를 혼합하여 합리적인 선택을 한다는 '합리적 기대'론을 주장한다. 따라

information about job vacancies and labor availabilities, the costs of mobility and so on."

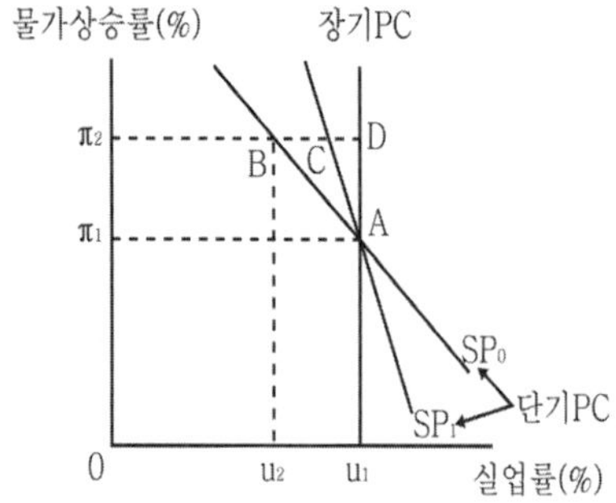

▌그림 1-1. 자연실업률 가설

서 필립스곡선은 일반적으로 나타나지 않으며, 단기적으로 나타나는 계산의 '오차' 때문에만 존재할 수 있다. 즉 '합리적 기대' 가설에 따르면 그 동안 사람들은 고용이 개선될 때 인플레가 심화된다는 것을 항상 경험했기 때문에 이제는 고용이 좋아질 기미를 보이면 즉각적으로 높은 임금을 요구한다는 것이다. 새고전학파 경제학자들은 이 같은 사람들의 행동변화로 필립스곡선은 더 이상 들어맞지 않는다고 주장했다. 이들에 따르면 특정한 경제는 항상 일정한 실업률(자연실업률 혹은 NAIRU[12])을 갖게 된다. 즉 신자유주의자들은 인플레이션이 얼마가 되던 장기적으로 실업률은 자연실업률로 되돌아간다는 '자연실업률' 가설을 주장한다. '자연실업률' 가설에서는 정부의 경제정책은 실업과 인플레이션 중 하나를 선택할 수 있는 것이 아니라 실업문제 하나조차도 해결할 수 없게 된다. 즉 정책의 비효과성을 입증하는 것이다. 〈그림 1-1〉을 통해 설명해보자. A점이 국민경제의 초기상태를 나타내고 있는데 이 U_1의 실업률이 너무 높다고 판단한 정부가 총수요 팽창정책을 쓰면 단기에서는 B점으로 이동해 실업률이 U_2로 낮아지는 결과가 나타난다. 그런데 이 과정에서 물가상승률이 π_2로 높아지고 이에 따라 노동자들이 명목임금 인상을 요구함에 따라 하락했던 실질임금이 다시 상승하기 시작한다. 이 과정에서 실업률이 점차 올라가고 경제는 결국 D점으로 귀착하게 되는데 이 점과 A점을 잇는 수직선이 장기적인 관점에서 본 필립스곡선이라고 말할 수 있다. 그리하여 신자유주의 경제학에서는 고용을 개선하기 위해 공급측면에 영향을 미쳐야만 한다. 다시 말해 이들은 시장의 힘이 작동하는 것을 제약하는 장애물을 제거해야만 자연실업률이 낮아질 수 있다고 주

12 NAIRU(Non-Accelerating Inflation Rate of Unemployment)는 물가상승률이 더 높아지거나 낮아지지 않고 안정적으로 유지될 수 있는, 즉 인플레이션을 가속화하지 않는 실업률.

장한다.

이처럼 신자유주의 경제학자들은 수요확장 정책이 효과가 없을 뿐 아니라 고용을 개선하기 위해서는 공급 측면에 영향을 미쳐야만 한다고 주장한다. 다시 말해 이들은 시장의 힘이 작동하는 것을 제약하는 장애물을 제거하고 혁신을 유발할 수 있는 시장 환경을 조성해야만 자연실업률이 낮아질 수 있다는 것이다. 이러한 주장들은 70년대 스태그플레이션의 출현으로 힘을 얻게 된다. 즉 1차 석유파동13 이후 연율 10% 이상의 물가상승이 계속되고 실업률은 좀처럼 6%대 이하로 떨어지지 않는 상황, 즉 스태그플레이션(stagflation) 상태가 계속되었기 때문이다.

그러나 인플레이션은 화폐적 현상에 불과하고, 필립스곡선은 장기적으로 수직선이라는 주장은 이론적으로나 현실에서 충분히 검증된 것은 아니다. 경제학의 기본개념 중 하나인 기회비용 개념, 이른바 '희생률(sacrifice ratio)' 개념에 따르면

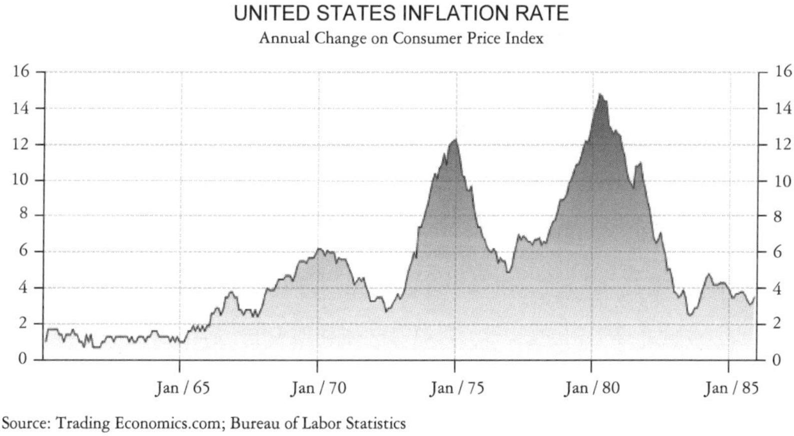

▌그림 1-2. 1960~90년간 미국의 소비자물가 상승률

13 제1차 석유파동은 1973년 10월 6일 발발한 제4차 중동전쟁이 10월 17일부터 석유전쟁으로 비화하면서 발생했다. 그해 10월 16일 페르시아만의 6개 석유수출국들은 오펙(OPEC) 회의에서 원유 고시가격을 17% 인상한다고 발표한 데 이어서, 17일 이스라엘이 아랍 점령지역에서부터 철수하고 팔레스타인의 권리가 회복될 때까지 매월 원유생산을 전월에 비해 5%씩 감산하기로 결정하였다고 발표하였다. 그 결과 아라비아산 원유에 대한 OPEC의 공식가격은 1차 석유파동 이전의 3.07달러에서 1974년까지 11.65달러로 3.8배가 올랐다.

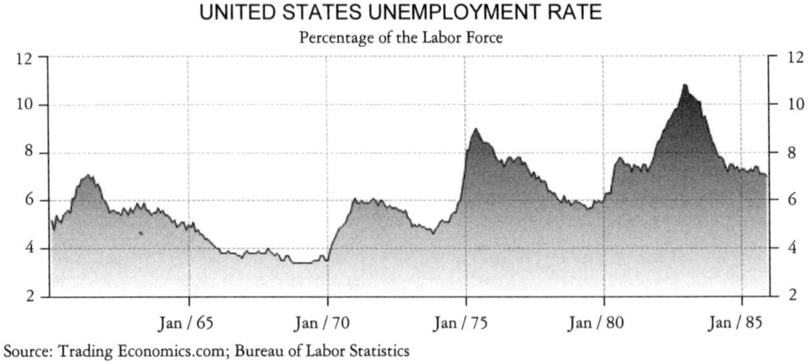

▌그림 1-3. 1960~85년간 미국의 실업률

인플레이션의 억제가 GDP 감소를 불러오는 현상은 많은 국가들에서 발견되기 때문이다. 즉 기본적으로 금리 수준의 선택에서 경기부양과 물가안정 중 하나는 불가피하게 포기해야 문제에 직면하기 때문이다. 둘째, 70년대 인플레이션과 스태그플레이션은 비용상승(cost-push) 인플레이션의 측면이 강했다는 점에서 총수요 확장 정책의 산물인 수요견인(demand-pull) 인플레이션과는 거리가 있다. 사실, 미국의 인플레이션은 69년에 물가상승률이 6%에 도달했을 정도로 실업률이 아직은 안정 상태에 있었던 70년대 이전에 이미 나타났다. 60년대 말의 인플레이션은 금값의 상승, 즉 달러 가치 하락에 따른 결과였다. 제4절에서 자세히 다룰 것이지만 간단히 살펴보자면, 1971년 8월 15일 '금태환 정지' 선언, 이른바 '닉슨 쇼크'는 60년대 후반에 이미 표면화되었던 달러에 대한 신뢰 저하와 달러 가치 하락의 결과였다. 경제력의 다원화 및 미국 경제의 경쟁력 약화 그리고 그에 따른 미국의 무역수지 적자로 미국의 동맹국들이 미국에게 금을 요구하기 시작하며 달러 가치가 하락했던 것이다. 그 결과 2차 대전 이후부터 1960년까지 미국이 보유하였던 금의 양은 200.9억 달러의 가치에 달하는 5억 7,400만 온스였으나 1971년 초에 금의 양은 절반 수준인 100억 달러까지 감소하였다. 이 규모는 외국 은행들이 보유하는 달러 규모에 미달하는 것이기에 달러에 대한 투매가 불길처럼 확산되었다. 이처럼 '침체 속의 인플레이션'이라는, 경제학의 상식에 배치되는 전

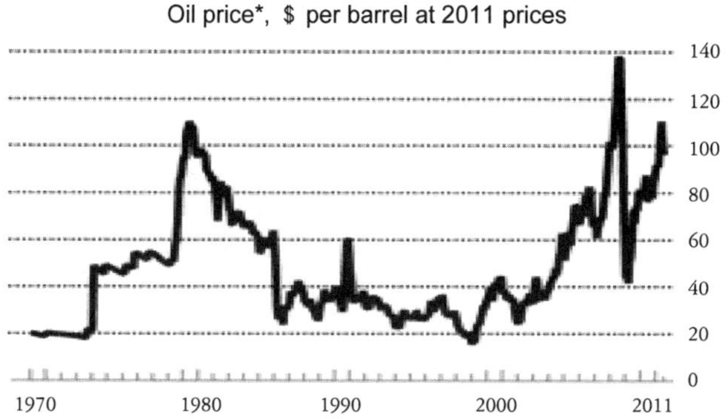

source: *The Economist*; 'West Texas Intermediate Thomson Reuters'
출처: Economist, Sep. 24, 2011, p. 18.

▌그림 1-4. 석유 가격의 추이(배럴당 달러, 2011년 가격 기준)

혀 새로운 문제가 나타난 이유는 브레튼우즈 체제의 붕괴의 결과였지 통화 확장의 결과가 아니었다. 통화 확장은 1971년부터 시작되었다.[14] 즉 '닉슨 쇼크'가 '대인플레이션(the Great Inflation, 1965~1984)'의 핵심원인이었다.[15] 70년대 1, 2차 '오일 쇼크(oil shock)'도 달러의 가치 하락에서 비롯한 것이었고, 통화 팽창은 불에 기름을 부은 격이었을 뿐이다.

현실적으로도 신자유주의 경제학자들의 주장은 입증되지 않았다. 영국판 신자유주의인 영국의 대처리즘(Thatcherism, 1979~1990)은 강력한 긴축정책으로 인플레이션율[16]을 낮추었다. 신자유주의 경제학자들의 주장에 따르면 이는 단기적으로 실업률을 상승시킬 수 있지만 결국 장기적으로는 실업률이 자연실업률 수준으로 돌아가야 하는데, 실업률은 과거보다 높아진 상태로 유지되었기 때문이다. 이는 인플레이션 정책에 의해 자연실업률 자체가 과거에 비해 상승했기 때문

14 1971년 1분기에 통화 공급은 연율로 8% 증가했고, 2분기에 10% 증가하였다. 노동조합이 생계비 조정에 추가하여 3년에 걸쳐 30% 이상의 임금 인상을 요구하여 타결을 본 것도 1971년 상반기였다.

15 Businessweek, Aug. 8-14, 2011, Nixon Shock, p. 78.

16 영국 소매가격지수(RPI, Retail Prices Index)의 상승률은 1970년 6.4%에서 1차 석유파동 이후인 1974년 16.0%, 1975년 24.2%까지 상승하였다가 1978년 8.3%까지 하락했으나, 1978년 12월 26일부터 79년 3월 5일까지 이란의 석유수출정지에 기인한 2차 석유파동으로 1979년 13.4%, 1980년 18.0%로 다시 상승하였다. 그러나 긴축과 경기침체로 1983년에는 4.6%까지 하락하게 된다.

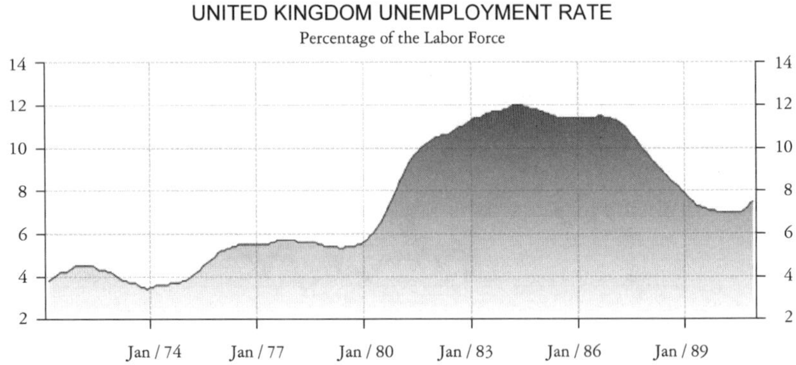

Source: Trading Economics.com; UK office for National Statistcs

▌그림 1-5. 영국의 실업률 추이, 1970~90

으로 보이는데, 노동시장이 신자유주의 경제학자들의 주장처럼 유연하게 움직이지 않는다는 사실을 보여준 것이었다. 즉 해고된 사람들의 노동생산성 하락, 절망에 의한 취업 포기, 재취직의 어려움 등으로 인해 실업률이 일단 높아지고 나면 쉽게 낮아지지 못하는 것이다.

마찬가지로 1953~92년간 미국의 경우를 보면 인플레이션율과 실업률 간에 상충관계를 확인할 수 있다. 기간별로 나누지 않고 전체를 하나로 묶어 관찰할 경우 양자 사이에는 관계가 없는 것으로 보인다. 그런데 이 기간 전체를 1955~71년, 1974~84년, 1985~92년의 세 개 구간으로 나누어 보면 필립스곡선이 존재하되 기간에 따라 곡선의 위치가 변하고 있음을 알 수 있다. 즉 실업률에 영향을 미치는 요인은 인플레이션율만이 아니다. 인플레이션율이 실업률에 미치는 요인은

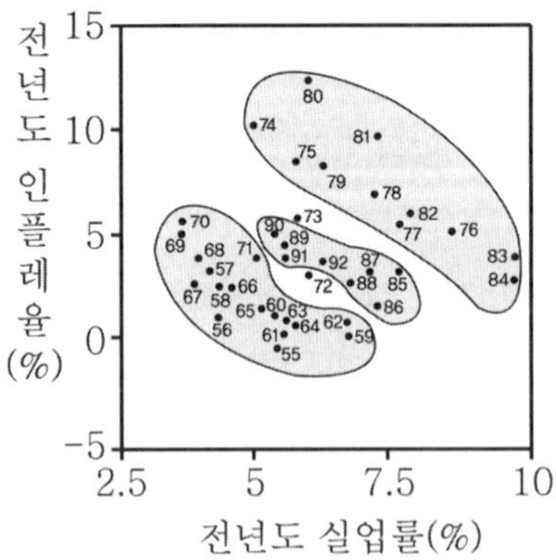

출처: P. Ormerod, 1994, The Death of Economics, Faber and Faber.

▌그림 1-6. 미국의 인플레율과 실업률의 관계, 1955~92

필립스곡선상에서의 이동으로 나타나겠지만, 인플레이션율을 제외한 다른 요인으로 실업률이 변화했다면 필립스곡선 자체가 이동할 것이다. 위 분석기간 동안 미국 경제는 법과 제도를 포함해 시스템이나 산업구조 등에서 중요한 변화들을 경험하였다는 점에서 필립스곡선의 이동 가능성을 고려해 자료를 해석하는 것이 바람직할 것이다.

신자유주의 경제정책

경제활동에서 국가부문의 역할 축소를 주장하는 신자유주의는 통화 및 재정의 긴축, 감세, 민영화(privatization), 그리고 노동시장 및 산업현장에 대한 탈규제(deregulation) 등을 주장한다. 첫째, 긴축정책(디플레정책)은 단기적으로는 기업의 이윤을 희생시키지만 장기적으로는 생산 및 투자의 수익성을 회복시킬 수 있다. 예를 들어, 긴축 재정은 호황일 때는 경기의 과열을 막기 위해서 세입의 일부를 다음 해로 이월하고, 정체되었을 때는 세수의 감소를 예상하여 이에 상응하는 세출의 감소를 도모하기 위해 경비의 일부를 삭감한다. 따라서 이론적으로 긴축재정은 호황일 때는 경기에 대한 디플레적 성격을 띠며 침체일 때는 중립적인 성격을 띤다. 즉 1970년대 들어 경제성장과 완전고용을 더 이상 주요 목적으로 유지할 수 없게 된 미국과 영국 정부 등은 인플레이션의 가속화, 그리고 이윤 압박과 경쟁력 상실에 직면해 디플레정책과 노동자의 소득 억제 정책으로 대응했다. 인플레이션은 주로 초과수요에 의해 발생하는 반면, 디플레이션은 주로 초과공급에 의해서 발생하게 되기 때문에 디플레정책은 한계기업이 도산하고 단기이윤을 희생시키더라도 장기적으로 생산 및 투자의 수익성을 회복하자는 데 있고, 대량실업을 양산함으로써 노동자들의 교섭력과 노동자의 저항을 약화시켜 노동강도의 강화와 임금 상승의 둔화, 그리고 작업 규율 강화 등의 효과를 거둘 수 있다. 즉 디플레정책을 통한 불황의 유도는 직장 폐쇄나 일자리 상실 등 노동자의 심리적 두려움을 증대시킴으로써 저항을 약화시켜 임금상승은 둔화되고 임금증가율은 가격증가율을 밑돌게 된다. 또한, 소득 억제 정책은 노동자에게 화폐임금 증가액의 억제 혹은 심지어 실질소득의 인하를 수락하도록 압박하였다. 이처럼 디플레정책과 소득 억제 정책 등 정부와 자본의 공세로 임금이 억제되면서 임금노동자들의 불만은 증대되고 파업물결이 확산되었다. 그러나 대개의 파업은 실패로 끝났고, 70년대 말쯤에는 더 이상 경제가 고용, 생활수준, 복지서비스를 기존의 수준으로 유지할 수 없게 됨에 따라 정부와 노조 모두 시장메커니즘의 자유롭고 효율적인 작동을 방해하는 대상으로 전락했다. 그 결과 정부와 노조의 역할 축소는 정책결정에서 지배적 흐름이 되었다.

둘째, 이윤 압박의 요인들로 지적된 법인세나 사회보장 부담 등의 인하나 경감, 공급 능력을 약화시키는 근로소득세나 이자소득세 등의 감세를 주장했다. 예를 들어, 레이건 행정부(1981~88년)는 소득세의 최고세율을 70%에서 33%로 삭감했고,[17] 대처 정부(1979~90년)는 83%에서 40%로 내렸다. 신자유주의 경제학자들은 조세 감면을 통하여 총수요를 증대시키고, 노동공급의 증가와 저축 및 투자의 증대로 총공급도 증가시켜 물가안정과 경기활성화가 동시에 달성될 수 있다고 주장하였다. 다시 말해, 근로소득세나 이자소득세의 인하, 그리고 법인세의 인하는 세후 실질임금의 증가로 노동력 공급의 증가나 저축의 증가 그리고 기업투자의 증가를 가져와 총공급곡선을 오른쪽으로 이동시킬 것이라고 주장한다. 1980년대 초반 미국 레이건 행정부에 의해 받아들여져 학계보다는 일반대중에게 더욱 널리 알려지게 된 '공급중시경제학(supply-side economics)'이 그것이다. 조세감면을 통해 실업과 인플레이션의 문제를 모두 해결할 수 있다니 얼마나 환상적인 일인가? 게다가 조세 감면에 따른 총공급의 증대는 조세수입도 증대시켜 재정적자도 줄일 수 있다고 주장하였다. 이른바 '래퍼곡선(Laffer's curve)'이다.

그러나 근로소득세의 인하에 따른 세후 임금의 증대가 노동력 공급에 미치는

---

17 참고로 미국의 최고 소득세율은 1940년(루즈벨트 정부) 81.1%에서 1950년(트루먼 정부) 84.4%, 1960년(아이젠하워 정부) 91.0%, 1970년(닉슨 행정부) 71,75%, 1980년(카터 정부) 70.0%, 1990년(부시 정부) 28%, 2000년(클린턴 정부) 39.6%, 2003년(부시 정부) 35.0%로 변해 왔다. 자본이득세의 감세에 대해서는 다음을 참고할 수 있음. http://www.taxfoundation.org/files/fed_capgains_taxrates-20100830.pdf

▌표 1-3. 레이건 행정부의 주요 감세 조치

연 도	법 안	주요 내용
1981	Economic Recovery Tax Act	· 소득세, 한계세율(70% → 50%) 등 세율인하 · 맞벌이 가구에 대한 공제 확대 · 부동산세 공제 확대 · 특별소득세율 인하
1982	Tax Equity and Fiscal Responsibility Act	· 소득세 감세 연장
1986	Tax Reform Act	· 개인소득세율 인하(최고세율 50% → 28%) · 개인 소득공제 확대 · 법인세율 인하(최고세율 46% → 34%)

자료: 미 재무부.

▌표 1-4. 주요국의 법인세 최고세율 변화[18]

연 도	핀란드	프랑스	독일	일본	네덜란드	노르웨이	스웨덴	영국	미국
1981	61.50	50.00	60.00	–	48.00	50.80	57.80	52.00	49.70
1991	42.00	42.00	56.25	49.98	35.00	50.80	30.00	33.00	38.85
2001	29.00	36.43	38.90	40.87	35.00	28.00	28.00	30.00	39.26
2010	26.00	34.43	30.18	39.54	25.50	28.00	26.30	28.00	39.21

자료: OECD.

영향이나 이자소득세의 인하에 따른 세후 이자소득의 증대가 저축의 증대에 미치는 영향 등은 탄력성에 의존하는 반면, 적어도 생산요소의 공급탄력성은 단기적으로 매우 비탄력적이기에 공급 능력의 강화로 이어지기 어렵다. 또한, 법인세 인하에 따른 이윤율 증대 효과도 실현된 이윤에 영향을 미치는 반면, 수익이 하락하는 경기침체 시기에는 그 효과가 크기 어렵다. 게다가 법인세 인하가 재정적자로 연결될 경우 이자율 상승과 금융비용 상승으로 투자에 대한 법인세 인하의 효과가 상쇄될 가능성이 높다. 무엇보다 소득세와 법인세의 대폭 인하의 결과는 폭발적인 재정적자의 증가와 소득분배의 악화를 초래하였다.[19] 오늘날 미국 경제의

18 참고로 1950년 35%의 세율로 처음 도입된 한국의 법인세율은 70년대 40%, 80년대 30%, 90년대 20%로 감소하였고, 2000년 28%에서 2001년 27%, 2005년 25%, 2010년에 22%로 감소했다.

19 면세나 세금공제 항목이 크게 늘어나 '기업경영의 황금기'로 불렸던 레이건 정부 시절(1983년 말)의 일화에 대한 워싱턴 포스트의 보도 내용이다. 1971~81년까지 메릴 린치(Merrill Lynch)의 CEO를 지낸 도널드 리건 재무장관이 심각한 표정으로 두툼한 서류철을 들고 백악관을 찾았는데, 거기에

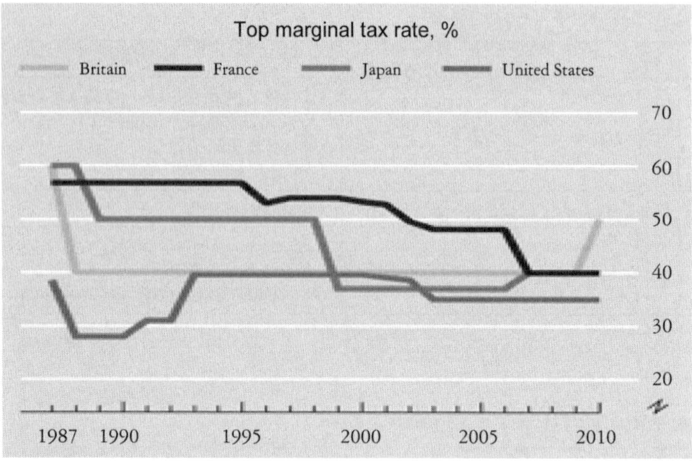

Source: OECD.
출처: Economist, Sept. 24th, 2011, p. 84에서 재인용.

▌그림 1-7. 주요 부자국가의 최고 소득세율 추이

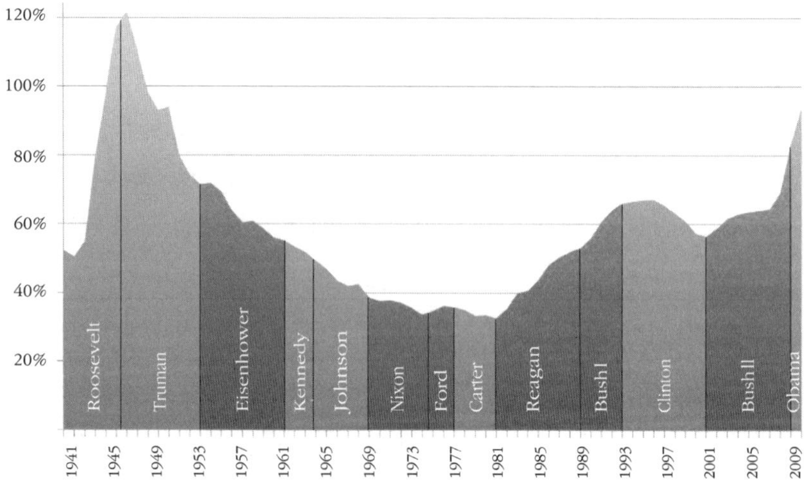

출처: http://en.wikipedia.org/wiki/United_States_public_debt

▌그림 1-8. 1940~2009년간 미국 역대 행정부와 정부 총부채의 추이, GDP 대비

는 제조항공군수 분야 최고업체인 제너럴일렉트릭 · 보잉 · 제너럴다이내믹스 등 57개 거대 기업이 세금을 한 푼도 내지 않았다는 충격적인 사실이 담겨 있었다. 한겨레신문, 2001.12.14, p. 15에서 재인용.

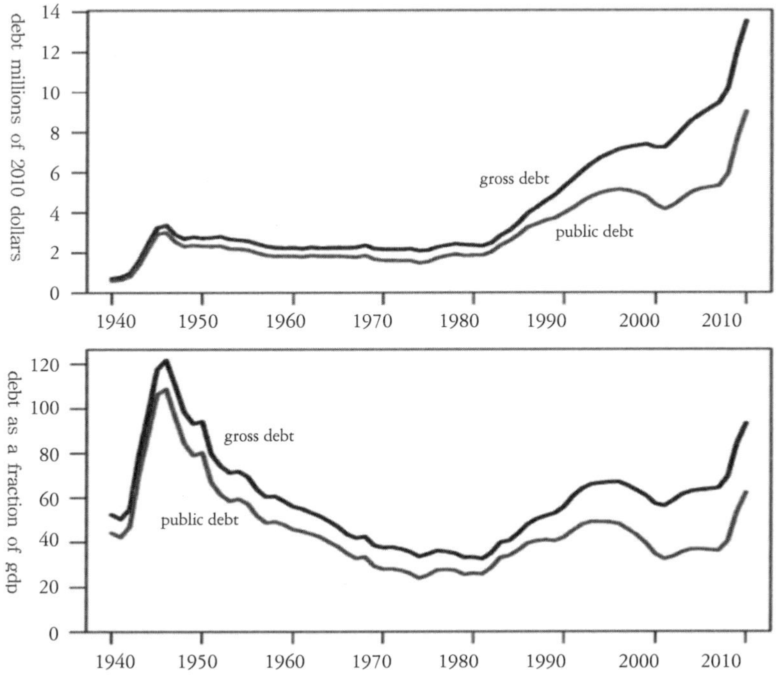

출처: http://en.wikipedia.org/wiki/United_States_public_debt

그림 1-9. 미국의 순 국가부채 및 총부채의 추이, 총 부채 규모와 GDP 대비 비중

암초가 되고 있는 정부부채의 문제는 감세를 적극적으로 추진했던 80년대와 2000년대 공화당 정부에서 크게 악화되었음을 확인할 수 있다.

또한, 소득분배를 나타내는 지표 중 하나인 지니계수를 보면 레이건 행정부 출범 전 해인 1980년에 0.403에서 1988년에는 0.427, 그리고 레이건 행정부의 정책을 계승한 부시(G. Bush) 행정부의 마지막 집권 해인 1992년에 0.434로 소득분배가 계속 악화되었다. 하위 20%와 상위 20% 가구의 소득이 전체 소득에서 차지하는 비중(%)도 1980년에 각각 4.3% 대 43.7%, 1988년에 3.8% 대 46.3%, 그리고 1992년에 3.8% 대 46.9%로 그 격차와 양극화가 계속 확대되었다.

셋째, 민영화된 기업이 보다 강한 경쟁에 직면하기에 경제적 효율성이 제고된다는 신념에 기초하여 공기업의 민영화가 급진적으로 추진되었다.[20] 그러나 공

표 1-5. 미국 가계의 지니계수, 1967~ 2007년

연도	지니계수	연도	지니계수	연도	지니계수
2010	0.468	1995	0.450	1980	0.403
2009	0.469	1994	0.456	1979	0.404
2008	0.467	1993	0.454	1978	0.402
2007	0.463	1992	0.433	1977	0.402
2006	0.470	1991	0.428	1976	0.398
2005	0.469	1990	0.428	1975	0.397
2004	0.466	1989	0.431	1974	0.395
2003	0.464	1988	0.426	1973	0.400
2002	0.462	1987	0.426	1972	0.401
2001	0.466	1986	0.425	1971	0.396
2000	0.462	1985	0.419	1970	0.394
1999	0.458	1984	0.415	1969	0.391
1998	0.456	1983	0.414	1968	0.386
1997	0.459	1982	0.412	1967	0.397
1996	0.455	1981	0.406		

출처: US Census Bureau.

기업의 민영화로 대기업은 그 규모가 더욱 커지고 대조적으로 국가는 점점 그 권한이 줄어들 수밖에 없다. 독점적인 공익사업의 경우 정부가 그 사업의 장래 수익성을 보장해 주려는 구조적 유인이 존재하였던 반면, 새로운 민영체제하에서 해고 위협의 증대는 노동자들을 위축시켜 더 낮은 임금이나 보다 강도 높은 노동패턴을 받아들이도록 강제하기 때문에 수익성 증가를 위해 희

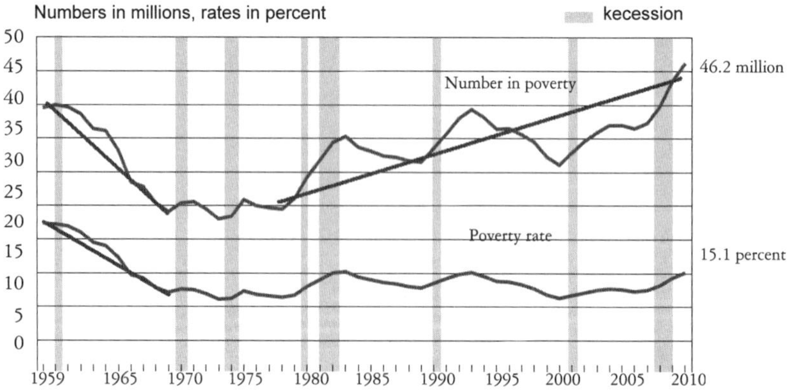

Note: The date points are placed at the midpoints of the respective years. For information on recessions, see Appendix A.
Source: U.S. Census Bureau, Current Population Survey, 1960 to 2011 Annual Social and Economic Supplements.
출처: http://www.census.gov/prod/2011pubs/p60-239.pdf

그림 1-10. 빈곤 인구의 규모와 빈곤율, 1959~2010년

20 1990~97년에 세계적으로 국가가 민영화한 재산은 그 총액이 513억 달러에 달했다. 이제 세계에서 100대 그룹에 드는 다국적 대기업은 하나하나가 120개 국가보다 수출량이 더 많았다. 특히, 23위 안에 드는 기업들은 인도, 브라질, 인도네시아, 멕시코와 같은 개발도상의 거인국들보다 더 많이 수출하였다. 이들 기업의 수출량이 전 세계 무역량의 70%를 차지하였다.

생하는 쪽은 바로 노동자들이었다. 게다가 만약 민영화가 경영자로 하여금 사회적 이유로 계속 유지되어온 서비스를 중단시킨다면 그 이윤 증가는 소비자의 희생을 대가로 한 것이었다. 무엇보다 민영화의 목적은 공기업을 경쟁체제로 전환해 경영을 효율화하는 데 있는 반면, 산업의 경쟁 여건이 조성되지 않았음에도 불구하고 민영화를 할 경우 이론적으로 효과를 기대할 수 없다. 그 경우 해당 기업을 받은 민간 기업은 또 다시 독점력을 갖게 된다. 특히 민영화와 더불어 해당 기업을 인수한 민간 기업에게 일정 기간 적자를 보전해주거나 독점을 인정해주는 등의 특혜를 제시할 경우 생산성의 향상 등 민영화의 목적은 거둘 수 없다. 공기업 비효율성의 대부분 원인들을 만들어낸 '정치실패'에 대한 비판이나 민주주의 강화의 필요성을 지적하기보다는 이념에 기초한 비판으로 또 다른 비효율성인 '시장실패'를 만들어낸 것이다.

넷째, 산업 운영에 있어서 안전 및 환경보호 등에 관한 정부규제의 제거나 노동시장의 유연화를 위해 노사관계에 관한 다양한 법적 규제의 변경과 노동조합의 활동에 대한 규제를 포함한 노동시장에 대한 법적 규제의 완화를 추진하였다. 그 결과 높은 실업으로 이미 약화되고 있었던 노동자계급의 지위는 더욱 위축되었고, 노조와 기업(자본) 간의 세력 균형은 무너졌다. 예를 들어 1970년대 초반 보수당 정부의 급진적 노사관계법이 노조의 반대로 패배한 교훈을 바탕으로 대처정부는 일련의 고용법을 통해 서서히 노조를 약화시켰다. 미국에서도 고용 지원 정책이 폐기되었다. 70년대까지 미국은 일자리 회복을 위한 정책의 선두 국가였다. 예를 들어, 카터 정부는 임금보조금, 공공 고용프로그램 등을 도입하여 최대 70만 명 이상에게 혜택을 제공하였다. 그러나 이러한 정책을 '큰 정부'로 비난한 레이건 정부는 이들 정책을 폐기하고 기금을 대폭 삭감하고 훈련을 민간부문에게 이전하였다. 그 결과 오늘날 미국 정부는 인플레 조정 후 기준으로 적극적 노동시장 정책을 펼쳤던 1980년에 비해 60%도 안 되게 지출하고 있고, GDP 대비 기준으로 다른 선진국에 비해 적게 지출하고 있다. 오늘날 미국 노동자는 고용과 연계된 의료보험 혜택과 최대 6개월에 불과한 실업급여 등 때문에 일자리 확보를 적극적으로

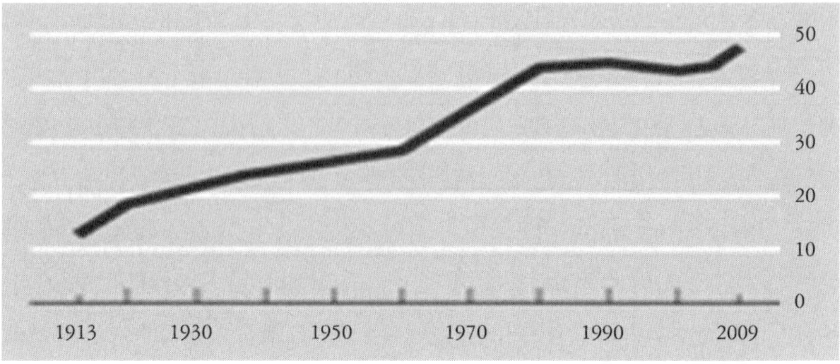

주: 네덜란드, 독일, 미국, 벨기에, 스웨덴, 스위스, 스페인, 영국, 오스트리아, 이탈리아, 일본, 캐나다, 프랑스.
출처: Economist, March 20, 2011, "The ever-growing state: Taming Leviathan".

▌그림 1-11. 주요 13개 선진국의 평균 정부지출 비중, GDP 대비 %

시도할 수밖에 없다. 이것이 80년대 유럽의 고실업을 '유럽병'으로 비난하며 미국이 노동시장의 장점으로 거론한 유연성과 효율성의 원천이었던 것이다.

지금까지 보았듯이 70년대 이후 신자유주의 공세 속에서 70년대 말~80년대 초 사이에 집권하기 시작하면서 신자유주의 경제정책이 적극적으로 도입된 결과 선진국들에서 정부 역할은 크게 축소된다. GDP 대비 정부지출의 비중은 80년대 이후 처음으로 정체하기 시작하고 90년대에는 후퇴까지 하였다. 정부 규모의 정체 내지 축소는 금융위기 이전까지 일반적 경향이었다.

무역자유화와 세계무역기구 체제의 등장

지금까지 살펴본 정책들이 신자유주의의 대내적 경제정책이라면 무역자유화라는 시장 개방은 신자유주의의 대외적 경제정책 중 하나였다. 앞에서 지적했듯이 신자유주의의 대내적 경제정책으로 이윤율을 구성하는 한 축인 이윤몫은 크게 개선되었으나, 다른 축인 시장 수요의 부족은 여전히 지속되었다. 그 결과가 후진국들에 대한 시장개방의 압력으로 나타났고, 그에 따라 세계시장을 관리하기 위한 국제협력과 국제기구의 역할 또한 증대하였다. 무엇보다, 관세 장벽과 수출입 제한을 제거하고 국제무역과 물자교류를 증진시키기 위해 1947년 제네바에서 미국을 비롯한 23개국이 조인한 국제적인 무역협정인 '관세 및 무역에 관한 일반협정(General Agreement on Tariffs and Trade, GATT)'은 1973~79년에 진행된 동경라운드까지 7차의 라운드 교섭을 거쳤다. 이 과정을 거쳐 주요 선진 공업국의 평균관세율은 GATT 출범 시의 35%에서 4.7%로 크게 인하되었다. 이에 따라 관세는 국제무역에 더 이상 장애가 되지 않았다. 그러나 관세율 저하에 비례하여 비관세 조치도 계속 커졌고, 자유로운 무역을 확대하기 위해서는 비관세장벽(Non-Tariff Barriers, NTBs)을 낮추거나 폐지할 필요성이 제기되었다. 이 때문에 제5차 라운드까지는 관세 인하만을 교섭했지만, 1964~67년 스위스 제네바에서 있었던 제6차 케네디라운드에서는 덤핑방지 협정을 채택하는 등 관세 이외의 비관세 장애문제를 처음으로 다루었다. 더욱이 제7차 동경라운드에서는 덤핑, 보조금, 상계관세(相計關稅)[21] 및 관세평가, 보건 및 안전기초, 수입허가절차, 항공기, 정부조달의 7개 분야에서 협정을 마련하는 등 본격적으로 비관세 장애문제를 다루었다.

이처럼 70년대에 무역자유화가 크게 확대되었음에도 불구하고 기본적으로 가트(GATT) 체제를 벗어난 것은 아니었다.[22] 그 결과 70년대 말부터 가트 체제에 대한 근본적인 변화가 미국을 중심으로 논의되었다. 미국의 무역적자가 70년대 후반부터 크게 증대되었기 때문이다. 제8차 다자간 무역협상(1986~93년)인

---

21 상계관세란 수출국이 수출품에 장려금이나 보조금을 지급하는 경우 수입국이 이에 의한 경쟁력을 상쇄시키기 위해 부과하는 누진관세이다.

22 GATT 체제에서도 두 번의 변화가 있었다. 하나는 유럽통합의 움직임 속에 최혜국(MFN) 관세 적용을 중단시키기 위한 케네디 라운드(Kennedy Round, 1964~67), 다른 하나는 브레튼우즈 체제의 붕괴와 오일쇼크와 일본의 부상을 다루었던 도쿄 라운드(Tokyo Round, 1973~79)다. 1958년 유럽경제공동체(EEC)가 결성된 뒤부터 EEC 제국이 역내관세를 단계적으로 철폐시키는 반면, 역외관세에 대해서는 공통관세 징수를 설정하였다. EEC로부터 축출되는 결과가 되는 것을 극복하기 위해 미국의 케네디 대통령은 1962년 6월 의회에서 통상확대법을 통과시켜 미리 관세를 대폭 인하함으로써 EEC 역내의 관세장벽을 무너뜨리고 나아가 관세일괄인하(다자간 무역협상)를 시도하였다. 한편, 도쿄라운드를 통해 미국은 선택적 긴급수입제한(safeguard) 조항의 설정을 시도하였다. 그러나 긴급수입제한의 남용에 대한 염려와 선진국 주도의 협상에 대한 불만 등으로 교섭참가 99개국 중 서명 국가는 미국 · 일본 · EC(유럽공동체) 등 선진 25개국에 불과했고, 개발도상국에서는 아르헨티나와 칠레 등 몇 나라를 제외하고는 서명을 기피하였다.

▌표 1-6. 미국의 무역수지, 1960~2010(단위, 백만 달러)

연도	무역수지	재화	서비스	연도	무역수지	재화	서비스
1960	3,508	4,892	-1,384	1986	-138,538	-145,081	6,543
1961	4,195	5,571	-1,376	1987	-151,684	-159,557	7,874
1962	3,370	4,521	-1,151	1988	-114,566	-126,959	12,393
1963	4,210	5,224	-1,014	1989	-93,141	-117,749	24,607
1964	6,022	6,801	-779	1990	-80,864	-111,037	30,173
1965	4,664	4,951	-287	1991	-31,135	-76,937	45,802
1966	2,939	3,817	-878	1992	-39,212	-96,897	57,685
1967	2,604	3,800	-1,196	1993	-70,311	-132,451	62,141
1968	250	635	-385	1994	-98,493	-165,831	67,338
1969	91	607	-516	1995	-96,384	-174,170	77,786
1970	2,254	2,603	-349	1996	-104,065	-191,000	86,935
1971	-1,302	-2,260	958	1997	-108,273	-198,428	90,155
1972	-5,443	-6,416	973	1998	-166,140	-248,221	82,081
1973	1,900	911	989	1999	-263,160	-336,171	73,011
1974	-4,293	-5,505	1,212	2000	-376,749	-445,787	69,038
1975	12,404	8,903	3,501	2001	-361,771	-421,276	59,505
1976	-6,082	-9,483	3,401	2002	-417,432	-474,491	57,059
1977	-27,246	-31,091	3,845	2003	-490,984	-540,409	49,425
1978	-29,763	-33,927	4,164	2004	-605,357	-663,507	58,150
1979	-24,565	-27,568	3,003	2005	-708,624	-780,730	72,106
1980	-19,407	-25,500	6,093	2006	-753,288	-835,689	82,401
1981	-16,172	-28,023	11,851	2007	-696,728	-818,886	122,158
1982	-24,156	-36,485	12,329	2008	-698,338	-830,109	131,770
1983	-57,767	-67,102	9,335	2009	-381,272	-505,910	124,637
1984	-109,072	112,492	3,420	2010	-500,027	-645,857	145,830
1985	-121,880	122,173	294				

출처: U.S. Census Bureau, Foreign Trade Division.

우루과이라운드(Uruguay Round, UR)가 그것이고, 그 결과가 1995년 출범한 국제무역기구(World Trade Organization, WTO) 체제이다. 가트 체제와 WTO 체제의 주요한 차이로 세 가지를 지적할 수 있다. 첫째, 가트 체제는 제조업(공산품) 중심의 무역자유화를 추구하였지만, WTO 체제에서는 1차 및 3차 산업까지 시장개방의 대상이 확대되었다. 둘째, 가트 체제에서는 선・후진국 간 경제발전의 차이에 따른 시장개방의 정도의 차이가 인정되었으나 WTO 체제에서는 공정한 게임이 강조되면서 동등한 수준의 시장개방과 생산 활동과 관련된 노동・환경 등의 문제에 있어서도 선진국들의 수준을 개도국들에게 요구하였다. 셋째, WTO 체제에서 무형재인 지적재산권이 무역 대상으로 새롭게 추가되었다. 미국은 지적재산권의 상품화 및 무역 대상으로 포함시키기 위해 국내 환경을 먼저 정비하였다. 즉 지식이 사적 소유권을 획득하게 되는 계기가 되었던 1980년 미국 상원에서 통과된 '특허 및 상표수정법안,' 이른바 '베이-돌(Bayh-Dole) 법안'이 그것이다. 이처럼 UR에서는 지적재산권이라는 새로운 분야가 교섭의 대상으로 되었다 하여 '지적재산권의 무역적 측면(Trade-related Aspects of Intellectual Property, TRIPS)'이란 이름으로 부르게 되었다. 사실 세계무역기구 설립 협정의 부속 협정으로 체결된 TRIPS 협정과 세계지적재산권기구(World Intellectual Property Organization, WIPO)의 저작권 조약은 미국 주도로 만든 것이다. 이를 통해 미국 기업들이 막대한 이익을 올리기 때문이다. 2006년 3월에 발행된 세계무역기구 보고서에 따르면, 2004년 한 해에만 미국이 지적재산권 로열티로 얻은 수입이 513억 달러(약 60조 원)에 달했다. 지적재산권 로열티 수입이란 지적재산권 이용료를 말하는 것이므로, 지적재산권 상품 그 자체를 판매하여 얻은 수익까지 합하면, 미국이 지적재산권으로 얻는 수입은 로열티 수입의 수십 배에 달한다. 만성적인 무역수지 적자로 허덕이는 미국 입장에서 지적재산권은 그야말로 황금알을 낳는 거위인 셈이다. WTO는 도하에서 열렸던 제4차 WTO 각료회의(2001.11.14)에서 144개 회원국(중국·타이완 포함)이 참가해 다자간 무역협상에 합의함으로써 명실공히 다자간 무역기구의 위상을 갖추게 되었다.

제4절 자본의 탈제조업과 경제의 금융화

지금까지 살펴보았듯이 자본의 수익률 하락에 대한 신자유주의식 대응으로 제조업의 구조적 공급 과잉의 문제는 해소될 수 없었다. 미국과 서유럽 국가 그리고 일본 등 사이에 제조업 부문의 기술이 평준화되는 가운데 가격 경쟁이 치열해졌고, 그 결과 가격경쟁력에서 뒤처질 수밖에 없는 미국 제조업의 경쟁력 쇠퇴는 불가피했다. 예를 들어, 60년대 후반에 일본과 독일(당시 서독)에 대한 미국의 무역수지가 적자로 전환되었고, 1985년부터는 중국에 대한 무역수지도 적자를 실현하였다. 사실, 미국이 주도적으로 추진한 시장개방 정책은 가격 경쟁력에 기초하는 제조업에게 불리하게 작용할 수밖에 없었다. 60년대부터 글로벌 무역자유화가 급속히 확장되면서 제조업 일자리의 외주화(outsourcing)가 진행되었고, 여기에 70년대 초부터 주기적으로 반복되는 경기침체는 제조업 노동자의 해고로 이어지는 등 미국의 '러스트 벨트(Rust Belt, 제조업지대, 공장지대)'는 위축되기 시작했다.

미국 경제력의 상대적 약화와 브레튼우즈 체제의 붕괴

제조업 이후 새로운 산업이 마련되지 않은 상황에서 자본의 탈제조업은 경제의 금융화로 이어질 수밖에 없다. 산업체계의 다양화나 산업구조의 업그레이드가 지연 혹은 실패하면서 금융이 과잉 발전하는 현상은 19세기 말 영국이 이미 경험한 것이다. 80년대 이후 "전체 경제 활동에서 금융산업의 지배력과 기업 경영에 대한 금융 통제가 증가하는, 즉 경제 중력의 중심이 생산에서 금융으로 이동"하는 '금융경제화'가 급속하게 진행된 이유이다. 실제로 80년대 이후 30년간 진행된 금융경제화와 그것의 제도적 기반인 현대 금융시스템은 미국 제조업 경쟁력의 상대적 약화에서 비롯한다.

1971년 8월 15일 미국의 닉슨 대통령은 각국의 공적기관이 보유한 달러의 금에 대한 교환성을 정식으로 정지하는 이른바 '금태환(gold convertibility) 정지'를 선언하였다. 1차 대전 이후 미국이 세계경제의 중심으로 떠오르면서 금 가격 표시로서의 중요성이 점차 증가되었다. 루즈벨트 대통령은 온스(31.1035g)당 금 가격을 20.67달러에서 35달러로 올렸고 달러-금 교환기준을 설정해서 미국 연방준비이사회(Federal Reserve Board, FRB)에서 달러를 금으로 교환할 수 있는 제도를 만들었다. 1944년 7월 미국 뉴햄프셔 주의 브레튼우즈(Bretton Woods)에서 44개 연합국 대표들이 참석한 가운데 전후의 국제통화질서를 체결한 '브레튼우즈 협정'[23]은 이러한 금-달러 기준제도를 공식화했고 일정한 비율에 의해 각국

통화가 금으로 교환할 수 있는 비율을 정해 운용하는 통화정책을 정하였다. 이에 따라 온스당 35달러라는 금 가격은 1968년 금 가격의 자유화 시기까지 각국 중앙은행의 협조하에 유지되었다.[24] 그런데 베트남전에 쏟아 부은 돈 때문에 미국이 흔들린다는 것을 감지한 각국으로부터 미국에 '달러를 주고 금을 받는' 금태환 요구가 빗발치자,[25] 이를 감당할 수 없었던 미국이 '브레튼우즈 협정'을 깨고 금 바꿔주기를 금지키로 한 것이 바로 '닉슨 쇼크'다. 이는 제2차 대전 이후 계속됐던 금본위체제, 즉 달러(35달러)를 주면 금(1온스)을 준다는 보장하에 달러 기준의 고정환율제의 종료를 의미했다. 앞에서 기술했듯이 미국의 '금태환 정지'는 기본적으로 국제수지의 적자 확대와 달러의 신뢰도 하락, 그리고 미국의 금 준비 감소에 따른 결과였다.

사실, 브레튼우즈 체제의 붕괴는 예고된 것이었다. 기축통화제의 본질적 모순, 즉 세계가 수용할 수 있는 기준 자산(an acceptable numeraire)으로서 지불준비금(reserves) 자산의 가치를 보증 혹은 안정화시키면서 지불준비금 자산에 대한 수요 증대에 충분히 공급을 해야 하는 문제인 이른바 '트리핀 딜레마(Triffin dilemma)'의 문제를 갖고 있기 때문이다. 가계와 기업처럼 정부 역시 유동성(liquidity)[26]에

---

23 충분한 국제유동성의 확보(the adequacy of international liquidity)는 2차 대전 이후 국제금융시스템 개혁의 주요 요인이었고, 금-달러 연계, 고정환율시스템, 국내 및 (특히) 국제 금융거래에 대한 엄격한 규제, 금융시장 발전에 대한 일반적 제약이 브레튼우즈 체제의 주요 특성이었다.

24 사실, 1934년 1월 31일부터 미국 재무성은 외국이 보유하는 공식적 달러는 '금과 같다(as good as gold)'며 외국 중앙은행과 정부가 보유한 달러에 대해 금 1온스에 35달러 기준으로 상환하는 것을 보증했다. 브레튼우즈 체제 유지를 위한 장치가 '골드 풀(gold pool)' 제도였다. 런던 자유 금시장에서의 금가격을 공정가격(1온스=35달러) 가까이 유지함으로써 투기적인 변동과 그에 따른 국제적인 환시세의 혼란을 방지하기 위하여 구미 8개국(독일, 네덜란드, 미국, 벨기에, 스위스, 영국, 이탈리아, 프랑스)의 중앙은행이 1961년 10월에 합의하였다. 이처럼 금가격의 안정성과 브레튼우즈 체제의 유지는 집단행동이 필요하였다. 즉 개별 이해보다 집단의 이해가 우월해야만 가능한 것이었다. 실제로 1965년경부터는 만성적인 파운드 불안이나 미국의 국제수지 적자 때문에 금 매각액이 많아져서 1967년에는 프랑스가 사실상 탈퇴하였고, 1968년 3월에는 금의 2중가격제가 채용되었기 때문에 금풀은 활동을 정지하였다.

25 특히, 미국에 대해 커다란 무역흑자를 보며 막대한 달러를 보유하고 있었던 독일 내에서 미국의 금태환에 대한 의심이 확산되기 시작했다. 독일이 보유한 달러화는 계속 쌓이는데 미국이 보유한 금은 한정돼 있어 독일이 보유한 달러를 미국이 금과 교환해 줄 능력이 있는지 의심이 생긴 것이다. 그러자 독일은 지속적으로 미국에 달러를 금과 태환해 달라고 요청했다.

대한 용이한 접근이 필요하다. 폐쇄경제에서 정부는 기본적으로 중앙은행을 통해 모든 유동성 필요를 제공할 수 있다. 그러나 개방경제에서는 외국 통화가 필요할 때 중앙은행이 프린트할 수 없고, 보유한 총 지불준비금과 이용 가능한 외국 통화에 대한 신용 규모에 의해 정부의 힘이 제약된다. 1950년대까지는 사실상 경쟁자가 없는 달러 지배 시기로 금과 달러가 국제유동성의 역할을 수행하였다. 1948년에 미국은 세계 금 지불준비금의 대부분을 보유하였다. 1960년까지 미국의 금 보유량은 축소되고 해외에서 보유한 달러량이 증가했음에도 불구하고 전자의 우위는 유지되었다. 1960년에 양자의 관계가 역전되면서 런던 금 시장에서 투기가 증대하였고, 그 결과가 '골드 풀(gold pool)' 제도의 구축이었다. 게다가 1950년대와 60년대는 남아프리카공화국에서의 새로운 금광 개발과 러시아의 금 매각으로 큰 문제는 발생하지 않았다. 그러나 미국 금 보유량의 축소와 해외 달러 보유량의 증가 추세가 계속된 반면, 세계 금 스톡은 증가하는 글로벌 지불준비금을 쫓아갈 수 없었다. 여기에 1966년 러시아가 금 매각을 중단하며 금 스톡은 증가가 멈추었다.

1970년 세계 달러 지불준비금은 급등하였고, 달러 가치를 방어하기 위해 각국 중앙은행은 대규모 달러를 구입하였다.[27] 1970년 말에 미국의 금 보유액은 110억 달러에 불과했던 반면, 해외 달러보유액은 530억 달러에 달해 미국이 금으로 지불할 수 없는 규모가 420억 달러에 달했다. 420억 달러는 미국 GDP의 4.2% 규모였고, 당시 연방정부의 부채가 GDP의 28%에 불과했기에 재정적으로 부담이 되지 않는 규모였다. 문제는 당시 세계 금 생산액이 18억 달러, 그리고

26 재화와 다른 자산에 지출할 수 있는, 즉 쉽게 판매할 수 있는 자산을 일컫는다. 폐쇄경제에서 정부는 기본적으로 중앙은행을 통해 모든 유동성 필요를 제공할 수 있다. 그러나 개방경제에서는 외국 통화가 필요할 때 중앙은행이 프린트할 수 없고, 보유한 총 지급준비금(reserves)과 이용 가능한 외국 통화 신용은 정부의 힘을 제약한다.

27 금-달러 연계에 기초한 금본위제의 문제는 세계 생산이 금 생산액을 초과할 경우 금가격의 상승이 불가피한 반면, 금-달러의 교환 비율이 고정된 상황에서 디플레이션이 발생할 수밖에 없다. 그런데 미국의 선택권이 존재하지 않는 상황에서 나머지 국가는 통화 가치를 절하시킬 수밖에 없다. 그리고 통화가치 절하는 수출경쟁력의 저하로 이어질 수밖에 없다.

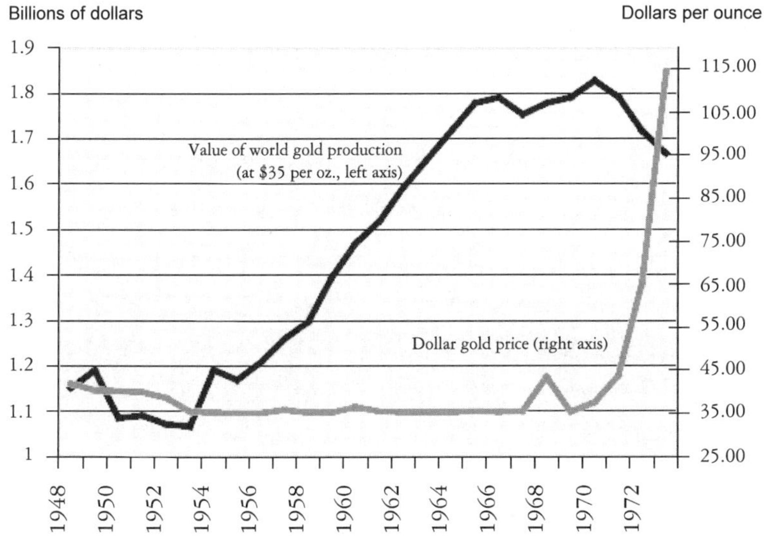

source: U.S. Geological Survey and Global Financial Data
출처: Maurice Obstfeld, 2011, "The International Monetary System: Living with Asymmetry"

▌그림 1-12. 금 생산액과 달러-금 가격

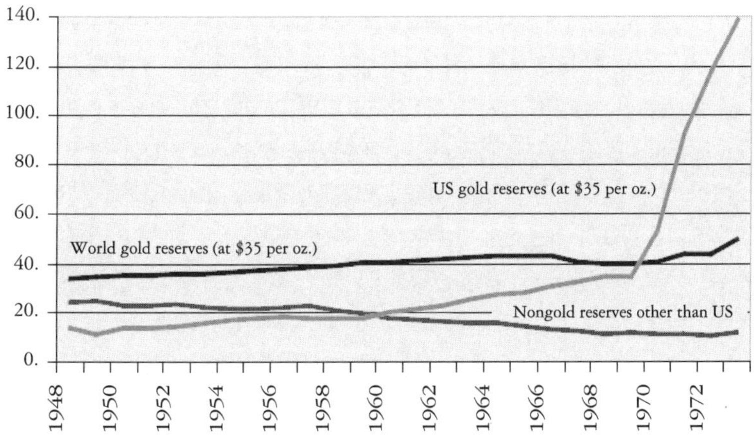

Source: IFS.

▌그림 1-13. 금 지불준비액과 해외 정부가 보유한 달러 보유액(십억 달러)

해외 금 스톡이 290억 달러로 총 308억 달러 규모에 불과했기에 부족분 420억 달러 규모에는 112억 달러나 부족한 것이었다. 게다가 미국이 해외의 금 매입을 시도할 경우 금가격의 폭등이 불가피한 실정이었다. 잠재적으로 재정이 지불불능 상태에 빠진 것이다. 달러를 금으로 바꾸는 투기가 증가하였고, 일부 중앙은행도 가세하였다. 1971년 8월 15일 닉슨대통령이 금태환을 공식적으로 중단한 이유다.

금본위제(the Gold Standard)의 시대 금본위제란 통화의 표준 단위가 일정한 무게의 금으로 정해져 있거나 일정량의 금 가치에 연계되어 있는 화폐 제도를 말한다. 금본위제하에서 환율은 고정된다. 즉 평가절하의 탈출구(a escape hatch of devaluation)는 막혀 있다. 통화가치를 낮추는 유일한 대안은 내부적 절하, 즉 임금과 정부 보조금을 포함한 기타 비용의 삭감뿐이다. 그런데 이는 사회적 긴장을 초래하는 매우 고통스러운 과정이다. 1920년대와 30년대 노동자계급의 빈궁화와 히틀러(Hitler) 및 무솔리니(Mssolini)의 출현이 한 예다. 금본위제는 1870년대부터 1차 대전까지 영란은행(Bank of England)[28]의 후원하에 원만하게 작동했다. 수출보다 수입을 많이 한 국가들은 교역국에게 무역수지의 차이만큼 금을 보내야만 했다. 따라서 가치 저장 수단인 금의 손실을 우려한 적자국의 경우 금의 유출을 방지하기 위해서는 이자율을 올려 국내 지출과 가격을 하락시킬 수밖에 없었다. 반면, 흑자국은 국내 가격을 올려 값싼 수입품을 수용하여 흑자를 축소시킬 수 있었다. 그런데 1차 대전이 이러한 균형을 망쳐놓았다. 전비 지출은 인플레이션을 야기했고, 이들 국가들로 하여금 금본위제를 유예하게 하였다. 이들 국가들은 전후 (하이퍼인플레이션을 겪었던 독일을 제외하고) 금본위제로 돌아가려는 노력을 하였고, 이는 전시 인플레이션을 반전시키는 것, 즉 징벌적 디플레이션(punitive deflation)을 부과하는 것을 의미했다. 그러나 민주주의는 징벌적 긴축 시행을 어렵게 한다. 예를 들어, 당시 노동조합의 발흥과 최저임금제 도입은 임금 삭감을 어렵게 했다. 게다가 1930년대 들어 미국처럼 채권국들은 공정한 플레이

28 영국 중앙은행을 영란은행(The Bank of England)으로 부르는 이유는 1694년 영국(Royal)과 네덜란드(화란 Dutch)의 합작은행으로 설립됐기 때문이다. 사실, 당시에는 식민지 개척에 앞장섰던 악명 높은 은행 이름이다. 1609년에 설립된 암스테르담은행이 종종 최초의 유럽의 공공 혹은 준공공 은행으로 간주되고, 17세기에 많은 은행들이 암스테르담은행을 모방하여 설립된다. 1619년, 1656년, 1649년에 각각 세워진 함부르그은행, 스웨덴은행, 영란은행이 그것들이다.

를 하지 않았다. 그들은 통화공급량과 이자율에 영향을 주지 않기 위해서 시장에서 금을 사들였다. 채권국들의 금의 축적으로 채무국의 금 부족은 심화되었고 디플레이션을 악화시켰다. 결국 모든 국가들이 금융위기에 의해 금본위제를 포기하였다. 1931년에 영국이 폐기하였고, 1936년에 프랑스가 포기하였다.

미국의 '금태환 정지' 선언 이후 달러에 대한 신뢰 하락으로 시장의 금가격이 상승하자 1971년 12월과 1973년 2월 두 차례에 걸쳐 달러 가치를 평가절하시켰지만 각국의 경쟁적인 평가절하가 확산되면서 고정환율제는 붕괴되고 '변동환율제'가 확산되었다. 그 과정을 간단히 기술하면 다음과 같다. 브레튼우즈 체제의 붕괴에 따른 통화체제의 불안정과 금융시스템의 혼란을 방지하기 위하여 10개국 재무장관들은 1971년 12월 18일 미국 워싱턴 D.C.에 있는 스미소니언박물관에서 고정환율제로의 복귀에 합의했다. 이른바 '스미소니언 협정(The Smithsonian Agreement)'이라 부르는 국제통화조정 협정을 체결한 것이다. 협정의 주요 내용은 환율체제를 고정환율체제로 유지하고, 금에 대한 달러화의 평가를 7.895% 절하하고 다국 간 평가의 재조정을 실시하며, 환율변동폭을 종래의 상하 1%에서 2.25%로 확대하는 것이었다. 즉 스미소니언 협정은 브레튼우즈 체제의 기본을 유지하되 미국의 무역적자를 감안하여 달러화의 평가절하, 즉 금 1온스당 35달러에서 38달러로 달러화 가치를 평가절하시키고, 환율의 변동폭을 확대시킴으로써 조정 가능한 고정환율제의 유지 등을 주요 내용으로 구성한 것이다.

미국을 비롯한 서방 선진국들이 브레튼우즈 체제의 재건에 안간힘을 쓴 이유는 당시만 해도 안정적인 국제통화시스템을 세계경제 발전에 필수불가결한 요소로 생각했기 때문이었다. 그러나 스미소니언 협정은 4개월여에 걸친 협상 기간과 합의 내용이 보여주듯이 매우 불안정한 것이었다. 미국 경제력의 상대적 약화 및 경제력의 다원화 속에서 달러본위제(기축통화체제)는 지속될 수 없는 것이기 때문이다. 환율 불안에 대한 우려로 유럽의 선진국들은 1972년 스위스 바젤에 모여 '스네이크 체제(snake in the tunnel)'[29]를 끌어냈지만 무의미한 것이었다. 국제경제의 흐름은 더 이상 고정환율체제를 유지할 수 없게 만들었기 때문이다. 영국이 먼저 1972년 6월 변동환율제를 선언했고 프랑스, 이탈리아 등이 뒤를 이었다. 이는 시장 변화에 따른 불가피한 선택이었다.[30] 즉 금에 대한 투기자본이 유입되면서 금가격은 폭등하여 72년 8월 평균 67.03달러, 73년 7월 6일에는 127달러, 74년 12월 30일에는 195.25 달러까지 급등하였다.

마찬가지로, 투기자본이 일본 엔화와 독일 마르크화에 집중되면서 엔화는 1971년 8월 '닉슨선언' 이후 357.350엔에서 73년 7월 10일까지 259.40엔으로 27%가 절상되었고, 마르크화는 3.3883 마르크에서 73년 7월 26일까지 2.2910 마르크로 33%나 절상되었다. 이처럼 고정환율제는 더 이상 유지가 불가능하였다. 이러한 변화를 반영하여 1976년 1월 자메이카의 킹스턴에서 열린 IMF 제5차 잠정위원회에서 가맹국이 각국의 경제 여건에 적합한 변동환율제를 자유로이 선택할 수 있게 함으로써 변동환율제를 공식화하고, 금을 폐화시키고 국제준비자산으로서 SDR(Special Drawing Rights, IMF의 특별인출권)의 기능을 강화하는 등 IMF 협정 개정을 결정함으로써 국제통화시스템의 새로운 시대를 열었다. 이른바 1978년 4월 정식으로 발효된 '킹스턴체제(Kingston System)'이다. 이처럼 전후 세계경제의 회복과 발전에 중요한 역할을 담당했던 브레튼우즈 체제는 경제력의 다원화로 인해 국제경제의 파란만장한 변화를 몰고 올 변동환율제에 자리를 내주고 역사의 뒤안길로 사라지게 된 것이다. 변동환율제의 도입과 달러 가치 하락의 결과 달러표시 금의 가격도 폭발적으로 상승하여 1980년 1월 21일 금 가격은 850달러까지 상승하였다.

---

29 유럽 국가들이 미국 달러화에 대해 상하 2.25%의 변동폭을 유지하되, 역내 국가들 사이의 환율은 상하 1% 범위 내에서 변동할 수 있도록 한 것이다. 즉 달러화에 대한 변동폭을 터널로, 유럽 내 국가들 사이의 변동폭을 그 안에 들어 있는 뱀으로 묘사한 것이다.

30 세계 주요 6개국 통화에 대비 달러화의 평균적인 가치를 나타내는 달러 지수(dollar index)가 만들어진 시점도 1973년 3월이다. 6개국 통화는 유로(58.6%), 엔(12.6%), 파운드(11.9%), 캐나다 달러(9.1%), 스웨덴 크로네(4.2%), 스위스 프랑(3.6%)이며, 각 통화의 비중은 그 국가의 경제 규모에 따라 결정된다.

SDR 경제 및 무역 규모는 커지는데 기축통화(key currency)인 달러의 공급이 부족한 상황, 즉 국제시장에서 부족한 유동성을 보완하기 위해 IMF의 대출 기능을 확대할 수밖에 없었다. 참여국들이 돈을 내 만든 기금인 IMF가 1968년 4월 이사회에서 제도 도입을 채택하고 1970년 1월 1일부터 발동시킨 SDR은 IMF 가맹국에게 그 출자액의 비율(Quota)에 따라 배분되는 일종의 대체통화(국제준비통화)로 유형의 통화는 아니지만 금이나 달러의 뒤를 잇는 제3의 통화로 간주된다. 즉 SDR은 특정국이 국제수지의 적자 상태에 빠졌을 경우 SDR을 외국의 통화당국이나 중앙은행에 인도함으로써 필요한 외화를 입수, 그 외화를 국제결제 및 기타에 이용하는 형식이다. SDR의 가치는 달러화와 같은 금 1온스당 35SDR로 정해졌다. 1970년 1월부터 3년간 발행된 SDR은 95억 달러에 달했다. 스탠바이 협정(Stand-by agreement)과 달리 조건이 없다. SDR을 도입함으로써 미국의 국제수지 적자 규모와 관계없이 글로벌 유동성을 증대시키는 것이 가능하였다.

스탠바이 협정(stand-by agreement) IMF 가맹국이 국제수지 적자로 단기적인 보전재원이 필요한 경우 쿼터의 일정 비율에 해당하는 금액을 일정기간 동안 일정 조건하에 추가적인 협의절차 없이 인출·사용할 수 있도록 사전에 합의하는 제도로서 1953년에 도입하였다. 동 협약체결가맹국은 협약 내용의 일부로서 합의된 정책준수사항 등 제반 신용인출조건(conditionality)을 충족하였을 경우 협약 한도 내에서 일정 기간마다 일정액을 인출할 수 있으며 IMF로서는 동 협약을 통하여 가맹국에게 필요한 자금을 신속하게 제공하고 정책준수 사항의 이행 여부를 감독함으로써 당해 가맹국이 IMF의 목적에 부합하는 효율적인 경제정책을 수행하도록 지원하였다. 여기서 신용인출조건이란 신용 공여 시 경상수지 적자를 균형수준으로 회복시키기 위해 IMF가 당해 가맹국에게 부여한 정책 준수사항을 의미한다.

요약하면, 1944년 44개 국가들의 합의로 출발한 브레튼우즈 체제에서 달러는 '통화계(the monetary sky)'에서 태양과 같은 중심적 존재였다. 그러나 2차 대전 이후 일본과 서유럽 경제가 빠르게 회복되면서 미국의 경제 규모가 전 세계에서 차지하는 비중은 1950년 35%에서 1969년에는 27%로 축소된다. 이러한 경제력의 다원화, 즉 미국 경제력의 상대적 약화는 금태환에 기초한 기축통화제의

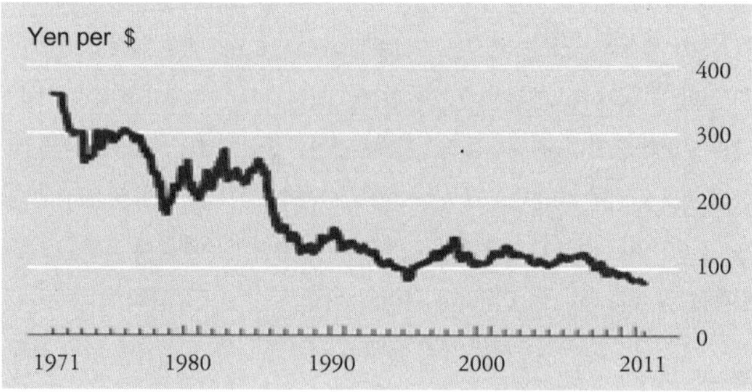

Source: Thomson Reuters

출처: Economist, Aug. 13th, 2011.

▌그림 1-14. 달러 대비 일본 엔화 가치의 추이

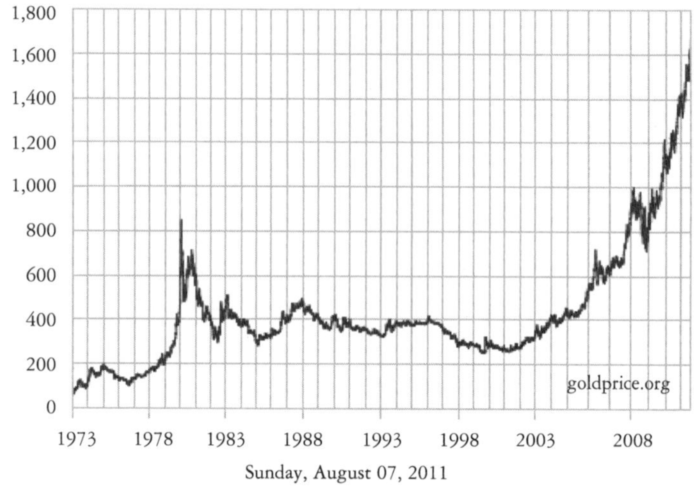

▌그림 1-15. 70년대 이후 금 가격의 추이

지속을 불가능하게 하였고, '닉슨 쇼크'는 그 산물에 불과하였다. 따라서 금태환 정지가 수반한 변동환율제는 리스크와 불안정을 특성으로 하는 '새로운 세계'의 도래를 의미하였다. 즉 통화의 가치가 시장에서 결정될 경우 통화가치는 점진적 조정이 이루어질 것이라는 프리드먼과 같은 시장주의자들의 예상은 매우 부정확했음이 입증되었다.[31] 변동환율제 도입 이후 통화 가치의 높은 변동성은 많은 국민경제들을 위협하였다. 1997년 아시아와 라틴 아메리카의 통화런(currency runs, 통화 포기)이 한 예다. 유럽인들이 유로화를 만든 것도 불확실성 속에서 살 수 없기 때문이었다. 게다가 변동환율제의 도입은 또 다른 부작용을 만들어냈다. 브레튼 우즈 체제는 고정환율을 유지하기 위해 엄격한 자본통제 위에 기초하였다. 그러나 변동환율제의 도입으로 자본통제는 불필요해졌고, 80년대 초에 자본흐름의 통제는 폐지되었다. 80년대 이후부터 금융전문가의 상대적 임금이 증대하기 시작했고, 자산버블이 빈번하게 발생한 것은 결코 우연이 아니었다.[32]

이와 같이 금과 달러, 달러와 국민국가 통화 간 교환비율을 고정시켜 놓고 국제금융체계에서 가치척도로만 기능했던 선진국의 통화들이 가치의 일상적 변화를 동반하는 금융자산으로 취급되기에 이르렀다. 국민통화의 상품화는 이처럼 국제경제 질서의 변화에서 비롯한 것이었다. 그런데 국민통화들의 상품화는 본래 상품이 아니거나 혹은 될 수 없는 것이 상품이 되었다는 점에서 상품이 된 화폐는 노동과 토지와 더불어 이른바 '허구적 상품(fictitious commodity)'이다. 이처럼 산업사회에서 3대 생산요소인 토지(자연)와 노동(인간) 그리고 자본(화폐)의 상품화가 완성된 것이다.[33]

하나의 금융자산이 된 국민통화의 미래가치에 대한 예상의 변화는 외환 매매를 촉진했다. 외환 거래를 촉진한 또 하나의 이유는 바로 포트폴리오투자(portfolio investment)라는 금융국제화의 급진전이다.[34] 외국의 금융자산을 획득하기 위해

---

31 브레튼우즈 체제의 설립자들은 변동환율제가 매우 위험하고 불안정하다고 믿은 반면, 프리드만은 합리적인 정책이 수반된다면 투기꾼들은 안정힘(stabilising force)으로 작용할 것이기에 통화 가치는 시장 적정가격(fair price)으로부터 너무 이탈하지 않게 될 것이라고 주장하였다. 그러나 프리드만이 예상한 것보다 환율은 매우 변동적으로 나타났다. Economist, Aug. 13th, 2011, "Forty years on," p. 52.

32 1945~71년간 월가에서 발생한 연간 최악의 손실은 14.1%가 하락한 1957년이었을 뿐이다. Economist, Aug. 13th, 2011, "Forty years on," p. 52.

33 토지와 노동의 상품화 과정은 15세기부터 19세기까지 진행된 인클로저(enclosure)와 1834년의 '신구빈법(Poor Law of 1834)' 등에 의해 진행되었다.

34 국제자본의 이동형태는 크게 직접투자(direct investment)와 포트폴리오투자로 구분할 수 있다. 기

서는 먼저 그 나라의 외환을 매입해야 하기 때문이다. IMF와 국제결제은행(BIS, 4월 기준)에 따르면 전 세계 1일 외환 평균거래액은 1973년 약 1,500억 달러에 불과했으나 1995년 1.2조 달러, 2004년 1.9조 달러, 2007년 3.3조 달러, 2010년 4.0조 달러로 급증했다. 이러한 증가의 대부분은 국제무역과는 관련이 없는 것이었다. 세계 수출액 대비 외환의 연간거래액의 비중은 1979년 12배에 불과했으나 금융위기 이전인 2007년에는 약 67배로 증가한 반면, 외환거래액 중 3% 이내만이 실물거래와 연결되어 있을 뿐이고 97% 이상은 단기차익을 따라 움직이고 있다. 이런 상황에서 시장의 환율이 실물부문의 펀더멘털(fundamental)[35]에 따라 결정될 수는 없다. 오히려 투기적으로 돈이 움직여 실물거래가 영향 받는 현상이라 할 수 있다. 이러한 사정들은 변동환율제하에서 시장을 통해 결정되는 환율을 극히 불안정하게 만들 수밖에 없다. 환율이 불안정하다는 것은 국제적 수준에서 가치를 표현하기 위한 공통의 준거점이 부재하다는 것을 의미한다.

여기에 1973년과 1979년의 두 차례 석유파동은 국제금융의 새로운 흐름을 가속화시켰다. 70년대 초 경기침체 상황에서 제1차 석유파동은 이른바 1970년대의 스태그플레이션(stagflation)의 세계적 확산에 주요 역할을 했다. 즉 아라비아산 원유에 대한 오펙(OPEC)의 공식가격은 1차 석유파동 이전의 3.07달러에서 1974년까지 11.65달러로 3.8배가 올랐다. 2차 석유파동의 결과 제1차 석유파동 이후 불과 6년 사이 20달러선을 돌파하였고, 현물시장에서는 배럴당 40달러에 이르게 되었다. 석유파동의 여파는 성장률의 둔화와 인플레이션 등 세계경제에 큰 영향을 미쳤다. 그런데 석유를 포함한 원자재가격의 전반적 상승은 기축통화

업의 경영권을 획득할 목적으로 투자하는 것이 직접투자인데 반해, 경영참가에는 관심이 없이 투자수익의 획득을 위해 각종 유가증권 등에 투자하는 것을 포트폴리오투자라고 한다. 포트폴리오투자의 특징으로는 투자대상자산의 수익성에 직접적으로 영향을 미치는 투자대상국 통화의 환율, 금리, 세율 등의 추이뿐만 아니라 투자자의 수익위험(risk return)에 대한 선호도에 따른 포트폴리오 조정에 의하여 크게 좌우되는 점을 들 수 있다.

35 한 나라의 경제가 얼마나 건강하고 튼튼한지, 즉 기초 경제여건을 나타내는 용어로 한 나라의 경제 상태를 표현하는 데 있어 가장 기초적인 자료가 되는 주요 거시경제지표로 경제성장률, 물가상승률, 경상수지가 가장 대표적인 지표들이다.

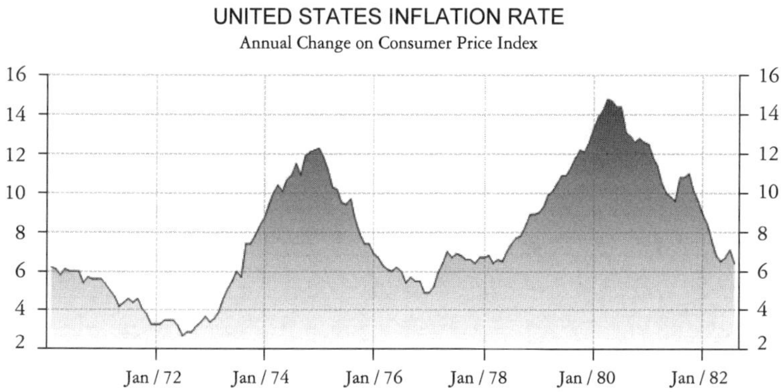

Source: Trading Economics.com; Bureau of Labor Statistcs

▌그림 1-16. 70년대 석유파동과 미국의 인플레이션율

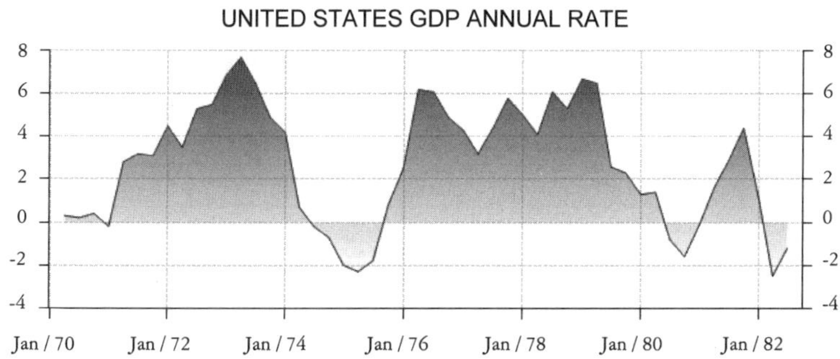

Source: Trading Economics.com; Bureau of Economic Analysis

▌그림 1-17. 70년대 석유파동과 미국의 경제성장률

인 달러 가치의 하락과 관련이 있다. 달러 가치의 하락은 1차 상품 공급 국가의 수입 감소를 의미하기 때문이다.

인플레이션은 명목금리 인상으로 이어질 수밖에 없고, 금리 인상은 채권의 가격 및 주가의 하락으로 작용한다. 미국 연준의 기준금리는 1972년 4분기에 5% 안팎이었으나 그 다음해에는 10%를 돌파하였고 1974년 중반에는 12%까지 넘어섰다. 그 후 2차 석유파동 이전까지 안정적인 하락세를 보였으나 1978년부터 다시 상승하기 시작하여 1981년 1월초에는 20%를 넘어서기까지 하였다. 이처럼 1970년대 달러 가치의 하락에 따른 변동환율제와 인플레이션으로 이자율과 환율과 채권 가격과 주가의 변동폭이 크게 확대되는 등 국제금융시장의 불안정성은 크게 증가했다. 1980~85년간 변동금리부채권[36] 시장이 660%의 성장을 기록한 것도 이를 반영한다. 또한, 선진국 투자자들의 해외주식 인수가 1970년과 1997년 사이 170배 증가했고, 미국에서 연기금의 해외투자도 1980년 총자산의 1% 미만에서 1997년 17%로 증가했다.

환율, 금리, 주가 등 기초 금융상품 가격의 불안정성이 심화되면서 가격 차이를 이용한 금융거래가 크게 증가하였다. 그러나 금융거래의 확대는 자본시장의 개방 및 자본흐름의 자유화를 전제로 할 수밖에 없다. 제조업의 경쟁력 약화로 자본의 수익성이 악화된, 그러나 자본시장 중심의 금융시스템을 가진 미국이 자본흐름의 자유화를 주도한 이유이다. 미국은 1973년 대통령 경제보고서(Economic Report of the President)에서 자본통제에 대한 반대를 명시하였고, 1974년에는 자본통제 정책들을 폐지하였다. 사실, 미국도 이전까지는 자본흐름의 자유화를 통제하였다. 대표적인 규제가 1963~74년간 미국에서 시행된 이자평형세(Interest Equalization Tax)였다. 1963년 7월 케네디 대통령이 제안하여 1964년 9월부터 발효된 이자평형세는 미국의 금리가 다른 나라에 비하여 낮아서 미국의 투자가들이 고수익의 외국 증권에 투자하는 경향이 증가하고 이것이 미국의 국제수지를 악화시키는 한 요인이 되었기 때문에, 미국과 외국 사이의 금리를 평형되게 하고 미국 국내 자본시장에 있어서의 외채의 기채(起債) 등을 억제하기 위해 제안되었

---

36 지급이자율이 대표적 시장금리에 연동되어 매 이자지급기간마다 재조정되는 중장기 채권으로서, 만기 상환일까지 금리가 고정되는 고정금리부채권에 대응되는 개념으로 채권 발행 시에 지급이자율의 결정방법을 약정하고, 매 이자지급기간 개시 전에 차기지급이자율(이자지급금액)이 결정되는 채권이다. 변동금리부 채권가격 결정의 기본을 이루는 기준금리(대표적인 단기시장의 실세금리)로 유로시장에서는 3개월 또는 6개월 만기의 LIBOR(London Interbank Offered Rate)가 주로 이용되고, 미국시장에서는 90일 만기 재무성증권(T-bill)의 유통수익률이 주로 이용되었다. 한편, 금융위기 이후 미국과 유럽의 금융당국이 신용경색 해소를 위해 낮은 조달비용을 확대하였을 뿐만 아니라 상대적으로 안정성이 높은 소매예금 유치 확대에 나서면서 은행 간시장을 통한 자금조달은 축소되었다. 그 결과 리보금리의 기준금리 위상이 약화되면서 대체 금리지표로 재할인금리, RP금리, OIS(overnight index swap) 등이 거론되고 있다. 국내외 금융회사 간의 초단기 외화자금거래에 적용되는 금리로서 미 연주의 연방기금금리를 기준으로 결정되고 있다.

다. 원래 1965년까지의 시한입법으로 법제화되었으나 국제수지의 개선이 이루어지지 않아 그 후로 몇 차례 연장되다가 1974년 4월 1일에 철폐되었다.

1979~80년 이후에는 유로시장에 대한 규제를 포기하였다. 유로시장은 어떤 통화로 표시된 자금이 해당통화 발행국 이외의 국가에서 거래되는 시장, 즉 국내시장으로부터 독립된 외부의 시장을 말한다. 1950년 소련 등 동유럽 국가들이 자신들의 달러예금을 미국 측의 달러 동결을 피해 유럽의 은행들에게 예탁한 것이 그 기원이다. 특히, 1970년대 석유위기에 오일달러가 유로시장에 유입되면서 유로시장의 자금 흐름은 OPEC 제국과 미국을 중심으로 하는 선진국에서 무역수지 적자국인 비산유개발도상국으로 이동함으로써 현저한 발전을 이루었다. 당초에는 은행의 달러예금을 중심으로 한 '유로커런시시장' 또는 '유로달러시장'으로서의 성격이 농후하였으나 1980년대 들어 증권화가 진전되면서 '유로본드시장'의 비중이 증대되어 서독 마르크, 일본 엔 등으로 거래통화도 다양화되었다. 이처럼 유로시장은 국내의 규제에 얽매이는 경우가 상대적으로 적은 자유로운 시장이었다. 국내시장으로부터 이전된 자금의 수용처로서 금융혁신의 진전에 공헌했으며 각국 시장의 폐쇄성, 비효율성을 곤란하게 하여 각국의 금융자유화와 글로벌화 추진에도 기여하였다.

그 밖에도 미국은 1975년에 주식매매의 거래소 집중의무를 폐지하였고, 이로 인해 거래소의 비회원증권회사가 상장주식을 장외에서 매매하는 시장으로 점차 확대되었다. 참고로 증권유통시장은 일반적으로 거래소시장과 장외시장으로 구별되는데, 광의의 장외시장은 거래소시장 밖에서 유가증권의 거래가 이루어지는 시장을 총칭한다. 1971년 2월에 개장한 미국의 대표적 장외시장인 나스닥(NASDAQ, National Association of Securities Dealers Automated Quotations)이 활성화된 배경이다.

한편, 금융상품 가격의 변동성 증대는 차익거래의 동기뿐만 아니라 리스크 관리의 필요성도 증대시켰다. 이는 선물, 옵션, 스왑 등 파생금융상품(financial derivatives)의 등장 배경이다.[37] 예를 들어, 브레튼우즈 체제가 붕괴되면서 환율

변동폭의 확대로 (외)환위험이 커지자 환위험을 관리하기 위해 상품선물을 응용하여 통화선물이 처음으로 도입되었고, 이어 금리선물 및 주가지수선물 등으로 급속하게 확산되었다. 이는 선물거래가 금융자산의 가격변동위험에 대한 효과적인 수단이 되기 때문이다. 파생금융상품은 주식이나 채권 등의 본원적 혹은 기초상품으로부터 파생된 금융상품을 말한다. 따라서 파생금융상품의 가격은 그 자체가 독립적으로 결정되는 것이 아니라 본원적 상품의 가격 변동에 기초하게 된다. 파생금융상품은 선물거래로부터 발전한 것인데 선물거래는 원래 선도거래(forward trading, 先渡去來)에서 유래하였다. 고대 때부터 선도거래가 행해진 것으로 전해지고 있지만 본격적인 선물거래는 1848년 시카고상품거래소(Chicago Board of Trade, CBOT)가 설립된 이후로 보고 있다. 그러나 금융선물은 상품선물을 모방하여 이보다 훨씬 뒤인 1972년에 들어와서 통화선물(또는 외환선물)을 중심으로 거래되기 시작하였다.[38] 통화선물 거래가 성공적으로 이루어지자 선물거래방식이 점차 다른 금융자산으로 확산되었고 1980년대 이후에는 선물계약의 전체 거래대금이 현물거래를 압도하고 있는 실정이다.

또한, 어떤 시점에 가서 자신이 처한 상황에 따라 미리 약속한 거래에 대한 혜택을 선택하는 옵션(option) 시장도 1972년 시카고에서 설립된다. 파생금융상품의 가치를 계산하기 위한 금융공학과 수학이 발전하기 시작한 것도 이러한 금융환경의 변화가 배경을 이룬다. 금융공학의 효시로 알려진 '블랙-숄즈 모형(Black-Scholes Model)'이 발표된 것이 1973년('옵션과 기업 채무의 평가, The Pricing of Options and Corporate Liabilities')이다. 블랙-숄즈 모형은 숄즈에게 노벨상의 영광을 안겨주었을 뿐 아니라, 발표 후 불과 수개월 만에 금융시장에서 이 방정식을

---

37 선물은 계약 시점에 일정한 가격으로 장래 특정일에 특정 자산 또는 상품을 인도, 결제하겠다고 약속하는 거래, 옵션은 장래 특정일에 특정 자산 혹은 상품을 일정한 가격에 매입 또는 매도할 수 있는 권리를 오늘 거래하는 방식, 스왑은 두 개의 상품 또는 자산에서 파생되는 현금 흐름, 가격지수 등을 일정 기간마다 교환하기로 약정하는 거래 방식으로 모두 미래의 불확실성과 관련이 있다.

38 원래 선물거래는 각 거래소에서 정한 규칙에 의해 규제되고 연방 차원의 감독기관이 존재하지 않았으나 1974년 상품선물거래위원회법이 통과된 후 1975년에 상품선물거래위원회(Commodity Futures Trading Commission, CFTC)가 구성되었다.

이용한 옵션의 가치 평가가 이루어질 정도로 파급 효과가 지대하였다. 금융공학[39] 및 수학으로 제조한 파생금융상품의 진화(위력과 한계)는 서브프라임 모기지(subprime mortgage)[40]의 질을 높여, 즉 리스크를 낮추어 판매가 가능하도록 만든 부채담보부증권(CDO, collateralized debt obligation)에서 절정을 이룬다. 일명 '복합파생금융상품'[41] 혹은 '구조화금융상품'으로 부르기도 하는 CDO는 1990년대 중반에 첫 선을 보인 후 미국, 유럽 등지에서 발행 규모가 지속적으로 증가하였고, 금융위기 발발의 요인이 되었다.

리스크 관리를 위한 신용보증, 즉 금융상품의 리스크에 대한 보험 성격을 갖는 신용보증 사업과 상품도 70년대 초에 등장한다. 즉 신용보증의 첫 번째 형태는 70년대 초 최상의 신용등급을 가진 MBIA와 Ambac 같은 모노라인(monoline)[42] 보증업체에 의해 개발되었고, 주로 지방정부가 발행한 채권의 파산을 보증하였다. 파산에 대한 보험의 제공으로 지방정부는 최고 신용등급(AAA)으로 채권을 발행하는 것이 가능했고, 이에 대한 대가로 보증업체에 수수료를 지급하였다. 즉 채권보증업체의 보증을 통해 지방정부는 발행 채권의 등급을 높임으로써 최초 판매 시에 저리에 의한 채권 매출이 가능하였다. 그러나 이러한 비즈니스가 가능했던

---

39 급격한 가격변동과 국제적 경쟁 시작 그리고 신금융 상품의 개발 등은 수학적 및 통계학적 기법의 사용 증가와 함께 금융업을 묘사적 학문(descriptive discipline)에서 분석적인 공학(analytical engineering science), 이른바 '금융공학(financial engineering)'으로 변화시켰다.

40 서브프라임 모기지는 주택가격이 무한히 오르지 않는 이상 대출을 회수하기 어려운 사람들에게까지 해주는 대출이었다. 이런 약탈적 대출은 무서류 대출(Low-doc, No-doc loans) 혹은 소득도 없고 일자리도 없고 자산도 없는 사람들에게도 대출해주는 닌자대출(NINJA; No Income, No Job & No Asset) 등으로 불렸다. 특히, 피기백(piggyback)이라는 엽기적인 대출까지 등장했는데, 계약금 등의 초기자금 없이 주택 가격의 100%에 수수료까지 대출해 주는 상품이었다.

41 다양한 종류의 채권을 일반 여신은행 등으로부터 양수받은 후 투자자들에게 판매하기 위해 이들을 함께 묶은(pool) 뒤 투자자에게 판매하기 좋게 다양한 신용등급의 투자상품으로 나눈 채권이다.

42 1973년에 설립된 금융서비스 회사인 MBIA(Municipal Bond Insurance Association)와 MGIC 투자회사의 자회사인 AMBAC(American Municipal Bond Assurance Corporation)은 주택을 담보로 지방정부 채권의 원리금 상환을 보증하는 채권보증전문회사이다. 즉 채권을 발행한 기업이나 금융회사가 부실해져 돈을 제대로 갚지 못할 때, 이를 대신 지급해 주기로 보증하는 회사이다. 채권시장이 발달한 미국에서는 모노라인의 채권 보증 규모만 2006년 말 기준 2조 2천억 달러에 달할 정도로 활성화돼 있다. 채권 등 금융시장 관련 분야만 보증하면 모노라인(monoline)이라 하고, 부동산과 재해 관련 위험까지도 보증하면 멀티라인(multilines)으로 불린다.

이유는 신용보증기관이 지방정부 파산가능성을 과대평가했기 때문이었다. 이른바 신용등급 차익거래(rating arbitrage)인 것이다. 신용보증은 90년대에 CDO와 더불어 금융위기의 주요 요인 중 하나로 지적되는 신용파산스왑(CDS, credit default swap)의 등장으로 발전하게 된다. 파산 위험 자체를 사고팔 수 있도록 만든 신용파생상품인 CDS[43]는 2000년 이후 급증하여 금융위기가 발발했던 2007년 기준 미지불된 CDS 규모는 세계 GDP와 맞먹는 60조 달러에 달했다. 즉 모노라인과 AIG[44] 등은 모기지담보증권(MBS), CDO, 기타 자산 등에 이 모델을 적용한 것이다. CDO나 CDS 등에 대해서는 다음 장에서 자세히 소개할 것이다.

또한, '리스크 재단자(arbiters of risk)'라는 막강한 권한을 행사하는 3대 국제 신용평가기관이 만들어진 것도 70년대 중반이었다. 세계 대공황을 겪은 1930년대 이후 금융 규제 당국은 금융회사들이 채권 투자와 관련하여 신용평가기관의 "판단에 주의를 기울일 것"을 요구하였다. 즉 채권의 포트폴리오 안전성에 대한 갈망에서 시작된 이러한 규제들이 신용평가기관들을 채권 시장의 중심에 밀어 넣는 데 주요 역할을 하였다. 그런데 1975년 미국의 증권거래위원회(SEC, Securities and Exchange Commission)는 "판단에 대한 주의를 기울여만 하는" 신용평가기관에 대한 범주, 이른바 '국가적으로 인정된 통계적 평가등급기구("nationally recognized statistical rating organization", NRSRO)'에 S&P, 무디스(Moody's), 피치(Fitch) 등 세 개의 신용평가기관만을 포함시키고 진입 장벽을 설정하였다. 즉 3대 신용평가기관들은 "준규제기관(quasi-regulatory status)의 지위를 부여받은 것이고, 그들의 판단은 은행과 보험과 펀드 등을 지배하는 규칙으로 하드웨어에 내장된 고정배선 같은 것"이었다.[45]

---

43 자금조달을 하는 채무자는 부도 위험만 따로 떼어내 팔 수 있기 때문에 자금조달이 쉬워지고, 투자자는 일정 수수료(프리미엄)를 내고 스와프를 구입함으로써 부도에 따른 원금 손실을 피할 수 있다.

44 미국의 다국적 종합금융업체인 AIG에 금융위기로 미 정부와 연준(FRB)은 금융위기 이후 총 1,820억 달러의 공적 자금을 투입하였고, 공적 자금 투입의 대가로 미 재무부는 주당 30달러 미만에 확보한 우선주를 보통주로 전환하여 AIG 주식 총 92%를 보유한 최대주주가 됐다. 미 재무부는 2012년 이후 매각하여 공적 자금을 회수할 계획을 갖고 있다.

45 Economist, Aug. 13th, 2011, "Credit-rating agencies: Judges with tenure," p. 54.

자본시장에서 신용평가사의 역할 경제학적으로 볼 때 자금수요자와 자금공급자 간에는 정보의 비대칭성이 존재하게 된다. 자금수요자의 경우 자금공급자에게 자신에게 유리한 정보만 제공할 유인이 존재하기 때문에 채무불이행의 가능성이 낮은 자금수요자도 자신의 신용도를 자금공급자에게 알리는 것은 쉬운 과정이 아니다. 따라서 적절한 정보의 전달체계가 존재하지 않는다면 사회 전체적으로 볼 때 바람직한 자금 거래가 발생하지 않는 시장의 실패가 일어날 수 있다. 이와 같은 시장실패가 간접금융시장에서는 자금의 중개역할을 담당하는 은행과 같은 금융기관을 통해 완화될 수 있는 반면, 직접금융시장에서는 개별 자금공급자가 개별 자금수요자에 대하여 신용정보를 수집・평가하는 과정에서 지나친 비용이 발생할 가능성이 있으며 신용평가회사는 이런 상황에서 개별 자금수요자의 신용도에 대한 평가를 담당한 후 다수의 자금공급자와 이를 공유함으로써 사회적으로 유용한 역할을 할 수 있다. 이와 같은 신용평가사의 역할 수행은 자금수요자의 정보가 얼마나 정확하게 공개되느냐에 달려 있으며 이를 보장하기 위해 금융감독기관들은 회계 및 재무 정보의 공시에 대한 강한 규제를 가해 왔다. 이러한 공시 정보의 수집 및 가공을 통해 신용정보(신용등급)를 생성하는 신용평가회사의 생존은 정보 생성을 위해 필요한 수수료 부과가 무임승차(free-rider)를 배제하면서 확보하는 데 달려 있다. 신용등급은 쉽게 다른 수요자에게 전달될 수 있으므로 일단 공개되면 그 가치를 빠른 시간 내에 상실할 위험이 있다. 이에 대응하여 현재 시장에서 큰 영향력을 행사하는 선진 신용평가회사나 우리나라의 신용평가회사는 무임승차자 문제를 해결하기 위해 채권의 발행자(자금수요자)인 기업에 수수료를 청구하고 있다. 그러나 발행자에게 수수료를 받는 것은 이해상충의 문제를 발생시키기에 최근 시장에 진입하는 신용평가사들은 발행자에게 수수료(issuer based fee)를 받기보다는 투자자에게 정보이용료(subscription based fee)를 통해 사업을 영위하고 있다.[46]

46 BIS, August, 2000, "Credit Ratings and Complementary Sources of Credit Quality Information," BASEL Committee on Banking Supervision Working Paper. 블룸버그에 따르면 금융위기로 신뢰성이 훼손되었음에도 불구하고 세계 3대 신용평가사(Standard & Poor's, Moody's Investors Service, Fitch Rating)는 여전히 글로벌 신용등급 사업 시장의 97% 이상을 차지하고 있다. Businessweek, Nov. 28-Dec. 3, 2011, Over Rated, p. 51.

국내 자본시장의 제도 정비를 마친 미국은 선진국들과 함께 신용리스크 등 국제금융시장의 리스크를 관리하기 위해 국제금융감독기구를 마련하는 한편, 국제금융시장의 규칙을 변경하였다. 즉 세계금융시장의 불안정성이 심화되면서 국제결제은행(Bank for International Settlements, BIS) 자기자본비율〔=(자기자본 / 총자산) × 100〕 등 은행감독과 관련한 국제표준 제정, 각국 감독당국 간 협력 및 정보교환 등의 기능을 수행하는 '바젤은행감독위원회(The Basle Committee on Banking Supervision)'가 G-10 중앙은행 총재들 주도로 1974년에 결성되었다.[47] 또한, 1976년 킹스턴에서 열린 IMF 제5차 잠정위원회에서 미국은 자신의 입장을 다른 선진국들에게 밀어붙이며 국제통화체제를 재편하기 위해 협력적인 금융통제의 의무는 강화하지 않고, 6-3 조항과의 충돌에도 불구하고 4-1 조항에 "자본거래의 촉진"을 포함하도록 새로 수정하였다.[48]

한편, 경제력의 다원화, 즉 미국 제조업의 경쟁력 약화에 따른 경상수지 적자에도 불구하고 기축통화 지위의 유지와 금융부문의 이해에 얽매여 강달러 정책을 고수하는 가운데 경상수지 적자 문제를 해결하기 위해 흑자국에 대한 압력을 통해 해결하였다. 즉 1971년 금태환 정지 선언을 포함한 닉슨 독트린(Nixon Doctrine) 충격 이후 미국은 독일을 비롯한 주요 서유럽 국가와 일본의 통화 가치를 절상하기 위해 수입품에 10% 관세를 부과하였다. 미국의 압력에 굴복하여 미국과 관련

47 금융위기 이전까지 회원국이 13개국이었으나 2008년 11월 G20 정상회의에서 금융안정포럼(Financial stability forum) 및 바젤위원회 등 주요 국제표준제정기구의 회원 확대가 필요하다는 지적에 따라 2009년 3월 한국을 비롯한 7개 나라가 신규 회원국으로 추가됐다. 그 결과 현재 위원회의 회원은 아르헨티나, 호주, 벨기에, 브라질, 캐나다, 중국, 프랑스, 독일, 홍콩, 인도, 인도네시아, 이탈리아, 일본, 한국, 룩셈부르그, 멕시코, 네덜란드, 러시아, 사우디아라비아, 싱가포르, 남아프리카, 스페인, 스웨덴, 스위스, 터키, 영국, 미국 등이다. 1년에 4번 정기적인 모임을 갖는다. (http://www.bis.org/bcbs/history.htm)

48 4조(Obligations Regarding Exchange Arrangements) 1항은 "회원국의 일반 의무가 국제통화시스템의 근본 목적이 국가 간에 재화와 서비스, 그리고 자본 거래를 용이하게 하는 틀을 제공하는 것이라는 사실을 인정한다"고 수정하였다. 반면, 6조(Capital Transfers) 3항은 '자본이전에 대한 통제'와 관련하여 "어느 회원국도 현재 거래에 대한 지불을 제한하거나 책임 이행에 대한 자금 이전을 부당하게 지연하는 방법으로 통제할 수는 없지만, 국제 자본이동의 규제에 필요한 통제들을 행사할 수 있다"고 규정하고 있다.

국가들은 시장에 개입하여 흑자국의 통화 가치를 절상시키기로 합의하였다. 그 결과, 교역 비중으로 가중 평균한 미국의 달러 가치는 그해 12월까지 6.5%가 하락하였다. 자신의 요구를 거두자 미국은 수입 관세를 제거하였다. 사실, 글로벌 불균형 문제는 기본적으로 경제력의 다원화와 미국 중심의 금융질서(달러본위제) 간의 비대칭성에서 비롯한 것이다. 고정환율제에서 변동환율제로의 전환도 글로벌 불균형을 해소할 수는 없었다. 변동환율제 역시 달러본위제에 기초하고 있다는 점에서 미국 중심의 금융질서에는 변화가 없기 때문이다. 오히려 변동환율제에서 미국을 제외한 나머지 국가들은 (자본의 급격한 유출입에 따른 외환위기를 방지하기 위해서는) 외환(달러)을 안정적으로 확보해야 하는 과제를 갖게 되었다. 가장 바람직한 방법은 경상수지 흑자를 통한 것이고, 이는 미국의 경상수지 적자의 심화를 의미하기 때문이다. 즉 기축통화 지위를 유지하기 위한 강달러 정책은 미국의 경상수지에 부정적으로 작용하고, 이는 다시 기축통화로서 달러의 신뢰도 저하로 이어질 수밖에 없는데 인위적으로 강달러 정책을 고수함으로써 경상수지 적자 문제는 악화될 수밖에 없게 되는 것이다.

경제의 네트워크화와 지식의 상품화

한편, 70년대는 흔히 3차 기술혁명이 시작된 시기로 불리듯이 새로운 기술혁명이 시작되었다. 정보기술(IT)혁명이 그것이다. 그런데 정보기술혁명은 우연한 등장이 아니라 금융의 부상과 관련을 맺고 있다. 실제로 IT혁명의 상징인 반도체 혁명의 역사는 '경제의 금융화'와 맥을 같이하고 있다. 예를 들어, 인텔은 1971년 세계 최초로 마이크로프로세서(4004)를 개발함으로써 초창기의 집채만한 크기의 컴퓨터 에니악(ENIAC)과 맞먹는 컴퓨팅 능력을 손톱 크기에 집적할 수 있게 하였다. 이어서 1978년에 8비트의 8086 마이크로프로세서와 1979년에 8088 마이크로프로세서를 개발, 생산함으로써 소형 컴퓨터 혁명의 길을 열어 놓았다. 이러한 컴퓨터 혁명 없이는 자본이 실시간으로 움직이고, 지구적으로 통합된 금융시장에서 24시간 관리되며, 천문학적 규모의 거래가 지구 구석구석까지 전자회로에 의해 초단위로 이루어지는 오늘날의 금융이 존재할 수 없다는 사실은 쉽게 이해할 수 있다. 정보통신기술(ICT)의 혁신은 무엇보다 통신과 자료송신의 속도를 증대시키고 비용을 하락시켰을 뿐만 아니라 지리적 거리를 소멸시킴으로써 경쟁의 공간적 장애를 제거했다. 금융공학과 위험관리기법의 발전 역시 IT혁명 없이 상상할 수 없다. 이처럼 글로벌 자본시장의 통합은 IT혁명 없이는 불가능한 일이었다. IT혁명은 은행으로부터 연기금, 증권시장, 외환시장 등을 전 세계적으로 상호 연결시키고, 자본흐름의 규모와 속도, 복잡성, 연결성을 극적으로 증가시켰다. 그리고 자본시장과 통화 간의 상호의존성은 통화정책과 이자율 그리고 경제정책을 상호의존적으로 만듦으로써 경제의 네트워크화를 수반하였다. 즉 국민경제 간의 경계를 모호하게 만들고 구분을 무의미하게 만들기 시작한 것이다.

또한, IT혁명은 지식기반경제의 등장으로 이어졌다. 생산시스템과 기업경영 등을 지식 및 정보 집약적으로 전환시킨 것이다. 예를 들어, 소비자 아이디어와 정보기술이 생산물의 일부가 됨에 따라 재화와 서비스의 지식의 양이 현저하게 증가하고, 그 결과 지식에 기초한 경제를 가능하게 하였다. 이는 이윤율 하락과 공급 과잉 그리고 경쟁 격화 등에 따른 기업 경영의 대응 결과이기도 하였다. 즉 기업 경영에서 공급보다 수요의 측면이 강조되었다. 과거 대량생산시스템이 공급자 중심의 생산방식이라면 다품종소량생산체제는 수요자 중심의 생산방식이다. 기업 경영이 수요자 중심과 다품종소량생산방식으로 변화한 이유는 다음과 같다. 첫째, 시장이 포화상태에 이르면서 대량생산에 의존하던 많은 공급자는 시설 과잉과 재고 누적으로 몸살을 앓았다. 저임금경제들의 점증하는 경쟁 압력은 이러한 경향을 더욱 강화시켰다. 둘째, 기업의 전체 수익성이 상대가격의 작은 변화에 따라 크게 변동하는 상황에서 경기순환적인 변동으로부터 손실을 최소화하기 위해 기업들은 1970년대 말과 1980년대 초부터 생산물 포트폴리오의 다양화로 대응했다. 즉 대량생산되던 제품들의 생산기술이 표준화되고 가격경쟁력이 수익성을 결정하는 상황에서 기업은 제품의 차별화를 만들어내는 등 실질적인 다양화가 중요해졌다. 셋째, 소득이 증대하면서, 예를 들어 중산층사회에 진입하면서 대다

수 소비자들의 기초 욕구는 충족된다. 산업화가 완료되면서 공산품도 소위 엥겔 법칙을 적용받게 된 것이다. 즉 소득이 증가함에 따라 기초 공산품에 대한 엥겔계수도 감소하게 된다. 기초 욕구가 충족된 소비자는 자신의 개성을 소비에 반영시키면서 제품의 다양화를 요구한다. 맞춤형 재화나 서비스의 증가 경향이 그 예다. 1980년대부터 다품종소량맞춤생산(mass customization)이 등장한 배경이다. 기존의 대량생산체제에서 효율성은 기본적으로 표준화에 의존하고, 소비자들은 소득의 제약으로 높은 비용을 수반하는 개별적 선호들을 반영시키기 어려웠다. 저렴하고 표준화된 생산물에 의해 보상받았을 뿐이다. 즉 다양화가 존재하지 않는 상황에서 대부분의 사람들은 기능 상품을 선택할 수 있었을 뿐이다. 그런데 대량생산체제에 의해 공급된 '표준화된 상품'들이 구매력이 있는 소득계층에게 더 이상 시장 역할을 하지 못하게 된 것이다. 게다가 대량생산방식은 소비자 욕구의 다양성을 충족시키기에는 너무 경직되고 비용이 많이 드는 방식이었다. 그러한 경직성을 극복하기 위한 대안으로 유연생산체제(flexible manufacturing system)[49]와 다품종소량맞춤생산 방식이 등장한 것이다. 과학기술의 거대한 통합이 진행되기 시작한 것도 다양화에 부응하기 위한 것이었다. 다양화는 사용자와의 협력을 요청한다. 수요와 공급이 분리되었던 세계에서 통합의 세계로 전환된 것이다. 대량생산이 맞춤형생산으로 대체됨에 따라 생산자는 개별 소비자의 욕구와 선호를 반영해야만 했다. 이는 쌍방향 소통이 중요해졌고, 공급과 수요 모든 측면에서 지식과 정보의 습득 및 활용 능력이 중요해진 '정보집약적 생산시스템(information intensive production system)'이 등장한 이유이다. 소프트웨어 산업이 부상한 배경이다. 소비자들의 개성을 반영시키는 가장 효과적 방법 중 하나는 소비자들을 실제 생산과정에 참여시키면 된다. 생산자와 소비자 사이의 갭을 희미하게 만드는 이른바 '생산소비자(prosumer)'가 등장한 배경이다.

정보 및 지식 활용 능력의 중요성이 증대하면서 지적 자산의 상품화가 진행된

49 포드시스템의 개선책으로 등장한 린생산체제(Lean Production System)나 도요타생산방식 등이 바로 유연한 대량생산체제의 경우에 해당된다.

다. 1980년 12월 미국 상원에서 통과시킨 '베이-돌(Bayh-Dole) 법안,' 이른바 '특허 및 상표의 수정법안(Patent and Trademark Act Amendments)'이 그것이다. 이 법안의 주요 골자는 미연방정부의 지원을 받은 공공연구소, 대학, 비영리연구소, 중소기업 등의 연구결과를 그 기관이 특허를 출원하고 기술사용료를 받을 수 있게, 즉 소유권을 가질 수 있게 허가했다는 점이다. 즉 **공공자원으로 만들어진 지식에 사적 소유권을 부여**한 것이다. 20세기 후반에 들어서면서 기업의 대학 연구개발 투자가 급증한 배경이다. 1970년만 해도 연구개발에 대한 연방정부의 지원은 149억 달러로 기업의 총 투자액 104억 달러보다 많았으나, 1997년이 되면 연방정부의 지출은 627억 달러이고 기업의 지출은 1,333억 달러로 관계가 역전되었다. 이처럼 대학의 연구개발에 대한 기업 투자가 급속히 증가하고, 대학의 특허 출원이 매우 활발해져 경제발전에 도움[50]이 된 반면, 전통적으로 공공연구소와 대학 등의 연구과정과 결과가 공개됨으로써 인류 지식의 진보에 기여해왔던 '과학적 공동재(Scientific Commons)' 개념을 크게 위축시키고, 학자들은 기업의 이해관계로부터 자유롭지 못하게 되어 대학과 지식의 공공성 그리고 학문의 자유가 훼손되었다.[51]

50 2002년 이코노미스트(Economist, Dec. 12, 2002, Innovation's golden goose, http://www.economist.com/node/1476653)는 이 법안이 미국 산업의 쇠퇴를 반전시키는 데 기여하였다고 소개하였다. 구체적으로 1980년 이후 미국 대학의 특허는 12배가 증가했고, 대학 연구실에서 수행된 연구를 활용한, 이른바 '스핀오프(spin off)'를 이용한 기업이 2,200개가 넘었고 그 과정에서 26만 개의 일자리가 만들어졌고, 2002년 기준 연간 400억 달러를 기여하였다고 주장하였다. 여기서 스핀오프(spin off)란 정부출연연구기관의 연구원이 자신이 참여한 연구결과를 가지고 별도의 창업을 할 경우 정부보유의 기술을 사용한 데 따른 사용료를 면제하고 성공 후 신기술연구기금 출연을 의무화하는 제도이다.

51 2005년에 이코노미스트(Dec. 20th, 2005, Intellectual property: Bayhing for blood or Doling out cash? http://www.economist.com/node/5327661)는 다시 스핀오프를 이용한 기업이 4,500개 이상이나 되고, MRI, B형 간염 백신, 구글 검색엔진 등을 포함해 수십 개의 의학적 진보와 기술혁신을 만들어냈음에도 불구하고 시간이 흐를수록 이 법안에 대한 비판이 넘치고 있다고 소개했다. 즉 대학이 기초지식보다는 실용적이고 산업적 목적을 가진 지식에 집중하고, 진리의 중립적 중재자이기보다는 기업처럼 행동하고, 특허와 재산권 기술의 출현으로 과학적 연구가 지연되고, 특허성 보호범위에 대한 법적 동의로 인해 서로 간에 자료와 지식의 공유를 꺼리게 되고, 대학과 연구자 간에 특허(patents and royalties)에 대한 소송이 일상화되고 있다는 것이다.

경제의 포스트모던화

경제력의 다원화, 소비자들의 '반평준화(反平準化)' 경향, 경계와 구분의 불분명성 등은 포스트모던적 특성들이다. 일반적으로 포스트모던 사회의 핵심적 특징은 중심의 해체와 다원화 그리고 경계의 불분명과 구분의 모호성 등이다. 즉 포스트모던화란 모더니티(근대성, modernity)에 기초한 중심과 낡은 권위가 해체되고 대비의 경계가 불분명해지는 경향을 말한다. 흔히 포스트모던 사회의 상징적 기원의 해로 1968년을 얘기한다. 서구 현대사에서 1968년은 일체의 권위에 대한 의문이 제기된 새로운 출발점이었기 때문이다. 서구의 황금기라 불린 1960년대가 저물어 가는 1968년에, 우리가 잘 알고 있는 파리의 '5월'이나 버클리의 '7월' 그리고 체코 프라하의 유혈사태와 베트남의 승리 등 세계 도처에서 다양한 스펙트럼을 가진 운동이 급진적으로 일어났다. 이 일련의 정치적 대분출을 두고 서양의 많은 연구자들이 '혁명'이라고 부르기를 주저하지 않는다. '68운동'은 정치적으로는 미국과 소련을 중심으로 하는 헤게모니를 부정하고 문화적·경제적으로 미국에 종속되어가는 것을 거부하면서 나타난 운동이었다. 이러한 특성은 그 당시까지 당연하게 받아들였던 여성의 불평등과 권위적인 체제를 부정하는 것으로 이어졌고 예술, 사상, 사회에 막대한 영향을 미쳤다. 예를 들어, 남성 중심의 질서를 거부하고 남성과 여성의 공존을 모색하는 여성해방운동이나 인간 중심으로 자연 바라보기를 거부하고 자연과 인간의 공존을 모색하는 생태운동 등 신사회운동이 활성화된 것도 이때였으며, 권력과 체제에 대한 회의, 좌파에 대한 반성도 왕성하게 나타났다. 즉 '68운동'은 서구사회를 완전히 뒤바꿔놓았던 도덕적 가치관에 대한 일대 혁명으로, 이때부터 학교와 가정, 사회 전반에 걸쳐 권위주의가 사라지게 되었다.

낡은 권위들의 해체는 곧 다양성의 인정, 타자에 대한 인식, 자유분방함 등으로 이어졌다. 즉 근대문명이 '차이의 문화'를 기반으로 한 증오가 무성하게 자라는 토양을 만들어냈다면, '68운동'은 '차이'를 '차별'로 주조하고 구분을 통해 배제를 만들어내는 기존의 권위체계를 부정한 것이었다. 기존의 권위체계가 중심을 세우고 구분을 짓고 중심에서 주변으로의 일방통행 시스템(one way system)이라면, 차이가 인정・존중되는 다중심(다양성)의 확대・강화는 상호 의존을 증대시키고, 또 상호 침투의 결과 구분과 경계를 모호하게 만들고 복잡성을 특징으로 만들었다. 경계가 허물어짐으로써 현실세계와 가상공간, 주체와 객체, 생산(자)와 소비(자) 등 양자 간의 경계가 불투명한 시대가 도래된 이유이다.

앞에서 보았듯이 경제활동에서 이러한 경향들은 무형가치의 중요성 증대와 경제의 네트워크화로 나타났다. 첫째, 가격의 중심적 역할이 약화되고 있다. 예를 들어, '가격에 의한 거래'가 '관계에 의한 거래'로 대체되고 있다. 소셜 네트워크(social network) 및 소셜 커머스(social commerce)의 발달에 따른 '가격 대혼란(Pricing Pandemonium)' 현상에서 보듯이 정가나 일물일가의 개념이 의미를 상실하고 대신 '가격의 유동성'이 증대하고 있다. 이는 유형재와 달리 비물질을 소비하는 무형재가 제공하는 것은 경험이기 때문이다. "고객을 끌어당기고 싶다면 제품이 아닌 기억에 남는 '체험'을 팔아라" 혹은 "비즈니스는 마음을 훔치는 연극"이라는 마케팅 구호가 이러한 흐름을 대변한다.[52] 게다가 무형재의 비경합성은 공급의 가격탄력성이 완전 탄력적임을 의미한다. 이는 초기 상품개발 비용은 상대적으로 매우 큰 반면, 추가 생산・공급에 따른 비용이 사실상 발생하지 않기 때문이다. 이는 공급자의 수익을 극대화시키는 판매량, 즉 한계수입과 한계비용이 같아지는 판매량이 매우 크다는 것을 의미한다. 따라서 무형재의 경우 수요를 최대한 창출하는 것이 공급자 수익극대화의 관건이 된다. 수요를 최대로 창출하기 위해서는 소비자의 협력을 끌어내는 것이 최선의 방법이다. 즉 소비자의 신뢰와

52 현대의 소비자는 행위자(performer)로서 행동하며 무엇인가 주체성과 의미를 창출하고 실천하기 위한 경험을 소비하고 있다는 '체험의 경제(Experience Economy)' 개념이 그것이다. 즉 오늘날 포스트모던 소비자들에게 가치는 유형 재화를 축적하거나 그것을 시장에서 교환하는 행위를 통해서 창출되는 것이 아니라 자기 나름의 의미를 해석함으로써 창조된다는 것이다. 이들은 단일한 질서, 존재 이유 등에 구애받지 않으려는 경향이 강하여 각종의 상이한 질서, 생활양식, 경험에 몸을 맡기는 것을 좋아한다. 이러한 현상들은 모두가 소비자들의 '반평준화(反平準化)' 경향을 반영하고 있는 것이다. 앞에서 지적했듯이, 소비자들의 '반평준화' 경향은 소득이 증대하면서 기초 상품들에 대한 욕구의 실현이 완성된 결과에서 비롯한다.

충성도를 얻어내고 참여를 끌어내야 한다. 시장 거래의 경우 소비자는 기본적으로 수익 추구를 최대 목표로 갖는 공급자를 신뢰하지 않는 경향이 있다. 반면, 같은 목표를 공유하는 소비자 간에는 신뢰가 구축되어 있기 때문에 소비자에게 판매 역할을 맡기는 것이 수요 창출의 효과적 방법이 될 수 있다. 따라서 소비자와의 상호작용이 중요해졌다. 이처럼 고객들과의 접점이 중요해진 가운데 시장참여자들 사이의 소통 방식도 페이스북이나 트위터나 유튜브와 같은 '소셜 웹 서비스(Social Web Service)' 혹은 '소셜 네트워크 서비스(Social Network Service, SNS)'를 통해서 그 어느 때보다 직접적이고 친밀한 관계 형성이 가능해졌다. 즉 소비자들의 체험(정보) 공유가 용이해지면서 소비자들의 협력을 끌어내는 것이 기술적으로 가능해진 것이다. 실제로 기업과 제품에 대한 소비자들의 평가가 후속 구매자들이 가장 중요시하는 정보가 되면서 판매극대화 전략은 '협력적 소비(collaborative consumption)'에 의해 결정되고 있다. 소셜 커머스가 부상한 이유이다. 이처럼 소셜 커머스는 공급자가 수익극대화를 위해 소비자의 협력을 끌어낸다는 점에서 '협력적 소비'의 개념이라 할 수 있다.

둘째, 경제의 네트워크화로 경계가 모호해지고 구분이 불가능해질 수밖에 없다. 앞에서 소개한 '불투(분)명경제'의 등장이 그것이다. 경제의 네트워크화의 대표적 요인이 경제의 금융화이다. 예를 들어, 오늘날 시장이자율은 더 이상 중앙은행이 결정할 수 없다. 글로벌 채권시장의 수요자와 공급자가 이자율을 결정하고 중앙은행이 결정할 수 있는 단기금리는 시장금리 결정의 한 요인에 불과하기 때문이다. 이는 주가와 정책금리 간의 상관성이 깨진 데서도 확인된다. 예를 들어, 한국은행이 정책금리(기준금리)를 올리면 일반적으로 주가가 하락할 것으로 예상한다. 그러나 예상과 달리 주가가 오히려 상승하는 것으로 나타났다. 이는 환율과 주가가 높은 인과관계를 갖고 있기 때문이다. 즉 한국의 주가는 금리보다는 단기적으로 원/달러 환율이나 미국 주가 등에 더 큰 영향을 받고 있다.

경계가 불분명해지는 것은 앞에서 소개한 액체사회의 개념에서 보듯이 산업간 경계의 해체에서도 확인된다. 기술의 융복합화 혹은 기존의 유형가치에 무형

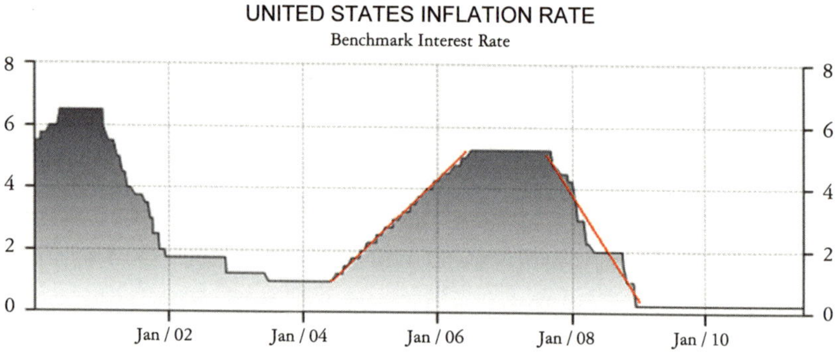

▌그림 1-18. 미국 연준 기준금리

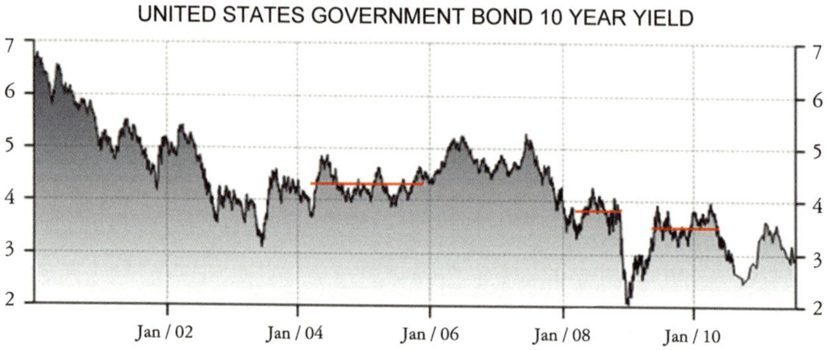

▌그림 1-19. 미국 국채 10년물 수익률

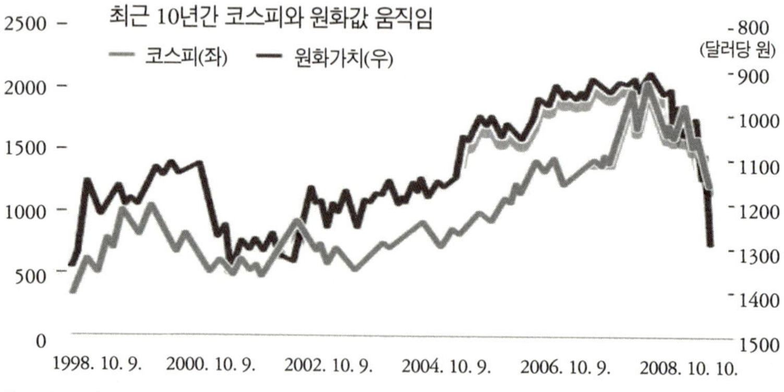

자료: 한국투자증권 · 블룸버그.

▌그림 1-20. 한국에서 주가와 원/달러 환율의 관계, 1998.10~2008.10

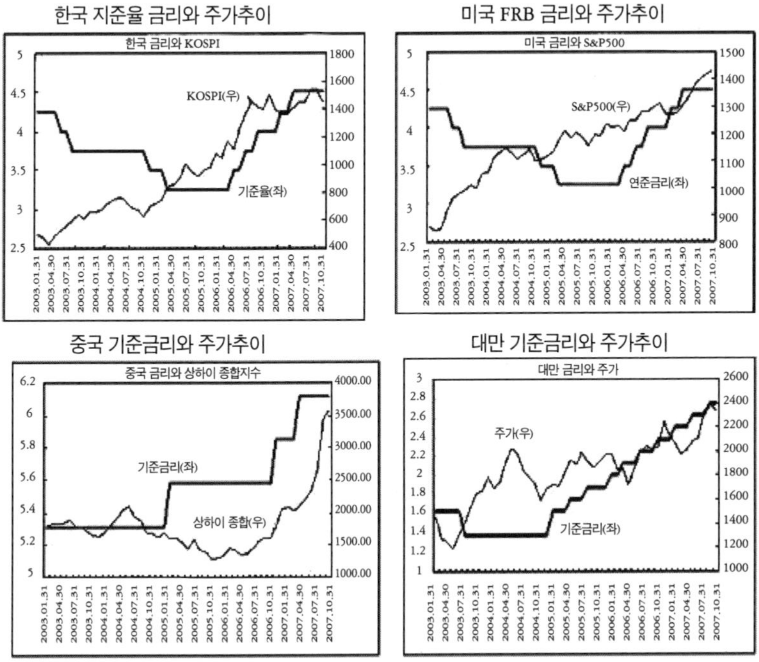

▌그림 1-21. 주요 국가들에서 정책금리와 주가의 관계

가치를 부가함으로써 산업 간 경계를 해체시키며, 종래의 기준에 따른 이업종 간 경쟁을 증대시키고 있다. 예를 들어 제조업의 서비스화, 즉 제조업에 소프트 경쟁력을 결합하여 '+0.5차'의 부가가치를 창출하면서 '제조업의 2.5차화', 그리고 농업과 식품, 제약, 유통, 관광, 레저 등 관련 산업과의 연계는 물론이고 예술, 문화 분야와의 연계를 통해 '농업의 1.5차화'가 진행되고 있다.

제2장 ▶▶

경제의 금융화와 금융위기

이처럼 제조업의 공급 과잉과 자본의 수익률 하락은 시장의 개방과 자본흐름의 자유화 등으로 이어졌다. 그리고 이를 주도한 것은 제조업 경쟁력 약화에 직면한 미국이었다. 미국은 19세기 말 경제에 대한 은행과 상업의 헤게모니가 자리 잡았던 영국이 그랬듯이 산업구조의 업그레이드보다는 금융을 중심으로 미국 경제를 재편하였다. 즉 카터 행정부 말기부터 시작된 금융규제의 완화는 레이건 행정부에서 본격적으로 추진되고, 1985년 1월 두 번째 임기의 연두교서에서는 "미국을 세계의 투자수도"로 건설하겠다고 천명한다. 즉 국가 이해를 금융적 관점에 맞춘 것이다.

미국이 주도한 경제의 금융화는 금융의 폭발적 성장을 가져왔다. GDP 대비 금융산업의 비중은 1980~2007년간 두 배로 증가하였다. 금융자산의 규모 역시 20세기가 시작되던 1900년에 GDP 대비 101%에서 1980년 198%로 약 두 배 증가하는데 80년이 걸렸으나, 그로부터 30년도 채 안된 2007년까지 442%로 약 2.5배가 증가하였다. 글로벌 외환시장 거래(FX turnover)도 1995년 하루 1.2조 달러에서 2010년에는 4조 달러로 증가하였고, 외환 장외거래(OTC, over the counter) 규모는 글로벌 GDP의 1995년 8.9배에서 2009년에는 17.5배로 증가하였다. 외환거래 중 비금융부문은 13.4%에 불과하였고, 등록된 딜러의 거래와 금융기관 사이의 거래가 각각 38.9%와 47.7%를 차지하였다. 특히 상위 9개 금융회사가 전체 거래액의 75%를 차지하였다. 꼬리와 몸통의 관계가 역전된 것이다(Tail is wagging dog). 또한, 1960년 680에서 1980년 약 840까지 20년간 약 24% 증가에 불과했던 다우존스 산업평균지수(일명 다우지수)도 2000년에는 11,500까지 또 다른 20년간 1,269%가 증가하였고, 2007년까지 14,000을 돌파하였다.

금융경제화는 특정 국가의 현상이 아니라 전 세계적 현상이었다. 1980~2007년간 전 세계 GDP가 10조 달러에서 55조 달러로 5.5배 증가하는 동안, 금융 자산은 12조 달러에서 196조 달러로 16배 이상 증가하였다. 해외 자본 흐름의 규모도 1980년 5천억 달러에서 위기 직전에는 10.5조 달러까지 21배가 증가하였다. 세계경제포럼의 '2008년 금융 발전 보고서'[1]에 따르면, GDP 대비 금융 자산 규모가 100% 이상인 국가가 1990년 33개국에서 2006년에는 72개국으로 2배 이상 증가하였다. 1990~2006년간 유로 지역이 180%에서 303%, 영국이

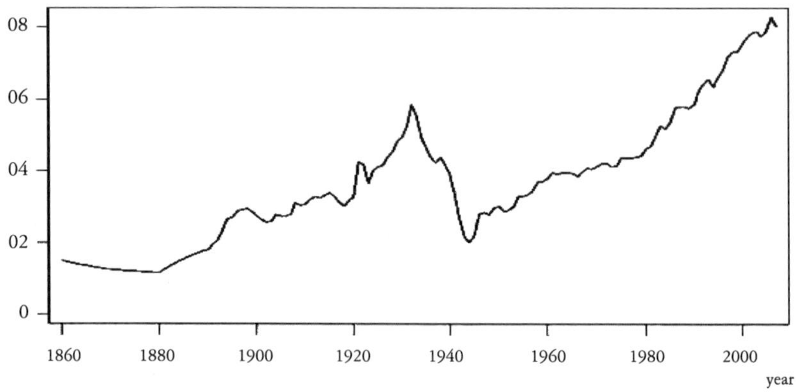

Source: Philippon, 2008

▌그림 2-1. 금융산업의 비중(GDP 대비)

1 http://www.weforum.org/pdf/FinancialDevelopmentReport/2008.pdf

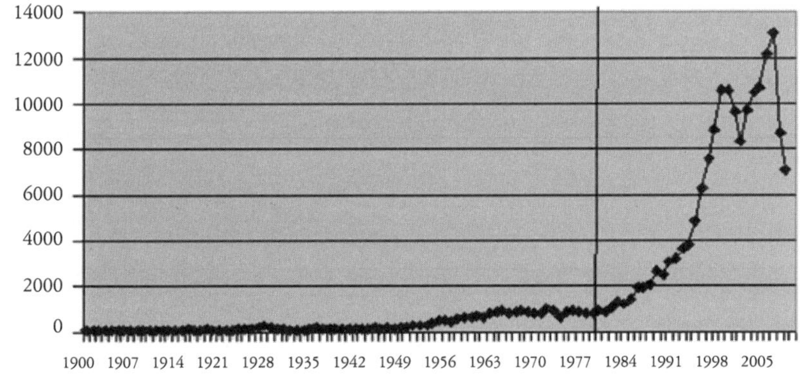

▌그림 2-2. 다우존스 산업 평균, 1980~2007년

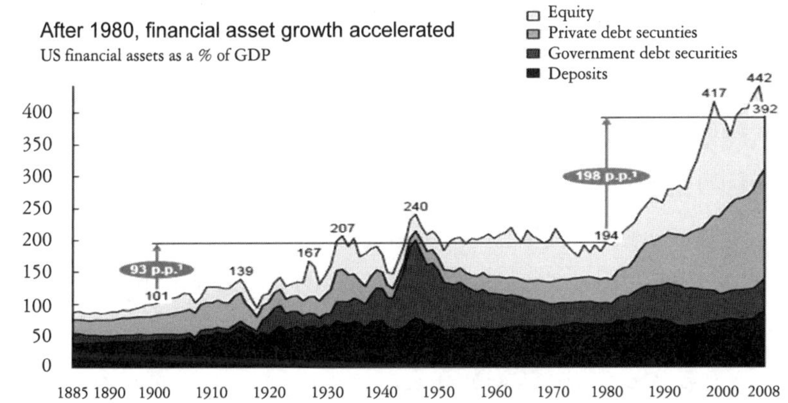

[1]: Percentage points of GDP.
Source: Federal Reserve: National Bureau of Economic Research: Rober Shiller. MoKinsey Global Institute analysis

▌그림 2-3. 금융자산의 성장, 1980~2007년

287%에서 359%, 미국이 303%에서 405%, 그리고 한국이 83%에서 198%로 증가하였다. 특히, 신흥 시장국의 금융화가 크게 증가하였는데, 이 지역의 금융 자산 규모는 1999년 1조 2천억 달러에서 2006년에는 23조 6천억 달러로 20배 이상 급증하였다. 한마디로 금융 부문이 경제 규모의 확장을 주도했고, 전체 자산에서도 금융 자산이 증가한 시대였다. 즉 전체 경제활동에서 금융산업의 지배력과 기업 경영에 대한 금융 통제가 증가하는, 즉 경제 중력의 중심이 생산에서 금

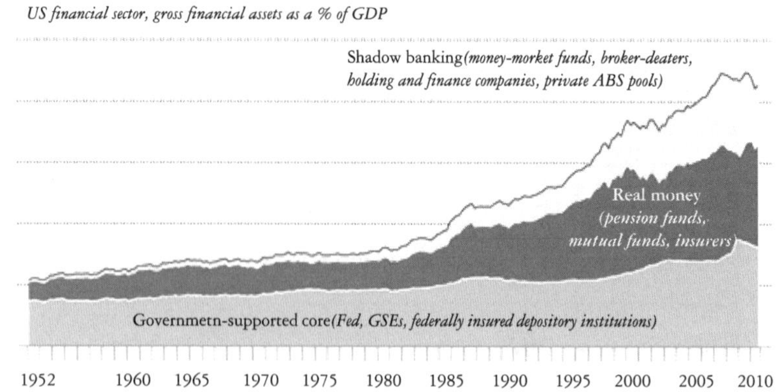

Source: A.V. Bhatia, IMF(2011)
출처: Economist, May 12th, 2011.

▌그림 2-4. 미국 금융부문의 규모, GDP 대비 총 금융자산(%)

융으로 이동하는 '금융경제화'가 급속하게 진행된 것이다.

금융산업의 빠른 성장은 금융에서 높은 수익이 발생했기 때문이다. 예를 들어, 역사적으로 금융부문의 이윤은 전체 이윤의 약 10%를 차지하였으나 1980년에 20%에 근접했고, 90년대 30%를 넘어섰고 2000년대에는 40%까지 상승했다. 그렇다 보니 금융부문 주가 역시 2000~07년간 주식시장의 연평균 6% 증가율보다 13배나 큰 78%로 성장하였다. 그리고 금융산업의 높은 수익은 금융산업으로의 인재 집중과 실물부문에 대한 투자 부족으로 이어졌다. 미국 민간부문 전체의 평균 임금 대비 금융부문 종사자의 임금은 1948~1982년에 99~108%에 불과했으나 2007년에는 181%로 증가하였다. 마찬가지로 금융부문 종사자의 교육 수준도 같은 추이를 보였다. 2007년에는 미국 하버드대 졸업생의 47%가 금융이나 컨설팅 분야로 진출하였다.[2] 그리고 1980년대 이후 비주거 민간부문의 순투자는 (90년대 후반의 IT 붐 시기를 제외하면) 추세적 하락을 이어갔다. 이처럼 80년대 이후부터 2007년 금융위기 발발 이전까지 금융 주도의 성장은 실물과 금융의 균형적 발전에 기초한 것이 아니라 과잉금융 속에 이루어진 것이었다.

2 Economist, Mar. 31st, 2010, "Trying harder: Can higher productivity fill the gap?"

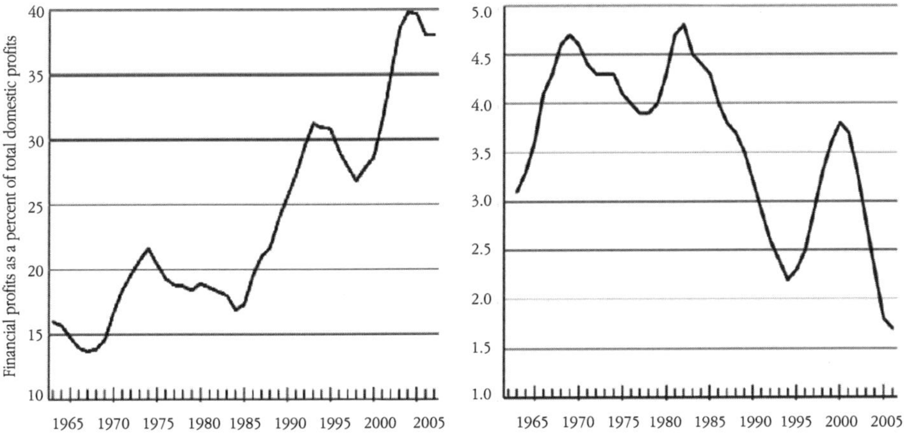

출처: J. Foster, April 2008, "The Financialization of Capital and the crisis," *Monthly Review*.

▌그림 2-5. 미국 전체 기업 이윤 중 금융기업의 비중(좌)과 GDP 대비 비주거 민간부문의 순고정투자 비중(우), 5년 이동평균

즉 '금(전)융(통)'의 의미를 갖는 금융의 고유 역할은 금융자원의 중개 기능이다. 그런데 금융부문의 유입된 금융자원이 실물부문의 투자로 연결되지 않고 금융부문에서만 순환된 것이다. 참고로 국제통화기금(IMF)과 경제협력개발기구(OECD) 등에 따르면, 미국 · 유로권 · 영국 · 일본 · 오스트레일리아 · 캐나다 등 선진국만을 따로 추려 명목 GDP와 유동성(광의통화 기준)의 변화를 살펴봤더니 둘 사이의 비율은 1983년을 100으로 잡을 때 2006년 말엔 144에 이르렀다. 시중에 돌아다니는 돈의 양이 실물부문보다 1.5배 가까이 더 빠르게 늘어났다는 얘기이다. 특히 미국 연준(FRB)이 금리를 1%로 인하했던 2003년부터 2009년까지 글로벌 유동성의 증가는 98조 3천억 달러에 달했다. 이는 같은 기간의 글로벌 GDP의 증대 규모인 21.7조 달러의 4.5배가 넘는 규모였다.[3]

3 BIS International Banking Statistics, Tables 2 & 3, Global Financial Stability Report 2010 and 2005, 여기서 글로벌 유동성은 다음과 같이 구성된다. Growth in Money Supply = Net Credit to Government(bonds-govt deposits with banking system) + Net Credit to Foreign Sector(FX reserves-FX liabilities) + Net Credit to Private Sector(Loans-Fixed deposits of private sector) + Net Other Assets(Other Assets-Other Liabilities-Capital and Reserves)

아시아 나라들로 시야를 돌리면 둘 사이의 거리는 훨씬 더 벌어진다. 아시아 5개 나라의 명목 GDP와 유동성 통계를 토대로 그 비율을 보면 2006년 말에 약 250~300으로 나타났다. 선진국 중심의 세계 평균치보다 두 배 가까이 높다. 생산과 소비 등 실물부문에 흡수되지 않은 채 역내를 이리저리 떠돌아다니는 유동성이 풍부하다는 뜻이다. 중국이 359로 초과 유동성 정도가 가장 심했고, 한국은 289로 두 번째를 차지했다. 선진국의 경우 GDP 대비 유동성 비율이 80년대 이후 25년간 비교적 일정한 속도로 늘어난 데 반해, 아시아 나라들에선 그 비율이 2000년대 이후 가파르게 늘어났다.

실물부문의 과소투자는 기업의 기록적인 현금보유 규모에서도 확인된다. 산업구조의 업그레이드나 산업체계 다양화의 지연은 비금융 기업의 자본지출 감소와 기업 이윤의 저축 전환으로 이어지며 기업은 순차입자(net borrower)에서 순저축자(net saver)로 바뀐다. 비금융 기업들의 현금이나 현금성 자산이 90년대 이후에 급증하는 이유다. 예를 들어, 금융과 유틸리티 부문을 제외한 S&P500 지수 편입 기업들의 현금 보유 규모는 금융위기 발발 조짐이 나타나기 시작했던 2007년 3월에 6,400억 달러에 달했는데, 이는 2000년 말 3,280억 달러의 두 배 가까이 되는 규모였다. S&P에 따르면 기업들의 장기부채 대비 현금 규모는 40%로 장기 평균인 31.2%를 상회했다.[4] 시장조사회사 톰슨파이낸셜(Thomson Financial)에 따르면 세계 100대 기업들의 현금보유 규모 또한 지난 1999년부터 점진적으로 늘어나기 시작해 2004년에는 처음으로 1조 달러를 넘어섰다. 기업의 수익이 투자로 이어지지 않은 것이다. 이는 80년대 이후 저축의 주체인 가계의 저축률이 하락한 반면, 투자의 주체인 기업의 저축률은 증가하여 90년대 이후에는 양자가 역전되어 금융위기 당시에는 후자가 전자의 두 배 이상이 될 정도로 격차가 벌어졌다. 이는 인플레이션율의 장기적 하락[5]과 더불어 저금리 기조의 형성에 주요한

4 Businessweek, Oct. 3, 2007.

5 뒤에서 소개하듯이 인플레이션 하락은 글로벌화와 경제활동에서 무형가치 비중의 증대 등에서 비롯한다.

요인으로 작용하였다. 또한, 기업 저축의 증대는 은행의 대출 수요 감소로 이어져 자금조달과 수익원의 시장 의존을 증대시키는 은행의 비즈니스 모델의 변화 요인으로 작용한다. 예를 들어, 2007년 1월 기준 은행의 자본 대비 자산담보기업어음(ABCP)의 비중은 시티뱅크가 77.4%, ABN Amro가 201.1%였다. 반면, 은행들의 소매 예금의 비중은 2002년 58%에서 2007년 52%로 축소되었다. 뒤에서 보듯이 이는 다시 통화지표의 변화나 통화정책의 이전 메커니즘(transmission mechanism of monetary policy)의 약화를 초래한다. 한편, 기업의 수익이 투자로 이어지지 않을 경우 기업의 장기적인 성장 동력은 약화될 수밖에 없고, 이는 다시 미래 경제와 수익 성장에 대한 비관적 전망으로 이어질 수밖에 없다는 점에서 금융경제화는 지속될 수 없다.

그럼에도 불구하고 대부분의 경제학자들과 정책입안자들은 금융이 주도한 성장이 지속가능하다고 생각하였다. 그 근거로 80년대 중반 이후 크게 감소한 경기 사이클의 변동성을 지적한다. 미국은 1984년 1분기부터 2006년 2분기까지

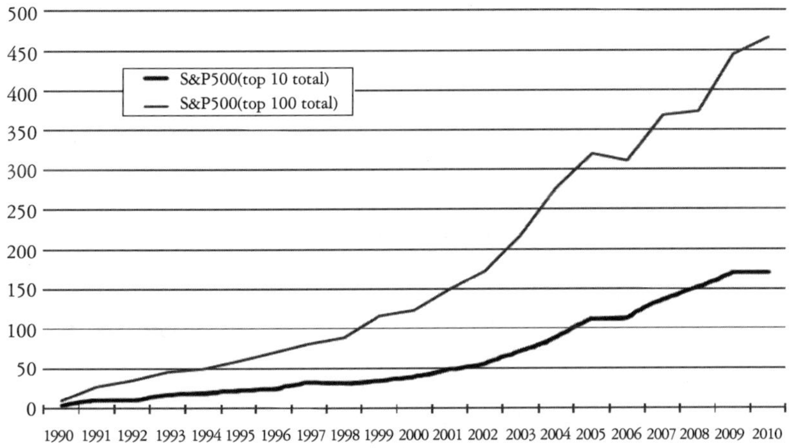

Source: Capital IQ, Pozsar(2011)
출처: Zoltan Pozsar, August 2011, "Institutional Cash Pools and the Triffin Dilemma of the U.S. Banking System," IMF Working Paper, Figure A1에서 재인용.

▌그림 2-6. S&P 상위 10대 및 100대 비금융기업의 현금 및 현금성 자산(십억 달러)

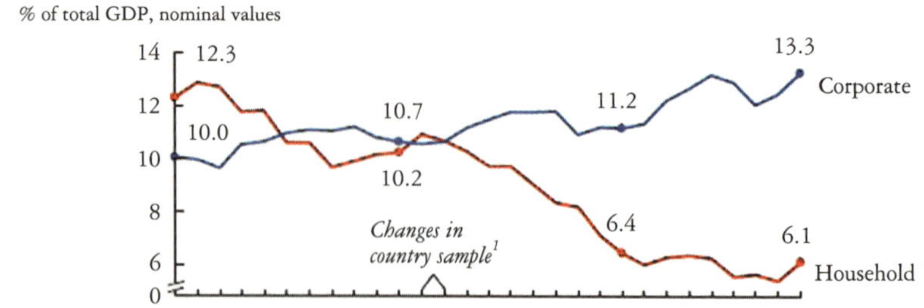

$ trillion	1980	1990	2000	2008
Total GDP	5.4	12.3	23.6	33.9
Household gross saving	0.7	1.3	1.4	2.1
Corporate gross saving	0.5	1.3	2.4	4.5

[1]: Based on a sample comprising Australia, Canada, France, Germany(form 1991 onward), Italy, Japan, South Korea, the United Kingdom(form 1992 onward), and the United States.

Source: McKinsey Global Economic Growth Database: United Nations System of National Accounts: McKinsey Global Institute

▌그림 2-7. 선진국에서 기업과 가계의 총저축률 변화 추이(GDP 대비)

주: 여기서 인플레이션은 핵심 개인소비지출에 의해 측정된 것.

출처: 블룸버그(Bloomberg)가 제공한 월간 연 자료.

▌그림 2-8. 미국의 소비자물가 상승률 추이, 1976~2006

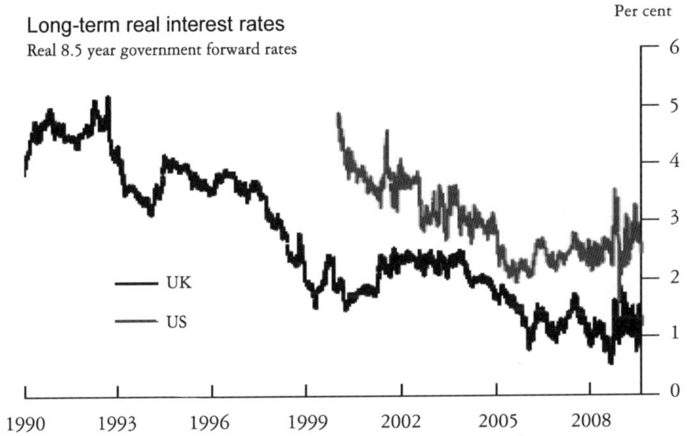

Source: Bloomberg and Bank calculations
주: 선도금리는 현재시점에서 요구되는 미래 특정 기간에 대한 이자율.
출처: Charles Bean, 2009, "The Great Moderation, the Great Panic and the Great Contraction", BIS.

▮ 그림 2-9. 장기 실질금리 추이

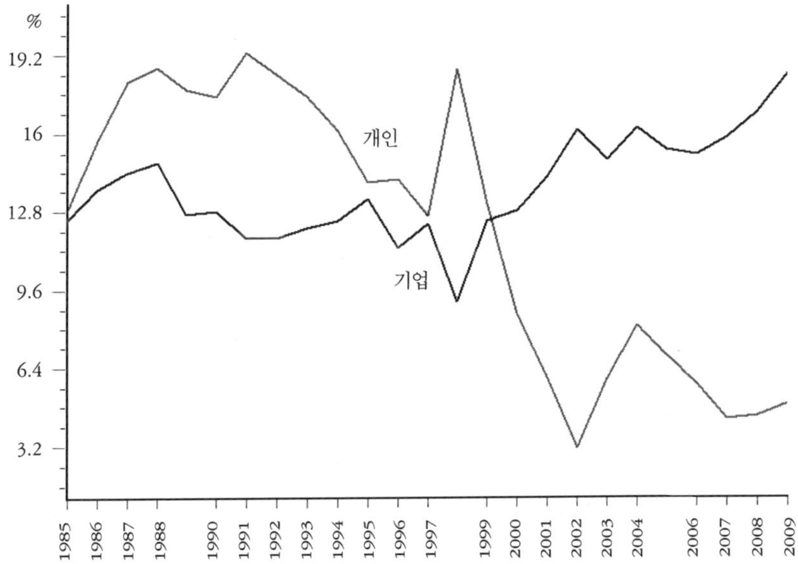

출처: 한국은행.

▮ 그림 2-10. 한국의 가계 및 기업의 저축률 추이, 1985~2009

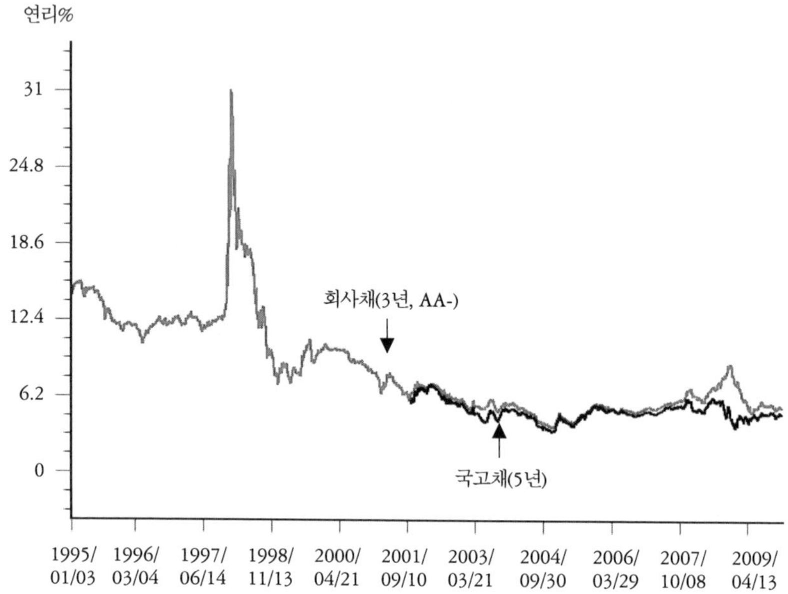

출처: 한국은행.

▌그림 2-11. 한국의 장기 시장금리 추이

성장의 지속, 인플레이션율과 실업률의 하락을 경험하였다. 미국 경제는 2차 대전 이후 GDP가 연평균 3.27%로 성장하였고, 성장률의 표준편차는 2.7%였다. 반면, 대안정기(the great moderation)의 성장률 표준편차는 1.3%에 불과하였다.[6] 그래서 경제학자들은 이 시기를 이른바 대안정기라 부르는 이유다. 이러한 성장은 금융혁신에 의해 파산의 리스크를 분산시킴으로써 가능했다고 믿었다.

그러나 금융 중심의 성장은 지속될 수 없었다. 금융위기는 금융이 혼자 발전하는 것이 불가능하다는 것을 보여주었다. 실제로 지난 30년 과잉금융의 시대는 은행의 성장률이 역설적으로 하락하였음을 보여준다. 미국 연방예금보험공사(FDIC) 자료에 따르면 지난 미국 은행들의 연평균(복리) 수입증가율은 70년대

6 John H. Makin, July 2011, "The Limits of Monetary and Fiscal Policy," AEI. 대안정기는 저인플레이션과 고성장 그리고 가벼운 침체의 시기로 정의된다. J. Lin and V. Treichel, Jan. 2012, The Unexpected Global Financial Crisis, World Bank Policy Research Working Paper 5937, p. 5.

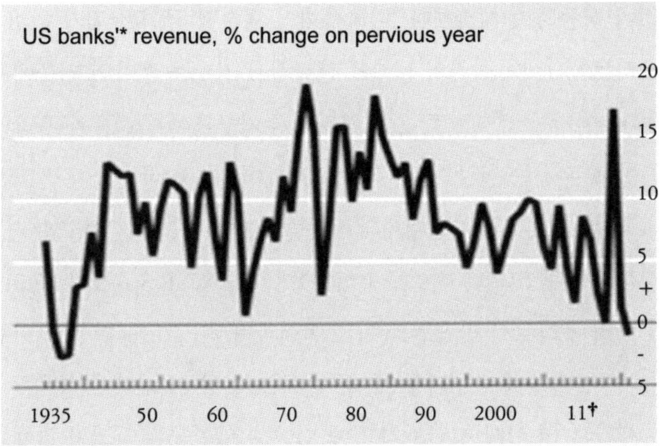

source: Federal Deposit Insurance Corporation; CLSA Asia-Pacific Markets
*FDIC-insured
† Estimate
출처: Economist, Oct. 22nd 2011, "Wall Street results: Darkness visible"에서 재인용.

▌그림 2-12. 미국 은행 수입 증가율(전년 대비, %)

12%, 80년대 10%, 90년대 8%, 2000년대 6%로 지속적으로 하락하였다.[7] 실물부문의 성장 없이 은행의 성장은 한계에 직면할 수밖에 없음을 보여주는 것이다. 금융위기는 실질 생산성의 개선 없는 금융이윤의 지속증가가 불가능함을 보여준 것이다. 즉 지난 30년, 특히 90년대 후반 이후 실물경제는 완만한 성장이 진행된 반면, 금융자산의 가격은 과도한 인플레이션이 진행되었다. 그럼 이제부터 과잉금융이 어떻게 금융위기를 초래했는지 살펴보자.

제1절 과잉금융의 구조

'경제의 금융화'로 인해 실물시장을 보조하고 반영하던 금융시장은 실물시장

7 Businessweek, Oct. 28, 2010, "Banks Face a Decade of Slow Revenue Growth." http://www.businessweek.com/magazine/content/10_45/b4202051142692.htm?chan=magazine+channel_news+-+markets+%2B+finance

과 관계없이 작동하기 시작했다. 미국사회의 세속적 금언은 월가(Wall Street)와 메인 스트리트(Main Street)[8]의 관계와 관련해서 전자는 후자의 거울에 불과하다고 가르쳤다. 여기서 전자는 탐욕의 거리로 투기꾼들이 두려움과 욕망의 잔치를 벌이는 곳이고, 후자는 철강으로부터 소프트웨어까지 미국인들이 필요로 하는 생산자들의 공간으로 묘사된다. 대개의 사람들이 생산자는 '선'이고 투기꾼은 '악'이라고 생각하였다. 그러나 적어도 1980년대 이후 Wall Street과 Main Street의 분리는 도덕적 우화로서 만족될 뿐이지 현실과는 거리가 먼 완전한 허구가 되었다. 즉 전자는 실물경제의 성과를 보여주는 척도일 뿐 그 자체가 경제를 주도하지 못한다는 생각은 더 이상 성립하지 않게 되었다.[9] 즉 금융은 국가 경제와 국민의 삶에 절대적 영향을 미치고 있다. 금융위기 이전까지 많은 국가들은 금융산업을 21세기의 주력 산업으로 육성하겠다는 목표를 가졌다.

개인 역시 자신의 노후를 금융에 크게 의존할 수 없는 상황에 놓였다. 자신이 평생 저축한 연금이 24시간 쉬지도 않고 전 세계를 누비며 일을 해주고 있기 때문이다. 특히, 산업화를 완료한 대부분 국가들이 고령화에 직면하면서 이른바 '돈이 일하는 경제(Money-Working Economy)'에 대한 의존이 증대하고 있다. 즉 미래의 불확실성이 증대하는 가운데 '오래 사는 위험'에 직면한 가계는 자조(自助)의 노력이 절실해졌다. 하지만 저금리로 인해 수단이 별로 없다. 저축만으로는 스스로의 노후 대비는 감당할 수 없게 된 것이다. 적절한 노후생활 수단을 찾지 못하면 사회문제가 되는 것은 물론이고 내수 부진과 소비 침체로 경제에도 나쁜 영향을 줄 수 있다. 일본의 '잃어버린 20년'이 여기에 해당된다. 이러한 이유로 노후를 대비해 소극적인 의미의 '저축'에서 보다 적극적이고 능동적인 '투자'에 관심을 가지게 된다. 즉 고령화 사회에 접어들면서 젊은 세대 스스로 자산을 축적해 본인이 노인세대가 됐을 때 노후생활 자금으로 이용하는 방식을 택해야 하기 때문이

---

8 일반적으로 메인 스트리트(Main Street)는 전통적 가치, 즉 노동자계급과 소기업 소유주들의 이해를 대표하는 장소를 언급한다.

9 Newsweek, April 27th, 1998, pp. 31-34.

다. 이것이 '금융의 펀드화'가 등장한 배경이다. 펀드는 다수 투자가로부터 자금을 공개적으로 모집·운용하는 뮤추얼펀드(mutual fund), 소수 투자자 중심의 폐쇄적으로 운용하는 헤지펀드(hedge fund)나 사모투자펀드(private equity fund), 적정 수준 이상의 보유 외환을 따로 떼어 투자용으로 모아 운영하는 국부펀드(sovereign wealth fund) 등이 금융시장에서 주요 펀드로 활동하고 있다.[10] 2000년 11조8,000억 달러 규모이던 세계 펀드의 순자산액은 2006년 21조 8,000억 달러로 불어났다. 일부에서 오늘날 자본주의를 '펀드 자본주의(fund capitalism)' 혹은 '화폐관리자 자본주의(Money Manager Capitalism)'라 부르는 이유이다.

헤지펀드 '헤지(hedge)'라는 말은 원래 농업에서 유래됐다. '울타리를 쳐서 자산을 안전하게 관리한다'는 뜻이다. 경작 시점에 미리 수확 때 사고파는 가격을 정해 농산물 가격이 오르거나 내림에 따라 생기는 손해를 피하고자 했다. 알프레드 존스는 1949년 이 원리를 이용해 부유층의 자산을 관리하는 펀드를 만들었다. 이 펀드가 처음 만들어진 헤지펀드다. 그러나 헤지펀드는 70년대 이후 본격적으로 등장하기 시작하였다. 대표적인 헤지펀드인 조지 소로스(George Soros)의 퀀텀(Quantum)이 설립된 것도 1973년이었다.[11] 그리고 1990년대 국제금융시장이 개방의 물결을 타면서 헤지펀드의 규모는 폭발적으로 커졌다. 연기금, 국부펀드, 금융회사 등의 엄청난 자금이 유입되었다. 그 결과 헤지펀드의 자산 규모는 1993년 530억 달러에서 2001년 4,150억 달러, 2007년 1.8조 달러, 리먼브러더스(Lehman Brothers) 파산 직전인 2008년 중반에는 1.9조 달러까지 증가했다. 성

10 뮤추얼펀드는 투자자를 공개적으로 모집하다 보니 투자자가 일반 대중이나 법인이나 기관 등인 반면, 헤지펀드나 사모투자펀드나 벤처캐피털 등은 사모의 성격을 갖기에 투자자가 부유층 개인이나 연기금이나 보험기금, 재단 등이 주요 고객이다. 또한, 공모펀드는 공시나 정보공개 등의 의무를 갖거나 투자 대상도 허용된 유가증권과 상품으로 제한되고 차입과 공매도(short stock selling, 주식이나 채권을 가지고 있지 않은 상태에서 행사하는 매도주문)가 허용되지 않고 상대수익률을 추구하는 등 규제를 많이 받는다. 반면, 투자자 수가 제한되는 사모펀드는 고객(주주)의 자율규제에 따라 규제를 받지 않고 절대수익률을 추구한다. 헤지펀드가 '투기세력', 사모투자펀드가 기업사냥꾼 등의 부정적 이미지를 갖게 되는 이유이다.

11 조지 소로스는 2011년 7월 퀀텀펀드에서 외부 투자자금을 돌려주고 소로스 일가의 자금만 운용하기로 결정했다. 헤지펀드에서 SEC에 등록할 의무가 없는 '패밀리 오피스'로의 전환을 하기 위한 것이다.

장세가 빨라진 데는 헤지펀드가 첨단 금융기법을 갖추고 있는데다 국경을 뛰어넘는 순발력과 정보력을 바탕으로 높은 수익률을 올리기 때문이다. 헤지펀드의 높은 수익률은 기본적으로 고위험의 파생금융상품과 실물자산에 투자하는 데서 비롯한다. 헤지펀드는 금융위기 이전까지 감독의 사각지대였고, 종래 헤지펀드의 특성으로 비밀주의, 불투명, 감독의 사각지대 등으로 묘사되었으나, 금융위기의 재발 방지를 위해 2010년 7월 도입된 '도드-프랭크'(Dodd-Frank) 법안은 운용자산 규모가 1억 5천만 달러일 경우 2012년 3월부터 증권거래위원회(SEC)에 등록을 의무화시켰다. 이는 규제 대상에 포함되었음을 의미한다. 또한, 대형 은행의 고위험 자기자본 거래(Principal Investment)를 규제하기 위해 은행의 헤지펀드 투자는 자기자본의 3% 내에서만 가능하고, 헤지펀드 등 개별 펀드에 대한 지분투자도 3%로 제한하였다(일명 볼커룰). 리먼브러더스 파산 이후 세계 헤지펀드는 자산이 1/4 이상 줄어들었고 1,471개가 문을 닫았다. 그러나 그로부터 3년 만인 2011년 8월 현재 자산 규모가 2조 달러로 성장함으로써 금융위기 이전 수준을 회복하였다.

펀드의 급성장은 기업부문에 대한 금융의 영향력 확대로 이어졌다. 미국에서 펀드의 주식소유 비중은 1985년에 6%에 불과했으나 2007년에는 30%까지 증가하였다. 또한, 펀드들은 기업 인수합병(M&A) 시장의 개입 등 투자 영역을 확대함으로써 기업경영권 획득과 개입을 증가시켰다. 금융부문의 영향력 확대는 1980년대 중반 이후 경기침체가 주로 신용위기에서 기인하였고, 신용위기의 중심에는 펀드들이 있었다는 사실에서도 확인된다. 예를 들어, 80년대 후반 미국 저축대부은행(Savings and Loan, S&L) 사태 시 부동산금융의 부실 문제가 실물경기 위축으로 전이되었고, 2001년 IT발 경기침체도 나스닥의 거품 형성과 붕괴 과정에서 발생한 것이었다. 최근의 세계 경기침체 역시 미국발 서브프라임 모기지 사태에서 비롯한 것이었다. 이처럼 1980년대 이후 금융 충격이 실물경기침체를 가져오는 중요한 요소로 부상하였다. 또한, 주요 금융위기 때마다 헤지펀드가 관련되어 있었다. 예를 들어, 헤지펀드는 1992년 영국 중앙은행인 잉글랜드은행을 대상으로 파운드화를 투매하는 공격을 퍼부은 장본인, 1994년 멕시코 금융위기,

1997년 태국 바트화 폭락사태와 한국 외환위기를 초래한 장본인, 1998년 롱텀캐피털매니지먼트(LTCM) 파산 때의 주인공으로 지목된다. 헤지펀드들은 신용위기 과정에서 공매도 방식을 주로 활용하였다.[12]

글래스-스티걸 체제의 붕괴

과잉금융은 기본적으로 높은 수익 추구의 결과로 형성된 것이다. 이제 금융이 수익을 추구하는 방법을 살펴보자. 먼저 금융의 수익은 위험(리스크) 추구와 비례한다. 그러나 은행 등 금융회사의 과도한 위험 추구는 금융회사의 파산으로 그치지 않고 전염효과(contagion effect)의 형태로 사회적 비용을 유발시킨다. 즉 금융회사가 파산할 경우 그 피해는 주주와 경영자 등에 대한 사적 비용을 크게 초과하여 경제시스템 전체의 문제가 된다. 그리하여 금융부문에는 특정한 행동규칙을 설정하는 규제, 그 규칙이 준수되는지의 여부를 관찰하는 감시, 그리고 금융회사의 행동을 보다 전반적으로 단속하는 감독을 통하여 과도한 리스크를 추구하지 못하게 한다.[13] 따라서 금융회사가 높은 수익을 추구하려면 규제와 감독 등을 완

---

12 공매도를 이용한 헤지펀드의 대표적인 거래기법이 롱쇼트 전략(long-short strategy)이다. 이는 실제 가치보다 높게 평가된, 즉 시장가격이 높은 쪽을 공매도(short)하고, 낮은 쪽을 매수(long)하는 전략으로 다른 시장요인과 무관하게 수익을 낼 수 있는 구조다. 공매도는 주가변동성을 심화시키는, 즉 주가 하락이 예상되는 국면에서 주가 하락을 확대시키는 요인으로 지적되며 금융위기 이후 유럽을 중심으로 공매도 금지의 분위기가 확산되었다. 우리나라도 2011년 8월 공매도 금지를 한시적으로 도입했다.

13 미국의 금융 규제 및 감독 기구로는 연방준비시스템(FRS)의 회원은행이나 금융회사를 감독하는 FRB, 예금보험을 제공하는 동시에 연방준비시스템에 포함되지 않은 주정부 인가 은행(약 6,500개)을 규제하는 연방예금보험공사(FDIC), 1,600개에 달하는 전국 단위의 은행(national banks) 인가와 규제를 담당하는 재무부 통화감독청(The Office of the Comptroller of the Currency, OCC), 연방저축조합(Federal Savings Association)에 가입하고 있는 연방저축대부은행(federal savings and loans)과 연방예금은행(federal savings bank)에 대한 승인과 감독을 하는 저축은행감독국(The Office of Thrift Supervision, OTS), 회계 규칙을 규제하는 재무회계표준위원회(The Financial Standards Accounting Board, FASB), 투자은행과 신용평가기관 등 기업을 규제하는 증권거래위원회(SEC), 정부보증기업들(Government Sponsored Enterprises, GSEs)을 규제하는 연방주택금융국(Federal Housing Finance Agency, FHFA), 7,292개(2011년 3월 기준)의 연방신용조합의 인가와 감독을 담당하는 신용조합(National Credit Union Administration, NCUA), 미국 상품거래소에서 거래되는 각종 선물에 대한 규제와 감독을 수행하는 상품선물거래위원회

화시켜야 한다.

미국의 규제 및 감독 체계는 1930년대 세계 대공황을 계기로 도입된, 이른바 '뉴딜판 금융규제(Banking Act of 1933, 은행법)'에 기초한다. 미국의 연방예금보험공사(FDIC)를 설립시킨 은행법은 상원의원 카터 글래스(Carter Glass)와 하원의원 헨리 스티걸(Henry Steagall)에 의해 후원된 법이기에 '글래스-스티걸법(Glass-Steagall Act)'으로 불리기도 한다. 1933년 은행법은 기본적으로 은행개혁과 투기규제에 목적을 갖고 있었다. 미국에서는 '1864년 은행법(National Banking Act of 1864)'에 의해 은행업과 증권업의 분리 및 금융자본과 산업자본의 분리가 이루어졌었다. 그러나 1920년대에 은행업과 증권업의 겸영이 허용되었다. 그런데 1929년 발생한 주가 폭락과 그에 이은 대공황의 원인 중 하나가 상업은행이 고객의 자산을 이용하여 일삼은 무분별한 투기 행위였다는 판단에서 '1933년 은행법'이 제정되었다. 이 법의 핵심 내용은 상업은행(commercial bank)은 여·수신 업무만 하고, 투자은행(investment bank)은 증권 업무만 하도록 업무를 분리하여 상업은행이 고객의 예금으로 주식 투자를 할 수 없도록 만든 것이다. 이 법을 통해 연방예금보험공사(FDIC, Federal Deposit Insurance Corp.)를 설립하여 은행예금을 보장하는 연방예금보험제도를 창설하고, 금융에 대한 연방준비제도의 통제를 강화하였으며 저축예금 이자상한제, 이른바 '레귤레이션(Regulation) Q'[14]를 실시하고, 연방공개시장위원회를 설립하였다. 이때부터 미국에서는 상업은행과 투자은행의 영역이 엄격히 분리되어 골드만삭스(Goldman Sachs)나 리먼브러더스 등은

(Commodity Futures Trading Commission, CFTC) 등이 있다.

14 글래스-스티걸 법은 은행들의 이자 지급을 제한했다. 즉 요구불예금에 대해서는 이자를 지급할 수 없으며, 정기예금을 포함한 저축성예금에 대해서는 FRB가 수시로 정하는 지급이자의 최고 한도를 초과할 수 없도록 하였다. 그런데 1971년 미국 투자은행 중 하나인 메릴린치(Merrill Lynch)가 MMF(Money Market Funds or Money Market Mutual Funds; 만기 1년 미만의 단기금융상품에 집중 투자해서 얻은 수익을 고객에게 되돌려주는 초단기 금융상품)를 개발한 후 상업은행의 요구불예금은 타격을 입고 레귤레이션Q는 무력화되었다. 이에 대항해 등장한 상업은행의 초단기 저축금융상품이 MMDA(Money Market Deposit Account)다. 즉 MMDA는 MMF와 경쟁할 수 있도록 1982년 제정된 '간-세인트 저메인법(The Garn-St. Germain Act)'에 의해 예금취급기관에 승인된 금융상품이다.

투자은행으로, 뱅크오브아메리카나 시티뱅크 등은 상업은행으로 성장하였다.

그런데 1970년대 파생금융상품의 개발과 금융공학의 발전 등으로 기존의 규제가 비효율적이라는 주장이 득세하면서 (노동시장이나 행정 규제 등에 대한 탈규제와 더불어) 금융부문에 대한 탈규제 압력이 증대하여 대공황 이래 미국 금융시스템의 기초가 되었던 '글래스-스티걸 체제'는 붕괴되기 시작하였다. 즉 '관리된 화폐'인 펀드는 대개 규제를 받지 않았기 때문에 규제를 받은 은행과의 경쟁에서 유리하였다. 위기의 주요 기여자로 지적되는 이른바 '그림자은행(shadow banks)'의 출현 배경이기도 하다. 사실, 은행에 대한 규제 완화의 많은 부분이 규제를 덜 받고 자금조달 비용을 절감할 수 있으며 높은 레버리지(차입)를 사용[15]하는 '그림자은행'과 경쟁할 수 있도록 하는 데 초점을 맞추었다. 예를 들어, 은행들은 감독 없이 높은 리스크를 추구하기 위해 장부외거래(off-balance sheet transaction)[16]가 가능한 회사인, 이른바 특수목적법인(SPVs, special purpose vehicles)을 만들었다. 이에 대해서는 다음 절에서 자세히 살펴볼 것이다.

본격적인 금융규제 철폐는 '레귤레이션 Q'를 철폐한 '1980년 예금금융기관 규제완화 및 통화 관리법(the Depository Institutions Deregulation and Monetary Control Act of 1980, 일명 신금융법)'에서 시작되었다. 그 뒤를 이어 이른바 '간-세인트 저메인법(The Garn-St. Germain Act)'이라 불리는 '1982년 예금금융기관법(the Depository Institutions Act of 1982)'의 도입으로 즉 단기 예금 계정의 발행을 허용함으로써 저축 및 대부업(Savings & Loan, S&L)에 대한 규제의 빗장이 완화된다. 레이건 행정부는 탄력성이 적은 주택 융자만을 취급했기 때문이라 보고 S&L의 대출 범위를 넓히고 돈을 끌어올릴 수 있는 길을 열어주기만 하면 문제가 해결될 거라고 믿었다. 그러나 인플레이션과 싸우기 위한 70년대 말과 80년대 초 금리 인상으로 저금리 시기에 단기 자금 조달로 장기 고정금리의 모기지를 대출한 S&L

15 기업의 이익창출 능력을 보여주는 자기자본이익률(Return on Equity, ROE; 자기자본에 대한 기간 이익의 비율)을 높일 수 있기 때문이다.

16 예를 들어, 장부외거래이기에 자본 비용을 피할 수 있다.

의 파산이 발생하였다. 이른바 '장단기 만기불일치(maturity mismatch)'와 '자산-부채 불일치(asset-liabiltiy mismatch)' 문제들이 발생한 것이다. '간-세인트 저메인법'은 이자 상승에 맞추어 모기지 이자율을 조정해주는 변동이자율 대출(adjustable-rate mortgage loans)을 도입했다. S&L의 자산 운용폭도 넓혀주었다. 이전까지는 주택자금 융자가 주류를 이뤘지만 이 법이 통과된 후에는 전체 자산의 30%를 일반 융자할 수 있게 되었다. 자산의 40%를 상업용 부동산에 대출할 수 있게 해주었고 대출 시에도 담보물 감정가의 100%를 융자할 수 있게 되었다. 연방정부가 들어주는 보험액도 구좌당 3만 달러에서 10만 달러로 늘렸다. 레이건 행정부는 이렇게 규제를 완화하면 저축대부업이 서민 주택자금 대출기관으로서의 기능을 수행하면서도 투자선을 다양화해서 수익을 증가시킬 수 있다고 예측했다. S&L의 자산대비 최저 자기자본 비율도 대폭 낮추었다. 80년 5%에서 4%로 낮춘 데 이어 82년에는 3%로 낮추었다. 자기자본 비율이 낮아지면서 보험을 들어줘야 하는 연방정부의 부담은 커질 수밖에 없었다.

'간-세인트 저메인법'은 80년대 말의 S&L 부도 사태의 요인이 되었다는 비판을 받는다. 대출 종류 및 자금조달 방법의 자유화로 인해 상업용 부동산 대출 투자가 증가하였고, 대규모 손실이 발생하자 납세자 및 정치권 부담으로 연결되었던 것이다. S&L은 원래 서민들의 예금을 받아 10~20년 만기 주택담보대출을 주업으로 하는 서민금융기관이었다. 그런데 금리자유화 이후 자금조달은 고금리인 반면, 대출은 장기 확정 저금리 상품이어서 역마진이 발생하였다. 게다가 조기상환의 위험이 있었다. 이처럼 전통적으로 모기지를 주도한 S&L은 파산 리스크, 이자율 변화 리스크, 조기상환 리스크 등 구조적 문제를 갖고 있었다. 이러한 리스크를 만회하기 위해 S&L은 고위험 자산에 투자하였고, 게다가 지리적으로 대출을 집중시킨 주간(州間) 은행(interstate banking) 제약으로 리스크가 증대하였다. 결국 유동성 위기로 무더기 도산을 하였다. 미국 정부는 1989년 8월에서 1995년 말까지 S&L의 총체적 부실을 정리하기 위해 2,273억 달러를 투입하여 한국의 자산관리공사와 유사한 정리신탁공사(Resolution Trust Corporation, RTC)를 설

립하여 747개의 부실 S&L을 정리하였다. 그 과정에서 875억 달러의 손실을 입었다.[17]

S&L의 구제는 은행들에게 잘못된 신호를 주었다. 리스크 높은 사업이 파산할 경우, 특히 사업의 규모가 클수록 정부가 구제할 것이라는, 이른바 '대마불사(too big to fail)'의 인식을 형성시켰다. 결과적으로 90년대 초 이래 은행들은 리스크를 면하기 위해 통합을 하였다. 1990~98년 사이에 은행은 27%나 감소하였다.[18] 은행의 합병을 지원하기 위해 1994년에 '리글-닐 주간은행업무 효율화 법안(Riegle-Neal Interstate Banking and Branching Efficiency Act of 1994)'이 제정되었고, 주간 은행 및 지점에 대한 금지를 제거했다.[19]

'글래스-스티걸 체제'는 1999년 제정된 '금융서비스 현대화법안(Financial Modernization Act)'으로 붕괴하게 된다. 즉 1999년 11월 금융산업 경쟁력을 명분으로 내세운 클린턴 행정부의 정책과 월스트리트 상업은행들의 로비력이 맞물리면서 상업은행의 주식 투자를 허용하는 것을 주요 내용으로 하는 이른바 '그램-리치-블라일리법(Gramm-Leach-Bliley Act)'이 제정됨으로써 '글래스-스티걸법'은 폐지되었다.[20] 즉 상업은행업과 투자은행업 간 이해가 충돌하는 것을 금지시켰던 규제는 제거되었다. 이 법은 금융시장(자본 및 외환시장)의 개방과 더불어 은행, 증권, 보험 간의 장벽을 제거하는 금융시장의 대통합을 의미하지만, 다른 한

17 이때부터 벌처펀드(vulture fund)들이 본격적으로 출범해 부실채권 시장을 형성한다. 벌처란 독수리나 콘돌처럼 남의 불행을 이용해 먹는 자란 의미로 외환은행 매각주인 사모펀드 론스타(Lone Star)도 이때 등장하였다. 즉 1991년 '웨스트코스트 에퀴지션 파트너스(West Coast Acquisition Partners)'라는 펀드를 설립하여 RTC로부터 자산 10억 달러를 인수해 부실자산 처리 노하우를 축적하였다. S&L이 주로 모기지 대출을 담당했기에 투자 분야는 당연히 부동산과 관련된 부실채권이었다.

18 1998년 4월의 트래블러 보험회사(Travelers Insurance Group)와 시티그룹(Citicorp)의 합병이 대표적 통합이다.

19 S. Mallaby, 2010, *More Money than God: Hedge Funds and the Making of a New Elite*, Penguin Press.

20 주요 내용으로 은행, 증권사, 보험사 간의 제휴 및 합병 촉진을 규정하고 있는 1장에서 "증권 활동에 종사하는 법인(증권계열사)과 연방준비 회원 은행(일반 상업은행) 간의 제휴 및 합병에 대한 금지와 증권사의 간부, 이사 또는 직원이 연방준비 회원 은행의 임직원으로 동시에 봉사(겸직 임원제)하는 것에 대한 금지를 폐지하기 위해 1933년의 은행법(글래스-스티걸법)을 수정한다"고 명시했다.

표 2-1. 80년대 이후 미국의 대표적인 금융업 탈규제 법안

대표 법안	도입 시기	주요 내용
금융기관 규제완화 및 통화관리법(The Depository Institutions Deregulation and Monetary Control Act, DIDMCA)	1980	· 예금은행 이자율 상한제 폐지(1986년까지 단계적으로 금리자유화) · 예금보험공사(FDIC)의 보증범위 확대(4만 → 10만 달러)
예금취급금융기관법(the Garn-St Germain Depository Institutions Act, GSG)	1982	· 1983년 10월까지 예금관리규제의 완전 철폐를 규정 · S&L의 상품취급업무에 대한 제약해제(비업무용 주택담보대출 → 상업용부동산, 개인소비대출 허용)
연방준비제도이사회 지침	1987 ~89 1996 ~97	· 은행지주회사의 증권자회사를 통한 증권업무 허용(10%룰) · 은행의 건전성 확보와 투자자 보호를 위한 업무차단장치 마련
주(州)간은행업 및 지점설치 효율성법(Riegle-Niel Interstate Banking Efficiency Act)	1994	· 은행들의 州 간 영업 전면 허용으로 영업범위 확대
감독규제완화법	1996	· 은행과 증권업의 겸업을 확대 허용(10% → 25%)
금융서비스현대화법 (Gramm-Leach-Bliley Act)	1999	· 글래스-스티걸법(Glass-Steagal Act of 1933) 폐지(금융업무의 확대와 겸업 허용) · 금융지주회사 근거조항 마련

편 금융장벽의 제거는 금융업종 내 경쟁을 금융업종 간 무한경쟁, 즉 금융의 겸업화 및 대형화를 확대, 심화시켰다. 즉 1999년 법으로 대형 은행들은 상업은행, 보험회사, 자산관리사, 헤지펀드 및 사모펀드를 모두 운영할 수 있었을 뿐 아니라 금융산업 내 리스크 높은 금융상품의 도입을 주도하였다. 투자은행이 소유 혹은 만든 상업은행의 보유 예금으로 투자은행이 투기를 할 수 있도록 허용한 1999년 법은 금융위기를 심화시킨 요인으로 지적되는 이유다.

금융의 탈규제 흐름은 은행에 국한된 것은 아니었다. 투자은행과 금융 관련 전반으로 확산되었다.[21] 클린턴 정부 시절인 2000년 장외파생상품 거래를 규제

21 탈규제의 정책을 주도한 것은 리건(Regan, 메릴린치 회장 출신으로 레이건 행정부의 재무장관), 베이커(세계 1위 사모펀드 칼라일 그룹 출신으로 레이건 행정부 재무장관 및 국무장관), 브래디(Brady, M&A를 전문으로 하는 뉴욕의 투자은행인 딜런리드의 회장 출신으로 레이건과 부시 시니어 행정부의 재무장관), 그린스펀(Greenspan, 1987~2006년 연준 의장 역임), 루빈(Rubin, 시티그룹 회장 출신으로 클린턴 행정부의 재무장관), 서머스(Summers, 경제학자 출신의 클린턴행정부

에서 제외한 것은 '금융위기 진전의 전환점'이었다. 또한, 부시 행정부에서는 증권거래위원회(SEC)의 리스크 관리 감독부서 인원을 기존의 140여 명에서 1명으로 축소시켰다.[22] 1999년 은행(CB)과 증권(IB)의 분리를 주 내용으로 한 Gramm-Leach-Bliley법이 제정되면서 금융지주회사제도가 도입되었고, 그 결과 상업은행(CB)과 투자은행(IB)이 지주회사 형태로 다시 결합되는 계기가 마련되었다. 반면 리먼브러더스, 베어스턴스(Bear Stearns) 등 투자은행지주회사의 규제에 대한 명시적 규정이 없어 이들에 대한 증권거래위원회(SEC)의 규제는 사실상 불가능해졌다. 즉 SEC는 이러한 규제 공백을 보완하기 위해 통합감독 프로그램(Consolidated Supervised Entities Program, 2004.6.8)을 마련하였으나, 강제성이 없고 규제 완화를 원하는 IB들의 끈질긴 요구를 반영하였다. 예를 들어, SEC는 투자은행이 부채 규모를 실질적으로 증대시킬 수 있도록 순자본 기준(net capital rule)을 완화하였다.[23] 그 결과 서브프라임 모기지를 지원하는 모기지담보증권들(MBS,

재무장관), 스노우(Snow, 퇴임 후 사모펀드인 서버러스 캐피탈 매니지먼트 회장직을 수행한 부시 주니어 행정부 재무장관), 폴슨(Paulson, 골드만삭스 CEO 출신으로 부시 주니어 행정부의 재무장관) 등으로 대부분 월가 출신이었다.

22 금융위기 이후 규제 강화의 분위기 속에서 미국 증권거래위원회(SEC)의 2011년 예산은 약 20%까지 증가하였고, 조직 규모도 2007년 수준보다 36%나 증가한 4,700명으로 증대하였다. D. Moss, 2009, "An Ounce of Prevention: The Power of Public Risk Management in Stabilizing the Financial System," Harvard Business School Working Paper 09-087, p. 4. 또한, SEC 소속 변호사인 다시 플린(Darcy Flynn)은 상원 사법위원회(the Senate Judiciary Committee)의 찰스 그래슬리(Charles Grassley) 상원의원에게 보낸 서한에서 SEC가 연방정부의 자료보관 규정을 위반하여 1993년부터 '검토 중인 사안(matters under inquiry, MUI)'에 대한 9,000여 개의 파일을 폐기 처분했으며, 그 중에는 "버나드 메이도프(Bernard Madoff)의 투자 사기뿐만 아니라 골드만삭스, 리먼브러더스, 도이치뱅크, 헤지펀드인 SAC 캐피탈 등의 증권법 위반 여부에 관한 조사도 포함됐다고 주장했다. 그는 또 SEC 고위 관계자들이 연방 문서국 관계자들에게 이 같은 문건 파기 사실에 대해 거짓 증언했으며, SEC가 정식 조사를 진행하지 않기로 결정한 뒤 관련 문건들은 모두 파기됐다고 주장했다. 특히 이러한 문서 파기는 2003~2005년간 및 2005~2009년간 SEC 위원장을 역임했던 윌리엄 도날드슨(William Donaldson) 및 크리스토퍼 콕스(Christopher Cox) 시절에 이루어졌다. 전자는 레버리지의 극단적 추구를 용인하였고 후자는 규제에 대한 광신적 자유방임주의자로 문제가 되는 모기지의 증권화 혹은 그런 증권을 판매하면서 동시에 반대 거래를 할 수 있도록 허용하였다. Businessweek, Sep. 5~11, 2011, "Destruction of the SEC," pp. 8-9.

23 SEC로부터 CSE(Consolidated Supervised Entities) 자격을 승인받게 되면 해당 IB는 레버리지 규제(15배, 미만)가 배제됨에 따라 과도한 레버리지를 통한 자산 확대가 가능하였다. 2008년 9월 26일 SEC는 금융위기의 원인으로 지목된 CSE 프로그램을 폐지하였다.

mortgage backed securities)의 성장을 부채질하였다. 새로운 파생상품들[24]은 기존의 주식, 채권, 옵션 등과 달리 거래 청산소가 없었고, 2000년 상품선물현대화법(the Commodity Futures Modernization Act of 2000)으로 규제에서 제외되었다. 그 결과 파생상품의 거래액은 2001년 106조 달러(미국 GDP의 10.4배, 세계 GDP의 3.3배)에서 2008년에는 531조 달러(미국 GDP의 약 3.7배, 세계 GDP의 약 8.7배)로 급증하였다.[25]

탈규제의 기본논리는 '자율규제'론이었다.[26] 예를 들어, 과잉금융 시대에 장기간 연준 의장을 수행한 그린스펀은 파생금융상품의 개발 및 사용에 대한 어떠한 규제 및 감독에 대해서도 반대한다며 금융회사 자신에 의한 '자율규제(self-regulation)'를 주장하였다. 자기 이익 극대화를 추구하고 금융회사의 리스크는 외부의 감독기구보다 금융회사가 가장 정확히 알고 있기에 금융회사는 자신을 파산시킬 수 있는 과도한 리스크를 추구하지 않을 것이라는 논리였다. 즉 민간 차원의 자체적인 규제가 정부의 규제보다 과도한 리스크 부담을 방어하는 데 효과적이라고 주장하였다. 그러나 그린스펀은 도덕적 해이의 문제를 간과하였다. 파생상품을 거래하는 금융종사자들은 봉급보다는 성과에 기초해 매년 보너스로 보상받았다. 문제는 그러한 보상들이 파생상품의 투자에 따른 '꼬리 리스크'의 발생 가능성을 배제하고 계산된 것이었다는 점이다.[27] 이에 대해서는 뒤에서 살펴볼 CDO 같은 파생상품의 특성으로 쉽게 이해할 수 있다.

금융위기 이후 그린스펀은 미 하원 감독·정부개혁위원회의 금융위기 청문회에 출석(2008.10.23)하여 "금융기관들이 내가 기대했던 바와 같이 주주들과 투자자들을 보호하지 못했다"며 파생상품에 한 규제를 반대했던 자신의 잘못을 부분적으로 인정하는 발언을 했다. 사실, 그린스펀은 과도한 리스크 추구를 부추겼

---

24 CMO(Collateralized Mortgage Obligations), CDO, CLO(Collateralized Loan Obligations), 2차 및 3차 CDO 등이 그것들이다.

25 BIS, Semiannual OTC derivatives statistics at end-June 2011.

26 영국에서는 '최소규제(Light Touch)'로 나타났다.

27 J. Lin and V. Treichel(2012: 56).

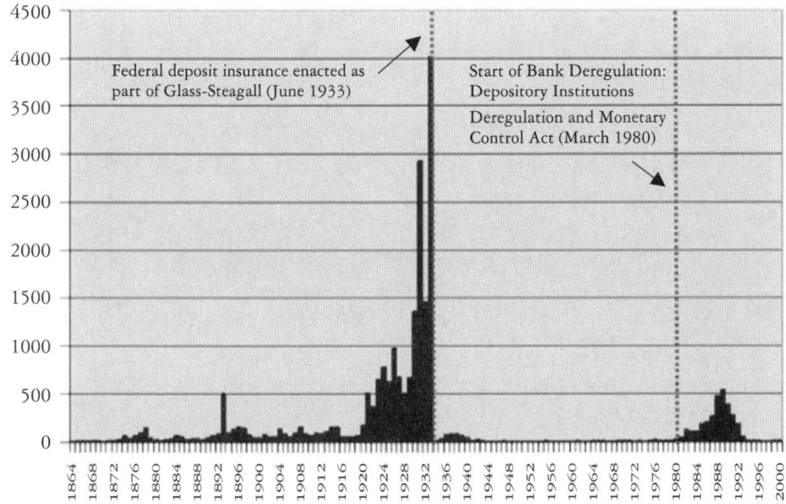

출처: Bureau of Census, *Historical Statistics of the United States: Colonial Times to 1970(Washington, D.C.: Government Printing Office, 1975),* Series X-741 (p. 1038); "Failures and Assistance Transactions", Table BF02, FDIC website (http://www2.fdic.gov/hsob/index.asp).

▌그림 2-13. 1864~2000년간 미국의 은행위기들: 폭풍 가운데 유일한 평온의 시기

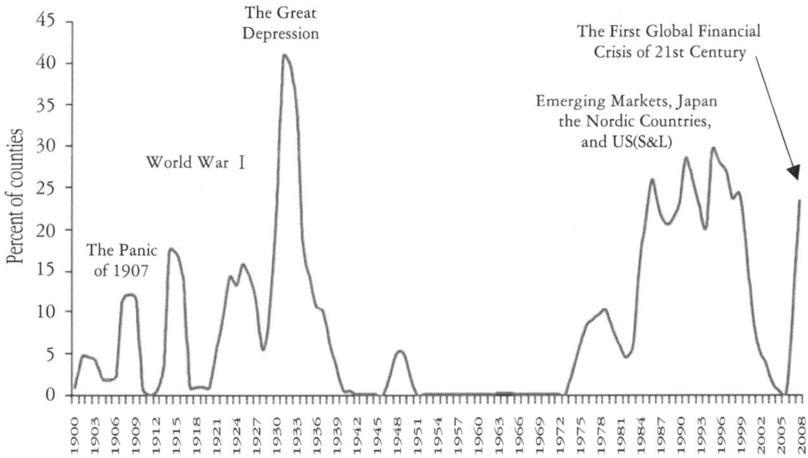

주: 세계 GDP의 비중으로 가중한 은행위기를 가진 국가들의 비율.
출처: Reinhart and Rogoff, 2010, *This Time Is Different: Eight Centuries of Financial Folly*, Princeton University Press.

▌그림 2-14. 세계 은행위기의 빈도, 1900~2008년

다는 점에서 도덕적 해이 이상의 문제(meta moral hazard)를 초래시킨 장본인이다. 시장을 지원하기 위해 통화정책을 사용할 대것이라는 믿음을 줌으로써 리스크 프리미엄을 축소시키고 전체 자산시장을 끌어올렸기 때문이다.[28] 은행 등 금융 영역에 대한 규제 철폐는 예상대로 금융회사들의 리스크 추구 증대로 이어졌다. 이는 글래스-스티걸 체제의 시기와 80년대 이후 은행위기의 빈도 비교에서도 확인된다.

참고로 금융업종의 장벽 철폐는 통화지표에도 영향을 미쳤다. 예를 들어, 한국의 통화지표를 보면 외환위기 이후인 1998년부터 한국은행은 새로운 통화지표를 기존의 통화지표와 병행하여 사용하였고, 2002년부터는 새로운 통화지표로 완전히 개편하였다. 즉 종래 은행과 비은행 금융기관 중심으로 구분하던 통화지표의 구분이 무의미해져 기간을 중심으로 구분하였다. 현금 혹은 현금성 금융상품을 M1에, M1과 더불어 은행과 비은행 관계없이 2년 이하의 단기 금융상품을 M2에, 그리고 2년 이상의 금융상품을 M3으로 구분하였다.

표 2-2. 2002년 2월 16일 발표한 한국은행의 새 통화지표

구통화지표		새통화지표	
M1 (통화)	현금통화+은행의 요구불예금	신M1	M1+비통화금융기관요구불예금+금융기관 수시입출식 저축성예금(은행의 저축예금 · MMDA · 투신사MMF)
M2 (총통화)	M1+은행의 저축성예금 및 거주자 외화예금	신M2	=신M1+기간물 정기예 · 적금 및 부금(만기 2년 이상 제외)+시장형상품+실적배당형상품(장기금전신탁 제외)+금융채+기타(투신증권저축 · 종금사발행어음)
M3 (총유동성)	M2+비통화금융기관 예수금+CD+RP+표지어음 및 상업어음 일반매출+금융채	신M3	=신M2+신M2대상 금융기관의 2년 이상 상품+한국증권금융의 예수금 및 자발어음+생명보험사 및 우체국보험의 보험계약준비금 및 RP+농협국민생명공제 예수금

주: MMF는 2007년 3월부터 M1에서 제외되었다.

28 M. Miller, P. Weller, and L. Zhang, 2002, "Moral Hazard and the U.S. Stock Market: Analyzing the 'Greenspan Put,'" *The Economic Journal* 112:3, pp. 171-86. 대규모 시장 혼란이 발생하면 연준이 금리를 내리고 유동성을 공급할 것이라는 시장의 신념 또는 확신을 일컫는 이른바 '그린스펀 풋(Greenspan Put)'이다. 예를 들어, Remarks by Chairman Alan Greenspan: Economic volatility, August 30, 2002, at a symposium sponsored by the Federal Reserve Bank of Kansas City, Jackson Hole, Wyoming 참고.

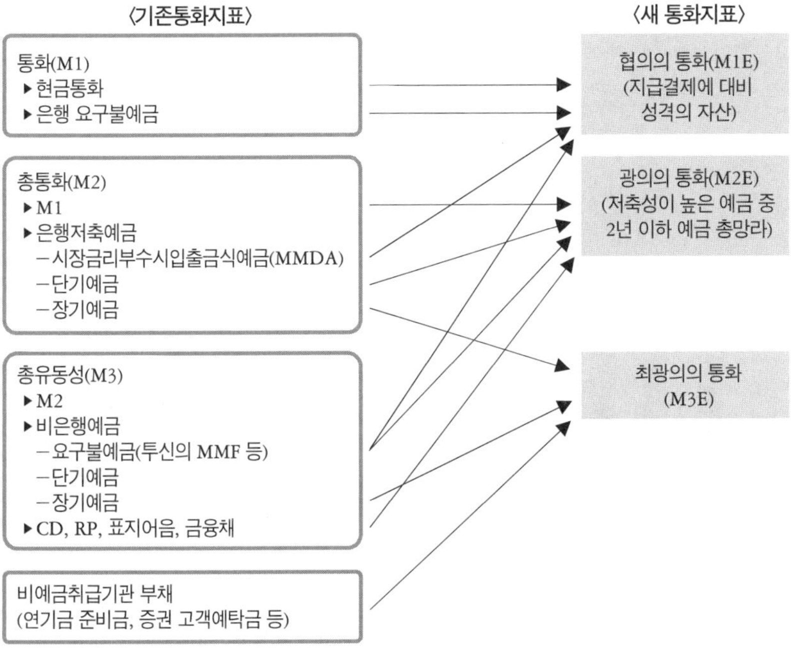

그림자금융시스템: 시스템(공식 세계)이 만든 시스템 밖(비공식)의 세계

높은 수익을 추구하기 위한 금융의 과도한 리스크 추구는 법 개정과 규제 철폐를 통해서만 가능한 것은 아니었다. 규제와 감독을 회피하기 위한 금융거래가 금융혁신이라는 미명하에 폭발적으로 증대하였다. 파생금융상품을 중심으로 거래소시장 밖인 장외거래(over-the-counter, OTC)[29]와 대차대조표(balance sheet, B/S)에 수치가 나타나지 않는 장부외거래(off-balance sheet transaction)가 급증하였다.[30] 〈그림 2-15〉는 2000년대 이후 장부외거래 규모가 급증했음을 보여준다.

---

29 거래소의 중요한 대체시장으로 장외시장의 딜러들은 직접 만나지 않으며 이들은 전화와 컴퓨터로 연결되어 있다. 거래는 전화로 이루어진다. 여기서 전화 통화는 녹음된다. 거래의 한 상대방은 일반적으로 금융기관에서 일하는 거래자이다. 거래의 다른 상대방은 금융기관에서 일하는 거래자이거나 기업의 재무담당자 또는 펀드매니저일 것이다. 장외시장의 거래 규모가 거래소의 규모보다 대개 크다. 예를 들어, 2010년 7월 도드-프랭크(Dodd-Frank) 법안이 통과되기 이전 장외(OTC)거래를 통한 파생금융상품의 명목가치만 하더라도 세계 GDP의 10배가 넘는 7백조 달러로 추정한다.

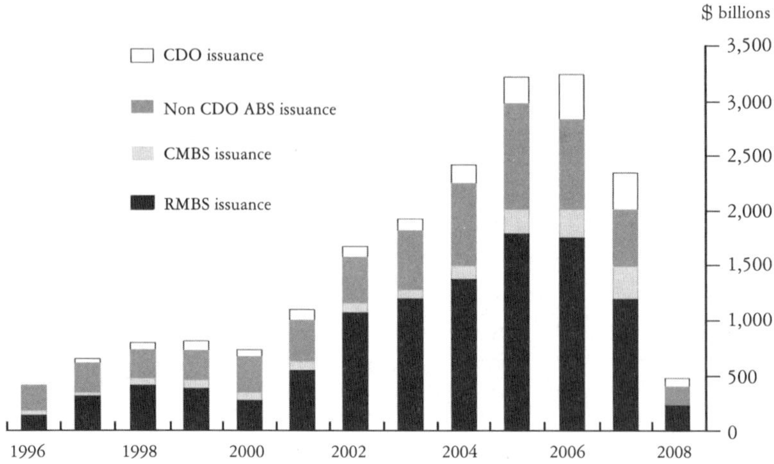

Source: Dealogic.

▌그림 2-15. 장부외 거래 규모의 추이

금융 규제와 감시의 대상에서 벗어나기 위한 또 다른 방식이 '그림자금융(shadow banking)'[31]이다. 그림자금융은 "은행이 아니면서[32], 따라서 은행 규제의 대상이 아니면서, 은행의 기능을 수행하는 기관 혹은 장치"를 말한다.[33] 예를 들어, 규제의 부담을 회피하기 위해 대형 은행이나 보험회사 등은 자신을 전면에

30 금융자산의 인도와 인수, 자금 결제가 계약 만기 시점에 이루어지고 계약 시점에는 자산이나 부채 가치가 변동하지 않는 파생금융상품은 장부외거래의 속성을 갖는다.

31 "Presentation by Gordian Knot to the Liquidity Working Group of the Federal Reserve Bank of New York on levered ABS investing", October 9, 2009 and http://www.fcic.gov/hearings/pdfs/2010-0227-Gorton.pdf. G. Gorton, 2009, "Slapped in the Face by the Invisible Hand: Banking and the Panic of 2007", *Federal Reserve Bank of Atlanta Jekyll Island Conference Proceedings*.

32 그림자 금융들(shadow banks)은 전통적 은행처럼 만기(maturity), 신용(credit), 유동성(liquidity) 전환을 수행하지만, 중앙은행의 유동성에 대한 접근(예: 재할인창구)이나 공공부문의 신용 보증(예: 예금보험)에서 배제된다. 그림자금융에 대한 자세한 내용은 뉴욕 연준(FRB)의 보고서를 참고할 수 있음. Z. Pozsar, T. Adrian, A. Asheraft and H. Boesky, July 2010, "Shadow Banking," FRB of N.Y. Staff Reports, no. 458.

33 구조화투자회사(SIVs)뿐만 아니라 비은행 모기지 대출자, 헤지펀드와 사모펀드(PEF), 투자은행과 증권중개인(broker dealers), 보험, 머니마켓뮤추얼펀드, 연기금, 정부보증기업, 특수목적법인, ABCP 콘듀잇, 증권대부인, 경매방식채권(ARS, Auction Rate Securities)이나 모노라인이 보증한 조건부채권(TOB, Tender Option Bonds)에 대한 주 혹은 지역 정부가 보증한 기금(pools) 등이 포함된다.

드러내지 않고 비금융회사인 특수목적법인(SPVs 혹은 SPCs, Special Purpose Vehicles 혹은 Special Purpose Companies)을 만들어 유동성을 새롭게 만들어내고 고수익-고위험 채권을 거래하였다.[34] 즉 미국의 주요 투자은행들은 〈고수익-고위험〉 자산에 투자할 목적으로 구조화상품에 대한 투자전문 자회사인 구조화투자회사(Structured Investment Vehicles, SIVs), 일명 콘듀잇(Conduit)[35]을 설립했는데 먼저 투자은행들은 SIV에 우량자산을 출자하고, 이를 근거로 SIV는 자산담보부 기업어음(ABCP)을 발행해 단기자금을 조달한다. 이 자금으로 모기지증권 등 고수익 장기 채권에 투자하였다. 구조화투자회사의 콘듀잇 규모(ABCP 발행액)가 2007년 초에 약 2.2조 달러에 달했고, overnight RP도 2.5조 달러, 헤지펀드가 2.5조 달러, 5대 투자은행이 4조 달러의 자산을 기록하는 등 그림자금융이 총자산 10조 달러의 정규 은행체계보다 규모와 중요성이 더 커졌음에도 이를 방치하여 위기를 조장한 것이다. 그럼에도 불구하고 2008년 3월 약 20조 달러에 달했던 그림자금융의 부채는 금융위기 발발 이후인 2010년 1분기에도 약 16조 달러의 규모를 유지할 정도로 여전히 중요한 영역으로 남아 있다.[36] 이처럼 특수목적법인이 머니마켓과 펀딩마켓에서 역할이 증가하면서 전통적 은행시스템의 밖에 있는 그림자금융의 자산 비중이 급증한 것이다. 그런데 엄격한 자본을 요구했던 은행시스템과 달리 느슨한 자본이 요구되는 비은행 금융시스템의 공존 속에 대마불사(TBTF, too big to fail)에 대한 암묵적 보증이 작동한 것이다. 게다가 그림자금융의 주요 자금조달원인 CP나 RP는 통화량에 포함되지 않기에 통화정책은 효과가 약화될 수밖에 없다.

---

34 특수목적법인은 한국에서도 감독의 사각지대로 금융비리의 온상이다. 저축은행 부실 초래의 한 요인으로 지적된다. 매일경제신문, 2011.5.28, "금융비리 온상 SPC '감독 사각지대'".

35 콘듀잇은 '도관'이라는 사전적 의미에서 추론할 수 있듯 한 번 설립되면 수도관에서 물이 뿜어져 나오듯 계속 유동화 증권을 발행할 수 있다는 뜻으로 이 이름이 붙여졌다. 미국 감독당국은 투자은행(IB), 헤지펀드 등에 비해 상업은행(자기자본비율 규제 등)에 대한 규제가 엄격하다는 불만을 덜어주기 위하여 1980년대 중반 부외 기구 설립을 허용하였다. SIV는 1988년 Citigroup이 처음 개발한 것으로 알려져 있는 부외 기구로 감독당국의 시야에 드러나지 않는 그림자금융(Shadow Banking)의 핵심요소로서 단기차입과 장기운용으로 만기불일치 및 유동성위험에 노출되어 있다.

36 Z. Pozsar, T. Adrian, A. Asheraft and H. Boesky(2010: 4-5).

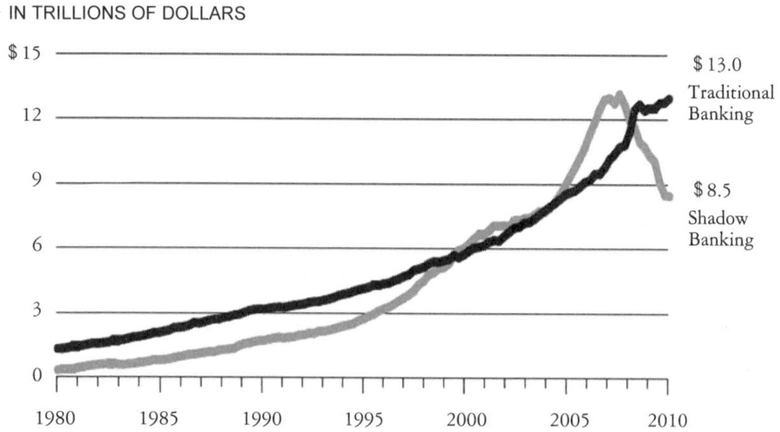

Note: Shadow banking funding includes commercial paper and other short-term borrowing(bankers acceptances), repo, net securities loaned, liabilities of asset-backed securities issuers, and money market mutual fund assets.
Source: Federal Reserve Flow of Funds Report.

▮ 그림 2-16. 전통적 은행시스템과 그림자금융시스템의 자금조달 규모(조 달러)

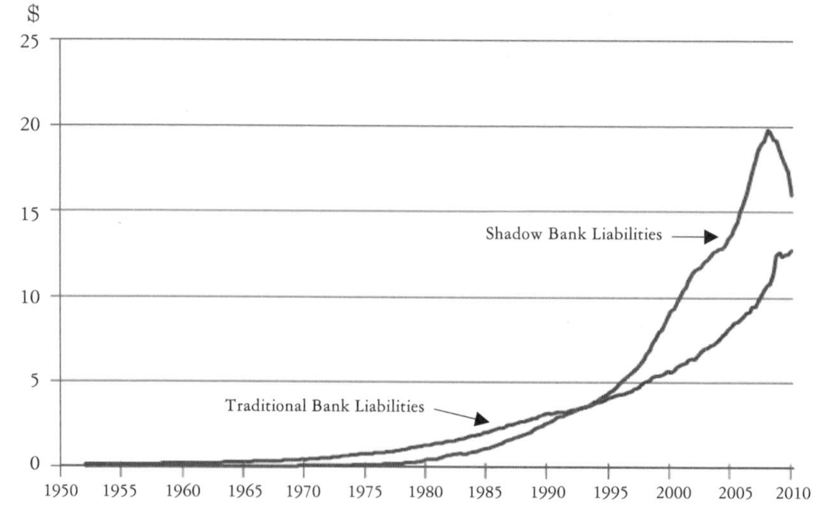

출처: Z. Pozsar, T. Adrian, A. Asheraft and H. Boesky(2010), Figure 1.

▮ 그림 2-17. 그림자금융의 부채 대 전통은행의 부채(조 달러)

이처럼 투자은행들은 구조화투자기관(SIV)을 설립해 CDO 등 위험도가 높은 파생상품을 장부외거래로 처리함으로써 관리 비용과 위험성을 줄였던 것이다. 금융위기 당시 구조화금융상품 시장이 경색되면서 ABCP 시장의 유동성 위기가 나타난 이유이다. 많은 금융기관들은 모기지를 비롯한 각종 부채를 담보(기초자산)로 채권을 발행하고 매입하는 일을 반복했는데 부채를 담보로 만든 증권 시장이 경색되면서, 더 근원적으로는 주택가격과 모기지담보증권(MBS)들의 가치가 하락하면서 단기 CP 시장에 투자했던 투자자들이 안전자산으로 도피하면서, 시시각각 도래하는 단기 부채를 제때 상환하지 못한 콘듀잇(Conduit)들이 심각한 자금난에 처한 것이다. 즉 단기 유동성 자금조달(차입)로 장기 비유동성 자산의 투자에 따른 장단기 만기불일치와 부채와 자산의 불일치라는 금융의 원천적 문제가 발생하였다. 그림자금융의 불투명성이 상황을 크게 악화시켰을 뿐이다. 그 결과 각국 중앙은행의 대규모 자금 지원에도 불구하고 상황은 나아지지 않았고 CP 시장의 유동성 위기만 더 커졌다. 서브프라임 위기가 장기화될 것으로 보고 있는 투자자들이 ABCP와 같은 위험자산 매입을 극도로 꺼리면서 결국 많은 콘듀잇들이 보유 자산을 헐값에 내던질 수밖에 없는 최악의 상황에 직면한 것이었다.[37]

그림자금융시스템은 미국 시스템의 산물이다. 그림자금융시스템은 약 80년 전 설립된 연방주택대출은행(FHLB, Federal Home Loan Bank; 1932) 시스템과 패니매(1938), 그리고 그 이후 설립된 프레디맥(1970)으로 이루어진 정부보증기업(GSE)이 만들어지면서 그 싹이 뿌려졌기 때문이다. 정부보증기업(GSE)들은 은행의 자금 조달과 대출 수행 방식을 극적으로 변화시켰다. 연방주택대출은행은 첫 번째 대출 제공자였고,[38] 패니매와 프레디맥은 증권화 방식의 신용 중개, 즉

37 이와 관련하여 영국 파이낸셜 타임스(FT, 2007.8.30)는 영국 2위 은행인 스코틀랜드 왕립은행(RBS)의 말을 인용하면서 CP 시장에서 재고 정리를 위한 430억 달러의 '정리세일(firesale)' 가능성을 거론할 정도였다.

38 주택분야의 금융을 지원할 목적으로 설립된 연방주택대출은행은 오늘날 기간물 모기지 융자 패키징(the term warehousing loan)의 첫 번째 제공자였다. 연방주택은행법에 의해 설립된 미정부산하기관으로 12개 지방은행과 그들의 가맹은행으로 구성되어 있고, 채권을 발행해 가맹저축 금융기관에 대한 주택용 모기지 대출자금을 지원하는 역할을 했으며 사실상 패니매와 프레디맥처럼 정부

OTD 모델(the originate-to-distribute model)의 발상지였다. OTD 모델은 '자산의 증권화'에서 설명한 것이다. 정부보증기업(GSE)들은 예금으로 자금을 조달한 은행들과 달리 자본시장을 통해 자금을 조달하였다는 점에서 은행 기반의 OTH(originate-to-hold) 신용중개 방식이 증권화 기반의 OTD 신용중개 방식으로 변경된 것이다. 무엇보다, 정부보증기업(GSE)들은 본질적으로 준정부(quasi-government) 특수목적법인들(SIVs)로서 운영된 것이다.[39] 80년 전에 싹이 텄지만 그림자금융이 만개한 것은 30년 전인 80년대 초였다. 자기자본이익률(ROE, return on equity)을 높이려는 대형 은행들의 대응[40]이 그림자금융시스템 성장의 주요 추진력이었다. 즉 은행들은 예금에 의해 자금을 조달하여 장·단기 스프레드(spread) 수익에 기반한, 신용리스크 집약적 사업을 도매 자금을 조달하여 사업서비스 수수료 수익에 기반한, 시장리스크 집약적 사업(fee- based business)으로 바꾸었다.[41]

그런 점에서 그림자금융시스템의 성장은 과잉금융의 결과이기도 하다. 자산관리사, 뮤추얼펀드, 헤지펀드, 증권대부자, 연기금, 글로벌 비금융기업 등 기관들에서 집중적으로 관리하는 대규모의 단기성 현금기금(institutional cash pools)의 규모는 1990년 1천억 달러에서 2007년에는 2.2조 달러를 넘어설 정도로 급증하였다. 금융위기 직전인 2007년 기준 글로벌 비금융기업의 경우 평균 현금기금이 150억 달러, 장기 뮤추얼펀드의 경우 거대 자산관리자당 평균 200억 달러, 증권임대프로그램(securities lending program)과 관련된 현금담보(cash collateral)의 규모는 대부자당 평균 750억 달러에 달하였다. 기관들의 현금기금 규모의 급증 속

보증기관으로 간주한다. 모기지 융자 패키징이란 모기지 금융기관이 2차 모기지 시장에서 판매하기 위해 여러 개의 모기기 융자를 묶는 것을 말한다.

39 정부보증기업(GSE)들은 은행들처럼 면허를 받지도 못하고, 최종대부자(a lender of last resort)에 대한 접근도 하지 못하였으나, 부채는 연방정부에 의해 명백한 보증을 받았다.

40 70년대 말 단자회사나 파이낸스 회사처럼 신용을 중개하는 금융회사들(finance companies)이나 소매 및 기관의 현금 관리를 하는 머니마켓 뮤추얼펀드(Money Market Mutual Fund) 등 전문적 비은행 집단의 대두와 성장으로 은행의 수익이 위협을 받은 결과다.

41 종래 은행 수익이 예대마진이나 중개수수료에 기초(commission-based)했다면, 새로운 사업 모델은 서비스 수수료(fee-based)에 기초한 것이었다.

에 대부분 자금의 투자 선호는 원금의 안전성이 보장되며 유동성이 높은 단기 상품이었다(safety of principal, liquidity, and yield). 한편, 은행의 예금보장 한도는 1980년 이래 변하지 않았고, 은행의 합병 및 대형화[42]로 분산 예치의 어려움은 증가하였다. 보장을 받는 은행 예금의 대안으로 기관들의 현금기금이 선택할 수 있는 것은 정부가 보장한 단기 상품과 '그림자금융시스템'이 발행한 보장상품이나 머니펀드(money fund)[43] 등 민간보증상품이었다. 그러나 전자의 경우 수요를 충당할 만큼 공급되지 않았다. 기관들의 현금기금 규모보다 2005년 1.1조 달러, 2006년 1.6조 달러, 2007년 1.6조 달러가 부족하였다. 게다가 2000년 이래 정부가 보증하는 단기 상품에 대한 해외 중앙은행 등 공공보유 규모가 증가하면서 수급불일치 상황이 악화되었다. 이 수급불일치가 〈저위험-고유동성〉의 단기 상품을 만들어낸 그림자금융의 성장 배경이다. 즉 정부 보증의 단기 상품의 구조적 부족과 도매금융 부문의 현금 기금(pool)이 요구하는 안전성과 고유동성을 갖춘 단기 상품에 대한 진화적 대응이 그림자금융시스템이라는 점에서 그림자금융은 시장 기반의 은행(market-based banking)인 것이다.[44] 그림자금융시스템을 통한 자금 조달은 2000년대에 급증하여 금융위기 이전에는 전통적인 은행시스템의 자금조달 규모를 추월하였고,[45] 그 결과 그림자금융의 자산 규모는 2007년까지 20조 달러에 달할 정도로 폭발적으로 성장하였다. 이는 전통은행시스템 규모의 95.17%이고 GDP보다 44.20% 큰 규모였는데, 통화지표에 반영되지도 않아 시스템리스크 가능성을 고려할 수 없었다(US Flow of Funds data).

이처럼 그림자금융시스템이 안전하며 유동성이 높은 단기 상품을 제공할 수 있었던 것은 증권화 기술(securitization)로 가능한 것이었다. 즉 증권화에 기초한

42 연방예금보험공사(FDIC)의 회원 은행이 1980년 15,000개에서 2010년에 8,000개로 축소된 반면, 상위 10개 은행의 자산이 전체에서 차지하는 비중은 같은 기간 동안 20%에서 55%로 거의 세 배가 증가하였다.

43 만기 1년 미만의 단기자금이 유통되는 머니마켓에 투자하는 사람들을 대상으로 운용되는 펀드.

44 그 결과, 이들이 총통화량에 포함되지 않고 있는 문제를 제기한다.

45 1998~2006년간 그림자금융의 전체 신용 증가는 11.2조 달러, 전통적인 은행 신용 증가는 4.4조 달러 증가하였다.

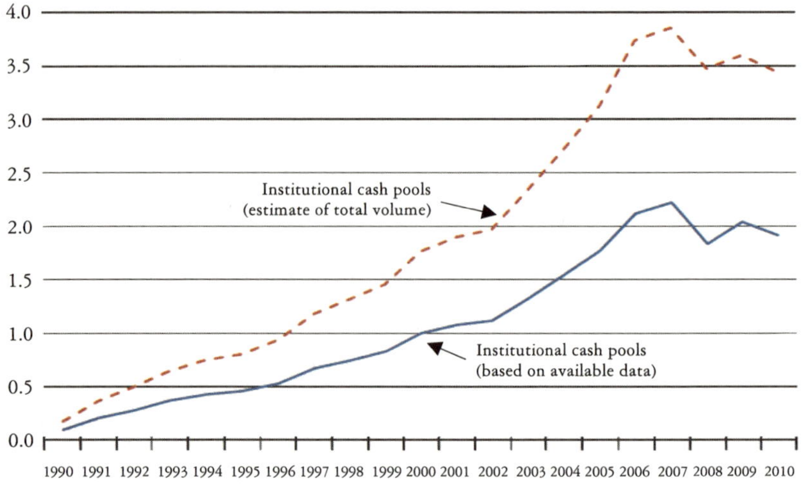

Source: CapitalIQ, RMA, ICI, BIS, The Economist, Pozsar(2011)
출처: Z. Pozsar, August 2011, "Institutional Cash Pools and the Triffin Dilemma of the U.S. Banking System," IMF Working Paper, Figure 1에서 재인용.

▌그림 2-18. 기관현금기금(Institutional Cash Pools)의 증가 추세(조 달러)

금융중개의 한 형태인 구조화금융은 자산의 기금(pool), 자산의 기금(pool)으로 보증된 부채의 트랑세(tranche), 그리고 부채담보자산 기금(the collateral asset pool)의 신용리스크를 최초 발행자의 신용리스크로부터 독립시키는 것을 주요 특성으로 한다. 발행된 트랑세 증권들은 각각 고유의 '위험-수익' 명세서(profile)를 갖고, 기본이 되는 부채담보자산의 풀은 대개 초기 발행자 거래장부의 대차대조표로부터 법적으로 분리된다. 트랑세의 기본목표는 기초 부채담보자산 기금의 평균 신용등급보다 더 높은 등급을 갖는 증권을 만들기 위해서나 신용평가를 받지 못하는 자산 기금을 신용등급을 가진 증권으로 만들기 위한 것이다. 이처럼 단일 증권과 구조화증권의 근본적 차이는 후자의 경우 시스템 리스크에 노출된다는 점이다. 전통적인 회사채의 수익은 우선적으로 기업에 특수한 고려사항들에 의해 결정되는 반면, 구조화증권의 성과는 전체 경제의 성과에 강하게 영향을 받기 때문이다. 이에 대해서는 자산의 증권화나 CDO에서 자세히 살펴볼 것이다.

이상에서 보았듯이, 장외거래와 장부외거래 그리고 그림자금융 등은 미국 금융시스템이 만들어낸 '시스템(체제) 밖의 세계'이다. 즉 정보와 투명성이 결여되었다는 점에서 '공공기억의 시스템(public memory system)'에서 벗어난 '비공식의 세계(체제)'인 것이다. 서구 근대 시스템의 확립 과정은 재산 체제의 통합, 즉 하나의 통일된 지식 기반에 부를 통제하는 정보와 규칙을 집결시키는 과정이었다.[46] 그런데 인류사 최대의 성장과 근대문명을 만들어낸 시스템이 자신의 시스템에서 벗어난 세계(체제)를 합법적으로 용인한 결과가 시스템의 해체, 즉 무질서와 혼돈 그리고 통제를 벗어난 세계의 창출이었다. 금융위기 이후 정부나 감독기구 그리고 연준(FRB) 등이 독성자산(toxic assets)의 규모가 어느 정도인지를 파악할 수 없었던 이유이다. 즉 아무도 개별 은행들이 정확히 얼마나 위험에 노출되었는지 알지 못했다. 그 결과 신뢰는 하루 사이에 날아가 버렸고 은행들은 상호간에 비즈니스 거래를 중단했다.[47] 이러한 문제는 리먼브러더스가 파산하고 3년이 지난 후에도 지속되었다. 예를 들어, 2011년 초까지 각각 15달러와 50달러에 달했던 뱅크오브아메리카(BOA)와 시티그룹의 주가가 8월 말까지 반 토막이 났는데, 그 이유가 이 은행들이 가진 자산의 질에 대해 투자자들이 신뢰하지 않았기 때문이었다. BOA와 시티은행은 모기지 대출을 충분히 감가상각하지 않았고, 그 결과 시장에서는 양 은행의 자산 가치를 해당 은행들이 주장하는 가치의 약 1/3과 1/2 미만으로 평가한 것이다.[48]

이는 기본적으로 미국의 재산권 기록시스템의 파괴와 관련을 맺고 있다. 즉 전체 모기지의 80%의 대출과 관련된 모기지 전자등록시스템(MERS, Mortgage Electronic Registr System)은 미국 재산권 기록을 돌이킬 수 없을 정도로 파괴시켰다. 원래 주택 대출은 집을 담보로 돈을 빌려주는 행위이다. 돈을 빌려준 금융기관은 해당 주택에 대한 법적 권리(부동산대출 채권 혹은 모기지)를 만기까지 가진다.

46 Businessweek, April 30, 2011, The Destruction of Economic Facts.
47 금융혁신이 만들어낸 새로운 시스템의 특징을 투명성 결여, 리스크에 대한 과소평가, 금융 스트레스 상황에서 새로운 금융상품들이 어떻게 반응할 지에 대한 이해의 결여 등으로 지적하는 이유다. J. Lin and V. Treichel(2012: 57-58).
48 Businessweek, August 11, 2011, "Worrying About Big Banks' Afterlives."

주택 소유자가 상환에 실패하면 그 주택을 압류하면 된다. 그런데 금융혁신을 거치며 이런 간단한 관계가 매우 복잡해져 버렸다. 미국의 대출기관들이 대출채권(주택에 대한 법적 권리)을 만기까지 가지고 있기보다 다른 대형 금융기관에 팔게 되었기 때문이다. 이는 '채무자로부터 돈(원금과 이자) 받을 권리'를 넘긴다는 것과 같은 말이다. 다음의 '자산의 증권화' 과정에서 보듯이 대형 금융기관은 이렇게 매입한 부동산 대출 채권(모기지)을 수천 개씩 묶고 자르고 섞은 뒤 이를 담보로 다시 증권을 발행해서 투자자에게 팔았다. 이른바 주택담보부증권(MBS)이다.[49] 여기에서 끝나는 것이 아니라 다시 MBS를 묶어 부채담보부증권(CDO)을 만들기도 하고, CDO끼리 묶어 다른 증권을 발행하기도 했다. 문제는 이런 식으로 대출채권이 거래되고 묶이고 쪼개지고 하다 보니 '채무자로부터 돈 받을 권리'의 당사자가 누구인지 모호해져 버렸다는 사실이다. 채무자에게 직접 돈을 빌려준 대출기관인가, 아니면 '돈 받을 권리'(대출채권)를 산 대형 금융기관인가? 혹은 이 대출채권들을 담보로 발행한 MBS나 CDO를 매입한 투자자들인가? 채무자는 하나인데, 그에게 의지해야 하는 금융기관이 엄청나게 늘어난 것이다. 물론 금융기관들에게는 나름의 대책이 있었다. 주택대출 채권을 자신들끼리 간편하게 사고팔기 위해 이른바 'MERS(Mortagagage Electric Registration Systems. Inc.)'라는 회사를 공동 설립했다. BOA · JP모건체이스 · AIG 등 미국 최대 금융기관들이 참여했다. 이 MERS의 구실은 단적으로 말하면 회원 금융사들의 대리인이다. 회원사들이 부동산 대출채권을 거래하는 경우 판매자와 구매자의 법적 역할을 대리한다. 어떻게 보면 채권 거래 때마다 일시적으로 소유권자 노릇을 하는 '가상 소유자'라고도 할 수 있다. 그러나 주택 압류 사태의 경우 채권 소유권자만이 압류

49 공표된 바젤 II는 모기지론 유동화를 촉진시키는 요인으로 작용하였다. 즉 바젤 I과 비교할 때 바젤 II(표준법 기준)에서는 모기지론에 대한 위험가중치(바젤 I 50% → 바젤 II 35%)가 하락하였고, 내부등급법(위험자산의 측정 요소를 은행이 자체 추정해 사용하는 방식)을 사용하는 경우 위험가중치는 15~20% 수준까지 하락하였다. 요구자본 규모가 축소됨에 따라 ROE의 상승효과가 있다. 2004년부터 주거용 MBS(RMBS, Residential MBS) 발행이 급증한 배경이다. 바젤 II 도입, 특히 내부등급법 사용을 가능하게 한 것은 자산보유자의 차입자 및 유동화자산 선택에 대한 모니터링 유인을 약화시키는 요인으로 작용했다.

권리를 가지는 미국 법 체계상 MERS의 소유권이 '가상적'이라는 사실 자체가 문제가 된 것이다. 미국의 재산권 체계상 MERS는 대출채권의 소유권자도 대리인도 될 수 없기 때문이다.[50] 이처럼 모기지의 증권화는 자본주의의 핵심인 재산권에 대한 명확성을 부식시켰다.[51]

이처럼 그림자금융시스템에 의한 신용의 폭발적 증대는 유동성 증대와 이자율 하락과 파생상품 자산가치의 증대, 그리고 다시 신용의 증대라는 피드백루프(feedback loop)를 만들어냈다. 즉 그림자금융 신용은 높은 레버리지와 자기자본수익률(ROE)을 만들어냄으로써 신용의 터보차저(turbocharge)였던 것이다.[52] 여기에 연준이 주도한 초저금리 기조는 피드백루프를 증폭시켰다.[53] 즉 초저금리는 자산가치를 인위적으로 상승시켰다. 이것이 파생상품을 거래하는 금융종사자들의 높은 성과와 보너스의 실체였다. 미국의 그림자금융시스템이 해외로 위기를 전파시키는데 핵심 역할을 수행한 이유이기도 하다. 예를 들어, 위기 이전에 아이슬란드와 아일랜드 은행은 자금조달을 미국 금융시스템에 단기부채, 외국인 소유 은행의 예금, 외국인이 보유한 주식 포트폴리오 등에 의존했다. 급속한 신용 확대에 의해 가열된 양국의 주택시장은 2000년에 팽창하기 시작하여 자산투자와 건축의 붐을 초래하였다. 붐에 의한 자산효과는 소비 증대와 높은 성장으로 이어졌

50 게다가 은행 담당자가 서류를 제대로 검토하지 않는 등 부적절한 대출심사 이후 적절한 절차 없이 주택압류에 들어가는 이른바 '로보-사이닝(Robo-signing, 로봇처럼 기계적으로 주택압류 문서에 사인하는 사람)'이 문제가 되었다. 즉 은행이 주택을 압류하기 위해서는 법원의 승인을 받아야 하지만 그동안 모기지 상품을 취급한 은행은 수많은 압류 서류를 처리하면서 내용을 제대로 읽어보지도 않고 서명하여 법원에 제출한 것이다. 이는 주택 압류 절차에 필요한 관련 서류들을 은행들이 분실했기 때문이기도 하다. 이 밖에도 금융기관들이 MERS를 통해 주택 대출채권의 소유권을 옮기면서 이와 관련된 수수료나 세금을 주 정부에 내지 않은 사실도 드러났다. 이에 법적 책임을 묻게 되면 수수료와 벌금이 모두 수백억 달러에 달해 대형 금융기관들을 모두 파산시킬 수 있다는 우려도 제기되고 있다.

51 FBI 자료에 따르면 금융기관에 의해 소송이 제기된 부동산 사기가 2003년 6,936건에서 2009년에 67,190건으로 급증했다. F. Gillette, Dec. 12-18, 2011, "Deceiving Las Vegas," Businessweek, p. 70.

52 자기자본 순이익률(ROE, Return On Equity)≡순이익(Earnings)/자기자본(equity) = 〔순이익(Earnings)/자산(Assets)〕×〔자산(Assets)/자기자본(Equity)〕=〔순이익(Earnings)/자산(Assets)〕×레버리지

53 A. Sheng, Sep. 2011, Central Banking in an Era of Quantitative Easing, Levy Economics Institute Working Paper No. 684.

다. 부동산 붐에 의해 부양된 아일랜드 은행시스템은 GDP의 5배까지 팽창하였고, 대외부채는 2010년 말에 GDP의 10배 이상이나 되었다.

자산의 증권화

금융의 고수익 추구는 주어진 자본조달 비용으로 매출을 극대화시키면서 리스크를 분산시키는 것이다. 매출극대화와 리스크 분산을 동시에 추구할 수 있는 가장 용이한 방법이 유동성이 낮거나 없는 자산을 유동화시키는 방법이다. 즉 유동성이 없거나 낮은 자산을 증권화(securitization)시키는 것이다. 자산담보증권(ABS, Asset Backed Securities)이 그것이다. 앞에서 언급한 증권화 기술이 이것이다. 자산의 증권화는 주택자산의 증권화(MBS)가 주도하였다. 주택자산의 증권화는 1970년대에 시작됐지만,[54] 특히 2000년 닷컴버블이 붕괴되면서 대체 투자대상으로 MBS가 부상하였다. 1940년에 44%에 불과했던 주택소유 비중이 66%까지 상승했던 2000년은 주택차압률도 낮았을 뿐 아니라 주택가격이 상승하고 있었다. 이런 배경 속에 은행은 안전한 돈을 대출 형태로 보유하는 것보다 증권화하기 시작했다.

한편, 앞에서 소개했듯이 자산의 증권화는 은행 비즈니스 모델에도 변화를 가져왔다. 즉 자산의 증권화로 유럽 및 미국의 글로벌 은행들은 높은 수익률을 좇아 전통적인 상업은행 모델인 'Lend-and(to)-Hold 모델(L&H or LTH 모델)'에서 'Originate-to- Distribute 모델(OTD 모델)'로 전환하였다. OTD 모델은 은행이 대출 자산(Credit Asset)을 만기까지 보유하지 않고 자산유동화를 통하여 신용위험을 다양한 투자자들에게 분배하는 모델(예: 서브프라임 모기지 대출의 유동화)인 것이다. 은행의 비즈니스 모델 변화의 근본 원인은 고수익 추구에 있다. 즉 전통적인 예대마진 중심의 영업으로는 마진 확보에 한계가 있다. 특히 2000년대의 저금리 기조, 풍부한 유동성, 자산 간 수익률 차이 미비 등도 수익률 추구 유인을 강

---

54 주택자산의 증권화는 정부가 소유했던 지니매(Ginnie Mae)가 1970년에 시작했지만, 가속화시킨 것은 월가였다. p. Coy, Nov. 14-20, 2011, "The Mortgage of the Future," Businessweek, p. 83.

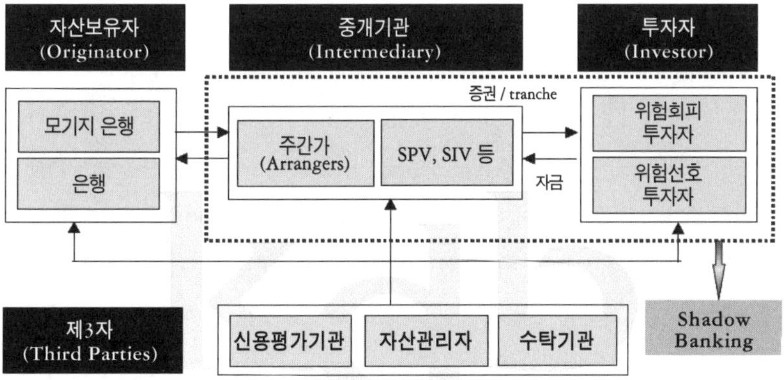

주: 위 그림은 OTD 모델을 단순화한 것으로 실제로는 더 복잡할 수 있음.
자료: ECB, "The Incentive Structure of the 'Originate and Distribute' Model", 2008, Chart 17을 약간 수정.

▌그림 2-19. OTD 모델 도시

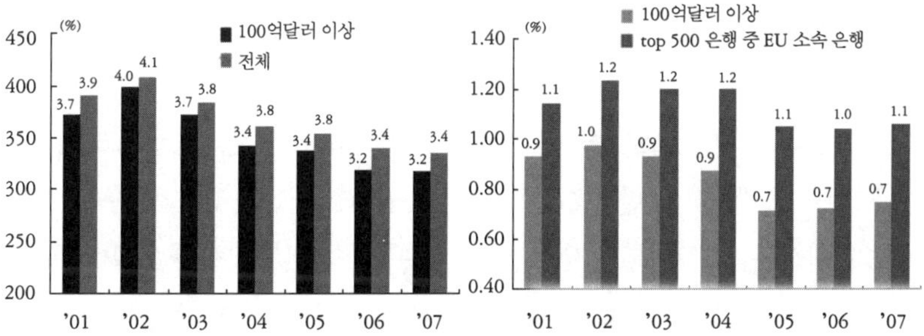

주: 1) 미국은 FDIC 부보 대상 자산규모 100억달러 이상 및 전체 상업은행 기준
2) 유럽은 EC(27개 국) 소속 자산규모 100억달러 이상 및 전세계 Top 500(자산규모 기준)에 포함된 EU 소속 은행 기준.
자료: FDIC, Bankscope.

▌그림 2-20. 미국 및 EU 소속 상업은행의 순이자마진(NIM) 추이

화하였다. 실제로 미국 및 유럽은행들의 경우 모두 2000년대 들어서면서 순이자마진(NIM, net interest margin)은 정체 상태가 지속되었다.

OTD 모델로의 은행 비즈니스 모델의 변화는 은행과 금융시장 간의 상호작용을 높임으로써 금융안정성에 대한 통화정책의 효과에도 영향을 미쳤다.[55] 즉

55 L. Gambacorta and D. Marques-Ibanez, May 2011, "The Bank lending channel: Lessons from the crisis," BIS Working Papers No. 345.

증권화 시장(securitisation market)에서 보았듯이 은행은 자금조달에서 예금의 비중이 감소하고 수익원에서도 거래수수료나 중개료 등 비이자소득 수입원이 증가하는 등 은행의 시장 의존(market funding sources)이 증대하였다. 그 결과 통화정책의 이전 메커니즘이 약화되었다. 예를 들어, 호황기나 정상시기의 경우 은행의 시장의존 증대가 통화 긴축에 대한 보호장치(shock absorber) 역할을 하는 반면, 금융 불안기에는 자금조달의 어려움을 가중시킨다. 반대로 장기간 저금리 기조(대안정기)는 리스크 회피를 축소시키고 은행의 수익 추구를 강화시킨 반면, 자산가격과 담보가치의 증가는 레버리지 배율(≡관리금융자산/자기자본)을 감소시키고 자산보유 리스크가 감소함으로써 리스크 추구 포지션(개별투자자 재산의 현재 형태)을 증가시켰다. 즉 탈규제와 금융혁신 등에 따른 은행의 비즈니스 모델의 변화가 금융위기의 한 요인으로 작용하였던 것이다.

이처럼 금융회사의 고수익 추구 및 매출 확대 노력이 ABS 시장의 폭발적 성장으로 이어진 배경이다. ABS란 금융기관 및 기업 등이 보유하고 있는 특정 자산 중 일부를 유동화자산으로 묶어(pooling) 이를 바탕으로 증권을 발행하고, 유동화자산으로부터 발생하는 현금흐름으로 발행증권의 원리금을 상환하는 증권을 의미한다. 자산유동화증권은 발행기관의 신용도와 관계없이 자산의 특성과 현금흐름 그리고 신용보강 절차에 따라 높은 신용도를 지니는 증권의 발행이 가능하기 때문에 금융기관의 유동성을 제고시키고 조달비용을 낮출 수 있고, 투자자의 입장에서도 높은 수익률로 투자할 수 있다는 장점을 지니고 있다. ABS의 기초자산은 주거용 및 상업용 주택담보대출금, 자동차할부금, 신용카드대출금, 학자금대출, 공장 및 시설 등 모든 자산으로 구성할 수 있다. 금융위기 과정에서 일반인에게 친숙해진 모기지담보증권(MBS)이나 부채담보부증권(CDO) 등 모두 ABS의 일종으로 이들은 2000년대 이후 ABS 발행의 급증을 주도하였다.[56] 특히 신용등급

56 금융위기의 시작에 대해서는 이견이 존재하지만 2006년 2분기 이후 주택가격이 약세로 전환되면서 2006년 12월 중간 규모의 주택담보대출회사인 Ownit Mortgage Solutions이 파산한다. 2007년 2월 8일에는 세계적인 종합금융그룹인 HSBC가 부실채권 규모가 105억 달러에 달하고 그 중 20%가 미국의 서브프라임 모기지 포트폴리오에 따른 것이라고 밝혔다. 그리고 같은 해 2월 말에

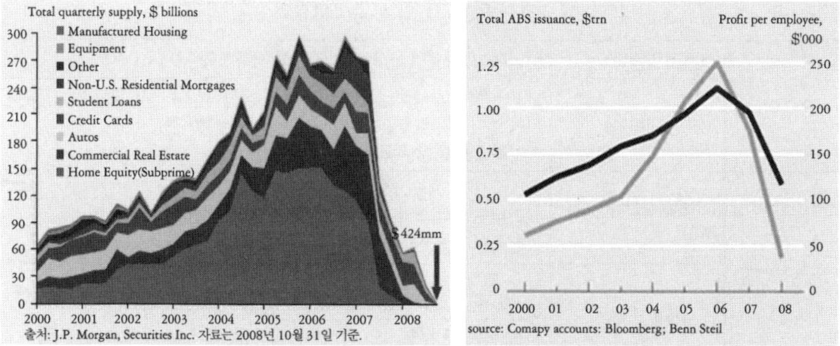

▌그림 2-21. ABS의 종류와 글로벌 ABS 발행액 그리고 무디스의 종사자당 이윤

이 낮은 사람들에게 대출된 주택자금이 MBS와 CDO 발행의 주요 기초자산으로 급증하였다. ABS의 발행액이 급증하면서 신용평가사의 주 수입원도 ABS의 발행액과 비례하였다.57

우리나라의 경우에도 1997년 말에 발생한 외환위기로 기업 및 금융기관의 유동성이 악화되고 부동산시장이 침체되자 이를 해결하기 위한 방안으로 1998년에 정부가 '자산유동화에 관한 법률'을 제정함으로써 ABS 제도가 도입되었다. 도입 이후 한국자산관리공사(KAMCO)의 부실채권 및 부실자산의 유동화를 비롯하여 각 기업의 구조조정을 목적으로 한 ABS 이 급격히 증가하였다. 이러한 경향은 통화지표의 변화에서도 확인된다. 2006년 개편된 통화지표 기준에 자산유동화증권을 중심으로 새로운 유동성 지표(L)가 만들어진 이유이다. 즉 광의유동성

는 정부의 보증을 받는 모기지 거대 기업인 프레디 맥(Freddie Mac)이 더 이상 서브프라임 모기지를 대출할 수 없다고 선언하고, 4월 3일에는 모기지 업계 2위인 뉴 센트리 파리낸셜(New Century Financial)이 파산을 선언한다. 그리고 6월 10~12일에는 무디스가 50억 달러, S&P가 73억 달러에 달하는 서브프라임 MBS에 대한 신용등급을 떨어뜨리고 서브프라임 MBS의 위험에 노출된 CDO에 대해서도 등급 강등을 검토하기 시작하였다. 그리고 7월 말에는 미국의 4위 투자은행인 베어스턴스가 자신이 운영하던 2개의 헤지펀드에 대한 파산을 선언한다.

57 예를 들어, 뉴욕타임즈(R. Lowenstein, April 27, 2008, "Triple-A Failure, *New York Times Magazine*)에 따르면 무디스(Moody's)의 이윤은 2002~06년간 세 배가 증가하여 2006년에 7억 5천만 달러를 기록했는데 대부분이 구조화금융상품의 수수료였다. 즉 2006년 무디스 수입의 44%가 구조화금융상품의 수수료였다. J. Coval, J. Jurek, and E. Staffurd, 2008, "The Economics of Structured Finance. Harvard Business School Working Paper."

▌표 2-3. 2006년 6월 한국은행이 발표한 통화지표와 유동성지표의 포괄 범위

통화지표	M1(협의통화)	현금 + 요구불예금+ 수시입출식 저축성예금(MMDA)
	M2(광의통화)	M1 + 정기예 · 적금 및 부금* + 시장형상품 + 실적배당형상품* + 금융채* + 기타(투신증권저축, 종금사 발행어음) * 만기 2년 이상 제외
유동성지표	L_f(금융기관유동성, M3)	M2 + 만기 2년 이상 정기예 · 적금 및 금융채 + 증권금융예수금 + 생명보험회사(우체국보험 포함) 보험계약준비금 및 RP + 농협국민생명공제의 예수금 등
	L(광의유동성)	L_f + 정부 및 기업 등이 발행한 유동성금융상품(증권회사RP, 여신전문기관의 채권, 예금보험공사채, 자산관리공사채, 자산유동화전문회사의 자산유동화증권, 국채, 지방채, 기업어음, 회사채 등)

은 비금융기업(그림자금융 및 일반 기업)의 자산유동화증권 활용 증가 및 기업 자금 조달의 시장의존 증대에 따른 결과다. 그리고 위험자산에 대한 대체재로서 안전자산(Flight to Quality)인 국채 등 공공채가 포함되었다. 예를 들어, 한국은행의 조사[58]에 따르면 시중 유동성 증가의 요인으로 주택가격 상승을 주요인으로 지적하였다. 즉 주택가격이 상승할 경우 사람들이 은행에서 경쟁적으로 대출을 받아 주택을 구입했고, 그 결과 은행 대출 중심으로 유동성이 늘어 통화량이 증가했다는 지적이다.

자산의 유동화와 파생금융상품의 진화는 구조화금융상품의 하나인 CDO에서 절정을 보인다. CDO는 기본적으로 기존 증권을 재증권화한 증권(re-securitized existing securities)이다. 첫 번째 CDO는 1990년 2월 파산으로 지금은 없어진 월가의 주요 투자은행이었던 드렉셀 번햄 램버트(Drexel Burnham Lambert)에 의해 1987년에 만들어졌다. 그러나 뉴욕에 있는 캐나다 제국 상업은행(Canadian Imperial Bank of Commerce)의 데이비드 리(David Li)에 의해 '가우시안 코퓰라 함수(Gaussian Copula Function)'가 개발된 1997년까지 구조화증권은 광범위하게 도입되지 않았다. 그러나 1995년에 제로에 불과했던 CDO 발행액이 2004년 1,500억 달러, 2006년에는 5천억 달러가 넘어설 정도로 급증했다. 그 결과 누적 CDO의 명목가치 규

58 한국은행, 2007.8.22, "최근 통화량의 변동 요인 분석".

모도 2000년 2,750억 달러에 불과했으나 2002년 6천억 달러, 그리고 2006년 말까지 26조 달러로 증가하였다.

가우시안 코퓰라 함수(Gaussian Copula Function) 데이비드 리는 중국에서 캐나다로 유학 와서 통계학 박사를 취득한 후 은행가로 일하던 중 생명보험회사를 위해 배우자의 사망과 남은 사람의 수명 간의 상관관계를 작업하던 친구의 도움을 받아 파산이 기업의 사망이라는 점에 착안하여 파산율 간의 상관관계를 모델화하였다. 그가 이용한 모델은 상호 의존하는 사건들에서 다양한 경우의 가능성을 예측하게 해주는 코퓰라(Copulas) 함수였다. 채권의 풀에 대한 가장 좋은 코퓰라 함수는 19세기 독일 통계학자 가우스(Gauss)의 이름을 딴 '가우시안 코퓰라 함수'였다. 데이비드 리는 J.P. Morgan Chase로 옮겼고, 2000년에는 자신의 아이디어를 'the Journal of Fixed Income'에 게재하였다. 데이비드 리가 대출 상품 간 상호 연관된 손실에 직면할 수 있는 확률을 계산할 수 있게 해준 '가우시안 코퓰라 함수'의 모형은 다음과 같고 일부에서는 월가를 무너뜨린 '악마의 공식'으로 부른다.[59]

$$\Pr[T_A<1, T_B<1] = \Phi_2(\Phi^{-1}(F_A(1)), \Phi^{-1}(F_B(1)), \gamma)$$

CDO는 유동성 공급에 크게 기여함으로써 서브프라임 모기지와 MBS에 대한 수요에 불을 붙였다.[60] 당해 발행된 서브프라임 MBS 자산으로 구성된 CDO가 2005년에만 2천억 달러에 달했는데 그 중 70%인 1,400억 달러가 AAA 등급을 받지 못했고, 2007년에는 전체 CDO의 명목가치가 3조 달러에 달했는데 그중 60% 이상이 AAA 등급을 받지 못했다.[61] 이는 주택담보대출의 조건이 매우 느

---

59 WSJ, Sept. 2005, "Slices of Risk: How a Formula Ignited Market That Burned Some Big Investors."

60 서브프라임 모기지는 신용도가 떨어지는 개인들을 대상으로 집값의 90% 이상까지 대출해주는 장기 주택담보대출이다. 즉 비우량 주택담보대출로 서브프라임 모기지의 대출 금리는 우량 대출인 프라임 모기지의 대출 금리보다 2~3%가 높고, 대부분이 2년간 고정금리를 내다가 이후 28년 동안 변동금리를 내는 구조이다. 서브프라임 모기지 대출은 2006년 말 잔액기준으로 전체 모기지 대출 잔액의 12%를 차지하였고, 홈에쿼티론(home quity loan, HEL)까지 포함하면 24%에 달했다. HEL이란 주택 구입 가격에서 은행으로부터 집을 담보로 대출받은 돈을 제외한 집의 가치를 담보로 또다시 대출받는 소위 '2차 대출'로 담보물 차압에 있어서도 선순위(first-lien) 모기지에 밀린다.

61 신용평가기관들이 평가하였던 CDO의 풀에서도 서브프라임 MBS의 비중은 2003년 43.3%에서

▌표 2-4. 미국 MBS 상품별 발행 규모(연간, 십억 달러)

연도	총MBS	Prime			Non-prime			
		total	conventional/ conforming	Jumbo	total	Alt-A	Sub-prime	others
2001	2,593	2,002	1,481	591	591	64	187	340
2002	3,324	2,624	1,966	658	701	77	230	393
2003	4,445	3,504	2,772	732	941	96	349	496
2004	3,204	1,893	1,328	565	1,311	209	593	510
2005	3,312	1,762	1,157	605	1,550	403	663	483
2006	3,064	1,511	1,019	494	1,552	412	618	526
2007	2,430	1,509	1,162	347	922	275	191	456

출처: Inside Mortgage Finance, 2008, *2008 Mortgage Market Statistical Annual.*

▌표 2-5. CDO 트랑세 유형별 투자자 분포(10억 달러, %)

CDO 트랑세	보험회사	헤지펀드	상업/투자은행	자산운용사	합계(비중)
AAA	207	363	435	174	1,179(39.3)
AA	36	120	105	120	381(12.7)
A	9	138	42	87	276(9.2)
BBB	18	129	9	120	276(9.2)
BB	0	69	9	9	87(2.9)
Equity	27	573	147	51	798(26.6)
전 체	295	1,396	746	564	3,001
비 중	9.8%	46.5%	24.9%	18.8%	100%

OECD, 2007, "Structured Products: Implications for Financial Markets".

손해졌음을 의미한다. 소득이 부족하고 선지불(down payment) 능력이 없는 가구에게 담보가치(주택가격) 대비 대출 비율(LTV, loan to value)을 매우 높게 적용하고, 심지어 100%의 모기지를 제공하기도 하였다. 그러나 이런 대출 조건은 높은 이자율과 월 상환금을 특징으로 할 수밖에 없다. 2, 3년간은 이자율과 월 상환금

2006년에 71.3%로 성장하였다. U.S. Securities and Exchange Commission, July 2008, "Summary Report of Issues Identified in the Commission Staff's Examinations of Select Credit Rating Agencies," p. 7.

을 낮게 했다가 높은 이자율과 상환액으로 재조정하는 변동금리부 모기지대출(ARMs, adjustable rate mortgages)을 적용하였다. 이른바 '미끼금리(teaser interest rates)' 방식이다. 많은 지역에서 주택가격이 연 10~20%씩 상승하는 상황을 이용하여 차입자에게는 주택가격이 상승하기에 2, 3년 내에 대출금 상환이 가능하다고 유혹했고,[62] 주택가격이 지속적으로 상승한다면 100% LTV는 90~80%로 하락하기 때문에 전통적인 모기지 조건(LTV 80% 이하의 프라임 등급)의 기준이나 프라임 점보(prime jumbo) 모기지 조건으로 이자율 조정이 가능하다고 유혹하였다.[63]

이처럼 낮은 신용등급을 갖는 서브프라임 모기지로 구성한 채권이 어떻게 시장에서 거래되고 폭발적으로 성장할 수 있었던 것인가? 이를 위해서는 CDO의 제조 방식을 이해할 필요가 있다. 구조화 금융의 핵심 아이디어는 〈고위험-고수익〉을 갖는 자산의 신용을 높은 신용의 자산(저위험-고수익)으로 전환시키는 것이다. 금융이론에서 리스크를 낮추는 기본적 방법은 투자의 분산이다. 구조화상품이 기초자산의 풀에 많은 증권을 포함시키는 이유다. 그러나 풀 자체로 리스크의 분산이 되지는 않는다. 파산 상관성이 낮은 기초자산들로 풀을 만든 후 은행들은 이 풀을 여러 개의 조각으로 자른다. 이를 트랑셰(tranches)라 부른다. 파산 상관성이 낮은 증권들을 많이 포함할수록 기초자산의 평균 신용등급보다 높은 등급을 갖는 트랑셰를 많이 만들 수 있다.

이제 CDO를 제조하는 방법을 간단한 예로 살펴보자. 여기 채무불이행(파산, default)의 경우 0달러, 그렇지 않을 경우 1달러를 받을 수 있는, 그리고 일정한 채무불이행 확률(P_D, 예=10%)을 가진 두 개의 동일한 채권을 가정하자. 이제 이 두

---

62 2005년 전반기에 만들어진 모든 모기지의 약 1/4이 이자만 납부하는 대출이었다. 같은 해 미국 서브프라임 업계 1위 대출업체인 컨트리와이드(Countrywide)와 미국 최대 저축은행인 워싱턴 뮤추얼(Washington Mutual)이 발행한 ARM 옵션을 가진 모기지 중 68%가 이른바 '닌자론(a loan to someone with no income, no job or assets)'이었다.

63 미국의 모기지 시장은 신용등급에 따라 크게 프라임(prime conforming conventional mortgage), 프라임 점보(prime jumbo), 알트에이(Alt-A), 서브프라임(subprime mortgage) 시장으로 구분된다.

개의 채권을 하나의 포트폴리오에 섞게(pool) 되면 기초자산의 총 명목가치는 2달러가 된다. 이를 기초로 두 개로 자른 1달러의 트랑세, 즉 선순위 트랑세(senior tranche)와 후순위 트랑세(junior tranche)를 만든다. 후순위 트랑세는 하나 이상의 채권이 채무를 불이행할 경우에는 보상을 받지 못하고, 그렇지 않을 경우 1달러를 보상받는다. 반면, 선순위 트랑세는 후순위 트랑세의 자본이 고갈된 후 위험을 떠안기에 두 채권 모두가 채무불이행할 경우만 보상을 받지 못하고 그렇지 않은 경우에는 1달러를 보상받는다. 여기서 신용등급을 높이기 위해서 두 개 기초자산 채권의 채무불이행이 서로 관련되어 있지 않다고 가정한다. 즉 두 개 기초자산채권의 수익과 위험은 서로 독립적이라 가정하는 것이다. 이런 가정하에 선순위 트랑세의 채무불이행 확률, 즉 보상받지 못할 확률은 1%(=10%×10%)가 된다. 따라서 기초자산의 평균 채무불이행 확률(10%)보다 낮기에 높은 신용등급을 부여받을 수 있다. 이제 동일한 성격을 갖는 하나의 채권을 추가해 세 개의 채권을 기초자산으로 한 풀(pool)을 활용해 트랑세를 만들어보자. 같은 논리로 계산을 하면 세 개의 채권 모두가 채무불이행할 경우 손실을 보는, 즉 보상을 받지 못하는 선순위 트랑세의 채무불이행 확률은 0.1%가 되고, 두 개 이상의 채권이 채무불이행할 경우 손실을 보는 중간 혹은 메자닌[64] 트랑세(middle or mezzanine tranche)의 채무불이행 확률은 2.8%(=0.9×0.1×0.1×3+0.1×0.1×0.1)가 되고, 한 개 이상의 채권이 채무불이행할 경우 손실을 보는 후순위 트랑세의 채무불이행 확률은 27.1%(=1-0.9×0.9×0.9)가 된다. 이처럼 풀 안에 하나의 기초자산을 추가해 세 개의 CDO를 만듦으로써 자본의 2/3는 기초자산의 평균 리스크보다 낮은 리스크를 갖게 되었다.

게다가 구조화금융상품의 특징은 후순위 트랑세를 증권화 기술을 사용해 우량 등급의 자산으로 전환시킬 수 있다는 점이다. 이른바 '2차 CDO(CDO-squared, CDO^2)'이다. 신용평가사 무디스에 따르면 '2차 CDO'는 모든 증권화 상

64 이탈리아어로 건물의 1층과 2층 사이에 있는 라운지 등의 공간을 의미한다.

▌표 2-6. 2005~2007년 발행된 서브프라임 MBS로 만든 CDO(%)

	Estimated 3-year default rate	Actual default rate
AAA	0.001	0.10
AA^+	0.01	1.68
AA	0.04	8.16
AA^-	0.05	12.03
A^+	0.06	20.96
A	0.09	29.21
A^-	0.12	36.65
BBB	0.34	48.73
BBB	0.49	56.10
BBB	0.88	66.67

Source: Donald Mackenzie, University of Edinburgh.

품의 총 명목가치에서 1998년에는 2.6%에 불과했으나 2006년에는 55%로 증가하였다. 두 개의 채권을 풀로 하여 만든 CDO 중 후순위 트랑세의 채무불이행 확률은 19%(=1-0.9×0.9)였다. 여기에 똑같은 채무불이행 확률(19%)을 가진 또 다른 후순위 트랑세를 섞어 풀을 만들어 새로 발행한 선순위 트랑세는 두 개의 후순위 트랑세가 모두 채무를 불이행할 경우에 손실을 보는 CDO로 이 증권의 채무불이행 확률은 3.6%(=0.19×0.19)가 된다. 이는 본래 후순위 트랑세의 채무불이행 확률 19%보다 훨씬 낮게 된다.

이처럼 구조화금융의 핵심 아이디어는 기초자산의 풀에 많은 증권을 포함시킬수록 기초자산의 평균 신용등급보다 높은 등급을 갖는 트랑세를 많이 만들 수 있다는 것이다. 예를 들어, 앞에서 가정한 파산 확률 10%인 채권(기초자산) 4개로 구조화상품을 만들 경우 0.01%, 0.37%, 5.23%, 34.39%의 채권을 생성할 수 있어 2개의 채권은 판매가 가능해진다. 파산 확률이 10%인 채권 5개로 만들 경우에는 0.001%($=0.1^5$), 0.046%($=0.1^4\times0.9\times5+0.1^5$), 0.856%($=0.1^3\times0.9^2\times10+0.1^4\times0.9\times5+0.1^5$), 8.146%($=0.1^2\times0.9^3\times10+0.1^3\times0.9^2\times10+0.1^4\times0.9\times5+0.1^5$), 40.951%($=1-0.9^5$)의 채권을 생성해 3개 채권의 판매가 가능하다. 신용평가사 피치(Fitch)의 2007년 신용평가에 따르면 회사채의 경우 전체의 1% 미만이 최고등급인 AAA를 받은 반면, 전 세계 구조화상품은 약 60%가 AAA를 받았다.

그런데 2007년 메릴린치가 발행한 AAA 등급의 30개 자산담보 CDO 트랑세 중 27개가 금융위기 이후 정크 본드(junk bond)[65] 수준으로 떨어졌다.[66] 무디

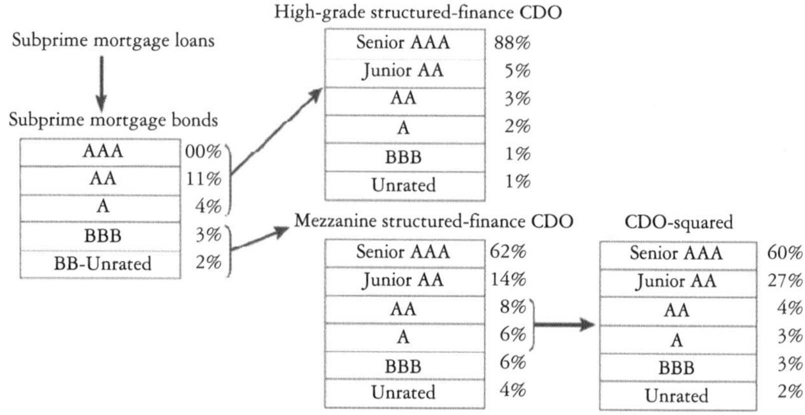

Source: IMF staff estimates.
Note: CDO-collateralized debt obligation.

▌그림 2-22. CDO의 역할: 서브프라임 모기지에서 최고 등급 증권화 부채로의 전환

스(Moody's)도 2000~2007년간 발행한 약 4만 5천 개의 모기지 관련 증권이, 특히 2006년 발행한 증권에는 하루 30개가 최고 신용등급(AAA)의 상품들이었는데 이 중 83%가 금융위기 이후 등급이 강등되었다.[67] 그 결과 지난 10년간 10배 이상 증가했던 구조화금융상품이 2008년 첫 2분기동안은 분기당 50억 달러로 축소되었다. 이는 신용평가사의 수입구조 변화에서도 확인된다. 2006년까지 무디스는 수입의 44%가 구조화상품에서 나왔는데 이는 전통적인 수입 기반인 회사

65 정크본드(junk bond)란 일반적으로 기업의 신용등급이 아주 낮아 회사채 발행이 불가능한 기업이 발행하는 회사채로 '고수익채권' 또는 '열등채'라고도 부른다. 신용도가 낮은 회사가 발행한 채권으로 원리금 상환에 대한 불이행 위험이 큰 만큼 이자가 높다. 1970년대 미국 정크본드 시장의 대부로 불렸던 마이클 밀켄(Michael R. Milken)이 하위등급 채권을 정크라고 부른 데서 유래되었다. 당시에는 신용도가 높은 우량기업이 발행한 채권 중 발행 기업의 경영이 악화되어 가치가 떨어진 채권을 가리켰으나, 최근에는 성장성은 있으나 신용등급이 낮은 중소기업이 발행한 채권이나 M&A에 필요한 자금을 조달하기 위해 발행한 채권 등을 포함하는 넓은 개념으로 사용되고 있다. 무디스는 신용등급이 Ba 1, S&P는 신용등급이 BB 이하, 피치(Fitch)는 신용등급이 BB 이하인 기업이 발행한 채권이 정크본드로 분류된다.

66 S. Craig, R. Smith and S. Ng., July 29, 2008, "Merril Aims to Raise Billions More: Firm Dumps Mortgage Assets as Crisis Drags Another Big Write-Down," *Wall Street Journal*.

67 Financial Crisis Inquiry Commission Report, 2011, p. xxv.

채 신용평가의 32%를 크게 상회하는 것이었다. 그런데 2008년까지 신용평가사의 구조화상품 수입은 사라져버렸고, 신용평가사들의 주가는 50%까지 하락했다. 시장이 신용평가사들의 수입 하락을 일시적인 것이 아니라 지속될 것으로 보았기 때문이다.

그렇다면 신용평가기관들의 등급 산정 실패와 신용평가(등급) 인플레이션의 원인은 무엇일까? CDO 수익률에 대한 과거 자료가 부재하는 상황에서 CDO의 기초자산인 MBS의 과거 파산 확률 계산에 기초한 몬테칼로 모의실험(Monte Carlo simulations) 방식으로 산정한 것이다. 몬테칼로 모의실험이란 불확실한 상황하에서의 의사결정을 목적으로 확률적 시스템의 모의실험에 이용되는 절차로, 몬테칼로 시뮬레이션의 핵심은 모형에서 가정한 확률분포에 따라 무작위(random) 표본추출에 의해서 우연결과를 발생시켜 주는 데 이용한다.[68] 그런데 파산률이 낮았고 주택가격이 상승했던 1990~2000년 시기를 기준으로 MBS의 파산 확률을 계산하다 보니 확률이 저평가되었던 것이다. 앞에서도 언급했듯이 이 시기는 80년대 중반 이후 경기사이클의 변동성이 크게 감소한 대안정기(the great moderation era)에 해당하는 '예외적'인 기간이었다. 그 결과 부동산 시장의 글로벌 대폭락(meltdown) 가능성을 배제함으로써 파산 가능성 간 강한 연관성, 예를 들어 은행간대출(interbank lending)을 통한 금융회사 간 상호의존성을 간과하였다. 즉 CDO는 개별 리스크(idiosyncratic risk)를 억제한 반면, 시스템 리스크(system risk)와 꼬리 리스크(tail risk)의 취약성을 내재한 금융상품이었다. 이는 시장 기반 금융시스템(market-based financial system)의 기본 특성으로 시가(mark-to-market) 방식의 레버리지 제약과 더불어 그림자금융의 안정성이 손상됐을 때 정리 세일(fire-sale) 가격으로 자산 청산을 강제함으로써 시장 전체를 붕괴시켰다.

게다가 신용평가사 역시 상당 부분의 거래가 장부외 거래였고, 수학모델에 의존한 복잡성으로 평가를 제대로 수행하기 어려웠다. 여기에 평가수수료의 수입극

---

68 몬테칼로 시뮬레이션을 모의적 표본추출법(simulated sampling technique)이라고도 부르는 이유이다.

대화를 추구하는, 즉 신용등급 장사(rating shopping)의 유인을 갖고 있는 신용평가사의 '도덕적 해이'[69]가 신용등급 인플레이션(ratings inflation)에 기여하였다. 즉 CDO의 거래 규모가 폭발적으로 증가한 것은 이를 구매할 투자자가 있었기에 가능했고, 투자자들이 천문학적인 투자를 할 수 있었던 것은 무디스, S&P, 피치 등 3대 국제신용평가사들의 '보증'에 기초한 것이었다. 본질적으로 CDO는 기초자산을 많이 섞을수록 상품의 질이 높아지도록 설계한 복합파생상품이었다. 즉 상품의 구성이 매우 복잡할 수밖에 없었기에 투자자가 모든 기초자산의 질을 조사함으로써 CDO의 위험을 제대로 인지하는 것은 불가능하였고, 그 결과 신용평가사들이 부여한 신용등급에 의지할 수밖에 없었다. 즉 증권화는 새로운 정보 비대칭성의 문제를 야기한 것이다.[70] 금융상품에 대한 최종투자자들은 모기지 대부의 질과 원리금의 순조로운 상환이라는 장기적 성과 등에 관심을 갖는 반면, 모기지 대부자나 MBS, CDO 등 자산유동화증권의 발행자들에 대한 신용평가를 맡은 신용평가기관 그리고 자산운용사 등의 경우 이들의 수입원이 기본적으로 증권거래량에 비례하는 수수료이기에 모기지 및 증권의 발행량과 운용자산의 양에만 관심을 가질 뿐 선별과 감시의 비용을 절약할 유인을 가졌다. 즉 주인(최종투자자)과 대리인(모기지 발행자, 은행, 자산관리자, 신용평가회사 등) 간의 정보비대칭성에

69 '주인-대리인 문제'가 발생하는 비대칭적 정보하에서 어떤 경제주체(대리인)의 합리적 행동의 결과가 다른 경제주체(주인)의 목표에 반하는 결과로 귀결되는 경우를 말한다. 예를 들어, 기업의 주인인 소유주(주주)가 대리인인 경영자의 행위를 관찰하지 못할 때 대리인의 합리적 행위(이기심)가 초래하는 현상을 '도덕적 해이'라 할 수 있다. 또한, 주인-대리인 문제란 어떤 일을 주인이 직접 하기에는 능력이 없거나 시간이 없어 대리인을 선정해 그에게 일 처리를 맡길 때 대리인이 주인을 위해 얼마나 열심히 노력했는지에 관한 정보가 비대칭적으로 분포되어 있는 데서 발생하는 문제를 말한다.

70 이러한 문제는 주택담보채권을 기초자산으로 한 유동화증권의 매입과 관련된 손해배상 소송이나 환매 요구 등이 크게 증가한 이유가 된다. 즉 금융상품 판매 시 투자자에게 위험성 고지, 상품 구성, 환매조건, 펀드 가입 시 위험성인지 확인, 투자자의 투자성향에 맞는 위험성 관리 및 상품 권유 등의 절차를 지켜야 하는 데 유동화증권 기초자산이 안고 있었던 위험을 제대로 공시하지 않았다는 '불완전판매'를 이유로 패니매와 프레디맥 등 정부보증 모기지업체, 연방주택금융청(FHFA), 전국신용조합감독청(NCUA), 연방주택대출은행(FHLB), 공적 자금이 투입된 AIG, 일반 투자가 등이 대형은행들을 상대로 손해배상 소송을 제기하였고, 블랙록(BlackRock)이나 핌코(PIMCO) 등 기관투자자 등은 환매를 요구하였다.

따른 '대리인문제(agency problems)'가 존재한 것이다. 증권화 기반의 신용 중개 방식이 초래한 대리인문제는 신용중개 효율성을 증대시켰지만 전체 시장의 붕괴라는 리스크를 만들어냈다.

CDO와 더불어 금융위기 이전까지 폭발적으로 증가한 것이 신용파산스왑(CDS)이다. CDS는 채권 파산을 보증하는 보험정책과 같은 것이다. 채권 소유자는 채권을 보호하기 위해 채권에 대한 CDS를 구매할 수 있다. 채권이 파산할 경우 채권의 가치만큼 지급받는다. 파산 가능성이 증가함에 따라 보험 비용이 보다 증가하기 때문에 CDS의 가격은 자연스럽게 변화한다. 따라서 어떤 채권을 소유하지 않아도 CDS를 구매할 수 있다. 예를 들어, 어떤 투자자가 소유한 GM 채권 1천만 달러의 파산에 대한 보호를 원할 경우 투자자는 CDS를 구입하고 매년 50만 달러를 지불할 것이다. 그리고 이를 통해 GM 채권이 파산할 경우 채권의 액면가치에 대한 보상을 받을 것이다. 그런데 GM이 시간이 지남에 따라 파산 가능성이 증가하는 것으로 보일 경우 CDS 가격은 상승(예: 60만 달러)할 것이고 첫 번째 구입자는 10만 달러의 수익을 거둘 것이다. CDS는 CDO와 밀접한 관련을 맺고 있다. CDO 중에서 가장 많은 거래가 이루어진 것이 '합성 CDO(synthetic Collateralized Debt Obligation)'였다. 합성 CDO는 일반 CDO보다 과도한 수익과 리스크를 제공하는 것이 가능하였는데 CDS로 자산 풀의 채권을 뒷받침했기 때문이다. 즉 이처럼 일반적인 CDO는 이전 대상이 되는 자산의 법적 소유권이 투자자에게 이전되는 것이 보통인 반면, 합성 CDO는 자산의 소유권이 자산 소유자의 장부에 그대로 남고 자산과 관련한 신용위험만이 3자에게 이전될 뿐이다. 이 때문에 채무자와의 관계에 변화가 없으며 자산의 규모에 비해 유동화증권의 규모도 작아 발행이 쉽고 비용도 적게 든다.

금융위기의 중심에 있었던 CDS는 90년대 중반에 처음 도입되었다. 70년대 초에 등장한 신용보증 모델을 MBIA와 AMBAC 같은 모노라인이나 보험회사 AIG 등이 은행이나 헤지펀드 대상으로 MBS, CDO, 기타 자산에 적용하였다. 즉 신용보증의 첫 번째 형태는 70년대 초 MBIA와 AMBAC 같은 최상의 신용 등급을 갖는 모노라인 보증업체가 지방정부 발행의 채권의 파산을 보증하기 위해 개발하였다. 파산에 대한 보험 제공으로 지방정부는 AAA 등급으로 채권의 발행이 가능했고, 그에 대한 대가로 보증업체에게 수수료를 지급하였다. 이러한 비즈니스가 가능했던 이유는 신용보증기관이 지방정부 파산가능성을 과대평가했기 때문, 즉 '신용차익(rating arbitrage)'이 존재했기 때문이었다. 이러한 보증을 통해 채권의 등급을 높이고 채권 발행자는 최초 판매 시에 저리에 의한 채권매출이 가능했던 것이다. 모노라인과 AIG 등이 은행, 헤지펀드 대상으로 MBS, CDO, 기타 자산에 이 모델을 적용한 것이 CDS인 것이다. 거래소나 결제기구 등의 밖에서 쌍방 협정에 의한 거래로 리스크를 각자 스스로 관리하고, 당사자 이외에는 계약 조건을 알지 못한다는 점에서 CDS 거래 역시 장외거래(OTC)이다. 즉 대부분 금융회사들이 거래에 참여했지만 CDO나 CDS에 대한 공공 지식이 존재하지 않았다. CDS가 673조 달러[71]까지 폭발적으로 성장할 수 있었던 것은 2000년 연방 및 주 정부에서 장외파생상품거래에 대한 규제를 금지하는 입법이 이루어지면서였다. 또한, CDS 거래의 경우 CDS 판매자에게 최소 자본이나 자산 확보의 의무도 배제되었다. 그 결과 파산할 경우 CDS 판매자는 지불 약속을 이행하는 데 필요한 충분한 자금을 갖지 않았다.

이와 같이 CDO와 CDS는 탈규제[72]와 혁신, 장외거래(OTC), 장부외거래(off-B/S), 그림자금융, 금융회사 간 상호연관성, 투명성 결여, 리스크 집중, 투기 등 80년대 이후 금융의 모든 특성이 응축되어 있었다.[73] 즉 CDS는 다음 세 경로를 통해 금융위기에 기여하였다. 첫째, 모기지 증권화를 가열시켰다. 둘째, 합성 CDOs(synthetic CDOs)의 창조에 기여하였다. 예를 들어, 골드만삭스는 2004년

---

71 계약잔액(notioanl amount) 기준. Financial Crisis Inquiry Commission Report, 2011, p. xxiv.

72 대출의 증권화는 서브프라임모기지 기준 완화의 논리로 작용했다.

73 그린스펀(Greenspan)은 복합금융상품들이 금융시스템의 발전에 기여한 것을 다음과 같이 표현하고 있다. "These increasingly complex financial instruments have been especial contributors, particularly over the past couple of stressful years, to the development of a far more flexible, efficient, and resilient financial system than existed just a quarter-century ago." Greenspan, 2002, "World Finance and Risk Management", Speech at Lancaster House, 25 September.

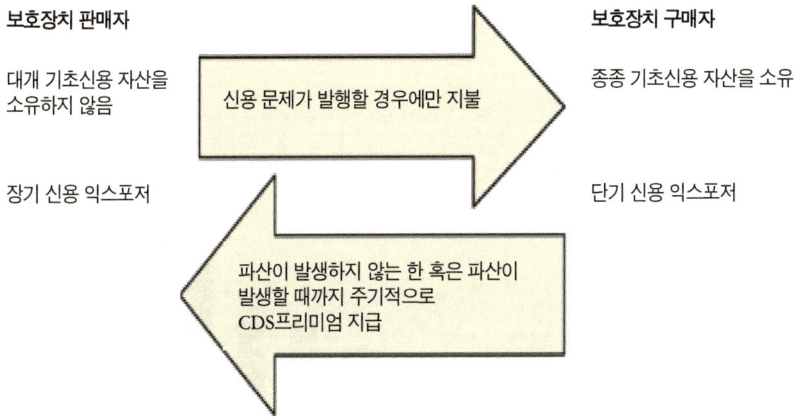

source: Credit Derivatives and Synthetic Structures, John Wiley & Sons, 2001; PIMCO.

▌그림 2-23. 일반 CDS 거래

7월 1일부터 2007년 5월 31일 기간 동안 합성 CDO 제조에 3,400개 이상 모기지 증권을 사용했고, 그 중 610개는 두 번 이상 활용해 730억 달러어치를 판매하였다. 그런데 합성 CDO의 판매는 CDS가 있었기에 가능했다. 790억 달러 규모의 CDS를 판매한 AIG에 1,800억 달러 이상의 공적 자금을 투입한 이유도 AIG 파산이 글로벌 금융시스템을 통해 손실을 눈덩이처럼 확산시킬 수밖에 없었기 때문이고, '시스템적으로 중요한 금융회사(SIFI, systemically important financial institutions)' 간 수백만 개의 보이지 않고, 알려지지 않은 파생상품 계약들을 구제하지 않으면 불확실성이 금융시장을 뒤덮고 공황을 촉발시킬 수밖에 없었기 때문이다. 2007년 기준 미결제 CDS 규모는 세계 GDP 규모와 맞먹는 60조 달러로 추정되었다.

이처럼 CDO 및 CDS에 의해 지원을 받은 합성 CDO가 낮은 등급의 서브프라임 MBS에 대한 수요를 가능케 했고 자산가치 인플레와 버블을 야기시킨 것이다. 은행들은 이렇게 모기지 채권을 유동화한 자금으로 다시 주택담보대출을 남발했다. 앞에서 언급했듯이 신용도가 낮은 사람들에게까지 미끼금리를 내걸어 집을 사도록 꼬드겼다. 집값은 계속 올랐고 모두가 행복해 하는 나날이 이어졌다.

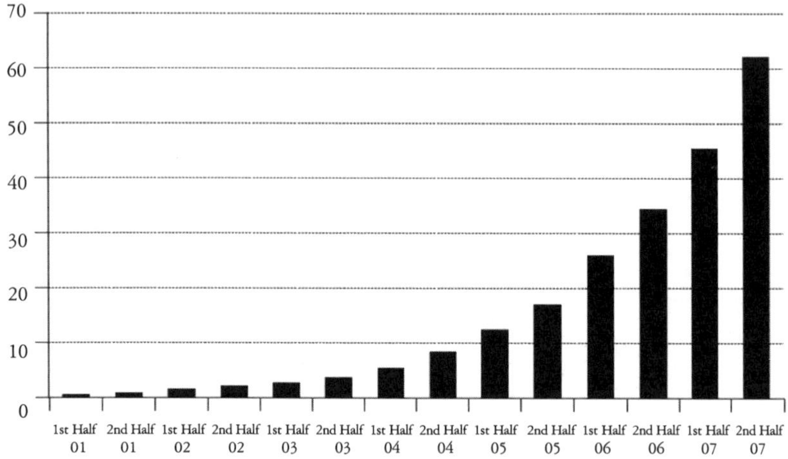

출처: International Securities and Derivatives Association

▌그림 2-24. 미해결된 CDS 가치의 규모

가계는 집값이 오르자 더 많은 빚을 얻어 소비를 즐겼고, 월가의 대형은행과 투자은행, 헤지펀드, 보험사들도 모기지와 모기지 파생상품으로 목돈을 챙겼다. 그러나 행복은 오래 가지 않았다. 부동산 경기가 거꾸러지자 여기저기 피해자가 속출했다. 리먼브러더스와 메릴린치 등 기라성 같은 투자은행이 문을 닫았다. 수수료를 받고 채권의 부도위험을 떠안았던 CDS 투자자들도 뒤통수를 맞았다. 세계 최대 보험사 AIG도 이렇게 망가졌다. AIG는 CDS 채무 변제를 위한 구제금융 지원에 대한 정부 압력을 행사하였고, 그 결과 정부는 AIG에 1,820억 달러라는 미국 역사상 최대의 구제금융을 투입하였다.[74] 호황기 때 막대한 레버리지(부채)를 일으켜 모기지 파생상품에 투자했던 금융회사들은 부도를 피하기 위해 서둘러 보유 중이던 주식과 채권 상품 선물을 팔아대기 시작했다. 거대한 디레버리지(Deleverage, 채무 축소)[75]의 물결 앞에 전 세계 금융시장이 일제히 비명을 질러댔

74 AIG가 발행한 CDS에 미국의 골드만삭스, 메릴린치, 와코비아 등 미국 은행들뿐만 아니라 영국의 바클레이즈(Barclays), 프랑스의 소시에테 제네랄(Société Générale), 독일의 도이체방크(Deutsche Bank), 스위스의 UBS 등 전 세계 주요 은행들이 투자하였기 때문이다.

75 디레버리지는 자산가격 하락 → 대출의 담보가치 하락 → 자금회수 및 추가담보 요구 → 부채 상환을 위한 자산 매각 → 자산가격 하락의 악순환을 형성한다.

다. 한국도 예외가 될 수 없었다. 우리은행도 2005～2007년 CDO와 CDS에 각각 10억 7천만 달러와 4억 8천만 달러를 투자했다가 이 중 12억 5천만 달러의 손실을 봤다. 본연의 임무인 '위험 헤지'에서 벗어나 돈벌이 수단으로 전락했던 파생금융상품이 금융시장의 '대량살상무기'로 되돌아 온 것이다. 리스크를 쪼개 끊임없이 분산하면 '위험 제로'의 상품을 만들 수 있으리라던 월가 금융공학자들의 자만은 비극으로 끝났다.

금융위기 이전에 CDS의 위험에 대한 지적이 없었던 것이 아니다. 2003년 상원 은행위원회(the Senate Banking Committee)에서 "파생금융상품의 계약을 규제하는 것은 실수가 될 것"이라는 그린스펀의 주장과 달리 소로스는 "우리가 파생금융상품이 어떻게 작동하는지 실제로 모르기 때문에 사용을 금지해야 한다"고 주장하였다. 1970년대 뉴욕시 파산을 막는 데 주요 역할을 하였던 투자은행가 펠릭스 로하튼(Felix Rohatyn)도 파생금융상품을 '잠재적 수소폭탄'으로 묘사하였고, 워렌 버핏도 파생금융상품은 "지금은 잠복되어 있지만 잠재적으로 치명상을 입힐 수 있는 대량살상무기"라는 경고를 보냈다.

상호의존성과 복잡성의 망을 형성한 CDO와 CDS가 리스크 증가와 리스크의 전염을 발생시킨 것도 예고된 것이었다. 은행간대출을 통해 전 세계의 그물망이 형성되었기 때문이다. 미국이나 영국의 경우 은행간대출의 비중은 40%에 달했다. 유럽 은행들의 은행간대출 비중은 미국이나 영국에 비해 훨씬 낮았지만[76] 단일통화 도입의 효과로 EU 내 은행 간 거래 규모도 크게 증가하였다. 유로화 도입으로 통화가치 하락의 우려(환율리스크)가 제거되면서 유로 내 신용시장이 급성장한 것이다. 포르투갈, 아일랜드, 이탈리아, 그리스, 스페인 등 이른바 PIIGs 총 대외채무(1조 7,990억 달러)의 60.4%를 독일과 프랑스와 영국이 투자하였고, 이탈리아 총 대외부채(1조 966억 달러) 중 35.5%인 3,891억 달러를 프랑스가 차지하고 있을 정도로 그물망 구조가 형성되어 있다. 그리고 여기에 CDS가 매개되어 있다. 2011년 7월 15일 기준 국가부채에 대한 CDS 규모는 이탈리아가 236억 달

76 예를 들어, 프랑스 은행들의 타 은행 여신은 6.5%를 차지할 뿐이다.

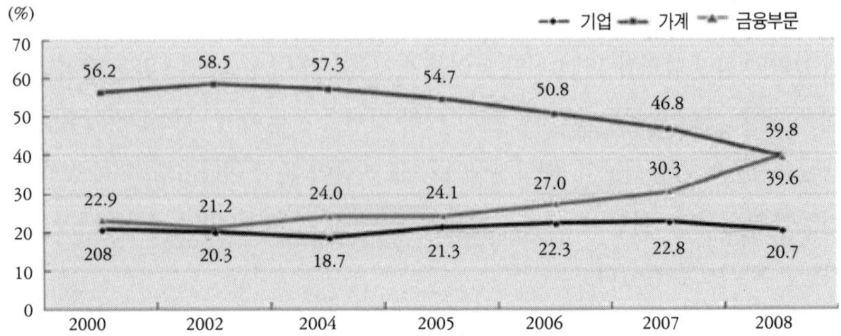

출처: Bank of England, Statistics. 삼성경제연구소, 2009, "금융패러다임의 변화, 과거 10년과 미래 10년," SERI 경제 포커스, 제243호(5.19), 4쪽에서 재인용.

▌그림 2-25. 영국 은행 여신의 부문별 비중

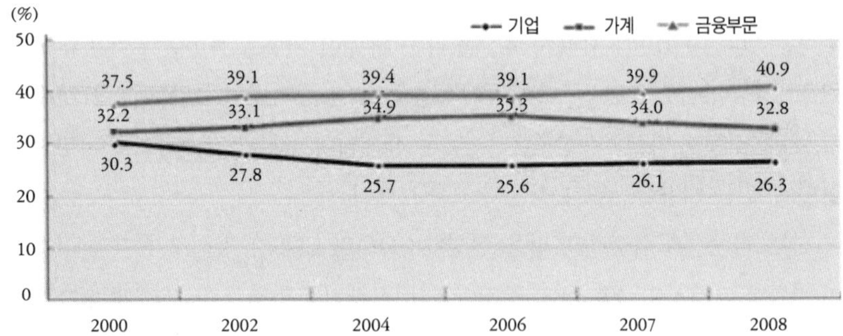

주: 은행 여신뿐 아니라 직접 자본시장에서 조달한 부채까지 포함.
출처: Board of Governors of the Federal Reserve System, *Statistics and Historical Data*. 삼성경제연구소(2009), 5쪽에서 재인용.

▌그림 2-26. 미국 은행 여신의 부문별 비중

러, 프랑스가 208억 달러, 스페인이 186억 달러, 독일이 166억 달러, 영국이 120억 달러, 포르투갈이 60억 달러, 그리스가 46억 달러 등에 달하고 있다.[77] 글로벌 주택시장의 동조화 역시 글로벌 금융의 그물망 구조와 관련이 있다. 미국의 주택 가격 추이를 대표하는 'S&P 케이스-쉴러(Case-Shiller)' 지수를 고안한 칼 케이스

77 그 밖에도 오스트리아 59억 달러, 벨기에 71억 달러, 브라질 173억 달러, 중국 75억 달러, 일본 86억 달러, 멕시코 90억 달러, 터키 59억 달러, 미국 48억 달러 등이다. Busnisessweek, July 25-31, 2011, "The Long Shadow of Credit Default Swaps," p. 39.

(Karl Case) 미국 웰슬리대(Wellesley College) 교수는 주택가격의 글로벌 동조화 원인을 금융시장의 글로벌화에서 찾았다. 미국의 주택가격이 전 세계 주택시장에 미치는 영향이 커진 것도 글로벌 동조화의 한 요인으로 꼽힌다. 국제통화기금(IMF)도 2004년에 내놓은 '세계경제전망—글로벌 주택가격 붐'이라는 보고서에서 미국의 주택가격이 전 세계 주택가격을 선도하고 미국 집값이 내려가면 세계적으로 강한 동조화 현상이 나타날 것이라고 예측했다.

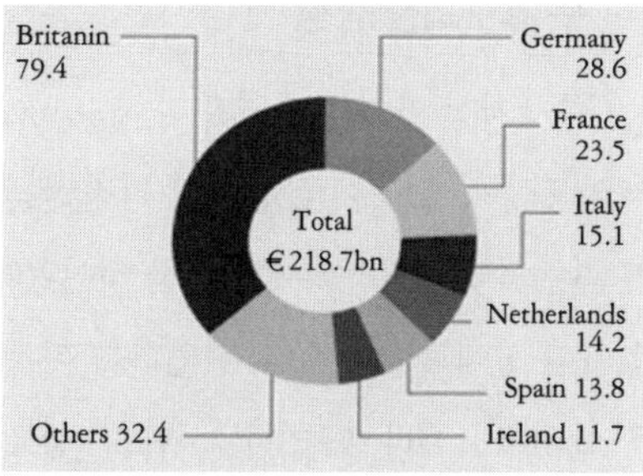

Source: London Economics *Gross value added
출처: Economist(Dec. 20 2009)에서 재인용.

▌그림 2-27. EU의 은행간거래 규모 (2008년, 십억 유로)

요약하면, 자산의 증권화는 매출극대화 효과뿐만 아니라 리스크 나누기 효과로도 증폭되었다. 예를 들어, 주택담보대출(모기지)의 증권화는 대출 발행자의 일부 리스크가 다른 금융회사로 이전되는 것을 의미한다. 즉 은행 등 중개기관이 증권화를 통해 보다 효율적으로 리스크 나누기를 허용하고 추구할수록 충격(shock)에 따른 개별 금융회사의 비용과 이자율 스프레드(spread)는 하락하지만 시스템 리스크가 증폭하는 이른바 '리스크 나누기와 시스템 리스크 창출'이라는 역설이 발생한다. 앞에서 보았듯이 리스크 나누기는 증권화를 통해서만 이루어지는 것이 아니다. CDS, 상업은행(CB)과 투자은행(IB)의 통합, 중개 체인의 증대(복잡화) 등을 통해서 리스크 나누기는 지속된다. 즉 모기지 회사의 주택자금대출은 증권화를 통해 MBS 발행으로 이어지고, MBS를 인수한 은행 등은 이들을 묶어 CDO를 발행하고, 이 CDO에 대해 신용보증회사는 CDS를 발행했듯이 리스크는 계속 나누어졌다. 여기에 은행간대출이나 머니마켓(money market, 단기금융상품시장) 혹은 펀딩마켓(funding market)[78]을 통한 투자은행의 단기자금 조달도 리스크를 나누게 된다.

78 ABCP 이외에 경매방식채권(Auction Rate Securities, ARS; 입찰 방식으로 금리를 결정하는 채권), 조건부채권(Tender Option Bonds, TOB; 단기자금을 끌어 모아 장기 지방채를 사는 '채권 매

부채에 의한 성장

주택자산 가치의 과열과 파열(boom and bust)이 가계와 금융회사의 과도한 부채와 관련이 있듯이 금융위기 이전, 특히 90년대 이후 글로벌 경제 성장의 상당 부분은 차입(레버리지)에 의존한 것이었다. 물론, 부채 성장의 정도는 국가 혹은 지역마다 상이하였다. 주로 산업화를 이룬 경제들[79]에서 부채가 크게 증가했다. 브릭스(BRICs, 브라질 · 러시아 · 인도 · 중국) 등 신흥국 경제의 경우 (부채/GDP) 비율이 큰 변화가 없었지만 산업화된 국가들의 성장이 신흥국 경제의 성장에 크게 영향을 미칠 수밖에 없었다는 점에서 차입 증가와 레버리지는 글로벌 현상이었다고 할 수 있다. 레버리지의 정도는 경제 부문별로 차이가 존재하였지만, 금융과 가계 부문이 주도하였다. 산업화된 국가들을 기준으로 2000~2008년간 총부채는 40조 달러가 증가했는데 금융부문에서 약 11조 달러가 증가했다. 나머지 29조 달러는 실물부문에서 증가했다. 예를 들어, 1978~2007년간 금융부문이 보유한 부채는 3조 달러에서 36조 달러로 증가했고, 이는 GDP 대비 비중으로 두 배 이상의 증가였다.[80] 문제는 약 11조 달러를 증가시킨 가계 차입이 부동산 붐과 관련된 것이라는 점이다. 2007년까지 주거용 모기지에 대한 은행 대출은 영국에서 GDP의 81%, 미국에서 73%나 되었다. 반면, 기업에 대한 은행 대출은 영국과 미국에서 각각 46%와 36%에 불과했다.[81] 그 결과 금융 부문에서 미국의 경우 금융위기 이전 30년간 GDP 대비 금융산업의 부채 비중이 20%에서 120%로 6배 증가하였고,[82] 영국의 경우에도 GDP 대비 금융자산의 비중이 150%에서

입용 채권'), 변동금리 요구 채권(Variable Rate Demand Notes, VRDN; 채권 발행 시 만기 시까지 약정 금리를 확정시키지 않고 기간별로 금리를 새로 결정하는 채권) 등이 단기펀딩 상품들로 이용되었고, 특히 그림자금융의 경우 국채나 고신용 ABS를 담보로 1일물 RP(overnight RP)이 많이 활용되었다. 2002~2007년간 1일물 RP 규모는 10조 달러 이상으로 성장하였다. E. Perotti and J. Suarez, April 2011, "A Pigovian Approach to Liquidity Regulation," DNB Wp. no. 291, p. 2.

79 한국, 독일, 미국, 스위스, 스페인, 영국, 이탈리아, 일본, 캐나다, 프랑스 등이 포함되었음.

80 예를 들어, 2008년 글로벌 금융위기 당시 미국 5대 투자은행(IB)의 차입비율은 36배에 달했다.

81 물론, 유럽에서는 모기지 대출이 미국이나 영국보다 낮았다. 예를 들어, 독일에서 모기지 대출은 35%에 불과한 반면, 기업에 대한 대출은 51%였다.

82 특히 90년대 후반 이후 빠르게 증가했다. 1978년 20%에서 88년 40%, 98년 70%, 그리고 2008

550%까지 증가하였다. 2008년 로열 뱅크 오브 스코틀랜드(Royal Bank of Scotland, RBS)의 구제를 위해 460억 파운드(850억 달러)라는 엄청난 공적 자금이 투입되었던 이유도 영국 대형은행의 자산이 영국 GDP의 약 4.5배나 될 정도였기 때문이다.[83]

이른바 선진경제(OECD 18개국의 평균)의 비금융부문의 총부채는 1980년의 167%에서 2010년 314%까지 증가했다. 정부부문이 42%, 기업부문이 42%, 그리고 가계부문이 56% 증가했다. 인플레를 조정한 실질 부채로 보더라도 비금융부문의 총부채는 연 4.5%에 가까운 속도로 증가했다. 기업의 실질부채는 연 3.8%의 상승 속도로 증가하여 30년간 약 3배, 정부 부채는 연 5.1%의 상승 속도로 증가하여 4.5배, 특히 가계는 연 6.2%의 상승 속도로 증가하여 6배가 증가했다. 1995년부터 정부 부채는 상대적으로 안정적 수준을 유지한 반면, 대신 가계와 기업, 특히 가계부문의 실질 부채가 1995~2010년간 3배가 급증함으로써 총부채의 성장은 지속되었다. 이러한 부채의 증가는 몇 가지 요인들의 결합의 산물이었다. 첫째, 앞에서 지적했듯이 1970년대 말부터 금융시장의 활동과 대출에 대한 규제가 시스템적으로 제거된 결과 차입의 기회가 증대되었다. 여기에 금융이론 및 정보기술의 발전과 더불어 금융자유화는 금융혁신의 심화로 이어졌다. 즉 CDO에서 보듯이 복잡한 금융상품에 대한 가격 책정과 판매가 가능해졌다. 둘째, 금융위기 이전까지 '대안정기'로 불릴 정도로 저실업, 저인플레이션율, 불확실성의 감소 등 거시경제 환경의 안정이 신용 공급을 향상시켰다. 셋째, 1980년대 중반 이후 실질 금리의 하락 역시 높은 부채를 초래했다. 마지막으로, 모기지 금리에 대한 세금 경감 등 조세 정책도 부채 증가에 기여하였다.

가계도 모기지를 중심으로 차입을 크게 증가시켰다. 미국의 가계부채는 1999

년 120%로 증가하였다. GDP 대비 미국 전체 부채는 대공황 발발 직전인 1929년에 3배였으나 2007년에는 5배까지 증가하였다.

83 이는 다른 유럽 국가에서도 마찬가지였다. 스위스와 아일랜드의 양대 은행의 자산 역시 각각 GDP의 6배와 3.5배나 되었다. 이러한 이유로 은행들은 파산시킬 수 없었거나, 혹은 역설적으로 너무 커서 국가가 구제할 수 없었다.

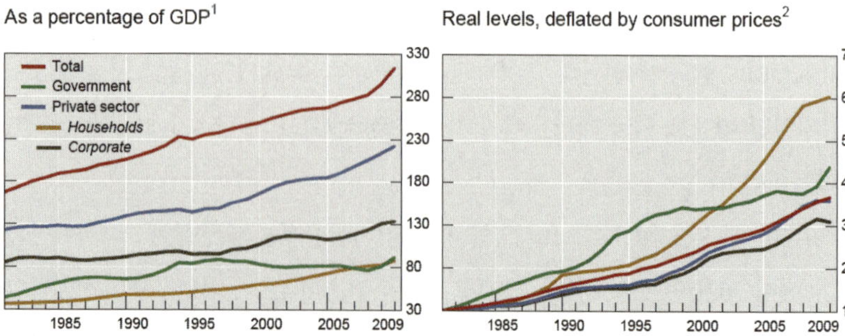

출처: S. Cecchetti, M. Mohanty and F. Zampolli, September 2011, "The real effects of debt", BIS.
[1]: Simple averages for 18 OECD economies.
[2]: Rebased to 1980 = 100; simple average of 16 OECD economies, including the United States.

▌그림 2-28. OECD의 비금융부문 부채(GDP 대비와 실질 부채 수준)

년 4.6조 달러에서 2007년 초에 11.5조 달러, 2008년 초에는 12.5조 달러까지 상승했다. 그리고 미국 가계부채에서 모기지가 차지하는 비중은 1999년 69%에서 74%로 증가했다. 주택가격의 상승으로 가계의 자산 대비 부채 비율은 안정적으로 유지됐으나, 가처분소득 대비 부채 비율은 현저하게 증가했다. 1965~84년간 미국의 가계부채는 가처분소득 대비 64%에서 안정적으로 유지되었으나 1985~2000년 사이에는 97%까지, 그리고 2007년까지 다시 133%까지 상승했다. 미국 가계의 GDP 대비 부채 비중도 1984년 약 75%에서 금융위기 직전에는 140%에 육박하였다. 특히 2000년대 이후 급증하였다. 주택자산 가치의 상승은 소비 증대에 영향을 미쳤다. 이는 일명 '현금기계(cash machines)'라 불리는 '보유주택을 담보로 창출하는 현금(MEW, mortgage equity withdrawal)'이 소비를 주도한 데서도 확인된다. 즉 주택가격의 상승으로 주택가격에서 차입액을 뺀 순자산이 증가하면서 이를 담보로 추가 차입하여 주택 개량이나 기타 생활용도에 지출하였다. 90년대 대부분 가처분소득의 약 1%가 주택의 순자산을 담보로 한 대출(HEL)을 통한 MEW였다. 2006년 버블이 한참일 때 연간 8천억 달러까지 증가했다. 2001~2006년간 미국에서 MEW로 인한 소비증대 효과를 연간 GDP의 2~3%로 추산하고 있다. 버블이 붕괴하며 미국의 가계부채는 2010년에 11.5조 달러로, 가처분소득 대비 가계부채 비중도 118%로 감소하면서 MEW 역시 가처

표 2-7. 국가별 비금융부문(가계와 기업과 정부)의 총부채(명목 GDP 대비)

	Levels				Changes[2]		
	1980	1990	2000	2010[1]	1980~90	1990~2000	2000~10
United States	151	200	198	268	49	-2	70
Japan	290	364	410	456	75	46	46
Germany	136	137	226	241	1	89	15
United Kingdom	160	203	223	322	43	20	99
France	160	198	243	321	37	45	78
Italy	109	180	252	310	71	72	58
Canada	236	278	293	313	42	15	20
Australia	128	174	185	235	46	11	49
Austria	162	178	205	238	16	27	32
Belgium	170	264	298	356	94	34	58
Denmark			259	336			77
Finland	146	173	222	270	26	49	48
Greece	92	139	195	262	47	55	67
Netherlands	205	265	294	327	60	29	33
Norway			256	334			78
Portugal	144	141	251	366	-2	110	115
Spain	172	187	258	355	15	70	97
Sweden	219	289	320	340	70	31	21
Total of above							
Median	160	192	251	322	45	40	58
Weighted average[3]	172	218	246	306	47	28	61
Simple average	168	211	255	314	43	44	59
G7	177	223	264	303	45	41	55
Other advanced	160	201	249	321	41	46	61
Memo: Std deviation	*50*	*64*	*54*	*43*			

[1]: Some figures refer to 2009. [2]: In percentage points of GDP. [3]: Based on 2005 GDP and PPP exchange rates.
출처: S. G Cecchetti, M. Mohanty and F. Zampolli(2011).

분소득의 -1%까지 붕괴됐다.[84] 영국에서도 MEW의 규모는 1984년 100억 파운드에서 1988년 230억 파운드로 증가했다가 1992년 경기침체와 주택가격 하락 이후 125억 파운드까지 하락했다가 2000년까지 300억 파운드로 증가하였다.[85] MEW 규모가 절정에 달했던 2003년 3분기의 약 90억 파운드는 영국 세후 소득의 10%에 해당하는 규모였다. 1998년 7월부터 2008년 3월까지의 MEW

84 W. Galston, Aug. 22, 2011, "What if the Right and the Left Are Both Wrong About Why the Economic Recovery Is So Slow?" A New Theory, Brookings.

85 A. Holmans, May 2001, "Housing and Mortgage Equity Withdrawal and their Component Flows," A Technical Report, Cambridge Centre for Housing and Planning Research.

▌표 2-8. OECD 국가별 가계부채 비중(GDP 대비)

	Levels				Changes[2]		
	1980	1990	2000	2010[1]	1980~90	1990~2000	2000~10
United States	52	64	74	95	12	10	21
Japan	60	82	87	82	22	5	-5
Germany	59	61	73	64	2	13	-9
United Kingdom	37	73	75	106	36	2	31
France	27	46	47	69	18	2	22
Italy	6	21	30	53	15	9	23
Canada	56	63	67	94	7	4	27
Australia	42	46	74	113	5	27	39
Austria	41	41	47	57	0	6	10
Belgium	35	38	41	56	3	3	15
Denmark			95	152			57
Finland	29	48	35	67	19	-14	33
Greece	8	9	20	65	1	11	45
Netherlands	43	49	87	130	6	38	43
Norway			64	94			31
Portugal	15	23	75	106	7	52	31
Spain	24	41	54	91	17	13	37
Sweden	53	61	51	87	8	-10	36
Total of above							
Median	39	47	65	94	8	8	31
Weighted average[3]	46	60	69	90	14	9	18
Simple average	37	48	61	93	11	11	27
G7	43	59	65	87	16	6	16
Other advanced	32	39	58	97	7	14	34
Memo: Std deviation	*17*	*20*	*21*	28			

[1]: Some figures refer to 2009. [2]: In percentage points of GDP. [3] : Based on 2005 GDP and PPP exchange rates.
source: OECD; national data, auther's estimates.
출처: Stephen G Cecchetti, M. S. Mohanty and Fabrizio Zampolli, September 2011, "The real effects of debt," BIS.

규모는 3,280억 파운드에 달하였고, 이는 영국 경제성장의 지속에 기여하였다.86

은행 등 금융회사가 차입(레버리지) 경영을 하는 이유는 매출극대화 및 수익극대화의 관점에서 이해할 수 있다. 조달 자금의 비용보다 자금 운영을 통해 수익이 크다면 레버리지 추구는 금융회사의 자연스러운 행위이다. 대표적 방식이, 앞에서 소개했듯이, 도매금융 시장(은행간대출)이나 단기자금 시장(머니마켓이나 펀딩마

86 Bank of England, "Mortgage Equity Withdrawal," http://www.bankofengland.co.uk/statistics/hew/2011.htm

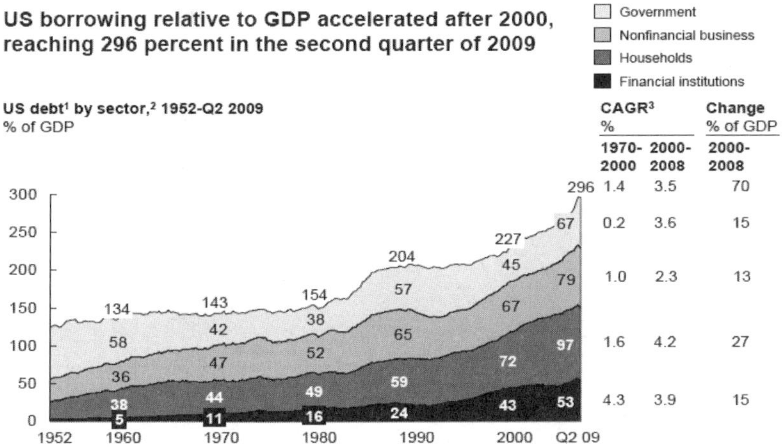

[1]: Includes all Instruments that constitute direct credit market borrowing (includes all bond market borrowing and commercial paper); excludes asset-backed securities to avoid double counting of the underlying loan.

[2]: Some figures do not sum due to rounging.

[3]: Compound annual growth rate.

Source: Federal Reserve Flow of Funds; McKinsey Global Institute

출처: McKinsey Global Institute, Jan. 2010, Debt and deleveraging에서 재인용.

▌그림 2-29. 미국의 경제주체별 부채의 증가 추이(GDP 대비)

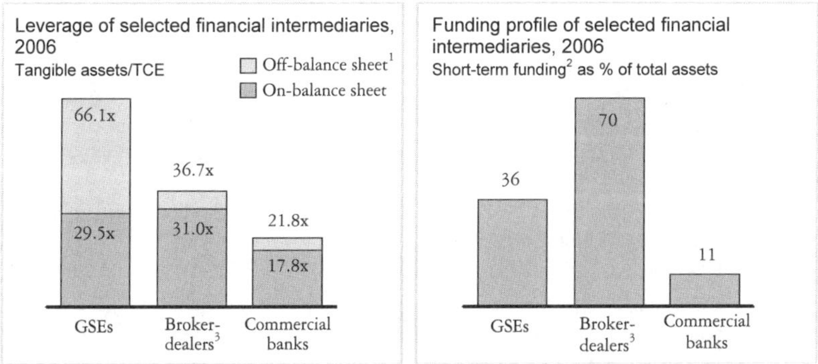

[1]: Estimated based on size of relevant securitized asset-backed security (ABS) pools, private ABS pools allocated to private intermediaries by asset size.

[2]: Includes repos, capital markets funding, all other short-term borrowing (e.g. commercial paper), and current portion of long-term debt.

[3]: Weighted average for 5 large broker dealers: Bear Stearns, Goldman Sachs, Lehman Brothers. Merrill Lynch, Morgan Stanley.

출처: McKinsey Global Institute, Jan. 2010, "Debt and deleveraging"에서 재인용.

▌그림 2-30. 영국의 경제주체별 부채의 증가 추이(GDP 대비)

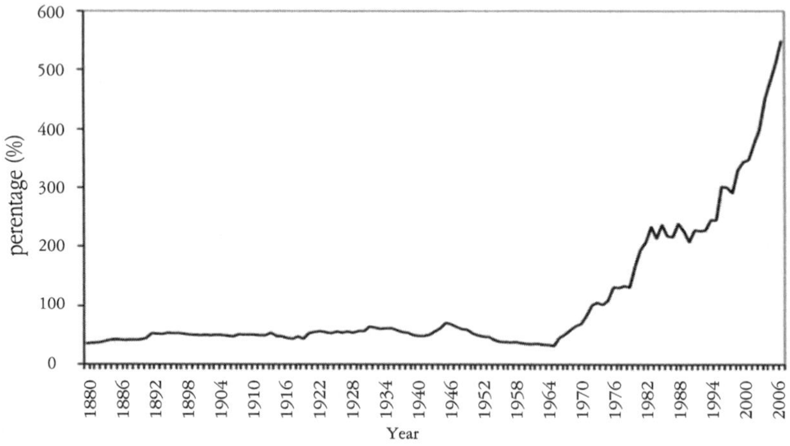

출처: D.K. Sheppard, 1971, *Growth and Role of UK. Financial Institutions*, 1880-1962, Methuenand; Bank of England.

▮ 그림 2-31. 영국 은행부문의 성장(GDP 대비 자산 비중)

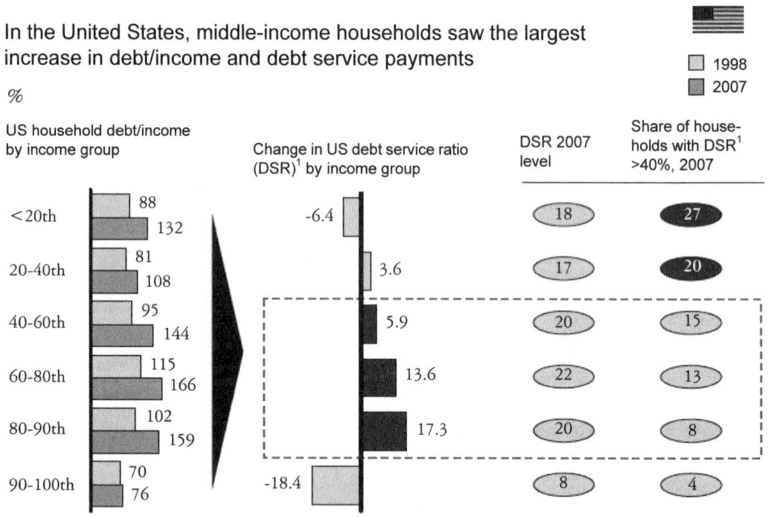

출처: McKinsey Global Institute, Jan. 2010, Debt and deleveraging에서 재인용.
[1]: Ratio of household debt, interest, and principal payments to total income.

▮ 그림 2-32. 중산층이 주도한 미국의 가계부채

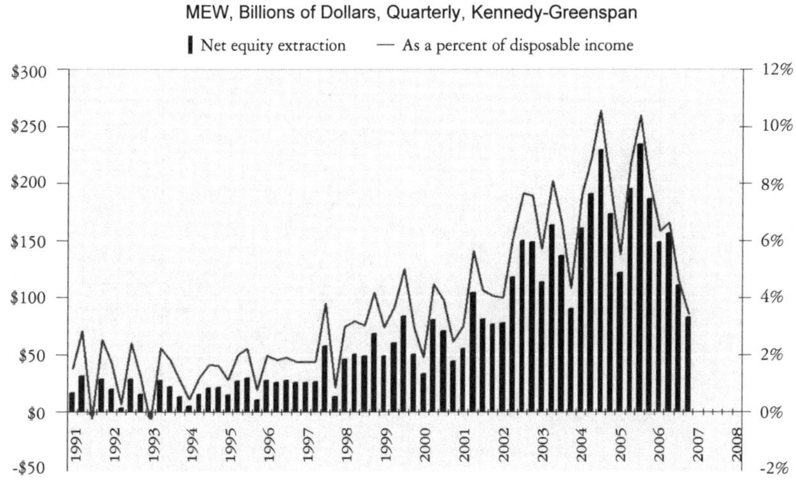

출처: Economist, 2009, 2003.

▌그림 2-33. 영국 가계의 가처분소득 대비 유동성 자산과 부채 비중(좌), 그리고 부채 비중과 MEW의 동조화(우)

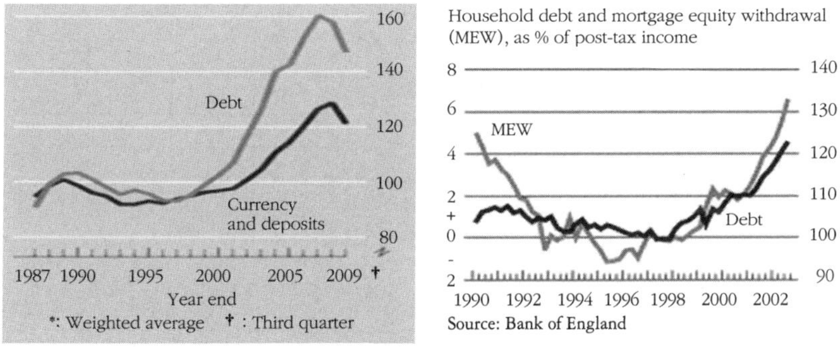

출처: Calculated Risk, May 22, 2007, Kennedy-Greenspan MEW.
http://www.calculatedriskblog.com/2007/05/kennedy-greenspan-mew.html

▌그림 2-34. 미국의 MEW 규모와 가처분소득 대비 비중(10억 달러, 분기별, %)

켓)에서 자금을 조달하여 장기 대출 혹은 장기 금융상품에 투자하는 것이다. 즉 타인으로부터 빌린 차입금을 지렛대로 삼아 자기자본이익률을 높이기에 레버리지효과(leverage effect, 지렛대효과)라고 부른다. 예를 들어 100억 원의 자기자본으로 10

▌표 2-9 정부부채의 변화 추이(단위: %, %포인트)

	1997(A)	2000	2003	2006	2007	2008	2009(B)	(B-A)	연평균 증감률
호 주	37.9	25.4	19.0	16.2	15.3	14.3	15.9	-22.0	-7.0
캐나다	96.3	82.1	76.6	69.5	65.0	69.7	82.8	-13.5	-1.3
덴마크	72.1	57.1	53.6	38.3	31.6	39.8	45.3	-26.8	-3.8
핀란드	64.6	52.3	51.4	45.2	41.5	40.7	43.7	-20.9	-3.2
프랑스	68.8	65.6	71.4	70.9	69.9	75.7	84.5	15.7	1.7
독 일	60.3	60.4	65.3	69.2	65.3	68.8	77.4	17.1	2.1
그리스	100.0	114.9	112.0	107.9	103.9	102.6	114.9	14.9	1.2
아일랜드	-	40.2	34.1	28.8	28.3	48.5	65.8	25.6	0.5
이탈리아	130.3	121.0	116.8	117.1	112.5	114.4	123.6	-6.7	-0.4
일 본	100.5	135.4	158.0	172.1	167.1	172.1	189.3	88.8	5.4
네덜란드	82.2	69.9	61.9	54.9	52.1	65.8	71.4	-10.8	-1.2
뉴질랜드	42.3	37.4	31.4	27.0	26.2	25.3	27.0	-15.2	-3.7
포르투갈	67.4	62.0	68.0	73.1	71.1	75.2	83.8	16.4	1.8
스페인	75.0	66.5	55.3	46.2	42.1	47.0	59.3	-15.7	-1.9
스웨덴	83.2	64.7	60.0	53.6	47.9	47.1	52.7	-30.5	-3.7
스위스	52.1	52.5	57.0	50.3	47.2	44.0	44.4	-7.8	-1.3
영 국	52.0	45.1	41.2	45.9	46.9	56.8	71.0	19.0	2.6
미 국	67.3	54.4	60.1	60.8	61.8	70.0	83.9	16.5	1.8
유로지역	79.4	75.1	75.0	74.4	70.9	73.2	81.8	2.4	0.2
전체 OECD	71.6	68.3	72.6	74.6	73.1	78.4	90.0	18.4	1.9

주: 아일랜드의 경우(B-A)와 증감률은 1998년을 기준으로 작성.
자료: OECD Economic Outlook 86database.

억 원의 순익을 올리게 되면 자기자본이익률은 10%가 되지만, 자기자본 50억 원에 타인자본 50억 원을 도입하여 10억 원의 순익을 올리게 되면 자기자본이익률은 20%가 된다. 타인자본을 사용하는 데 드는 금리비용보다 높은 수익률이 기대되는 경우에는 타인자본을 적극적으로 활용하는 것이 유리하지만 타인자본을 과도하게 도입하면 경기가 어려울 때 금리부담으로 인한 도산 위험이 높아진다.

여기서 자금 조달의 범위가 특정 국가에 제한될 필요가 없다. 자본시장의 개방에 따른 국가 간 이자율이나 수익률의 차이를 활용한 자금 조달 방식이 이른바

'캐리 트레이드(carry trade)'이다. 즉 저금리로 조달된 자금으로 다른 국가의 특정 유가증권 혹은 상품에 투자하는 거래를 의미한다. 물론, 캐리 트레이드의 성공은 이자율 차이뿐만 아니라 환율에도 영향을 받기 때문에 조달 통화가치의 안정 혹은 하락을 전제로 한다. 오늘날 '캐리 트레이드'가 만연된 상황에서 주요 선진국들의 제로금리 정책은 더 큰 수익을 찾아 해외로 유출하는 자금의 규모를 증가시킬 수밖에 없다. 게다가 글로벌 인플레 압력이 증대하는 상황에서 금리가 언제 인상될지 모르기 때문에 이런 투자는 단기성을 띠고, 레버리지가 심한 투기성을 동반한다. 게다가 자금이 유입되는 국가의 경우 통화가치 절상 압력을 받게 되기 때문에 이른바 '통화전쟁'을 야기시킨다. 중국이나 브라질 등이 미국의 양적 완화(Quantitative Easing, QE)[87] 정책을 비난하는 이유이다. 이처럼 제로금리 정책은 '캐리 트레이드'와 결합될수록 정작 필요한 곳에는 자금이 분배되지 않음으로써 정책목표를 거두기 어렵고 국제 갈등만 심화시키고 있다.

레버리지 방식은 광범위하게 도입되었다. 투자자가 계약을 이행하게 하기 위한 수단으로 계약시점에 예치하여야 하는 개시증거금(initial margin)의 성격을 갖는 파생금융상품의 '증거금 제도(margin requirement)'는 기본적으로 '레버리지 효과'를 갖는다. 예를 들어, 선물거래에 있어서 증거금은 미래의 채무이행을 성실히 수행하겠다는 표시로 예탁하는 보증금 성격의 자금이다. 따라서 투자자들은 선물거래에 의한 미래의 채무이행을 위하여 증거금을 예탁하고 모든 채무를 이행한 후에 해당 증거금을 찾아가게 된다. 이러한 증거금은 예탁받는 주체에 따라 거래소 회원이 거래소에 예탁하는 거래증거금과 고객이 회원사에 예탁하는 위탁증거금으로 구분된다. 위탁증거금은 주문증거금, 개시증거금, 유지증거금, 추가증거금 등으로 세분할 수 있다.

또한, 차입을 활용해 수익률 극대화를 추구하는 사모 방식의 펀드들의 경우 레버리지 투자 기법은 일상화되어 있다. 예를 들어, 사모투자펀드(PEF)는 기업의

87 중앙은행이 금리 인하를 통한 경기부양 효과가 한계에 봉착했을 때 중앙은행이 국채 매입 등을 통해 유동성을 시중에 직접 푸는 정책.

인수·합병(M&A)에 레버리지 효과를 활용한다. 일반 상장기업의 주식을 증권거래소에서 사들이는 헤지펀드들과 달리, 사모펀드들은 대부분 기업주 또는 기업 경영진과의 협상을 통해 투자기업을 인수한다. 이때 사모펀드들은 투자자 자금뿐 아니라 금융회사로부터 거액의 대출을 받아 기업을 인수하는 차입매수거래(LBO, Leveraged Buyout) 기법을 애용한다. 우리나라의 외환은행의 대주주로 있는 론스타가 사모투자펀드이다. 또한, 외환위기 직후 한미은행을 인수한 뒤 씨티은행에 되팔아 6,600억 원의 차익을 남긴 것으로 유명한 칼라일 캐피털(Carlyle Capital)도 세계 2위의 사모투자펀드이다. 레버리지 투자 기법은 신용위기 과정에서 사모 방식의 펀드들에게 큰 손실을 입히거나 파산을 초래시키기도 한다. 2007년 8월에 골드만삭스는 자신이 운영하던 GEO(Global Equity Opportunities) 펀드의 파산을 막기 위해 30억 달러를 긴급 수혈하는 수모를 감내해야 했고, 2008년 7월에는 미국의 투자은행 베어스턴스가 운영하던 2개의 헤지펀드가 파산을 하면서 자신의 파산뿐만 아니라 금융위기에 불을 지폈고, 2008년 9월 리먼브러더스 파산 이후에는 헤지펀드가 최악의 손실을 기록하며 수백 개가 파산했다. 사모 방식 펀드들의 파산 이유 역시 레버리지 투자 기법에 있다. 예를 들어, 2008년 3월에 파산했던 칼라일 캐피털[88]은 MBS에 217억 달러를 투자했다. 이 중 고객이 맡긴 금액은 6억 7천만 달러에 불과했고, 나머지는 은행 등에서 차입한 금액이었다. 이른바 레버리지 배율이 32에 달한 것이다. MBS 가격의 하락으로 칼라일 캐피털의 보유 자산가치가 하락하자 시티은행과 도이치은행을 비롯한 채권단 은행들이 4억 달러에 달하는 '마진콜(margin call, 추가 증거금 납부 요구)'[89]을 요구하였는데

---

88 칼라일 캐피털은 기업 인수합병을 위해서 대형 투자은행으로부터 차입매수(Leveraged Buyout)를 위한 자금을 조달하는 사모투자펀드로 2006년에 칼라일 그룹이 15%를 투자해 만든 투자회사였다. 2007년 8월 유동성 위기에 직면하면서 모회사인 칼라일그룹으로부터 1억 5천만 달러를 차입하여 위기를 벗어났고, 자산의 95% 이상을 패니매(Fannie Mae)와 프레디맥(Freddie Mac) 등 정부보증기업(GSEs)들이 보증한 최고 등급인 AAA 채권을 소유하고 있었음에도 불구하고 파산한 것이다.

89 마진콜이란 채무자의 담보가치가 대출의 안정성을 보장할 만큼 충분하지 않다고 채권자가 판단하거나 느낄 경우 추가적인 담보나 상환을 요구하는 것이다.

▌표 2-10. 증권 유형별 마진 요구 수준

	Margin(Haircut)	Implied Leverage
Treasuries	0.1-3%	33-100
Investment Grade Corp Bonds	5-10%	10-20
High Yield Bonds	10-15%	6.6-10
Convertible Bonds	15-20%	5-6.6
Equities	5-50%	2-20
Commodity Futures	10%	10
Financial Frtures	3%	33
Foreign Exchange Futures	2%	50
Options (equity)	75%	1.3
Interest Rate Swaps	1%	100
Foreign Exchange Swaps	1%	100
Total Return Swaps	10%	10

출처: A. Ang, S. Gorovyy, and G. van Inwegen, Jan. 25, 2011, "Hedge Fund Leverage"에서 재인용.

이에 응하지 못하면서 파산한 것이었다. '레버리지 효과'가 신용위기 과정에서 '디레버리지(deleverage) 효과'로 바뀐 것이다. 펀드들이 마진콜 혹은 헤어컷(haircut, 채권 담보물에 대한 할인)[90]의 압박을 받을 경우 자금 확보가 필요하기 때문에 다른 시장, 특히 현금화가 용이한 시장에 투자한 자금을 회수하게 되기에 펀드들의 투자 범위가 넓을수록 신용위기의 전염효과는 크게 나타난다. 이것이 미국과 유로존의 증시 폭락이 글로벌 증시 폭락으로 이어지는 이유다. 한국이 다른 주식시장보다 폭락 규모가 큰 이유도 현금화가 상대적으로 용이하기 때문이다.

가계의 레버리지는 (주택)자산에 대한 수요 증가가 (주택)자산 가격을 상승시키고, 자산가치의 상승으로 자산 담보 가치가 증대하기에 추가 대출을 조장한다. 그 결과 주택자산의 수요 증대와 가격 증대라는 '긍정적 피드백 루프(a positive feedback loop)'를 만들어낸다. 이러한 피드백 루프가 가계 레버리지 증가, 대출 기준의 완화, 더 높은 레버리지의 사이클을 수반한 것이다. 부의 증가가 가속화되는

90 증권회사나 펀드 등이 소유하는 증권의 평가가 절하되면서 가격이 하락한 증권의 장부가치를 현실화시키는 것을 말한다.

가운데 많은 사람들이 '이번은 다르다(This time, it is different!)'며 환호하였고, 이것이 금융위기 이전 15년간 진행된 판타지(fantasy)였다. 그러나 (주택)자산 가격이 하락하면 레버리지는 디레버리지로 바뀌게 되고 '부정적 피드백 루프(adverse feedback loop)'가 작동한다. 차입을 이용한 주식투자의 경우도 마찬가지이다. 주가가 오를 경우에는 레버리지를 증대시키고 긍정적 피드백 루프를 만들어내지만, 역으로 하락할 경우에는 디레버리지의 악순환과 '부정적 피드백 루프'가 형성된다. 정리 세일(fire-sale)의 강요와 손실의 악순환(loss spiral)이 증폭 효과를 만들어 내는 것이다. 담보가치 하락이 마진콜 상승으로 이어져 만들어내는 '담보물 가치의 연쇄 하락과 담보물의 대량 처분(collateral runs)'이 그것이다.

이처럼 레버리지와 디레버리지는 '증폭 효과(amplification effect)'를 통해 버블과 붐의 심각성을 만들어낸다. 앞에서 소개한 캐리 트레이드의 경우에도 캐리 트레이드를 하려면 빌린 통화를 매각하여 운영하려는 통화를 매입해야 하는데 이는 빌린 통화의 평가절상을 억제하고 운영하려는 통화의 평가절하를 막아주는 효과가 있다는 점에서 캐리 트레이드가 캐리 트레이드의 조건을 재생산해내게 된다. 반대로 캐리 트레이드의 청산이 시작될 때는 반대 방향의 '부정적 피드백 루프'가 형성되어 자금 이탈과 통화가치의 폭락이 가속될 수밖에 없다. 캐리 트레이드 자금이 전형적인 핫머니의 속성을 드러내는 이유이기도 하다. 마진콜의 증폭 효과 역시 마찬가지다. 예를 들어 채권자가 6달러의 가치를 지닌 대출채권에 대해 요구 담보비율 50%로 11달러를 대출했다고 가정해보자. 현재 담보비율은 약 56%로 충분하지만 시장 상황이 악화되어 채권가치가 1달러만 하락해도 0.5달러의 담보가 부족한 상황이 발생하게 된다. 만약 채권자가 추가 증거금(마진)을 요구하면서 담보로 가지고 있는 채권 1달러를 매각하면 대출은 10달러로 줄어들게 된다. 그러나 담보가치는 4달러로 줄어들어 오히려 담보비율은 40%로 하락하게 되고 이는 또다시 마진콜을 요구하는 악순환이 형성된다. 한마디로 눈덩이처럼 마진콜 요구가 불어나는 상황이 발생하게 된다. 일종의 '마진의 악순환(margin spiral)'인 것이다.

이처럼 실물부문의 성장 없는 금융의 레버리지 증가는 버블일 수밖에 없고 결국에는 버블 붕괴를 초래할 수밖에 없다. 즉 에너지 소비 없이 영구히 움직이는 '영구운동기계(the perpetual motion machine)'가 물리학의 근본 법칙을 위반하는 불가능한 것이듯이, '영구화폐기계(the perpetual money machine)' 역시 연 2~3%의 실물경제 성장률로 연 10~15%의 수익을 제공하는 경제를 전제한다는 점에서 지속불가능하다. 즉 부채에 기초한 통화시스템에서 총부채(원금+이자)는 추가적인 통화가 창출되지 않는 한 상환이 불가능하다.[91] 즉 '부채에 기초한 통화시스템(debt-based monetary system, 은행의 신용창출 메커니즘)' 혹은 '부채가 주도하는 경제(debt-driven economy)'는 실물경제의 가치 창조가 수반되지 않으면 '폰지(Ponzi) 게임'(채무자가 끊임없이 빚을 굴려 원금과 이자를 갚아나가는 상황) 혹은 '피라미드 사기(pyramid scheme, 특별한 이윤 창출의 수단 없이 계속해서 신규 회원을 모집하는 방식으로만 이윤을 창출하는 사업 방식)'의 함정에 빠진다. 그리고 부는 은행가의 수중에 집중될 뿐이다. 글로벌 자산(wealth)의 평가절상이 GDP 성장과 같아야 한다는 사실은 간단한 수학적 항등식이다. 그러나 금융위기 이전 15년간 이 항등식은 금융 영역의 과도한 확장에 의해 파괴되었다. 즉 금융위기 이전 30년간 성장의 상당 부분은 부채에 의한 것이었던 반면, 부채에 의한 성장은 지속될 수가 없다. 80년대 초 1달러의 부채로 약 0.6달러의 GDP를 만들어냈던 반면, 90년대 후반에는 0.4달러 이하로 하락하였고, 금융위기 발발 당시에는 80년 수준의 절반에도 미치지 못하는 0.3달러 이하까지 하락하였다. 즉 실물부문의 성장이 수반되지 않는 '금융의 독주'였다. 부채에 기초한 통화시스템이나 부채가 주도하는 경제는 지속불가능하다. 갑작스런 통화공급 축소 같은 쇼크는 경제를 붕괴시켜, 비즈니스의 차압과 은행 유동성 문제로 귀결될 수밖에 없다.

---

91 예를 들어, 신용 100이 창출되고 연 10% 이자로 대출된다고 가정할 경우 연말에 대출을 상환하고 부채를 청산하려면 신용은 110이 필요할 것이다. 그러나 추가 10의 소득이 만들어지지 않을 경우, 즉 공급된 신용이 주택 구입과 소비 증대가 이자를 상환할 만큼 일자리와 소득의 추가 창출로 이어지지 않으면 추가 신용공급에 의존해야만 한다. 주택가격이 상승하는 한 기존의 신용은 새로운 신용으로 대체될 수 있다.

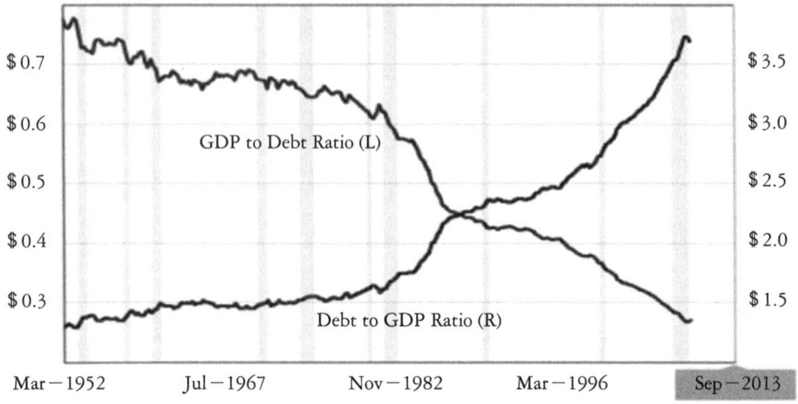

출처: BEA, Federal Reserve. Businessweek 자료실에서 재인용. (http://bx.businessweek.com/us-economy/view?url=http%3A%2F%2Fwww.thumbcharts.com%2F1381%2Fdebt-to-gdp-ratio-1952-2010)

▌그림 2-35. 미국의 부채 1달러당 GDP 및 GDP 1달러당 부채, 1952~2010

이와 관련하여 1980년대 이후 소비의 원천에 변화가 발생했음을 주목할 필요가 있다. 1981년까지 소비는 임금에 의해 충당되었다. 그런데 1984년 이후 소비와 임금 사이의 격차가 극적으로 증가해왔다. 이는 소비가 임금 이외의 다른 소득원으로 충당되어야만 했음을 의미한다. 다른 소득원은 바로 증가하는 투자 수익이었다. 미국, EU, 일본의 가계들은 GDP의 약 64%에서 약 72%까지 소비의 전반적 수준을 증대시켰는데 이는 금융 수익에서 취득한 자산에 의한 것이었다. 여기서 큰 의문은 금융 수익이 실질 생산성 이득으로 이전되고, 지속가능할 수 있냐는 것이다. 금융위기 이후 오늘날 금융혁신과 실물경제의 생산성 이득을 제공하지 않는 금융 수익이 장기 소득원이 될 수 없다는 것은 모두에게 자명해졌다.

이론적으로 실질 생산성 개선 없는 금융 이윤의 지속 증가는 불가능하다. 금융자산은 기본적으로 '생산된 잉여가치의 몫에 대한 권리'로 권리를 행사하기 전까지는 '가상(virtual) 자산'에 불과하고, 권리를 행사하는 순간 (생산된 실현가치 이상 배분이 불가능하다는 점에서) '가치법칙'에 종속될 수밖에 없다. 즉 '영구화폐기계'는 작동하지 않는다. 이는 생산된 가치보다 많은 부를 실질적으로 배분할 수 없다는 것을 의미한다. 주택시장의 거품이 꺼진 후 미국 사회는 뒤늦게 '환상에

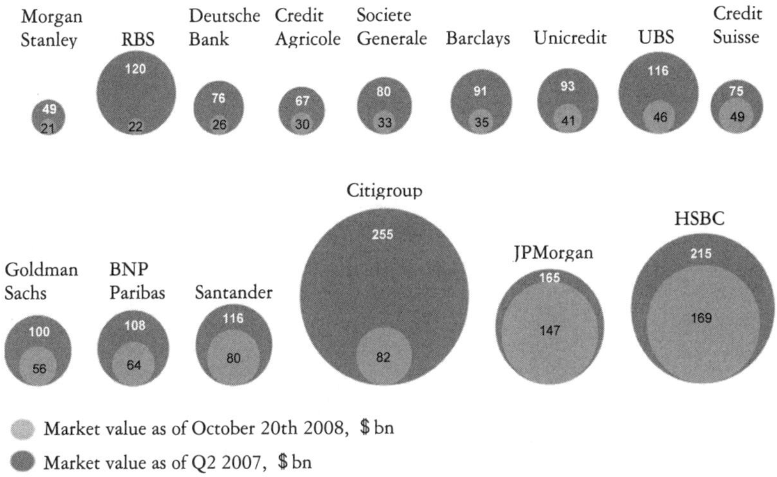

출처: J.P. Morgan, Bloomberg, Oct. 20, 2008.

▌그림 2-36. 금융위기 전후 글로벌 주요 은행들의 시장가치

불과했던 번영(illusory prosperity)'이었음을 알았다.[92] 증발해버린 주택 자산이 미국인에게 경제성장과 생계수준의 향상에 대한 잘못된 기대를 제공했던 것이다. 이처럼 실물경제의 성장 이상으로 증가한 금융자산의 성장은 비즈니스 혹은 금융 사이클 하강 국면에서 금융자산 가치의 손실을 발생시킬 수밖에 없다. 자산가치의 손실을 입은 사람들이 손실을 수용하는 것은 너무 고통스러운 일이다. 예전의 소득이 실제가 아니라 인공적으로 인플레된 가치라는 사실을 수용해야만 하는 고통이기 때문이다. 〈그림 2-36〉은 글로벌 주요 은행들의 자산가치가 금융위기 전후 얼마나 축소되었는가를 잘 보여준다.

---

92 Businessweek, July 10, 2011, "The Housing Horror Show Is Worse Than You Think". 이와 관련하여 금융위기 이전 10년간의 경제 성과들이 거품 등에 의해 과대평가된 것이라는 주장이 제기된다. 즉 1998~2007년간 실질 GDP 증가율은 연평균 2.7%로 알려져 있지만, 금융과 부동산의 과도한 성장에 의해 만들어진 버블이 GDP를 끌어올린 부분을 조정하면 실질 GDP는 2.3%로 하락한다는 것이다. 즉 이 기간에 금융과 보험과 부동산 부문은 연평균 3.4%로 상승하였는데 이는 다른 부문들의 성장률 2.7%에 비해 과도한 성장률이기에 이를 조정하면 경제 전체 성장률은 하향 조정된다는 것이다. M. Mandel, June 15, 2009, "Too Good To Be True?: U.S. statistics may have overstated productivity-and innovation" Businessweek, p. 39.

제2절 금융시장의 동질화와 시스템 리스크

레버리지 기법에 기초한 금융회사 간 차입은 금융회사들의 유사한 비즈니스 모델과 결합되어 금융시스템 취약성의 원인으로 작용하였다. 투자 위험을 줄이는 가장 좋은 방법은 분산 투자인데 분산 투자는 하였지만 모든 투자기관이 동일한 대상에 분산 투자하다 보니 투자 대상의 관점에서는 오히려 자금이 집중되었다. 금융위기 전 골드만삭스는 헤지펀드를 모방하였고, 리먼브러더스와 베어스턴스는 골드만삭스를 모방하였고, 상업은행은 투자은행을 모방하였다. 즉 모든 금융회사의 비즈니스모델이 유사하였다. 본래 금융시장에서 투자의 다양성은 수익 추구와 리스크 관리라는 두 가지 이유로 출현하였다. 그런데 금융회사의 수익 추구가 경쟁적이 되어 집단적인 고수익 추구 활동의 결과 전체 금융부문에 비즈니스 전략으로 모방이 확산되었다. 이러한 전략의 결과 리스크 관리도 동질성을 강화시키면서 금융부문의 대차대조표(B/S)는 동질화되었다. 금융회사의 성과가 대개

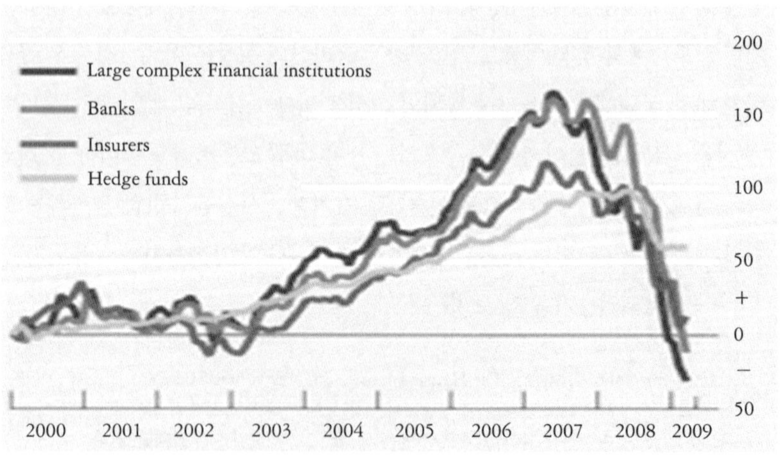

Source: "Banking on the State" by Andrew Haldane and Piergiorgio Alessandri; Bank for International Settlements.

출처: Economist(Feb. 11th, 2010)에서 재인용.

▌그림 2-37. 금융회사의 총수익(가중평균 누적 기준, %)

경쟁 회사나 성공한 기업의 성과(benchmark)와 비교해 판단된 결과 은행들은 리스크 추구에서 서로를 모방하도록 부추겨졌던 것이다. "음악이 연주되는 한 우리 모두 일어나 춤을 추어야만 했다(As long as the music is playing, you've got to get up and dance)"는 2007년 시티그룹의 CEO였던 척 프린스(Chuck Prince)의 고백은 금융시장의 모방을 잘 표현해주고 있다.

어찌 보면 금융의 동질성은 당연하다. 동일한 목표를 추구하고, 같은 이론에 기초하여 투자를 결정한다는 점에서 포트폴리오가 중첩될 수밖에 없기 때문이다. 즉 금융시장의 동질성은 시장이론의 산물이라는 점에서 동일한 목표를 가진 금융회사의 포트폴리오가 겹치는 것은 당연하다. 예를 들어, 표준적인 마코위츠(Markowit)의 포트폴리오선택이론[93] 및 자본자산가격모델(CAPM, Capital Asset Pricing Model)[94]에 따르면 모든 투자자는 자본자산의 기대수익률, 분산 등에 대해 동일한 기대를 하기에 정확히 동일한 포트폴리오를 보유한다. 예를 들어, 자본시장이 균형 상태를 이룰 때 자본자산의 기대수익과 위험의 관계를 설명하는 CAPM에 따르면 모든 투자자들은 정확히 같은 포트폴리오를 보유하기 때문이다. 즉 CAPM은 개별 종목의 총 위험을 시장에 연관되어 나타나는 위험(체계적 위험)과 시장과 상관없이 나타나는 위험(비체계적 위험)으로 분류하고 시장과 상관없이 나타나는 위험은 분산 투자에 의해 제거될 수 있다고 본다. 따라서 체계적 위험에서 보상받을 수 있는 방법은 시장과 관련된, 이른바 '베타계수(beta coefficient)'[95]뿐이다. 여기서 베타계수란 리스크가 조정된 가장 높은 수익을 갖는 포트폴리오를 의미한다. 즉 모든 투자자가 동시에 동일한 내용의 정보를 입수할 수 있다는

93 주어진 위험하에서 가능한 한 가장 높은 수익률 혹은 주어진 기대수익하에서 가능한 한 가장 적은 위험을 얻는 최적자산결합조합을 선택하는 이론.

94 CAPM은 증권시장이 경쟁적이라면 예상위험 프리미엄은 시장위험, 즉 베타계수에 따라 비례해서 변화한다고 설명한다. 즉 CAPM은 개별 종목의 총 위험을 시장에 연관되어 나타나는 위험(체계적 위험)과 시장과 상관없이 나타나는 위험(비체계적 위험)으로 분류하고 시장과 상관없이 나타나는 위험은 분산 투자에 의해 제거될 수 있다고 본다. 따라서 체계적 위험에서 보상받을 수 있는 방법은 시장과 관련된 베타계수뿐이다.

95 개별증권 또는 포트폴리오의 수익이 증권시장 전체의 움직임에 대해서 얼마나 민감하게 반응하는가를 나타내는 수치로, 예를 들어 종합지수가 1% 변할 때 개별 주가지수의 변화 정도를 말한다.

효율적 시장가설을 전제로 하고 있는 자본자산가격결정 모형에서는 어떤 분석에 의해서도 증권시장을 상회하는 것보다 저가의 증권을 계속해서 찾아낸다는 것은 어렵다고 본다.

이처럼 금융이 모노컬러가 된 결과 금융시스템의 체질은 질병에 내성이 취약해진 것이다. 즉 금융생태계의 동질성은 금융환경들이 악화될 경우 시스템의 붕괴 확률을 실질적으로 증가시킬 수밖에 없다. 금융회사 개별적으로는 합리적 선택이었지만 금융의 복잡성과 동질성 증가는 '강하면서도 동시에 취약한(robust yet fragile)' 금융 네트워크를 창출한 것이다. 이는 네트워크가 위기에 강고하면서도 리스크 분산과 수익 증대를 추구하려면 네트워크를 연결하는 마디(node)의 다양성이 전제되어야 함을 의미한다. 금융시스템 내 과도한 동질성이 개별 은행에게는 리스크를 최소화시킬 수 있는 합리적 선택이나 전체 시스템의 붕괴 가능성을 극대화시킬 수 있다는 사실은 다음의 예로 이해할 수 있다. N개의 은행이 매우 작은 파산 확률(ε)을 가진 N개의 서로 관련이 없는 자산군(distinct, uncorrelated asset classes)을 가졌다고 가정하자. 이 경우 개별 자산의 파산 확률(ε)은 각 자산만을 보유하는 은행이 파산하는 정도에 따라 가치가 하락하게 된다. 이제 N개의 은행이 각각 N개 자산군 중 하나씩 나누어 가지는, 즉 극단적 비동질성의 경우 개별 은행의 파산 확률(ε)은 시스템 붕괴 확률(ε^N)보다 월등히 크다. 반면, 모든 은행이 N개 자산군 모두를 하나씩 균일하게, 즉 1/N을 보유하는 경우 개별 은행의 파산 확률은 $\{(N^N \times e^N)/N!\}$이 된다. 자산군 N개 중 한 개의 자산이 파산할 확률은 $\{(N \times e/N)\}$, (N-1)개 중 또 한 개 자산이 파산할 확률은 $\{N \times e/(N-1)\}$, …, 마지막 자산이 파산할 확률은 $\{(N \times e)/1\}$이 되고, 이것이 동시에 일어날 확률, 즉 한 개 은행이 파산할 확률은 $\{(N^N \times e^N)/N!\}$이 되기 때문이다. 그리고 이것은 모든 은행 N이 파산할 확률이기도 하다. 이처럼 동질적인 군집행동의 제약은 개별 은행을 확실히 안전하게 만들지만 시스템 리스크는 매우 커진다.

제3절 경제의 금융화와 소득불평등

1970년대 이후 변화들—글로벌화와 금융경제화, 무형가치의 증대 등—은 소득분배에도 영향을 미쳤다. 앞에서 보았듯이 70년대 중반부터 미국의 소득분배가 지속적으로 악화되었고, 특히 자산불평등이 심화되었다. 지니계수는 1970년 0.39에서 2008년에는 0.47로 증가했다. 그 결과 사회의 양극화는 심화되고 사회의 동맥은 경화되고 있다. 부자와 빈자의 삶의 스타일은 기회의 차이가 얼마나 큰지를 보여주고 있고, 모두가 삶과 자유와 행복을 위한 기회를 갖는다는 미국인의 기대는 더 이상 유효하지 않다. 미국은 2차 대전 이후 30년간은 전 계층에서 임금의 성장을 경험하였다. 1947~79년 사이에 임금 소득자 중 하위 20%의 실질소득은 116% 증가했고, 중간 20%와 상위 20% 역시 각각 111%와 99% 증가했다.[96] 반면, 1979~2000년 사이에 하위 20%는 9%, 중간 20%는 15%, 상위 20%는 68%로 소득이 매우 불균등하게 분배되었다. 특히 2000년대 이후 불균등 분배가 크게 심화되었다. 클린턴 집권 시기(1993~2000년)의 경우 평균 소득의 연평균 실질 증가율은 4.0%였는데 최상위 1%의 증가율이 10.3% 그리고 나머지 99%의 증가율이 2.7%였다. 즉 최상위 1%가 전체 성장의 45%를 가져갔다. 반면, 부시 집권 시기(2002~2007년)의 경우 평균 소득은 연평균 3.0%로 증가했는데 최상위 1%가 10.1%, 나머지 99%는 1.3%만 증가했다. 즉 최상위 1%가 전체 성장의 65%를 가져갔다. 이는 클린턴 행정부 시절 감소했던 빈곤인구의 규모 및 빈곤율이 부시행정부 시절 증가세로 전환된 데서도 확인된다. 그리고 빈곤인구의 증가는 건강보험 혜택에서 배제된 인구의 증가로 이어졌다.

한 연구에 따르면 금융위기 이전 30년(1976~2007년)을 보면 실질소득 증가의 58%를 최상위 1%가 가져간 것으로 나타났다.[97] 이는 또 다른 지표에서도 확

96 Analysis of U.S. Census Bureau data in Economic Policy Institute, 2003, *The State of Working America 2002~2003*, M.E. Sharpe, p. 37 and Census Bureau, Historical Income Tables, Table F-3. C. Collins, September 2004, "The Economic Context," New England Journal of Public Policy, Vol. 20 Issue 1에서 재인용.

인된다. 1973~2007년간 생산성 상승률은 83%였던 반면, 임금의 중앙값과 남성을 기준으로 한 실질임금의 상승률은 5%에 불과했다.[98] 그 결과 1968년에 11%에 불과했던 최상위 1%의 소득의 비중은 1988년에 15% 그리고 2007년에는 23.5%까지 증가했다.[99] 이는 2000년 이후 중산층 실질소득의 절대적 하락에서도 확인된다. 1999년 미국 중간가구의 실질소득은 53,252달러였으나 2010년 49,445달러로 7% 이상이 하락하였다. 미국의 자산불평등은 소득불평등보다 더 심각하였다. 1976년에 최상위 1%는 전체 개인 자산의 19%를 차지하였으나 2001년까지 33%로 증가하였고, 2009년에는 40%까지 증가하였다. 특히 금융자산만의 경우 42.1%를 차지하였다. 오늘날 상위 20%의 소득계층은 전체 주식자산의 80%, 부동산 자산의 절반을 차지하고 있다. 부의 과도한 집중은 2011년 가을 미국 자본주의 시스템에 대한 불만을 표출한 월가시위("Occupy Wall Street")로 나타났다. 미국과 전 세계에 '하나의 울림'으로 작용한 월가시위에 이어 미국 의회에 제출된 의회예산국(CBO)의 '1979~2007년간 계층별 가계소득 변동 추이' 보고서(2011년 10월 26일)에 따르면 실제로 최상위 1% 소득계층의 소득 급증이 미국 전 가계소득 불평등과 부의 편중을 야기한 주요인으로 작용했음이 밝혀졌다. 즉 이 기간 동안 최상위 1% 계층은 세후 실질소득이 275%가 증가한 반면, 상위 20%는 65%, 중위 60%는 40%, 하위 20%는 18% 증가에 불과했다.[100] 최상위 1%의 사업소득(business income)을 낳게 한 미국 자본주의 시스템

97 "Income Inequality in the United States, 1913-1998" with T. Piketty, Quarterly Journal of Economics, 118(1), 2003, 1-39(Longer updated version published in A. Atkinson and T. Piketty eds., Oxford University Press, 2007)(Tables and Figures Updated to 2008 in Excel format, July 2010).

98 이러한 경향은 OECD의 평균적 추세이기도 하였다. 1953년을 100으로 할 때 70년대 초까지 OECD 회원국 남성 중간층 평균 임금과 평균 GDP는 모두 150까지 상승했으나 2008년까지 전자는 거의 변화가 없었던 반면, 후자는 약 300에 이르렀다.

99 금융위기의 여파로 2008년에 21%로 약간 후퇴했다. Businessweek, Dec. 5-11, 2011.

100 2007년 물가 기준으로 상위 1%의 세후 평균 실질소득은 1979년 34만 6,600달러에서 2007년에는 131만 9,700달러로 증가한 반면, 하위 20%는 1만 5,300달러에서 1만 7,700달러로 증가했다. 그 결과, 같은 기간 동안 미국 전체 소득에서 상위 1%의 비중은 7.5%에서 17.1%로 증가한 반면, 하위 80%는 57.9%에서 48.4%로 하락하였다. The Center on Budget and Policy Priorities,

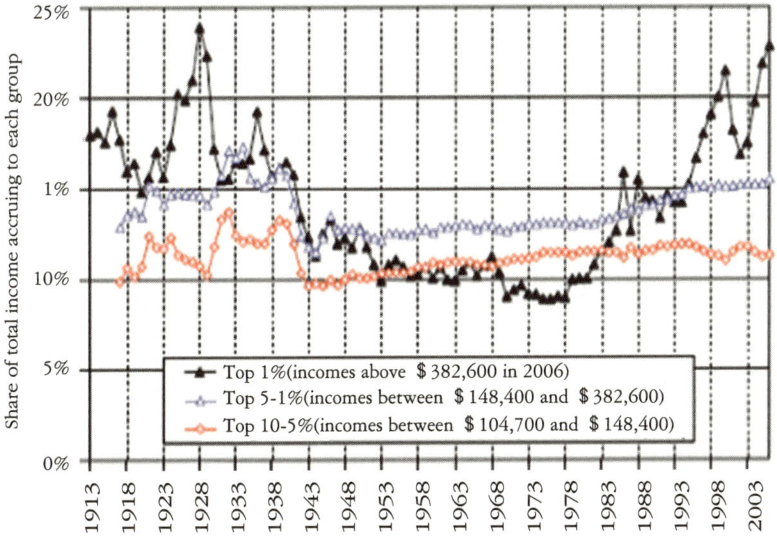

자료: E. Saez, 2008, "Striking it Richer: The Evolution of Top Incomes in the United States."

그림 2-38. 미국 상위 10% 내 계층별 소득점유 비중의 추이

에 대한 나머지 99% 노동소득(labor income) 계층이 느끼는 불만이 월가시위로 나타난 것이다. 미국 최상위 1%의 소득이 차지하는 비중은 다른 주요 부자국가들에 비교해서도 월등히 높다. 이처럼 2차 대전 이후 30년이 '함께 성장(growing together)'이었다면 그 이후 30년은 '소수가 독점하는 성장(pulling apart)'였다.

이러한 추세는 미국뿐만 아니라 서구 주요국의 공통적 현상이었다. 금융위기 이전 30년간 소득불평등을 심화시킨 요인은 여러 가지가 지적되고 있다. 무엇보다, 소득불평등이 악화된 주요 요인들로 금융경제화를 지적할 수 있다. 최상위층으로의 소득 집중이 주로 금융부문에서 발생한 것이었기 때문이다. 1980년대 이후 금융부문 일자리의 특징은 투자 세계의 복잡성으로 숙련집약적 산업으로 변화했고, 그 결과 고소득 직업이 되었다. 또한, 80년대 이후에는 탈규제와 IPO 관련 기업활동과 신용리스크의 중요성 등으로 고숙련 노동력에 대한 수요가 증대하였

---

http://www.cbpp. org/cms/?fa=view&id=3220

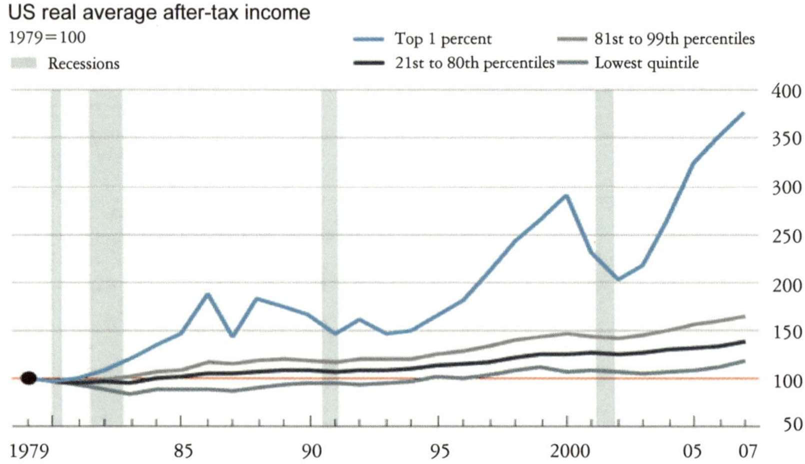

Source: Congressional Budget Office

출처: Congress of the United States Congressional Budget Office, Oct. 2011, "Trends in the Distribution of Household Income Between 1979 and 2007".

▌그림 2-39. 미국 가계의 세후 실질소득, 1979~2007년

▌표 2-11. 미국 중간 가구의 소득 변화

Household median income, 2009 dollars			
	1999	2009	% change
The five worst losers			
Michigan	$57,499	$45,255	-21.3
Indiana	$53,509	$45,424	-15.1
Ohio	$52,722	$45,395	-13.9
North Carolina	$50,441	$43,674	-13.4
Georgia	$54,624	$47,590	-12.9
The only five gainers			
Wyoming	$48.778	$52.664	8.0
North Dakota	$44.545	$47.827	7.4
Maryland	$68.056	$69.272	1.8
Louisiana	$41.922	$42.492	1.4
Alaska	$66.387	$66.953	0.9
US average	$54,058	$50,221	-7.1

Source: Census Bureau.

2009년 물가 기준.

출처: Economist, Nov. 18th, 2010, One nation, divisible.

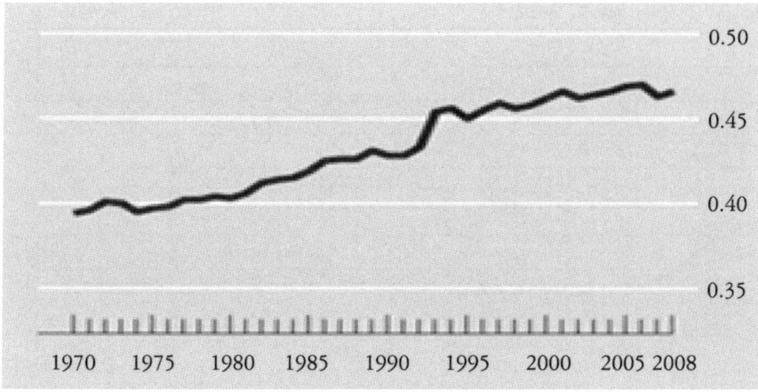

Source: US Census Bureau

▌그림 2-40. 미국의 지니계수 추이

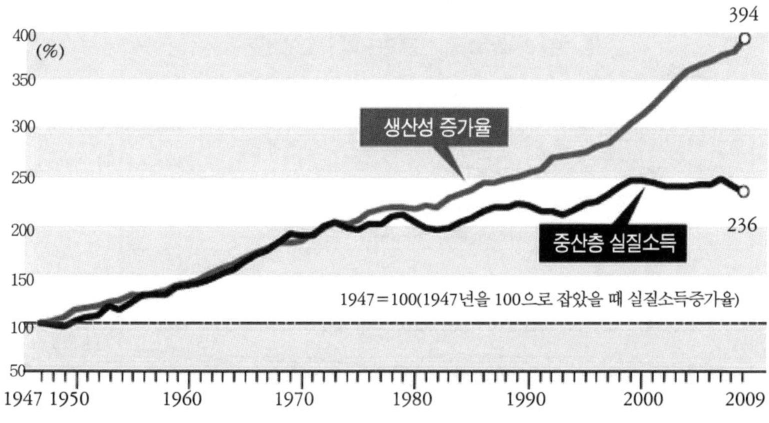

출처: 미국 재정정책연구소.

▌그림 2-41. 미국 중산층 소득증가율 추이

다. 1980~2006년까지 금융부문의 임금 수준과 교육 수준, 그리고 임금 수준과 탈규제의 정도 사이에는 정확한 상관관계가 존재하였음이 확인된다. 즉 금융부문의 고소득이 소득불평등의 확대를 주도했음을 보여준다. 실제로 서구 주요국의 경우 상위 소득계층은 임금 증가율을 앞서는 소득의 성장을 경험하였는데, 1970년대 말과 90년대 초 사이에 남성 임금의 편차의 성장에서 20%는 성과급(예: 보너스) 비중의 증가로 설명된다.[101] 통화정책에 있어서도 중앙은행은 25년간 이자

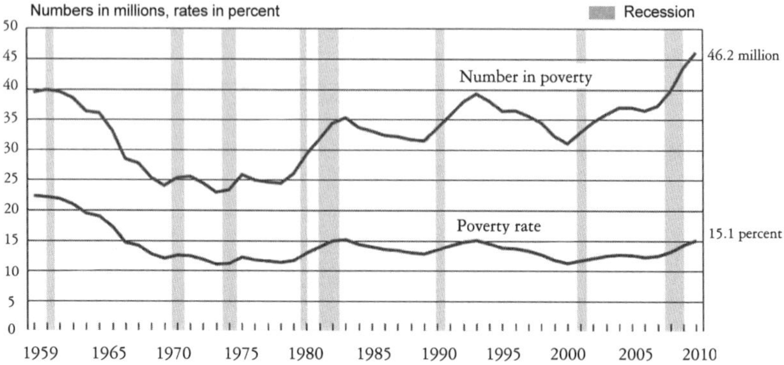

Note: The data points are placed at the midpoints of the respective year. For information on recession, see Appendix A.

source: U.S. Census Bureau, Current Population Survey, 1960 to 2011 Annual Social and Economic Supplements.

출처: Bureau of Census. http://www.census.gov/prod/2011pubs/p60-239.pdf

▌그림 2-42. 미국 빈곤 인구의 규모와 빈곤율

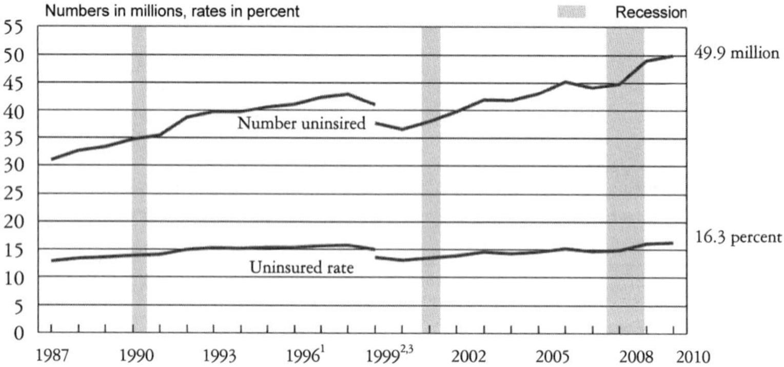

출처: Bureau of Census. http://www.census.gov/prod/2011pubs/p60-239.pdf

▌그림 2-43. 건강보험 혜택에서 배제된 인구와 비율

율을 지속적으로 인하함으로써 은행의 이윤과 자산가격을 부양하였고, 이 보조금의 덕택으로 금융부문의 소득이 비금융부문의 숙련노동자의 임금 상승을 앞질렀다.102 그리고 이 보조금을 제거하려는 어떠한 시도도 글로벌 다국적 은행들로부

101 T. Lemieux, B. MacLeod, and D. Parent, 2009, "Performance Pay and Wage Inequality," *Quarterly Journal of Economics*, 124(1), 1-49.

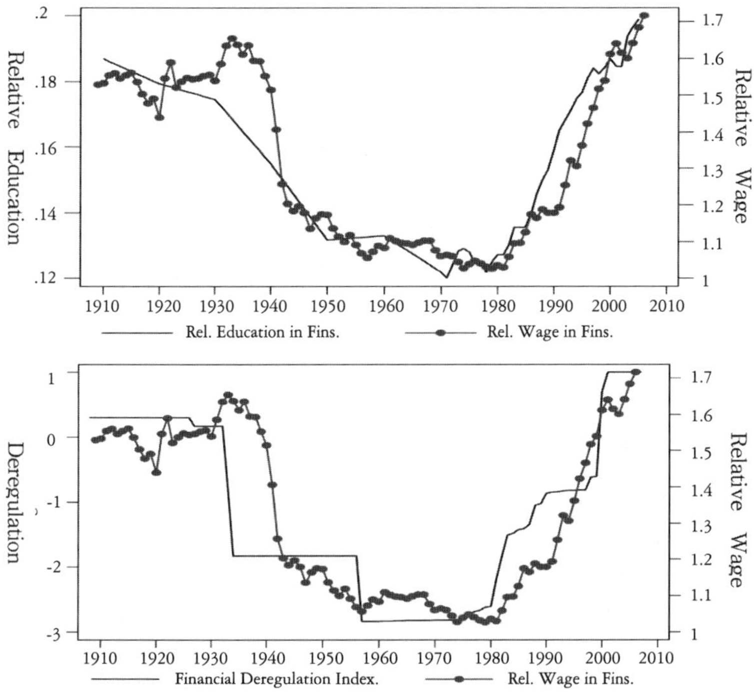

출처: T. Phillippon and A. Reshef, Dec. 2008, "Wages and Human Capital in the U.S. Financial Industry: 1909-2006," NBER Working Paper 4644.

▌그림 2-44. 금융부문의 임금과 교육 수준 그리고 탈규제의 정도

터의 위협에 직면하였다.

둘째, 기술의 급격한 변화는 한편으로 고숙련 노동자의 부족을 만들어낸 반면, 다른 한편으로 중간직 화이트칼라를 축소시킴으로써 일자리 양극화[103]를 초래시켰다. 미국 기업들은 성장에 부합하는 숙련을 가진 대학졸업자를 확보하는 것이 어렵다고 불평한다. 제조업조차 기술 업그레이드로 스마트한 기계를 다룰

---

102 금융 관련의 직업은 1979년 최상위 1% 소득자의 8%에서 2005년에는 13.9%로 증가했고, 특히 슈퍼 최상위 소득자 0.1% 중에서는 같은 기간에 11%에서 18%로 증가했다. J. Bakija, A. Cole and B. Heim, Nov. 2010, Jobs and Income Growth of Top Earners and the Causes of Changing Income Inequality: Evidence from U.S. Tax Return Data.

103 D. Autor, L. Katz, and M. Kearney, May 2008, "Trends in U.S. Wage Inequality: Revising the Revisionists," *The Review of Economics and Statistics,* 90(2): 300-23.

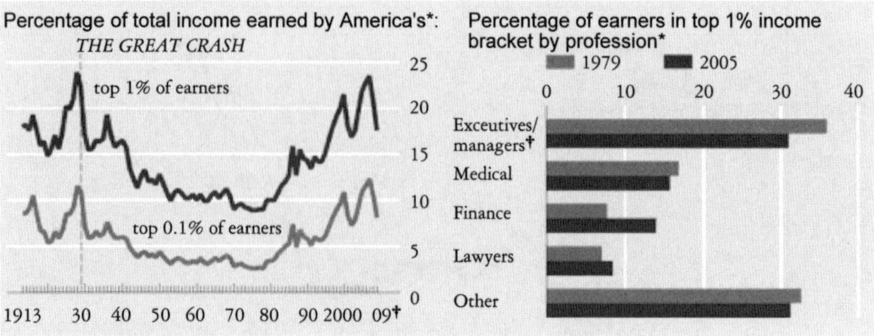

source: Thomas Picketty and Emmanuel Saez(1913-2007), Steve Kaplan(2008-09); Jon Bakija, Adam Cole, Bradley Heim.
출처: Economist, Jan 21st 2012, Who exactly are the 1%?

*: Excluding capital gains
† : Estimate
‡ : Non-finance

▌그림 2-45. 미국 최상위 소득자의 소득점유 비중과 직업별 구성

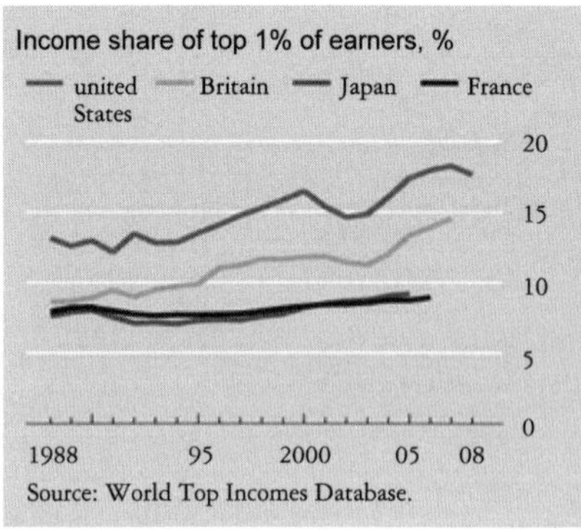

출처: Economist, Jan 20th 2011.

▌그림 2-46. 주요국 상위 1% 소득 비중

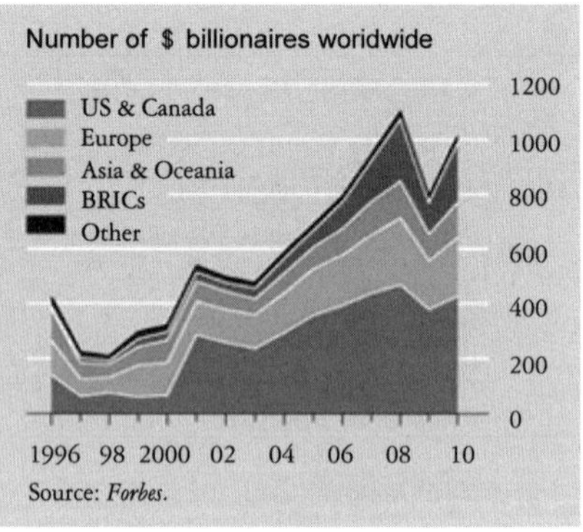

출처: Economist, Sept. 24th, 2011.

▌그림 2-47. 세계 억만장자의 수

수 있는 수준 높은 노동력을 요구하게 되었다. 이러한 변화에 부합하는 노동력 공급이 부족하다는 것이다. 소득불평등은 다시 저소득층으로 하여금 인적자본(교육)에 대한 투자를 어렵게 한다. 실제로 학력 간 임금 격차의 확대가 소득불평등을 심화시켰던 것이 확인된다.104 사실, 무형가치의 비중이 절대적인 아이디어집약

104 T. Lemieux, 2006, "Post-Secondary Education and Increasing Wage Inequality," *American*

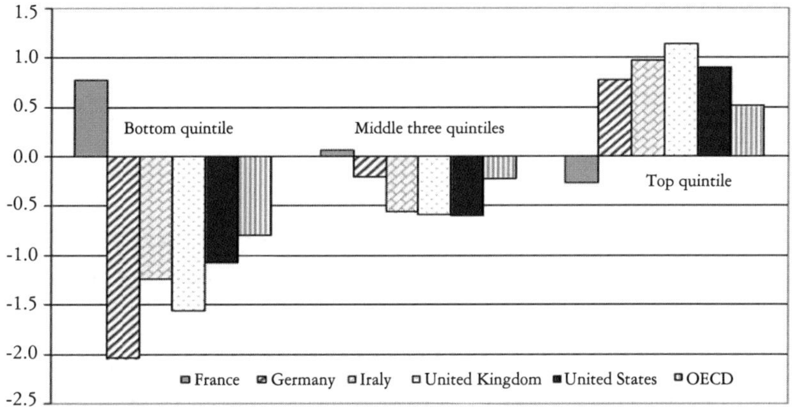

출처: F. Saraceno, 2010, "The Euro after the crisis: lessons from the past and challenges for the future."

▌그림 2-48. 서구 주요국에서 소득계층별 임금 초과 소득의 연평균 성장률 (1980년대 중반~2000년대 중반)

적 산업 혹은 사업의 성장은 제조업처럼 고용을 유발하지 않는다. 생산량이 증가할수록 고용이 증대하는 후자와 달리 전자의 경우 상품의 개발과정에서만 노동력이 요구될 뿐이다. 따라서 아이디어 산업 혹은 사업의 경우 새로운 아이디어와 이를 상품화시킬 수 있는 창의적 문제해결 능력을 가진 노동력이 필요하다. 그런데 대량생산시스템과 맞물려 있는 기존 교육방식으로는 아이디어집약적 산업 혹은 사업에 요구되는 인재 공급이 어렵다. 90년대부터 OECD 국가들에서 청년실업이나 '고용 없는 성장'의 문제가 대두된 배경이다.

셋째, 글로벌화는 산업화 국가들에서 저숙련 노동력의 가치를 축소시켰다. 즉 '스톨퍼-사뮤엘슨 정리(Stolper-Samuelson theorem)'에 따르면 시장 개방으로 고숙련 노동력에 대한 수요는 증대하지만 저숙련 노동력에 대한 수요는 감소하게 된다. 그 결과 고임금 부문은 소득 증대의 혜택을 입는 반면, 저임금 부문은 일자리 상실이나 소득 정체에 직면하게 된다. 그 결과 소득불평등과 양극화는 심화된다. 또한, 글로벌화에 따른 유동성(mobility)의 이득은 저소득국가나 신흥 경제가

Economic Review, 96(2), 195-99.

부족한 고학력자나 전문가 등 차별적인 탤런트(talent)를 가진 엘리트와 자본에게 집중된다. 엘리트와 자본 등의 프리미엄 또한 소득불평등의 요인이 될 것이다. 연구들에 따르면 해외 경쟁과 해외 아웃소싱(offshoring)이 소득불평등을 증가시킨 것으로 확인되었다.105

> **스톨퍼-사뮤엘슨 정리(Stolper-Samuelson theorem)** 국가 간 무역발생의 원인 및 무역 패턴의 결정요인을 각국의 요소부존량 비율의 차이와 생산량 간의 요소투입비율(요소집약도)의 차이로서 해명한 헥셔-올린 정리(Heckscher-Ohlin theorem)에 의하면 일국은 자국에 풍부하게 보존되어 있는 요소를 집약적으로 투입하는 재화생산에 특화하여 수출하고 희소한 요소를 집약적으로 투입하는 재화를 수입하게 된다. 따라서 자유무역이 일어나게 되면 풍부한 요소의 가격은 올라가는 반면 희소한 요소의 가격은 내려가게 되고, 요소 가격은 국제적으로 균등화된다. 따라서 높은 임금을 지불하는 수입국이 낮은 임금밖에 지불하지 못하는 나라와 자유무역을 실시함에 따라 수입국 노동자의 실질임금 수준이 저하되는 경향을 방지하기 위하여, 즉 수입국 노동자의 소득증대와 유리한 소득배분을 위하여 수출국 나라로부터 수입되는 상품에 대해 보호관세를 부과해야 할 필요가 있다고 주장한 것이 스톨퍼-사뮤엘슨 정리다.

그러나 이러한 요인들 이외에도 힘의 이동이 초래한 경제를 지배하는 규칙의 변화가 소득불평등의 주요 요인으로 작용하였다. 즉 1980년대 이후 조세, 무역, 정부지출의 우선순위, 통화정책 그리고 규제 등에서 임금소득자의 희생 속에 자산소유자와 기업에게 유리하게 규칙들이 변화했다. 이는 임금소득자와 지역사회와 소비자 등이 권력을 상실하고 힘이 대기업과 투자가들에게 이동한 힘의 불균형에서 비롯한 것이다. 한 예로 노동조합의 힘이 크게 약화되었다. 1950년대 미

105 G. Borjas and V. Ramey, 1995, "Foreign Competition, Market Power and Wage Inequality," *Quarterly Journal of Economics*, 110(4), 1075-110; p. C. Roberts, 2010), *How the Economy Was Lost*, AK Press.

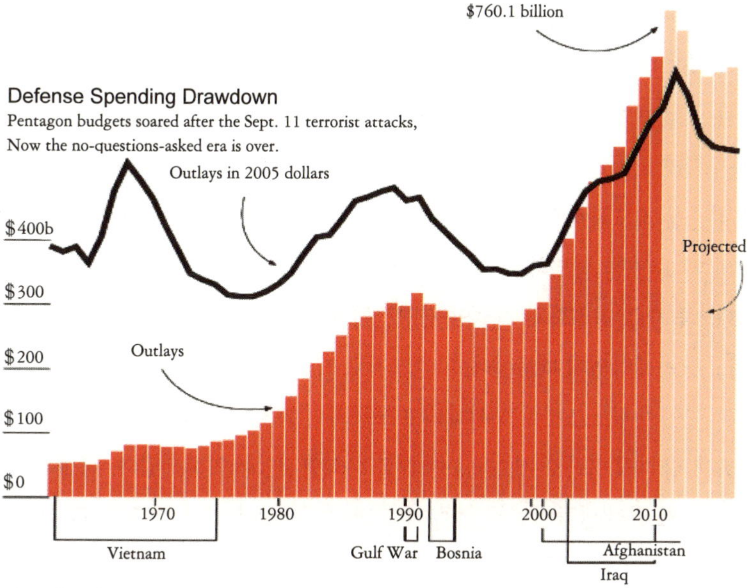

DATA: Office of Management and Budget Grarhic: Paige K. Connor
출처: Businessweek, Sep. 5~11, 2011, "The Mother of All Drawdowns," p. B6.

▌그림 2-49. 미국의 국방비 지출

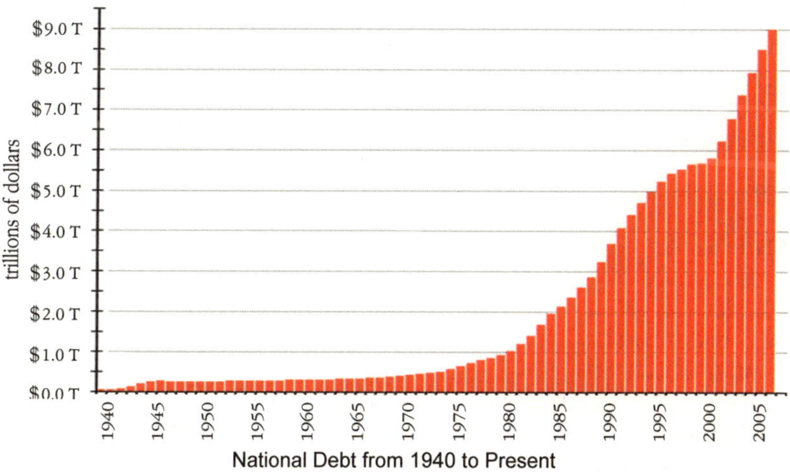

Source: U.S. National Debt Clock
http://www.brillig.com/debt_clock/

▌그림 2-50. 미국 연방정부의 총부채의 추이(조 달러)

국의 노조 가입률(unionization)은 35%에 달했지만 1983년까지 20.1%로 축소되었고 1998년에는 13.9%, 2007년에는 12.1%로 하락하였다. 민간부문의 노조 가입률만 보면 2007년 기준 7.5%에 불과한 실정이다. 노동조합의 약화로 고소득 블루칼라 일자리의 임금이 하락하였다. 즉 노동시장의 탈규제는 노동자의 교섭력 감소를 제도화시켰다. 한 연구에 따르면 노조 가입률은 미국 남성 임금 편차 증가의 약 14%를 설명하는 것으로 나타났다.[106] 민영화도 노동자의 몫을 약화시켰다. 즉 새로 민영화된 기업의 경영진이 이윤극대화로 전환함에 따라 노동자의 해고가 증대하였기 때문이다. 마찬가지로 기업경영에 대한 금융자본의 영향력 증대로 기업의 구조조정이 상시화되고 노동자의 복지가 악화되었다.

또한, 규칙의 변화로 저소득층에 대한 사회안전망이 약화되었다. 경제적 불평등을 좁히기 위해 만들었던 주 정부와 연방 정부의 프로그램이 축소되면서 사회지출이 축소되었다. 예를 들어, 연방 정부의 대학 보조가 삭제되면서 경제적 기회의 사다리가 없어졌다. 공화당 12년 집권 후 들어선 클린턴 행정부는 전체 재정지출 증가를 억제하면서도 메디케어(Medicare, 고령층), 메디케이드(Medicaid, 저소득층 및 장애인), 사회보장 등이 전체 지출에서 차지하는 비중을 1993년 48.6%에서 2000년까지 52.0%로 증대시켰다. 또한, 클린턴 정부는 1997년 저소득층 대상 공공의료보험 서비스인 메디케이드 수혜 조건에는 부합하지 않으나 민간의료보험에 가입할 여력이 부족한 소득계층인 차상위 계층의 아동에 대한 의료보험서비스인 '국가아동건강보험프로그램(State Children's Health Insurance Program, SCHIP)'을 새로 도입하였다.[107] 그러나 2001년 집권한 부시행정부에서 사회보

106 D. Card, T. Lemieux, and D. Riddell, 2004, "Unions and Wage Inequality," *Journal of Labor Market Research,* 25(4), 520-62.

107 1997년 '균형예산 및 납세자보호법(Balanced Budget and Taxpayer Relief Act)' 처리 당시 다수당인 공화당이 감세 및 지출삭감 확대를 요구한 반면 클린턴 대통령과 민주당은 감세폭의 축소 및 일부 복지비 지출 확대를 주장하면서 충돌하였다. 최종 법안은 민주당 요구사항인 자녀수당공제 도입 및 아동건강보험 확대와 공화당 요구사항인 재량적 지출 삭감 및 일부 감세를 수용하는 방식으로 절충하였다. 이로 인해 GDP 대비 재정수입 비율은 2000년 전후 최초로 20%를 상회하였으며 개인소득세 비중도 1997년 9%, 2000년에는 사상 최고치인 10.2%를 기록하였다.

장 프로그램은 축소되고 부유층을 위한 대규모 감세가 강화된다. 예를 들어, 노동자의 대학 진학을 지원하기 위해 1972년에 창설된 연방 정부의 저소득층 장학금 '펠 그란트(Pell Grants)'는 1975~76년에 4년제 대학 기준으로 최대 84%까지 지원되었으나 2000년대 초까지 39%로 축소시켰다. 또한, 부시행정부는 수백만 명의 빈곤층, 노인층, 장애인 등을 위한 주택 바우처(voucher) 예산을 2005년 예산에서 프로그램 총예산의 5.5%에 해당하는 10억 달러나 축소하였다. 그리고 2001년과 2003년 감세를 통해 부유층에게 2001~2010년간 8,241억 달러의 혜택을 주었다. 소득세 및 자본이득세율, 배당소득세율, 상속세 등을 인하하고, 최저한도세의 축소, 부부합산과세 경감, 세액공제의 확대 등이 추진되었다. 그 결과 오늘날 미국은 1930년대 초 이후 정상적인 소득, 배당, 부동산, 증여 등에 대한 최고세율이 역사적으로 가장 낮은 시대이다. 예를 들어, 미국 국세청(IRS)에 따르면 최상위 소득자 400명의 실효소득세율은 1995년 30%에서 2007년에는 17% 밑으로 하락하였다. 반면, 최상위 1%(140만 명)의 실효소득세율은 29%에서 23%로 하락하였다. 즉 초상류층 400명의 소득세율이 최상위 1%에서 이들을 제외한 나머지 139만 9,600명의 소득세율보다 낮다.[108] 1980년대 이후 공화당 정부에서 국가부채가 크게 증가한 이유도 감세를 추진하면서 국방비는 크게 늘리는 모순적인 정책을 전개하였기 때문이다. 레이건 집권 중에는 미소 냉전과 이란혁명 여파 등으로 국방비 지출이 급증하였고, 이후 부시 시니어 집권 중에는 걸프전으로, 부시 주니어 집권 중에는 테러와의 전쟁(아프가니스탄 및 이라크 전쟁)으로 국방비가 급증하였다. 특히, 부시 주니어 시절의 경우 전쟁 중에는 한시적으로 세율을 인상했던 것[109]과는 달리 2개의 전선(아프가니스탄 및 이라크 전쟁)을 운영하는 가운데서도 대폭적인 감세를 실시한 결과 국가부채를 크게 증가시켰다.[110]

108 Businessweek, April 9, 2011, "How to Pay No Taxes."

109 예를 들어, 베트남 전쟁 중인 1968년 '수입과 지출 통제법(Revenue and Expenditure Control Act of 1968)'에 따라 소득세율을 10% 인상하고 자동차세 인하는 연기하였으며, 한국전쟁이나 2차 세계대전 중에도 한시적 세율인상 조치를 단행한 바가 있다.

110 뉴욕타임스(2011년 9월 11일)에 따르면 미국이 수행한 테러와의 전쟁비용은 지난 10년간 3조 3

역으로 소득불평등은 과잉금융 및 금융경제화와 결합되어 금융위기를 만들어 냈다. 즉 실질소득의 정체 속에서 과잉금융과 금융경제화 그리고 저금리 기조 등은 자산 버블을 초래하였고, 이는 은행시스템의 높은 레버리지, 즉 신용 확대를 야기했다. 앞에서 보았듯이, 노동소득 비중의 저하는 소비성향을 하락시키고[111] 투자에 부정적으로 영향을 미쳐 사회 전체적으로 과잉저축을 초래한다. 그리고 중·저소득층 가계의 실질소득 정체는 차입을 증가시킨다. 소득 대비 가계부채 비율이 급증한 배경이다. 그런데 하위소득의 차입소비가 상위소득의 저축 증대에 따른 소비 감소를 충분히 상쇄시키지 못하였다. 즉 소비불평등의 증대가 소득불평등의 증대에 미치지 못했던 것이다. 저축 증대와 차입에 의한 소비 증가는 금융서비스와 금융중개의 수요를 증대시키고, 과도한 금융자유화와 더불어 금융부문의 과잉 성장을 초래하였다. GDP 대비 금융부문의 자산 및 부채 규모나 가계의 소득 대비 부채(Debt-to-Income, DTI) 비율의 급증에서 확인된다. 그리고 지속 불가능한 저소득가구의 차입 증가는 자산시장의 붕괴와 은행위기(banking crisis)를 초래하였다.[112] 그리고 많은 외화표시 자산을 가졌던 국가에서 은행위기는 통화위기(currency crisis)와 국가의 지급불능(insolvency)을 의미하는 소버린 위기(sovereign crisis)로 진화하였다.[113] 소득불평등이 은행위기로 발전하는 메커니즘

천억 달러나 됐다. 이 비용은 당시 기준으로 미국 국가부채의 5분의 1을 넘는 수준이다. 미국은 이라크·아프가니스탄 파키스탄 등에서 전쟁비용으로 2조 6천억 달러를 투입했다. 미국 정부는 직접적인 전쟁비용 외에도 국토안보부와 연방 정보기관들의 안보 관련 비용에 6천억 달러 규모 재정을 투입했다. 모두 3조 2,280억 달러에 달하는 직·간접적인 비용을 들였다. 베트남 전쟁의 4배가 넘는 수준이다. 한 추정에 의하면 이자비용을 포함할 경우 대테러 비용이 2020년에는 5조 달러에 육박할 것으로 전망했다. 막대한 전쟁비용을 지출한 결과 대규모 재정적자를 초래했다. 여기에 덧붙여 부유층에 대한 감세정책의 결과 세입 손실이 약 1조 2천억 달러에 달하면서 부시 행정부가 집권한 8년 동안 국가부채는 6조 4천억 달러나 늘었다. 더욱이 부시 행정부 집권 말기에 발생한 금융위기를 해결하기 위해 소요된 재정지출만 2조 달러나 된다. 오바마 행정부가 재정적자를 완화하기 위해 철군을 추진하는 주요 이유 중 하나다.

111 저소득계층일수록 소비성향이 높다. 노동소득 비중 저하는 소비는 감소시키는 반면, 저축은 증대하고 투자를 감소시킨다.

112 1980~2006년간 62개국을 대상으로 한 실증분석은 은행위기 이전에 소득불평등이 증가했음을 보여준다. L. Agnello and R. Sousa, 2011, How do Banking Crises Impact on Income Inequality? NIPE WP 30/2011.

은 대공황 당시와 유사하다.

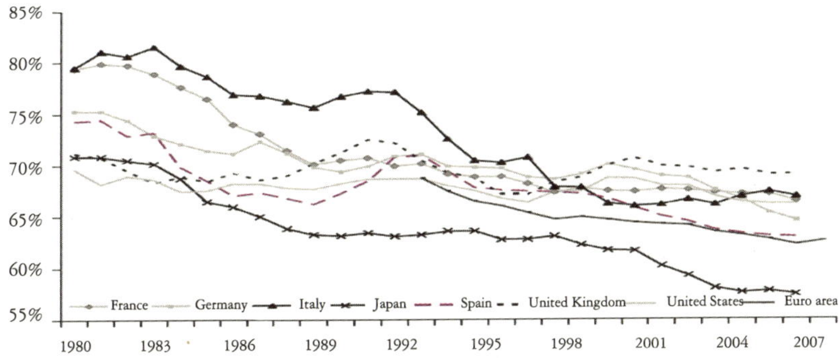

출처: OECD. F. Saraceno(2010)에서 재인용.

▌그림 2-51. 서구 주요국에서 노동소득의 비중

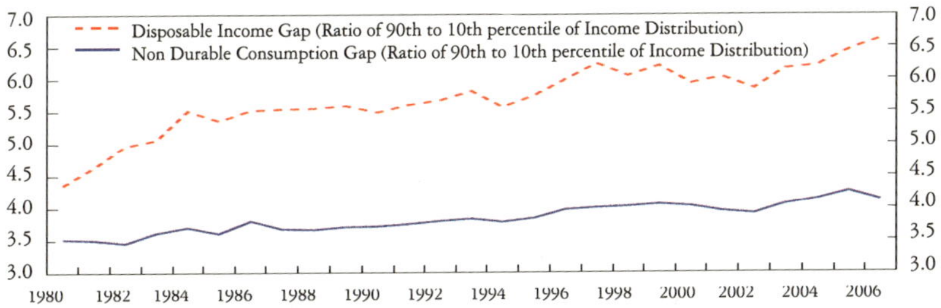

출처: Heathcote, Perri and Violante (2010), based on micro-level data from the U.S. Consumer Population Survey. Income corresponds to disposable income, and consumption to non-durable consumption expenditures. M. Kumhof and R. Rancière, November 2010, Inequality, Leverage and Crises, IMF WP에서 재인용.

▌그림 2-52. 소득불평등과 소비불평등의 추이

---

113 R. Rajan, 2010, *Fault lines: How hidden fractures still threaten the world economy*. Princeton University Press; R. Reich, 2010, *Aftershock: The next economy and America's future*. New York: Random House; J.-p. Fitoussi and F. Saraceno, 2010. "Europe: How deep is a crisis? Policy responses and structural factors behind diverging performances". *Journal of Globalization and Development*, 1(1), Article 17; A. Levitin and S. Wachter, 2010, "Explaining the housing bubble", Georgetown University Law Center, *Business, Economics and Regulatory Policy Research Paper* No. 1669401; M. Blair, 2010, "Financial innovation and the distribution of wealth and income", *Vanderbilt Law and Economics Research Paper* No. 10; D. Moss, 2009, An ounce of prevention: The power of public risk management in stabilizing the financial system. Harvard Business School, Working Paper No. 87; G. Kaminsky and C. Reinhart, 1999, "The twin crises: The causes of banking and balance-of-payments problems", *American Economic Review*, 89(3), 473-500.

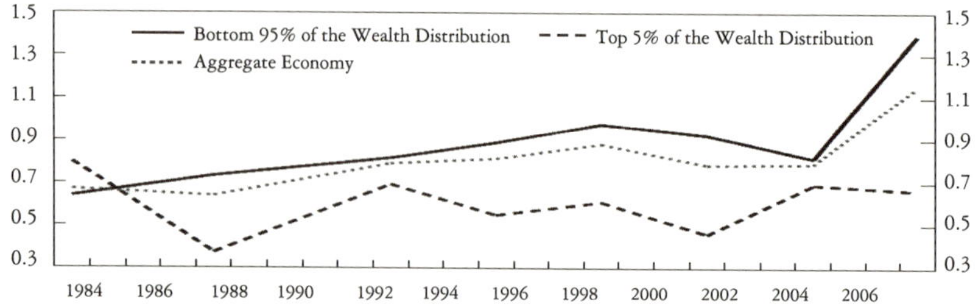

출처: Survey of Consumer Finance(triennal), 1983-2007. Debt corresponds to the shock of all outstanding household debt liabilities. Income corresponds to annual income before taxes, including capital gains and transfers, in the year preceding the survey. M. Kumhof and R. Rancière, November 2010, Inequality, Leverage and Crises, IMF WP에서 재인용.

▌그림 2-53. 가계의 소득 대비 부채(Debt to Income) 비율

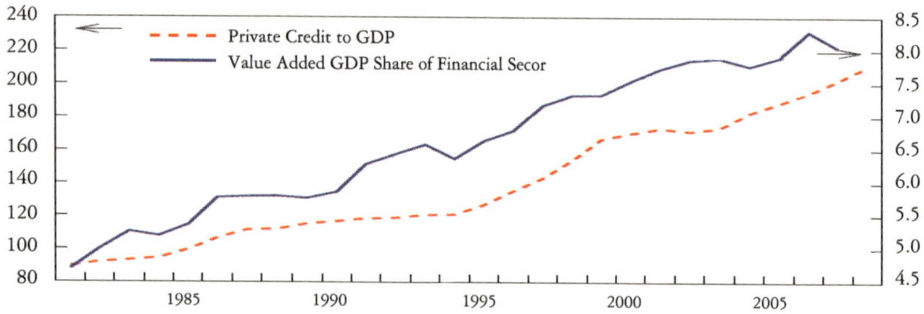

출처: Private Credit to GDP from World Bank Financial Structure Database(real private credit by deposit banks and other financial institutions, relative to GDP). Value Added GDP Share of Financial Sector from Philippon, 2008, "The Evolution of the U.S. Financial Industry from 1860 to 2007," Working Paper, New York University. M. Kumhof and R. Rancière, November 2010, Inequality, Leverage and Crises, IMF WP에서 재인용.

▌그림 2-54. GDP 대비 금융부문의 규모

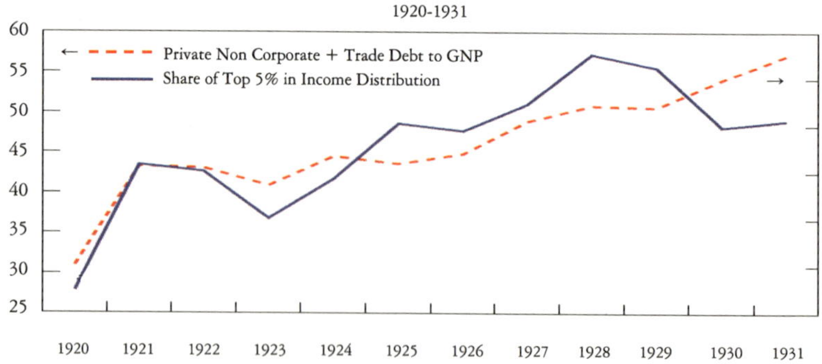

출처: Statistical Abstract of the United States, U.S. Department of Commerce. M. Kumhof and R. Rancière, November 2010, Inequality, Leverage and Crises, IMF WP에서 재인용.

▌그림 2-55. 대공황 이전 소득불평등과 가계 레버리지의 추이(%)

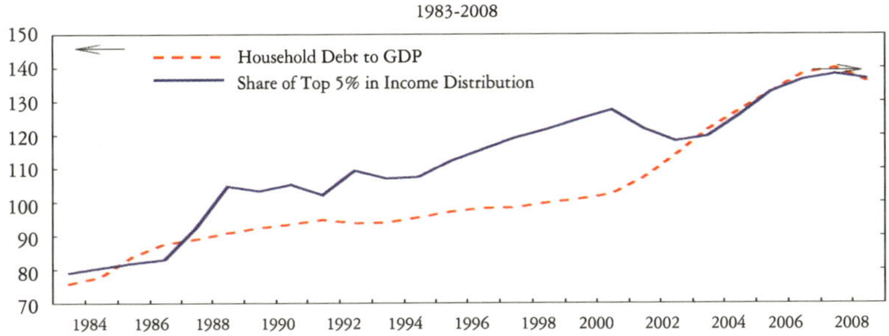

출처: Income shares from Piketty and Saez(2003, updated). Income excludes capital gains. Debt-to-income ratios from Flows of Funds database, Federal Reserve Board. Income excludes capital gains. M. Kumhof and R. Rancière, November 2010, Inequality, Leverage and Crises, IMF WP에서 재인용.

▌그림 2-56. 금융위기 이전 소득불평등과 가계 레버리지의 추이(%)

제4절 달러본위제와 글로벌 불균형

금융위기는 글로벌 거버넌스의 구조를 변화시켰다. 이는 오늘날 문제가 국제협력 없이 해결하기 어려워졌고, 개별 국가의 자율성과 독립성이 크게 약화되었음을 의미한다. 예를 들어, 2000년대 이전까지만 해도 글로벌 불균형 문제는 소수의 선진국 간에서 발생하였기 때문에 G5 등 선진국 합의체를 통해 비교적 용이하게 해결이 가능하였다. 반면, 2000년대 초반 이후 글로벌 불균형은 미국과 G7 선진국뿐만 아니라 상당수의 유럽국가와 일본, 중국 등 아시아 신흥국, 산유국 등이 포함된 글로벌 차원의 현상으로 변모하였다. 따라서 보다 많은 국가들의 협력이 필요하게 된 것이다.

리먼브러더스 파산 이후 세계 금융시스템이 정지되는 상황에서 미국의 부시 대통령은 이른바 G20 정상들을 워싱턴으로 초청하여 정상회담을 가졌다. 2008년 11월 15일 G20 정상회담 개최를 3일 앞두고 부시행정부의 재무장관이었던 폴슨(Paulson)은 기자회견을 통해 G20 정상회담의 개최 배경과 G20 정상회담을 통해 미국이 추구하는 목표를 다음과 같이 밝혔다. "우리가 최근의 과잉을 부채질하였던 글로벌 불균형을 해결하지 않고 현재 중요하게 부상한 (금융) 규제 문제만을 해결하려 한다면 우리는 향후 글로벌 시장과 경제 활력의 기반을 극적으로 개선시킬 기회를 상실하게 될 것이다. 글로벌 불균형으로부터의 압력은 또 다른 출구를 찾을 때까지 다시 누적될 것이다."[114] 즉 미국은 금융위기의 원인 중 하나를 글로벌 불균형으로 파악하고 있는 것이다. 실제로 1, 2차 G20 정상회의에서는 금융위기에 따른 급격한 경기후퇴를 막는 것이 시급했지만, 국제공조로 경기부양의 효과가 나타나기 시작한 2009년 9월 피츠버그 G20 3차 정상회의에서 "**지속가능한 균형성장**을 위한 협력체계(Framework)의 마련"에 대한 합의를 끌어냄으로써 미국은 글로벌 불균형의 해결을 G20 정상회의의 주요 과제로 관철시켰다.

글로벌 불균형의 근본 원인은 미국 중심의 경제질서에서 경제력의 다원화, 즉 다극체제로의 전환에서 비롯한다. IMF는 80년대 중반 세계경제의 70%를 차지하던 G7의 비중이 2012년까지 절반 이하로 축소될 것으로 전망한다. 구매력평가지수(PPP) 기준 GDP로는 신흥경제의 경제력이 이미 세계경제의 절반을 넘어섰다. 앞에서 보았듯이 경제질서의 다극화는 미국 중심의 경제질서의 산물인 브레튼우즈 체제, 즉 금환본위제(gold exchange standard system, 금태환에 기초한 달러본위제)의 필연적 붕괴로 이어질 수밖에 없었다. 게다가 무역수지 적자를 초래시킨 미국 제조업의 경쟁력 약화는 금환본위제(고정환율제)로 심화될 수밖에 없다. 즉 세계경제의 성장을 위해 기축통화인 달러는 과잉 공급되고 달러 가치는 저하될 수밖에 없음에도 불구하고 고정환율제로 달러 가치는 과대평가되고, 그 결과 미국 제조업의 가격경쟁력이 하락할 수밖에 없기 때문이다. 게다가 금융경제화가 진행된 80년대, 특히 90년대 이후에는 월가 이해에 부합하는 강달러 정책이 지속되면서 제조업의 경쟁력 약화는 심화되었다. 즉 글로벌 불균형 문제는 기본적으로 경제력의 다원화와 미국 중심의 금융질서 간의 비대칭성에서 비롯한 것이다. 고정환율제에서 변동환율제로의 전환도 글로벌 불균형을 해소시킬 수는 없었다.

---

114 Remarks by Secretary Henry M. Paulson, Jr. on Financial Rescue Package and Economic Update, November 12, 2008. http://www.ustreas.gov/press/releases/hp1265.htm

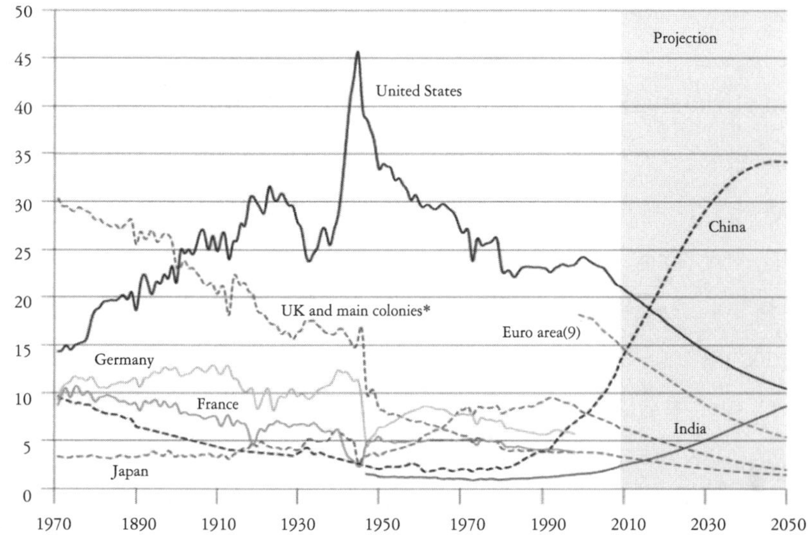

출처: Ignazio Angeloni, 2011 "Policy perspectives on financial integration after the crisis," in *Postcrisis growth and financial integration in Europe, edited by E. Nowotny, p. Mooslechner and D.* Ritzberger-Grunwald, Edward Elgar.

▌그림 2-57. 세계 GDP에서 비중, 1870~2050(2005년 환율 기준)

변동환율제 역시 달러본위제(Dollar-exchange system)에 기초하고 있다는 점에서 미국 중심의 금융질서에는 변화가 없기 때문이다. 즉 경제력의 다원화와 미국 중심의 금융질서 간의 비대칭성은 고정환율제에서 변동환율제로 전환시킨다고 해결될 문제가 아니었다. 오히려 변동환율제와 자본 흐름의 자유화 속에서 미국을 제외한 나머지 국가들은 자본의 급격한 유출입에 따른 외환위기를 방지하기 위해서는 달러를 안정적으로 확보해야 하는 과제를 갖게 되었다. 이를 위한 가장 바람직한 방법은 경상수지 흑자를 통한 것이고, 이는 미국의 경상수지 적자의 심화를 의미한다.

한편, 경상수지 흑자국의 경우 달러의 유입과 중앙은행의 달러 매입이 통화량 증대와 외환보유고의 증대를 가져온다. 그런데 외환보유액을 쌓으려면 경제적 비용이 수반된다. 외환보유액이 많다고 무조건 좋은 것은 아니라는 얘기다. 즉 외환보유액을 쌓으려면 중앙은행이 통화안정증권의 발행이나 정부가 외국환평형기금

채권의 발행 등을 통해 해외에서 유입된 유동성을 흡수하는 이른바 불태화정책(sterilization policy)을 사용할 수밖에 없다. 중앙은행이 달러를 매입하면 시중에 통화가 그만큼 풀려 인플레이션이 발생할 수 있기 때문이다. 그리고 채권 발행에 따른 비용을 축소시키기 위해 흑자국은 외환보유고의 상당 부분을 위험성이 없는 수익자산인 미국채 매입에 투자하는데, 그 결과 미국채 가격의 상승 및 수익률(이자율) 하락 요인으로 작용함으로써 신용을 팽창시킨다. 즉 글로벌 불균형이 미국 통화정책의 자율성을 약화시킨다. 주택가격의 과열을 진정시키기 위해 미국의 연준(FRB)이 2004년 6월 말 이후 기준금리(Federal Funds Rate)를 17차례나 지속적으로 인상했음에도 불구하고 시장의 장기금리는 상승하지 않고, 심지어 장기금리가 기준금리(정책금리)보다 낮아지는 '장단기 금리 역전현상'이 발생했는데 바로 해외로 유출된 글로벌 유동성(달러)의 미국 내 재유입이 한 요인이었다. 예를 들어, 2000~2007년 사이에 외국인의 미국투자 자금 형태도 해외직접투자(FDI)와 주식 투자는 68%에서 39%로 감소한 반면, 채권 투자는 32%에서 62%로 증가했다. 즉 채권 수요와 가격의 증가 그리고 채권 수익률 하락은 시장이자율 하락 압력으로 작용하여 미국 소비의 증가와 저축의 감소 그리고 주택투자 증가의 요

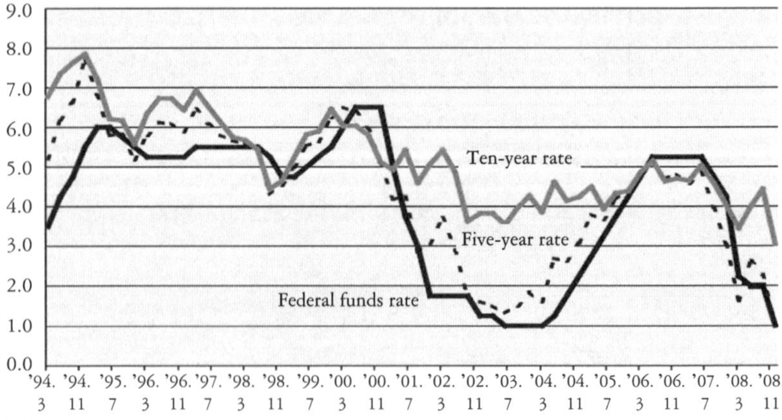

출처: FRB.

■ 그림 2-58. 미국의 정책금리와 장기금리의 추이, 2000년 1월~2011년 7월

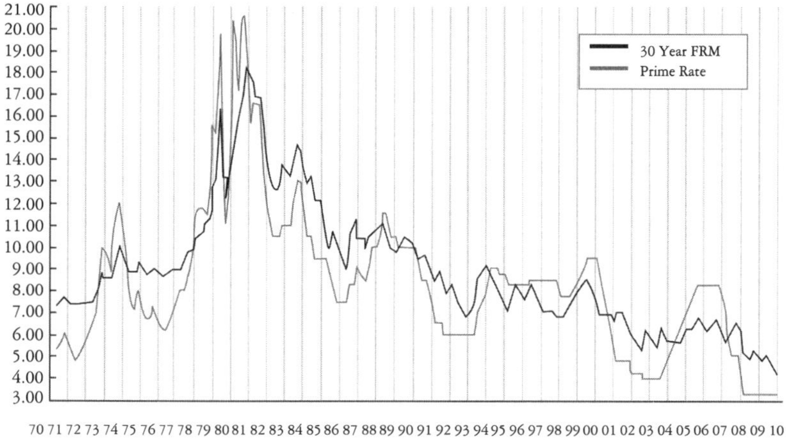

주: 대공황 직후인 1934년에 채택된 프라임레이트는 신용도가 가장 높은 기업에 대한 무담보의 단기사업자금 대부에 적용하는 최우대 대출금리로 정책금리와 동일방향 · 동일수준으로 움직이고, 다른 모든 은행 대출금리의 표준이 된다.

출처: FRB.

▌그림 2-59. 미국 우대금리(프라임레이트, 파란색)와 30년 모기지고정금리(주황색)의 추이

인으로 작용하였다. 그 결과 미국의 경상수지 적자가 확대되고 경상수지 흑자국의 달러가 미국 내 재유입되는 자본흐름을 초래하여 글로벌 불균형을 고착화시키는 경로를 구축하였다.

미국채 미국 재무부가 재정자금을 마련하기 위해 발행하는 미국채는 만기에 따라 단기, 중기, 장기로 구분된다. 가장 만기가 짧은 국채는 1년 이하로 'Treasury bills(T-Bills)'이라고 부른다. 2년물에서 10년물 사이의 국채는 'Treasury notes (T-Notes),' 10년물 이상은 'Treasury bonds(T-Bonds)'로 칭한다. 보통 장기물이라고 하면 10년에서 30년 만기의 국채를 말한다. 만기 1년 미만의 초단기 국채인 T-Bill은 1개월, 3개월, 6개월물로 발행된다. 국채인데다 만기까지 짧아 투자자들에게 가장 위험이 없는 투자자산으로 분류된다. T-Bill은 미국 재정적자를 메우거나 만기가 도래한 국채를 차환 발행하는 용도로 사용된다. 보통 '제로 쿠폰'의 할인채로 발행된다. 즉, 이자를 주지 않는 대신 액면금액보다 낮은 가격으로 발행하는 것이다. 매주 수요일 입찰을 받아 금요일에 발행된다. 최저 거래 단위는 1

만 달러다. 중기물인 T-Note는 2년, 5년, 10년 만기로 구성되며 액면가는 1,000 달러에서 100만 달러까지 다양하다. 장기물인 T-Bond의 경우 30년물이 주를 이룬다. T-Note와 T-Bond는 이표(coupon)가 있어 6개월마다 이자를 지급한다. 과거에는 장기 금리를 예측할 때 30년 만기 국채 수익률을 사용했으나 1990년부터 2000대 초까지 발행규모가 상당히 줄었고 2001년 10월 31일 미국 재무부가 30년물 발행을 중단하자 10년물 국채가 그 자리를 대신하게 됐다. 그러나 연기금 펀드나 대규모 장기 기관투자자들로부터 장기 국채 수요가 늘어나고 있고 단기채와 장기채 간 수익률 차이가 줄어들자 2006년 2월부터 다시 30년물 발행을 재개했다. 현재는 분기별로 발행되고 있다. 현재 30년 만기 국채를 발행하고 있는 나라는 일본과 유럽이며 프랑스나 영국은 50년 만기 국채까지 발행하고 있다. 초장기 국채는 창세기에 나오는 인물인 '므두셀라(Methuselah, 구약성서에 나오는 인물로 에녹의 아들이며 라멕의 아버지이자 노아의 할아버지로 성서에 나오는 인물 중 969년이라는 가장 오래 생존한 인물)'라는 별명으로 불리기도 한다. 보통 미국 국채 가운데 10년물이 기준금리로 인용된다. 한국에서 주택담보금리를 양도성 예금증서(CD)를 기준으로 가산금리를 붙이듯 미국 모기지 시장에서는 미국채 10년물 수익률을 기준으로 금리를 정하는 것이다. 이 밖에 2년물도 연준(FRB)의 통화정책에 민감한 만큼 종종 참고 금리로 제시된다.

미국 통화정책의 자율성 약화의 문제는 2008년 미국 대통령선거에서 주요 이슈로 부각되기도 하였다. 예를 들어, 당시 민주당의 유력한 대통령 후보였던 힐러리 클린턴(Hillary Clinton) 상원의원의 경우 외국인이 주식이나 채권 등의 형태로 소유한 미국의 부채가 GDP의 25%에 도달하면 정부가 경보음을 내보내고 달러의 미국 내 재유입에 대한 규제나 부채 해결을 위한 조치를 취해야 한다는 입장을 밝히기도 하였다.[115] 그러나 이는 월가의 이익에 반하는 것일 뿐만 아니라 미국이 처한 현실을 제대로 인식하지 못한 것이었다. 해외투자자의 덕택으로 미국

115 "Clinton sounds the China alarm as '08 issue: Democratic contender warns of debt and 'erosion of economic sovereignty'," msnbc.com updated 3/2/2007. http://www.msnbc.msn.com/id/17403964/

정부가 대규모 재정적자를 낮은 비용으로 유지할 수 있었기 때문이다. 미국 재무부의 해외투자자 투자포트폴리오 연례 보고서116에 따르면, 2010년 6월 말 기준(2011년 4월 발표)으로 미국 내 주식과 채권 등 유가증권에 대한 외국인의 투자 규모는 10조 6,910억 달러로 2009년의 9조 6,410억 달러에 비해 약 11% 증가한 규모이고, 2006년(7조 7,780억 달러)과 비교해서는 약 37%가 늘어난 규모에 해당한다. 이는 2010년 미국의 명목 GDP(14조 5,265억 5천만 달러)의 약 74%에 해당하는 규모로 2009년의 68%에 비해 6%가량 증가하였다. 즉 글로벌 경제에 자본시장의 개방을 강요한 미국이 자본 흐름 자유화의 부메랑을 맞고 있는 것이다. 게다가 미국 통화정책의 자율성이 약화되자 이에 대한 해결책을 국제사회에 요구하는 모순적인 행동을 보이는 것이다.

표 2-12. 미국 증권에 대한 해외 투자의 유형 및 규모의 추이(단위: 10억 달러)

Typt of security	June 2003	June 2004	June 2005	June 2006	June 2007	June 2008	June 2009	June 2010
Long-term securities	**4,503**	**5,431**	**6,262**	**7,162**	**9,136**	**9,463**	**8,492**	**9,736**
Equities[1]	1,564	1,930	2,144	2,430	3,130	2,969	2,252	2,814
Debt	2,939	3,501	4,118	4,733	6,007	6,494	6,240	6,921
U.S. Treasury	1,116	1,426	1,599	1,727	1,965	2,211	2,604	3,343
U.S. agency	586	619	791	984	1,304	1,464	1,196	1,086
Corporate	1,236	1,455	1,729	2,021	2,738	2,820	2,440	2,493
Short-term debt	**475**	**588**	**602**	**615**	**635**	**858**	**1,149**	**956**
U.S. Treasury	269	317	284	253	229	379	862	743
U.S. agency	97	124	150	147	109	174	90	61
Corporate	110	147	168	215	297	306	197	152
Total long-term and shortterm	4,979	6,019	6,864	7,778	9,772	10,322	9,641	10,691

n.a. Not available.

출처: Department of the Treasury, April 2011, "Report on Foreign Portfolio Holdings of U.S. Securities", Table 1.

[1]: "Equities" includes both common and preferred stock as well as all types of investment company shares, such as open-end, closed-end, and money market mutual funds.

116 http://www.treasury.gov/resource-center/data-chart-center/tic/Documents/shla2010r.pdf

▌표 2-13. 외국의 미국 증권 보유 형태와 규모, 2010년 6월 30일 기준(단위: 10억 달러)

Country	Total	Equity	Treas. LT debt	Agency LT debt		Corp. LT debt		ST debt
				ABS[1]	Other	ABS[1]	Other	
China[2]	1,611	127	1,108	298	62	2	9	5
Japan	1,393	224	737	106	128	16	114	69
United Kingdom	798	324	72	4	6	44	325	22
Cayman Islands	743	290	36	23	9	99	204	82
Luxembourg	622	172	49	10	8	35	267	82
Canada	424	298	29	1	4	8	73	12
Belgium	408	19	31	*	9	42	301	6
Switzerland	397	162	87	5	8	17	94	25
Ireland	356	77	27	12	11	51	80	99
Middle East oil-exporters[3]	350	128	107	11	5	6	20	73
Hong Kong	293	33	60	82	13	2	14	88
Country unknown	138	1	*	*	*	*	135	2
Rest of world	3,158	959	1,000	161	109	123	411	391
Total	**10,691**	**2,814**	**3,343**	**713**	**372**	**445**	**2,047**	**956**
Of which: Holdings of foreign official institutions	4,346	426	2,617	445	276	21	77	484

출처: Department of the Treasury, April 2011, "Report on Foreign Portfolio Holdings of U.S. Securities", Table 5.

*: Greater than zero but less than $500 million.

1: Asset-backed securities. Agency ABS are backed primarily by home mortgagages; Corporate ABS are backed by a wide variety of assets, such as car loans, credit card receivables, home and commercial mortgages, and student loans.

2: Excludes Hong Kong and Macau, which are reported separately.

3: Bahrain, Iran, Iraq, Kuwait, Oman, Oatar, Saudi Arabia, and the United Arab Emirates.

물론, 경상수지 적자가 항상 통화정책의 자율성 약화로 연결된 것은 아니다. 1980년 이후 글로벌 금융위기 이전까지 글로벌 불균형은 대략 1982~87년 기간과 1997~2008년 기간 두 차례에 걸쳐 확대 추이를 보였다. 그런데 앞의 기간 중 미국의 경상수지 적자는 대부분 일본과 독일 등 선진국과의 무역에서 발생한 것이었다. 대선진국 무역적자가 전체의 80%였는데 그중 일본과 독일의 비중이 50%에 육박하였다. 즉 글로벌 불균형 문제가 소수의 선진국 간에서 발생하였기 때문에 G5 등 선진국 합의체를 통해 비교적 쉽게 해결이 가능하였다. 1985년 9월 22일 플라자합의에 따른 환율 조정과 1987년 2월 22일 루브르합의를 통한 수요 조정, 즉 미국의 재정적자 축소나 일본·독일의 내수 진작 등을 추진함으로써 무역불균형이 빠르게 해소되었다. 즉 플라자합의 이후 1년간 엔화 57.1%, 마르크화 43.0%, 프랑화 36.2%, 파운드화 7.2%가 절상되었고, 그 결과 1987년 이후 미국의 경상수지 적자는 급격히 축소되었고 1991년에는 소폭 흑자로 전환되었다. 그 결과 세계 전체 GDP 대비 무역불균형(경상수지 적자) 규모도 1986년 1.6%에서 1990년 1.3%로 축소되었다.

이처럼 글로벌 불균형은 1990년대 전반까지 소폭에 머물렀으나 미국이 강달러 입장으로 전환한 90년대 후반 이후 다시 확대되었다. 게다가 일본의 경상수지 흑자 지속과 더불어 아시아가 외환위기를 겪은 1998년 이후 아시아 신흥국 및 산유국의 경상수지 흑자 규모도 급증하였다. 또한, 이 시기는 미국 경제가 IT 부문을 중심으로 높은 성장세를 보이면서 직접투자와 주식투자를 중심으로 미국으로 자본의 재유입이 증가했고 이는 달러화 강세와 경상수지 적자를 부채질하였다. 2001년 닷컴버블(dot-com bubble) 붕괴[117]와 미국의 경기 둔화로 대미 투자자금 유입이 감소하고 경상수지 불균형이 일시적으로 축소[118]되었지만 그 이후 불균형은 확대 추세가 계속되었다. 1980년대와 달리 2000년대의 글로벌 불균형은 미국과 G7 선진국뿐만 아니라 상당수의 유럽 국가와 중국 등 아시아 신흥국, 산유국이 포함된 글로벌 차원의 현상으로 변모하였다. 즉 세계 GDP 대비 전체 경상수지 적자 비율은 2001년 1.8%에서 2006년 2.7%로 증가하였고, 만성적 경상수지 적자국인 미국의 적자 규모가 커졌을 뿐만 아니라 스페인, 영국 등 일부 유럽선진국과 동유럽의 경상수지 적자 규모도 지속적으로 증가하였다. 경상수지 흑

117 1994년에 시작된 인터넷의 경제적 중요성으로 1995~2000년 사이 인터넷 관련 분야가 성장하면서 주식시장의 가격이 급속한 상승을 본 거품경제 현상이다. 1994년 1월 31일 800.47에서 2000년 3월 10일 장중 5132.52(마감 5,048.62)까지 올랐던 미국의 나스닥(NASDAQ)은 2002년 10월 9일 1114.11까지 거의 80%가 하락하였다. 시장가치 기준으로 손실은 7조 달러 이상이었다.

118 2000~2001년 중 세계 GDP 대비 경상적자는 2.1%에서 1.8%로 축소되었다.

자국의 경우에도 일본, 독일 등 선진국의 불균형 규모가 커진 데다 중국을 비롯해 아시아 신흥국과 산유국 등의 흑자 규모가 급증하였다. 개별 국가의 GDP 대비 경상수지 비율을 살펴보면 2001~2007년 중 미국이 -3.9%에서 -5.2%, 유럽 선진 적자국이 -2.0%에서 -5.0%, 중·동 유럽국이 -2.0%에서 -7.9%로 적자가 크게 확대되었다. 반면, 흑자국의 경우 중국이 1.3%에서 11.0%로 가장 크게 확대되었고, 선진국 중 일본이 2.1%에서 4.8% 그리고 독일이 0.0%에서 7.6%로 증가하였고, 말레이시아, 홍콩, 싱가포르 등 신흥아시아 국가와 산유국도 각각 4.7%에서 6.6%와 10.6%에서 14.0%로 흑자폭이 확대되었다.

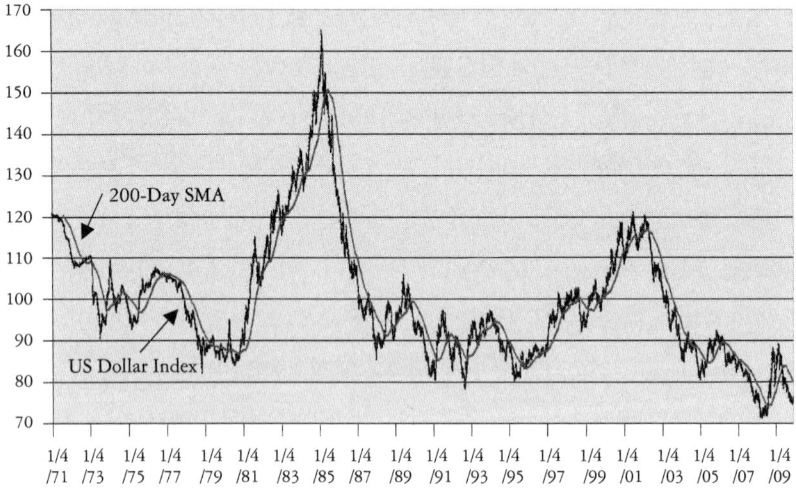

주: 달러지수는 유로화 58.6%, 일본 엔화 12.6%, 영국 파운드 스털링 11.9%, 캐나다 달러 9.1%, 스웨덴 크로나 4.2%, 스위스 프랑화 3.6%의 가중 평균으로 구성.

▌그림 2-60. 달러지수의 추이, 1971~2009(1973년 3월=100)

이처럼 2000년 이후 미국의 경상수지 적자 문제는 규모와 해결 가능성에서 1980년대와 달리 새로운 국면을 맞이하였다. 미국과 G7 선진국뿐만 아니라 상당수의 유럽국가, 중국 등 아시아 신흥국, 산유국 등이 포함된 글로벌 차원의 현상으로 변모한 것이다. 그 결과 이해관계의 조정 또한 매우 어려워졌다. 예를 들어, 글로벌 금융위기 이전부터 미 의회와 행정부가 글로벌 불균형의 주요 요인으로, 특히 중국 위안화의 저평가를 지목하고 환율제도 변경 등을 지속적으로 요구해왔다. 그러나 2007년 IMF가 도출한 다자간합의안에는 경상수지 흑자국인 중국 및 일본 등의 통화 절상과 내수 조정뿐만 아니라 적자국인 미국에 대해 저축률 제고와 재정적자 축소 등의 요구가 함께 포함됨으로써 다자간합의의 역효과가 나타났고 미국의 추진력은 약화되었다. 이에 미국은 다자간합의를 통한 추진보다는 양자 협상 방식에 의존하였다. 저축률 제고나 재정적자 축소 등 자신의 문제를 쉽게 해결하기 어려운 상황에서 교역상대국에게 책임을 떠넘기는 방식을 선택한 것이다. 특히, 양자협상 전략의 중심에 중국의 위안화 절상이 놓여 있다. 중국을 제외한 나머지 국가들의 협조를 얻어내는 것은 문제가 없다고 생각하는 반면, 미국이 최대 적자[119]를 보이는 무역 상대국인 중국의 양보를 얻어내지 못하는 한 미국의 경상수지 적자는 해결할 수 없다고 보기 때문이다. 미국의 요구로 중국은 2005년 7월 22일부터 2008년 9월 리먼브러더스 파산 이전까지 관리변동환율제 – 이른바 복수통화바스켓 방식 – 를 도입해 시행한 바가 있다. 그 결과 이 기간 동안 1달러에 약 8.28위안에서 약 6.83위안까지 20% 이상이 절상되었다. 그러나 금융위기 이후 글로벌 금융시장이 불안해지면서 다시 미 달러화에 고정시키는 달러 페그제(US Dollar peg system)로 전환하였다가 미국의 압력이 증가되고 금융위기도 진정되면서 2010년 6월 22일부터 다시 관리변동환율제로 복귀하였다. 그러나 중국의 입장은 기본적으로 급속하고, 외부 압력에 의한 평가 절상을 거부하였다.[120]

복수통화바스켓(multiple currency basket) 무역이나 자본거래에서 자국통화와 관계가 깊은 복수의 통화를, 즉 주요 교역 상대국이나, 외환시장에서 거래 비중이 높은 국가들의 통화 가치를 가중 평균하여 마치 바구니 속에 담는 것과 같이 하

---

119 2009년 기준 미국의 대중 무역적자는 2,268억 달러.

120 예를 들어, 후샤오롄(胡曉煉) 인민은행 부총재는 2010년 9월 1일자 미 월스트리트저널과의 인터뷰에서 "위안화 환율이 중미 무역 불균형을 시정하는 데 결정적인 역할을 하지 않는다"며 "(위안화 환율에 대한) 과다한 주장과 비판이 문제 해결에 도움이 되지 않는다"며 미국의 위안화 절상 요구를 거부하였다.

나의 통화단위로 만들어 자국통화의 환율시세가 일정해지도록 함으로써 환율 안정을 도모하는 제도를 말한다. 복수통화 바스켓제도에서는 자국 통화의 가치가 달러화와 같은 특정 외국 통화에 대해 고정돼 있는 것이 아니라, 바스켓에 포함된 다른 통화의 가치 변화에 따라 변동하게 된다.

중국이 미국의 요구대로 움직이지 않자 미국 내에서 위안화 절상 압박 수단으로 보복관세의 부과 필요성이 증대하였다. 예를 들어, 크루그만(Krugman)은 중국이 위안화 절상을 거부할 경우 중국에서 수입하는 제품에 대해 임시관세 25%를 부과하라고 주장하였다. 1971년 닉슨독트린 충격(금태환 정지 선언) 이후 미국은 독일을 비롯한 주요 서유럽 국가와 일본의 통화 가치를 절상시키기 위해 수입품에 대해 10% 관세를 부과하여 성공을 거둔 경험이 있다. 즉 미국과 관련 국가들은 미국 달러 가치를 하락시키기로 합의하였고, 관련 국가들의 시장 개입의 결과 교역 비중으로 가중 평균한 미국의 달러 가치는 그해 12월까지 6.5%가 하락하였고, 자신의 요구를 거두자 미국은 수입관세를 제거하였다. 그러나 중국에 대한 보복관세가 성공을 거둘지는 미지수다. 맞대응의 보복관세부터 WTO 제소 가능성까지 단호한 입장을 취하고 있기 때문이다. 사실, 미국의 경상수지 적자 해소나 중국 수출의 감소에 대한 위안화 절상 효과는 미국 내에서도 설득력을 얻지 못하고 있다. 위안화 절상은 석유나 철광석 등 원자재 수입비용을 하락시키는 효과가 있기 때문에 중국 수출제품의 가격 상승을 상쇄시킨다. 설사 위안화 절상으로 중국 제품에 대한 미국 수입이 감소하더라도 여타 아시아 국가들의 제품으로 대체될 가능성이 높아 미국의 무역적자 규모는 축소되지 않고 적자 구성의 비중만 변화시킬 것이기 때문이다. 또한, 중국의 위안화 절상과 더불어 여타 아시아 국가의 통화가치의 동반 절상을 하더라도 이들 국가들이 수출하던 노동집약적 제품이 미국 내에서 생산될 가능성도 높지 않다. 이처럼 "위안화 환율이 중 · 미 간의 불균형을 시정하는 데 결정적인 역할을 하지 않는다"는 중국의 주장은 설득력이 있다. 제3차 피츠버그 G20 정상회의의 합의사항 중 하나인 균형을 위한 협력 방안에 미국에게는 민간저축 증대와 재정건전성 확대를, 중국에게는 국내 소비와 투자 진작을 요구했을 뿐 환율 문제를 포함하지 않은 이유다.

사실, 미국의 경상수지 적자는 여러 요인들이 결합되어 있다.[121] 첫째, 미국은 경상수지 적자와 더불어 재정적자, 이른바 '쌍둥이 적자(twin deficits)'로 몸살을 겪고 있다. 재정적자가 클수록 경상수지 적자가 확대될 가능성 역시 높다. 그러나 레이건 행정부 시기인 80년대 전반부와 부시주니어 행정부 시기인 2000년대 초에만 재정적자와 경상적자가 상관성을 보였을 뿐이다. 둘째, 미국의 경상수지 적자는 투자에 비교한 저축의 부족, 즉 과잉 소비로 해석할 수 있다. 주지하듯이 저금리 기조의 지속, 은행 대출 기준의 완화, 글로벌 규모로 모기지 상품의 확대, 대출의 증권화 등에 기초해 가계의 차입과 소비가 크게 성장하였다. 실제로 가계의 가처분소득 대비 가계부채의 비율로 정의한 가계 레버리지 비율이 1% 증가할 경우 경상수지가 0.25% 감소하는 것으로 추정된다. 특히 2006~08년의 경상수지에 가계 레버리지가 가장 강한 영향을 미친 것으로 나타났다. 셋째, 개도국 금융시장의 왜곡은 이들 국가들로 하여금 과도한 국가 저축을 축적케 함으로써 글로벌 불균형의 주요 원인 중 하나로 작용하였다. 즉 개도국의 과도한 저축은 보다 발달된 금융시장을 가진 국가로 자금이 이동하는 '푸시 요인(push factor)'으로, 그리고 선진국의 금융 왜곡은 비합리적 자산 붐(boom)을 야기할 수 있는 '풀 요인(pull factor)'으로 작용하였다. 이른바 돈이 선진국에서 신흥국으로 흐른다는 '루카스 역설(the Lucas paradox)'[122]이다.

---

121 Menzie D. Chinn, Barry Eichengreen, and Hiro Ito, October 1, 2011, "A Forensic Analysis of Global Imbalances," NBER Working Paper 17513.

122 시장이론에 따르면 자본은 수확체감으로 부자 국가에서 빈곤 국가로 흐른다고 예측한다. 빈곤한 국가는 노동자 일인당 자본이 적다. 즉 자본의 희소성은 자본 유입과 관련된 수익이 부자 국가보다 높다는 것을 의미한다. 따라서 부자 국가의 저축자들은 빈곤 국가를 수익 투자처로서 바라본다. 그러나 현실은 시장이론의 예측대로 작동하지 않는다. 로버트 루카스(Robert Lucas)가 1990년 논문("Why doesn't Capital Flow from Rich to Poor Countries?" *American Economic Review* 80(2): 92-96)에서 이러한 퍼즐(puzzle)을 다룬 것을 계기로 루카스 역설로 언급된다.

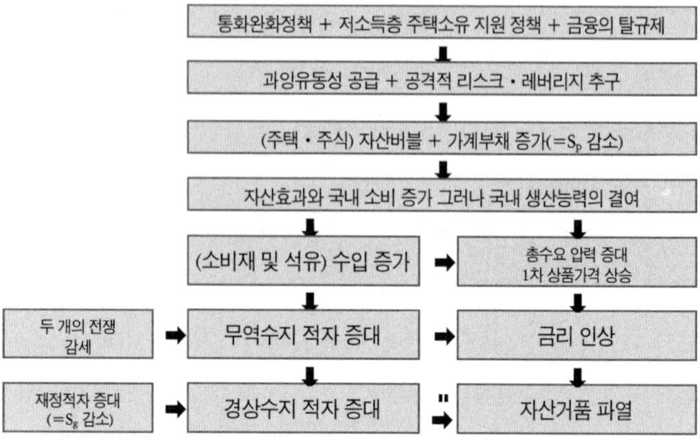

▌그림 2-61. 경제정책과 글로벌 불균형 그리고 금융위기

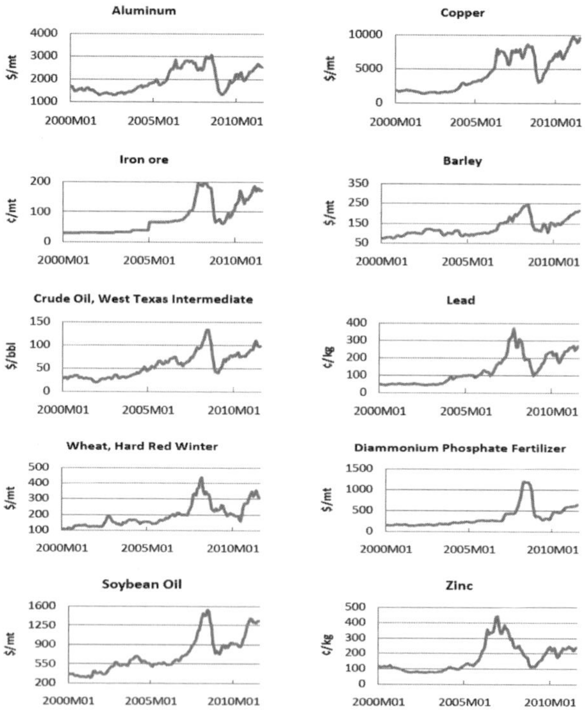

Source: World Bank, Prospects Group.

▌그림 2-62. 상품가격의 추이

이러한 주장은 '글로벌 저축 과잉 가설(global saving glut hypothesis)'과 관련이 있다. 이 가설에 따르면 중국 등 아시아 신흥국의 대미 수출 증가와 산유국의 오일머니로 이들 국가의 소득이 크게 늘었는데 늘어난 소득을 소비나 투자하기보다는 저축하는 데 썼기 때문에 경상수지 흑자가 큰 폭으로 지속되었다. 이들 경상수지 흑자국들은 대부분 사회안전망이나 복지 등에서 미흡하기 때문에 개인의 저축성향이 선진국에 비해 높은 편이었다. 아시아의 이런 저축 증대가 글로벌 저축 과잉을 형성하였고, 이러한 과잉 저축은 미국의 투자 재원으로 유입됨으로써 글로벌 불균형에 영향을 미쳤다는 것이다. 그러나 이 가설은 그림자금융의 비중 증대와 금융혁신의 요인을 간과한다. 즉 일본과 중국의 해외자산은 1998~2006년간 1.2조 달러 증가한 반면, 경상수지 적자국의 해외부채는 2.6조 달러였다. 반면, 같은 기간 동안 그림자금융의 전체 신용 증가는 11.2조 달러, 전통적인 은행 신용 증가는 4.4조 달러 증가, 총 15.6조 달러가 증가하였다. 이는 통화정책의 통제, 즉 정책금리 인상이 시장금리를 상승시키는 데 실패한 이유가 글로벌 불균형(외부요인)보다 금융시스템(내부요인)에 있음을 보여주는 것이다. 즉 앞에서 지적했듯이 그림자금융 신용에 의한 유동성 증가와 이자율 하락과 파생상품 가치의 증가라는 피드백 루프가 정책실패의 주요인으로 작용한 것이다.[123]

실증연구 역시 경상수지 불균형과 관련된 저축 과잉과 글로벌 이자율 간의 관계는 미약한 것으로 나타났다. 금융 흐름이 글로벌 이자율에 영향을 미친 반면, 경상계정은 파이낸싱(financing)에 거의 영향을 미치지 못하였다. 다시 말해, 경상수지 불균형은 국제 차입과 대출 그리고 금융 중개에 역할을 수행하지 못하였고, 실물투자는 해외로부터 자금조달을 하였다.[124] 실제로 미국 (달러 자산의) 장기 이자율은 2005~2007년간 증가 추세를 보인 반면, 미국의 경상수지 적자는 명백한 감소 경향을 보이지 않았다. 게다가 미국 경상수지 적자와 글로벌 저축 간의

123 A. Sheng(2011: 9-10).

124 C. Borio and P. Disyatat, May 2011, "Global Imbalances and the Financial Crisis: Link or no Link?" *BIS Working Papers* 346, BIS.

연관성도 약한 것으로 나타났다. 미국의 경상수지 적자는 90년대 초 악화 추세가 시작된 반면, 글로벌 저축률은 실제로 2003년 말까지 하락 추세를 보였기 때문이다. 또한, 글로벌 저축률과 실질 이자율 사이에는 명백한 연관성이 존재하지 않았다. 글로벌 저축 과잉이 주택 버블에 대한 영향도 확인되지 않는다.[125] 글로벌 저축률은 버블 확장기에 강력한 상승 추세가 보이지 않았기 때문이다. 더욱이 글로벌 저축 과잉이 있었다면 대규모 투자가 발생했어야 하는데 미국 투자율은 1995~2005년간 상승하지 않았다.

경상수지와 자본수지의 관계 국제수지(Balance of Payment, BP)란 대외수지, 즉 종합수지가 균형을 이루는 상태를 나타낸다. 대외수지의 균형상태는 국제수지와 국민소득의 결합을 통해서 도출할 수 있다. GDP에 국외순수취요소소득을 더하면 국민총소득(GNI)이다. GNI에 국외순수취경상이전을 더한 것이 국민총처분가능소득(GNDI)이다. 따라서

GNDI = $C + I + G + X^n$ + 국외순수취요소소득 + 국외순수취경상이전, 여기서 X^n=순수출

= C + I + G + 재화 및 서비스수지 + 소득수지 + 경상이전수지

= C + I + G + 경상수지

한편, GNDI는 총소비(C+G)와 총저축(S)로 나누어진다. 따라서

S = GNDI - C - G = I + 경상수지

= (GNDI - T - C) + (T - G)

= {처분가능소득(≡ GNDI - T) - C} + 정부저축(≡T - G),

그런데 민간저축 ≡ S_p = (처분가능소득 - C)이고, 정부저축≡S_g=(T - G)가 된다.

따라서

$S = S_p + S_g = I$ + 경상수지

125 D. Laibson and J. Mollerstrom, 2010, "Capital Flows, Consumption Booms and Asset Bubbles: A Behavioral Alternative to the Savings Glut Hypothesis," *Economic Journal* 120: 354-74.

즉 경상수지 = S - I = (S_p + S_g - I)가 된다.

따라서 한 나라의 총저축이 국내총투자를 상회하면 경상수지는 흑자가 된다. 반대로 한 나라의 총저축보다 국내총투자가 더 많으면 경상수지 적자가 된다. 정부가 재정적자를 시현하면 정부저축이 마이너스가 되어 총저축이 감소하고 결과적으로 경상수지 적자로 귀결되기 쉽다. 이른바 '쌍둥이 적자(twin deficits)'가 나타날 수 있다.

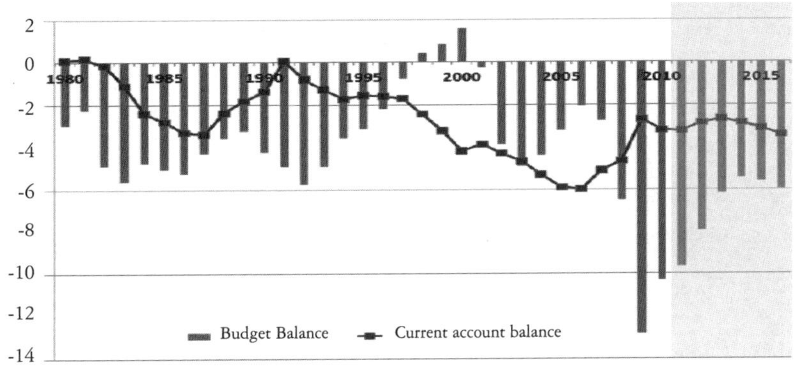

주: 2010~16년은 IMF 예측.

출처: IMF, *World Economic Outlook*, September 2011.

▌그림 2-63. 미국의 예산 및 경상수지 (GDP 대비)

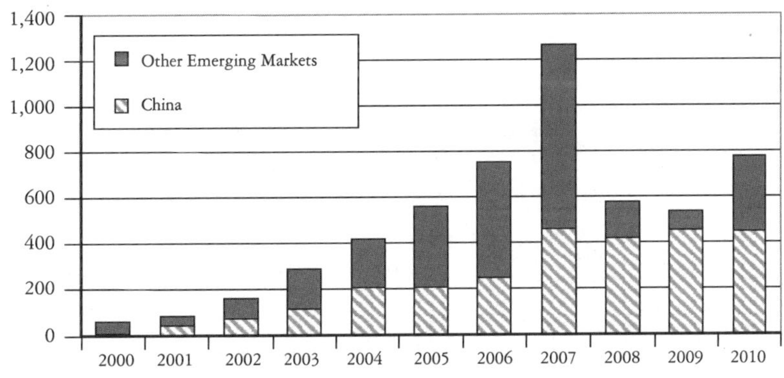

Data source: IMF COFER Database, June 30,2011; The People's Bank of China

출처: E. Prasad, Aug. 2, 2011, "Role Reversal in Global Finance," Brookings Institution.

▌그림 2-64. 신흥시장의 준비금 축적(십억 달러)

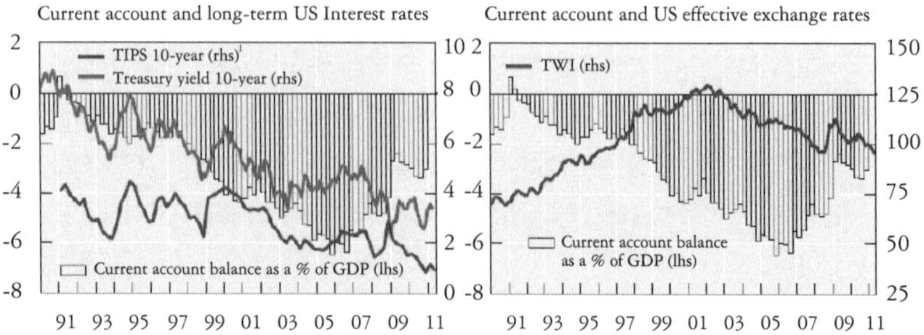

[1]: 10-year nominal government yield minus inflation expectations until ens-1996.
source: Borio and Disyatat (2011); Bloomberg; and International Monetary Fund.

▌그림 2-65. 미국의 경상수지와 이자율 그리고 실질유효환율

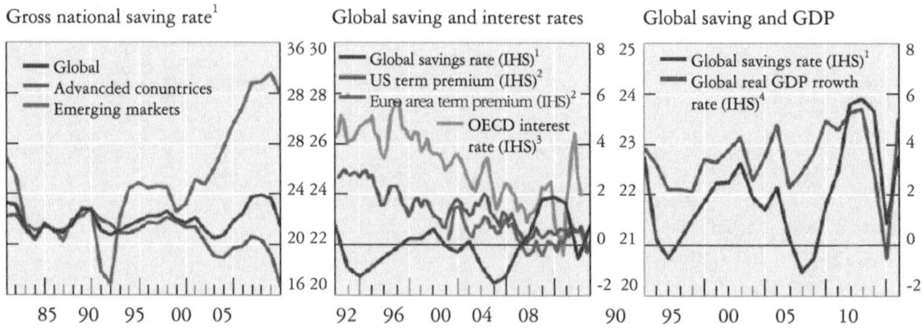

[1]: As a percentage of GDP.
[2]: Nominal 10-year term premia based on zero-coupon real and nominal yields calculated based on estimates from a modified version of the term structure model in P Hordaht and O Tristani, "Inflation risk premia in the term structure of interest rates". BIS Working Papers, no 228, May 2007.
[3]: 2005 GDP PPP-weighted averageof real long-term (mainly 10-year) interest rate for Australia. Canada, Denmark, the euro area, Japan, New Zealand, Norway, Switzerland, the United Kingdom and the United States.
[4]: Year-on-year growth rates.
source: Borio and Disyatat(2011); International Monetary Fund; and Organization for Economic Co-operation and Development.

▌그림 2-66. 글로벌 저축률과 이자율 그리고 GDP 성장률

글로벌 불균형과 금융위기 글로벌 불균형을 금융위기의 원인으로 지적하는 주장들은 동아시아 수출 주도 성장 전략, 아시아 금융위기 이후 외환준비금 축적을 위한 자가보험(self-insurance) 동기, 중국의 환율정책 등을 지적한다. 그러나 이러한 주장들은 논리가 빈약하다. 첫째, 동아시아 국가들은 수출 주도 성장 전략을 1960년대 이래 채택해왔다. 둘째, 자가보험 동기는 독일과 네덜란드 등에 적용되지 않는

다. 즉 독일과 네덜란드의 경우 자가보험 동기가 없음에도 불구하고 무역흑자가 증대되었다. 게다가 3조 달러 이상의 외환보유고를 보유한 중국을 자가보험 동기로 설명하는 것은 무리가 따른다. 실제로 미국 무역적자 중 동아시아 국가에 대한 무역적자의 비중은 2000년대에 감소하였다. 셋째, 중국의 환율정책을 글로벌 불균형의 근원이라는 미국의 주장[126]은 이론적으로나 실증적으로 설득력이 부족하다. 중국 인민폐가 과소평가되었다는 주장은 이론적 근거로 구매력평가설이나 펀더멘털 균형환율(Fundamental Equilibrium Exchange Rate, FEER)[127] 개념을 내세운다. 그러나 전자의 경우 소비재 가격들이 일반적으로 산업화 국가에서보다 개도국에서 낮은 반면, 반대로 자본집약재는 개도국에서 비싸다는 현실을 간과한다. 즉 이 기준에 따르면 모든 저임금 국가의 통화는 저평가되어 있게 된다. 구매력평가설의 연장에서 생산성 및 소득의 향상되며 장기적으로 실질환율이 상승할 것이라는 발라사(Balassa)-사뮤엘슨(Samuelson)의 주장도 잉여노동이 여전히 존재하는 중국의 경우 적합하지 않다. 한편, 후자의 경우는 환율과 경상수지의 관계나 경상수지의 펀더멘털 가치 판단에 의존한다. 무엇보다 환율이 경상수지의 조정에 주요 역할을 수행할 가능성은 높지 않다. 금융의 글로벌화에서 중국 인민폐의 절상이 무역흑자를 축소시키는데 도움이 되지 않을 가능성이 높다.[128] 무역흑자는 투자와 저축의 불균형의 결과인 반면, 환율이 저축과 투자를 결정한다는 것은 잘못된 접근이기 때문이다. 실제로 미국 달러화가 절하된다고 해서 미국의 순저축이 증가할 가능성은 없다. 실제로 2005~2008년간 인민폐는 20% 절상을 하였지만 2007년까지 미국의 경상수지 적자는 지속적으로 증가했고, 2005년까지 중국의 무역흑자는 크지 않았다.

이처럼 경상수지의 재균형은 급격한 정책 변화가 실행되지 않는 한 쉽지 않을 것으로 보인다. 즉 글로벌 금융위기 이후 국제사회는 세계경제가 지속성장을 유

126 미국은 2003년 이래 글로벌 불균형의 근원으로 중국 환율정책을 비판했고, 2005년에는 찰스 슈머(Charles Schumer, 민주당)와 린지 그레이엄(Lindsey Graham, 공화당) 상원의원들은 중국 수입품에 대해 27.5% 관세 부과를 요청하는 대중 환율보복법안을 제출하였다.

127 현 시점의 통화 및 외환 정책과 자본수지 흐름 하에서 장기적으로 경상수지가 균형을 이루게 하는 환율로 피터슨 국제경제연구소(PIIE)가 대표적 주창자다.

128 R. McKinnon, 2010, "Why Exchange Rate Changes Will Not Correct Global Trade Imbalances." *SIEPR Policy Brief*, Stanford Institute for Economic Policy Research.

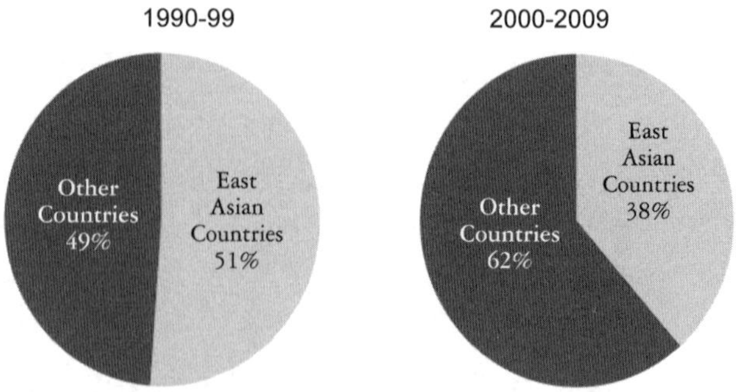

Source: United Nations Comtrade, World Integrated Trade Solution

▌그림 2-67. 미국 무역적자 중 동아시아 무역적자의 평균 비중

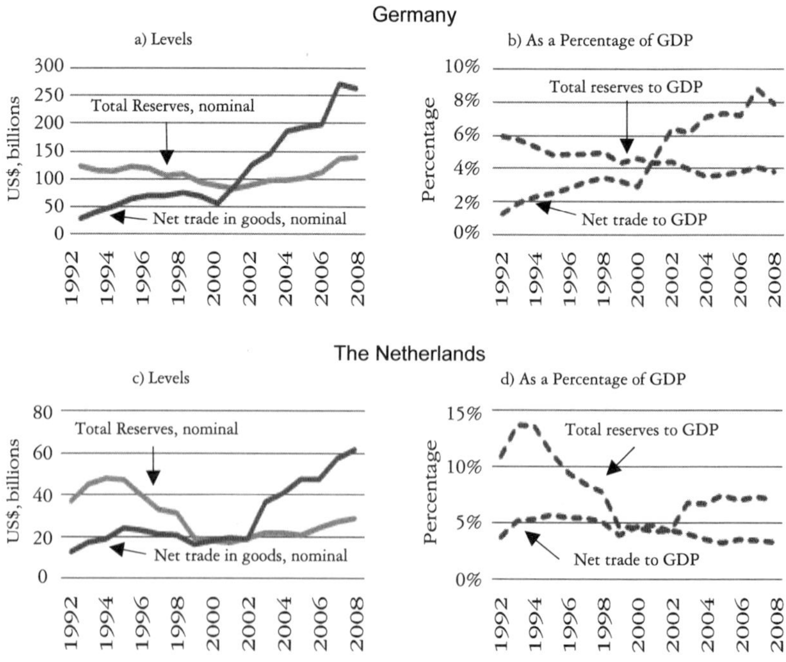

▌그림 2-68. 총 외환준비금과 순무역의 추이

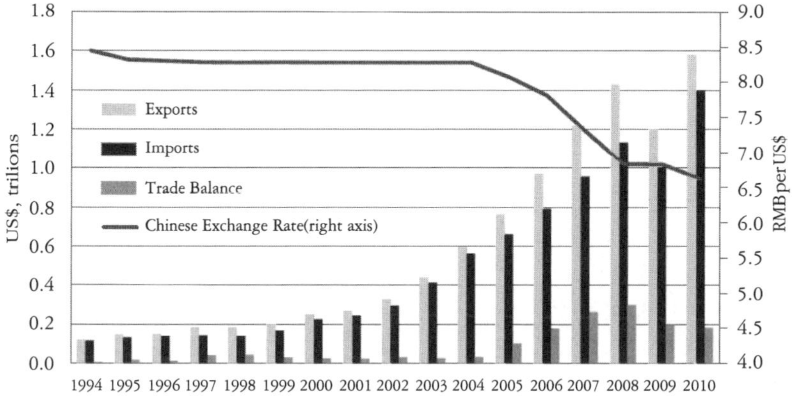

Source: International Monetary Fund, International Financial Statistics.

▌그림 2-69. 중국의 무역과 무역수지 그리고 환율의 추이

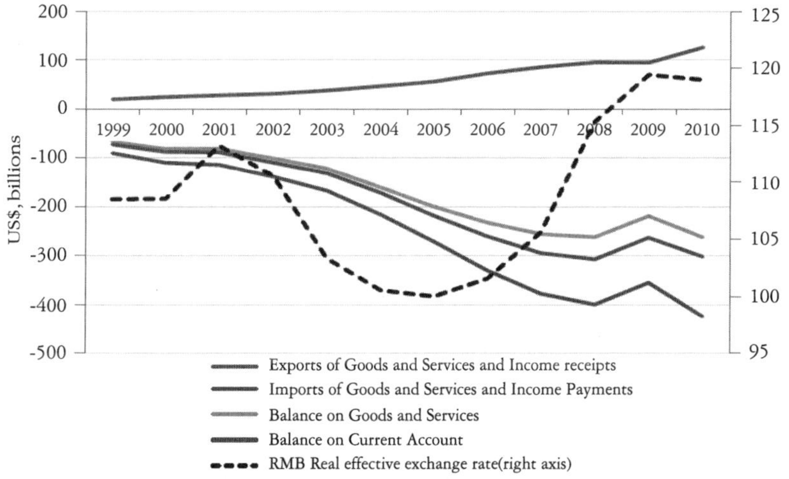

Source: Bureau of Economic Analysis; IMF, International Financial Statistics.

▌그림 2-70. 미국의 대중 무역과 경상수지 그리고 인민폐 실질유효환율의 추이

지하려면 글로벌 불균형의 조정이 필요하고 이를 위해서는 주요국의 절대적 협조가 필요하다. G20라는 새로운 글로벌 거버넌스 체제가 등장한 배경이다. 문제는 관련 국가들이 자기 역할을 수행할 수 있는가이다. 자기 책임은 방기한 채 상대방

에게 책임을 떠넘기면서 자국의 이해만을 추구하고 있기 때문이다. 특히 불균형 문제의 주요 당사자인 미국이 자신의 책임을 수행할 수 있을지가 문제다. 미국의 경상수지 적자 문제는 기본적으로 달러본위제와 산업경쟁력 약화가 결합된 산물이다. 21세기 들어와 미국의 혁신이 정체된 상황에서 불균형을 축소하려면 미국인의 삶의 수준과 재정지출을 크게 축소시켜야 하기 때문이다. 또한, 불균형의 근본적 해결은 달러본위제에 기초한 국제통화체제의 개혁을 전제로 한다. 즉 국제결제통화를 갖지 못한 국가들에 대한 글로벌 금융안전망 제공 등이 뒷받침되지 않는 한 금융 및 외환위기를 방지하기 위한 신흥시장국의 경상수지 흑자와 대규모 외환보유액 축적 노력을 막을 수가 없다. 개별 신흥시장국(1981년 국제금융공사의 Antoine van Agtmael이 부정적 의미를 갖는 제3세계의 대체 용어로 처음 사용) 입장에서는 합리적 선택이기 때문이다. 개별 국가의 경상수지 흑자와 외환보유액 축적이 글로벌 자본시장의 구조적 왜곡을 낳는 이른바 '구성의 오류'를 피하기 위해서 경제력의 다원화와 달러 중심체제의 개혁은 불가피한 것이다. 즉 90년대 말 아시아 외환위기 이후 지속되고 있는 신흥시장의 경상수지 흑자 및 대규모 외환보유액 축적은 개별 국가의 입장에서는 합리적 선택일 수 있으나 전 세계적으로는 구조적 왜곡—예를 들어, 자본시장(이자율)의 왜곡—의 요인으로 볼 수 있기 때문이다.

이처럼 다극체제의 일상화로 글로벌 차원에서 '집단행동의 딜레마'[129] 해결을 위한 새로운 리더십, 즉 협력시스템의 구축이 필요해졌다. 문제는 인류 사회가 무임승차, 공동지 비극, 용의자의 딜레마 등에 대해 국민국가 단위에서의 해결책은 축적했으나 초국가 차원에서의 해결책이 부재한 상황이라는 점이다. 다극체제

129 '집단행동의 딜레마'는 집단 또는 잠재적 집단이 공통의 이해관계가 걸려 있는 문제를 스스로의 노력으로 해결하지 못하는 상황을 말하기에 집단 전체를 위한 공공재의 생산과 공급을 위해 스스로 시간 · 노력 · 비용 등을 투입하지 않으려고 하는 일부 구성원들의 무임승차 성향을 통제하기 위해 정부의 직접적 개입 및 규제가 필요하거나, 사회구성원들이 공동의 문제를 해결하는 데 적극적으로 참여할 수 있게 사회적 조건을 마련해주는, 즉 공동의 목표나 이익을 추구하기 위해 적극적으로 신뢰하고 협력하도록 협력적 네트워크 구축을 한다.

는 금융위기 이후 미국 국가부채의 급증이 국가 신용등급의 강등으로 이어지며 심화되고 있다. 즉 미국의 신용등급 강등은 더 이상 기축통화 지위 유지가 불가능하게 되었음을 의미한다. '초국가 안전자산'의 지위를 상실한 것이다. 달러와 미국 경제가 더 이상 기준과 중심이 될 수 없다는 것은 미국이 글로벌 경제의 대주주에서 '최다 소액주주'로 전락했음을 의미하고 이는 '다극체제의 일상화'를 의미하기 때문이다. 다시 말해, 글로벌 금융시장에 더 이상 '초국가 안전자산'이 존재하지 않는다는 것은 시장이 불안정해질 때 도피할 안전지대가 없다는 것을 의미한다. 그 경우 시장은 극도의 불확실성에 내몰릴 수밖에 없게 된다. 이는 미국의 신용등급이 강등되자 불확실성이 글로벌 금융시장을 뒤덮은 이유이다. 금융위기 이후 투자자들의 의사결정에서 리스크와 더불어 불확실성에 대한 회피가 크게 증가했다는 점에서 향후 금융시장은 불안정성이 일상화될 수밖에 없다. 이처럼 시장의 안정성 확보를 위한 초국가 협력이 선택이 아닌 필수가 된 반면, 일상화된 다극체제에 필요한 '초국가 협력리더십'은 매우 빈곤하다. 유로존의 위기도 초국가 협력리더십의 빈곤에서 비롯한다.

제5절 신자유주의식 포퓰리즘과 금융위기 그리고 모기지 시스템

2007~2009년의 글로벌 금융위기는 외형상으로는 주택가격의 하락 전환과 그에 따른 MBS, CDO, CDS 등의 가치 하락 그리고 이를 보유한 대형 금융회사의 부실화와 파산에 따른 결과였다. 그렇지만 앞에서 보았듯이 근원적으로는 70년대 이후 산업구조의 업그레이드의 지연 혹은 실패에 따른 자본의 탈산업화와 과잉금융, 즉 금융경제화에 그 뿌리가 있다. 금융의 수익성 경쟁의 격화는 금융에 대한 탈규제뿐만 아니라 금융의 이해에 국가 정책 및 실물경제가 종속되는 결과를 초래시켰다. 그 결과 은행위기가 증대하였고 소득불평등은 심화되었다.

신자유주의식 포퓰리즘과 금융위기

금융경제화는 90년대 들어 분기점을 맞게 된다. 글로벌 금융위기에서 경험한 부동산 경기와 은행위기는 금융위기 20년 전에 전초전을 치렀다. 이른바 미국 '저축대부조합(S&L, Savings & Loans Association) 사태'이다. 앞에서 지적했듯이 1980년 은행법 개정과 금융 자율화 조치의 결과 S&L의 예금보험 대상액은 4만 달러에서 10만 달러로 대폭 확대되었고, 예금금리 상한 규제도 철폐되었다. 금리 규제가 풀리고 정부가 지급보증을 해주는 예금보험 대상액이 큰 폭으로 늘어나자 조합들은 예금을 유치해 몸집을 불리기 위해 본격적인 고금리 수신 경쟁에 뛰어들기 시작했다. 높은 수신금리를 물어주려면 서민금융 대출만으로는 역부족이다. 결국 조합들은 정크본드나 부동산대출 등 고위험 투자에 나섰다. 이른바 도덕적 해이와 방만한 경영이 뿌리를 내리기 시작한 것이다. 하지만 잠재된 리스크를 안고 호황을 누리던 S&L은 1980년대 후반 부동산 경기침체와 함께 추락했다. 부동산 가격이 폭락하자 수많은 S&L이 부실화되고 지급불능 사태가 이어졌다. 이름 그대로 예금 및 융자의 위기가 발생한 것이다. 1989년 이미 곪을 대로 곪은 'S&L 사태'[130]를 떠안고 출범한 당시 조지 부시 시니어 행정부는 결국 출범 직후 금융 구조조정의 메스를 들었다. 1989년 '금융기관개혁구제법(Financial Institutions Reform, Recovery and Enforcement Act, FIRREA)'[131]과 1991년 '연방예금보험공

130 1989년 8월~95년 말까지 정리된 747개의 부실 저축대부조합(S&L)의 부실채권 규모는 당시 S&L 업계 총자산의 25%에 달하는 4,500억 달러를 넘어선 것으로 집계되고, 부실 정리를 위해 2,273억 달러에 달하는 공적 자금이 투입되었고 이 중 875억 달러의 손실이 발생하였다. S&L 사태와 관련해 무려 2,085명이 실형을 살았다. S&L은 원래 서민들의 예금을 받아 10~20년 만기 주택담보대출을 주업으로 하는 서민금융기관이다. 그런데 금리자유화 이후 86년 4월부터 2년간 대체적으로 7% 이하에 머물렀던 기준금리가 88년 4월 이후 상승하기 시작하여 89년 1월에는 9%를 넘어섰고 그해 5월까지 10% 근처까지 육박하는 등 자금조달 비용이 높아지는 상황에서 대출은 장기 확정 저금리 상품이어서 역마진이 발생하면서 유동성 위기에 처하고 무더기로 도산하게 된다. 이때 벌처펀드(vulture fund)들이 본격적으로 출범해 부실채권 시장을 형성하였다. 벌처(vulture)란 독수리나 콘돌처럼 남의 불행을 이용해 먹는 자란 의미이다. 외환은행 매각주인 론스타도 이때 등장하였다. 1991년 '웨스트코스트 에쿼지션 파트너스'라는 펀드를 설립하여 RTC로부터 자산 10억 달러를 인수해 부실자산 처리 노하우를 축적하였다. S&L이 주로 모기지를 대출 담당했기에 투자 분야는 당연히 부동산과 관련된 부실 채권이었다.

사개선법(FDIC Improvement Act)'[132] 제정을 토대로 S&L 정리에 들어간 부시 정부는 S&L을 정리하는 한시적 파산처리전문기구로 '정리신탁공사(RTC)'를 신설하고 금융감독기관인 연방예금보험공사(FDIC)를 통해 본격적인 구조조정 작업에 뛰어들었다. 정리비용과 금융시스템에 미치는 영향, 정책 일관성 등을 두루 감안해 부실한 S&L은 폐쇄시키고 악성 여신은 다른 금융기관에 떠넘기는 대신 정부가 사주는 방식을 택했다.

'S&L 사태'는 90년대 초의 경기침체로 이어졌다. 1990년 4분기 실질 GDP가 0% 증가한 데 이어 91년에는 연속 마이너스(-) 성장률을 기록하였다. 실업률은 5%대에서 벗어나 8% 근처까지 치솟았다. 문제는 91년 하반기부터 경기가 회복되기 시작했음에도 불구하고 높은 실업률이 지속되는, 이른바 '고용 없는 경기회복(Jobless Recovery)'이 출현한 것이다. 미국의 고용시스템이 도전을 맞게 된 것이다. 당시까지 미국은 유럽의 높은 실업률을 '유럽병'이라 비난하며 미국 노동시장의 유연성을 자랑했다. 즉 유럽 노동시장에 비교해 유연성과 효율성은 미국 노동시장의 특성으로 자리매김하고 있었다. 그러나 이는 미숙련 노동력 희생의 대가였다. 글로벌화와 기술발전에 따른 생산성 증대는 미숙련 노동력의 고용 축소와 임금 정체로 연결되었다. 게다가 80년대 이후 미국의 일자리 지원 정책은 크게 후퇴하였다. 즉 70년대까지 미국은 일자리 회복을 위한 정책의 선두 국가였다. 예를 들어, 카터 행정부는 임금보조금, 공공 고용프로그램 등을 도입했고, 최대 70

131 1980년대 말 S&L의 도산 급증에 따른 기금 부족 및 연방주택대부은행이사회(Federal Home Loan Bank Board, FHLBB)의 감독기능 약화 등으로 연방저축대부보험공사(Federal Savings and Loan Insurance Corporation, FSLIC)의 효과적인 기능 수행이 어렵게 되었다. 이에 따라 1989년 제정된 미국 '금융기관 개・구제 및 규제강화법'에 의거, 기존의 연방저축대부보험공사(Federal Savings and Loan Insurance Corporation, FSLIC)가 해산되면서 저축기관 보험기금(Savings Association Insurance Fund, SAIF)이 설립되었는데, FHLBB의 감독하에 운용되었던 FSLIC와는 달리 연방예금보험공사(Federal Deposit Insurance Corporation, FDIC) 산하에 소속되어 있다.

132 정부가 부실화된 S&L을 구제하기 위해 공적 자금을 투입하고, 1991년 FDIC는 적자 상태가 되어 재무부에서 금전대차를 하게 된다. FDIC 가입은행에 적용되는 보험료율은 기금의 수지 상황에 따라 신축적으로 결정되는데 1991년 말 제정된 '연방예금보험공사개선법'에 따라 1993년 1월부터는 가입금융기관의 경영건전성 등에 따라 국내예금 100달러당 23~31센트 범위에서 보험료율을 차등 부과할 수 있게 되었다.

만 명 이상에게 혜택을 제공하였다. 그러나 이러한 정책을 '큰 정부'로 비난한 레이건 행정부는 이들 정책을 폐기하고 기금을 대폭 삭감하고 훈련을 민간부문에게 이전하였다. 그 결과 금융위기 직전까지 미국 정부는 적극적 노동시장 정책을 펼쳤던 1980년에 비해 인플레 조정 후 기준으로 60% 미만을 지출하였고, GDP 대비 기준으로도 다른 선진국에 비해 훨씬 적은 지출을 하고 있다. 여기에 고용과 연계된 의료보험 및 최대 6개월에 불과한 실업급여 등으로 노동자는 적극적 일자리 확보를 시도할 수밖에 없었다. 이것이 미국 노동시장의 특성으로 유연성이 자리를 잡게 된 배경이다. 그런데 '고용 없는 경기회복' 현상 앞에 미국 고용시스템은 위기를 맞게 된 것이다. 장기 실업 상태와 취약한 사회안전망은 노동자와 그 가족의 의료서비스 혜택을 포함해 삶의 기본조건을 위협하였다. 즉 '고용 없는 경기회복'은 단순한 경제 문제가 아닌 사회 및 정치 문제가 되었다.

고용 없는 성장 일반적으로 '고용 없는 성장'은 좁은 의미로는 경기 순환상의 경기회복 국면에 8분기(24개월) 혹은 그 이상의 기간 동안 지속되는 '일자리 없는 경기회복(jobless recovery)' 현상을 지칭한다. 그러나 넓은 의미로는 경제의 성장 속도에 비해 상대적으로 지체되고 있는 지체된 일자리 성장(sluggish job growth) 현상, 그리고 이 두 현상의 상호작용으로 인해 확대 강화되고 있는 고용 불안정성(job insecurity) 현상을 포괄한다. '고용 없는 성장'은 1990년대 이후 미국 경기순환에서 나타나고 있는 '일자리 없는 경기회복' 현상에서 기원한다. 즉 1991년 3월 저점 이후 경기회복기 18개월 동안 저점 대비 고용 성장률이 (-)값을 보였고, 24개월이 지난 1993년 3월에도 저점 대비 0.8% 성장에 그치고 있어 예전 평균 대비 10분의 1 수준에 머물렀다.[133] 2001년 11월 저점을 지난 경기회복기에 접어든 경기순환의 경우 30개월이 지나서야 '일자리 없는 경기회복' 현상이 해소될 정도로 그 정도가 심해졌다. 경기회복기에 들어간 후 30개월 이상 고용이 저점 대비로 계속해서 (-)를 보인 것은 전례없는 일이었다. 또한, 1991년 이후 동일한 현상이 반복되었기 때문에 이 문제 는 또한 일회적인 경기순환상의 특수현상으로 간주하기도 어렵게 되었다.

133 R.M. Gordon, 1993, "The Jobless recovery: does it signal a new era of productivity let growth," *The Brookings Papers on Economic Activity*.

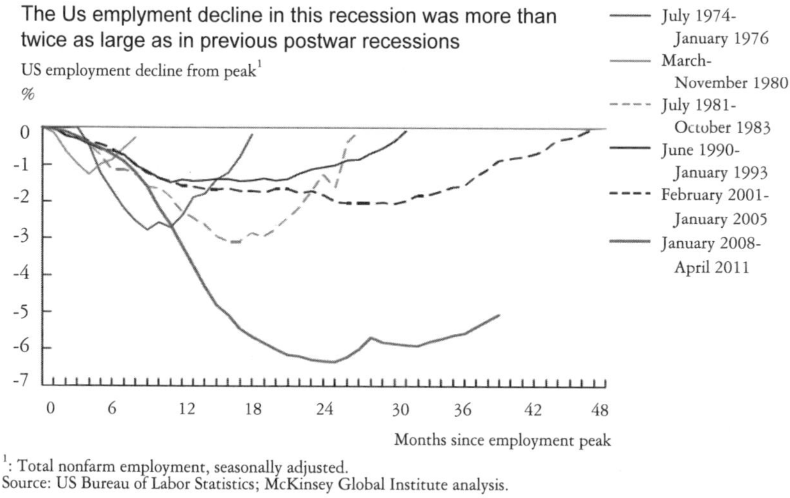

▌그림 2-71. 경기침체로부터 고용 회복의 소요 개월 수

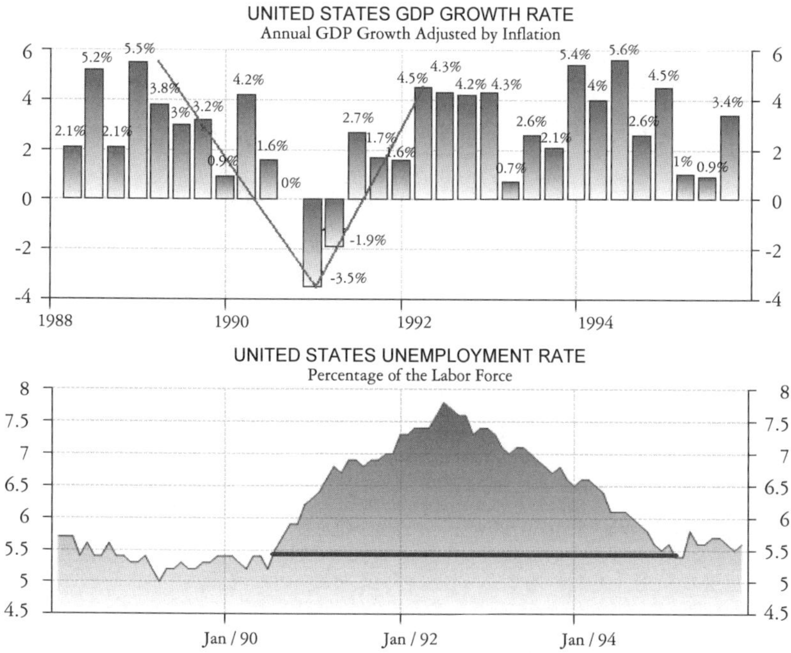

▌그림 2-72. S&L 사태 이후 미국의 실질 성장률과 실업률

이에 대해 미국 정치권이 선택한 핵심 해법은 무주택자 및 저소득자에 대한 주택 신용의 지원이었다. 월가와 시민 그리고 정치권 모두가 환영하였다. 월가는 새로운 비즈니스 수익원에 환호하였고, 시민은 주택가격의 상승과 주택 소유 가능성으로 지지하였고, 월가 및 시민의 지지와 더불어 주택경기의 활성화 및 주택자산가치의 증가(자산효과)에 기초한 경기 부양과 고용 증대 기대로 정치권 역시 여야 모두 찬성하였다. 1992년 연방주택기업안전 및 건전성법(the Federal Housing Enterprise Safety and Soundness Act of 1992)을 제정하여 저소득층 및 소수자 집단을 위한 서민주택건설 목표를 할당하였다. 경기침체의 덕택으로 정권 교체에 성공한 클린턴 행정부에서 주택경기 부양은 더욱 강화된다. 무엇보다 의회의 협력 속에 주택금융 증대를 추진하였다. 예를 들어, 클린턴 행정부의 '국민주택 보유 증대 전략(National Home Ownership Strategy)' 보고서(1995년)의 서문은 "주택보유율이 늘어나게 되면 미국 가정과 공동체의 힘이 증대될 것이고, 미국 경제의 힘도 강화될 것이며, 미국의 중산층도 따라서 증가할 것이다. (중략) (따라서) 주택보유의 걸림돌이 되는 모든 금융 장벽을 제거해야만 할 것이다"라고 주택 소유 확대의 추진을 밝혔다. 첫째, 미국 주택도시개발부(HUD, Department of Housing and Urban Development)는 정부보증기업들이 개발할 중·저소득층을 위한 주택(affordable housing) 목표를 세울 것을 요청받았고 목표의 진전 상황을 모니터하게 하였다. 90년대 중반에 HUD는 생애 첫 구매자에게 이전에는 가능하지 않았던 대출을 받을 수 있도록 모기지 제한을 완화하였다. 1995년에 프레디맥과 패니매는 저소득 차입자에 대한 대출이 포함된 MBS 구입을 위해 중·저소득층을 위한 주택 신용을 획득하기 시작했다. 1996년에 HUD는 지역 중간소득자 미만 소득자의 차입자에게 프레디맥과 패니매의 모기지 파이낸싱 중 42% 이상을, 2000년에는 50%까지 그리고 2005년에는 52%를 제공하도록 지시했다. 게다가 두 기관 포트폴리오의 12%를 지역 중간소득자의 60% 미만 소득자에게 특별 대출을 지시했다. 둘째, 소수 계층이 밀집된 저소득계층 주민을 위한 대출을 늘릴 것을 은행에 요구하는 내용을 담고 있는 1977년의 '지역재투자법(CRA, Community

Reinvestment Act)'에 클린턴 행정부는 목표치를 부과하고, 이 법을 위반하는 은행에 대해 벌금 부과를 지시하였다. 이러한 변화를 주도한 것은 금융부문의 로비였다. 해외 투자가들이 모기지담보증권들을 미국 국채와 사실상 같은 증권으로 취급한 것도 이러한 정부의 정책으로 가능한 것이었다. 미국 금융기관들이 발행한 증권의 40~50%가 외국인에 의해 매수되었다.[134]

금융계는 주택 붐의 시기가 도래하자 저소득층 대상의 고금리대출(상품)을 수익성 사업으로 인식하였다. 저소득층 대출 비중은 1995년 42%에서 2000년에 50%까지 상승하였다. 또한, 클린턴 행정부의 서브프라임 시장 지원이 발표되자 모기지 대출업체가 경쟁적으로 설립되었다. 2007년 4월 파산 신청을 하여 이른바 '서브프라임 모기지론 사태'의 출발점이 된 뉴 센트리 파이낸셜(New Century Financial) 역시 1995년 벤처자본 300만 달러로 설립되어 1997년에 상장된 후 영업의 상당 부분을 브로커에게 외주(outsourcing)하는 경영방식으로 고속성장을 한 미국 제2의 서브프라임 모기지론 회사였다.[135]

저소득층에 대한 주택신용 지원 정책은 부시 행정부에서 더욱 강화된다. 이른바 부시의 '소유자사회(Ownership Society)'론이다. 예를 들어, 2002년 부시는 "미국 국민의 주택 보유가 더 증대하면, 미국의 활기도 더 증대될 것이고, 더 많은 국민이 우리나라 미래의 중요한 부분을 함께 공유할 수 있게 될 것입니다. 〔중략〕 국민 누군가 내 집을 마련한다면 그들의 아메리칸 드림은 현실이 되는 것이라고 나는 믿고 있습니다." 또한, 2004년 10월 재선을 향한 선거운동에서 "미국의 가족이 내 집 마련의 꿈을 이룰 때마다 미국은 더 강한 나라가 됩니다"라며 '소유자사회'를 계속해서 추진할 것을 밝힌다. 실제로 2004년에 프레디맥과 패니매 자산의 56%까지 저소득층에 대한 대출을 의무화시켰다. 그런데 버블이 성장하면서 프레디맥과 패니매가 보증한 서브프라임 모기지의 비중은 2003년 44%에

134 C. Reinhart and K. Rogoff, 2009, *This Time is Different: Eight Centuries of Financial Folly*, Princeton University Press, pp.242-45.

135 뉴 센트리 파이낸셜은 2006년 모기지 대출 규모가 600억 달러를 기록함으로써 미국 두 번째 규모의 서브프라임 모기지 대출업체로 등극하였다.

서 2005년 22%, 2006년에는 16%로 하락하였다. 이는 양 기관의 대출 감소가 아니라 고수익성과 정부의 암묵적 구제금융에 대한 기대('그린스펀 풋')로 민간대출기업의 대출이 급증한 결과였다. 2006년에 5천 5백만 모기지 중 2천 5백만이 서브프라임 모기지였다. 그 결과 미국의 자가 소유 비율은 1995년 64%에서 2004년에 69%까지 상승한다.[136] 여기에 부시 주니어 행정부가 출범한 2001년 초 6.5%였던 정책금리를 2003년 6월 말까지 1.0%로 인하시킨 결과 유동성의 과잉 공급,[137] 그리고 이에 편승한 모기지론 업체들 간의 과다 경쟁 등이 미국 주택담보대출 시장에서 서브프라임 등급이 차지하는 비중을 2002년 말 3.4%에서 2006년 말 13.7%까지 급증시켰다. 주택 신용의 지원 정책으로 주택가격의 상승률은 1995년부터 높아지기 시작했고, 특히 주택시장의 붐[138]이 시작된 1998년

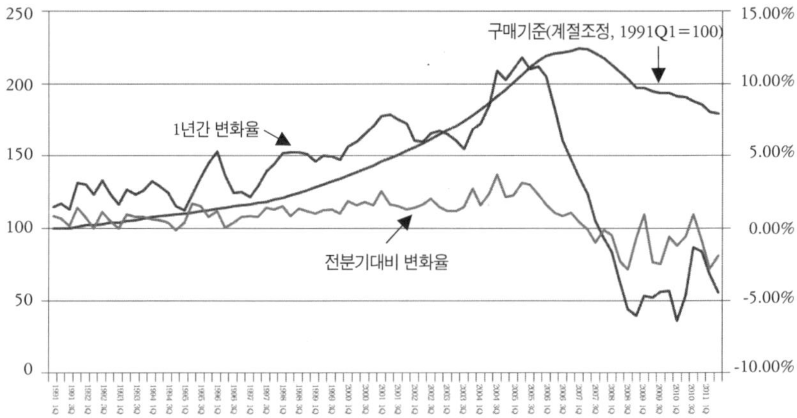

출처: Federal Housing Finance Agency. http://www.fhfa.gov/Default.aspx?Page=87

▌그림 2-73. 미국 전체 주택가격 변화율, 1991~2011

136 미국의 자가 소유 비율은 2006년부터 하락하기 시작해 2009년 4분기에는 67.3%로 하락하였다.

137 그 결과 30년 모기지 고정 금리가 2001년 7%에서 2003년 4.6%까지 하락하였다. Report from the President, April 2011, "Housing: Future Imperfect," Lincoln Institute of Land Policy.

138 Robert J. Shiller, 2007. "Understanding Recent Trends in House Prices and Homeownership," in Proceedings of the symposium "Housing, Housing Finance, and Monetary Policy," Kansas City: Federal Reserve Bank of Kansas City, pp. 89-123.

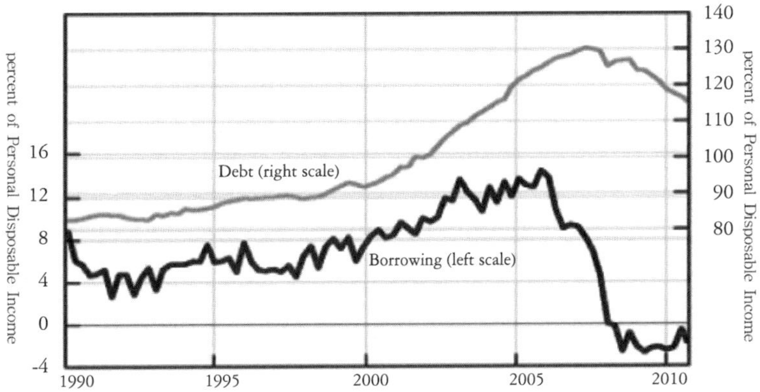

출처: FRB, BEA.

그림 2-74. 미국 가계의 차입과 부채(가처분소득 대비)

부터 99년까지는 7~8%로 상승했다. 서브프라임 모기지가 증가하기 시작했던 2000년대에는 상승률이 더욱 빨라졌다. 2000~2003년에는 9~11%, 2004~2005년에는 15~17%로 주택가격의 연 상승률이 두 자리 대를 기록할 정도로 급등하였다.[139]

주택시장의 과열을 우려한 연준(FRB)이 2004년 7월부터 2년간 정책금리를 17차례에 걸쳐 1.0%에서 5.25%로 대폭 올렸다. 그럼에도 불구하고 앞에서 지적했듯이 시장 금리는 상승하지 않았다. 해외에서 유입된 자금이 국채 및 모기지담보증권(MBS) 등 장기 금융상품에 유입됨으로써 단기금리의 인상에도 불구하고 장기금리가 2005년 말까지 안정적으로 유지되었던 것이다. 2006년부터 시장금리는 상승하기 시작했고 이자 부담이 커진 저소득층의 경우 원리금을 제때 갚지 못하게 되며 연체율이 급상승하고, 그 결과 급등하던 집값이 하락세로 돌아서며[140] MBS와 CDO의 가치는 급락하고 이들에 투자한 금융회사들이 파산하게

139 2000~2005년 사이에 미국의 주택가치(토지 + 건물)는 14조에서 24조 달러로 증가하였다. 그러나 2002년까지 주택가격 상승은 소득 증가에 따라 진행된 반면, 2002년부터는 대부분의 대도시에서 소득 증가를 크게 앞질렀다. Report from the President, April 2011, "Housing: Future Imperfect," Lincoln Institute of Land Policy.

140 이론적으로 주택에 대한 수요와 가격 상승은 주택자산에 대한 자본비용과 주택의 임대료와의 관계에 의해서 결정된다. 모기지로 주택을 구입할 경우 자본 사용자의 실질 비용(the real user cost of

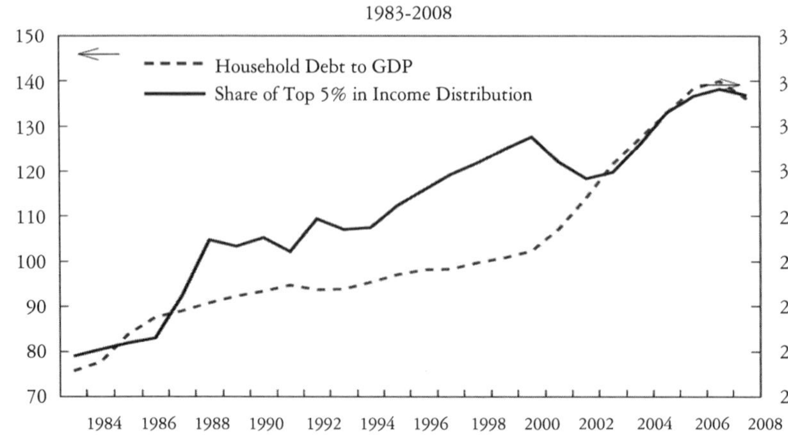

주: Income excludes capital gains.
출처: source: Income shares from Piketty and Saez(2003, updated). Debt-to-income ratios from Flows of Funds database, Federal Reserve Board. Income excludes capital gains.

그림 2-75. 가계부채와 소득불평등의 공진화

된다. 이처럼 2003년 하반기부터 미국인에게 경제성장과 생계수준의 향상에 대한 잘못된 기대를 제공한, 이른바 '환상에 불과했던 번영(illusory prosperity)'은 사회안전망의 약화 속에 미국식 고용시스템이 파산하면서 생존 위기에 직면한 저소득층에게 빚을 내어 주택 구입을 부추기고 집값을 상승시킨 '신자유주의식 포퓰리즘'의 산물이었다. 이는 부채의 급증이 저소득계층 가구에 집중되었고, 저소득층의 주택가격이 더 상승했기에 하락할 때에도 더 크게 하락하여 주택가격 폭락의 충격이 저소득층에게 더 크게 작용했던 데서도 확인된다.

---

capital)은 모기지 비용(자본비용)에 주택가치 감가상각분과 자산세 및 거래비용을 합한 것에서 주택가격의 상승(하락)에 따른 (예상) 자본 차익(손실)을 공제(합)한 것으로 이해할 수 있다(자본의 실질 사용자 비용 = 모기지 금리 + 자산세율 + 감가상각률 + 거래비용 - 주택가격 상승 기대수익률). 자본 사용자의 비용이 주택 임대료보다 작으면 주택 수요와 가격이 상승할 것이기에 주택가격이 상승하면 자본 사용의 비용은 낮아진다. 실제로 자본 사용 비용의 하락과 (주택가격/임대료) 비율 간에는 역의 관계가 존재하였다. John V. Duca, John Muellbauer and Anthony Murphy, 2009, "House Prices and Credit Constraints: Making Sense of the U.S. Experience", Federal Reserve Bank of Dallas, Wp. 1103.

미국의 모기지 시스템과 금융위기

미국의 금융위기 중심에는 정부가 보증한 모기지업체인 패니매(Fannie Mae)와 프레디맥(Freddie Mac)이 존재한다. 공공업무 수행을 위해 연방 정부의 암묵적 보증과 보조금 속에 모기지 사업을 한 이들 기업이 모기지 위험에 노출된 규모는 5조 달러에 달했다. 그리고 이들을 구제하기 위해서 금융위기 발발 이후 2010년 3분기까지 1,510억 달러가 투입되었다.[141] 이들이 금융위기의 중심에 있게 된 이유를 이해하기 위해서는 미국 모기지 시스템을 살펴볼 필요가 있다.

미국의 모기지 제도는 1930년대 대공황을 계기로 크게 변화하는 계기를 맞는다. 당시 일반적인 모기지는 최대 5년간 이자만 지불하고 5년 이후 원금을 일시 상환하는 거치식 단기 제공 자금의 성격을 가졌고, 대부분 변동금리였다. 그리고 집값의 50% 미만 범위에서 대출되었다. 그런데 은행의 차압 비율이 10% 수준에 이르자 집값 하락을 막기 위해 정부는 주택보유자대출공사(Home Owner's Loan Corporation, HOLC)와 연방주택청(Federal Housing Administration, FHA) 등을 설립하여 주택시장에 개입하였다. HOLC의 역할은 일반은행과 저축은행으로부터 부도 난 모기지를 매입해 20년 만기의 고정모기지 상환방식으로 전환해 재공급하였다. 장기 모기지 상환 방식으로의 전환이 가능했던 것은 중화학공업에 기초한 미국 산업구조 그리고 그 연장선에 있는 장기 고용시스템과 관련을 맺고 있다. 한편, 정부는 주택보유자의 부담을 완화시킨 후 철수 계획이었다. 그러나 민간대출업자가 장기대출상품의 제공을 기피하자 FHA로 하여금 민간대출업체의 모기지를 보증하는 역할을 맡겼다. 그러나 정부의 위험 감수를 제한하기 위해 보증보험비용을 대출자 부담으로 전환하고 최대 대출한도도 집값의 80% 이내로 제한하였다. 그 결과 민간 금융회사는 단기변동식 금리로 예금받아 장기고정식 대출에 따른 리스크, 즉 금리리스크(비용)만 부담하면 되었다. 1936년 HOLC를 폐쇄하고 대안으로 연방저당금융공사(Federal National Mortgage Association, FNMA)

141 Financial Crisis Inquiry Commission Report, 2011, p. xxvi.

를 설립하였고, 1938년에 패니매(Federal National Mortgage Associations, Fannie Mae)로 개명한다. 패니매는 FHA가 보증 선 모기지를 매입한 후 장기채권으로 전환해 보험회사나 연금펀드에 판매하였다. 이처럼 채권과 증권을 발행해 국민에게 필요한 모기지 자금을 조달하는 역할을 수행하였다. 패니매는 1938년 공기업으로 출범했으나 1968년 상장, 민영화의 길을 가게 된다. 그런데 민영화의 배경은 린든 존슨(Lyndon Johnson) 대통령이 베트남전 수행에 따른 전쟁비용 증가로 패니매가 소유한 부채가 국가부채로 포함되는 부담을 축소하기 위한 것이었다. 오늘날 미국 국가부채에서 누락된 '그림자부채(shadow debt)'의 문제로 지적되는 이유 중 하나다. 그런데 60년대 말 단기금리가 폭등하며 일반은행과 저축은행에서 자금이 이탈하고 대출자금의 고갈이 발생하자 정부가 직접 자금을 조달해 시장에 공급하였다. 즉 1968년에 패니매를 분할하여 정부저당금고(Government National Mortgage Association, GNMA), 일명 지니매(Ginni Mae)를 설립하여 모기지 대출의 보증, 포장(packaging), 증권화(securitization) 업무를 맡겼다.[142]

전통적으로 서민에 대한 주택자금 공급은 S&L이 수행하였다. 즉 S&L은 서민들의 예금을 받아 10~20년 만기의 주택담보대출을 주 업으로 하는 서민금융기관이었다. 따라서 S&L의 사업 지원이 필요했고, 이를 위해 1970년 연방주택대출저당공사(Federal Home Loan Mortgage Corporation, 1989년 민영화), 이른바 프레디맥을 출범시켜 저축은행이 발행한 모기지 대출의 증권화를 지원한다. 즉 S&L 사태 이후 저축은행의 공백을 메우기 위해 원래 보증 책임만 다루었던 패니매와 프레디맥에 모기지 관련 사업을 전가하며 이들 기관의 모기지 사업 비중이 크게 증가한 것이다. 기존에는 자산 중 일정 범위 내에서 채권 판매를 통해 모기지 구매 자금을 확보하였으나 모기지의 증권화로 대출의 판매가 가능해진 것이다.[143]

142 각종 주택 저당 채권에 대한 보증 업무를 수행함으로써 주택금융 시장의 유동화를 촉진하고 궁극적으로 주택 가격 안정을 유도할 목적으로 미국 주택도시개발부 산하의 정부 기관으로 1968년 설립된 정부주택저당공사인 지니매가 발행한 채권이 미국 정부가 100% 보증한 채권이라면 패니매와 프레디맥 등 의회에 의해서 설립되었지만 사적 소유 기관인 정부보증기업이 발행한 채권은 정부에 의해서 원리금 지급이 형식상 100% 보증되지는 않지만 사실상 암묵적으로 보증되는 채권이다.

그 결과 2000년까지 전체 MBS의 78%를 발행하였다. 그러나 다른 기관의 MBS 발행 증대로 2006년에는 이들 업체가 발행한 비중이 44%로 감소하였다. 게다가 패니매나 프레디맥은 자기 채권이나 MBS 발행에서 그치지 않고 자기자산의 증대를 위해 리먼브라더스, 베어스턴스, 컨트리와이드, 워싱턴 뮤추얼, 메릴린치 등 타 금융회사가 발행하는 MBS도 구매하였다. 2008년까지 모기지 자산의 규모가 5.4조 달러에 달할 정도였다.

패니매와 프레디맥은 수익금을 챙기는 민간주주가 존재한다는 점에서 명목상으로는 사기업이다. 그런데 국영기업체도 아니면서 소득세 면제, 이사회에 정부 임명 이사의 포함, 재무부로부터의 대출한도 혜택 등 정부로부터 각종 혜택을 받는 대신 반대급부로 정부가 요구하는 각종 의무를 수행한다는 점에서 내용상 국영기업의 성격을 갖고 있다. 즉 민영화된 뒤에도 주택담보 시장을 활성화하는 국책사업을 한다는 이유로 두 업체는 정부의 암묵적인 보장을 받았다. 이른바 '정부보증기업들(GSEs)'이었다. 예를 들어, 1992년 미국 의회는 '연방주택기업안전 및 건전성법(Federal Enterprise Safety and Soundness Act)'을 통과시켜 패니매 및 프레디맥과 관련된 규제 사항을 개정하고, 저소득 계층과 사회 소수 계층의 내 집 마련 활성화를 목적으로 주택도시개발부(HUD)에 서민용 주택개발의 구체적 목표 설정과 패니매 및 프레디맥에 목표의 전달과 감시를 요구하였다.

주택 붐이 일자 패니매와 프레디맥은 저소득층을 대상으로 한 고금리 대출상품으로 높은 수익성 확보가 가능하다는 인식하에 사업에 적극 진출하였다. 〈고위험-고수익〉 모기지의 구매와 보증을 강화하기 위해 이들 기업들은 수십 년간 정치력을 사용하였다. 예를 들어, 1999~2008년간 로비에 지출한 비용이 1억 6,400만 달러에 달했다.[144] 그 결과 1995년 패니매와 프레디맥의 전체 자본에서 저소득계층 대출이 42%, 2000년에는 50%까지 상승하였다. 특히 부시 행정부는 주택구입자들에게 지속적인 신용공급을 위해 패니매와 프레디맥 그리고 지니

143 MBS는 1983년 6월 프레디맥이 처음 발행하였다.
144 Financial Crisis Inquiry Commission Report, 2011, p. xxvi.

매 등에게 일정한 자금 범위에서, 최소로 요구되는 신용 수준을 충족하는 한 모기지를 구입할 수 있게 해주었다. 즉 이들은 모기지를 담보로 한 MBS를 만들어 암묵적인 정부 보증하에 시장에 팔아 모기지 자금을 조달하였던 것이다. 1997～2007년간 패니매와 프레디맥 그리고 연방주택청(FHA)이 제공한 모기지 대출은 전체 모기지 대출시장의 평균 54%를 차지하였고 2007년만 보면 70%를 차지하였다. 특히 패니매와 프레디맥은 정부가 요구하는 쿼터를 만족시키기 위해 엄청난 양의 서브프라임 MBS를 구입했고, 연방주택청(FHA) 같은 정부기관도 모기지 증권 구입에 뛰어들면서 서브프라임 쪽의 수요를 폭증시켰다. 정부가 패니매와 프레디맥의 경영권을 회수했을 때 장부상 서브프라임과 Alt-A론은 무려 1,000만 개에 달했다. 지역재투자법(CRA)에 의거해 은행이 구입한 서브프라임과 Alt-A론도 270만 개에 달했다.145 즉 정부가 밀어붙여 제공한 서브프라임 모기지 대출이 전체 정크모기지의 무려 2/3를 차지했고, 이런 정크 모기지의 부도율은 우량대출인

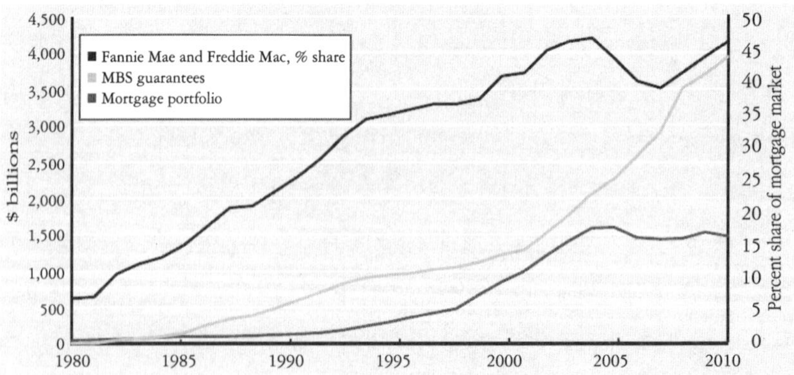

출처: "Federal Housing Finance Agency; Federal Reserve." World Economic Forum, The Financial Development Report 2011에서 재인용.

▌그림 2-76. 정부보증기업(GSEs)의 성장, 1980~2010

145 1977년에 입법된 CRA는 지역사회로부터 예금을 수취함으로써 안전성과 건전성을 확보할 수 있는 은행과 저축대부조합(S&L)에게 지역사회에 대출과 투자와 서비스 제공을 요구하였다. CRA가 서브프라임 모기지 대출에 중요한 역할을 수행했지만 그 비중은 6%에 불과하였다. Financial Crisis Inquiry Commission Report, 2011, p. xxvii.

| 표 2-14. GSE, 중 · 저소득자를 위한 주택공급 목표와 모기지 구입 비중(1993~2008)

Goal	1993~95(%)	1996(%)	1997~2000(%)	2001~2004(%)	2005 (%)	2006 (%)	2007 (%)	2008 (%)
Low and moderate income	30	40	42	50	52	53	55	56
Underserved areas	30	21	24	31	37	38	38	39
Special affordability	n/a*	12	14	20	22	23	25	27

Source: Federal Housing Finace Authority.
*n/a = not applicable: goals for 1993~95 were set in dollar amounts rather than percentages for each GSE.
주: Affordable housing is a term used to describe dwelling units whose total housing costs for either rented or purchased unit, are deemed affordable to those that have a median household income.

프라임 모기지보다 9~15배까지 높았다.

이처럼 패니매와 프레디맥이 정부 사업에 적극 참여한 대신 이들은 재무부 차입비용을 약간 웃도는 수준의 저금리로 자금 조달이 가능하였다. 즉 연방주택감독청(OFHEO)이 두 기업의 재무안전성과 건전성을 보증하는 방식으로 정부 보증을 받는 이들 업체가 발행하는 채권은 신용 등급에서 미국 국채와 맞먹는 안정성을 누리면서 높은 수익률을 보장받고 자금시장을 싹쓸이하였다. 즉 1차 모기지

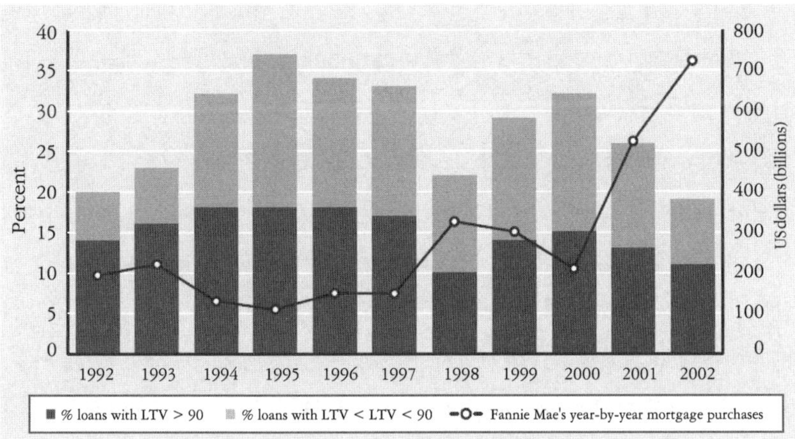

출처: Fannie Mae, annual reports; *Inside Mortgage Finance*, available at http://www.insidemortgagefinance. com/.

▌그림 2-77. 패니매의 리스크 모기지 구입, 1992~2002

▍표 2-15. GSE의 고위험 모기지 활동 비중

Year	GSE NEW BUSINESS		NONAGENCY NEW BUSINESS	GSE HIGH RISK(%)	GES SHARE IN HIGH-RISK ACTIVITY(%)
	Hish risk($, billions)	Total($, billions)	Hish risk($, billions)		
2003	466	1,839	625	25	43
2004	262	898	1,060	29	20
2005	238	899	1,370	26	15
2006	245	877	1,430	28	15
2007	363	1,012	815	26	31

source: Federal Housing Finance Authority; *OFHEO Annual Report*, various years; Finance, various years.
Note: High-risk mortgages are defined as those with LTVs greater than 90 percent and borrower FICO scores of less than 620.

금융기관이 발행한 모기지 채권을 매입하고, 은행들은 이 자금으로 추가 모기지 대출을 제공한다. 또한, 이들은 매입한 모기지 대출을 패키지로 묶어 MBS로 발행해 부도난 모기지 보증에 필요한 자금을 확보한다. 이를 월가의 금융기관들이 매입(투자)한다. 이처럼 두 기업은 자신이 발행한 모기지 채권에 대해 정부 보증을 받은 반면, 기업 주식의 가격은 시장에서 결정되는 복합 성격의 기업이다. 즉 정부의 암묵적 보증으로 사업의 안전성과 높은 수익성 확보가 가능한 것이다.

이러한 정부보증기업의 모호성이 금융위기가 발생하면서 미국 정부에 치명적 결과를 초래한 것이다. 금융위기에 따라 2008년 전반에만 패니매와 프레디맥의 경우 55억 달러의 손실을 보자 2008년 9월 국유화를 결정하고 미국 정부는 부실화된 미국의 양대 국책 모기지 보증업체로 불리는 패니매와 프레디맥의 문제를 해결하기 위해 약 1,400억 달러에 달하는 공적자금을 투입하였다. 이처럼 미국에서도 유례를 찾기 힘든 '역사적 규모'의 공적 자금 투입안에 대해 언론과 많은 사람들이 '이익은 주주와 경영진에게, (예상) 손실은 납세자에게'라는 이른바 '정실자본주의(crony capitalism)'의 전형적인 사례라고 비난하였다. 즉 미국 정부가 비록 경영진 전원 교체와 함께 사실상 주식을 휴지조각으로 만드는 조치를 포함시켰지만, 채권자들에게는 비용을 부담시키지 않음으로써 채권자들이 앞으로 보다 책임 있게 행동할 것을 기대하기 힘들어졌다는 이유로 납세자들에게 엄청난 부담을 강요하는 공적 자금 투입 결정을 비난하였다. 정부보증기업의 주요 채권자는 기관투자가와 중국 인민은행 같은 외국투자가 등이었다. 즉 정부보증기업들이 발행한 채권은 한국 기준으로는 공사채 정도의 신용을 가진 채권으로 국채보다는 금리가 조금 더 높으면서도 웬만하면 망할 가능성이 거의 없다는 점에서 주로 중국, 일본 등이 외환보유고의 투자처로 많이 활용하였다. 2011년 2월 17일 로이터 통신[146]이 위키리크스로부터 입수해 공개한 베이징 및 홍콩의 미 대사관의 외교 전문에 따르면 중국이 글로벌 금융위기 폭발 이후 미국의 최대 채권국이라는 점을 적극 활용, 자국의 이익을 지키기 위해 미국 금융당국에 적지 않은 압력을 행사한 것으로 확인되었다. 전문에 따르면 2008년 9월 미 정부가 재정난에 빠진 국책 모기지기관인 페니매와 프레디맥을 사실상 국유화했을 때 중국 외환당국은 몹시 불안해했으며[147] 페니매와 프레디맥 채권을 집중적으로 투매했다. 이 때문에 미국은 데이비드 맥코믹(David McCormick) 당시 재무차관을 베이징으로 급파해 상황을 진정시켜야 했고,[148] 헨리 폴슨 당시 재무장관은 "더 이상의 구제금융이 없다"는 선언을 뒤집고 7,000억 달러의 구제금융 프로그램을 마련한 것으로 알려지고 있다.

FRB와 재무부가 2009년 매입한 패니매와 프레디맥 발행 MBS 규모는 1조 3천억 달러에 달했고, 이는 전체 발행액의 76%에 해당하는 것이었다.[149] 이처럼 모기지 대출이 급증한 것은 저소득계층에게 내 집 마련 기회를 제공한다는 정책의 산물로 모기지 대출 기준의 완화 및 부식에 따른 결과였다. 예를 들어, 소득이

146 Reuters, Feb 17, 2011, "SPECIAL REPORT-China flexed its muscles using U.S. Treasuries: FANNIE AND FREDDIE, GUARANTEED OR NOT" http://www.reuters.com/article/2011/02/17/wiki-china-treasury-idUSN1610751620110217

147 당시 중국의 언론들은 800억 달러의 손실을 입었다며 중국투자공사(CIC)에 대해 대대적인 비난을 퍼붓고 있었으며 '패니매'와 '프레디맥'이라는 단어가 신문의 헤드라인을 장식하고 있었다.

148 맥코믹 차관은 중국 관리들을 만나 정부가 명시적으로 양대 모기지에 대해 보증을 하지 않지만 지급 불이행을 막기 위해 1,000억 달러를 투입했으며 기관이 존속하는 한 이 같은 정부의 지원은 계속될 것임을 강조했다. 뒤이어 부시 행정부는 그동안 두 기관에 대한 암묵적 보증을 명시적 보증으로 전환한다고 발표한 바 있다. 즉 채권 부도가 난다면 100% 정부가 책임을 지겠다는 것이다.

149 이와 같은 MBS 구입은 모기지 대출 금리를 0.75% 하락시키는 효과가 있었다.

부족하고 선지불금(down payment) 지불 능력이 없는 가구에게 매우 높은 '주택담보비율(LTV)'을 적용하였고, 심지어 주택 가치의 100%까지 모기지를 제공하였다. 또한, 첫 2~3년간은 월 상환금을 낮게 했다가 높은 월 상환액과 이자율로 재조정하는 '변동금리부 모기지 대출(ARMs)'이 확산되었다.[150] 저소득자나 신용등급이 낮은 계층에게 모기지를 대출받게 하기 위해 이른바 '미끼금리'로 유혹한 것이다. 즉 차입자에게는 주택가격이 상승하기에 2~3년 내에 대출금 상환이 가능하다고 유혹했고, 실제로 많은 지역에서 실제 주택가격이 연 10~20%씩 상승하였다. 주택가격이 지속적으로 상승한다면 100% LTV는 90~80%로 하락하고 모기지를 차입한 가구는 전통적 모기지 조건, 즉 LTV 80% 이하의 대출이나 프라임 점보모기지(prime jumbo mortgages)의 조건으로 조정이 가능하다고 유혹하였다. 그 결과 서브프라임 대출의 경우 '결합 LTV(combined LTV)' 비율[151]이 1999~2006년간 79%에서 86%로 상승하였다. 또한, 서브프라임 모기지 대출 중 변동금리부 모기지 대출(ARMs)도 같은 기간에 51%에서 81%로, 알트-A (Alt-A) 대출에서는 6%에서 70%로 폭등하였다. 반면, 은행이 요구하는 모든 서류(full documentation loan)[152]를 갖춰야 하는 서브프라임 대출 비중은 69%에서 58%로, Alt-A 대출에서는 38%에서 16%로 하락하였다.

〈표 2-16〉과 〈표 2-17〉은 변동금리 모기지가 주택가격 버블 형성에 주요 요인으로 작용한 것을 잘 드러내고 있다. 이자만 납부하거나 만기를 40년으로 연장하거나 최초 납입액이 이자 비용에도 미치지 않게 설계하거나 초기 단계에서 월 상환액의 규모를 차입자가 결정하게 하는 비전통적인 변동금리 모기지에서 핵심은 대출자나 차입자 모두 주택가격이 계속 상승할 것이라는 확신하에 최초 지불액

150 예를 들어, 2003년과 2004년 중 모기지 신청의 약 1/3이 변동금리 모기지였다. B. Bernanke, Jan. 3, 2010, "Monetary Policy and the Housing Bubble," Speech at the Annual Meeting of the American Economic Association, p. 14.

151 하나의 주택에 관련된 모든 대출금으로 산정한 LTV 비율.

152 최근 2년간 정규직(Full time employee) 경력과 충분한 수입, 그리고 세금 내역 등을 증명하는 서류이다.

을 최소화하는 것이었다. 즉 차입자는 장기에는 모기지 상환이 지속되지 않을 것이라는 전제에서 차입하였고, 대출자는 주택자산 가치의 상승이 보다 많은 모기지로 리파이낸싱을 가능하게 할 것이라는 예상 속에 대출을 제공하였다. 주택가격의 상승이 자기충족의 예언(self-fulfilling prophecy)으로 작용한 것이다. 이러한 비전통적인 변동금리 모기지가 2000년대 초부터 2005~2006년까지 급증하면서 주택가격의 버블을 만들어낸 것이다. 그러나 주택가격의 지속적 상승은 불가능한 것인

| 표 2-16. 고정금리 모기지 상품과 변동금리 모기지 상품의 초기 월 지불액

Mortgage Product	Initial Monthly Payment	Payment as a Percentage of FRM payment
Fixed-rate mortgage(FRM)	$1,079.19	100.0
Adjustable-rate mortgage(ARM)	903.50	83.7
Interest-only/ARM	663.00	61.4
40-year amortization(ARM)	799.98	74.1
Negative amortization ARM	150.00	13.9
Pay-option ARM	<150.00	<13.9

Note: Interest rates used in these calculations were 6.00 percent for FRMs and 4.42 percent for standard ARMs. For purposes of the calculations, we assume a house price of $225,000 and a 20 percent down payment, and that the borrower qualifies for a prime product.

Source: Interest rates for these calculations are from Freddie Mac and are for the period from 2003 through 2006.

B. Bernanke(2010).

| 표 2-17. 비전통적 모기지의 특성별 유형(ARM 발행액의 비중)

	Interest Only		Extended Amortization		Negative Amortization	Pay-Option
	Subprime	Alt-A	Subprime	Alt-A	Alt-A	Alt-A
2000	0	3	0	0	–	–
2001	0	8	0	0	–	–
2002	2	37	0	0	–	–
2003	5	48	0	0	19	11
2004	18	51	0	0	40	25
2005	21	48	13	0	46	38
2006	16	51	33	2	55	38

출처: Calculations based on data from First American LoanPerformance.

B. Bernanke(2010).

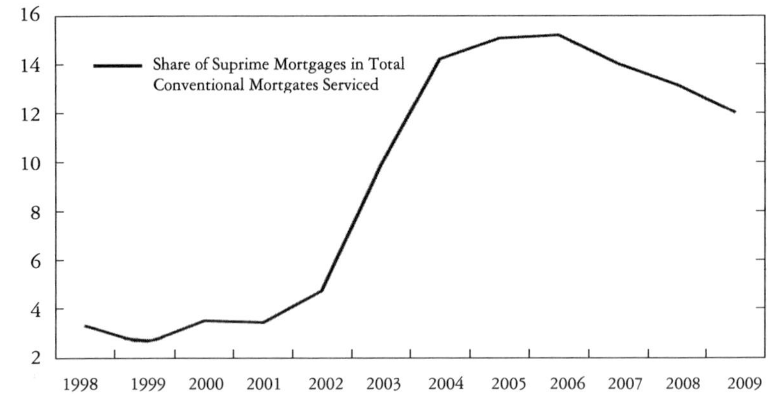

출처: Mortgage Bankers Association. Share of conformable subrime loans in the total numbers of mortgage loans serviced.

그림 2-78. 무보증 모기지 중 서브프라임 모기지의 비중

반면, 규제와 감독의 부재가 비정상적인 모기지의 폭증을 가능케 하였다.

서브프라임 모기지 대출 규모의 급증에는 모기지 시장의 유인체계도 일정한 역할을 하였다. 첫째, 가계보호장치로 벌금 없이 모기지 조기상환이 가능함으로써 단기적 모기지 대출을 부추겼다. 즉 투기를 부채질한 것이다. 게다가 미국은 주택담보대출금의 차입자에 대한 소구권(遡求權, non-recourse loan; 대출금에 대한 상환청구권)[153]이 없다. 즉 본인이 대출 원금과 집값을 비교했을 때 손해라고 생각하면 열쇠를 봉투에 넣어 은행에 보낼 수 있다. 그 경우 은행은 집을 처리하면 된다. 즉 법적 비용을 수반하지 않기에 과잉 차입의 남용이 발생한다. 둘째, 대출자의 경우 모기지의 초기 창출자는 대출을 다른 금융회사에 판매하는 것이 가능하다. 즉 증권화는 대출상품의 상태에 대한 무관심을 부채질한다. 이는 증권화 비중이 높은 지역의 높은 주택가격 상승률에서도 확인된다. 이처럼 모기지의 발행자와 배분자 사이에는 '역선택(adverse selection)'의 유인체계가 존재한다. 제1절(자

153 은행이 담보로 하여 융자한 경우 담보물을 회수한 이후에 추가로 상환청구를 하지 못하는 융자금을 말한다. 융자금에 대한 상환청구 불가능이 금융위기 이후 미국이 유럽 국가들에 비해 가계부채가 축소될 수 있었던 이유이기도 하다.

산의 증권화)에서 지적했듯이 모기지의 증권화 과정에서 주인(최종투자자)과 대리인(모기지 발행자, 은행, 자산관리자, 신용평가회사 등) 간의 정보비대칭성에 따른 '대리인문제'가 발생하기 때문이다. 게다가 복잡한 증권화 과정은 대출 발행자와 궁극적으로 기초자산의 리스크를 보유하는 투자자 사이에 커다란 갭을 만들어냄으로써 건전한 리스크 분석을 매우 어렵게 만들었다.

그 결과 2004년까지 대출 패턴에는 중요한 변화가 발생하였다. 예를 들어, 2001년 모기지 발행 규모는 2.2조 달러에 달했고 이 중 65%가 전통적 기준에 합치되는 대출(conforming loans)[154]과 연방주택청(FHA) 및 재향군인청(Department of Veterans Affairs, VA)의 대출이었다. 나머지 중 20%는 신용등급이 높지만 구입주택이 너무 비싸 대출 기준에 합치되지 못하는 프라임 점보 모기지였다.[155] 즉 2001년 전체 모기지 대출의 85%가 프라임 등급이었다. 2003년에는 거의 4조

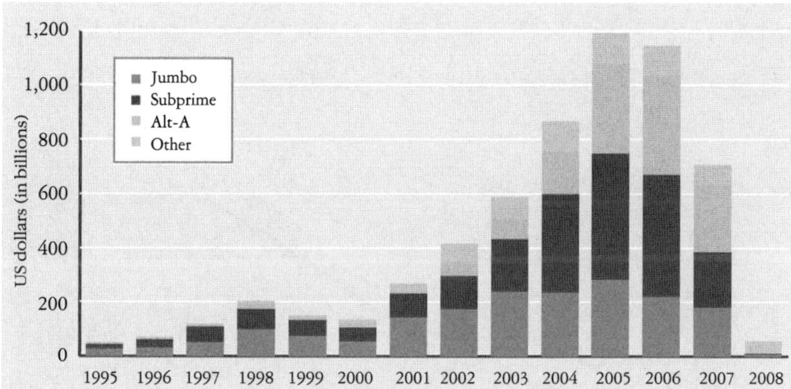

출처: *Inside Mortgage Finance*, available at http://www.insidemortgagefinance.com/.

▌그림 2-79. 민간부문 모기지 발행 구성, 1995~2008(10억 달러)

---

154 신용 상태가 좋지 못한 대출자들은 제1금융권의 큰 은행들보다는 제2금융기관을 이용할 수밖에 없는데 이들 금융기관을 비합치 대출자(non-conforming lender)라 하고 여기서 받는 융자를 비합치대출(non-conforming loans)이라 한다.

155 예를 들어, 패니매가 규정한 점보 모기지 융자 상한선은 2004년 기준 333,500달러, 2008년 기준 417,000 달러로 이 상한액을 넘어 융자되는 경우 일반 모기지 융자보다 약간 높은 이자율을 적용하였다.

달러의 모기지가 대출되었는데 대출 기준을 충족하는 모기지의 급등으로 프라임 모기지의 비중은 85%선에서 안정적으로 유지되었다. 그런데 2003년 이후 전체 모기지 규모는 하락하여 2004~2006년간 연평균 약 3조 달러로 축소되었다. 반면, 서브프라임과 홈에쿼티론(HEL)은 크게 확대되었다. 프라임 모기지는 2004년 64%, 2005년 56%, 2006년 52%로 하락하였다. 즉 2006년 모기지 대출의 거의 절반은 서브프라임이나 알트-A(Alt-A) 혹은 홈에쿼티론이었음을 의미한다. 예를 들어, 서브프라임 모기지의 판매액은 1996년 968억 달러에 불과했으나 2006년에는 6천억 달러로 6배 이상이나 증가했다.

이는 2002~2005년간 (소득수준과 신용이 모두 낮아) 서브프라임 대출을 받을 가능성이 큰 저소득층 주민 비율이 높은 지역의 대출 증가 속도가 잘 사는 지역의 대출 증가 속도보다 두 배나 높았던 데서도 확인된다. 그 결과 모기지 대출이 특히 증가한 지역의 집값 상승률이 그렇지 않은 지역보다 더 높게 나타났다. 즉 실질소득이 감소한 지역의 주택가격 상승률이 오히려 더 높았던 것이다. 당시 저소득층의 소득은 제자리걸음을 하거나 오히려 감소하는 추세였기에 주택 구입 계획

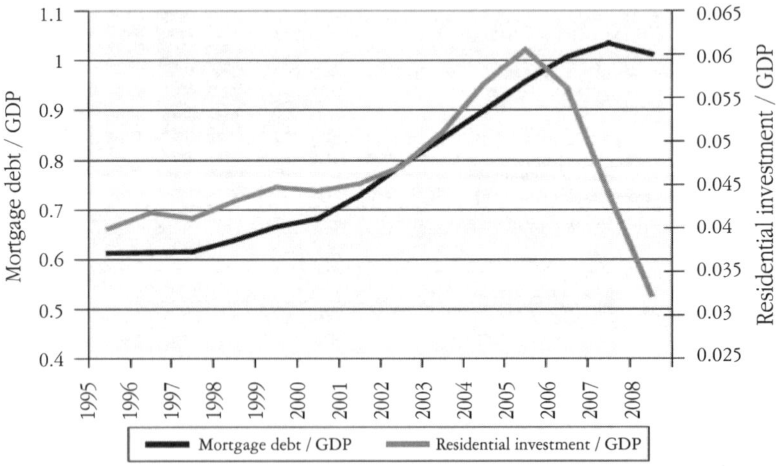

Source: Board of Govemors of the Federal Reserve System and U.S. Department of Commerce.

▌그림 2-80. GDP 대비 모기지 부채(좌)와 주택건설투자(우)의 비중

이 없었는데 갑자기 돈을 대출해주겠다는 공급이 밀려든 것이다. 그러나 대출 증가로 주택 가격이 폭등하면서 저소득층 가구는 대출받아야 할 액수가 점점 더 많아짐에 따라 모기지 상환이 점점 더 어려워졌다.[156] 2006년 이후 상환부도율은 서브프라임 대출이 집중된 지역이 세 배나 높았다.[157] 즉 대출 규모의 증가 속에 2004년 10%선이었던 연체율이 2006년 4분기에는 13.3%로 증가하였고, 여기에 금리가 크게 오르고 주택 가격마저 하락세로 돌아서면서 2007년부터는 일부 서브프라임 모기지 대출 업체가 영업정지를 당하거나 파산하기 시작했다. 주택시장의 침체는 주택건설투자의 하락으로 이어지며 경기침체의 한 요인으로 작용하였다.[158]

156 게다가 주택자산 가치의 증가로 추가 차입이 가능하며 대출 수요가 공급을 초과하자 저소득층은 모기지 대출이 아닌 다른 종류의 대출을 사용하였다. 신용카드 연체율이 큰 폭으로 상승한 이유이다.

157 A. Mian and A. Sufi, Nov. 2009, "The Consequences of Mortgage Credit Expansion Evidence from the U.S. Mortgage Default Crisis," *Quarterly Journal of Economics*, Vol. 124, No. 4.

158 미국의 경우 금융위기 이전 30년간 GDP 대비 주택건설투자의 비중은 5.5%였으나 2005년에는 6%가 넘어섰다가 금융위기 이후 3% 밑으로 하락하였다.

제3장 ▸▸▸

끝난 적 없는 위기

지금까지 보았듯이 금융위기는 금융의 탈규제, 통화완화정책, 소득불평등 심화, 저소득층의 차입에 의한 주택소유지원정책, 금융혁신에 의한 리스크와 레버리지 추구, 글로벌 불균형 등이 상호 연관된 복합적 산물로 초래되었다. 그러나 보다 근원적인 요인은 산업구조 전환의 지체에 따른 과잉금융의 결과였다. 실물부문의 상대적 취약성은 고용시스템과 주거시스템 그리고 사회보장시스템을 약화시켰고, 과잉금융은 금융시스템의 영역을 벗어난 그림자금융이라는 비공식 세계를 만들어냈다. 따라서 금융위기로부터 벗어나기 위해서는 금융이나 주거나 사회보장 등 개별 시스템을 새롭게 업그레이드시키는 노력도 필요하지만, 근본적으로는 과잉금융의 문제를 해결해야만 한다. 근본문제가 해결되지 않은 채 지엽적 문제에 대한 단기적 처방은 위기의 형태를 바꿀 뿐 저성장의 지속과 위기의 재발을 막을 수 없다. 리먼브러더스가 파산한 지 3년이 지난 후 글로벌 경제가 다시 혼돈과 불확실성에 빠진 이유다.

2010년 말과 2011년 초까지만 해도 글로벌 경제에 대한 대부분의 전망은 낙관적이었다. 그러나 2011년 하반기에 접어들면서 자신감은 수그러들기 시작했다. 2011년 상반기 성장률에 대한 실망과 더불어 미국 정부부채를 둘러싼 미국 의회의 갈등, 8월 초 S&P의 미국 신용등급 강등(AAA에서 AA+), 주변국(아일랜드, 그리스, 포르투갈)에서 중심국(이탈리아, 스페인, 프랑스)으로 남유럽 위기의 확산 등은 '이중침체(double dip recession)'에 대한 가능성을 고조시켰다. 즉 금융위기는 종식되었고, 글로벌 경기가 회복세로 진입했다고 자신하던 낙관적 전망은 "유로존 위기로 인해 세계경제가 새로운 위험지대(new danger zone)로 진입"(로버트 졸릭 세계은행 총재), "우리는 위험한 위기 국면으로 진입했고, 집단적이고 과감하며 결정적인 행동이 필요"(크리스틴 라가르드 IMF 총재), "현재의 글로벌 경제는 칼날 끝(Knife edge)에 선 상황"(골드만삭스) 등 부정적 전망으로 급변하였다. 이에 9월 8일 오바마 미국 대통령은 4,470억 달러 규모의 2차 경기부양안, 9월 15일에는 유럽중앙은행(ECB)이 미국 연방준비제도(FRB)와 공조해 유럽 은행들에게 달러 유동성의 공급, 9월 20~21일 미국 연준(FRB)의 '오퍼레이션 트위스트(operation twist)' 등으로 대응하였다.

> **오퍼레이션 트위스트(operation twist)** 중앙은행이 시행하는 공개시장조작의 한 가지 방법으로 미국에서 1961년에 처음으로 실시하였다. 한편에서 장기증권을 매입하고 다른 한편에서 단기증권을 매도하는 조작을 동시에 행함으로써 통화공급량을 변화시키지 않고도 장기이자율을 인상하고 단기이자율을 인하하거나 또는 그와 반대 경우의 효과를 거둘 수 있다. 장단기금리를 반대방향으로 움직이게 하기 때문에 이 이름이 붙었다.

그럼에도 불구하고 글로벌 금융시장은 마치 산사태가 나듯이 '폭락의 악순환'을 보였다.[1] 재정위기, 글로벌 이중침체 우려의 고조 속에서 은행위기가 다시 부각되었기 때문이다. 미국 3대 은행들(BOA, 시티은행, 웰스파고)[2], 프랑스와 이탈

1 2011년 9월 22일을 전후로 홍콩 증시 지수 4.9%, 독일 프랑크푸르트 증시 4.2%, 영국 런던 증시 4.7%, 뉴욕 다우존스 지수 3.5%, 코스피 지수 5.7%가 하락하였다.

리아 대형 은행들의 신용등급이 강등되면서 글로벌 경제의 모세혈관에 돈을 공급해 줘야 할 대형 은행들이 오히려 '돈맥 경화'의 원인이 되었기 때문이다. 문제는 선진국 정부들이 재정위기에 놓여 있기 때문에 리먼브러더스 파산 당시처럼 정부가 구제해주기 어렵다는 점이다. 마침 9월 23일 미국 워싱턴에서 국제통화기금(IMF)과 세계은행(WB) 연차총회에 모인 G20 국가 재무장관과 중앙은행 총재들이 "각국 은행에 충분한 유동성을 공급하는 등 모든 조치를 강구하겠다"는 성명을 발표했다. 그러나 시장의 반응은 냉담하였다. 각국의 이해관계 차이를 조정하면서 협력을 끌어낼 '초국가 협력리더십' 없이는 해법을 만들어내기 어렵기 때문이다.[3] 리먼브러더스가 파산한 후 3년 동안 주요 선진국은 동원 가능한 모든 수단을 동원하였다. 예를 들어, 미국은 금융시스템 복구, 경기부양, 일자리 만들기 등을 위해 재정투입 1.2조 달러, 제로금리, 그리고 2008년 12월부터 2010년 3월과 2010년 11월부터 2011년 6월까지 두 차례 양적 완화(QE)를 통해 국채와 모기지 담보증권 등의 매입에 2.3조 달러를 투입하였다.[4] 그리고 2009년 6월 침체 종료를 선언하였다. 그런데 글로벌 경제는 왜 다시 위기의 늪으로 빠져든 것일까? 앞에서 보았듯이 2007년 8월경부터 본격적으로 위기는 그 모습을 드러냈다. 은행의 독성 서브프라임 모기지 자산의 가치 하락은 신용위기로 발전했고, 이는 다시 기업투자의 감소와 세계 무역의 감소에 영향을 미치면서 (해외직접투자를 포함한) 자본의 흐름은 역전되었다. 정부예산으로 지원한 금융회사 구제비용이 대규모로

2 2011년 은행대란 공포를 가져온 중심에는 미국 금융의 자존심인 뱅크오브아메리카(BOA)가 있었다. BOA는 무디스 신용등급 기준으로 2007년 3월 Aa1, 2008년 4월 Aa2, 2009년 1월 Aa3, 3월에는 두 등급 하락한 A2, 그리고 2011년 9월 21일 다시 두 등급 하락해 Baa1이 되었다. 그 결과 BOA의 CDS 5년물 프리미엄은 3.736%로 급등하였다.

3 IMF 연차총회에 참석한 각국 경제 장관들은 경제위기 해결을 위한 로드맵을 마련하자는 공동 성명을 내놨으나 각국 경제 장관들이 고국에 돌아가서 취한 행동은 공동성명과 딴판이었다. 유로존 국가들의 분열은 심각했고, 중국은 소방수 역할을 거부했고, 미국은 유럽에 짜증만 냈을 뿐이다. David Bosco, September 26, 2011, "Five takeaways from the IMF meetings," Foreign Policy. http://bosco.foreignpolicy.com/posts/2011/09/26/five_takeaways_from_the_imf_meetings

4 연준 의장 버냉키(Bernanke)가 상원은행 · 주택 · 도시 문제 위원회에 제출한 자료(Dec. 6, 2011)에 따르면 유동성 프로그램에 의한 신용 제공만도 약 1.5조 달러에 달하였다. Correction of Recent Press Reports Regarding Federal Reserve Emergency Lending During the Financial Crisis.

발생하였고, 실업 비용이 급증하였으며 정부 수입이 감소하였다. 그리고 재정위기와 국가부채 위기가 뒤를 이었다. 금융위기를 처방한 거시경제 정책들—감세, 통화 팽창, 저금리, 재정부양 등—이 효과를 보지 못했음을 의미한다. 따라서 지금부터는 금융위기 이후 거시경제 정책들을 구체적으로 살펴보고자 한다.

제1절 통화정책의 실패와 통화시스템의 위기

금융위기에 대한 중앙은행의 인식 실패

주택가격의 상승률[5]이 2006년부터 꺾이기 시작하며 서브프라임 모기지의 문제가 표면화되었다. 기존 주택가격은 2006년 8월 이후, 신축 주택가격도 2007년 4월부터, 그리고 20개 대도시를 대상으로 한 S&P/Case-Shiller 주택가격지수도 2007년 들어 하락세로 반전하였다. 서브프라임 대출의 연체율 및 주택압류율 역시 2005년 3・4분기 이후 상승세를 지속하였다. 서브프라임 모기지 부실화의 여파가 신용도가 높은 Alt-A 대출, 모기지대출 담보증권인 MBS 및 CDO, 기업의 차입매수(LBO) 시장, 유럽 등 세계 금융시장으로 확산되며 2007년 2월 9일에는 영국의 홍콩상하이은행(HSBC)이 2003년에 인수한 미국계 소매은행 하우스홀드 인터내셔널(Household International, HI)[6]이 서브프라임 대출로 인한 전년도 손실이 전체 부실의 20%(105억 6천만 달러)에 달했다고 발표했다. 4월 2일에는 미국 내 서브프라임 모기지 대출 2위 업체였던 뉴센트리 파이낸셜(New Century

5 주택시장 과열로 연준(FRB)은 2004년 7월부터 긴축정책으로 전환하며 2년간 금리를 4.25%나 인상하였다.

미국의 금리인상 추이(단위: %)

2003.6	2008(5회)	2008(8회)	2006.1.31	2006.3.28	2006.5.10	2006.6.29
1.0	1.25 → 2.25	2.50 → 4.25	4.50	4.75	5.0	5.25

6 HSBC는 저소득층에 대한 고금리 대출을 주 업무로 하는 하우스홀드 인터내셔널을 142억 2천만 달러에 인수하여 모기지 사업에 뛰어들었다.

Financial)이 대출 부실로 파산보호를 신청했다. 5월 3일에는 스위스 대형은행 UBS에 소속된 딜런리드 캐피털매니지먼트(Dillon Read Capital Management, DRCM)가 운용하는 헤지펀드가 서브프라임 모기지 대출과 관련해 대규모 손실을 입었다고 발표했다. 이러한 상황에서도 연준의 벤 버냉키 의장은 미국 하원 공동경제위원회 증언에서 경제 전망과 관련하여 "서브프라임 시장의 문제가 보다 광범위한 경제와 금융시장에 대한 영향은 억제될 것"이라고 확신하였다.[7] 그러나 사태는 갈수록 악화되었다. 6월 25일 미국 5위 투자은행인 베어스턴스가 운용하는 헤지펀드가 서브프라임 모기지로 인해 대규모 손실을 입고 보유 자산을 강매하였다. 그 결과 이곳에 자금을 대출한 메릴린치, JP모건, 씨티그룹, 골드만삭스 등이 타격을 입었다. 8월 6일에는 미국 10위권 아메리칸 홈 모기지 인베스트먼트(AHM)가 파산보호를 신청하였고, 8월 9일에는 자산 규모에서 세계 최대 은행 중 하나인 프랑스의 BNP 파리바(BNP Paribas)가 미국의 모기지에 특화한 자신의 세 개 헤지펀드(16억 유로 규모)가 환매를 중단한다는 발표를 한다.

이처럼 2007년 여름에는 금융위기가 본격적으로 그 실체를 드러냈다. 그럼에도 불구하고 연준의 대응은 금융위기의 심각성을 인식하는 데 실패했다. 예를 들어, 2007년 8월 연준의 잭슨홀 연례 심포지엄에서 당시 연준의 이사이자 통화정책과 은행 및 금융 등의 전문가인 프레드릭 미시킨(Frederic Mishkin)은 미국 연준이 사용하는 기준모델에 따르면 향후 2년 내 주택가격이 1/5까지 하락하더라도 GDP를 0.25% 하락시키고, 실업률을 0.1% 상승시키는 데 불과할 것으로 추정된다며, 이 정도 충격은 연준 금리를 1%만 인하해도 관리할 수 있다고 주장했다.[8] 그의 발표 이후 연준은 금리를 5%나 인하했지만 효과는 나타나지 않았다.

---

7 Ben S. Bernanke, March 28, 2007, "The economic outlook: Testimony Before the Joint Economic Committee," U.S. Congress. http://www.federalreserve.gov/newsevents/testimony/bernanke 20070328a.htm

8 Frederic S. Mishkin, August 2007, "Housing and the Monetary Transmission Mechanism", Prepared for Federal Reserve Bank of Kansas City's 2007 Jackson Hole Symposium, Jackson Hole, Wyoming.

금융위기 해결을 위해 미국 연준이 동원한 수단들

신용 경색을 차단하기 위해 연준은 금리의 공격적 인하와 더불어 시중은행 외에도 월가 기관들에 직접 대출을 단행했고 모기지담보증권(MBS)을 대출 담보물로 허용하였다. 즉 2007년 12월, 서브프라임 모기지 관련 손실이 확대되면서 은행간대출 시장이 얼어붙자 연준은 기관입찰대출창구(Term Auction Facility, TAF)를 만들어낸다.[9] 당시 연준은 은행 간 자금 거래가 불안해졌을 때 효과적인 유동성 공급을 위한 것이었다고 밝혔다. 하지만 당시 연준이 정말 걱정했던 것은 재할인 창구였다. 당시 은행들은 재할인 창구를 이용하면 유동성에 문제가 있다는 식으로 비춰줄 수 있다는 걱정 때문에 유동성 부족에도 불구하고 재할인 창구를 이용하는 것을 꺼려했기 때문이다. 이에 연준이 TAF를 통해 새로운 유동성 공급

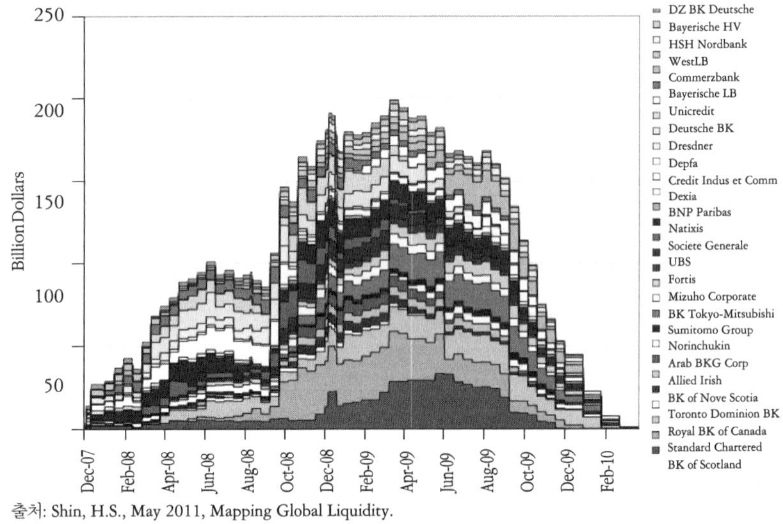

출처: Shin, H.S., May 2011, Mapping Global Liquidity.

▌그림 3-1. 연준의 기관입찰대출창구(TAF) 미지불액

9 TAF는 만기가 30일 안팎인 일종의 담보대출로 환매조건부채권(RP)보다 대출 기간이 길고 담보 대상과 대상 금융기관이 광범위했다. TAF를 통한 대출 금리는 경매를 통해 확정됐다. TAF를 통한 대출 규모는 2009년 2월 26일 기준 4,930억 달러로 늘어난다. 재할인 창구를 통한 대출 규모가 사상 최고를 기록했을 때보다 4배 이상 많았다. 400여 개 금융회사가 혜택을 입었다. Bernanke, Dec. 6, 2011, "Correction of Recent Press Reports Regarding Federal Reserve Emergency Lending During the Financial Crisis."

활로를 터준 것이었다.

그럼에도 불구하고 서브프라임 모기지 사태는 걷잡을 수 없이 번졌다. 2008년 2월 영국 정부는 미국의 서브프라임 모기지 부실에 따른 신용경색 여파로 파산 위기에 처한 모기지 은행 노던록(Northern Rock)에 대한 부분적 국유화를 발표한다.[10] 3월 16일에는 JP모건이 연준(FRB)의 290억 달러 자금지원으로 베어스턴스를 인수하였다. 당일 연준은 프라이머리 딜러대출(Primary Dealer Credit Facitlity, PDCF) 도입을 발표했다. PDCF를 통해 프라이머리 딜러에 대한 기준과 담보에 대한 조건을 완화했다. PDCF 덕분에 골드만삭스, 모건스탠리 등 투자은행도 연준으로부터 유동성을 공급받게 됐다. 이전까지 FRB는 은행 규제법에 따라 골드만삭스와 모건스탠리 등 투자은행들에 대한 긴급 대출을 제한했다. PDCF를 통해 정크 등급의 주식과 채권도 담보로 인정받게 된 것이다.[11] 즉 기간부국채임대대출(Term Securities Lending Facility, TSLF)을 통해 모기지 채권 등의 부실 자산을 미 국채로 바꿔주는 것을 허용했다. 은행들이 연준으로부터 교환한 국채를 담보로 맡기고 자금을 빌릴 수 있게 된 것이다.[12] 3월 18일에는 세계 최대 규모의 모기지 대출업체 손버그모기지(Thonburg Mortgage)가 1차 부도를 내고, 7월 11일에는 미국의 대형 서브프라임 모기지 업체인 인디맥 방코프가 파산하자 연방예금보험공사(FDIC)가 인수했다. 7월 13일에 당시 재무장관 헨리 폴슨은 미국 정부가 정부보증기관(GSE)에 대한 후방방어벽 역할을 하겠다고 선언하고, 9월 7일에는 연방주택금융청(Federal Housing Finance Agency, FHFA)이 패니매와 프레디맥의 인수를 발표한다. 국유화된 것이다. 9월 15일에는 뱅크오브아메리카(BoA)가 메릴린치를 500억 달러에 인수하기로 합의한 반면, 리먼브러더스는 잠재적 인수자

10 노던록은 이미 2007년 9월 영국 중앙은행으로부터 250억 파운드의 긴급 자금을 받았고, 정부도 대출금과 보증금을 지원하느라 550억 파운드에 달하는 국민 세금을 사용하였고, 매각에 차질을 빚으면서 끝내 국유화가 되었다.

11 2008년 9월 29일 PDCF를 통한 자금 대출은 1,560억 달러로 역대 최고를 기록했다.

12 TSLF는 베어스턴스 붕괴 5일 전에 발표됐다. 대출 수수료는 매주 경매를 통해 결정했으며 낙찰받은 은행들은 28일짜리 미 국채를 받았다. 이에 대한 수수료는 초기 0.3%에 불과했지만 리먼브러더스가 붕괴된 후였던 2008년 10월에는 3.2%까지 상승했다.

들과의 협상이 결렬되자 파산보호를 신청한다.

리먼브러더스의 파산은 새로운 충격을 던졌다.[13] 그때까지 은행이 심각한 문제에 봉착하면 정부가 구제 조치를 취하는 것으로 가정해왔기 때문이다. 앞에서 기술했듯이, 미국 정부는 베어스턴스에 대해 새로운 인수자를 찾아주었고, 영국 정부도 영국 5위의 모기지은행이었던 노던록(Northern Rock)이 뱅크런(bankrun)에 처하자 공적 자금을 투입하여 국유화하였다.[14] 상업은행에만 자금을 지원할 수 있는 연준이 대공황 이후 처음으로 2007년 3월에 세계 5위 투자은행 베어스턴스에 구제금융을 투입했다. 그런데 리먼브러더스가 파산했을 때 대마불사(too big to fail, TBTF)는 더 이상 성립하지 않고, 모든 은행이 위험해질 수 있다는 사고가 부상하였다. 이에 미국 정부는 방향을 선회하여 금융회사들을 한꺼번에 구제할 포괄적인 프로그램을 구상하였고, 2008년 9월 28일에 부실자산구제프로그램(Troubled Asset Relief Program, TARP)을 발표하였다. 동 계획의 골자는 MBS, CDO 등 모기지 대출과 관련한 부실자산을 정부가 금융회사로부터 매수하는 것이며 이를 뒷받침하기 위해 미국 의회는 7천억 달러 규모의 구제금융법안을 2008년 10월 3일에 통과시켰다. 이를 토대로 파산 직전의 상황에 내몰렸던 AIG에 단일 금융업체로는 최대 규모인 1,825억 달러의 구제금융 자금(전체 지분의 92%)을 지원하였고, 시티그룹에는 250억 달러 자금을 투입(전체 지분의 36%)하여 사실상 국유화하기도 하였다. 그리고 2009년 6월에는 미국 최대 자동차업체인 GM이 파산보호를 신청했고, 미국 정부는 총 500억 달러의 구제금융(전체 지분의 60%)을 투입하였다.[15]

---

13 사실, 위기 과정에서 미국 정부는 비일관성을 보여주었다. 베어스턴스는 구제하고, 패니매와 프레디맥은 정부의 경영관리(Conservatorship)하에 두기로 결정한 반면, 리먼브러더스는 파산시키고 다시 AIG는 구제하였다. Financial Crisis Inquiry Commission Report, 2011, p. xxi.

14 영국 정부는 노던록에 14억 파운드를 투입하여 국유화한 지 4년 후인 2011년 11월 노던록을 버진머니(Virgin Money, a unit of Richard Branson's Virgin Group Ltd.)에게 매각하기로 선언함으로써 영국 납세자는 4억 파운드의 손실을 보게 되었다. WSJ, Nov. 18, 2011, "U.K. Loss on Northern Rock: Sale Suggests Eagerness to Unload Stakes in Rescued Banks." http:// online.wsj.com/ article/SB10001424052970203611404577043502796219694.html

15 GM이 파산보호로 신청한 챕터 11은 즉시 자산매각 후 청산에 들어가는 챕터 7과 달리 법원 감독

이처럼 리먼 브라더스 파산 이후 글로벌 금융시스템을 통한 도미노 효과의 위협은 서구 국가들로 하여금 자신의 은행들이 붕괴되는 것을 막기 위해 천문학적인 자본을 투입케 하였다.[16] 금융회사의 부실 자산 매입과 보증을 위한 7천억 달러 규모의 TARP를 포함해 미국 정부와 연준(FRB)은 금융시장의 안정을 지원하기 위해 천문학적 자금을 투입하였다. 유동성을 조정하기 위한 가장 대표적인 수단인 금리도 금융위기가 본격적으로 나타나기 시작한 2007년 8월부터 2008년 12월까지 사실상 제로금리로 인하하였다. 유럽 역시 은행을 보호하기 위해 정부는 은행이 발행한 것들에 대한 보증을 하고 자본을 주입하고 금리는 1%까지 인하하였다. 영국도 2009년 2월과 3월에 4대 은행 중 스코틀랜드왕립은행(Royal Bank of Scotland, RBS)과 로이즈뱅킹그룹(Lloyds Banking Group)이 부분적으로 국유화된다. 전자의 경우 영국 정부는 3천억 파운드의 부실자산에 지급보증을 하고 지분 교환을 통해 255억 파운드의 자금을 지원하였다. 후자의 경우 영국 정부는 로이즈가 보유한 약 2,600억 파운드(3,670억 달러)의 위험자산을 보증하는 한편 우선주를 보통주로 전환하는 방식으로 로이즈의 지분 75%를 확보하였다.

서브프라임 모기지 사태에 따른 금융회사와 금융시장의 고통과 불안정에 대한 중앙은행의 초기 대응은 교과서적이었다. 부채가 야기한 자산버블의 마지막 국면, 즉 차압이 확산되고 파산이 진행되는 신용압박(credit squeeze) 과정에서는 신용 등급이 높지 않은 한 신용 접근의 어려움에 직면한다. 미국 연준(FRB)은 2007년 8월 10일 환매조건부채권(RP) 입찰을 통해 380억 달러의 유동성을 공급하고, 8월 17일에는 재할인율 0.5% 인하와 재할인 창구(opening the Fed discount window)를 통한 대출을 익일 기준에서 30일 기준으로 변경하였다.[17] 하지만 앞

아래 일시적으로 채무 상환을 연기하고 구조조정을 통해 기업회생을 유도하는 절차다.

16 글로벌 금융위기 이후 전 세계 1,000대 은행의 경우 2010년 1월까지 약 1조 3천억 달러의 손실을 보았다.

17 자금 대출을 위해 은행들은 당시 연방기금 금리보다 0.25~0.50%포인트의 금리를 더 주어야 했다. 게다가 은행들은 국채부터 투자 등급의 회사채 등의 담보까지 약속했다. 재할인 창구를 통해 2,100여 개 금융회사가 혜택을 보았다. Bernanke, Dec. 6, 2011, "Correction of Recent Press Reports Regarding Federal Reserve Emergency Lending During the Financial Crisis."

에서 지적했듯이 은행들은 재할인 창구를 이용하면 유동성에 문제가 있다는 식으로 비쳐질 수 있다는 우려로 유동성 부족에도 불구하고 재할인 창구를 이용하는 것을 꺼려했다. 이에 연준은 2007년 12월 12일 유럽중앙은행(ECB)과 공동으로 새로운 유동성 공급을 위해 TAF를 고안한다. 앞에서 소개했듯이, TAF란 유동성이 부족한 금융회사에 경매 방식으로 직접 자금을 공급하는 제도로 대출 금리는 경매를 통해 확정됐고, 환매조건부채권(RP)과 비교 시 대출 기간이 길고 적용 대상과 담보 대상이 광범위하게 확대되었다.[18] 당시 연준은 TAF가 서브프라임 모기지 관련 손실이 확대되면서 은행간대출 시장이 불안해져 효과적인 유동성 공급을 위한 것이라고 밝혔다. 그러나 TAF는 유동성 공급에 충분치 않았다. 이에 연준은 2008년 1월 21일 기습적으로 정책금리를 0.75% 인하하였고, 그해 3월 8일에는 TAF 방식을 통한 유동성 공급 규모를 500억 달러까지 확대하였다. 그럼에도 신용경색이 진정되지 않자 3월 11일, 즉 베어스턴스 붕괴 5일 전에는 모기지 담보증권(MBS)을 담보물로 인정하는 TSLF를 도입해 2천억 달러를 공급했다.[19] 그리고 JP모건이 베어스턴스를 인수했던 2008년 3월 16일에 FRB는 PDCF 도입을 발표했다. 일명 '재할인 제도의 사촌'이라고도 불리는 PDCF는 서브프라임 모기지 부실에 따른 어려움을 가장 직접적으로 겪고 있는 투자은행과 증권사들 가운데 연방 공개시장 활동에 참여하고 있는 프라이머리 딜러들을 대상으로 최종대부자인 중앙은행에서 재할인창구를 통해 자금을 융통할 수 있는 길을 열어준 제도이다. PDCF를 통해 프라이머리 딜러에 대한 기준과 담보에 대한 조건을 완

18 TAF를 통한 대출 규모는 2009년 2월 26일 기준 4,930억 달러로 늘어났을 정도로 재할인 창구를 통한 대출 규모가 사상 최고를 기록했을 때보다 4배 이상 많았다. 리먼브러더스 파산 후인 2008년 10월 28일 재할인 창구를 이용한 대출 규모는 1,137억 달러였다.

19 정부가 공인 채권 딜러에게 AAA/Aaa 등급의 사적인 MBS(주택저당증권)나 기타 채권을 국채와 교환해주는 입찰방식이다. 주간 단위의 입찰 방식(일주일에 한 번)으로 진행되며 새로운 투자자(프라이머리 딜러)가 담보를 제공하면 연준이 보유하고 있는 국채를 빌려주는 방식으로 대출 수수료는 매주 경매를 통해 결정했으며 낙찰받은 은행들은 28일짜리 미 국채를 받았다. 이를 통해 은행들은 FRB로부터 교환한 국채를 담보로 맡기고 자금을 빌릴 수 있게 되었다. 연준은 주택경기침체와 경기악화를 가속화시키고 있는 모기지 채권을 우량한 채권으로 바꾸어 시장에 유동성을 공급하겠다는 의도이다. 수수료는 초기 0.3%에 불과했지만 리먼브러더스가 붕괴된 후였던 2008년 10월에는 3.2%까지 상승했다.

화했다. PDCF 덕분에 골드만삭스, 모건스탠리 등 투자은행도 FRB로부터 유동성을 공급받게 됐다. 이전까지 FRB는 은행 규제법에 따라 골드만삭스와 모건스탠리에 대한 긴급 대출을 제한했다. PDCF를 통해 정크 등급의 주식과 채권도 담보로 인정받게 됐다.[20]

TSLF나 PDCF 역시 일종의 재할인창구로 보일 수 있지만, 기존의 재할인창구 역할과는 내용이 분명히 다른 것이었다. 중앙은행의 역할이 일반 증권업자 업무 수행(bank-loss underwriter of last resort)과 다를 바가 없었기 때문이다.[21] 중앙은행은 기존의 최종대부자(the lender of last resort) 역할에서 한걸음 더 나아가 독성자산(toxic assets)을 인수하는, 즉 중앙은행의 대차대조표에 금융회사의 부실자산을 포함시킴으로써 증권업자 업무 수행으로 역할을 확대시킨 것이다. 은행 손실을 인수하는 것은 위험성 자산에 대한 투자 목적을 갖는 것이기 때문이다. 즉 아무리 높은 이자율로도 새로운 신용 창출이 어려워지면서 은행시스템이 지급 불능 상태에 빠지는 신용경색(credit crunch) 국면으로 발전하자 중앙은행은 가치가 하락한 부실자산을 경화(hard currency)로 교환해준 것이다.

중앙은행의 일탈은 여기에서 멈추지 않았다. 2008년 9월 리먼브러더스 파산으로 세계에서 가장 오래된 머니마켓 뮤추얼 펀드인 '리저브 프라이머리 펀드'가 손실을 입었다. 이에 투자자들이 다른 머니마켓펀드(MMF)에서 자금을 뺀다면 금융시장 전체에 혼란을 불러올 위험이 있었다. 이에 FRB는 2008년 9월 19일 MMF들로부터 자산담보기업어음(ABCP)을 매입해 환매 요구에 직면한 MMF에 유동성을 공급하기 위해 '자산담보상업어음화폐시장뮤추얼펀드유동성기금(AMLF, Asset-Backed Commercial Paper Money Market Fund Liquidity Facility)'을 만들어낸다. 이를 통해 FRB는 은행들이 MMF로부터 ABCP를 살 수 있도록 은행들에 유동성을 공급한다. 심지어 FRB는 은행들이 인수한 적격 ABCP에서 발생하는

---

20 2008년 9월 29일 PDCF를 통한 자금 대출은 1,560억 달러로 역대 최고를 기록했다.

21 인수업자(underwriter)란 공모증권 발행 시 매입 보증을 제공하며 발행회사에 대해 소요자금의 조달을 보증하는 기관을 의미하는 것으로 미국의 투자은행, 영국의 머천트뱅크, 일본의 증권업자, 유럽의 시중은행 등이 인수업자의 역할을 수행한다.

어떠한 손실도 보상해주겠다고 약속했다. 2008년 10월 1일 AMLF의 대출 규모는 1,521억 달러로 역대 최대를 기록했다. JP모건 체이스는 AMLF에 가장 적극적으로 참여해 1,110억 달러어치의 ABCP를 사들였다. 또한, 리먼브러더스 붕괴 3주 후 기업들은 기업어음(CP)을 통해 자금을 조달하는 것이 불가능해졌다. 이에 FRB는 2008년 10월 일반 기업들이 단기 운전자금을 조달하고자 발행하는 CP를 매입해 이들의 자금줄을 터주고자 'CP 매입용 자금지원제도(CPFF, Commercial Paper Funding Facility)'를 설립했다. 10월 말 CPFF가 열리자 시티그룹, 뱅크오브아메리카(BOA), UBS 등 금융회사 및 캐터필라와 제너럴 일렉트릭(GE) 등 비금융권 기업을 포함해 120여 개의 미국 기업이 CPFF를 통해 자금을 조달했다. 원래 비금융권 기업은 FRB로부터 자금을 대출받을 수 없다. 하지만 FRB는 예외적이고 위급한 상황에서는 대출을 허용한다는 연방준비제도법 13조 3항을 근거로 내세우며 GE와 캐터필라에 자금을 대출해줬다. 2009년 1월까지 FRB는 3,480억 달러의 CP를 매입했다. 10개 금융기관이 발행한 CD와 CP를 매입하기 위해 설립한 '머니마켓투자펀드기금(MMIFF, Money Market Investor Funding Facility)' 역시 만기 90일 이내의 CP와 양도성예금증서(CD)를 매입하기 위해 연준이 설립한 기금이었다. 이처럼 AMLF, CPFF, MMIFF 등을 통해 금융권은 물론이고 기업들의 단기자금 경색을 완화하고자 특수목적회사(SPC)까지 설립하면서 연준은 직접 시장에 자금을 투입하였다. 또한, 연준이 2008년 11월 도입한 TACF는 학자금 및 신용카드 대출 등을 기초자산으로 발행한 ABS 시장 활성화 및 시중 유동성 개선을 목적으로 ABS를 매입하는 기관투자가들에게 저금리 자금을 대출하기 위한 것이었다. 2009년 3월부터는 ABS의 기초자산 적용 범위를 농기계 리스, 자동차 대출까지 확대했고, 자금 지원 대상도 은행에서 헤지펀드 등의 기관투자가들까지 확대했다.[22] 연준의 지원과 더불어 연방예금보험공사(FDIC)도 금융회사

22 TALF는 약 3백만 개 이상의 자동차 대출, 1백만 개 이상의 학자금 대출, 90여만 개의 중소기업 대출, 15만 개의 기타 사업대출, 수백만 개의 신용카드 대출 등을 지원했다. Bernanke, Dec. 6, 2011, "Correction of Recent Press Reports Regarding Federal Reserve Emergency Lending During the Financial Crisis."

의 1순위 무보증 채권(senior unsecured debt)과 기업 거래 계좌를 위해 '임시유동성보장프로그램(TLGP, Temporary Liquidity Guarantee Program)'을 작동했고, 미국 재무부도 MMF에 대한 임시보장프로그램을 운영했다. 일종의 '현대판 예금보장제'였다.[23]

그러나 중앙은행의 증권(독성자산) 인수와 직접 자금 지원 그리고 FDIC와 재무성 등의 지원으로 새로운 신용 창출과 통화공급 문제, 즉 금융중개기능이 해결될 수 있는 것은 아니었다. 2007년 9월 18일부터 인하하기 시작한 연준 기준금리는 2008년 12월 16일에는 제로금리에 도달하였다.[24] 미국 연준의 금리 인하는 전 세계로 파급되었다. 미국발 금융위기에서 상대적으로 피해를 적게 입은 신흥시장들은 2008년 상반기 약달러가 초래한 글로벌 인플레이션에 대응해 금리를 인상했지만 리먼브러더스 파산 이후 세계경제가 급격히 가라앉으면서 금리 인하에 동참하였던 것이다. 선진국 시장에 의존하던 신흥경제의 수출이 타격을 입으면서 신흥시장의 금리는 빠르게 인하하기 시작했고, 2009년 하반기부터 2010년 상반기 사이에는 선진국의 금리 인하보다 더 많이 하락하였다. 그러나 제로금리 정책(ZIRP, zero, or near, interest rate policy)은 선진국 중앙은행(국제결제통화국)의 선택수단이지 신흥경제(EMEs, emerging market economies)의 경우 인플레, 자산 버블, 외화 유출 등을 수반하기에 선택이 불가능하다. 즉 비국제결제통화를 가진 국가의 경우 ZIRP를 선택할 경우 환율위기, 즉 통화가치 급락의 문제에 직면한다. 특히 순해외 부채와 결합될 경우 파산에 직면할 수도 있다. 그러나 국제결제통화 국가의 경우 대부분 해외부채를 자신의 통화로 보유하기에 환율위기가 발생할 위험은 거의 없다.[25]

---

23 Z. Pozsar, T. Adrian, A. Asheraft and H. Boesky, 2010, p. 2.

24 연준의 기준금리는 5.25%(2006.6.29) → 4.75%(07.9.18) → … → 4.25%(07.12.11) → 3.5%(08.1.22) → 3.0%(08.1.30) → 2.25%(3.18) → … → 1%(10.29) → 0.00~0.25%(12.16)로 진행되었다. 연방공개시장위원회(FOMC)는 제로금리와 함께 주택담보대출과 주택시장을 떠받치기 위해 연준이 1조 2,500억 달러 규모의 기관담보유가증권과 약 2,000억 달러 규모의 주택기관채권 매입을 결정했다.

25 A. Sheng, Sep. 2011, Central Banking in an Era of Quantitative Easing, Levy Economics

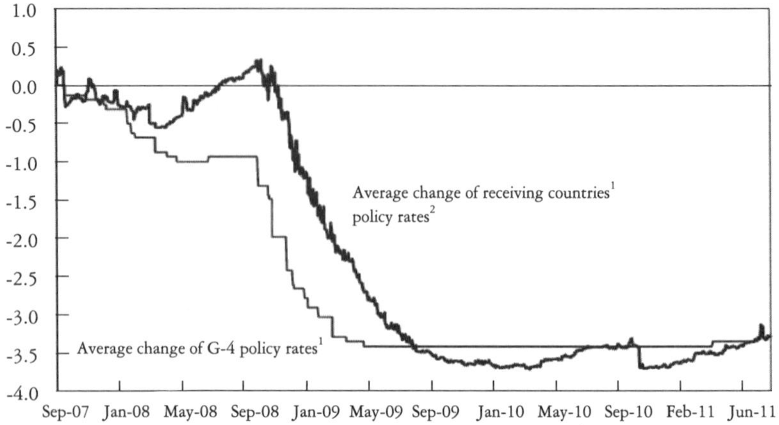

source: Bloomberg L.P.; and IMF staff estimates.

1: G-4 includes the euro area, Japan, the United Kingdom, and the United States.

2: Receiving countries are Argentina, Australia, Brazil, Canada, China, India, Indonesia, Korea, Mexico, Norway, Russia, Saudi Arabia, South Africa, Sweden, Switzerland, and Turkey.

▌그림 3-2. 글로벌 중앙은행의 정책금리 추이(% 포인트, 2007년 9월 1일=0)

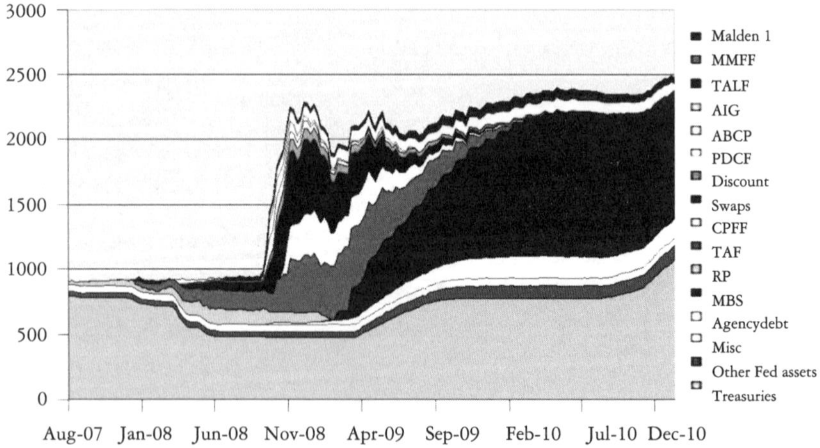

source: Federal Reserve.

▌그림 3-3. 연준의 자산

Institute Working Paper No. 684.

그럼에도 불구하고 신용경색은 해소되지 않았고, 디플레이션 우려마저 고조되자 연준(FRB)은 비상유동성 지원 프로그램인 양적 완화(QE)를 개시하였다. 즉 2009년 3월 16일 연방공개시장위원회(FOMC)는 6개월간 3천억 달러에 달하는 장기 국채의 매입을 결정했다. 이른바 1차 양적 완화다. 1차 양적 완화는 1961년에 있었던 '오퍼레이션 트위스트' 이래 장기 국채의 상대적 공급을 변화시킨 첫 번째 사건이었다. 그 결과 연준의 자산 규모는 2008년 리먼브러더스 사태 이후 폭발적으로 증가한다. 2007년부터 2010년 10월 말까지 연준의 대차대조표 흐름을 보면, 2007년 1월엔 8,790억 달러에 불과했던 연준의 자산 규모가 2010년 10월에는 2조 3천억 달러에 육박하고 있다. 그 덕택에 금융회사, 특히 거대 금융회사의 유동성 부족과 신용 경색은 일시적으로 해결되었다. 이러한 천문학적 금융 투입은 통화량 감소가 대공황을 불러온 직접 원인이었다는 프리드먼의 주장에 기초한 것이었다. 그러나 연준의 통화 공급은 금융회사를 구제하는 데는 일시적 효과를 거두었지만 금융의 중개기능을 회복시키는 데는 실패하였다. 비전통적 수단까지 동원한 연준의 통화정책이 실패한 것은 금융위기 이후 2차 양적 완화 이전까지의 연준의 자산과 부채 구성의 변화로 쉽게 이해할 수 있다.

연준의 부채를 보면 리먼브러더스 파산 이후 크게 증가했는데, 그중에서도 연준에 예치한 시중은행의 지급준비금이 크게 증가했다. 연준이 시중은행들의 유동성 위기를 구제하기 위해 공급한 돈의 대부분이 다시 연준으로 되돌아왔고, 연준은 은행의 예금에 대해 연 0.25%의 이자를 지급했음을 알 수 있다. 이는 은행의 유동성 위기가 가라앉은 상태에서도 자금 중개기능이 전혀 복원되지 않았음을 의미한다. 중앙은행이 경기를 살리기 위해 통화를 공급해도 은행은 자금조달 능력이 취약한 소기업이나 금융위기와 경기침체로 타격을 받은 가계에 대한 대출을 포기하였던 것이다. 실제로 2008년 대비 18.6% 감소했던 상업 및 산업자금 대출은 본격적으로 경기회복 국면에 들어섰던 2010년 1분기와 2분기에도 각각 -19.5%와 -15.6%로 감소세가 계속됐다.[26] 이는 은행간대출의 축소에서도 확인된다. 2010년 8월 기준 은행간대출은 1,837억 달러에 불과했다. 1년 전인 2009년 8월의 3,185억 달러보다 크게 감소한 것이다. 천문학적 규모의 양적 완화가 금융중개를 정상화시키지 못한 것은 본원통화량과 통화량(M1)·총통화량(M2) 사이의 관계에서도 확인된다. 금융위기 이후, 특히 리먼브러더스의 파산 이후 본원통화량의 팽창은 통화량(M1)이나 총통화량(M2)에 영향을 미치는 데 거의 실패했다.

버냉키의 양적 완화와 일본의 '잃어버린 10년' 벤 버냉키 FRB 의장은 대공황 전문가다. 대공황으로 박사학위(Nonmonetary Effects of the Financial Crisis in the Propagation of the Great Depression, 1983)를 받았다. 즉 그는 학문적으로 통화정책에 정통한 세계에서 손꼽히는 거시경제학자다. 그는 프린스턴대 교수로 있던 2000년에 '잃어버린 10년'이라는 장기간 디플레이션을 초래한 일본은행(BOJ)을 신랄하게 비난했다. "일본의 잃어버린 10년은 일본은행이 초래한 자발적인 마비증세"라고 비꼬았던 것이다. "BOJ가 경기부양을 위해 할 일을 다 했다고 말해선 안 된다. 붕괴된 은행시스템 등 통화정책으로 풀 수 없는 구조적 문제가 있었다는 점은 인정하지만, 제로금리 이상의 수요 촉진책을 써야 했다"고 비난했다. 즉 미국의 양적 완화 조치처럼 BOJ가 직접 국채를 매입해 시장에 유동성을 공급했어야 한다는 주장이다. 그리고 그는 2006년 연준 의장으로 취임한 후 금융위기와 경기침체를 맞이해 "경기 부양을 위해서라면 헬리콥터에서 돈을 뿌릴 수도 있다"고 말해 '헬리콥터 벤'이라는 별명이 붙을 정도로 두 차례의 양적 완화(2조 3천억 달러)를 통해 국채·모기지 채권 등을 사들이면서 달러를 시장에 쏟아 부었다. 그러나 결과는 처절한 실패였다. 특히 2차(2010.11~2011.6) 때 6천억 달러 투입에도 불구하고 고용 및 주택시장은 살아나지 않고 석유가격 30% 상승 등 상품가격 상승에 따른 글로벌 인플레 및 환율전쟁을 야기했다. 버냉키가 2차 양적 완화

26 2011년 7월 말 기준 미국 은행들은 9,810억 달러의 현금을 보유하였는데, 이는 2008년 7월보다 3배 증가한 규모였다. 또한 상업은행의 경우 2009년 초에 비해 예금은 16% 증가한 7조 3,800달러에 달한 반면, 대출은 6.4% 감소하였다. 은행이 예금의 대부분을 단기 증권에 투자하였기 때문이다. Businessweek, August 11, 2011, The Stress of Carrying Cash: Investors, companies, and banks have too much of it. And it's not doing any of them much good.

(월 750억 달러씩 8개월간 6천억 달러를 프린트해 미국채를 매입)의 목적으로 장기금리 인하를 표방한 반면, 2차 양적 완화가 시행된 기간 동안 미국채 10년물 수익률은 2.48%에서 3.15%로 오히려 상승했다. 참고로 BOJ는 1999년부터 제로금리 정책을 폈고, 2001~06년간 양적 완화를 시행했고, 다시 2010년 10월부터 국채와 회사채를 시장에서 직접 사들이는 '양적 완화'를 시행했다. 그 결과 일본은행의 자산은 1999년 3월 말 79조 엔에서 2011년 8월 141조 엔으로 80%가 증가하였다. 그러나 버냉키는 일본은행의 이러한 양적 완화 조치가 너무 늦었을 뿐 아니라 불충분했다고 비난하였던 것이다.

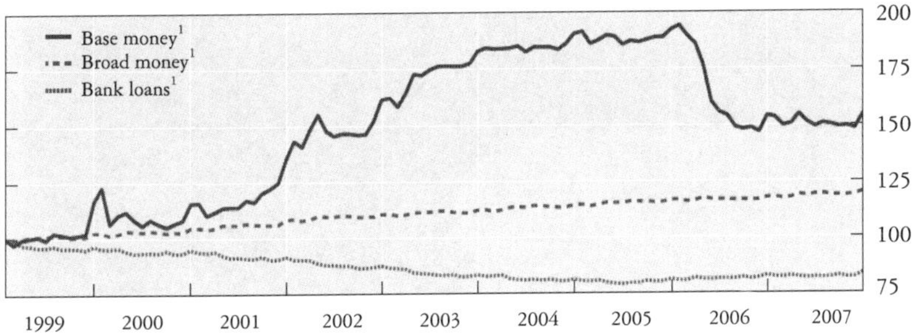

[1]: Rebased to 1 Janary 1999 = 100.

Source: Bank of Japan.

출처: C. Borio and p. Disyatat. Nov. 2009, Unconventional monetary policies: an appraisal, BIS Working Papers No. 292에서 재인용.

▌그림 3-4. 일본은행의 양적 완화

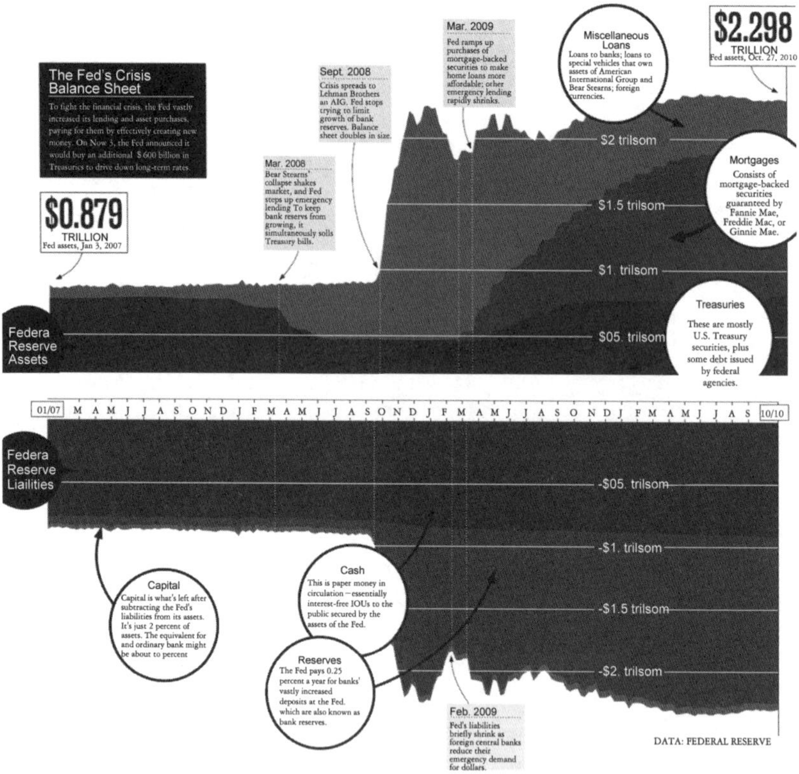

출처: Businessweek, Nov. 8-14, 2010, pp. 12-13.

▌그림 3-5. 미국 연준(FRB)의 대차대조표 위기(2010년 10월 기준)

소비자의 은행 대출이 증가한 것도 소비자들의 소득과 자산구조의 악화 등에 따른 결과였다. 2010년 8월의 소비자 대출은 1조 1,605억 달러로, 1년 전인 2009년 8월의 8,501억 달러에 비해 3,104억 달러 증가했다. 그중 2,749억 달러가 카드론(card loan)이나 대출 연장이고, 나머지 대출도 대부분 학자금, 의료비, 개인 지출 등을 위한 것이었다. 금융위기 과정에서 빈곤층(4인 가족 기준으로 연간 세전 소득이 2만 2,050달러 이하인 계층)이 급격하게 증대하고 있기 때문이다. 미국의 빈곤층 인구는 2007년 3,805만 2천 명(전체 인구의 13.1%)에서 2008년 3,982만 9천 명(13.2%), 2009년 4,356만 9천 명(14.3%), 2010년 4,620만 명(15.1%)

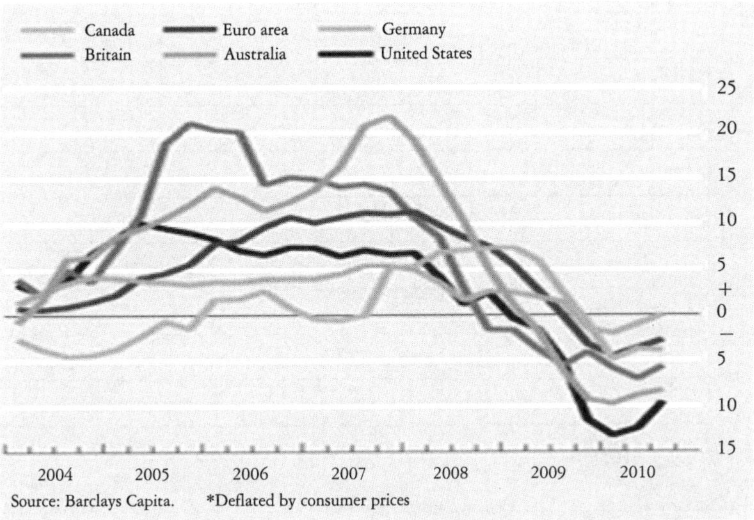

출처: Economist, Dec. 2nd, 2011, Bank lending.

▌그림 3-6. 비금융 기업에 대한 은행 대출

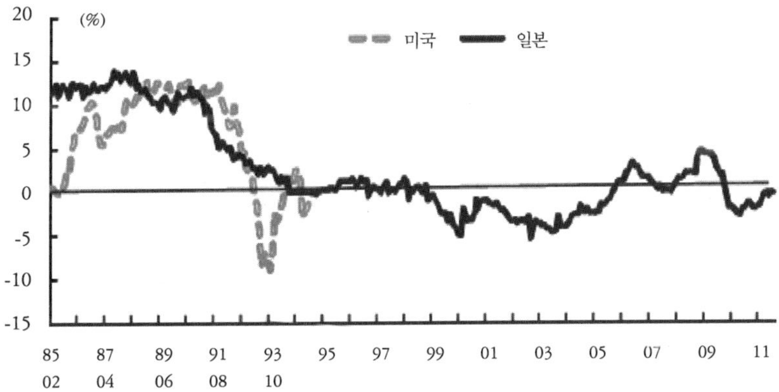

주: 1) 은행대출금 전년동기비, 미국은 2002년 이후 추이.
자료: 미 연준, 일본은행.

▌그림 3-7. 은행대출금 변동: 미국과 일본의 비교

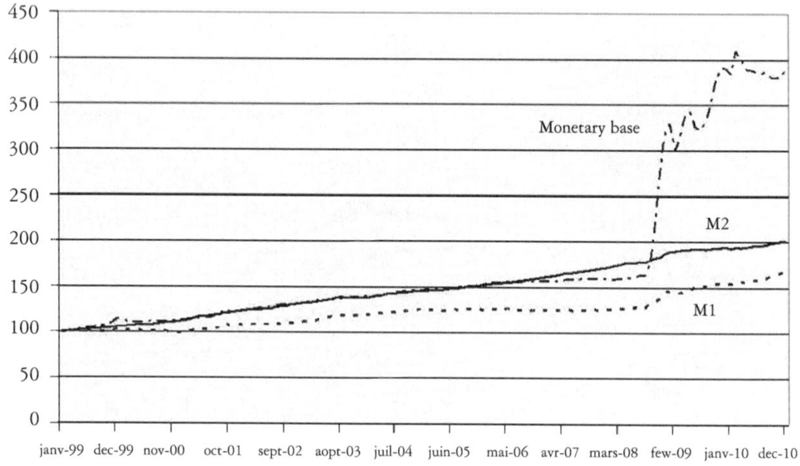

Source: Federal REserve.
출처: U. Szczerbowicz, Oct. 2011, "Effectiveness of Unconventional Monetary Policies and their Impact on Long-term Inflation Expectations," in *Monetary Policy after the Crisis*, SUERF-The European Money and Finance Forum.

▌그림 3-8. 미국의 M2, M1, 본원통화(1999년 1월=100)

으로 급증했다. 깊어지는 빈곤 추세를 보여주는 지표 중 하나는 음식 쿠폰을 받는 사람들의 급격한 증가다.[27] 법적으로 빈곤층 기준 소득의 133% 이하를 버는 사람들은 음식 쿠폰을 받을 수 있다. 음식 쿠폰을 받은 사람들은 2006년 2천 6백만 명에서 2009년 3,900만 명, 2010년 4,130만 명, 2011년 말 4천 6백만 명으로 지속적으로 증가하고 있다.[28] 성인 기준으로 6, 7명 중 1명이 이 쿠폰을 받고 있는 것이다. 문제는 고용시장이 여전히 얼어 있고, 재정적자의 감축 압박 속에 임시 세금 인하와 실업보험의 연장을 지속하기 어려워지는 상황에서 빈곤층 비율이 더욱 늘어날 수밖에 없다는 점이다. 그 결과 건강보험 혜택을 받지 못하는 사람도 2007년 4,565만 7천 명에서 2008년에 4,634만 명, 2009년 4,900만 명, 2010년 4,990만 명으로 증가하였다. 고실업이 지속됨에 따라 개인 보험과 고용보험 가입자가 크게 줄어든 결과인 것이다.[29]

27 미국 의회는 2008년 8월 식품구매권(Food Stamp) 제도를 영양보충지원제도(Supplement Nutrition Assistance Program)로 이름을 바꿨다.

28 Businessweek, Dec. 26, 2011~Jan. 8, 2012, Food Stamp Rush Hour, p.37.

사실, 미국의 컨퍼런스 보드(Conference Board)나 전미경제조사국(NBER, National Bureau of Economic Research)은 2009년 6월부로 침체가 종료되었다고 선언하였다.[30] 마찬가지로 OECD도 유럽권의 경기침체(trough) 국면 종료를 선언하였다. 그러나 '고용 없는 경기회복'이었다. 미국의 경우 2009년 6월 9.5% 였던 실업률은 10월에는 10.1%까지 상승했고 2010년에도 11월까지 9.5%~9.8% 수준에 머물렀다. 유로경제 역시 2009년 6월 9.4%에서 2010년 4월 10%로 상승하였고, 그 후에도 10% 이상이 지속되었다. 이에 연준은 2010년 8월 10일 부채와 MBS에 대해 정부보증기관이 상환한 원금(2,500~3,000억 달러 규모)을 장기 국채 매입에 재투자하겠다고 선언하고, 8월 27일의 잭슨홀(Jackson Hole) 미팅(미국 캔자스시티 연방준비은행이 주최하는 연례 경제정책 심포지엄)에서는 2차 양적 완화를 언급한다. 그해 11월 4일 FOMC 회의에서 2차 양적 완화를 승인함으로써 연준은 2011년 6월까지 장기 국채 6천억 달러의 매입을 결정하였다. 재정부양 효과까지 2010년 3분기부터 소멸되며 하반기부터 실업률 상승과 더불어 디플레이션 리스크 우려가 고조되었기 때문이다.[31] 단기금리는 최저 수준에 있지만 장기금리(10년물 기준)는 2%대 후반에 있었기에 장기 국채 매입을 통해 장기금리를 하락시키려 했던 것이다. 월스트리트저널(WSJ)은 2차 양적 완화가 끝난 2011년 6월 30일 '2차 양적 완화의 승자와 패자(QE2's Winners and Losers)'를 나열하

29 미국은 전 국민 건강보험이 위헌인 나라다. 즉 미국 애틀랜타에 있는 연방항소법원은 2011년 8월 13일 건강보험 상품에 가입하지 않으면 벌금을 부과하도록 한 오바마 정부의 '건강보험개혁법' 조항은 헌법에 위배된다고 판결하였다. 모든 미국인들을 강제로 건강보험상품에 가입하도록 한 것은 의회의 헌법적 권한을 넘어서는 것이라고 항소법원이 판결한 것이다. 위헌 판결에 대해 오바마 행정부는 해당 법조항에 규정된 미 의회의 권한은 전체 주에 효력이 미친다며 반발했지만, 건보개혁법은 2011년 8월 기준 전체 50개 주 가운데 무려 26개 주에서 위헌 소송이 제기되었다.

30 그런데 NBER이 경기침체의 종료를 선언한 것은 2010년 9월 20일이었다("2007년 12월부터 고점(peak)을 찍고 시작된 경기침체(recession) 국면이 2009년 6월부로 저점(trough)을 찍고 종료되었다. 이번 침체 기간은 18개월 동안 지속되었으며, 2차 대전 이후 가장 긴 주기의 침체 기간으로 기록되었다. 전후 비교적 장기의 침체 기간은 1973~75년, 1981~82년 사이에 있었는데 16개월 동안 지속되었다"). NBER 위원회가 1년 3개월이 지난 시점에서야 경기침체 종료를 선언한 것은 NBER이 최대의 공신력을 지니는 기관으로 경기순환 지표가 후행적으로만 확실히 확인되기 때문이다.

31 소비자물가지수가 1%대로 하락하였다.

였다.[32] 승자로 월가의 주가, 금융비용이 감소된 기업, 상품가격, 은행을 거론한 반면, 패자로 달러, 개선되지 않은 고용, 주택가격 하락의 지속, 신흥국 주가 상승, 미국 정부 부채의 증가, 연준의 신뢰성 타격 등을 거론하였다. 예를 들어, 다우지수는 버냉키의 2차 양적 완화에 대한 잭슨홀 언급 이후 24%가 상승했고, 상품가격의 경우 석유 30% 및 금 가격 21% 상승하였다. 반면, 달러지수는 82.83에서 74.65로 10% 하락, 주택가격은 6.5% 하락, 미국채 10년물 수익률은 2.48%에서 3.15%로 상승하였다. 즉 1차 양적 완화와 달리 2차 양적 완화는 장기금리 인하의 효과를 보지 못했다.

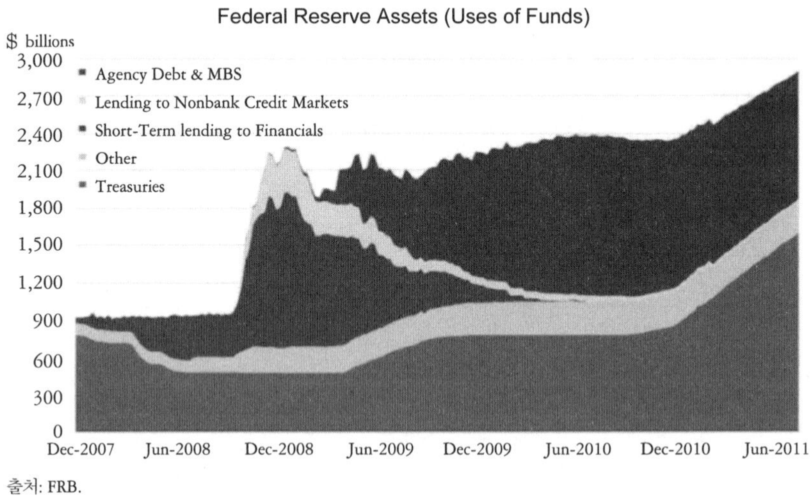

출처: FRB.

▌그림 3-9. 2차 양적 완화 이후 연준의 대차대조표 규모 변화(10억 달러)

미국 통화정책은 공정했는가?

2차 양적 완화는 통화정책의 무용성과 '부채의 화폐화(monetization of debt)' 그리고 통화전쟁 등의 이유로 국내외에서 거센 공격을 받았다. 무엇보다, 통화에

32 QE2's Winners and Losers, Wall Street Journal, June 30, 2011. http://blogs.wsj.com/marketbeat/2011/06/30/qe2s-winners-and-losers/

의한 부양은 침체된 경제를 깨우지 못했다. 금리 변화는 기업투자에 실질적 효과를 미치지 못하였다.[33] 비금융기업은 2011년 3분기 말 기준 2조 142억 달러의 현금을 보유하고 있을 정도였다. 즉 연준의 자금흐름에 따르면 해외에 예금으로 842억 달러, 미국 내 보통예금(checking accounts)에 5,018억 달러, 정기예금과 저축 계정에 5,745억 달러, 머니마켓펀드(MMF)에 4,797억 달러, 기업어음(CP)에 770억 달러, 국채에 461억 달러, 기타 연방정부 증권에 154억 달러, 뮤추얼펀드의 주식에 2,355억 달러 등으로 보유하였다.[34] 은행 역시 2011년 11월 초 기준 연준에 1.5조 달러라는 과도한 지급준비금을 보유하였다.[35] 둘째, 국내적으로 2차 양적 완화는 미국 사회의 균열을 심화시켰다. 연준은 정치화되고 통화정책은 이데올로기 문제로 비화되었다. 예를 들어, 2010년 11월 선거에서 다수당이 된 공화당은 2차 양적 완화가 자산 버블과 인플레이션의 원인이 된다며 연준을 공격하였다. 심지어 공화당 일부 의원들은 연준 목표 중 완전고용 달성의 제거까지 추진하였다. 역설적인 것은 연준 의장 버냉키는 부시가 임명했을 뿐만 아니라, 개인적으로는 공화당원이라는 사실이다. 특히, 공화당 지도자들은 버냉키의 양적 완화가 국가부채를 화폐화시킴으로써 재정적자를 더욱 심화시키고 있다고 비난하였다. 사실, 국가부채의 화폐화는 금융안정의 명분, 즉 공익의 명분으로 중앙은행이 준재정 의무(quasi-fiscal obligations)를 수행하는 것이다. 중앙은행이 비선출 재정기관으로 진화한 것이다. 그런데 이는 조세법정주의(no taxation without representation, 과세의 요건과 조세 행정 절차를 엄격하게 법률로 규정하도록 하는 원칙, 한국의 경우 헌법 59조)를 위반하는 것이다. 연준이 정치화(the politicisation of the Fed)된 이

---

33 금융위기 이전 매년 60만 개 이상이었던 비즈니스 창업은 2010년에는 50만 5천 개로 23% 감소하였다. MGI, June 2011, "An economy that works: Job creation and America's future."

34 Federal Reserve Board of Governors, 2011, "Flow of Funds Accounts of the United States: Flows and Outstandings, Second Quarter 2011," Z1 Release. Washington, D.C., September 16 www.federalreserve.gov/releases/z1/Current/z1r-5.pdf

35 Federal Reserve Board of Governors, 2011, "Aggregate Reserves of Depository Institutions and the Monetary Base," H3 Release. Washington, D.C., November 3. www.federalreserve.gov/releases/h3/current/h3.htm

유다. 연준의 양적 완화에 대한 정치적 압력의 증대는 연준 내부의 분열로 발전했다.[36]

셋째, 양적 완화는 미래 재원의 무차별적 투입에 따른 대가(비용)의 장기지속성을 고려조차 하고 있지 않다. 즉 국가 채권과 통화가치의 위기 그리고 언젠가 유발 가능성이 있는 하이퍼인플레이션의 유발 가능성을 고려하지 않고 있다. 즉 양적 완화로 중앙은행의 대차대조표 규모가 급증하기 때문에 실물경제가 회복할 경우 긴축이 필요한데 회복에 대한 자신감을 약화시키지 않고 금융시장이 다시 불안정으로 발전하지 않으면서, 동시에 인플레 기대심리가 상승하지 않도록 신속하게 수행해야 하는 출구(exit) 문제는 간단치 않고 정책 실수로 귀결될 가능성이 높다. 더구나 대외부채가 증가하는 상황에서는 금리 인상의 어려움으로 출구 시점을 놓치기 쉽다. 이것이 케인즈가 통화정책보다 재정정책을 선호한 이유다.[37] 즉 연준이 신용경색(credit cruch)의 문제를 해결하고자 금리를 인하시켰으나 정작 신용경색의 문제가 해결되기는커녕 심지어 악화되었기 때문이다. 하이에크(Hayek)조차 과도한 통화와 신용이 경제 문제의 원천일 경우 추가적인 통화와 신용 공급이 해결책이 될 수 있는지는 불명확하다고 주장한 이유 역시 위기 이후 통화정책의 어려움 때문이다.[38]

---

36 캔사스시티 연방준비은행의 톰 호니그(Tom Hoenig) 총재는 양적 완화를 '악마와의 협상'이라며 비난하였다. 연준 이사 중 또다른 한 명이자 그동안 버냉키의 충성스런 협력자였던 케빈 워시(Kevin Warsh)도 양적 완화의 효과에 의문을 제기하는 칼럼을 2차 양적 완화를 발표한 5일 후인 2011년 11월 8일에 〈월스트리트저널〉에 실었다. 전임 의장인 그린스펀조차 2차 양적 완화 종료 하루 전 CNBC와의 인터뷰에서 "지난 2년 가까이 양적 완화 조치로 투입한 2조 달러의 유동성이 신용경색을 완화하거나 경기를 부양하는 데 별로 효과를 발휘하지 못했다"고 혹평하며 3차 양적 완화에 대해 달러화 가치만 계속 떨어질 것이라며 반대 입장을 표명하였다. "Fed's Massive Stimulus Had Little Impact: Greenspan," 30 Jun 2011, http://www.cnbc.com/id/43598606/ Fed_s_Massive_Stimulus_Had_ Little_Impact_Greenspan

37 케인즈는 연준의 대폭적인 금리인하 조치나 양적 완화 등은 전형적인 "Pushing on a String"(어떤 물체에 끈이 매달려 있을 경우 물체를 움직이기 위해서는 끈을 당겨야지 밀려고 하면 물체가 움직이지 않는다는 의미로 전혀 이루어질 수 없는 것을 이루려고 하는 행위를 의미)의 사례에 비유하였다.

38 W. White, Aug. 2009, "Should Monetary Policy Lean or Clean?" Federal Reserve Bank of Dallas Globalization and Monetary Policy Institute, Working Paper No. 34, p. 14.

넷째, 국가부채의 화폐화가 재정적자를 심화시킬 경우 이는 기본적으로 인플레이션을 통해 국가부채를 해결하겠다는 것을 의미한다. 인플레이션은 기존 화폐의 가치 하락을 의미한다. 즉 중앙은행의 국가부채 구입은 채무의 재정화에서 부채의 화폐화로 전환을 의미하기에 궁극적으로 인플레이션 비용을 수반할 수밖에 없다. 중간선거에서 공화당의 승리에 크게 기여한 '풀뿌리 보수운동'인 '티파티 운동(Tea Party Movement)'에 참여한 사람들은 양적 완화를 납세자의 돈을 빼앗아 가려는 연준과 골드만삭스 간의 음모라고 주장하며 연준을 폐지하고 금본위제로의 복귀를 주장했을 정도다.[39] 게다가 인플레이션을 통한 부채 부식도 쉽게 달성되기 어렵다. 무엇보다 인플레이션을 통해 효과를 보려면 장기부채가 많아야 한다. 그런데 정부부채의 53%가 2012년까지 상환되어야 한다. 따라서 투자자가 인플레이션율이 상승할 것으로 예상하면 장기부채에 대해서는 보다 높은 수익을 요구할 것이고 채무 조달 비용은 증가하게 되기 때문에 효과를 보기 어렵다. 또한, 자산가치 하락에 대한 해외채권자의 우려 증대는 달러표시 자산과 달러 처분 압력 증대로 이어질 수 있고, 그로 인한 달러가치 하락과 이자율 상승은 부채 해소를 어렵게 한다. 오히려 달러가치 하락은 수입 비용을 상승시킴으로써 인플레이션과 임금 상승 압력으로 이어져 스태그플레이션을 초래할 가능성도 배제하기 어렵다.

다섯째, 2차 양적 완화는 정책의 공정성을 훼손시켰다. 정부지출의 증가는 정부가 지급불능 상황에 놓이거나 대규모 조세 회피가 발생하지 않는 한 국채이자 지급 증대를 통해 은행 수익성 증대로 귀결된다. 또한, 국채 수익률 상승은 정부지출 감축으로 귀결될 수밖에 없고, 이 경우 기초 사회서비스와 빈곤층을 위한 복지 감소로 귀결될 가능성이 높다.[40] 즉 부채의 화폐화는 국가부채의 공유로 보이지만, 실제로는 저소득자에게 보다 타격을 입힌다는 점에서 불평등이 악화된다.

---

39 Economist, Nov. 25th, 2010, "The politics of the Fed: The Fed's latest foray into quantitative easing prompts a Republican backlash."

40 2차 양적 완화는 미국의 지방채 시장에도 타격을 입혔다. 유동성 증가와 달러화 약세로 채권가격이 하락하며 개인투자자가 지방채 시장에서 대거 이탈했기 때문이다. Financial Times, November 23, 2010, "Muni woes could sour appetite for bonds."

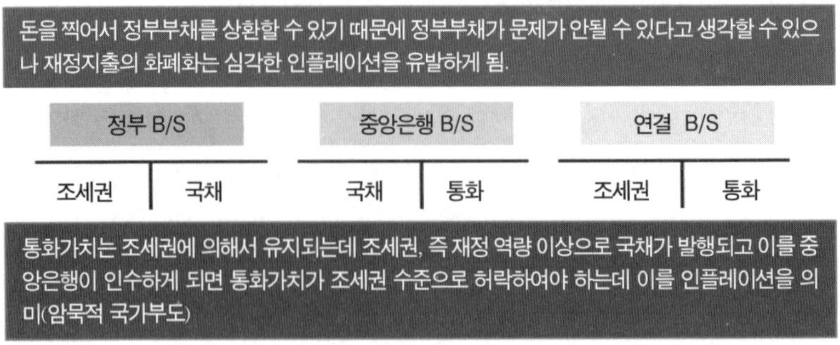

▌그림 3-10. 부채의 화폐화

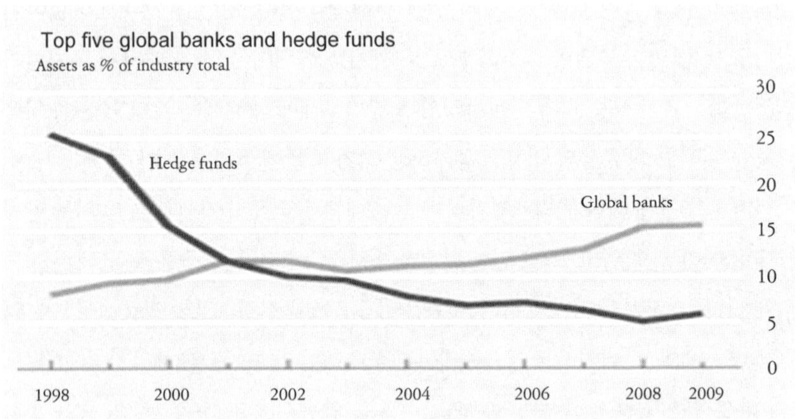

Source: "Banking on the State" by Andrew Haldance and Piergiorgio Alessandri; Bank for International Settlements.

▌그림 3-11. 상위 5대 글로벌 은행과 헤지펀드의 자산 비중

미국은 부자에게는 사회주의 사회이고 서민에게는 철저하게 시장원리가 적용되는 자본주의 사회라고 조롱을 받는 이유이다. 납세자의 부담으로 은행과 자산가들은 지원을 받고, 부채를 진 소비자나 중소기업 그리고 지역의 소규모 은행 등의 경우 주택을 차압당하고 파산하기 때문이다. 게다가 구제금융의 지원에 대한 명확한 기준도 부재한 상황에서 대형 금융회사에 대한 구제는 은행의 대형화를 유도함으로써 TBTF 혹은 TITF(too important to fail)의 문제, 즉 '도덕적 해이'의 문제를 악화시켰다.[41] 이처럼 양적 완화는 약에 의존하는 중독자에게 부도덕한 약장사

의 반복적인 아편 공급에 해당한다는 점에서 통화정책 실패의 위장된 표현이다.

마지막으로 장기간 저금리의 지속은 자산가치를 높게 유지할 수 있게 해줌으로써 금융자산가에게 특혜를 제공하는 것이다.[42] 사실, 금융위기는 고액 자산가에게도 큰 타격을 입혔다.[43] 예를 들어, 미국의 고액 투자자산을 가진 가구는 2007년 중반부터 2009년 중반까지 시장 혼란으로부터 자산이 크게 축소되었다.[44] 문제는 그렇다고 자산불평등이 완화된 것이 아니라는 점이다.[45] 2007년부터 2009년 중반까지 자산 지니계수는 0.834에서 0.865로 증가했다. 최상위 1%의 자산 비중은 34.6%에서 37.1%로 오히려 증가했기 때문이다. 그 이유는 상이

---

41 금융위기의 전개 과정에서 미국은 뱅크오브아메리카(BoA)로 하여금 컨드리와이드 파이낸셜과 메릴린치를, JP Morgan은 베어스턴스와 워싱턴 뮤추얼을 인수하게 해줌으로써 두 금융그룹의 자산 규모는 7.7조 달러로 증가하였다. 이는 미국 전체 금융 자산의 56.8%에 해당하는 것으로 위기 이전의 45.2%보다 11.6% 증가한 규모였다. 게다가 투자은행을 소비자와 상업은행 업무와의 결합에서 해방시키는 데 실패함으로써 불확실성을 고조시켰다. Businessweek, Sept. 8, 2011, "Can Brian Moynihan Save Bank of America?" The CEO holds the fate of the U.S.'s largest bank—and the entire financial system—in his unproven hands.

42 리처드 피셔(Richard Fisher) 댈러스 연방준비은행 총재가 2011년 9월 21일 '오퍼레이션 트위스트' 결정에 대해서 일자리 창출에는 도움이 되지 않는 대신 채권 트레이더들과 부유한 금융인들에게만 혜택을 주고 있다고 비판한 이유다. Bloomberg, Oct 22, 2011, "Fisher Says Operation Twist Benefiting 'Monied' Interests". http://www.bloomberg.com/news/2011-10-21/fed-s-fisher-says-operation-twist-helps-financiers-while-not-creating-jobs.html

43 경영컨설팅 전문업체인 올리버와이만(Oliver Wyman)은 그 피해 규모를 10조 달러로 추정하였다. WSJ, April 3, 2009, "World's Rich Have Lost $10 Trillion in Global Financial Crisis." http://blogs.wsj.com/wealth/2009/04/03/worlds-rich-have-lost-10-trillion-in-global-financial-crisis/ 또한, 포브스(Forbes)에 따르면 2008년 전 세계 빌리어네어(billionaires)는 1,125명에서 793명으로 축소되었고, 미국의 밀리어네어(millionaires)는 2007년과 2008년 사이에 920만 명에서 670만 명으로 감소하였다. Forbes, March 11, 2009, "The World's Billionaires." http://www.forbes.com/2009/03/11/worlds-richest-people-billionaires-2009-billionaires-intro.html

44 2007년에 80년 만에 23.5%라는 정점을 기록했던 최상위 1% 소득자의 소득 점유 비중은 금융자산의 디플레이션으로 2009년에 17.6%로 하락하였고, 0.1%에 해당하는 슈퍼 최상위 소득자의 비중은 12.3%에서 8.1%로 하락했다. New York Times, Dec. 12, 2011, Top Earners Not So Lofty in the Days of Recession.

45 미국 국세청(IRS)의 2009년 소득신고서 분석에 따르면 조정 후 총소득이 1천만 달러 이상인 납세자의 수는 2007~2009년 사이에 약 8,200명에 달하는 55%가 감소했다. 그들의 총소득은 2007년 5,620억 달러에서 2,400억 달러로 하락했다. 그러나 2002~2009년간 실질 자본이득의 변화를 보면 1천만 달러 이상 소득자의 경우 181%가 상승한 반면, 4만~5만 달러 소득자의 경우에는 13%가 오히려 감소하였다. Businessweek, Dec. 5-11, 2011.

한 자산구조에서 비롯한다. 구체적으로 금융위기 직전인 2007년 현재 최상위 1% 가구는 저축의 3/4 이상을 부동산, 기업 주식, 증권 등에 투자하였다. 최상위 1%는 유통 주식 및 신탁 주식 등 기업 주식의 약 절반과 비주거용 주택의 28%를 보유하였다. 상위 10%가 85~90%를 보유하였다. 반대로 5분위배율에서 중간 3분위에 속하는 가구 자산의 약 2/3는 투자가 자신의 주택에 집중되었다. 그런데 2007년부터 2009년 7월 1일까지 주택의 실질가격은 23.5% 하락한 반면, S&P 실질지수는 40.9% 하락했다.

그럼에도 불구하고 왜 자산불평등이 해소되지 않았는가? 주택이 중산층(3분위)의 자산에서 차지하는 비중이 주식이 상위층의 자산에서 차지하는 비중보다 컸기 때문이다. 2007년에 중산층 총자산 중 주택의 비중은 65.1%를 차지한 반면, 최상위 1%와 다음 19%의 총자산에서 주식이 차지하는 비중은 각각 21.4%와 18.6%에 불과했다.[46] 게다가 중산층 총자산의 35%만이 자기 자산이었고 대부분이 모기지 부채였다. 순자산 대비 부채는 2001년 46%에서 2007년에 61%, 소득 대비 부채(DTI, debt-to-income)는 100%에서 157%로 상승했다. 또한, 주식과 증권 중심의 자산을 가진 고액 자산가들은 정책적 혜택을 받았고, 그 결과 이들의 부는 2010년 중반까지 빠르게 반등하였다. 즉 미국 전체 소득의 약 1/4과 자산의 40%를 차지하는 상위 1%의 부유층은 경제성장보다 금융시장에 의존하기에 통화완화 정책으로 금융시장이 안정되면서 자산이 빠르게 회복된 것이다.[47]

46 Edward N. Wolff, March 2010, "Recent Trends in Household Wealth in the United States: Rising Debt and the Middle-Class Squeeze-an Update to 2007", Levy Economics Institute of Bard College, Working Paper No. 589.

47 예를 들어, 투자 자산이 1백만 달러 이상인 가구는 금융위기로 순자산의 14%가 감소, 5백만 달러 이상인 가구(pentamillionaires)는 23%가 감소, 1천만 달러 이상인 가구(decamillionaires)는 25%가 감소하였다. 그런데 2009년 7월부터 2010년 6월 사이에는 다시 투자 자산이 1백만 달러 이상인 미국 가계는 8%가 증가, 5백만 달러 이상의 가계는 16%가 증가, 1천만 달러 이상의 가계는 17%가 증가하였다. WSJ, September 16, 2010, "Millionaire Population Soars-Again." http://blogs.wsj.com/wealth/2010/09/16/millionaire-population-still-is-soaring/뉴욕타임즈(New York Times)의 조사에 따르면 2010년 200대 기업 총수의 평균 임금은 거의 1,100만 달러에 달했고, 이는 2009년보다 23%나 상승한 것이었다. Economist, July 7th, 2011, "Fat cats and corporate jets: Why is it so unrewarding for politicians to bash the rich in America?"

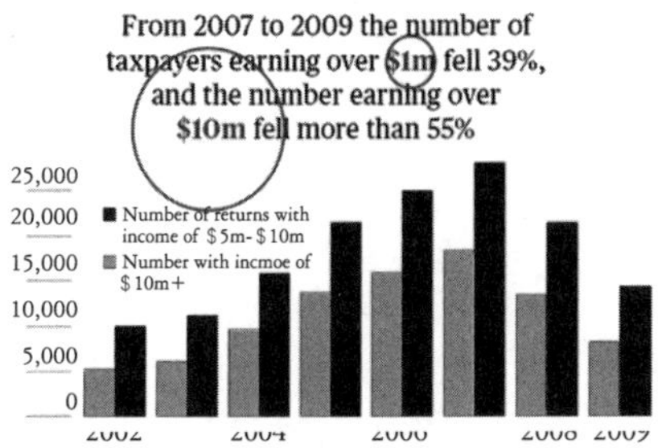

출처: Businessweek, Dec. 5-11, 2011.

▌그림 3-12. 미국 백만장자의 숫자 추이

▌그림 3-13. 최상위 1% 소득과 S&P500 추이

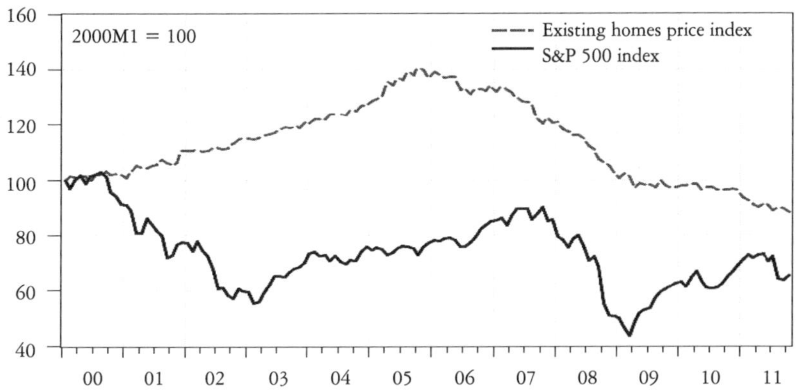

출처: D. Papadimitrou, G. Hannsgen, and G. Zezza, Dec. 2011, “Is the recovery sustainable?” Strategic Analysis, Levy Economics Institute of Bard College, Figure 8에서 재인용.

▌그림 3-14. 실질 주가와 기존 주택가격 지수의 추이(2000년 1월=100)

그 결과 금융위기의 주요 요인이었던 불평등은 금융위기 이후 심화되었다. 실제로 연준의 행동은 주가와 주택가격 등 자산가격의 부양을 노렸다. 실제로 경기침체에 대한 공식적 종료 선언(2009년 6월) 이후 경제 진보는 주식시장의 상승 정도에 의존했다. 비즈니스 지향적인 연준(the business-oriented FRB)조차 침체와 수축 시기에 성장을 회복시키기 위해서는 자금에 대한 용이한 접근 이상의 무엇이 필요하다고 언급했다.

참고로 연준이 최종대부자(a lender of last resort)의 역할을 통해 금융회사에

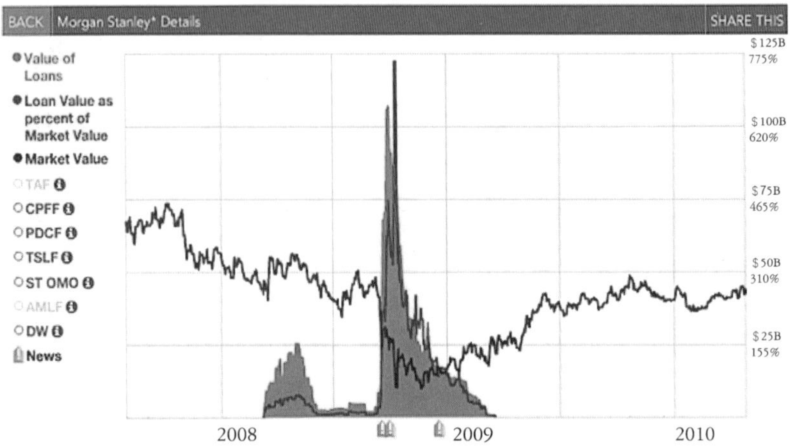

출처: Reuters. Nov 27, 2011, "Chart of the day", Morgan Stanley bailout edition.
http://blogs.reuters.com/felix-salmon/2011/11/28/chart-of-the-day-morgan-stanley-bailout-edition/

그림 3-15. 모건스탠리의 시가총액과 연준에 대한 부채 규모 그리고 부채 비율

특혜를 어떻게 제공했는가를 구체적으로 살펴보자. 〈그림 3-15〉는 블룸버그가 연준과의 끈질기고 고된 투쟁으로 얻어낸 정보다. 그림에서 세 가지 색의 선을 먼저 설명하자. 검은색 선은 미국의 대표 투자은행인 모건스탠리의 시가총액(market capitalization)을 나타내는데 2008년 9월에 98억 달러까지 하락하였다. 오렌지색의 선은 연준에 대한 부채 규모다. 붉은색 선은 양자 사이의 비율, 즉 시장가치의 퍼센트로 표현된 연준에 대한 모건스탠리의 부채다. 2008년 10월 어느 날에 750%까지 치솟았다. 2008년 9월 16일에 모건스탠리는 연준에 215억 달러의 채무를 가졌다. 그런데 다음날 채무는 두 배에 가까운 405억 달러가 되었다. 그리고 8 근무일 후인 29일에는 1,070억 달러로 증가했다. 연준은 돈을 필요로 하는 은행들에게 주저함이 없이 할 수 있는 한 대출을 지속했다. 위기 상황에서 그것이 자신의 임무라는 미명하에 진행된 것이다. 연준은 어떤 신용리스크가 존재했다면 이루어지지 않았다고 말하고 싶을 것이다. 모든 대출은 완전히 담보가 설정되었다고 말하고 싶을 것이다. 그러나 붉은색 선을 볼 때 연준이 돈을 언제나 다시 회수할 수 있다는 확신을 가지기 어렵다. 연준은 이것을 최종대부자의 역할이라 주장할 것이다.

그런데 이것은 유럽중앙은행(ECB)이 단호하게 거부한 것이기도 하다. 즉 ECB의 경우 유동성 흐름을 유지할 수 있도록 무작위 유럽 투자은행에게 1,000억 유로를 대출하는 것은 상상하기 어렵다. 이러한 이유로 연준은 위기의 정점에 무엇이 진행되었는지에 대한 자료를 공개하는 것을 반대해왔던 것이다. 오명을 만들어낼 것을 우려했던 것이다. 연준이 오늘날 미국에서 가장 필수적이면서도 가장 신뢰가 낮은 기관(제도)이 된 배경이다.[48] 연준과 재무부의 지원(TARP)이 없었을 경우 미국 내 금융센터은행(money-center bank)[49]과 그림자금융의 모든 주주들은 파산했을 것이다. 연준과 재무부를 함께 고려할 때 2008년 가을에 모건스탠리 자본의 90%는 미국 정부의 돈이었다. 솔직히 그 돈들은 위험에 놓여 있었고, 그 부담은 고스란히 납세자의 몫이었다. 게다가 자본에 기여했을 경우 상황이 개선되면 자본 수익을 가질 자격이 있다. 그런데 연준은 리스크만 가져가고 수익을 취하지 않음으로써 주인(납세자)을 위한 대리인(agent)으로서 행동하지 않았다.[50] 경제위기 때 자금 공급을 충분히 늘려 자금 경색을 막는 대신 징벌금리(a penalty rate)를 부과해야 한다는 '베젓 처방(Bagehot's rule)'[51]조차 관철되지 않은

48 텍사스주 출신의 공화당 소속의원 론 폴(Ron Paul) 의원의 책(End The Fed)이 2009년 12월 베스트셀러로 히트친 뒤 2년 넘게 아마존에서 가장 많이 팔리는 책이 되는 배경이다.

49 금융센터은행은 주로 뉴욕시에 위치하면서 도매와 국제금융에 초점을 둔 대형은행을 지칭하는데 J.p. 모건체이스, 시티은행, 뉴욕은행 등이 이에 해당한다. BOA는 미국 국내를 초점으로 한 유일한 금융센터은행이라 할 수 있다. 규모에 있어서 금융센터은행처럼 대형이지만 소매금융 및 국내영업에 중점을 두고 있는 은행은 초지역은행(superregional bank)으로 구분한다. BOA는 금융센터은행으로 분류되면서도 초지역은행의 성격을 갖는다고 할 수 있다.

50 http://delong.typepad.com/sdj/2011/11/yes-the-us-government-ought-to-own-the-banks-now.html

51 Bagehot's rule tells very large(domestic) loans at very high rates are the best remedy for the worst malady of the money market when a foreign drain is added to a domestic drain. 즉 금리 인상과 자금공급 확대를 통해 폰지게임(채무자가 끊임없이 빚을 굴려 원금과 이자를 갚아나가는 상황)의 폐해에 대처하자는 것이다. 대형은행들은 파산하도록 내버려둘 수 없는 반면, 배젓의 원칙은 바로 이에 대한 해법을 제시한 것으로 충분한 담보와 높은 이자를 조건으로 파산에 몰리는 은행에게 중앙은행이 무제한 자금을 공급하게 하는 것이다. 19세기 영국에서 이코노미스트 편집장을 지낸 베젓(Walter Bagehot, 1826.2.3~1877.3.24)이 영국의 경제위기 때 바로 이 같은 대책을 제시했다는 데서 유래한다. 그러나 인위적 금리 인상과 물가상승이라는 부작용 발생 가능성이 존재

것이다. 이에 대해 버냉키는 2011년 12월 6일 상원은행·주택·도시문제 위원회에 출석해서 긴급대출프로그램의 운용을 통해 재무부는 이자소득으로 200억 달러를, 연준은 2009년과 2010년에 1,250억 달러를 확보했고, 시장이자율을 부과했기에 차입자들이 시장 조건이 정상화되자마자 대출기금을 상환했다고 주장했다.[52] 그러나 금융회사의 구제로 납세자로부터 예금자와 주주를 포함한 은행의 채권자에게 부의 거대한 이전이 있었음은 명백하다. 금융회사에 대한 무제한적인 구제 방식은 은행의 채무자에 대한 지원이나 정부 지원을 받은 금융회사에 대한 부분적 국유화, 혹은 무분별한 대출을 한 금융회사들이 손실 부담을 철저하게 떠안게 하는 해법보다 바람직하지 못하기 때문이다.[53]

반면, 미국 중산층의 몰락은 금융위기 이후 더욱 속도가 빨라지고 있다. 예를 들어, 미국 가계의 평균소득은 금융위기 전후인 2007~2009년간에는 소득감소율이 2.4%였던 반면, 경기가 회복 국면에 들어선 2010~11년간에는 소득감소율이 6.8%로 확대되었다.[54] 특히, 부의 불평등이 금융위기 이후 인종과 세대 사이에 심화되었다. 자산 갭은 백인과 흑인과 히스패닉 사이에 새로운 기록을 세울 정도로 증가했다.[55] 또한, 65세 이상의 가장이 있는 가구의 자산이 35세 미만 젊은 가장이 이끌고 있는 가구의 자산보다 약 47배나 많았다.[56] 전자의 2009년 순자산 중간값은 17만 494달러로 1984년의 12만 457달러보다 42% 증가한 반면, 후자의 2009년 순자산 중간값은 3,662달러로 1984년의 1만 1,521달러보다 오

한다.

52 B. Bernanke, Dec. 6, 2011, "Correction of Recent Press Reports Regarding Federal Reserve Emergency Lending During the Financial Crisis."

53 D. Mario Nuti, Oct. 2011, "After the Global Crisis", TIGER WP. No. 126, Warsaw.

54 한겨레신문, 2011.12.8.

55 Pew Research Center, July 26, 2011, "Wealth Gaps Rise to Record Highs Between Whites, Blacks and Hispanics", http://pewresearch.org/pubs/2069/housing-bubble-subprime-mortgages-hispanics-blacks-household-wealth-disparity

56 여기서 순자산은 보유한 주택, 저축, 증권, 부채 등이 모두 포함된다. Pew Research Center, November 7, 2011, "The Rising Age Gap in Economic Well-Being: The Old Prosper Relative to the Young." http://www.pewsocialtrends.org/2011/11/07/the-rising-age-gap-in-economic-well-being/

히려 68% 감소하였다. 이런 격차는 인구조사국이 연령별 자산을 조사하기 시작한 1984년 이후 가장 큰 것이다.

대개 미국인들은 결과의 평등보다 기회의 평등을 선호해왔다. 지금까지 사회과학자들은 계급 없는 미국이 계급에 발목이 잡힌 서유럽보다 사다리타고 올라가기가 용이하다고 믿었다. 그런데 오늘날 미국 사회를 상징하던 기회의 평등과 계층 이동의 사다리는 실종되었다. 오늘날 미국의 하위 20% 계층의 아이들의 삶의 지위가 죽을 때까지 변화하지 않을 가능성은 상위 20%의 가능성보다 5배나 높다.[57] 역사 · 문화적 배경의 차이로 미국은 유럽보다 불평등에 대해 관대한 사회다. 결과의 평등보다 기회의 평등을 선호한다. 그런데 기회의 평등이 더 이상 작동하지 않게 되고 있는 것이다. 금융위기 이후 미국인의 2/3는 자신의 자녀들이 자신들의 삶보다 악화될 것이라고 믿고 있다. 괜찮은 일자리의 축소로 상위소득자와 중산층 간의 소득격차 확대와 자녀 세대는 지금보다 삶이 향상될 거라는 미국인의 꿈이 환상으로 변한 것이다. 미국 사회가 파편화되면서 미국식 사회계약이 근본부터 위협받고 있는 것이다. 중산층이 없는 미국은 더 이상 선진국이라 할 수 없다.[58] 미국의 소득분배 양극화와 정치적 프로세스의 양극화가 같이 진행되는 것은 우연의 일치가 아니다. 최상위계층은 돈으로 정치과정, 정치인, 변호사를 구입하고 규제의 노력을 좌절시키기 위해 돈을 사용하고 있다. 정부가 모든 사람의 이익에 반하는 하나의 클럽이 되고 있다. 그런 점에서 '월가를 점령하라(Occupy Wall Street!)'는 분노는 미국의 경제뿐만 아니라 민주주의 안정성을 위협하는 것에 대한 분노의 폭발인 것이다. 그러나 미국의 정치권은 공정성의 복구보다는 악마와 희생양 만들기로 상대방에게 책임을 전가하고 있다.

---

57 Economist, Jul. 7th, 2011, http://www.economist.com/node/18928384

58 Businessweek, October 28, 2010, "Income inequality and its impact on the American middle - and the elections: What happened to the middle class? What happened to the American Dream?"

미국 통화정책의 실패의 원인

이처럼 미국의 연준은 전통적인 역할의 범위를 벗어나면서까지 모든 수단을 동원했지만 경기부양의 효과는 나타나지 않았다. 공식적인 실업률은 2차 양적 완화를 언급했던 2010년 8월 9.6%에서 양적 완화가 종료됐던 2011년 6월까지 9.2%로 감소했지만, 고용률은 같은 기간 동안 64.7%에서 64.1%로 오히려 축소되었다. 2011년 11월의 실업률(8.6%)은 10월(9.0%)에 비해 크게 하락했음에도 불구하고 생산가능인구 중에서 취업자와 실업자의 합계인 경제활동인구가 차지하는 비율인 경제활동참가율(labor force participation rate)이 64.2%에서 64.0%로 하락했다. 실업률이 9.8%였던 2010년 11월의 경제활동참가율 64.5%보다는 0.5%나 하락한 것이었다. 생산가능인구가 2010년 11월 238,715천 명에서 2011년 11월까지 1년간 240,441천 명으로 증가했음에도 불구하고 경제활동인구가 153,950천 명에서 153,883천 명으로 감소했기 때문이다. 즉 비경제활동인구가 84,765천 명에서 86,558천 명으로 179만 3천 명이나 증가한 것이다. 27주 이상 실직 상태에 놓인 장기실업자의 비중이 43%에서 변화가 없고, 이들 중 90%가량이 구직활동을 포기하고 비경제활동인구로 전락했기 때문이다.[59] 게다가 새로운 취업자의 70%가량이 임시직으로 채워졌다. 무엇보다, 생산가능인구 중 취업자가 차지하는 비율로 실질적인 고용 창출 능력을 의미하는 고용률이 여성이 노동력에 진입했던 70년대 수준을 밑돌고 있다는 점이다.

그리고 앞에서 보았듯이 주택시장 역시 침체의 늪에서 벗어나지 못하고 있다. 주택가격지수(The Standard & Poor's/Case-Shiller 20-city index of prices)는 2003년 수준으로 후퇴하였고, 특히 라스베가스나 피닉스는 각각 1999년과 2000년 수준으로 후퇴하였다.[60] 2006년 227만 채에 달했던 신규 주택 건설이 2011년 초에

---

59 Bureau of Labor Statistics, "THE EMPLOYMENT SITUATION—NOVEMBER 2011." http://www.bls.gov/news.release/pdf/empsit.pdf 구직활동 포기자까지 포함하면 실업률은 16.2%에 달한다. A. Gary Shilling, Oct. 5, 2011, "Deflation has arrived," Forbes Magazine."

60 S&P Case-Shiller 주택가격지수는 2006년 정점에서 31% 하락했고, 무디스 상업용자산 실질가격지수는 2007년 10월 대비 43% 하락했다. A. Gary Shilling, Oct. 5, 2011, "Deflation has ar-

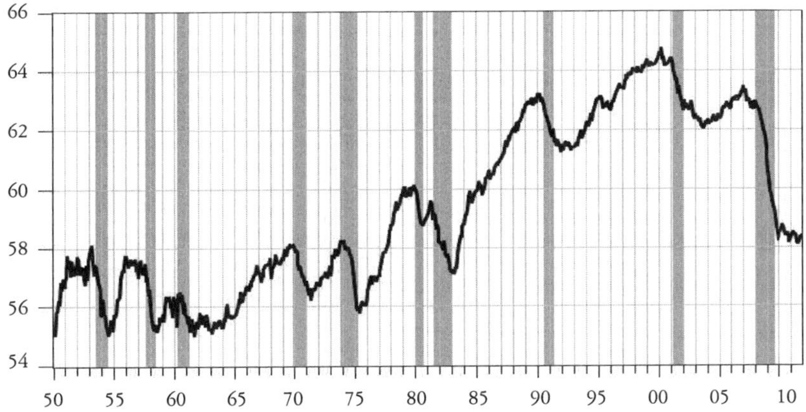

Source: B.L.S.

출처: D. Papadimitrou, G. Hannsgen, and G. Zezza, Dec. 2011, Is the recovery sustainable? Strategic Analysis, Levy Economics Institute of Bard College, Figure 6에서 재인용.

▌그림 3-16. 고용률의 추이, 1950~2011년

는 50만 채로 급감하여[61] 2011년 단독주택 건설규모는 1960년 이래 여섯 번의 주택시장 붕괴의 평균 최저 수준(65만~70만 채)의 60~70%(연 41만 9천 채)에 불과할 정도였다.[62] 그 결과 주택 건설의 감소로 수백만 개의 건설 일자리가 사라졌고 실업률 급등에 기여하였다. 역으로 금융위기는 고용을 감소시켜 모기지 파산과 차압이 급증했다. 미국 주택소유주의 자기자본(=시장가치 − 모기지 부채)은 주택 가치의 38%로 이는 2005년 이후 1/3 수준으로 하락한 것으로 자기 자본이 마이너스(-)인 주택소유자가 상당수임을 의미한다. 이처럼 압류와 가격 하락의 악순환 속에서 미국의 주택시장은 초과 공급 상태에 놓이게 된 것이다. 미국인들은 주택시장의 버블이 만들어낸 경제성장과 생계수준의 향상이 '환상에 불과했던 번영(illusory prosperity)'이었음을 뒤늦게 인식하게 된 것이다. 주택소유라는 미국인 꿈이 악몽으로 변화한 것이다.

---

rived," Forbes Magazine.

61 Report from the President, April 2011, "Housing: Future Imperfect," Lincoln Institute of Land Policy.

62 Businessweek, July 07, 2011, "The Housing Horror Show Is Worse Than You Think."

문제는 미국 주택시장의 침체가 정부의 다양한 정책 지원에도 불구하고 멈추지 않고 있다는 점이다. 오바마 정부의 대표적인 대책이 주택재융자프로그램(HARP, Home Affordable Refinance Programme)[63]과 대출조정프로그램(HAMP, Home Affordable Modification Programme)이었다. 결론부터 말하면 오바마 정부의 초기에 도입한 HARP는 큰 효과를 보지 못했다.[64] 첫째, 국책기관인 패니매와 프레디맥의 보증을 받는 주택담보 대출자들에게만 적용돼서 그 외 민간 모기지업체를 통해 주택담보대출을 받은 대출자들은 혜택을 누리지 못했다. 둘째, 대출 규모가 주택 가격의 125%(LTV)를 넘지 않는 경우에만 재융자가 허용됐기에 주택 가격이 계속 하락하면서 가계의 부채비율은 점점 증가하는 가운데 HARP의 조건을 갖춰 재융자를 신청하기가 어려웠다.[65] 재융자의 근본 문제는 역자산에 따른 고통을 좀 더 오래 견디게 해줄 수 있을 뿐 근본적으로 축소시키는 것이 아니라는 점이다. 원금의 감가상각(writing down the principal)이 문제 해결책이라는 지적에 따라 오바마 정부가 모기지 재조정을 지원하기 위해 2009년 도입한 것이 HAMP였다. 그러나 원금 축소는 극히 저조하였다. 대출자가 차입자의 상환 능력에 의구심을 갖고 있기에 원금의 일부 상각을 기피한 것이다.[66] 이처럼 차압 기회

63 미국의 주택담보대출(모기지) 상품은 크게 고정금리와 변동금리 상품으로 나뉜다. 고금리로 주택을 산 사람은 모기지 금리가 내려가면 기존의 고금리 모기지 상품을 낮은 금리의 상품으로 갈아탈 수 있다. 더 낮은 금리로 돈을 빌려, 종전의 모기지를 대체하는 것이다. 이것을 재융자(리파이낸싱)라고 부른다. 그러나 미국에서 재융자 심사는 까다로운 편이다. 주택담보 대출자가 소유한 주택가격이 하락해 가계 부채율이 높아지면서 재융자를 받는 것이 어려웠다. 대출자의 소득 수준이 안정적이고 신용점수도 좋을지라도 부채율이라는 벽 때문에 재융자를 거절당하는 폐해가 있었다. 저소득층의 경우에는 신용점수가 낮아 재융자를 받지 못했고 높은 이자와 대출금을 감당하지 못해 결국 주택을 압류당하는 경우가 늘었다. 이러한 문제를 보완한 것이 HARP였다.

64 정부는 400~500만 명 참여를 기대했으나 2011년 5월까지 단지 810,084명이 참여하였고, 이들 중 7%만이 LTV 비율 105% 이상으로 재조정하였다. 효과를 제대로 내지 못한 것은 국책기관들이 재융자된 HARP 대출을 보증하기 위한 대출액의 2%만을 감당하였고, 은행들은 재융자에 대해 높은 수수료를 부과함으로써 FRB가 양적 완화를 통해 소비자 금융을 지원하려는 목표를 좌절시켰기 때문이다. Economist, Sep. 3rd 2011, "Fannie Mae and Freddie Mac: Self harm." 게다가 집값이 너무 많이 하락해 부채율이 HARP의 조건보다도 더 높은 800만 명의 모기지 대출자들에게는 여전히 재융자는 '그림의 떡'이다.

65 그 결과 2011년 10월부터 미국 정부는 HARP를 개편하고 주택담보 대출자들의 재융자와 대출 상환 조건의 완화 등을 검토하기 시작했다.

의 축소, 부실 부채와 역자산 등 금융시스템의 청소, 대출 회복 등을 추구했던 정부 목표의 달성은 실패하였다.

통화정책이 효과를 나타내지 못한 근본 원인은 가계 대차대조표의 부실화와 금융위기 이후 은행의 대출 태도의 변화에서 찾을 수 있다. 즉 양적 완화는 디플레이션 우려에 대한 대응책으로 기대 인플레 상승, 자산가격의 상승 및 그에 따른 차입 담보가치의 상승으로 지출 부양효과를 기대한다. 그러나 은행의 대출 태도 변화 및 대출자의 차입 기피로 과거와 같은 자산가격 상승을 기대하기 어렵기 때문에 통화부양 효과는 실패할 수밖에 없다. 실제로 대부분의 대출담당자들은 2011년 말까지도 대출기준을 완화시키지 않았음이 보고되었다. 저금리와 축소된 모기지 대출이 기존 부채에 대한 가계의 상환 부담을 축소시켰음에도 불구하고 서브프라임 위기의 트라우마(traumas)로 금융에 대한 신중함이 확산되었기 때문이다. 심지어 연준의 주요 정책 행동조차 대출 리스크에 대한 대출담당자들의 생각을 변화시키지 못했다고 보고되고 있다.[67]

부채 금융에 의한 자산가격 버블(a debt-financed asset price bubble)의 붕괴는 대차대조표(balance-sheet, B/S)에서 자산보다 부채가 더 많아지는 '대차대조표 경기 침체(balance-sheet recession)'를 발생시킨다.[68] 이 경우 B/S를 복구하기 위해 민간

66 재조정 신청은 2011년 1분기 5.5%만 성사되었다. 국책기관들과 연방주택금융기관(FHFA)의 소극적 태도 때문이었다. 민간 대출회사들은 역시 큰 차이는 없었다. Economist, Sep. 3rd, 2011, "Fannie Mae and Freddie Mac: Self harm. "예를 들어, 2011년 5월에는 뉴욕연방준비은행이 충분한 검토 없이 대출변경을 거부했다는 이유로 골드만삭스 모기지 부문에 대한 조사에 나설 정도였다. 게다가 HAMP를 처리하는 과정에서도 주택압류 중단사태를 불렀던 서류상 오류가 발생해 모기지시장의 혼란이 빚어졌다. 미국 통화감독관(U.S. Comptroller of the Currency)의 2011년 2분기 모기지 보고서에 따르면 대출조건을 조정받아 상환 부담이 줄어든 대출자들 중 20%가 또다시 90일 이상 연체를 기록하고 있는 것으로 집계될 정도로 큰 효과를 내지 못했다. Businessweek, Sept. 29, 2011, "One in Five Modified Loans Default Again," U.S. Comptroller Says.

67 Federal Reserve Board of Governors, 2011, "October 2011 Senior Loan Officer Opinion Survey on Bank Lending Practices," Washington, D.C., November 7. www.federalreserve.gov/ boarddocs/ SnLoanSurvey/201111/default.htm

68 1970~2008년간 154개국을 대상으로 한 실증분석에 따르면 부채 위기는 위기 후 8년까지 GDP의 10%를 축소시키는 것으로 나타났다. D. Furceri and A. Zdzienicka, Dec. 2011, How Costly Are Debt Crises? IMF Working Paper WP/11/280.

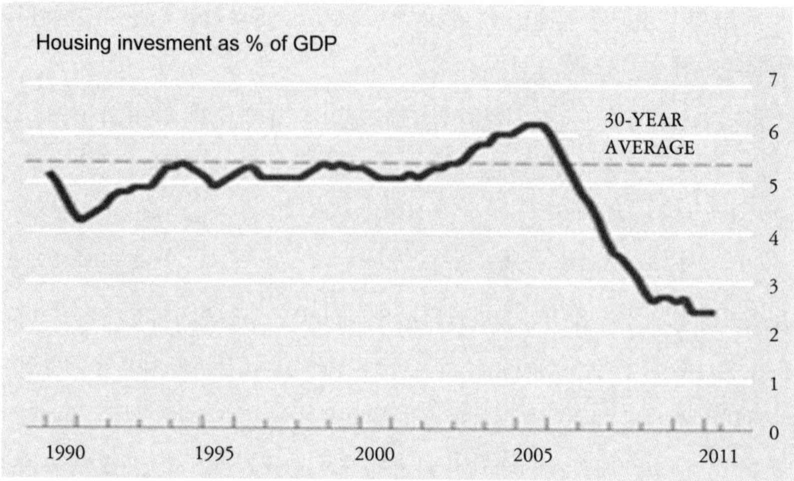

Source: Bureau of Economic Analysis.

▌그림 3-17. GDP 대비 주택투자의 비중

부문은 이윤극대화에서 부채 최소화로 이동한다. 그리고 민간부문의 디레버리지는, 심지어 제로금리에서조차, 새로 발생된 저축과 부채 상환이 대출로 이어지지 않음을 의미한다. 빚 갚기가 최우선 과제인 경제주체들은 금리가 아무리 낮아도 대출을 외면하기 때문이다. 차입자도 없는 상황에서 경제는 무차입자의 저축 및 부채 상환액의 합과 같은 규모의 총수요 둔화를 경험할 것이다. 즉 민간부문의 B/S가 복구될 때까지 '스스로 지속시킬 수 있는 성장(self-sustained growth)'에 진입하기 어려운 것이다. 경기 후퇴를 막으려면 재정투입이 불가피하고, 재정건전화는 정부에 의한 차입은 중단되고 민간부문에 의한 차입과 지출이 증가된 이후에나 가능할 것이다. 이처럼 대차대조표 침체의 상황에서 통화정책이 효과를 보지 못하는 이유는 민간부문에 대한 자금 공급의 부족 문제가 아니라 부채에 짓눌린 민간부문의 대출 수요 부족이 문제이기 때문이다.

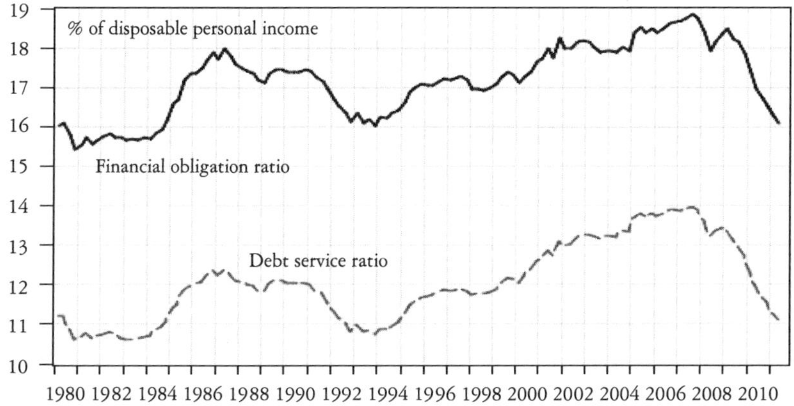

Source: Federal Reserve.

주: 가계부채상환 비율은 가처분소득 대비 가계부채 상환금의 비율이고 금융부담 비율은 가계부채 상환 비율보다 광범위한 개념으로 주택임대료, 자동차 리스대금 지불, 주택소유자의 보험료, 자산세 지불 등을 포함한다.

출처: D. Papadimitrou, G. Hannsgen, and G. Zezza, Dec. 2011, "Is the recovery sustainable?" Strategic Analysis, Levy Economics Institute of Bard College, Figure 9에서 재인용.

▌그림 3-18. 가계의 부채 부담(가처분 소득 대비)

대차대조표 경기침체(balance-sheet recession) 90년대 이후 일본경제의 침체를 설명하기 위해 대만 출신의 노무라종합연구소 수석경제학자인 리처드 쿠(Richard Koo, 2008, *The Holy Grail of Macroeconomics-Lessons from Japan's Great Recession*)가 제시한 개념이다. 그의 설명에 따르면 자산버블이 붕괴하면 가계든 기업이든 대차대조표상에서 쪼그라든 자산에 대응해 부채를 줄이는 데 골몰하게 된다. 경제 주체들이 망가진 대차대조표를 복원하기 위해 대출 상환에 주력하면 경제의 총수요는 위축되고 경기는 장기 침체의 나락으로 빠져든다. 이런 상황에선 금리 인하와 양적 완화 등 전통적인 통화정책은 효과를 잃는다. 빚 갚기가 최우선 과제인 경제 주체들은 금리가 아무리 낮아도 대출을 외면하기 때문이다. 쿠는 동양의 음양이론을 빌려 새로운 시각의 경기순환론을 전개했다. 그는 경기순환을 '양과 음' 두 개의 국면으로 구분했다. 먼저 경제 주체들이 이윤 극대화를 추구하는 보통의 상황을 '양의 국면'이라 불렀다. 반면 자산버블 붕괴 이후 대차대조표의 정상화를 위해 부채 줄이기에 몰두하는 상황을 '음의 국면'으로 정의했다.

그는 음의 국면에선 통화정책이 먹혀들지 않기 때문에 정부는 재정정책에 주력해야 한다고 주장했다. 쿠는 일본의 사례를 통해 규명된 '대차대조표 침체'가 1930년대 미국 대공황의 미스터리를 풀어줬으며, 2008년 비우량 주택담보대출(서브프라임 모기지) 사태 이후 미국 상황에도 똑같이 적용할 수 있다고 밝혔다.

통화정책이 이처럼 효과를 보지 못하는 더 근본적인 이유는 80년대 이후 30년간 심화된 경제체질의 취약성에서 비롯한다. 선진경제는 산업체계의 다양화나 산업구조의 업그레이드보다 부채에 기초한 과잉금융에 의존해왔다. 그리고 과잉금융이 만든 버블이 파국으로 이어질 경우 공격적 통화완화로 대응하였다. 예를 들어, 1987년 주식시장 붕괴와 80년대 말 S&L 사태 등에 대해 연준은 89년 10%에 근접하던 금리를 93년에는 3%까지 인하할 정도로 공격적 통화완화로 대응하였다. 그러나 통화완화는 달러가치 하락으로 이어졌고, 또 다른 버블(아시아 외환위기)을 만들어냈다. 이는 외환위기 이후 아시아 국가들의 통화절상 거부로 이어졌고, 통화정책의 이전 메커니즘을 변화(예: 장단기 금리 역전)시킨 불균형을 초래하였다. 아시아 외환위기에 이어 90년대 말 롱텀캐피털매니지먼트(LTCM, Long-Term Capital Management)의 파산[69]과 닷컴버블의 붕괴에 연준은 금리를 6.5%에서 1%로 인하할 정도로 공격적 통화완화로 대응하였고, 이는 주택시장의 붐으

69 1994년 투자은행 살로먼 브라더스(Salomon Brothers)의 부사장이자 채권거래팀장이었던 존 메리웨더(John Meriwether)가 설립한 미국의 헤지펀드로 자산은 12.5억 달러로 시작하였으나 출범부터 1997년까지 연 28~59%의 고수익 및 1997년 동아시아 외환위기 때 고수익을 내서 단일 펀드로는 유례없는 25억 달러까지 불어나게 된다. 그러나 1998년 러시아의 모라토리엄 선언으로 펀드는 붕괴 위기로 치달았다. 즉 1998년 러시아가 빚 갚을 능력이 없어 지급불능(Moratorium)을 선언하자 피해가 가장 큰 곳이 미국이었는데 그 이유는 LTCM이 자기자본의 25배에 달하는 엄청난 차입을 통해 고금리의 러시아 국채에 투자했었기 때문이다. LTCM 탓에 미국 금융기관들은 줄줄이 돈이 떼일 처지에 몰리고, 당시만 해도 지금보다는 재정상황이 나았던 미국 정부가 재정을 투입해 사태는 봉합된다. 사실 이때부터 미국의 재정이 악화일로를 걷기 시작한다. LTCM이 전 세계의 은행들과 거래하던 파생상품 규모는 1998년 9월 23일의 추산에 따르면 1조 2,500억 달러 이상에 이르렀다. 이것이 전 세계적 대형 경제위기로 이어질 것을 우려한 연준의 주도하에 다른 대형 은행과 투자기관으로부터 대규모 구제금융을 받았고, 살로먼 브라더스는 1998년 시티그룹에 합병되었다.

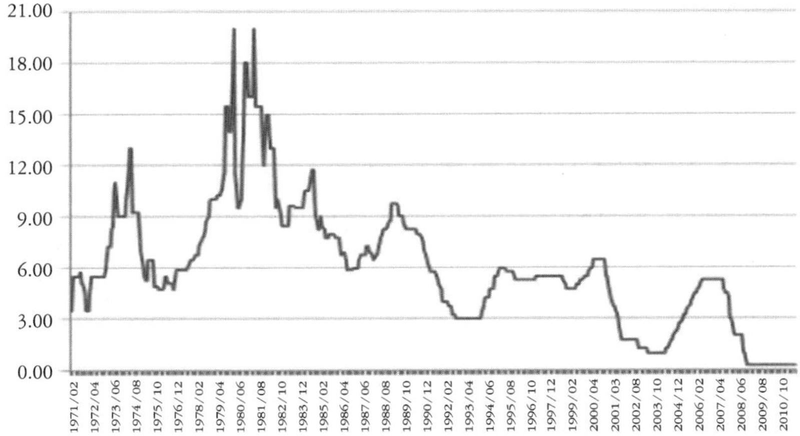

▌그림 3-19. 연준 금리의 추이, 1971~2011

로 이어졌다. 문제는 이러한 통화완화의 반복 과정에서 낮은 저축과 높은 부채 등 가계의 대차대조표(B/S)가 부실해진 것이다. 그 결과 버블 붕괴 후 자산가치 하락과 신용 긴축은 소비 침체, 물가 및 임금 하락 압력, 그리고 다시 소비 침체라는 악순환 구조를 만들어냈다.

부채에 기초한 과잉금융은 기본적으로 부채를 유발하는 통화시스템(debt-induced monetary system), 즉 법정화폐(Fiat Money) 통화시스템의 산물이다. 경성예산제약을 갖는 상품화폐(예: 금본위제)와 달리 연성예산제약[70]을 갖는 법정화폐 시스템은 본질적으로 부채에 기초한 버블을 만들어낼 가능성이 높다. 70년대 이후, 특히 금융부문에 대한 규제가 해체되기 시작한 80년대 이후 은행위기를 비롯

70 현실의 모든 경제행위는 예산의 제약 아래에서 이루어지고, 예산제약은 경제행위자의 외적 환경이 허용하는 양상에 따라 경성예산제약(hard-budget constraints)과 연성 예산제약(soft-budget constraints)으로 구분한다. 주어진 예산을 초과하면 차입 등 외부로부터 자금을 조달해야 하고, 차입에 대해서 상환 의무를 진다. 상환 의무를 이행하지 않을 경우 그 경제주체는 더 이상 경제활동을 할 수 없게 된다. 예산제약이 엄격한 지출 제약으로 작용할 경우를 경성예산제약이라 하고, 그렇지 않을 경우를 연성예산제약이라 한다. 즉 주어진 예산 이상으로 지출했는데 파산할 가능성이 낮을 경우, 즉 외부로부터 지원을 받을 수 있다면 처음의 예산제약은 제약으로서의 엄격성을 상실하게 된다. 이처럼 연성예산제약은 경제적 효율성을 떨어뜨리고 합리성을 왜곡시킨다.

출처: Federal Reserve Bank of St. Louis. http://research.stlouisfed.org/fred2/data/PSAVERT.txt

▌그림 3-20. 미국 개인 저축률의 장기 추이

해 금융시장에 버블이 빈번하게 형성된 이유다. 국제통화시스템에서 연성예산제약의 문제는 금태환 정지에서 비롯한다. 금태환 정지에도 불구하고 미국 달러의 헤게모니 지위의 지속과 통화정책의 팽창적 입장이 결합되어 국제유동성과 신용을 폭증시켰고 그 결과가 반복적인 은행위기와 금융의 혼란이었던 것이다.

미국 통화정책과 통화전쟁

2차 양적 완화는 해외로부터도 강한 비난을 받았다. 글로벌 과잉유동성은 글로벌 인플레이션,[71] 포트폴리오 투자 증가에 따른 자산가격의 상승,[72] 신용의 증

71 M. Ciccarelli and B. Mojon, 2005, "Global Inflation," ECB Working Paper No. 537; R. Rüffer and l. Stracca, 2006, "What is Global Excess Liquidity, And Does It Matter?" ECB Working Paper 696; A. D'Agostino and p. Surico, 2007, "Does Global liquidity Hel to Forecast US Inflation?" Research Technical Papers 10/RT/07, Central Bank of Ireland; H. Berger and T. Harjes, 2009, "Does Global Liquidity Matter for Monetary Policy in the Euro Area?" IMF Working Paper No. 09/17.

72 영국과 미국의 주식과 채권 시장에 대한 글로벌 과잉유동성의 강한 영향, 특히 부동산 시장의 과열에 대해서는 S. Becker, May 29, 2007, "Global Liquidity Glut and Asset Price Inflation: Fact or Fiction?" Current Issues, Deutch Bank Research; 2001년 시작된 글로벌 과잉유동성이 채권 수익률 하락과 주택가격의 상승에 미친 영향은 J. Giese and C. Tuxen, Feb. 2008, "Has Excess

대,[73] 자산가격 인플레를 통한 소비재 가격의 상승,[74] 글로벌 불균형[75] 악화의 원인이기 때문이다. 2010년 8월 버냉키가 2차 양적 완화를 언급한 후 브라질의 헤알화가 강세를 보이자 브라질 재무장관 기두 만테가(Guido Mantega)는 2010년 9월 27일 '국제 통화전쟁'을 거론하며 미국의 양적 완화를 거세게 비난한 배경이다. 실제로 달러화 약세를 방치하는 미국의 통화완화 정책은 신흥시장으로의 자본유입 급증으로 이어지며 신흥국 자산가격 인플레, 통화가치의 절상과 수출 감소 우려 등 경제 불안정을 증대시켰기 때문이다. 글로벌 과잉유동성의 공급은 연준이 정책금리를 1%로 인하하였던 2003년 이후 급증한다. 2002년 약 1조 달러에 불과했던 개도국의 외환보유액은 2011년까지 약 7조 달러에 달할 것으로 IMF는 전망하였다. 글로벌 불균형의 주요 원인이 선진경제 스스로 자초한 것을 의미한다. 금융위기 이후에도 국제결제통화를 공급하는 선진국들은 국제결제통화 공급자로서 세계경제에 대한 책임보다는 자국의 이해를 중심으로 통화완화 정책을 수행함으로써 통화전쟁을 야기했다. 이처럼 통화전쟁은 선진국의 금융위기가 국가부채 위기로 그리고 다시 통화위기로 진화한 결과이다. 화폐(달러)가치의 하락은 달러화의 재앙, 즉 미국의 재앙에서 그치는 것이 아니라 글로벌 경제의 독이 될 수밖에 없다. 국제통화시스템과 국제금융시스템에 대한 개혁 필요성의 목소리가 증대하는 이유다. 즉 미국 경제의 재후퇴를 막기 위한 연준의 달러 살포는

Liquidity Fueled Asset Prices? Evidence from I(1) and I(2) Cointergrated VAR Models" Nuffield College, University of Oxford and Department of Economics, University of Copenhagen 등의 연구들이 있다.

73 J. Caruana, May 2011, "Global Liquidity: a view from Basel," Speech at International Capital Markets Association Annual General Meeting and Annual Conference, Paris.

74 A. Belke and D. Gros, Feb. 2010, "Global Liquidity, World Savings Glut and Global Policy Coordination," DIW Berlin, German Institute for Economic Research Disscussion Paper 973, Berlin. 예를 들어, 시중은행들이 중앙은행에 자신들의 채권을 판매할 때 시중은행들은 중앙은행에 예금, 즉 준비금(reserves)을 확보하게 된다. 그 결과 시중은행들은 저수익의 준비금을 주식이나 회사채 등 보다 나은 수익물로 바꿀 동기를 갖게 되고, 이는 민간의 차입비용을 낮추고 자산가치를 상승시킨다. 그리고 자산가치의 상승은 부와 소비지출을 신장시킨다.

75 '저축 과잉(savings glut)'보다 '유동성 과잉(liquidity glut)'을 글로벌 불균형의 주요 요인으로 지적한다. T. Bracke and M. Fidora, 2008, "Global Liquidity Glut or Global Savings Glut? A Structural VAR Approach," ECB Working Paper No. 911.

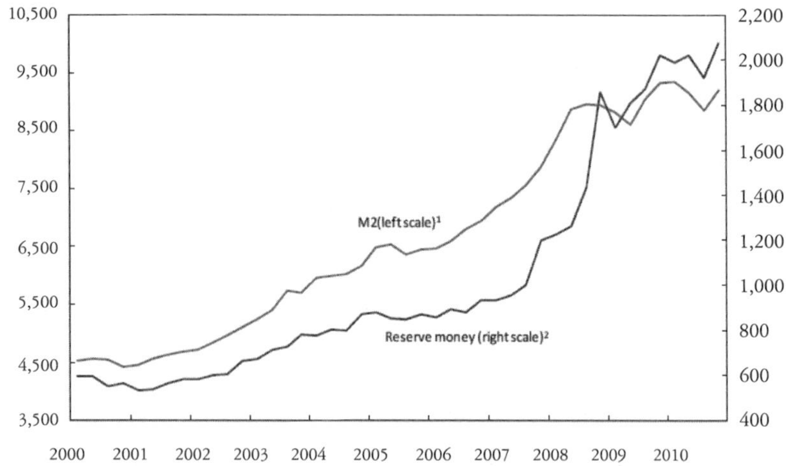

source: Datastream; IMF, International Finanical Statistics database; and IMF staff estimates.
[1]: Sum of GDP-weighted M2 for the euro area, Japan, the United Kingdom, and the United States.
[2]: Sum of GDP-weighted reserve money for the euro area, Japan, the United Kingdom, and the United States.

▌그림 3-21. 글로벌 유동성(10억 달러, GDP 가중, 분기별 자료)

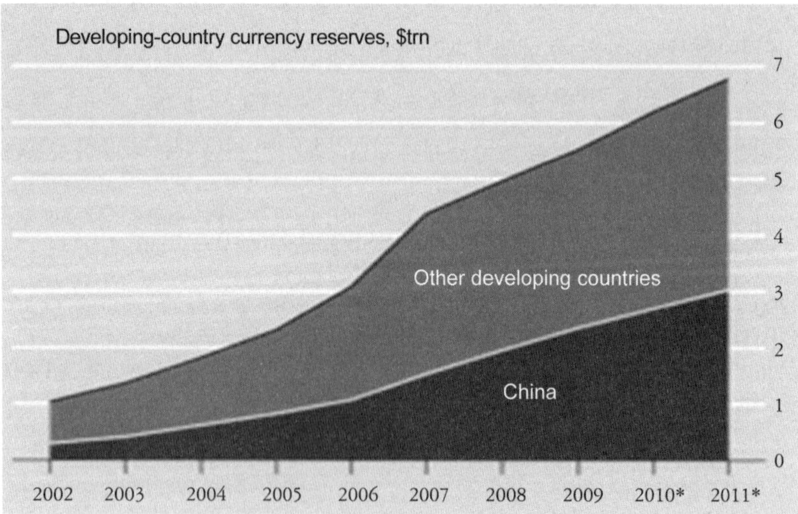

Source: IMF
*Forecast

▌그림 3-22. 개도국의 외환준비금 증가 추세(조 달러)

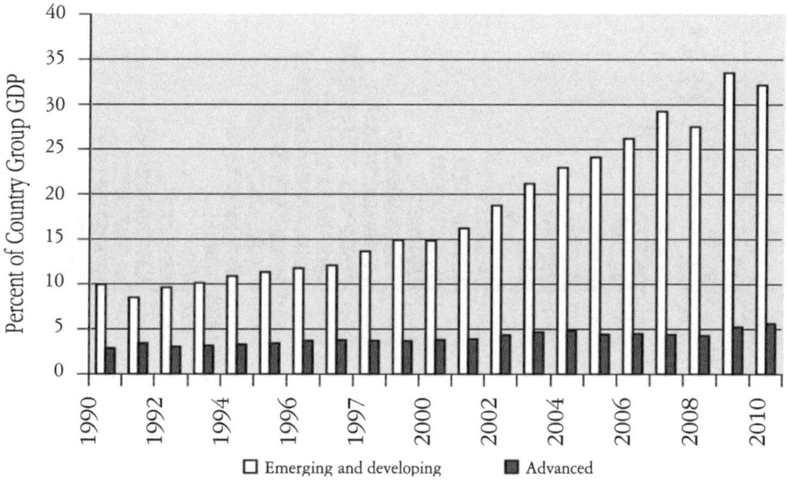

주: 선진국 그룹에 홍콩, 한국, 싱가포르, 대만은 제외하고 체코, 에스토니아, 슬로베니아, 슬로바크 공화국은 포함.
출처: IFS, May 2011, for reserve data(which include gold); WEO(April 2011) for GDP data. Maurice Obstfeld, Sept. 2011, International Liquidity: The Fiscal Dimension, NBER WP 17379에서 재인용.

▌그림 3-23. 신흥/개도국과 선진국의 외환보유액(GDP 대비 %)

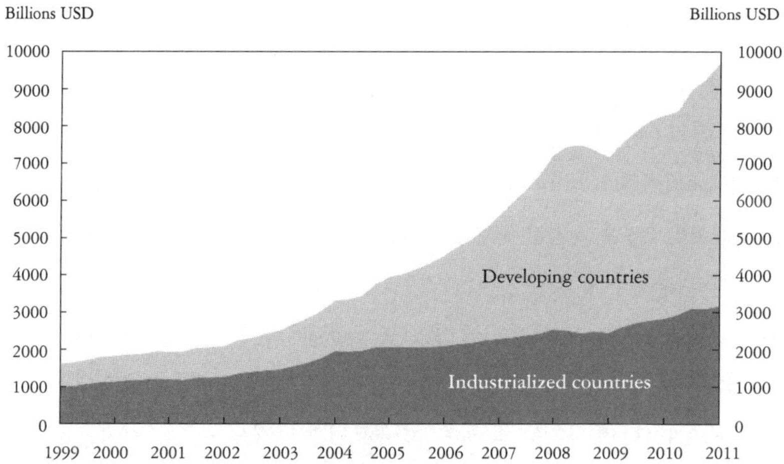

Source: International Monetary Fund, Curency Composition of Official Foreign Exchange Reserves (COFER) data.
출처: L. Goldberg, Oct. 2011, "The International Role of the Dollar: Does It Matter if This Changes?" FRB of New York Staff Reports, no. 522.

▌그림 3-24. 세계 외환보유액(10억 달러)

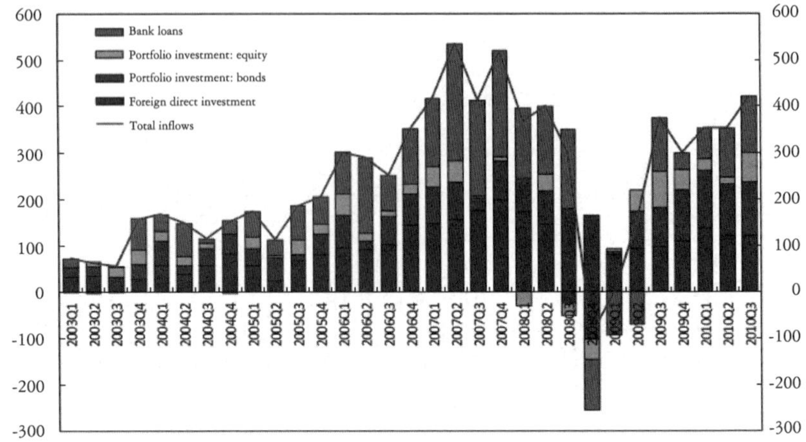

Source: IMF, *International Financial Statistics* database.
[1]: See the Annex 4.2 for a complete list of countries.

주: 유동성 수취 경제는 37개국.
출처: L. Effie Psalida and Tao Sun, October 2011, "Does G-4 Liquidity Spill Over?" IMF Working Paper WP/11/237.

그림 3-25. 글로벌 유동성 수취 경제들의 자본유입 규모와 유형(10억 달러)

강달러를 전제로 한 변동환율 체제, 즉 달러 본위제(브레튼우즈 체제 II)의 근간을 무너뜨릴 가능성이 높다.

한편, 금융위기 이후 미국 연준은 달러 자금 경색을 겪는 일부 국가들의 중앙은행과 통화스왑 계약을 맺었다. 즉 미국은 2007년 이후 크게 세 차례에 걸쳐 통화스왑을 진행했다. 2007년 12월 유럽중앙은행(ECB) 및 스위스 중앙은행과 처음으로 통화스왑을 체결한 이후 리먼브러더스 사태로 금융위기에 빠지자 통화스왑 대상국을 영국, 일본 등 총 9개 국가로 확대했다. 2008년 10월에는 한국을 비롯해 뉴질랜드, 싱가포르, 브라질, 멕시코 등 신흥국과도 통화스왑 계약을 체결했다. 이를 통해 2007년 12월부터 2010년 2월까지 14개 중앙은행 가운데 10개 은행에 최대 5,831억 달러를 공급하면서 글로벌 자금경색 완화에 기여했다. 두 번째 통화스왑은 2010년 5월 그리스 등 유럽 재정위기 확대로 자금시장이 다시 경색되자 ECB, 영국, 스위스, 캐나다, 일본 중앙은행을 대상으로 진행했다. 2011년 3월까지 ECB와 일본은행에 최대 92억 달러를 공급했다. 2011년 8월에 스위스

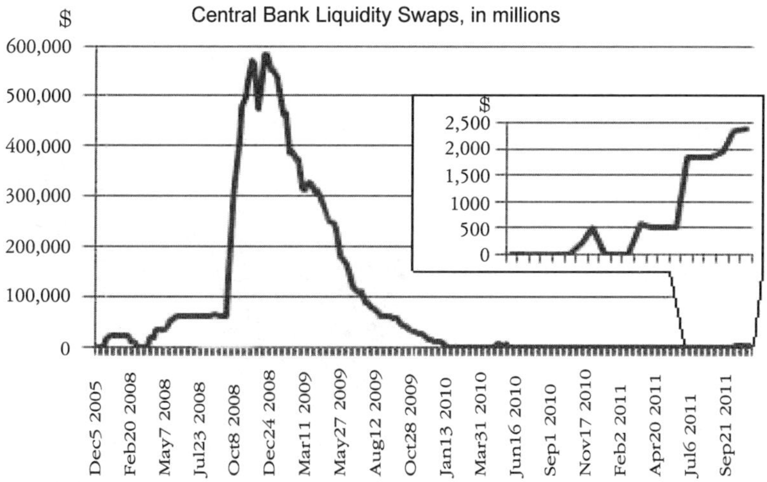

Source: Federal Reserve.

▌그림 3-26. 중앙은행의 유동성 스왑(백만 달러)

와 ECB에 통화스왑을 재개해 스위스중앙은행은 8월 중 2억 달러를 차입했고, ECB 역시 5억 달러를 인출했다. 세 번째는 2011년 11월 30일 미국 연준과 유럽중앙은행을 비롯한 선진 6개국 중앙은행들이 달러와 다른 통화를 교환하는 스왑금리를 1%포인트에서 0.5%포인트 내려 유동성 공급에 공조하기로 공동성명을 발표했다. 이러한 통화스왑은 유동성 위기 등 달러 자금 경색을 겪은 국가들의 외환시장 불안 등을 완화시키는 데 상당히 효과적이었다. 예를 들어, 통화스왑을 이용하지 않을 경우 미국 이외의 중앙은행은 직접 달러화를 공급해야 한다. 이는 외환보유액을 감소시키고, 외환시장을 통해 달러를 확보할 경우에는 민간 은행권의 구축효과를 불러일으키는 등 부작용이 있기에 통화스왑이 달러조달 시장의 경색을 줄일 수 있다. 그러나 미국과의 통화스왑을 요구한다고 해서 수용하지는 않는다. 기본적으로 미국의 이해에 바탕을 두고 있다. 예를 들어, 유로존의 위기는 미국 경제에도 큰 타격을 입힌다. 유로존의 경기침체에 따른 미국 수출의 타격도 있지만,[76] 무엇보다 유로존 내 미국 자산이 피해를 입을 수밖에 없다. IMF에 따르면

76 미국의 유럽에 대한 수출은 70년대에는 24% 이상을 차지했지만 16%로 축소되었다.

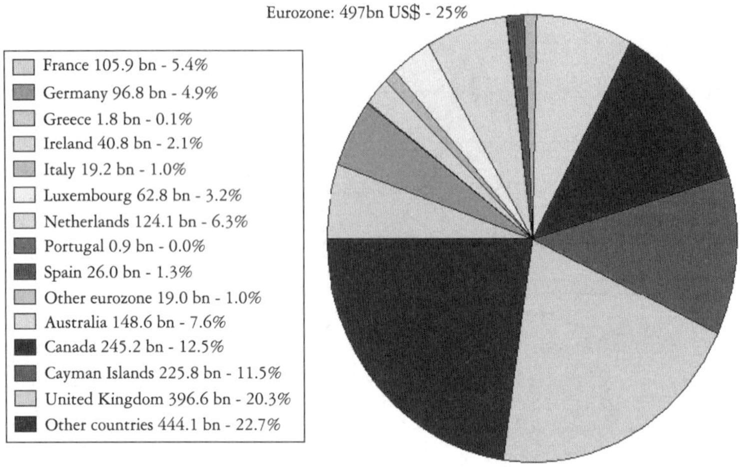

Source: IMF

출처: D. Papadimitrou, G. Hannsgen, and G. Zezza, Dec. 2011, Figure 15에서 재인용.

그림 3-27. 미국의 해외자산(2009년 말 기준)

2009년 말 기준 유로존 내 미국 자산은 4,970억 달러(전체 해외 자산의 25%)에 달한다.

금리로부터 대차대조표 정책으로 이동: 중앙은행의 위기?

2011년 6월 말 2차 양적 완화가 종료되면서 미국 연준은 2년간, 즉 2013년 중반까지 장기 저금리의 유지를 표명하였다.[77] 문제는 장기 저금리의 지속이 미국경제를 '이자율 함정(Interest Rate Trap)'에 빠트릴 가능성이 있다는 점이다. 예를 들어, 닷컴버블 붕괴 이후 연준은 상당 기간 동안 저금리를 지속할 수밖에 없었다. 그 이유가 매우 높은 레버리지를 사용하는 금융회사의 관점에서 볼 때 높은 금리가 금융시스템의 안정성을 위태롭게 할 수 있다는 우려 때문이었다. 따라서 연준의 저금리 지속에 대한 확고한 의지 표명은 금융회사들로 하여금 허약한 활

77 연준은 2011년 8월에 다시 경제조건들이 적어도 2년간 예외적인 저금리 수준을 보증할 가능성이 높다고 선언하였다.

동에 투자 유인을 증가시킴으로써 중앙은행의 손을 묶어버린다. 즉 금융시스템이 매우 취약해진 상황에서 금리 인상은 또 다른 금융 붕괴와 경기 둔화를 촉발시킬 수 있기 때문에 금융부문에서 취해진 행동들은 중앙은행으로 하여금 저금리를 지속시키게 할 것이다. 중앙은행이 금융산업에 인질이 되는 것으로, 이른바 경제가 장기간 저금리의 균형에 빠지는 '이자율 함정'에 놓이게 된다.[78]

2011년 9월 21일에 연준 공개시장위원회(FOMC)는 통화 공급량을 변화시키지 않으면서 장기이자율을 인하하기 위해 2012년 6월 말까지 단기채권인 만기 3년 미만 국채를 4000억 달러어치 내다 팔면서 그 자금으로 만기 6~30년물인 장기국채를 매입하는, 즉 공개시장조작의 한 가지 방법인 '오퍼레이션 트위스트'의 시행을 발표하였다.[79] 연준의 목표는 단기금리가 최저 상태에 있기에 장기금리를 낮춰 가계의 모기지 리파이낸싱(기존 모기지를 상환해 더 낮은 금리의 모기지로 갈아타기 위한 용도) 수요의 확대나 기업과 가계의 자금수요 확대 등 경기를 진작하겠다는 것이다. 그렇지만 고용과 주택 시장의 침체 그리고 은행의 소극적인 대출태도로 정책효과를 기대하기 어렵다. 중앙은행이 금리를 낮추고 돈을 풀어도 자금이 민간부문으로 돌지 않는 이른바 '유동성 함정'에 있기 때문이다. 앞에서 보았듯이, 두 차례 양적 완화를 통해 연준이 공급한 통화량은 국채 매입과 시중은행의 연준 예치금 증대로 이어졌을 뿐 은행 대출에는 변화가 없었다. 오히려 단기자금조달 비용과 장기자금운용 수입의 격차, 이른바 순이자마진(NIM)을 축소시키기 때문에 은행권의 수익성을 악화시킬 수밖에 없다. 게다가 오퍼레이션 트위스트는 장단기 국채의 대체성을 전제로 하는데 대외부채가 지속적으로 증가하는 상황에서는 효과를 기대하기 어렵다.[80] 대외부채의 지속적 증가는 장기국채에 대

78 Jin Cao and Gerhard Illing, September 30, 2011, "Interest rate trap", or: Why does the central bank keep the policy rate too low for too long time?

79 4000억 달러 중 6~8년물에 32%, 8~10년물에 32%, 10~20년물에 4%, 20~30년물에 29%가 배정되었다.

80 실제로 2011년 9월 22일 미국채 10년물과 30년물 수익률은 각각 1.72%와 2.8%였다. 그러나 한 달 후인 10월 24일에는 각각 2.24%와 3.27%를 기록하였다.

한 신뢰를 저하시키고 보유를 감소시켜 달러가치 하락(통화위기)에 대한 우려를 증가시킴으로써 장단기 국채 대체성을 약화시키기 때문이다.

무엇보다 금융위기와 양적 완화는 규모와 지속성에서 사상 유례없는 전 세계적인 중앙은행의 대차대조표를 확장시켰다. 대차대조표 규모의 변동성의 감소와 낮은 인플레이션, 이른바 대안정기의 도래로 선진국 중앙은행의 관심은 90년대 말부터 대차대조표 관리로부터 거의 정책금리 중심으로 이동하였다. 그런데 두 가지 주요한 쇼크가 이러한 경향을 바꾸었다. 하나는 1997~98년의 아시아 금융위기였다. 앞에서 보았듯이 이는 아시아 금융 당국으로 하여금 미래 위기의 재발

표 3-1. 중앙은행의 대차대조표

자산	부채와 자본
순대외자산(net foreign assets) 순국내자산(net domestic assets)	리저브 통화(reserve money) 순환 중 통화(currency in circulation) 상업은행의 리저브(reserves) 비통화 부채 중앙은행 증권 기타 자기자본(equity capital)

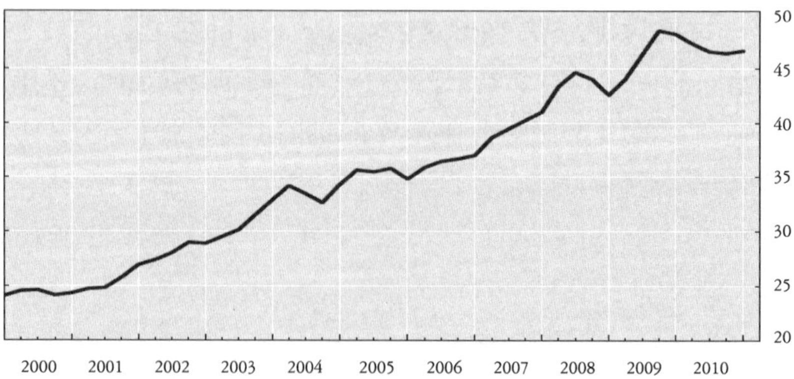

[1]: Aggregate of China, Chinese Taipel, Hong Kong SAR, India, Indonesia, Korea, Malaysia, the Philippines, Singapore and Thailand. Japan is excluded.
source: IMF, International Financial Statistics; national data.

그림 3-28. 아시아의 외환보유고(GDP 대비 %)

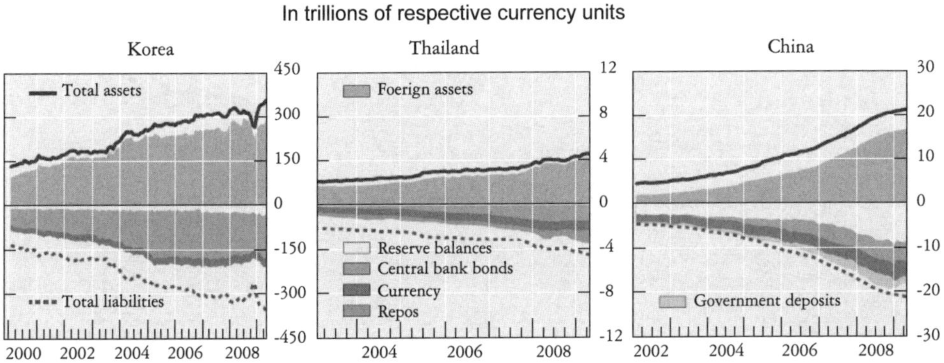

Source: Datastream; national data.

출처: C. Borio and P. Disyatat(2009)에서 재인용.

▮ 그림 3-29. 아시아 국가 중앙은행의 자산과 부채

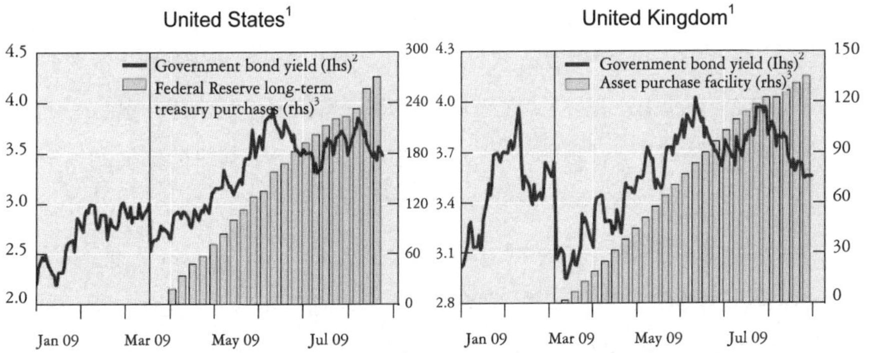

Source: Bloomberg; national data.

[1]: The policy announcement day 0 (vertical line) is: for the United Kingdom, 5 March 2009; for the United States, 18 March 2009. [2]: Ten-year bond yields, in per cent. [3]: In billions of national currency.

▮ 그림 3-30. 중앙은행의 국채 매입

을 방지하기 위해 외화준비금(foreign exchange reserves) 구축의 필요성을 증대시켰다. 신흥 아시아 국가들의 외환보유고 비중은 2006년 초에 2조 달러에서 2011년에는 5조 달러 이상, 즉 GDP의 45%로 초과할 정도로 급증하였다. 아시아 중앙은행 대차대조표의 자산의 급증은 동시에 부채의 증가를 의미한다.

두 번째 쇼크는 2007년 발발한 금융위기였다. 금융위기로 정책금리의 인하가 실물경제에 전달되지 못함으로써 금융시장의 정상적인 작동은 손상을 입었다.

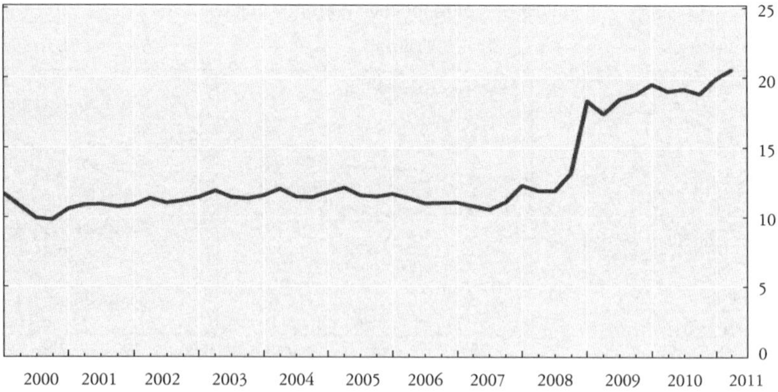

[1]: Aggregate of Canada, the euro area, Japan, Sweden, Switzerland, the United Kingdom, the United States.
Source: IMF, International Financial Statistics; national data.

▌그림 3-31. 선진국 중앙은행의 총자산(GDP 대비z %)

앞에서 보았듯이 중앙은행들은 자산의 대규모 매입 등 '비전통적 통화정책(unconventional monetary policies)'으로 대응하였다. 처음에는 단기 대출 혹은 단기 자산 매입으로 대응했지만 점차적으로 장기 증권 매입으로 확대시켰다. 2011년 기준 선진국 중앙은행 대차대조표 규모는 약 8조 달러에 달하고, 이는 GDP의 20% 이상에 해당한다. 중앙은행의 대차대조표 구조의 변화는 금융과 실물경제에 다양한 영향을 미친다. 첫째, 중앙은행의 자산 매입과 그로 인한 중앙은행의 자산 및 부채 증가는 자산가격과 신용 스프레드, 기간 프리미엄(term premium)과 장기 이자율 등에 영향을 미친다. 둘째, 통화 부채의 증가, 예를 들어 지급준비금(reserve money)의 증가는 은행의 유동성에 영향을 미침으로써 중기 물가안정에 영향을 미친다. 셋째, 증권 매각을 통한 중앙은행의 장기부채 증가는 민간부문의 대출을 축소시킨다.

문제는 중앙은행들의 대차대조표 규모 확대가 중기 리스크(medium-term risk)를 높이고 있다는 점이다.[81] 중앙은행 대차대조표의 지속적인 확장은 시장 상황

81 J. Caruana, Dec. 12, 2011, Why central bank balance sheets matter, Keynote address at the Bank of Thailand-BIS conference on "Central bank balance sheets in Asia and the Pacific: the policy challenges ahead," BIS.

표 3-2. 중앙은행의 대차대조표금융위기 중 대차대조표 정책

Type of balance sheet policy	Measures	Fed	ECB	BoE	BoJ	BoC	RBA	SNB
Credit Policy	*Influence interbank market conditions*							
	Modification of discount window facility	√[1]		√				
	Exceptional long-term operations	√	√[2]	√	√	√	√	√
	Broadening of eligible collateral	√	√	√	√	√	√	√
	Broadening of counterparties	√		√	√	√	√	√
	Inter-central bank FX swap lines	√	√	√	√	√	√	√
	Introduction or easing of conditions for securities lending	√		√	√	√		
	Influence nonbank credit market							
	CP funding/purchase/ collateral eligibility	√[3]		√[4]	√[5]	√[6]	√[7]	
	ABS funding/purchase/ collateral eligibility	√[8]	√[9]	√[4]			√[7]	
	Corporate bond funding/ purchase/collateral eligibility			√[4]	√[10]	√[6]		√
	Purchase of other securities	√[11]			√[12]			
Quasi-Debt Management Policy	Purchase of government bond	√		√[4]	13			
Bank Reserves Policy	Target for bank reserves			√				
Exchange Rate Policy	Purchase foreign currency securities							√

Source: National data. C. Borio and p. Disyatat(2009)에서 재인용.

Fed = Federal Reserve; ECB = European Central Bank; BoE = Bank of England; BoJ = Bank of Japan; BoC = Bank of Canada; RBA = Reserve Bank of Australia; SNB = Swiss National Bank √ = yes; blank space = no.

[1]: Reduce rate and expand term on discount facility; allow participation of primary dealers (Primary Dealer Credit Facility). [2]: Including fixed rate full-allotment operations. [3]: Finance purchase of short-term certificates of deposit, commercial paper(CP) and asset-backed CP (ABCP) (Money Market Investor Funding Facility, Asset-Backed Commercial Paper Market Mutual Fund Liquidity Facility and Commercial Paper Funding Facility). [4]: Asset Purchase Facility. [5]: Increase frequency and size of CP repo operations and introduce outright CP purchases. [6]: Term Purchase and Resale Agreement Facility for Private Sector Instruments. [7]: Acceptance of residential Mortgage-backed securities and ABCP as collateral in repo operations. [8]: Finance purchase of asset-backed securities (ABS) collateralised by student, auto, credit card and other guaranteed loans (Term Asset-Backed Securities Loan Facility). [9]: Purchase of covered bonds. [10]: Introduce loan facility against corporate debt collateral. [11]: Purchase direct obligations of and MBS backed by housing-related government-sponsored enterprises. [12]: Purchase equity held by financial institutions. [13]: Purchase Japanese government bonds to facilitate smooth money market operations; not intended to influence bond prices.

에 점점 위험 노출이 증대함을 의미하기 때문이다. 예를 들어, 외화자산 가치의 하락이나 장기 이자율의 상승은 중앙은행 자산액을 축소시키는 반면 부채액은 변하지 않게 된다. 즉 중앙은행의 자본이 위험에 직면하는 것이고, 중앙은행에 대한 신뢰성을 손상시킬 것이다. 중앙은행 대차대조표 확장에 따른 중기 리스크는 크게 네 가지로 나누어 생각할 수 있다. 첫째, 인플레이션 리스크다. 많은 국가들에서 재정부채가 높은 수준에 이르렀고, 또한 계속 증가하는 상황으로 이는 해당 주권국가에 대한 신뢰성뿐만 아니라 이른바 '재정우위 현상(fiscal dominance)'[82]에 대한 의문을 야기한다. 두 번째는 금융안정성 리스크다. 과도한 신용 팽창은 특히 신용 공급이 이미 왕성하고 인플레이션 압력이 부상할 때 금융안정성에 커다란 위협으로 작용할 수밖에 없다. 세 번째는 금융시장의 왜곡이다. 즉 중앙은행 대차대조표의 규모 증대가 자본시장의 기능에 의도하지 않은 부정적 결과를 야기할 수 있다. 각국 중앙은행들의 미국채에 대한 선호는 미국채 수익률은 떨어트리고 채권 및 기타 자산가격을 끌어올린다. 즉 선진국 중앙은행에서 대규모 자산 매입에 따른 자산 수익률 하락은 신흥경제와의 이자율 갭을 확대시킨다. 이는 자본이동의 위협을 증대시켜 신흥경제로 하여금 외환보유액을 증대시킴으로써 다시 미국채 수익률 하락의 요인으로 작용한다. 또한, 신흥경제로 하여금 통화완화 정책을 도입케 하는 요인으로 작용한다. 네 번째는 국가부채 관리의 리스크다. 정부는 부채 비용을 축소시키기를 원하지만, 중앙은행의 정부부채 매각은 정부의 부채 조달 비용을 증가시킬 가능성이 있다. 이처럼 금리정책에서 대차대조표정책(balance sheet policies)으로 정책 변화는 기본적으로 금융리스크 충격과 정부 대차대조표 위기를 흡수하기 위한 것이었던 반면, 물가안정과 금융안정성 등 중기 리스크를 높일 뿐만 아니라 중앙은행의 신뢰성 약화의 위험을 증대시키고 경제체질을 약화시키고 있다.

---

82 중앙은행 본연의 목적인 물가안정이 더 큰 경제위기를 방어하기 위해 재정정책의 메커니즘이 돌아가도록 지원하는 기능에 종속되는 현상을 말한다.

제2절 재정투입의 실패와 보틀넥 프로젝트

금융위기가 실물위기로 전이·확산되면서 세계 각국은 대규모 재정을 투입하였다.[83] 세계 주요 20개국 정상들은 2009년 4월 영국 런던에서 경기부양을 위해 2010년 말까지 5조 달러를 투입하기로 합의했다. 경기부양 공조와 보호무역주의 배격 등 각국의 정책 공조를 통해 세계 경제성장률을 4%로 끌어올리고 1,900만 개의 일자리를 창출하기 위해 노력하기로 합의한 것이다. 당시의 국제공조는 미국발 금융위기가 실물위기로 발전하면서 세계 각국 모두 경기부양의 필요성을 가졌기 때문에 가능한 것이었다. G20 정상회의 합의에 앞서 미국 의회는 2009년 2월 17일 GDP의 약 5% 수준인 7,870억 달러 규모의 재정지출을 골자로 하는 '미국 회복 및 재투자 법(American Recovery and Reinvestment Act)'을 통과시켰다.[84] 재정투입은 경기부양 효과를 발휘했다. 재정투입이 없었더라면 미

표 3-3. 금융위기 이후 미국의 경기대책

발표 시기	경기대책명	내용	규모(억 달러)
2008	· 경기부양법 · 공공건설사업법 · 실업수당 연장	· 개인소득세, 법인세 감면 등	1,245 286 696
2009	· 미국 경제회복 및 재투자법(ARRA) · 고용촉진법 등	· 교육 및 직업훈련, 학자금대출지원 등	7,872 229
2010	· 교직원 및 메디케이드 지원법 · 중소기업 고용촉진법 등 · 신재정정책	· 부시 감세법 시한 2012년 말까지 연장, 근로자 부담 사회보장세 인하 등	261 358 7,971[1)]
2011	· 일자리 창출법안[2)]	· 근로자와 고용주에 대한 세금감면, 공무원 해고 중단을 위한 지방정부 지원 등	4,470

주: 1) 감세 효과 등의 추정치 2) 2011년 11월 현재 상원에서 부결된 상태.
출처: 미 의회, CBO, 백악관.

83 미국의 전미경제조사국(NBER)은 2007년 12월부터 미국의 경기침체가 시작됐다고 선언했다.

84 동 법안에는 감세와 가계 및 실직자에 대한 지원으로 2,500억 달러, 주 정부와 지역 정부에 대한 지원 1,500억 달러, 기업에 대한 감세 1천억 달러, 인프라스트럭처 프로젝트 지출에 2,000억 달러 등이 포함되어 있다.

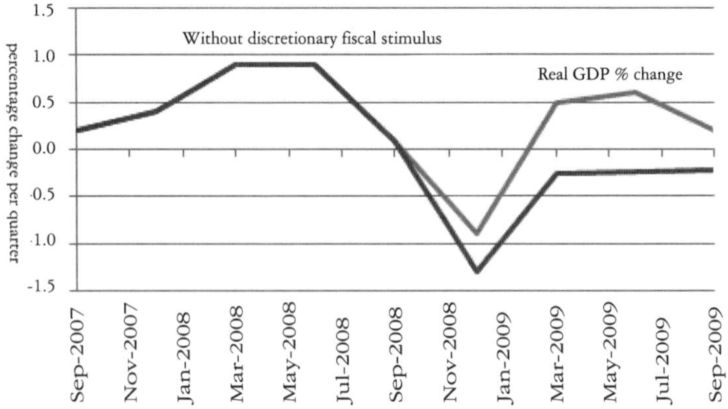

▌그림 3-32. 재정부양 유무 시 실질 GDP 변화율

국 경기침체는 지속될 수 없었을 것이다. 재정투입의 덕택으로 미국 경제는 2009년 6월 저점(trough)을 찍고 그해 하반기부터 경제성장률이 반등하면서 많은 사람들은 출구전략(exit strategy)을 논하기 시작했다.[85] 그러나 '고용 없는 경기회복' 현상은 이번에도 예외가 아니었다. 저점을 찍은 2009년 6월 실업률은 9.5%였으나 그해 10월에는 10.1%를 기록했고, 2010년에도 대부분 기간 동안 9.5% 이상을 기록하였다. 실제로 경기에 대한 낙관적 전망은 1년간 지속되었을 뿐이다. 재정 투입의 효과는 2010년 하반기부터 소멸되었다. 이는 가처분소득과 임금 그리고 소비의 추이에서도 확인된다. 재정부양의 효과는 닷컴버블 붕괴 이후의 2001~2002년 침체와 금융위기 이후의 침체 시기 모두에서 확인된다. 즉

85 경기침체기에 경기를 부양하기 위하여 취하였던 각종 완화정책을 경제에 부작용을 남기지 않게 하면서 서서히 거두어들이는 전략을 의미한다. 예를 들어, 제로 수준까지 인하했던 기준금리와 양적 완화, 그리고 재정지출의 확대 등으로 과도하게 공급된 유동성이 경기가 회복되면서 인플레이션을 만들 우려가 있기에 통화 환수를 해야 하는데 적절한 시기를 결정하는 것이 중요하다. 이스라엘 중앙은행이 2009년 8월에 금리 인상을 단행하여 전 세계 중앙은행 중에서는 처음으로 본격적인 출구전략에 시동을 걸었다. 경기회복세가 가시화되는 가운데 인플레 우려가 커졌기 때문이다. G20 가운데는 호주가 2009년 10월 6일에 가장 먼저 출구전략 실시에 나섰다. 호주는 49년 만에 최저수준인 연 3.0%로 낮아진 기준금리를 0.25% 인상하였다. 뒤를 이어 인도 중앙은행이 2010년 3월 19일 재할인금리를 4.75%에서 5%로 0.25% 인상하였다. 중국 역시 2010년 4분기 이후 9차례에 걸쳐 지준율을 총 4.5% 인상 조정하고, 5차례에 걸쳐 대출 기준금리를 총 1.25% 인상하였다.

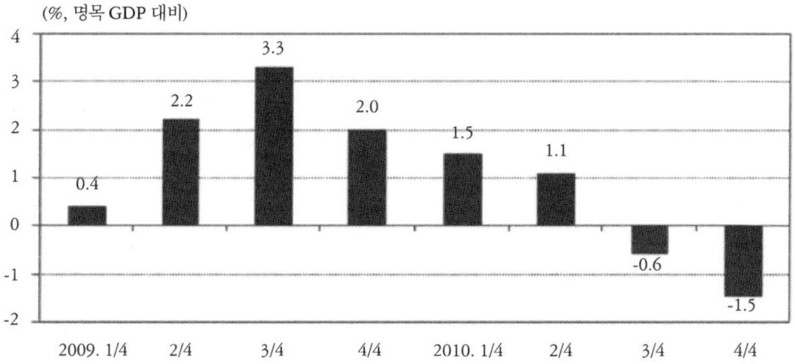

출처: Goldman Sachs; Mark Zandi, June 22, 2009, "U.S. Fiscal Stimulus Revisited, Moody's Analytics".

▌그림 3-33. 경기부양의 실질 GDP에 대한 기여도(% 포인트)

실질 가처분소득이 실질 임금보다 빠르게 증가했는데 이는 공공부문의 순이전(net transfer)에 의해 유지된 것이었다. 그런데 부양 효과가 2011년 1분기를 계기로 소멸되었음을 보여준다. 특이한 점은 소비 증가율이 가처분소득의 증가율을 앞서고 있다는 것이다.[86] 2011년 말 일시적 소비 개선의 현상[87]이 차입 증가에 의한 것이었음을 의미한다. 그러나 차입에 의한 소비는 일시적으로만 가능할 뿐이다. 이는 여전히 취약했던 소비자신뢰지수에서 확인된다. 2011년 10월 블룸버그 소비자 안심지수(Consumer Comfort Index)가 가장 많이 하락했고, 컨퍼런스 보드 소비자 태도지수도 2009년 3월 이래 가장 낮았다.[88]

이에 오바마 미국 대통령은 대규모 추가 부양책은 더 이상 없을 것이라는 기

86 2011년 3분기 소비자 지출은 2.4% 증가했고, 소매 판매는 9월에 1.1%, 자동차 판매는 2010년 3월 이래 가장 많이 상승한 3.6% 올랐다. Businessweek, Nov. 3, 2011, "Consumers are anxious-but shopping". 그러나 미국 상무부가 발표한 11월 소매판매는 10월에 비해 0.2% 증가하는 데 그쳤다. 5개월 만에 가장 낮은 증가율이었다. 소득이 뒷받침되지 않기 때문이다. 11월 미국 가계의 평균 수입은 3개월 만에 감소세로 돌아섰다. 소득 감소로 대출에 대한 의존도는 높아지고 저축률이 낮아진 것이다. 10월 가계 저축률은 3.5%로 2010년 10월에 비해 2%포인트 가까이 하락했다.

87 경기선행지수의 하나로 컨퍼런스보드(Conference Board)가 매월 발표하는 소비자신뢰지수(Consumer Confidence Index, 1985년 평균치=100)가 2011년 10월 40.0에서 11월 56으로 증가했다. 참고로 지수가 100을 넘으면 소비자가 경기를 낙관한다는 뜻이다.

88 물론, 소비자 조사는 자산의 집중을 과소평가하고 있다. 즉 미국 소득자 중에서 연 10만 달러 이상을 버는 상위 20%가 가구 지출의 절반 이상을 차지하고 있다. Businessweek, Nov. 3, 2011.

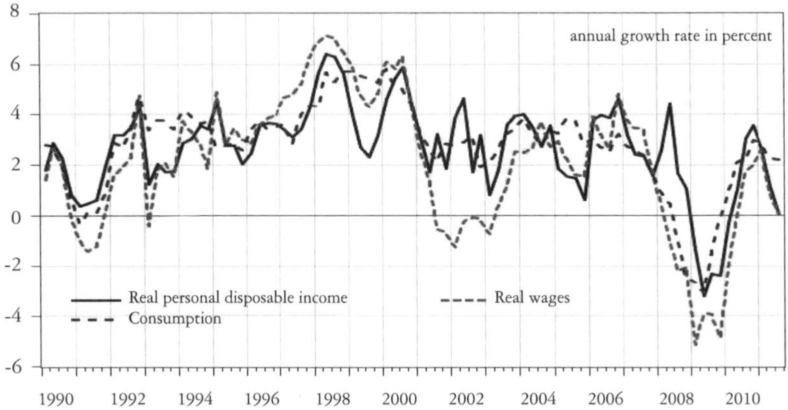

Source: B.E.A.

출처: D. Papadimitrou, G. Hannsgen, and G. Zezza, Dec. 2011, "Is the recovery sustainable? Strategic Analysis", Levy Economics Institute of Bard College, Figure 4에서 재인용.

▌그림 3-34. 실질 가처분소득과 임금, 그리고 소비(연간 증가율)

존 입장을 바꾸어 2010년 9월 6일 향후 6년간 도로 재건과 철도 그리고 공항 활주로 건설 등 500억 달러의 인프라 건설투자를 핵심내용으로 하는 추가 경기부양책을 발표했다. 또한, 향후 2년간 기업들이 컴퓨터나 각종 설비를 새로 구입하기 위해 지출한 비용 전액(총 2천억 달러 규모)에 대해 세액공제 혜택을 제공하고, 기업의 연구개발(R&D) 투자에 대한 영구적 세액공제(향후 10년간 1천억 달러의 세수 감소 효과) 방안 등을 발표하였다. 그러나 고용 효과에 대한 의구심과 재정적자에 대한 부담 등으로 공화당은 물론이고 민주당 내에서도 반대 목소리가 높았다. '삽질 인프라 중심의 프로젝트(shovel-ready infrastructure projects)'로 괜찮은 일자

▌표 3-4. 미국의 재정수지와 국가 순부채[1](억 달러, %)

	2007	2008	2009	2010	2011[2]
재정적자	-1,607(-1.2)	-4,586(-3.2)	-14,127(-10.0)	-12,935(-8.9)	-14,800(-9.8)
정부부채	50,351(36.2)	58,031(40.3)	75,447(53.5)	90,189(62.2)	104,300(69.4)

주: 1) 회계연도 기준. ( )은 GDP 대비 비율. 2) 2011년은 전망치.
출처: 미 백악관 예산관리실 및 의회예산국.

리[89] 창출은 불가능했기 때문이다. 90년대 일본의 '삽질 프로젝트'와 닮은꼴이었던 것이다.

게다가 2010년 봄부터 재정위기가 부상함에 따라 유로존을 중심으로 긴축으로 선회하였다.[90] 미국 역시 금융권 구제와 경기부양 등으로 2009회계연도(2008.10~2009.9)의 재정적자는 GDP 대비 10%가 넘는 1조 4,200억 달러, 2010회계연도에는 1조 2,940억 달러(GDP의 9.0%), 그리고 2011회계연도에는 1조 2,990억 달러(GDP의 8.7%)를 기록하였다. 그 결과 미국 역시 2007~2010년간 GDP 대비 정부부채가 40%나 증가했다. 미국 공화당은 국가채무의 법정한도(14.3조 달러)의 인상 거부를 무기로 오바마 행정부를 압박한 결과 연방정부의 부채 상한을 2조 1천억 달러로 늘리는 대신 10년간 정부지출 1조 2천억 달러 감축에 대한 합의를 끌어냈다.[91] 즉 향후 미국 경제는 매우 엄격한 긴축이 예정되고 있는 것이다. 문제는 미국의 국가채무가 이미 지속불가능한 수준이라는 점이다. 2011년 6월 미국 의회예산국(CBO)이 분석한 자료에 따르면 GDP 대비 부채 비율을 2085년까지 현 수준으로 유지하려면 향후 75년간 매년 GDP의 8.3%(약 1.2조 달러)에 달하는 재정지출 감축, 혹은 그만큼의 세금 인상, 혹은 둘의 조합이 필요하다고 주장하였다.[92]

---

89 2010년 미국의 일인당 GDP는 47,249달러였다.

90 유로존의 재정부양 규모는 미국보다 작았다. 미국의 재정부양 규모가 GDP의 5% 이상이었던 반면, 유로존의 경우 2009년에 GDP의 약 1% 그리고 2010년에 1% 미만에 불과하였다. 유럽중앙은행(ECB)은 2011년 4월과 7월 기준금리를 각각 0.25% 포인트 인상한 이후 10월까지 1.50%를 유지하였다. 그러나 유로존 위기가 실물침체로 발전하면서 11월 3일과 12월 8일 두 차례 25bp를 인하하여 다시 최저금리 1%로 회귀하였다, 12월 8일 금리 인하 시에는 3년물 장기대출까지 도입하였다.

91 오바마 행정부는 재정지출 삭감도 필요하지만 세금 인상의 필요성을 주장했으나 공화당은 어떠한 세금 인상도 거부하였다.

92 또한, 보스톤 대학의 코틀리코프(Kotlikoff) 교수가 정부의 미래 지출과 수입을 현재가치로 평가한 재정갭(fiscal gap)의 규모는 211조 달러에 달한다. Businessweek, July 27, 2011, "Why the Debt Crisis Is Even Worse Than You Think". 이러한 개념으로 추정한 재정갭은 미국 의회가 양당 합의로 구성한 '재정 책임과 개혁에 관한 국가위원회(National Commission on Fiscal Responsibility and Reform),' 일명 '보울스-심슨 위원회 적자 감축 계획(the Bowles-Simpson commission deficit-reduction plan)'의 약 200조 달러와도 크게 차이가 나지 않는다. Businessweek, November 17, 2010, "Debt and Taxes: Will Washington Ever Grow Up?"

2011년 8월 5일 국가채무의 축소에 대한 정치권의 갈등[93]을 이유로 신용평가기관 S&P가 미국 신용등급을 강등시킨 것도 근본적 이유는 미국 경제의 구조적 취약성과 국가채무의 지속불가능성 등에서 비롯한 것이었다. 미국 국가 신용등급의 강등은 다극체제의 현실화를 의미한다. 40여 년 전 금태환 정지로 시작된 다극체제가 일상의 영역으로 부상한 것이다. 앞에서 지적했듯이 국가 신용등급 강등은 미국 달러가 '글로벌 안전자산' 지위를 상실했음을 의미한다. 미국이 주식회사 글로벌 경제의 대주주에서 최다 소액주주로 전락한 것이다. 그리고 글로벌 금융시장에서 '초국가 안전자산'의 실종은 불확실성이 일상화된 시대의 도래를 의미한다. 금융위기 이후 리스크뿐만 아니라 불확실성 회피가 투자자 의사결정의 주요 기준으로 대두한 배경이다.

감세와 건설 지출이 핵심내용으로 구성된 2011년 9월 오바마가 발표한 미국 일자리법안(American Jobs Act)의 효과[94]에 대해서도 정치권이나 시장 모두 회의적이다. 즉 감세의 경우 기존 감세안을 연장하는 수준이기에 경기 전망이 불확실한 상황에서 세금 감면이 고용을 주저하는 고용주들의 심리를 바꾸지는 못할 것이고, 여기에 공화당은 가뜩이나 취약한 연방정부의 재정 상황을 더 악화시킬 수 있다는 이유로 기본적으로 반대한다.[95]

---

93 공화당은 고령자 의료보험(medicaid)의 민간 이양, 저소득층에 대한 의료혜택(medicare)의 상한 설치 등을 통해 지출 삭감을 주장하는 반면, 민주당은 방위비를 포함한 임의적 지출과 농업보조금 등 의무적 지출을 대폭 삭감하고 의료혜택 제도 개혁을 통해 부담을 축소하는 한편 세제 개혁을 통한 세수 증대를 주장한다.

94 감세의 핵심은 봉급에 부과되어 고용주가 지불하는 세금인 급여세(payroll tax)의 경우 6.2%를 4.2%로 인하한 것이 2011년 말 종료 예정인데 감면 기간을 1년 연장하면서 세율도 3.1%로 더 낮추겠다는 것이다. 백악관은 근로자들에게 근로자 1인당 1천 달러의 소득이 증가하는 효과를 갖기에 소비 진작 효과를 가져 올 수 있고, 이를 통해 약 2,400억 달러 규모의 경기부양 효과가 있을 것으로 주장하고 있다. 또 6개월 이상 실업 상태에 있던 실업자를 고용하는 업체에게는 4천 달러의 세금 신용이 제공된다. 이 밖에 프리웨이 확충 및 교통시스템 개선, 학교시설 현대화 등을 위해 1,050억 달러 지출 계획을 포함했다.

95 미 의회는 2011년 크리스마스 휴가를 앞두고 연말까지로 시한이 돼 있던 급여소득세 감면과 실업자에 대한 긴급 지원을 경제성장의 둔화에 대한 우려가 제기되자 '2개월 연장'의 임시처방으로 대응했다가, 다시 시한에 쫓겨 2012년까지 연장할 정도로 미국 정치력은 빈곤함을 보이고 있다.

그렇다면 '유동성 함정'에 빠져 있음에도 불구하고 미국의 재정부양은 왜 효과적이지 못했을까? 경제학에서 재정부양의 효과는 크게 두 가지로 설명된다. 첫째, IS-LM 분석에 따르면 재정부양은 현재의 가처분소득을 증가시켜 소비를 증대시키는 승수효과와 이자율 상승 및 투자 하락으로 인한 구축효과로 구성한다. 그런데 구축효과는 통화 공급을 수반하거나 실업이 높고 설비가동률(capacity utilization)이 매우 낮은 경우에는 나타나기 어렵다. 따라서 금융위기 이후 제로금리와 고실업률 상황에 있던 미국 경제의 경우 재정부양은 일정한 효과를 기대할 수 있다. 그러나 실질경기순환(Real Business Cycle, RBC) 이론[96]에 따르면 자본의 기대수익 및 투자가 증대할 정도로 고용을 증가시키려면 재정부양은 충분히 지속되어야 한다. 그런데 재정부양은 미래 가처분소득의 현재가치를 하락시켜 부(-)의 자산효과를 통해 소비를 감소시킨다.[97] 이른바 리카도 등가성(Ricardian Equivalence) 가설이다. 이 가설은 일반적으로 적용하기 어렵지만 고질적인 정부부채로 인해 정부지출의 증대를 통해 더 이상 경기를 부양할 수 없는 '케인지언 종착역(Keynesian Endpoint)'의 상황에서 리카도 효과는 강제 실현될 수 있다. 즉 은행 구제와 재정부양 등으로 정부부채가 이미 우려할 정도의 위험 수위에 도달한 상황이기에 추가 경기부양은 효과를 기대하기 어렵다.[98] 즉 재정부양에 따른 납세자의 순부담이 증가할 가능성뿐만 아니라 달러가치 하락에 따른 인플레이션의 부정적 피드백 우려도 존재한다. 이처럼 오바마 행정부의 재정부양이 실패한 이유는

---

96 실질경기순환이론에서 경기순환은 실질변수의 쇼크로 설명한다. 따라서 침체나 성장을 실물경제 환경의 외생적 변화에 대한 효율적 대응으로 간주한다. 즉 GDP 수준은 필연적으로 기대효용을 극대화하기에 정부정책은 장기 구조 변화에 집중하고 단기 경기변동을 완화시키기 위해 재량적인 재정 및 통화정책을 사용하지 말아야 한다. 이처럼 RBC 이론은 경기순환을 시장실패로 보는 케인즈주의와 통화주의와 달리 경제는 가장 효율적으로 운영된다고 본다. 신고전파에 기초한 시카고학파의 주장이다.

97 리카도 등가성이라고도 하는 리카도 효과에 따르면 정부지출이 크게 증가하면 나중에 세금이 증대하고 이에 따라 미래 가처분소득이 감소할 것으로 예상해서 사람들이 현재의 지출을 감소시키게 된다.

98 미국의 장기 실질 GDP 증가율이약 2%인 반면, 미국의 국가채무가 GDP의 100% 수준에 도달했고, 연준의 장기국채 매입에도 불구하고 10년물과 30년물 국채 수익률이 각각 2%와 3% 수준을 유지하는 상황이기 때문이다.

무엇보다 고용 증대, 즉 괜찮은 일자리 창출에 실패했기 때문이다. 즉 정부 투자의 대부분은 괜찮은 일자리 창출이나 기업투자의 병목을 제거하는 프로젝트(bottleneck project)와는 거리가 먼 삽질 토목사업(shovel ready projects)에 집중되었다.[99] 국민의 생활경제와 직접 관련 있는 주 정부 지원이 부족하였고, 그 결과 재정 압박을 받는 주 정부들은 재정 규모를 축소하고 사람들을 해고하였다. 수년을 끄는 길고 깊은 경제 침체에는 보다 높은 수익률을 낼 수 있는 장기적 프로젝트 설계가 필요한 반면, 장기 프로젝트 마련에 필요한 비전을 제시하지 못하였다. 게다가 재정부양 자금의 1/3이 투입된 세금 감면은 디레버리지 상황에서 경기를 자극하는 데 효과를 기대하기 어렵다. 은행에 대한 (자금) 지원 역시 기업 혁신과 일자리 마련으로 연결될 수 있는가를 확인하지 못하였다.

재정투입에 의한 경기부양이 효과를 보지 못하면서 재정적자에 대한 부담은 크게 증대하였다. 3년 이상 고용 추세를 변화시키려는 정부의 노력은 부질없는 것이었다. 실업을 감소시키려는 정부 영향력이 점점 쇠퇴한 또 하나의 원인은 경제의 글로벌화에 따른 영향이다. 자본통제의 종언이 글로벌 채권시장의 성장과 자신의 통화 가치를 결정할 수 있는 정부 능력의 부식을 가속화시켰듯이 개도국으로 저비용 제조업의 재배치와 광범위한 공급 체인의 분산 같은 글로벌 고용의 새로운 추세는 정책 당국들이 일자리를 창출할 수 있는 여지를 소멸시키고 있기 때문이다. 개도국의 산업화 진전에 따른 이른바 기업 단위의 생산과정 분산화와 산업 단위의 복합체 구성이 그것이다.[100] 즉 재정투입이 고용 창출과 투자 및 성장 증대 그리고 세수 증대로 이어질 경우 국가채무 문제가 발생하지 않지만 재정투입이 민간부문 주도의 회복으로 이어지지 않았기에 국가채무 증가로 이어질 수

99 1억 3천만 개 일자리 중 단지 20%(2,600만 개)만이 연 6만 달러 이상의 소득을 실현하고 있고, 나머지 80%의 연봉은 평균 3만 3천 달러 수준이다. Businessweek, August 27, 2009, "How Science Can Create Millions of New Jobs".

100 동아시아에서 기계산업의 생산 네트워크가 한 예에 해당한다. 종래 선진국 간 상품의 질의 차이에 기초한 산업내무역에서 기업 단위에서 생산과정의 분산화에 기초한 산업내무역이 형성되었다. F. Kimura and Ayako, Nov. 2011, "Production network in East Asia: What we know so far", ADBI WP no. 320.

밖에 없다. 게다가 이미 시작된 베이비붐 세대(1945~63년생)의 은퇴나 건강보험 개혁 등으로 사회보장연금이나 의료보장 지출 등 법정지출(entitlement spending)이 급격히 늘어날 것이다. 즉 경기부양을 위한 추가 재정투입이 쉽지 않은 상황인 것이다. 현재 미국 정부는 낮은 금리에도 불구하고 2009년 기준 부채에 대한 이자 비용이 3,830억 달러, 하루 이자로만 10억 달러 이상씩 지불하는 '부채 함정'에 빠져들어 가고 있다. 이자 부담이 증가하고 재정지출 압력은 증가하는데, 고실업과 저성장의 지속가능성이 증가하면서 세수 증대 요인은 약화되고 있다. 개인 소득세가 GDP 대비 6.2% 수준으로 떨어진 상태다. 현재의 재정적자 구조는 냉전 종식으로 국방 지출이 GDP의 5.2%에서 3%로 축소되고, 개인 소득세는 10.2%에 달했던 2000년의 침체와 비교된다. 정부부채 중에서도 주 정부의 적자 증대가 경기 회복과 고용에 부정적으로 작용하고 있다. 주 정부의 재정 상태는 2009년 710억 달러, 2010년 1,290억 달러의 적자를 기록했고, 2011년과 2012년에도 각각 1,440억 달러와 1,190억 달러의 적자가 전망된다. 그 결과 주 정부들이 긴축 정책과 세금 인상을 시도하거나 검토하면서 경기회복의 걸림돌로 작용하고 있다.[101] 경기부양과 정반대로 작용하고 있는 것이다. 그러나 재정투입의 효과는 2010년 3분기부터 소멸하였고, 금융위기 이전 GDP 대비 약 60%에 불과했던 미국의 정부부채는 100% 수준에 육박하게 되었다.[102] 미국 국가 부채의 증가는 단순히 미국 경제에 부담으로 작용하는 것이 아니라 세계경제에도 부정적으로 작용할 수밖에 없다.[103]

재정건전화에 대한 우려는 미국채에 대한 외국 투자자의 수요 감소(보유 자산 다

101 세수와 지출 간의 차이를 메우기 위해 빈곤층과 노년층 지원 기금, 교도소와 공원과 치안 예산, 학교 기금 등을 감축하고 있다.

102 미국 국가채무는 백악관 예산관리처(OMB)에 따르면 2011년 말 기준 14조 9,180억 달러로 97.6%에 도달한 것으로 전망된다.

103 GDP 대비 미국 부채가 영구적으로 10% 증가할 경우 장기적으로 미국의 조세 부담과 세계경제의 실질 이자율을 0.3~0.6% 증가시키고, 미국과 나머지 세계의 실질 GDP를 0.2~0.3% 감소시키는 것으로 추정된다. C. Freedmana, M. Kumhofb, D. Laxtonb, D. Muirb, and S. Mursula, February 25, 2010, "Global Effects of Fiscal Stimulus During the Crisis", http://www.stanford.edu/~johntayl/carnegie1march.pdf

양화)와 그에 따른 달러가치 하락 압력으로 작용하고 있다. 금값의 고공 행진이나 1차 상품 가격의 상승도 이와 무관하지 않다. 2010년 하반기부터 경기가 다시 위축되면서 일부에서 추가적인 경기부양의 필요성이 제기되는 상황임에도 불구하고, EU가 적극적으로 요구하는 재정건전화 주장을 미국이 G20 정상회담에서 수용한 이유이기도 하다. 2010년 6월 말 캐나다 G20 정상회담에서 각국은 2013년까지 재정적자를 절반으로 줄이고, 정부부채 비율도 2016년까지 안정화 또는 하향 추세로 전환하기로 합의한 것이다. 무엇보다 미국인들에게는 재정지출에 따른 이득이 향후 자신들이 부담해야 할 세금보다 크지 않다는 생각이 확산되고 있기 때문이다. 그러나 긴축은 경기회복은 물론이고 재정건전화에 도움이 되지 않을 수 있다.

경기침체가 지속되는 가운데 정부부채가 증가하면서 긴축과 재정건전화의 관련에 대한 논쟁이 대두하였다. 사실, 지난 30년간 신자유주의 경제학이 득세하면서 재정부양은 부정적으로 평가받아 왔기에 재정부양에 대한 반대 목소리의 증가는 예상된 결과였다. 즉 국가부채가 증가하면서 재정건전화의 중요성이 부각되었고, 재정건전화가 경제 회복에 기여한다는 주장이 경제학자와 정부 그리고 국제금융기관 등에서 제기되었다. 재정부양에 대한 공격은 금융위기가 제대로 수습되지 않은 2009년 여름부터 제기되었다. 1970~2007년간 OECD 국가들을 대상으로 한 연구를 통해 감세에 기초한 재정부양이 지출 증대에 기초한 재정부양보다 성장을 증대시킬 가능성이 높고, 세금 인상이 아닌 정부지출 축소를 통한 재정긴축으로 경기부양이 가능하다는 주장이 제기되었다.[104] 이러한 주장은 2010년 하반기 전후에 더욱 고조되었다. 대표적으로 장 클로드 트리셰(Jean-Claude Trichet) 유럽중앙은행(ECB) 총재는 2010년 6월 재정 긴축이 적어도 단기적으로 경기를 위축시킨다는 주장에 대해 "긴축 조치가 침체를 촉발시킬 수 있다는 생각은 부정확"하고 신뢰할 수 있는 재정건전화 계획이 자신감을 회복시킨다고 주장하였다.[105] 이에 대해 IMF의 분석은 GDP의 1%에 달하는 재정건전화는 2년 후

104 A. Alesina and S. Ardagna, Oct. 2009, "Large changes in fiscal policy: taxes versus spending," NBER Working Paper No. 15438.

에 GDP의 0.5% 감소와 실업률을 0.3% 포인트 증가시키는 것으로 나타났다.[106] 2011년에도 미국 정부부채 계기로 논쟁은 재점화되었다.[107] 긴축이 성장을 촉진시킬 수 있다는 이른바 '확장적 긴축론(the expansionary fiscal consolidation hypothesis)'은 파산가능성 하락에 따른 이자율 하락이 투자와 자산 가격을 지지할 것이고, 미래 예상 세금의 감소와 평생소득의 증대가 투자와 지출을 증가시킬 것이라고 주장한다. 이를 뒷받침하기 위한 유럽중앙은행(ECB)의 한 연구는 기대채널(expectation channel)이 충분히 강할 경우 재정 긴축은 경기확장으로 나타날 수 있다고 주장하였다. 그러나 현실은 기대채널이 작동하지 않는 것으로 확인되었다. 1978~2009년간 선진국에서 173번의 재정정책 변화를 분석한 IMF는 GDP 1%에 해당하는 예산 삭감이 실질 GDP를 2/3% 포인트 감소시키고 실업률은 1/3% 포인트 증가시키는 것을 확인하였다.[108] 게다가 재정건전화는 소득불평등을 심화시킨다.[109]

사실, '확장적 긴축' 가설은 역사적 경험으로도 입증되지 않았다. 재정 긴축에도 불구하고 성장을 달성한 경우는 이자율 인하의 여력이 있거나, 세계경제가 나쁘지 않을 경우 수출의존도가 높은 경제에 국한되었다. 첫째, 이자율 인하의 여

105 Reuters, June 24, 2010, "Budget austerity plans will not drag the euro zone economy into stagnation".

106 Economist, Sep. 30th 2010, "Cutting edge: Does fiscal austerity boost short-term growth?" A new IMF paper thinks not. IMF, 2010, "World Economic Outlook(WEO), Recovery, Risk, and Rebalancing", Ch. 3, Will It Hurt? Macroeconomic Effects of Fiscal Consolidation,

107 Economist, July 16th 2011, "Cut or loose, Again? History suggests that austerity and growth just do not mix".

108 Jaime Guajardo, Daniel Leigh, and Andrea Pescatori, July 2011, "Expansionary Austerity: New International Evidence", WP/11/158, IMF Working Paper; Jacopo Cimadomo, Sebastian Hauptmeier and Sergio Sola, July 2011, Identifying the effects of government spending shocks with and without expected reversal an approach based on U.S. real-time data, European Central Bank, Wp. no 1361; Roberto Perotti, June 2011, The 'austerity myth': Gain without pain?" presented at BIS conference.

109 1970~2010년 사이에 18개 산업국가에서 재정건전화, 즉 지출 삭감은 소득불평등을 증대시킨 것으로 확인되었다. 특히 지출 삭감의 방식이 증세 방식보다 소득불평등을 약 세 배나 증대시키는 것으로 나타났다. L. Agnello and R. Sousa, 2011, "Fiscal Consolidation and Income Inequality," NIPE W p. 34.

력이 있을 경우 재정지출의 삭감은 재정건전성에 대한 약속을 보여주는 강한 신호로 작동하기에 지출 삭감의 충격을 완화시킬 통화부양(예: 이자율 인하)을 할 수 있다. 둘째, 지출 삭감과 통화완화는 통화가치 하락을 통해 순수출을 증대시킬 수 있다. 그러나 현재의 상황은 금리 인하의 여력도 존재하지 않고, 글로벌 경기침체로 수출을 증대시키기도 어렵다.

사실, 미국의 경우 재정건전화를 위해서는 감세의 철회가 불가피하다. 앞에서 살펴보았듯이, 미국 국가채무의 급증은 2000년대 주니어 부시행정부에서 발생한 것이다. 현재 미국 국가채무의 상당 부분이 두 개의 전쟁을 수행하면서 두 차례의 감세를 추진한 결과라는 점에서 부시행정부의 한시적 감세 인하를 종료한다면 재정적자는 크게 축소시킬 수 있다. 사실, 증세가 '성장을 저해하고 일자리를 죽이는 악마'라는 공화당의 주장은 지나치게 이념적이다. 미국의 연방세는 1950년 이래 가장 낮고, 의회예산국(CBO)에 따르면 연방세 수입은 2011년 GDP의 14.8%에 해당한다.[110] 이는 전후 평균인 18.5%나 레이건 대통령 시절의 18.2%보다 낮은 것이다. 경기침체 상황에서 증세는 성장을 저해한다고 주장하지만 1982년 레이건 대통령 시절 증세는 미국 역사상 평화 시기 중 가장 커다란 증세였고 레이건 재선을 가능케 하였던 1983년과 84년의 경기회복으로 이어졌다. 그리고 1993년 민주당 클린턴 행정부가 세금을 인상하였을 때 공화당 하원 원내대표였던 딕 아미(Dick Armey)는 경제를 침체로 밀어 넣는 '일자리 죽이기(job-killer)'라고 비난하였지만, 2,300만 개의 일자리가 만들어졌고 2,360억 달러의 재정흑자를 만들어냈다. 대조적으로 부시의 두 차례 감세는 단지 3백만 개의 일자리를 만들었고 흑자의 유산은 1조 2천억 달러의 적자로 바뀌었다.

이런 점에서 증세와 보틀넥 프로젝트의 결합이 절대적으로 요구된다. 경기 침체는 고용 감소와 임금 하락 압력으로 작용한다. 그런데 임금 비중의 감소는 이윤 증대와 무역수지 개선을 통해 기업 투자를 증대시키는 측면(profit-led regime)과

110 이는 2011년 한 해만 그런 것이 아니었다. 2009년과 2010년에도 14.9%를 차지하였다.

▌표 3-5. 금융위기 전후 정부 총부채(GDP 대비 %)

Advanced Economies	2006	2007	2008	2009	2010	2011	2012	2013	2014	2015	2016
Australia	9.9	9.6	11.7	16.9	20.5	22.8	23.8	23.0	21.6	20.0	18.2
Austria	62.8	60.7	63.8	69.6	72.2	72.3	73.9	74.1	73.8	73.4	72.9
Belgium	88.0	84.2	89.8	96.3	96.7	94.6	94.3	93.9	93.6	93.2	93.0
Canada	70.3	66.5	71.1	83.3	84.0	84.1	84.2	82.3	79.7	76.4	73.0
Czech Republic	29.4	29.0	30.0	35.4	38.5	41.1	43.2	44.6	45.7	46.7	47.6
Denmark	41.0	34.1	42.2	41.8	43.7	44.3	45.8	47.0	48.1	48.8	49.2
Estonia	4.4	3.7	4.6	7.2	6.6	6.0	5.6	5.3	5.1	4.8	4.6
Finland	39.6	35.2	33.9	43.3	48.4	50.2	50.3	51.0	51.6	52.0	52.3
France	63.9	64.2	68.3	79.0	82.4	86.9	89.4	90.8	90.8	89.7	87.7
Germany	67.9	65.0	66.4	74.1	84.0	82.6	81.9	81.0	79.1	77.1	75.0
Greece	106.1	105.4	110.7	127.1	142.8	165.6	189.1	187.9	178.5	165.1	162.8
Hong Kong SAR[1]	31.9	30.8	30.4	34.0	33.2	31.6	30.5	29.7	29.1	28.6	28.0
lceland	30.1	29.1	70.3	88.2	92.4	101.2	96.8	95.0	91.7	88.2	82.5
Ireland	24.7	24.9	44.4	65.2	94.9	109.3	115.4	118.3	117.7	116.1	114.3
Israel	85.0	78.1	77.1	80.7	77.4	71.1	68.9	66.8	64.4	62.0	59.7
Italy	106.6	103.6	106.3	116.1	119.0	121.1	121.4	120.1	118.4	116.3	114.1
Japan	191.3	187.7	195.0	216.3	220.0	233.1	238.4	242.9	245.9	249.9	253.4
Korea	31.1	30.7	30.1	33.8	33.4	32.0	30.0	28.0	26.0	24.0	22.2
Netherlands	47.4	45.3	58.2	60.8	63.7	65.5	66.5	66.9	66.7	65.8	64.4
New Zealand	19.4	17.4	20.3	26.1	32.0	35.3	34.6	34.1	33.3	31.3	29.7
Norway	60.5	58.6	56.8	55.4	55.4	55.4	55.4	55.4	55.4	55.4	55.4
Portugal	63.9	68.3	71.6	83.0	92.9	106.0	111.8	114.9	114.6	112.5	110.5
Singapore	86.8	85.9	97.2	105.0	96.3	93.5	90.1	87.8	85.3	83.1	81.7
Stovak Republic	30.5	29.6	27.8	35.4	41.8	44.9	46.9	47.1	46.9	46.1	45.4
Stovenia	26.7	23.4	22.5	35.5	37.3	43.6	47.2	49.2	50.8	52.1	53.5
Spain	39.6	36.1	39.8	53.3	60.1	67.4	70.2	72.8	74.9	76.1	77.4
Sweden	45.3	40.2	38.8	42.8	39.7	36.0	32.6	29.2	25.7	22.4	19.3
Switzerland	64.4	57.2	54.8	54.8	54.5	52.4	51.2	50.0	49.1	47.7	46.4
United Kingdom	43.1	43.9	52.0	68.3	75.5	80.8	84.8	85.9	85.1	83.1	80.4
United States	61.1	62.3	71.6	85.2	94.4	100.0	105.0	108.9	111.4	113.2	115.4

출처: Jeff Harding, November 15th, 2011, "Core Meltdown In Europe?" The Daily Capitalist.
http://dailycapitalist.com/2011/11/15/core-meltdown-in-europe/

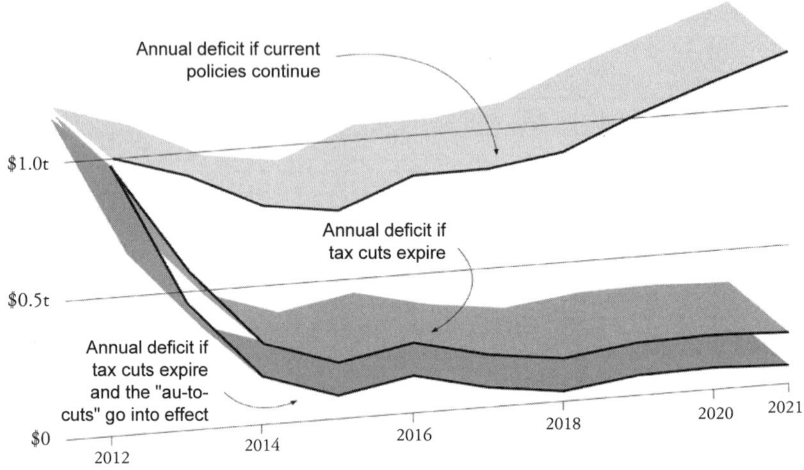

출처: Businessweek, Nov. 22, 2011, 'Super-committee'? Superbad.

▌그림 3-35. 감세 종료 여부에 따른 미국 연간 재정적자 규모 추이

총수요 감소를 통해 설비가동률(capacity utilization)을 감소시켜 기업 투자를 감소시키는 측면(wage-led regime)이 존재한다. 즉 임금 비중의 감소는 이윤에 대한 투자탄력성과 설비가동률에 대한 투자탄력성의 크기를 통해 기업 투자를 결정한다. 1980~2008년간 미국에 대한 실증분석은 후자(wage-led regime) 가설을 지지한다.[111] 이는 소득 증대가 일자리 창출로만 연결될 수 있다면 증세를 통한 재정부양책이 침체에서 벗어날 수 있고 실업을 해결할 수 있음을 의미한다. 즉 재정부양

---

111 J. López-Gallardo and L. Reyes-Ortiz, June 2011, Effective Demand in the Recent Evolution of the US Economy, Levy Economics Institute Working Paper No. 673. 분석 모델은 다음과 같다.

$Y = C + I + J + G \quad \cdots (1)$

$Y = C(w, Y, C, R) + I(w, Y, C, R) + J(Y, Y^*, w) + H + O \cdots (2)$

여기서 H와 O는 각각 기업이윤에 대한 세금과 기타 정부수입, Y*는 OECD GDP이다. 그리고 무역수지(J)는 국내 GDP와 해외 GDP 그리고 임금 비중에 의존한다고 가정한다. 따라서

$Y = Y(w, Y^*, C, R, H, O) \cdots (3)$ 그리고 회귀분석의 결과는 다음과 같다.

$Y = 0.83\,Y^* + 2.17\,w + 0.14\,C + 0.15\,O + 0.11\,H - 0.012\,R \cdots (4)$

즉 첫째, 임금 비중의 증대는 단기 및 장기에서 수요와 GDP를 증대시킨다. 둘째, 이윤에 대한 증세든 다른 정부 수입에 의한 것이든 정부지출의 증대는 수요와 소득을 증대시킨다. 셋째, 통화 완화는 단기 및 장기에서 수요와 소득에 영향을 미친다.

책이 무역 및 금융 채널을 통해 전이되는 것을 최소화시키는 것이 관건이다.[112]

제3절 고용시스템의 약화와 혁신의 실종

동원 가능한 통화와 재정 자원을 모두 투입했음에도 불구하고 경기가 회복되지 못한 것은 주택시장의 지속적 침체 때문이었고, 근본적으로는 고용 회복의 실패에서 비롯한 것이었다. 앞에서 보았듯이 경기부양은 고용 문제를 해결하는 데 실패하였다. 한편, 금융위기 이후 고용이 타격을 입은 대상은 특히 저숙련 노동력 부문이었다. 그런데 이는 금융위기 이전부터 진행돼온 추세였다. 앞에서 살펴보았듯이 미국경제는 산업체계의 다양화나 산업구조 업그레이드보다 금융경제화를 선택하였고, 그 결과는 부채에 의한 성장과 금융위기였다. 실물부문의 상대적 취약성은 미국 고용시스템의 일자리 창출 능력의 저하로 나타났다. 미국의 노동력 성장률은 1970년 이후부터 하락하기 시작했다. 70년대는 연평균 2.6%, 80년대는 1.6%, 90년대는 1.3%, 그리고 2000년대는 0.9%로 지속적으로 하락했다.[113] 즉 50년대부터 70년대까지는 매 10년마다 12%, 20%, 26%씩 고용 증가율이 상승했지만 그 이후 80년대는 20%, 90년대는 15%, 그리고 2000~2007년간(2000~2010년간)은 7%(2%)로 계속 하락했다. 이는 앞에서 지적했던 미국 산업구조의 변화, 즉 탈산업화 추이와 맞물려 있다. 미국 제조업 고용 비중은 1940년대에 정점에 도달했다. 그리고 1960~90년간 절반 수준으로 하락했다. 산업구조의 변화에 따른 고용시스템의 약화는 핵심 남성노동력(prime working-age men, 25~54세) 고용률의 장기 추세에서도 확인된다. 1969년만 하더라도 핵심 남성노동력의 95%가 고용되었으나 금융위기 직전까지 90% 이하로 하락

112 G. Corsetti and G. Müller, December 20, 2011, Multilateral economic cooperation and the international transmission of fiscal policy, CEPR DP8748.

113 MGI, June 2011, "An economy that works: Job creation and America's future".

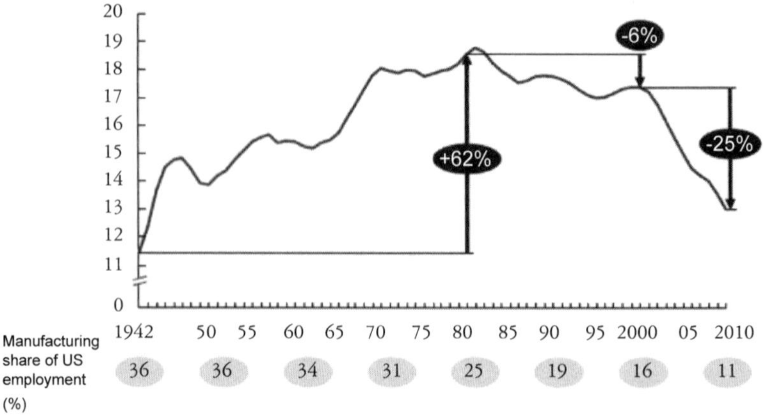

Source: US Bureau of Labor Statistics: National Bureau of Economic Research; McKinsey Global Inobal Instithte analysis.

▌그림 3-36. 1942~2010년간 미국 제조업의 고용(5년 평균, 백만 개)

하였고, 민간부문에 고용된 남성 고용률(16~64세 중 취업자 비중)도 1950년대 80%대에서 지속적으로 하락하여 2000년대에는 70% 이하로 하락했다.

하락 추세를 보이던 고용률은 금융위기로 더욱 심화되었을 뿐이다. 예를 들어, 핵심 남성노동력의 고용률은 2011년 7월까지 약 81%로 하락했고, 전체 남성 고용률도 65% 밑으로 추락했다. 금융위기를 계기로 고용률이 크게 감소한 것은 금융위기 이후 '실직 상태가 27주를 초과'하는 장기실업자 비중의 급증에서 비롯한다. 금융위기 이전 장기실업자 비중이 가장 높았던 1982-83년의 침체 당시에도 25%를 넘지 않았으나 금융위기 이후에는 40% 이상이 지속되었다. 남성 고용률이 1948년 이래 최저 수준으로 떨어진 이유도 구직활동을 포기할 가능성이 높은 장기실업자의 비중이 높기 때문이다.[114] 실제로 금융위기 이후 장기실업자의 약 90%가 구직활동을 포기하며 비경제활동인구로 전락했다. 그렇다 보니 구직활동 포기자까지 포함한 실제 실업률은 공식실업률의 두 배에 가깝다.[115] 여기에 일을

114 2009년 12월에 1948년 이래 최저 수준인 63.3%를 기록하였다.

115 예를 들어, 2011년 10월 공식실업률이 9.1%였던 반면, 구직활동 포기자까지 포함할 경우 16.2%에 달하였다. A. Gary Shilling, Oct. 24, 2011, "Deflation Has Arrived: The Risk is a self-

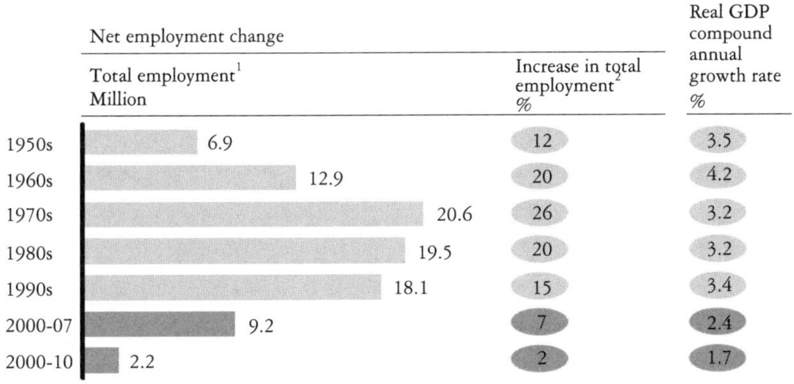

[1]: Total employment equais the number of all employed workers in the economy, including full-time, part-time, and self-employed.
[2]: Net employment change as a share of total employment in the base year (e.g., 1990 for 1990s)
Source: US Bureau of Economic Analysis; Us Bureau of Labor Statistics; McKinsey Global Institute analysis
출처: MGI, June 2011, An economy that works: Job creation and America's future에서 재인용.

■ 그림 3-37. 미국의 일자리 성장 추이

더 하고 싶어도 기회가 제한된 이른바 과소고용(underemployment)까지 포함하면 실업률은 공식실업률의 두 배가 훨씬 넘는다.[116] 이처럼 고용구조가 취약하고 고용의 질이 악화되다 보니 임금 증가율 역시 둔화되어 '고용 없는 경기회복'에 '임금 없는 경기회복(Wage-less recovery)'까지 추가되었다.[117] 그 결과 상무부의 인구조사국(the Census Bureau)은 2010년 가계소득의 중앙값(median)이 49,445달러라고 발표했는데 이는 인플레를 조정했을 때 1997년 수준보다 낮은 규모였다. 또한, 빈곤율은 지난 17년 동안 최고치인 15.1%를 기록했다고 발표했다. 소비자 구매력의 약화와 주택 및 주식시장의 침체가 지속된 이유다.[118]

---

feeding downward spiral," Forbes Magazine.

116 미국 노동통계국(Bureau Labor Statistics)에서는 2010년에 창출된 59만 3천 개 일자리 중 68%인 40만 4천 개가 비정규직 파트타임이었다고 발표하였다. 금융위기 이후 없어진 875만 개의 일자리를 임시직으로 채웠던 것이다.

117 예를 들어, 2010년 6월~2011년 5월 사이에 미국의 시간당 평균임금은 지난 25년 이래 최저 수준인 1% 증가에 불과했다. 또한, 미국 상무성 보고에 따르면 2011년 2분기 이후 8월까지 5개월 동안 세 번이나 근로자 91%의 인플레 조정 후 봉급(Take-home pay adjusted for inflation)이 세 번이나 뒤로 후퇴하였다.

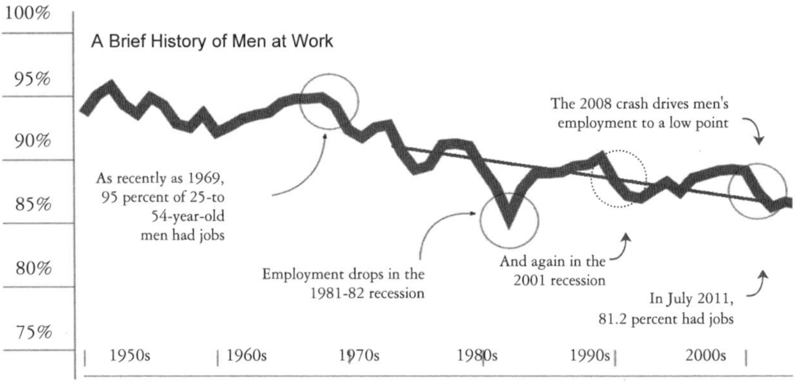

출처: Businessweek, August 24, 2011, "The Slow Disappearance of the American Working Man."

▌그림 3-38. 남성 핵심노동력 고용률의 장기 추이, 1950~2011

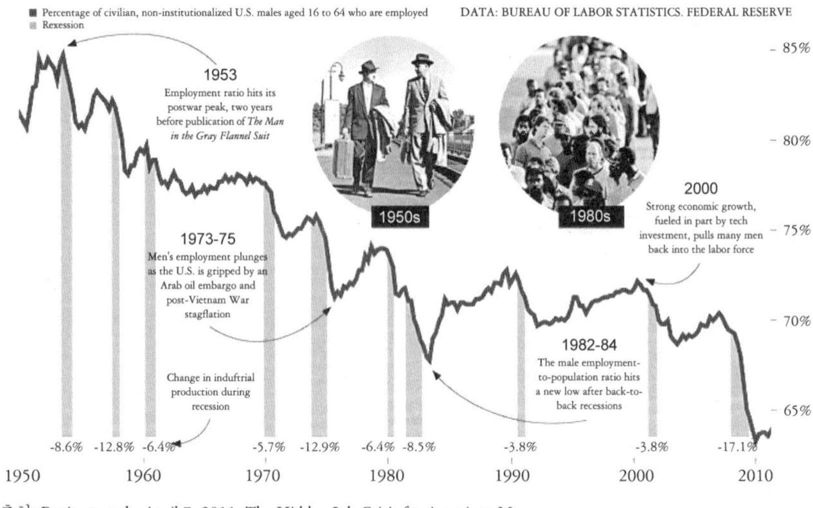

출처: Businessweek, April 7, 2011, The Hidden Job Crisis for American Men.

▌그림 3-39. 미국 민간부문의 남성 고용률(16~64세)의 장기 추세, 1950~2011

118 예를 들어 2011년 2분기에 소비자지출 증가율은 연율로 0.7%를 기록했는데 이는 1분기 2.1%의 절반에도 미치지 못하는 증가율이었다.

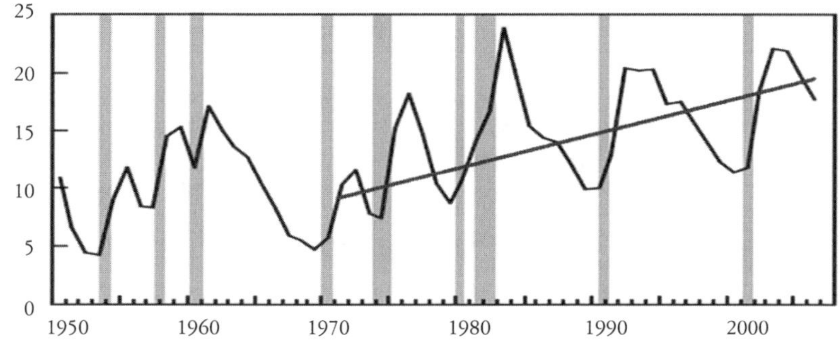

출처: Congress of the US Congressional Budget Office, Oct. 2007, Long-Term Unemployment.

▌그림 3-40. 금융위기 이전 미국의 장기실업률 비중의 추이, 1950~2006

IT를 중심으로 한 신기술의 등장은 새로운 직업을 만들면서 동시에 고용구조에 깊은 영향을 미쳤다. 예를 들어, IT 기술발전으로 '적기 공급 생산(Just-in-Time)' 방식이 강화되며 임시직 근로자 의존율이 증가하였다. 또한, IT혁명은 글로벌화와 더불어 저숙련 및 일상적인 화이트칼라 업무의 수요를 축소시켰다. 글로벌화는 자본 및 숙련 집약적 산업에서 경쟁력을 가진 산업화 국가에서 저숙련 노동력의 일자리를 축소시킨다(스톨퍼-사뮤엘슨 정리). IT혁명으로 사람과 컴퓨터 간의 대체가 가능해짐으로써 중간 수준의 화이트칼라가 단순한 상품으로 전환된 것이다. 즉 중간계층의 화이트칼라 사무직 노동력은 컴퓨터나 외주(outsourcing)에 의한 대체에 특히 취약하다. 컴퓨터화는 인지와 대인기술(cognitive and interpersonal skills)에 대한 수요를 증가시킨 반면, 단순사무직과 일상적인 분석기술(routine analytical skills)의 화이트칼라 일자리 그리고 일상적인 손재주 기술(routine manual skills)에 의존하는 과거 고임금의 제조 생산 일자리에 대한 수요를 축소시켰다. '양극화 가설(the polarization hypothesis)'이 그것이다. 한편으로 보통의 제조업과 일상적인 사무실 노동력은 감소하고, 다른 한편으로 관리자와 전문가 등 고임금 노동력과 저임금 개인서비스 노동력은 증대하였다. 예를 들어, 미국의 경우 영업(sales), 사무행정(office and administration) 노동자, 생산노동자(production workers), 장비나 기계 조작 인력(operators) 등 4개 직업은 1979년에 전체

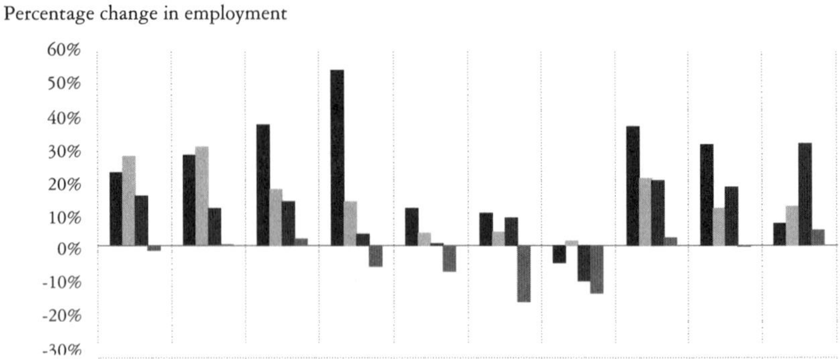

	Managers	Professionals	Technicians	Sales	Office and admin	Production, craft, and repair	Operators, fabricators, and laborers	Protective servlces	Food prep, building and grounds cleaning	Personal care and personal services
■ 1979-1989	22%	28%	37%	54%	11%	10%	-5%	36%	31%	7%
■ 1989-1999	27%	30%	17%	14%	3%	4%	1%	20%	11%	12%
■ 1999-2007	15%	11%	14%	4%	1%	8%	-11%	20%	18%	31%
■ 2007-2009	-1%	0%	2%	-7%	-8%	-17%	-15%	2%	0%	5%

출처: D. Autor, April 2010, "The Polarization of Job Opportunities in the U.S. Labor Market", The Hamilton Project, Center for American Progress, Figure 3, p. 9.

▌그림 3-41. 미국에서의 직업별 고용 변화율, 1979~2009

Job Losses were Spread across Every Major Subset of Manufaturing

Textiles and apparel were the biggest losers followed closely by computer manfacturing.

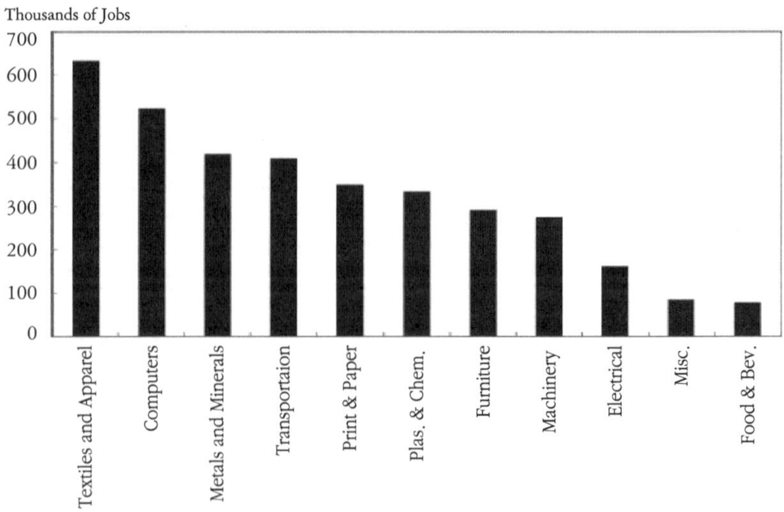

출처: Bureau of Labor Statistics. B. Berger and R. Martin, Nov. 2011, "The Growth of Chinese Exports," FRB International Finance Discussion Papers No. 1033에서 재인용.

▌그림 3-42. 미국의 산업별 고용 손실 규모, 2000~2007(천 명)

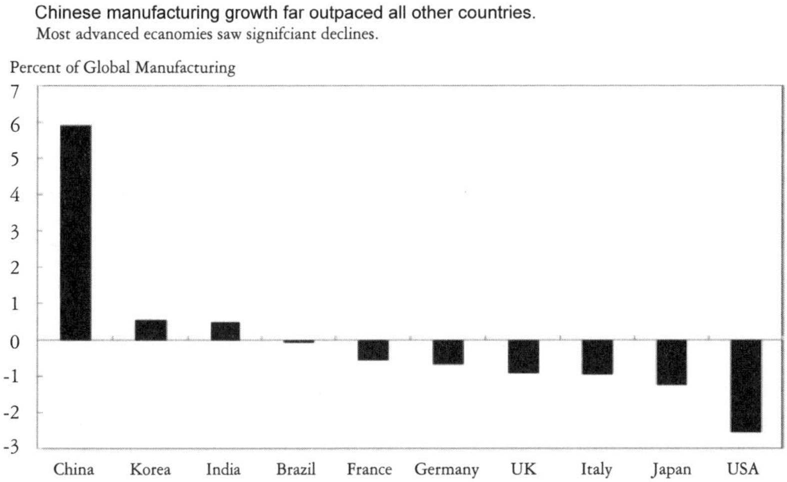

출처: United Nations Statistics Division, Berger and Martin(2011)에서 재인용.

▌그림 3-43. 글로벌 제조업 비중의 변화, 2000~2006

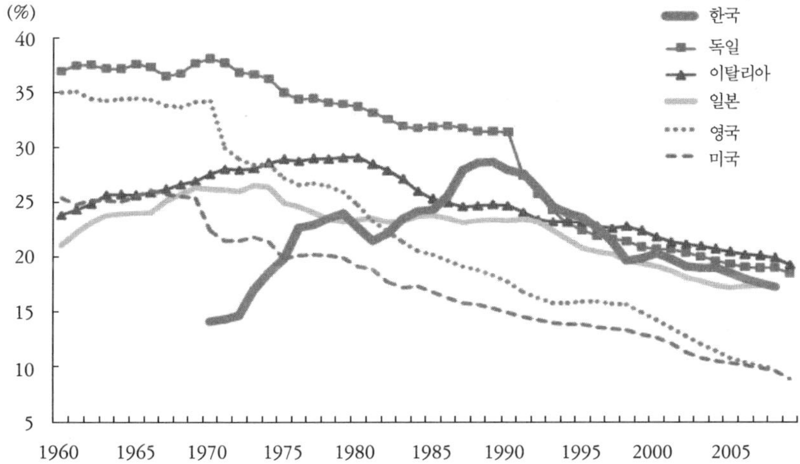

주: 독일 1960~90년도는 서독 수치이며, 서독 수치와 여타 국가의 1960~70년도 기간은 ISDB 이용.
출처: OECD STAN database; ISDB(International Sectoral Data Base).

▌그림 3-44. 주요국의 제조업 고용 비중 추이121

Manufacturing Employment Declined Only Slightly Between 1970 and 2000
Employment fell during recessions but than generally recovered.

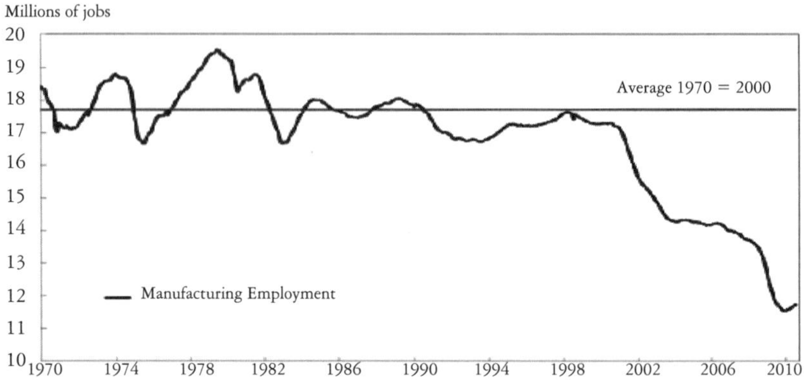

출처: Bureau of Labor Statistics. Berger and Martin(2011)에서 재인용.

▌그림 3-45. 미국 제조업 고용 비중 추이(100만 명)

▌표 3-6. EU의 고소득과 중간소득 그리고 저소득 직종의 고용 비중 변화, 1993~2006

	4 Lowest paying occupations		*9 Middling occupations*		*8 Highest paying occupations*	
	Employment share in 1993 (%)	Percentage point change 1993~2006	Employment share in 1993 (%)	Percentage point change 1993~2006	Employment share in 1993 (%)	Percentage point change 1993~2006
Austria	22.72	-0.59	52.54	-14.58	24.74	15.17
Belgium	17.48	1.48	48.52	-9.50	34.00	8.03
Denmark	24.14	-0.96	39.70	-7.16	36.16	8.13
Finland	17.98	6.66	38.69	-6.54	43.33	-0.12
France	22.10	-0.74	47.91	-12.07	29.98	12.81
Germany	22.35	3.04	55.88	-8.72	21.77	5.67
Greece	21.65	1.75	47.80	-6.08	30.55	4.34
Ireland	19.32	6.19	46.11	-5.47	34.57	-0.72
Italy	26.95	-8.20	51.13	-9.08	21.92	17.28
Luxembourg	21.69	-1.66	50.07	-8.45	28.23	10.10
Netherlands	16.78	2.27	37.88	-4.68	45.33	2.41
Norway	22.64	4.96	38.87	-6.52	38.49	1.57
Portugal	25.75	2.39	47.49	-1.13	26.77	-1.26
Spain	28.02	0.96	48.68	-7.04	23.30	6.07
Sweden	21.50	1.91	41.94	-6.96	36.55	5.04
UK	16.86	5.77	43.68	-10.32	39.46	4.55
EU Average	*21.75*	*1.58*	*46.06*	*-7.77*	*32.20*	*6.19*

출처: M. Goos, A. Manning and A. Salomons, 2011, "Explaining Job Polarization: The Roles of Technology", Offshoring and Institutions, ILO.

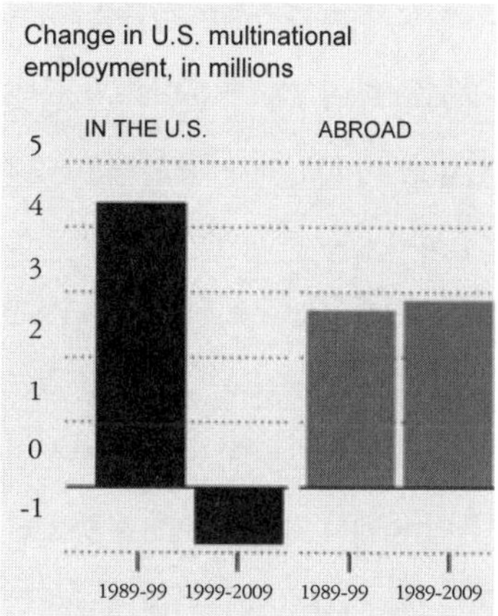

Source: U.S. Commerce Dapt.
출처: WSJ, Nov. 22, 2011, "U.S. Firms Keen to Add Foreign Jobs".

그림 3-46. 미국 다국적기업의 국내 및 해외 고용의 변화(백만 명)

일자리의 57.3%를 차지했으나 2007년에 48.6%, 그리고 다시 2009년에 45.7%로 축소되었다. 일자리 양극화는 미국만의 현상이 아니었다.[119] 1993년부터 2006년 간 중간소득층의 일자리는 유럽연합(EU)에서는 적어도 8%가 감소했다. 반면에 교육을 많이 받아 컴퓨터 사용으로 생산성이 증가한 상위 소득계층의 일은 같은 기간 프랑스 12.5%, 이탈리아는 17%나 증가했다. 노동시장에서는 더 이상 일상 반복적인 기술을 갖춘 노동력을 원하지 않는 것이다. 표준화된 지식이나 기술은 프로그램 혹은 코딩화가 되기 때문이다. 중간소득층 일자리의 감소는 중산층의 소득 감소와 소득불평등으로 이어지고 있다. 소득불평등 악화는 성장의 지속에 부정적인 영향을 미치는 것으로 확인된다.[120]

이처럼 IT 혁명과 글로벌화의 심화는 노동의 유형에 따라 상이한 영향을 미쳤다. 변형 노동이나 거래 노동은 축소시킨 반면, 상호작용 노동은 수요가 증대하고 있다. 건축 같은 물리적 활동을 포함한 변형 노동(transformational work)은 중국 같은 신흥 시장으로 이동함에 따라 대부분 선진국에서 그 수요가 장기간 하락[121]을 겪고 있다. 콜센터나 은행의 일상 업무처럼 자동화시킬 수 있는 일자리(transactional work)나 저임금 해외 노동력으로 대체할 수 있는 일상적인 업무의 화이트칼라 일자리를 없애고 있다. 임금 차이(labor arbitrage)에 따른 일자리 외주

119 M. Goos, A. Manning and A. Salomons, 23-24 June 2011, "Explaining Job Polarization in Europe: The Roles of Technology, Globalization and Institutions", ILO 참고.

120 A. Berg and J. Ostry, April 8, 2011, "Inequality and Unsustainable Growth: Two Sides of the Same Coin?" IMF Staff Discussion Note.

121 한국의 경우에도 제조업 일자리는 1993년 388만 명에서 2009년 327만 명으로 급감하였다.

(outsourcing)가 제조업 분야에만 국한되지 않고, 컴퓨터 프로그래밍, 카피라이터(copywriter), 후선 법률업무(back-office legal tasks) 등 화이트칼라 분야까지 확대되고 있는 것이다. 예를 들어, 미국의 다국적기업들은 2000년대 이후 아시아·태평양 지역에서 150만 명과 남미 지역에서 47만 7,500명 등 해외에서 290만 명을 새로 고용한 것으로 나타난 반면 같은 기간 미국 내 일자리는 오히려 86만 4천 개가 감소했다. 미국 기업들이 자국 내 고용을 줄이고 해외에서의 고용을 늘리고 있는 이유는 인건비를 줄여 회사의 수익을 극대화하기 위한 것이다. 급여 수준이 높은 미국보다 상대적으로 임금이 싼 아시아와 남미, 동유럽 등에서 고용을 늘려 지출을 줄이려는 목적인 것이다.[122] 반면, 지식의 활용이나 다른 사람과의 협력에 의존하는 상호작용 노동(interactional work)은 본질적으로 표준화가 어렵기에 일자리가 소멸될 가능성이 없다.[123] 즉 기술에 의해 대체되고 있는 생산직(production occupations)과 거래직(transaction occupations)에서는 자본심화 효과(capital-deepening effect)가 나타나고 있는 반면, 상호작용 일자리의 경우 기술은 노동자를 대체하기보다는 노동자 역량을 보완하는 역할을 수행하고 있는 것이다.[124] 또한, 컴퓨터화는 저숙련 서비스에서 사용되는 많은 비일상적 손재주 기술(예: 건강 보조, 안전요원, 병원 잡역부, 청소원, 서빙하는 사람 등)에 대한 수요는 영향을 미치지 않았다.[125] 이러한 서비스 분야는 사람이 직접 제공해야 하는 비교역 특성을 갖기 때문이다. 실제로 미국의 경우 1990~2008년간 2,700만 개의 새 일자리 중 98%가 비교역 부문, 특히 정부와 헬스 분야에서 창출되었다.[126]

반면, 일자리를 상실한 노동력 중 다수는 노동시장의 깊은 변화에 대응하는

---

122 Wall Street Journal, Nov. 22, 2011, "U.S. Firms Keen to Add Foreign Jobs".

123 MGI, June 2011, "An economy that works: Job creation and America's future".

124 미국의 경우 2001~2009년간 생산직은 270만 개, 거래직은 70만 개가 감소한 반면, 상호작용 일자리는 480만 개가 증가했다.

125 D. Autor, L. Katz, and M. Kearney, May 2008, "Trends in U.S. Wage Inequality: Revising the Revisionists", *Review of Economics and Statistics*, 90(2): 300-23.

126 M. Spence, July/August 2011, "Globalization and unemployment: The downside of integrating markets". *Foreign Affairs*, 90(4).

데 실패하였다. 2011년 기준 전 세계 기업의 34%가 자신이 원하는 노동력을 확보하는 데 어려움을 겪는 '일자리 불일치(job mismatch)'[127] 문제가 그것이다. 노동의 성격이 변화한 반면, 노동력을 공급하는 교육인프라는 산업사회의 유산에 머물러 있기 때문이다. 1960~70년대 노동력은 기업에게 준고정자산(quasi-fixed assets)으로 간주되었으나 오늘날은 처분 가능한 대상(disposable worker)이 되었다. 과거에 기업은 노동력의 훈련에 투자하고 노동자는 기업특수적 지식(firm-specific knowledge)을 축적했기 때문에 기업 경영자는 저성장 혹은 침체기에 노동력을 유지했다가 회복기에 생산량의 빠른 회복을 추구하였다. 예를 들어, 1973년 침체기에는 GDP가 1% 하락할 때 고용과 생산성은 각각 1/3과 2/3를 분담하였다.[128] 즉 1990년대까지 기업은 경기침체에 직면했을 때 노동시간의 감축이나 임시직 해고 등을 통해 노동비용의 일부를 감축했음에도 불구하고 생산성 하락을 자연스런 결과로 수용하였다. 그러나 오늘날 글로벌 경쟁의 격화 속에서 기업은 고용의 희생으로 생산성과 수익성의 유지를 추구하고 있다. 즉 최근에는 경기 후퇴에 대해 기업은 98%를 고용 감소로 대응하고 있다.[129] 노동이 관리 대상으로 변화했음을 의미하는 것이다. 즉 노동은 더 이상 고정투입물(a fixed input)이 아니라 가변투입물(a variable input)이 된 것이다. 파트타임, 임시직, 파견직 노동자 등이 증가하는 배경이다.

노동시장의 깊은 변화에 가장 큰 피해를 입은 대상자는 청년 노동력이었다. 90년대 이후 '고용 없는 성장' 현상이 등장하면서 청년 실업의 문제가 대두되기 시작하였다. 금융위기 직전인 2007년 OECD의 실업률은 비청년과 청년(15-24세) 실업률이 4.9% 대 14.2%였고, 2011년 1분기에는 7.3%와 19.7%였다. 또

127 Economist, Sep. 10th,2011, "The Future of Jobs".

128 $Y \equiv (Y/L) \times L$ 따라서 GDP 증가율($\triangle Y/Y$)은 노동생산성 증가율{$\triangle(Y/L)/(Y/L)$}과 고용 증가율($\triangle L/L$)의 합으로 구성된다.

129 이와 관련하여 금융위기 이후 미국과 독일의 대응 차이는 비교가 된다. 침체 속에서도 독일의 경우 실업률이 오히려 하락하였는데 그 요인으로 금융위기 이전 확장기에 경기 확장 지속에 대한 독일 제조 기업의 자신감 결여에서 비롯한 취약한 고용 증대가 35%, 임금 억제가 10%, 그리고 나머지는 근로시간계좌 사용의 증대에 의한 것으로 밝혀졌다.

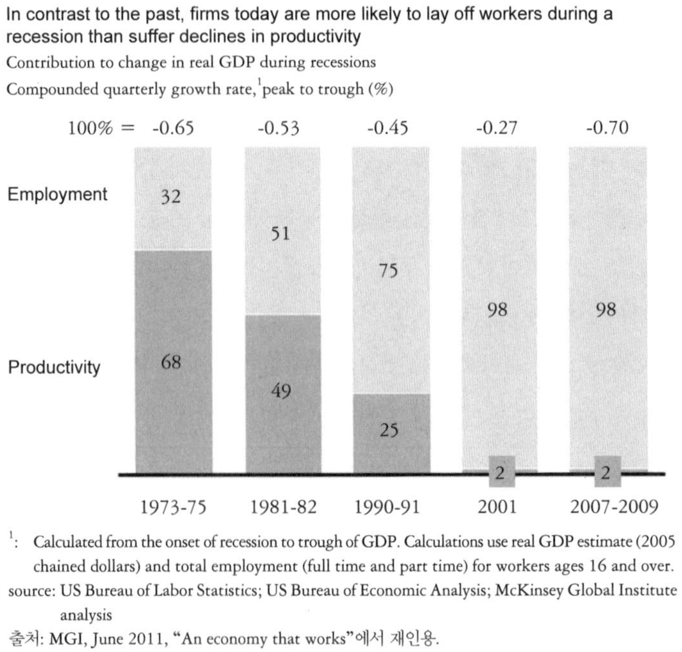

▌그림 3-47. 1970년대 이후 경기침체 중 실질 GDP 변화의 기여분

한, 이른바 니트족(NEET, Not in Employment, Education or Training)이 전체 청년층의 약 12.5%에 해당하는 1,670만 명이나 되었다. 청년층이 고용시스템의 약화에 따른 최대 희생자로 등장한 것이다. 청년 실업의 문제는 단순히 저소득만으로 설명할 수 없는 불행스러운 사회적 문제다. 청년 실업의 사회적 직접비용으로는 실업수당의 지급 증대, 소득세 수입의 감소, 능력 낭비 등을 들 수 있다. 그 밖에 간접비용으로 두뇌의 해외 유출, 범죄, 중년까지 지속되는 임금 손상(wage scar)[130]을, 그리고 사회적 효과로는 이른바 집에 머물며 부모와 같이 살려는 '보금자리 신드롬(full-nest syndrome)'을 낳는다.

청년 실업은 2000년대 이후 '혁신의 실종'에서 더욱 악화되었다. 미국은 IT 혁명을 경험하였던 90년대 후반만 하더라도 21세기에 대해 장밋빛 전망으로 가

130 실업 기간이 증대할수록 감소 효과는 증가한다.

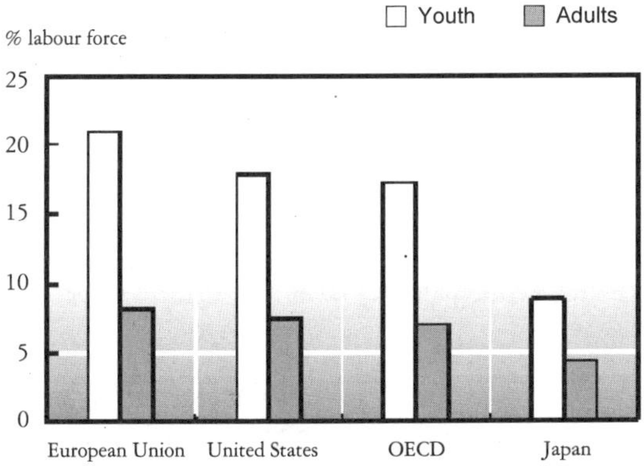

2011 Q1

	청년	성인
EU	20.9	8.2
US	17.8	7.5
OECD	17.3	7.0
Japan	8.9	4.3

▌그림 3-48. 2011년 1분기 기준 청년 및 성인 실업률

득했다. IT를 이어 생명공학(BT) 등에 대한 새로운 기술혁명을 크게 기대하였다. 그러나 예상과 달리 혁신에 대한 약속은 실패로 끝났다.[131] 예를 들어, IT 붐이 절정이었던 1998년 말부터 금융위기 직전인 2007년 말 사이에 제약, 바이오테크, 생명과학 관련 기업의 S&P 500 주가 지수는 32%, 그리고 IT 지수는 29%나 하락하였다.[132] 혁신의 원천인 벤처자본의 투자액이 닷컴버블의 붕괴 이후 거의 1/6 수준으로 하락했다. 문제는 닷컴버블 이후의 공격적 통화완화 정책과 경기회복 이후에도 불구하고 벤처자본 투자액이 회복되지 않았다는 점이다. 이에는 두 가지 원인을 생각할 수 있다. 첫 번째 원인은 주택시장의 붐이 벤처자본의 공급 감소에 미친 영향을 생각할 수 있다. 두 번째 원인은 벤처자본의 효과성 약화를 생각할 수 있다. 예를 들어, IT 혁신의 동력이었던 벤처자본 모델은 클린테크(CT) 분야에서 작동하지 않았다.[133] IT에 비해 투자 규모와 리스크가 너무 크기 때문이다.[134] 즉 구글(Google)이나 아마존(Amazon)의 경우 약 2,500만 달러의 규모로

131 Businessweek, June 15, 2009, "The Failed Promise of Innovation in the U.S. During the past decade: Innovation has stumbled. And that may help explain America's economic woes."

132 Businessweek, June 3, 2009, "The Failed Promise of Innovation in the U.S."

133 Businessweek, January 29, 2009, "Rebuilding America's Job Machine".

134 바이오테크 분야도 마찬가지다. 일반적으로 신약개발은 장기간(10년), 많은 비용(평균 1조 원)이 소요되며, 이 비용 가운데 60%는 임상시험에 투자되지만 성공률은 단지 8%에 불과한 실정이다. 즉 합성신약 개발의 경우 약 1만 개의 화합물 중 50개 내외만이 후보물질이 되고, 이 중 1~2개만

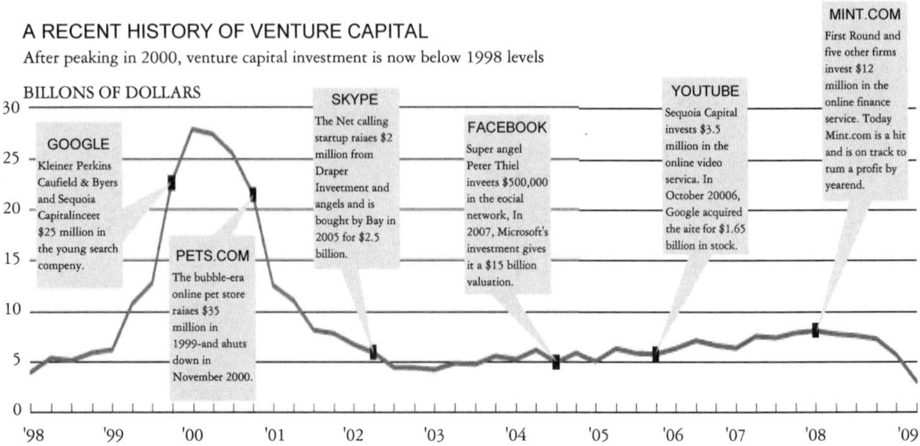

Data: National Venture Capital Assn; Thomson Reuters

출처: Businessweek, May 21, 2009, "Super Angels' Shake Up Venture Capital".
http://www.businessweek.com/magazine/content/09_22/b4133044588106.htm

▌그림 3-49. 닷컴버블의 붕괴 이후 미국 벤처자본 투자액의 추이

만들어낼 수 있었으나, 차세대 태양광 전지나 디지털 조명(digital lighting)이나 전기차 배터리 등은 수십 억 달러가 소요된다. 실제로 닷컴버블의 붕괴 이후인 21세기에도 페이스북(Facebook)이나 유튜브(YouTube) 등 새로운 IT기업은 등장했으나 바이오연료 등 클린테크 분야는 만족스러운 성과를 만들어내지 못했다.

오바마 행정부는 에너지자원의 위기와 에너지 사용으로 인한 기후변화 위기 등을 해결할 뿐만 아니라 무엇보다 금융위기 이후 새로운 성장 동력의 확보를 위해 '그린 뉴딜(Green New Deal)'을 내세웠다. 예를 들어, 오바마는 취임 2달가량 후인 2009년 3월 19일 출연한 NBC방송의 심야 토크 프로그램(Talk Program)인 'Tonight Show'에서 "지난 15~20년간 미국은 금융시장에서 많은 이익을 냈으며, 이는 미국 전체 경제의 40%에 달하는 것으로 추정된다"며 "그러나 알고 보니 성장의 실체는 없었다"며 금융에 의한 성장은 신기루였음을 고백하였다.[135]

이 신약으로 개발된다. 즉 1만분의 1의 확률을 의미한다.

135 이와 관련하여 금융위기 이전 10년간의 경제적 성과들이 금융 거품 등에 의해 과대평가된 것이라

즉 '그린 뉴딜'은 금융과 실물의 불균형 그리고 무역적자(글로벌 불균형)를 해소할 뿐만 아니라 약화된 금융의 역할을 메우고 미국 경제의 체질을 강화하는 것이 시급하였다. 이러한 배경에서 미국 의회는 2009년에 2022년까지 1년에 210억 갤런의 바이오연료를 사용해야만 한다고 결정했다. 이러한 목표를 달성하기 위해 세금 우대와 대출 보증, 그리고 지원금 등을 지원하기로 하였다. 그러나 바이오연료의 개발은 초기부터 거품 가능성이 지적되었고,[136] 지지부진한 상태에 놓여 있다.[137] 현재까지는 경제 논리와 기술에서 취약하고, 정치적 자극에 의존하고 있다. 실제로 2011년 글로벌 바이오연료 생산량이 하루 평균 181만 9천 배럴을 기록, 182만 2천 배럴을 생산했던 2010년보다 규모가 줄었는데, 그 이유가 시장점

는 주장이 제기된다. 즉 1998~2007년간 실질 GDP 증가율은 연평균 2.7%로 알려져 있지만, 금융과 부동산의 과도한 성장에 의해 만들어진 금융 버블이 GDP를 끌어올린 부분을 조정하면 실질 GDP는 2.3%로 하락한다. 즉 이 기간에 금융과 보험과 부동산 부문은 연평균 3.4%로 상승하였는데 이는 다른 부문들의 성장률 2.7%에 비해 과도한 성장률이기에 이를 조정하면 경제 전체 성장률은 하향 조정된다는 것이다. M. Mandel, June 15, 2009, "Too Good To Be True? U.S. statistics may have overstated productivity-and innovation," Businessweek, p. 39.

136 목표 완수를 위해서는 하나당 5억 달러 이상이 드는 공장을 수백 개 건립하고, 섬유소를 액체 연료로 전환시키는 기술개발을 위해 대규모 인내자본이 요구된다. 예를 들어, 300억 갤런의 바이오연료를 생산하기 위해서는 현재 기술로는 3억 톤 이상의 식물재료를 소비해야 하는데 이는 지난 10년 이상 동안 미국에서 판매된 승용차와 경트럭의 무게보다 많은 양으로 최소 3천만 에이커(약 367억 2,570만 평으로 한국 경지의 약 6.7배에 해당하는 규모)의 경지가 필요하다. 게다가 생산량 증대에 따라 바이오연료의 원료에 대한 수요와 가격 증대는 불가피하다. 반면, 바이오연료의 수요 증대에 따라 석유 수요의 감소와 석유가격의 급격한 하락은 불가피하다. 2008년 하반기 석유에 대한 5% 수요 감소로 석유가격이 갤런당 4.14달러에서 1.74달러로 하락하였다. 화석연료와의 가격 경쟁이 쉽지 않음을 보여준다. 80년대 초 많은 재생에너지 개발 노력이 실해한 이유다. 거대 자본의 이해관계 역시 바이오연료의 기술진보에 장애로 작용하고 있다. 정유사들은 연방정부의 규정에 따라 10% 정도의 에탄올을 승용차와 트럭이 사용하는 휘발유에 혼합하는데 그 이상을 사용하면 엔진에 무리가 되기에 1년에 소비하는 1,370억 갤런의 휘발유를 고려하면 130억 갤런 정도의 에타놀 사용이 최대치가 되고, 그 이상의 에탄올을 사용하려면 연료라인이나 펌프 등 전체 인프라를 새로 구축해야 하는 문제가 발생한다. Businessweek, April 16, 2009, "The Biofuel Bubble."

137 미국의 그린 창업은 기술 검증(proof of concept)과 대량생산의 시작 및 의미 있는 매출 사이의 몹시 힘든 지형, 이른바 '죽음의 계곡(the Valley of Death)'에 놓여 있다. 2010년 3분기 클린테크에 대한 투자가 2분기보다 30% 하락한 15.3억 달러에 불과할 정도로 경제의 침체와 불확실성 속에 기업공개(IPOs) 시장은 얼어붙었고 벤처자본은 고갈된 상태다, 게다가 정치권의 포괄적인 기후 및 에너지 입법 제정의 실패 등으로 심각한 경영난에 처해 있다. Businessweek, October 7, 2010, "Green Startups: Trapped In the 'Valley of Death'".

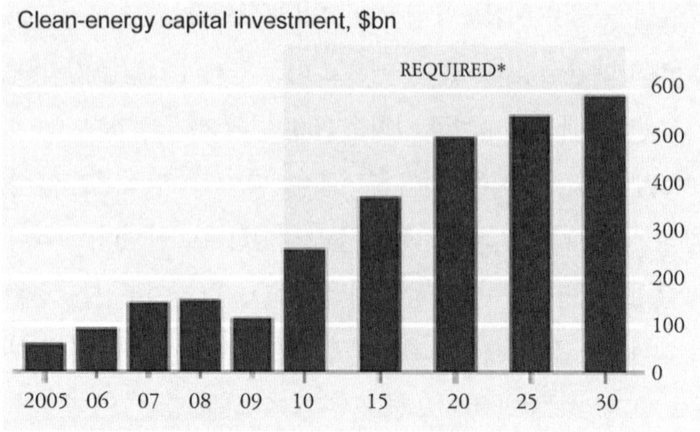

Source: New Energy Finance

*: To limit temperature increase to 2℃ above pre-industrial levels

출처: Economist, Dec. 3rd, 2009, "The green slump".

▌그림 3-50. 기후변화 방지를 위한 청정에너지의 자본투자 필요액(10억 달러)

유율 50%로 절반을 독점[138]하고 있는 미국이 지난 30년간 바이오연료 산업에 재정적 지원을 해오던 것을 종료했기 때문이다.[139] 국제에너지기구(IEA) 역시 2006~2010년 기간 동안 바이오연료 생산량 증가분은 하루 100만 배럴 수준이었지만 2011년부터 오는 2015년까지는 그 양이 40만 배럴로 줄 것으로 전망하고 있다.

정의상 재생에너지 원천은 대부분 높은 선행투자 비용(up-front costs)과 낮은 운영비용(running costs)을 특징으로 한다. 즉 장기적인 내장 수입 흐름(long-term pre-defined revenue streams)을 갖는 규제된 자산이기 때문에 특히 부채 방식의 자금조달(debt finance)이 적합하고 80-20의 높은 부채비율(debt-to-equity ratios) 경향성을 갖는다. 따라서 자본의 부족과 비용이 아니라 신용이 청정에너지의 문제다. 반면, 화석연료는 오염 비용을 부담하지 않는 한 에너지 저장의 측면에서 땅

138 미국에 이어 브라질(22.2%), 유럽(11.1%), 기타 지역(16.7%)이 차지하고 있다.

139 IEA, 13 Dec. 2011, "Oil Market Report". 미국은 2011년부터 갤런당 45센트의 바이오연료 산업 보조금 혜택을 종료하고, 자국 바이오연료 산업을 보호하기 위해 값싼 외국산 에탄올에 부과했던 갤런당 54센트의 관세 제도도 폐지했다. 미국은 지난 30년간 보조금으로 450억 달러를 지원했다. Food Safety News, Jan. 8, 2012.

▌표 3-7. 영국에서 판매되는 전기차들의 가격과 주행거리

Electric car	On-sale date*	Technology	Claimed electric-only range, km	British-market price†, £
Mitsubishi I-MiEV	Apr 2010	Battery	160	23,990
Nissan Leaf	Dec 2010	Battery	160	23,990
GM Chevrolet Volt/Ampera	Dec 2010	Battery/range extender	64	25,000‡
Renault Fluence	mid 2011	Battery	160	18,000‡§
Toyota Prius Plug-in	2012	Hybrid	20	*tba*

source: Company reports; The Economist.

출처: Economist, Oct. 7th, 2010, Electric cars: Highly charged motoring.

*: In first market † : Net of government subsidy ‡ : Estimate § : Excludes battery

밖으로 추출해 판매하는 비용이 매력적일 정도로 저렴하다. 따라서 소비자나 정부로부터 명백한 신호를 얻지 않는 한 기업은 이익을 포기할 수 없을 것이다. 이처럼 미래의 성장 동력으로 추진하는 그린 산업의 창출은 '고수익-고위험'의 문제를 해결해야 하고, 이는 새로운 금융 인프라의 필요성을 의미한다. 즉 금융경제화 속에서 금융의 성장에도 불구하고 금융시스템이 금융중개기능을 제대로 수행하고 있지 못함을 의미한다. 오바마 행정부가 그린 뉴딜을 추진하자마자 '그린 슬럼프(Green Slump)'가 회자된 이유다.

클린테크 시장이 정치적으로 만들어지고 있다는 것은 전기차에서도 확인된다. 즉 전기차는 경제적 효율성과 유용성이 낮을 뿐만 아니라 녹색적이지도 않다. 주요 국가들은 전기차 개발을 위해 지원을 하고 있다. 예를 들어, 2010년 기준 영국 정부는 무공해 자동차라는 논리로 전기차를 구입하는 경우 5천 파운드(약 8천 달러), 미국은 7,500달러를 지원하였다. 따라서 영국의 모든 승용차가 전기차로 대체될 경우 납세자의 부담은 1,500억 파운드가 소요된다. 반면, 석유엔진을 가진 자동차에 비해 CO_2 방출을 20% 축소시키는 전기차 사용으로 줄어드는 CO_2 방출량은 2%에 불과하다. 그런데 1,500억 파운드로는 영국 전체 발전량을 태양광 전지로 교체 가능하고, 이를 통해 전체 CO_2 방출량의 1/3 수준까지 축소가 가능하다. 게다가 현재 전기차의 기술 수준은 단거리 운행, 정상적인 기후 상태, 최

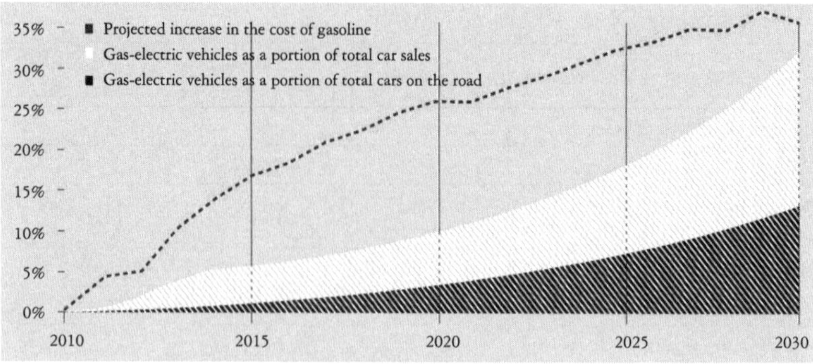

DATA: U.S. ENERGY INFORMATION ADMINISTRATION. PRTM.
출처: Businessweek, December 29, 2010, "Electric Cars Get Charged for Battle".
http://www.businessweek.com/magazine/content/11_02/b4210048460045.htm

▌그림 3-51. 휘발유 비용 증가와 전기차 사용 비중의 전망

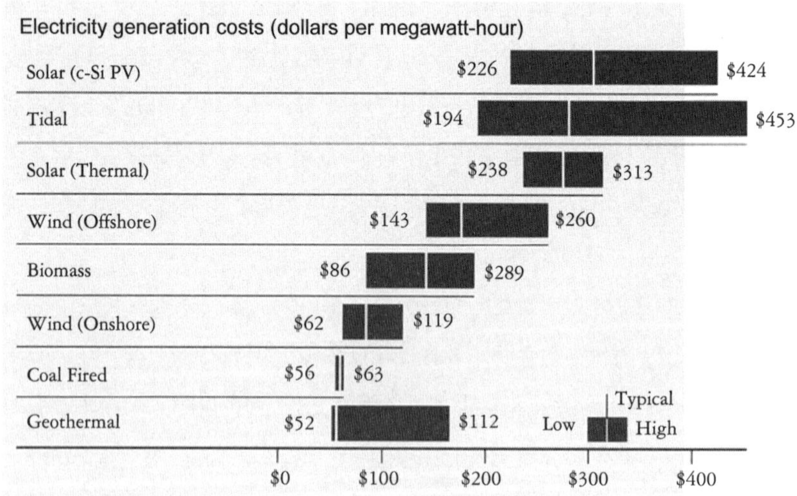

출처: Businessweek, Oct. 11~17, 2010, "The Economics of Alternative Energy", p. 58.

▌그림 3-52. 에너지 원천별 전기 생산 비용

소의 승객과 수하물 등의 조건에서 석유연료 자동차와 경쟁이 가능하다.[140] 이처

140 Economist, Oct 7th 2010, Electric cars: Electric cars, though a welcome development, are neither as useful nor as green as their proponents claim. 물론, 전기차 기술 개발은 빠르게 진보

럼 녹색산업 만들기는 납세자의 희생 위에 전개될 정치적 파티로 끝날 가능성이 높다.

이처럼 혁신은 난관에 봉착해 있다. 혁신시스템이 제대로 작동하지 않는 것이다.[141] 새로운 혁신을 만들어내는 데 있어서 벤처자본 모델의 한계가 드러난 것이다. 생명과학, 바이오테크, 신소재, 우주과학 등 10대 하이테크 분야에서의 미국의 무역수지가 1998년에 300억 달러의 흑자를 실현하였으나 2007년까지 530억 달러의 적자로 전환된 이유다.[142] 이와 관련하여 혁신 방식의 변화를 주목할 필요가 있다. 즉 과거 혁신을 주도했던 것은 연구개발(R&D)이었다. 역사적으로 혁신을 위한 미국의 인프라스트럭처는 느슨한 민관 파트너십에 의한 것이었다. 20세기 미국이 세계의 혁신을 주도하는 데 주도적 역할을 수행한 벨연구소(Bell Labs), RCA연구소, 제록스의 팍(PARC, Palo Alto Research Center), IBM연구소, 나사(NASA), 미국 국방통신국(Defense Advanced Research Projects Agency, DARPA) 등이 그렇다. 이 연구소들의 기초 연구들을 상업화하기 위한 풍부한 기업 펀드와 벤처 자본이 있었기에 수백만 명의 고소득 일자리 창출을 포함해, 과학과 기술과 경제 등에 거대한 기여를 할 수 있었다. 그런데 1990년대 이래 이들 연구소들의 기초 연구 기금들이 서서히 하락하고 있다. 벨연구소는 2001년까지 3만 명을 고용하고 있었지만, 오늘날 1천 명 수준에 불과하다.[143] 최근 나사(NASA)의 대규모 인원 감축 및 규모 축소 등도 이러한 배경과 관련이 있다.[144] 종래 혁신 방식이

하고 있다. 예를 들어, 독일 DBM에너지는 6분 충전에 375마일(603.5㎞)을 평균 시속 55마일 달리는 전기차를 개발한 것으로 알려지고 있다. 전력과 가솔린이 결합된 하이브리드 차가 아닌 순수 전기자동차는 대부분 충전에 긴 시간이 필요할 뿐만 아니라 한번 충전에 평균 100마일 정도만 운행이 가능했다. 그런데 독일 DBM에너지가 공개한 '아우디 A2' 전기자동차는 새로운 기술을 활용해 개발한 배터리 때문에 가능해졌다. UPI, Nov. 31, 2010.

141 예를 들어, 비즈니스위크(Sept. 19, 2011)는 "미국이 작동하지 않는다(America isn't working)"고, 영국의 일간지 가디언(Dec. 28, 2011)은 "새로운 아이디어의 본산(generator of the next big idea)이라는 위상을 점차 잃어가고 있다"라고 표현하고 있다.

142 Businessweek, June 15, 2009, "The Failed Promise of Innovation in the U.S."

143 Businessweek, August 27, 2009, "How Science Can Create Millions of New Jobs: Reigniting basic research can repair the broken U.S. business model and put Americans back to work".

144 Businessweek, October 28, 2010, NASA: Lost in Space.

성과를 만들어내지 못하기 때문이다. 죽어 버린 미국 비즈니스 모델의 현주소를 보여주는 상징이다.

이는 연구개발 투자가 혁신으로 이어지지 않고 있기 때문이다. 실제로 R&D 지출과 기업성과 사이의 관계는 크게 약화되었다. 예를 들어, 컨설팅회사인 부즈&컴퍼니(Booz & Company)가 2005년부터 매년 전 세계에서 R&D 투자가 가장 많은 1,000개 상장회사를 조사[145]한 결과 R&D 지출이나 특허 보유 건수는 기업 재무성과와 유의미한 상관관계를 갖지 못했다. 다시 말해, R&D 지출이 많다거나 특허 보유 건수가 많다고 해서 기업 재무성과가 획기적으로 좋아지지는 않았다는 뜻이다. 예를 들어, 애플(Apple)은 전체 매출액의 3.1%를 투자했는데 이는 컴퓨터와 전자산업 평균의 절반에도 미치지 못하는 수준이다.[146] 그런데 애플의 재무성과는 5년간 주주 총수익률(Total Shareholder Return, TSR)이 63%로 업계 최고였다. 미국 경제 전체를 보더라도 지난 1970년 이래 금융위기 이전까지 R&D 지출과 GDP의 증가율은 거의 같은 속도로 증가하였다. 오히려 혁신이 중단된 2000년대에 R&D 지출이 GDP 증가율을 약간 상회했을 정도다. 하지만 R&D 비용에 대한 지출이 많다고 하여 기업의 혁신 성과가 높은 것은 아니었다.

기업의 혁신 방식의 변화는 모바일 업종에서도 확인된다. 애플의 경우 2005년부터 매출액 대비 R&D 지출 비중은 하락, 특히 모바일 폰 시장에 진출하기 시작한 2007년 이후에는 4% 이하로 하락했음에도 불구하고 수익 구조가 크게 개선되었다. 즉 애플은 혁신을 만들어내기 위해서 연구개발비에 많이 지출할 필요가 없음을 보여주었다. 애플의 수익에 가장 크게 기여를 하였던 스마트폰, 특히 앱스토어(App Store) 수익 모델은 기업의 과거 수익 방식과 커다란 차이를 보여주

After 30 years, the Shuttle program will end. How do you outsource the astronaut business?"

145 B. Jaruzelski AND K. Dehoff, "Winter 2010, THE GLOBAL INNOVATION 1000: How the Top Innovators Keep Winning", ISSUE 61. http://www.booz.com/media/file/sb61_10408-R.pdf

146 참고로 삼성전자의 2010년 매출 대비 연구개발비 비중은 애플보다 약 두 배 수준인 6.09%였다.

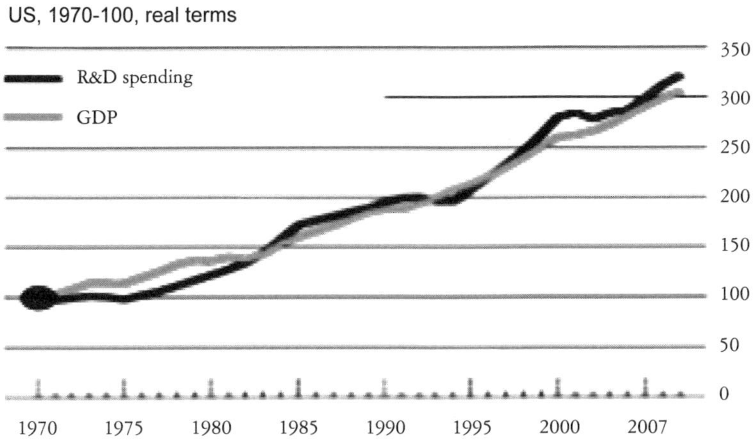

Source: Bureau of Economic Anelysis; National Science Foundation

▌그림 3-53. 미국의 GDP와 R&D 지출의 증가율(1970년=100)

었다. 2010년 3월 기준 애플의 고용 규모는 3만 4천 명이었으나 앱 개발자는 12만 5천 명 이상이었다. 기업의 내부 자원을 개방함으로써 외부 자원과의 결합 및 협력을 통해 기업생태계를 구축한 결과물이었다. 이른바 '개방형 협력 혁신(open collaborative innovation)' 방식인 것이다.[147]

147 예를 들어, IBM은 기존의 폐쇄적 혁신을 탈피하여 '협력적 혁신' 개념에 기초해 외국 정부, 대학, 기업들(사우디아라비아, 중국, 스위스, 아일랜드, 타이완, 인도, 브라질 등)과 자신이 보유한 지적 자산과 자금을 결합시켜 혁신능력 향상을 추구한다. 이에 대해 미국 내 일부에서는 IBM의 시도가 "미국 기업들에게 좋은 것은 미국에게도 좋은 것"이라는 인식과 부합하지 않는 것으로 하이테크 원천기술을 소유하고 있는 미국의 글로벌 기업들이 해외에서 외국과 협력을 통해 혁신을 추구함으로써 미국의 경쟁력을 손상시킬 수 있기에 정부가 이를 막을 것을 주장하기도 한다. 그러나 IBM은 협력에 의한 혁신 전략을 더욱 강화할 계획이고, 협력을 통해 만들어낸 지적 재산의 공동소유를 추진 중이다. Businesswee, August 27, 2009, "Big Blue's Global Lab".

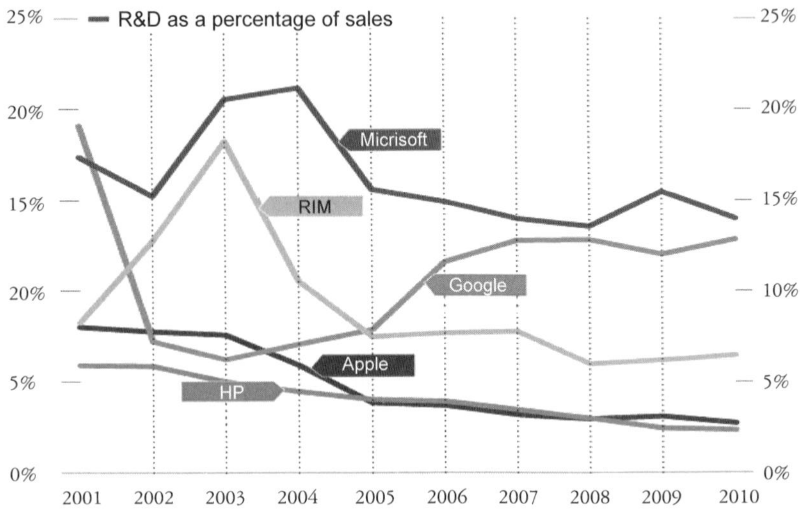

DATA: BLOOMBERG.
출처: Businessweek, February 16, 2011, "Mobile Wars!"

▌그림 3-54. 미국 모바일 업종의 매출액 대비 R&D 비중 추이

이처럼 애플이나 IBM 등이 시도하는 새로운 혁신과 가치 창출의 공통점은 '협력'과 '공유', 그리고 '호혜성'이다. 기업의 협력 대상의 범위가 확산되면서 '호혜성', 즉 협력과 공유가 가치 창출의 키워드로 부상하고 있는 것이다. 문제는 개인주의 문화에 기초한 미국 사회에서 호혜성 원리가 확산되고 제도적으로 정착하기는 쉽지 않다는 점이다. 이와 관련하여 1990년대 후반 클린턴 행정부 시절 소프트웨어 공급의 지체 현상을 해결하기 위해, 즉 이른바 '소프트웨어 갭(software gap, 소프트웨어에 대한 수요 불충족의 정도)'의 문제를 해결하기 위해서 미국의 컴퓨터 관련업계와 학계 전문가들로 구성된 '대통령의 정보기술자문위원회'의 결과물이 사장된 사실은 시사하는 바가 크다. 즉 당시 위원회는 미국이 직면하고 있는 저작권 보호환경으로는 다양한 수요를 따라잡을 수 없기 때문에 '소프트웨어 갭'을 좁힐 수 있는 유일한 대안으로 소프트웨어의 개발과 사용 체제를 소스공개형으로 전면 전환할 것을 주장하였다. 그러나 대부분의 위원회 보고서가 실현되는 데 어려움이 없었던 반면, 이 보고서는 부시 행정부에 의해 묵살되었다. 소스

공개의 법제화가 미국의 개인주의 문화에서 받아들이기 어려운 일이었기 때문이다. 경쟁의 원리와 사유재산권 체계에 위에 건설된 미국식 시장경제가 지식의 공유를 받아들이는 것은 미국식 가치체계와 문화의 부정인 것이다.

이처럼 새로운 혁신은 무형자산, 예를 들어 아이디어와 지식 등의 중요성이 증대하면서 새로운 문화와 인재 육성 방식, 재산권 체계 등을 요구하고 있다. 미국은 인재 공급의 양과 질에서 문제를 드러내고 있다. 일반인들의 인식과 달리 미국은 교육의 양과 질에서 상당히 뒤처진 것으로 평가받고 있다. 교육의 양과 질에 있어서 미국은 자신의 노동력에 의존하지 않고 있고, 전 세계에서 유입된 젊은 두뇌로 교육 문제를 해결하고 있다. 세계 최고의 대학을 보유하고 있음에도 불구하고, 미국의 글로벌 대기업들은 인재 부족을 불평하며 글로벌 인재 활용에 기초한 글로벌 랩 운영을 통해 혁신을 만들어내려고 한다. 이는 현재의 교육 방식과 프로그램이 문제 해결 능력을 가진 인재를 공급하고 있지 못함을 의미한다. 19~20세기 '혁신의 강국'이었던 미국이 혁신을 부활시키기 위해서는 기존의 사회 문화나 교육 방식, 제도나 시스템 등의 장애물을 넘어 새로운 가치 체계와 문화, 소프트 인프라스트럭처를 창출해야 한다. 이 과정에서 사회 이해의 갈등을 조정하는 정치 리더십이 필요하다.

혁신의 실종은 금융개혁에도 영향을 미쳤다. 금융위기 이전에 금융 패러다임은 공정성과 안정성보다는 효율성을 중시했다. 그 결과 금융은 실물산업과 경제의 성장을 제약하고, 99%와 1% 간 '상쟁하는 복지(zero-sum welfare)' 구도를 심화시켰다. 따라서 금융위기 이후 금융개혁은 공정성과 안정성이란 기반 위에서 효율성을, 즉 '상생하는 복지(positive-sum welfare)'를 추구하는 금융 패러다임의 재구축에 초점을 맞출 수밖에 없다.[148] 그런데 금융개혁에 대해 오바마 행정부는 취임 전에 확고한 입장을 보였던 것과 달리 취임 이후 미국 제조업의 회복 가능성이 낮아지고 '그린 뉴딜'의 효과를 단기간에 기대하기 어려워지고, 금융 규제 강

148 김동환, 2011.12.31, "금융 패러다임 재구축의 필요성과 과제", 한국금융연구원, 『주간금융브리프』 21권 1호.

화에 따른 금융시장 및 경제성장의 위축 등이 우려되면서 금융개혁에 대한 후퇴의 움직임을 보였다. 예를 들어, 오바마는 2008년 11월 4일 당선 소감을 통해 "100년 만에 찾아온 금융위기가 가르쳐준 교훈이 있다면 메인스트리트(실물경제)가 고통을 겪는 동안 월스트리트가 번창하게 해서는 안 된다는 것"이라 했고, 취임 직전인 12월 7일 NBC방송의 대담프로그램인 '언론과의 만남'에 출연해서도 "은행, 신용평가사, 모기지(주택담보대출)업체 등이 보다 책임 있게 행동"할 수 있도록 "강력한 새 금융권 규제를 보게 될 것"이라며 월가에 대한 강력한 규제를 천명하였다. 취임 전 금융개혁에 대한 오바마 행정부의 강한 의지는 오바마 행정부의 경제정책에 지대한 영향을 미치며, 오바마 행정부의 경제회복자문위원회(ERAB) 위원장과 재무장관과 국가경제위원회(NEC) 의장에 각각 내정된 폴 볼커(Paul Volker)와 티모시 가이트너(Timothy F. Geithner)와 로렌스 서머스(Lawrence Summers), 그리고 폴 크루그먼(Paul Krugman) 등으로 구성된 30인위원회(G30, Group of Thirty, 세계경제 문제를 논의하는 씽크탱크)가 2009년 1월에 발표한 후속 보고서에도 유지되었다. 즉 2008년 10월 발표된 보고서의 후속보고서에서 G30은 "글로벌 경제성장을 지속하기 위해서는 금융시장을 강력하고 혁신적으로 만들 필요가 있으며 이를 위해 정부와 감독기구는 금융부문에 대한 규제를 강화할 필요가 있다"며, 특히 CDO나 CDS와 같이 감독권에서 상당 부분 벗어나 있는 파생상품에 대한 규제 강화를 촉구했다. 또한 연준을 비롯한 각국 중앙은행들은 금융위기가 끝난 후에도 재무적인 안정성을 강화해야 하며, 비은행권을 전담하는 감독기구를 설립할 필요가 있다고 지적했다. 이와는 별도로, 메리 샤피로(Mary Schapiro) 미 증권거래위원회(SEC) 위원장 내정자도 2009년 1월 상원 인준청문회에 참석한 자리에서 헤지펀드와 신용평가사에 대한 감독을 강화하겠다고 밝혔다.

그러나 오바마 행정부에서 이루어진 금융개혁은 금융위기의 근원적 문제 해결에 접근하지 못했다. 2010년 7월 21일 오바마 대통령이 서명한 '도드-프랭크 월가개혁 및 소비자보호법(The Dodd-Frank Wall Street Reform and Consumer Protection Act, H.R. 4173)'은 금융감독체계의 개편, 금융시스템의 안정성 제고,

금융소비자 보호 등 미국의 금융시장 전반에 대한 개선방안을 제시하고 있다. 848페이지에 이르는 방대한 분량에서 짐작할 수 있는 것처럼 도드-프랭크법은 일부에서 1930년대 대공황 당시 상업은행과 투자은행의 업무를 분리한 글래스-스티걸법 이래 미국의 금융규제 및 금융환경에 영향을 미치는 중요한 인식체계의 전환으로 평가받고 있다. 기본적으로 도드-프랭크법은 미국의 복잡한 금융감독 체계의 정비를 통해 금융시장에 대한 연방 차원의 거시건전성 및 통합적인 감독을 강화하였다. 즉 볼커룰(Volker rule)[149]을 통해 은행 등의 자기자본거래(트레이딩계정거래)를 금지하고 헤지펀드나 사모투자펀드에 대한 투자 한도를 규제했고, 투자자 보호를 강화하기 위해 금융소비자보호청을 설립하였고, 파생상품을 장외에서 장내로 끌어들였다. 그러나 위기의 근원이 됐던 문제들에 대한 규제가 충분히 이뤄지지 않았다. 즉 금융위기 발생을 억제하지 못한 규제의 허점들을 보완하지 못했다. 예를 들어, 모기지 보증기관이었던 패니매(Fannie Mae)와 프레디맥(Freddie Mac)에 대한 개혁이 포함되지 않았다.[150] 무엇보다, 국가의 구제 금융을 당연한 것으로 여기고 리스크를 정부에 떠넘기는 대형의 다국적 은행들의 도덕적 해이, 즉 대마불사(TBTF) 문제를 해결하지 못했다. 예를 들어, 지주회사 형태의 상업은행 업무와 투자은행 업무의 겸업 구조를 여전히 허용하였다. 그 결과 대형 은행의 자산 규모가 전체 금융산업에서 차지하는 비중은 금융위기 이후에도 축소되지 않고 있다. 그럼에도 불구하고 월가는 미국의 금융개혁에 대해 불평을 하거

149 은행의 건전성 강화를 위해 은행 등의 트레이딩계정거래를 금지하고 헤지펀드나 사모투자펀드에 대한 투자 한도를 규제한다. 그 결과 트레이딩계정거래나 헤지펀드 사모투자펀드의 비중이 높은 대형금융기관들의 경우 사업구조조정이나 자산매각, 비즈니스 모델 등의 재구축 등이 이루어질 가능성이 높다. 도드-프랭크법(http://www.sec.gov/about/laws/wallstreetreform-cpa.pdf)과 김홍기, 2010, "미국 도드-프랭크법의 주요 내용 및 우리나라에서의 시사점," 한국금융법학회 2010년 하계(제19회) 학술발표회 논문 등을 참고.

150 이는 미국 모기지금융시스템의 파산과 관련이 있다. 미국의 모기지금융시스템은 뉴딜(New Deal)의 산물로 일부 수정하면서 약 70년간 사용해왔다. 그런데 금융위기로 미국 납세자는 패니매와 프레디맥을 구제하기 위해 1,500억 달러 이상을 투입하였다. 양 기관은 금융위기 이후에도 자신의 통제하에 포함시킨 리스크 규모가 2014년까지 1,210억~1,930억 달러에 달할 것이라고 주장하였다. 그 결과 미국 사회는 보다 안전한 모기지시스템의 구축을 고민하고 있다. 이에 대해서는 P. Coy, Nov. 14-20, 2011, "The Mortgage of the Future," Businessweek, pp. 81-84를 참고.

나 경기 회복을 돕기 위해 그 집행을 늦추어야 한다고 주장하고 있다.[151] 이는 도드-프랭크 법안의 시행령을 마련하는 과정에서 도드-프랭크 법안을 좌절시키려는 월가의 속셈을 보여주는 것이다.

금융개혁의 또 다른 축은 바젤위원회가 전 세계 주요 은행들의 행동을 규제하는 기본 협약인 바젤 Ⅲ이다. 바젤 Ⅲ 협약을 구성할 것으로 보이는 핵심 내용은 유동성 확충 및 레버리지 상한의 도입과 더불어 7%의 보통주(Tier 1)로 자기자본의 강화 등이다. 그런데 대부분 내용들이 거시건전성(macroprudential)보다는 개별 은행들의 지불능력(solvency)인 미시건전성(microprudential)에 초점을 맞추고 있다는 점이다. 문제는 은행 자본의 손실 흡수(loss absorbency) 능력 향상이 붐(booms) 기간에 과도한 자산의 증대를 직접 해결하지 못한다는 점이다. 은행의 상호연관성으로부터 시스템 리스크의 증가가 과도한 자산 증대의 핵심이다. 예를 들어, 금융위기로 공적 자금이 투입돼 국유화[152]된 아일랜드의 앵글로아이리시은행(AIB)은 Tier 1 자본비율이 7% 이상, 특히 금융위기 직전인 2006년에는 8%가 넘었음에도 불구하고 파산하였다. AIB의 대출은 2005년 43% 그리고 2006년에 30%까지 증가했던 반면, 글로벌 금융위기로 대출 증가는 갑작스레 멈추었다. 손실 충당금(provisions)은 대출 붐 기간 동안 낮은 수준이었을 뿐만 아니라 하락하였다. 그런데 대출의 기본적 취약성이 침체로 드러났고, 충당금은 총 대출의 4% 이상으로 뛰어올랐다. 과도한 자산 성장은 은행 자금조달 구성에서 부채 측면에 반영된다. 은행 자금조달의 핵심원천(core funding)인 소매예금은 가계부문의 총자산에 제약을 받기에 신용이 급증하는 대출 붐 시기에 소매예금의 풀(pool)은 은행 대출 증대에 필요한 자금조달원으로 충분치 않다. 신용 증대에 필요한 다른 자금조달원은 대차대조표의 부채에 반영된다. 앞에서 지적했듯이 RP나 CP의

151 예를 들어, 제이미 다이먼(Jamie Dimon) JP모건 회장 겸 최고경영자(CEO)는 2011년 6월 7일 미국 애틀랜타에서 열린 국제은행가 컨퍼런스에서 "정부의 금융개혁이 금융산업 활력을 떨어뜨리고 경제성장마저 가로막고 있다며 버냉키 연준 의장을 공격하였다. CNNMoney, June 7, 2011, "Jamie Dimon gripes to Bernanke".

152 정부 지분이 92%.

▌표 3-8. AIB의 자본 비율

	2004	2005	2006	2007	2008	2009
Tier 1 capital ratio (%)	7.9	7.2	8.2	7.5	7.4	7.2
Total capital ratio (%)	10.7	10.7	11.1	10.1	10.5	10.2

출처: H.S. Shin, Dec. 2011, "Macroprudential policies beyond Basel III", BIS Papers No. 60.

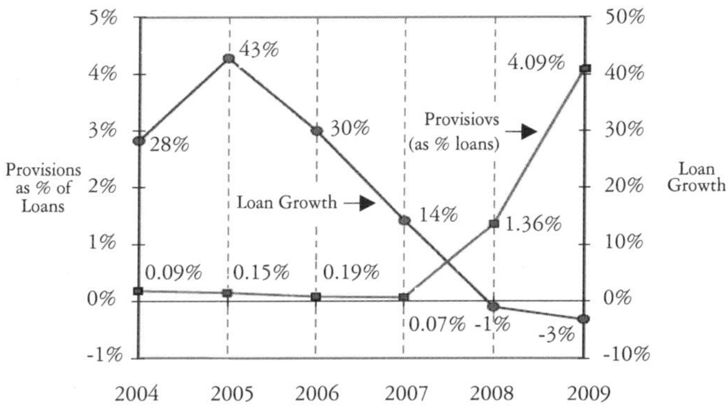

출처: H.S. Shin, Dec. 2011.

▌그림 3-55. AIB의 대출 성장과 대출 손실 충당금

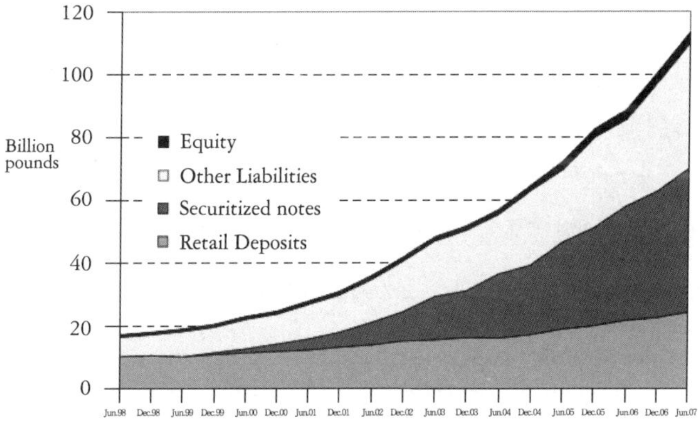

출처: H.S. Shin, Dec. 2011.

▌그림 3-56. 노던록 부채의 구성

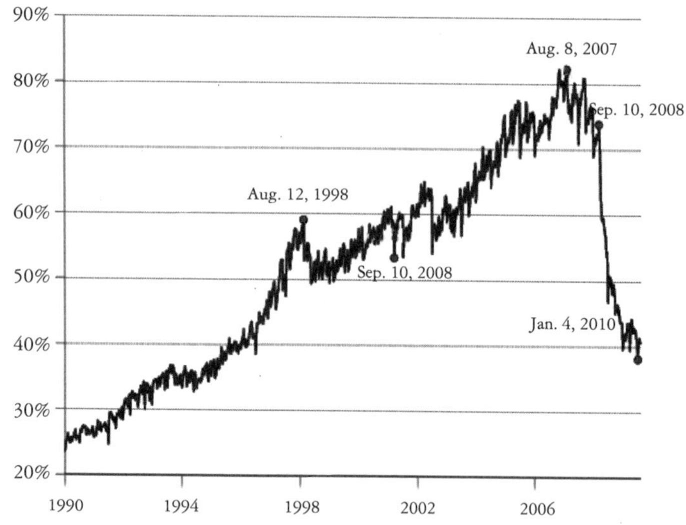

출처: 미국 연준.

▌그림 3-57. M2 대비 레포(Ropos)와 금융 CP 비중

발행, 그리고 심지어 외화부채 등 비핵심부채(non-core liabilities)의 급증이 그것이다. 이처럼 은행의 과도한 자산 성장과 비핵심 부채에 대한 의존 증대는 시스템 리스크와 은행 간 상호연관성에 밀접히 연결되어 있다. 즉 은행의 자산 성장은 은행 간 교차 위험노출(cross-exposure)의 증가를 반영한다. 특히 만기가 단기인 부채가 확산되었는데 이는 자금 중개 체인이 확장된 결과로 금융중개기관들 간에 교차 위험노출의 증가를 의미하는 것이다. 그리고 앞에서 살펴보았듯이 증권화가 중개 체인 확장의 중심에 있었다. 따라서 금융부문의 취약성을 해결하기 위해서는 그림자금융에 대한 '경성예산제약(hard budget constraint)'의 부과를 비롯해 과도한 자산 성장에 대한 거시건전성을 위한 수단들이 필요하다.[153]

153 예를 들어, (총신용/GDP) 비율이나 은행의 (비핵심부채/핵심부채) 비율이나 (자산/자본) 비율 등에 관심을 갖고 LTV와 DTI의 상한 설정이나 비핵심 부채에 대한 부담금 부과 등이 필요하다.

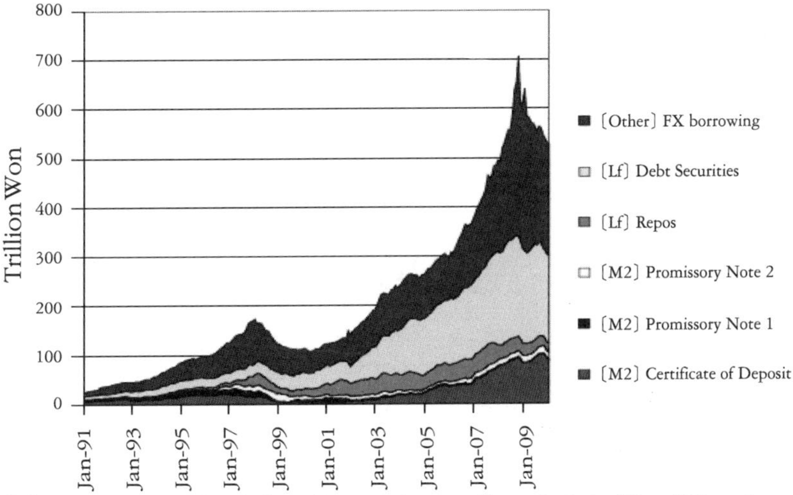

출처: Shin and Shin, 2010, "rocyclicality and Monetary Aggregates," paper for Bank of Korea 2010, conference, http://www.princeton.edu/~hsshin/www/BOK2010.pdf

▮ 그림 3-58. 한국 은행부문의 비핵심 부채

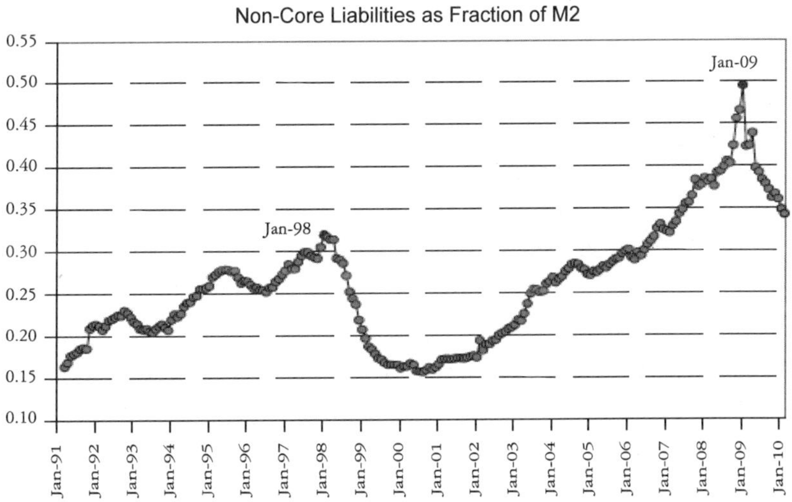

출처: H.S. Shin, Dec. 2011.

▮ 그림 3-59. 한국 은행부문의 M2 대비 비핵심 부채

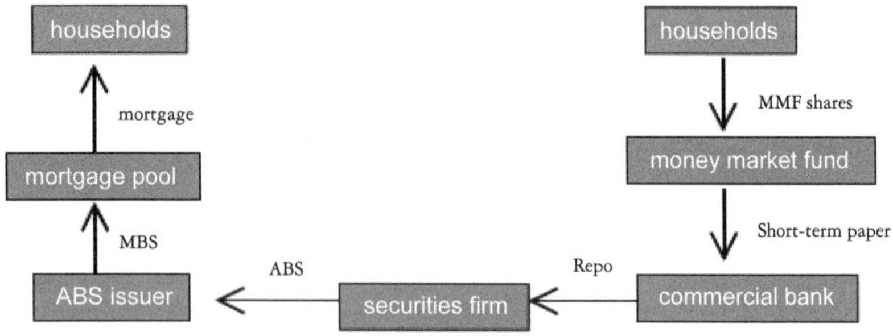

출처: H.S. Shin, Dec. 2011.

▮ 그림 3-60. 중개 체인의 확장

제4절 장기 저성장과 미국 헤게모니의 쇠퇴

이상에서 보았듯이 금융위기 이후의 미국 경제는 비관적이다. 미국 경제의 경쟁력을 상징하는 금융 및 혁신 시스템이 더 이상 작동하지 않기 때문이다. 재도약의 가능성이 보이지 않는다. 즉 과거처럼 금융에 의한 성장[154]은 약화될 수밖에

154 도드-프랭크법(2010.7.21), 대형 사모펀드 및 헤지펀드의 증권거래위원회(SEC) 등록 및 정보 보고 의무화(2011.6.23), 상품선물거래위원회(CTFC)에 의한 선물시장에의 투기적 포지션 보유 규모의 제한과 선물시장 투기의 규제(2011.10.19), 연준(2011.11.20)에 의한 자산 규모 500억 달러 이상의 대형 은행들에 대한 자본 규제 등 규제 리스크가 증대하였다. 게다가 은행들이 추가 자본을 확충해야 할 경우 규모에 대해서는 이견이 존재하지만 성장이 둔화될 것이라는 데에는 이견이 없다. 뉴욕 FRB는 은행의 추가 자본 1%당 매년 GDP 0.09%를 둔화시킬 것이라고 주장하고, 바젤위원회(Basel Committee)와 국제결제은행(Bank for International Settlements)은 뉴욕 FRB가 주장하는 규모의 1/3에 불과할 것이고 그것조차 시간이 지나면서 소멸할 것이라고 주장한다. 반면, OECD는 양자의 중간 정도를, 그리고 450개 이상의 금융회사를 대변하는 국제금융연구소(Institute of International Finance)는 충격이 10배가 될 것이라고 주장한다. Economist, May 12th 2011, "Capital: How much is enough? Banks are having to puff up their capital cushions". 실제로 2011년만 해도 글로벌 금융서비스 종사자가 북미 지역의 5만 명 해고를 포함해 22만 명 이상이 해고되었는데, 이는 2009년 17만 4천 명보다 4만 6천 명 이상이 증가한 규모다. 특히 12만 5천 명을 해고한 유럽의 경우 2008년보다 거의 두 배 규모였다. 더 큰 문제는 해고가 계속 이어지고 있다는 점이다. 2013년까지 유럽의 최대 대출은행인 HSBC가 3만 명, 미국의 두 번째 은행인 BOA가 3만 명을 해고할 계획인데 이는 전체 고용의 10%에 해당한다. Businessweek, Dec. 5-11, 2011, "After Massive Job Cuts, Wall Street's a Different Place", p. 55.

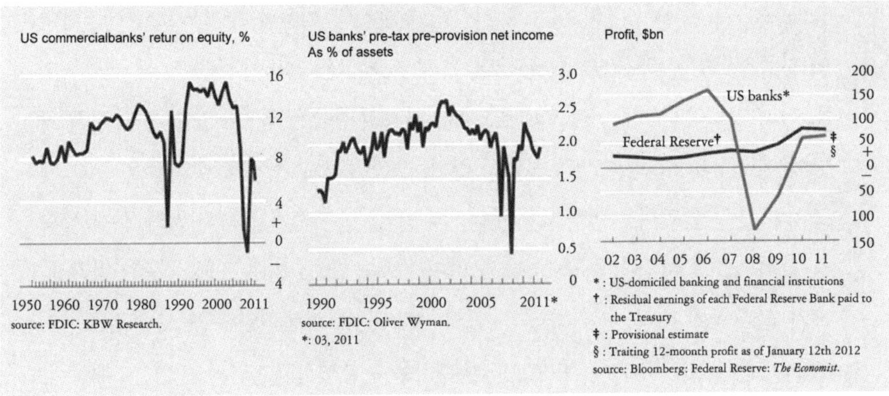

출처: Economist, Jan 21st 2012, American banks: Losing altitude.

그림 3-61. 회복되지 않고 있는 미국 은행의 수익

없다. 무엇보다, 신뢰를 잃어버렸다는 점에서 금융의 복구는 상당 시간이 소요될 것이다.[155] 예를 들어, 미국 상업은행들의 자기자본수익률(ROE)은 2011년까지도 암울한 수준에서 벗어나지 못하고 있다.[156] 자산 대비 법인세와 충당금 차감 전 소득(pre-provision, pre-tax income)의 비중 또한 2011년 3분기까지 미국 은행들은 90년대 중반 수준 밑에 머물러 있다. 미국 금융산업 전체의 수익이 2011년 연준(FRB)의 추정 이윤인 770억 달러에도 미치지 못하고 있는 실정이다.[157]

게다가 주식에 대한 수요 감소가 예상되고,[158] 위기 이후 '재무적 보수주의

155 예를 들어, 대공황 발발 직전인 1929년 9월에 기록했던 다우존스 산업평균 지수 355.95는 1954년까지 회복되지 않았다. Businessweek, Nov. 21-27, 2011.

156 게다가 BASEL III의 도입, 지속적인 소비자의 디레버리지, 도드-프랭크법(Dodd-FranK Act) 등으로 은행의 ROE는 2011년 말 기준 11%에서 2015년까지 7%로 하락할 것으로 예상한다. McKinsey Quarterly, January 2012, Why US banks need a new business model.

157 영국의 경우에도 금융과 보험부문의 수출 흑자는 금융위기 이전 GDP 대비 3.2%에서 2011년(세 분기 기준)에는 2.6%로 하락했다. 금융부문의 종사자 또한 7%나 하락했다. 또한, 도매 금융과 자본시장 비즈니스를 소매 금융으로부터 분리시킨 비커스 위원회(Vickers Commission)의 안이 실행될 경우 은행들의 비용은 1년에 최소 35억~80억 파운드(54억~125억 달러) 증가할 것으로 전망된다. Economist, Jan. 7th 2012, Save the City, p. 9.

158 맥킨지글로벌연구소(MGI)는 2020년까지 12.3조 달러에 달하는 주식 갭(equity gap)이 발생할 것으로 전망한다. 신흥국의 경우 금융자산은 증가하는데 주식 투자에 대한 선호가 매우 낮다. 반면, 선진국의 경우 전 세계 금융자산에서 차지하는 비중은 감소하는데 고령화로 자산 포트폴리오

(financial conservatism)'의 대두로 기업은 자본시장 이용을 기피하고,[159] 신기술에 자금조달이 어려워진다.[160] 반면, 새로운 혁신을 만들어 내는 것이 구조적으로 어려워 보이기 때문이다. 그러다 보니 일자리 창출은 경기부양 같은 단기적 처방에 매달리게 되고, 효과도 신통치 않다. 오바마 정부가 수출에 사활을 걸고 제조업의 부활을 외치는 이유도 지푸라기라도 잡을 수밖에 없는 미국의 경제 상황을 단적으로 보여준다. 예를 들어, 오바마 정부는 1970년대 초 경상수지 적자 문제가 불거짐에 따라 수출 증진을 위해 1973년에 가동했던 '수출진흥각료회의(Export Promotion Cabinet, EPC)'라는 조직을 부활시키고, 5년간 수출을 2배로 확대하여 일자리 200만 개를 창출하겠다고 다짐하였다. 특히 일자리 5개 중 1개가 수출과 관련된 제조업의 역할을 강조하고 있다. 오바마 정부가 추진하는 '미국에서 만들기(Make it in America)' 아젠다의 취지가 여기에 있다. 또한 오바마 정부는 일자리 만들기를 제조업의 부활과 연결시킨다. 그런데 미국 제조업의 고용은 1980년대 이후 지속적으로 하락했고, 특히 2000년 이후 매우 빠르게 진행되어 현재 2차 대전 수준으로 후퇴하였다. 2010년 7월 기준 제조업의 고용 규모는 약 1,172만 명으로, 지난 10년 전에 비해 약 600만 명 축소되었다. 1994~99년간 미국경제 규모가 26% 증대하는 동안 제조업 생산 능력은 44% 성장했다. 반면 2002~2007년간은 양자가 각각 17%와 5%에 불과할 정도로 제조업 생산 능력의 신장은 크게 약화되어, 제조업 비중이 14~16% 수준으로 떨어진 실정이다. 게다가 2007년 12월 이후 200만 개 이상의 공장 일자리가 사라졌다. 이들 중 상당수가 복구될 가능성이 없다.

미국은 1890년대부터 110년간 유지해 온 세계 제조업 1위 자리를 2011년에

의 변화, 즉 주식 비중의 축소가 불가피하다. C. Roxburgh, et al., Dec. 2011, "The emerging equity gap: Growth and stability in the new investor landscape".

159 A. Schoar and L. Zuo, Nov. 2011, "Shaped by Booms and Busts: How the Economy Impacts CEO Careers and Management Style".

160 R. Nanda and M. Rhodes-Kropf, Oct. 2011, "Investment Cycles and Startup Innovation," *Harvard Business School Entrepreneurial Management* Working Paper No. 12-032.

중국에 내주었다. 미국 사회는 제조업이 여타 경제 부문에 연료를 공급하는 역할을 하는 경제의 기초여서, 제조업 1위 자리를 잃는다는 것은 심각한 문제라는 인식이 확산되고 있다. 제조업 강화를 통한 일자리 창출을 주장하는 미국 재계의 목소리 중에는 GE의 CEO 제프리 이멜트(Jeffrey Immelt)와 인텔의 전 CEO 앤디 그로브(Andy Grove) 등을 예로 들 수 있다. 이멜트는 2009년 6월 디트로이트 경제 클럽의 연설에서 제조업이 적어도 지금보다 약 두 배 많은, 전체 고용의 20%를 차지해야 하고, 이것은 '국가 명령'으로, 이를 위해 R&D와 투자에 대한 조세 지원이나 임금의 잠정 동결 등을 주장하였다. 이멜트의 주장은 공감은 얻을 수 있으나, 목표가 너무 비현실적이라는 평가를 받았다. 이멜트와 달리 제조업의 강화를 위해 무역전쟁조차 배제할 필요가 없다는 그로브의 주장은 충격적이다. 그로브는 아이맥스, 아이팟, 아이폰을 출시한 애플은 미국에서 약 2만 5천 명을 고용하고 있지만, 애플 제품들을 생산하는 중국의 팍스콘(Foxconn)은 그 열 배에 해당하는 약 25만 명의 일자리를 만들어 내고 있다며, 실리콘 밸리의 혁신이 더 이상 일자리 창출로 연결되지 못하고 있고, 이는 제조업의 가치를 과소평가한 결과라고 주장했다. 그는 경쟁국들처럼 미국도 제조업의 해외 유출을 막아야 한다며, 해외 노동력으로 만들어진 생산물에 세금을 부과함으로써 미국 내 제조업에 금융 인센티브를 제공할 것을 주장했다. 이러한 조치가 무역전쟁과 보호주의를 의미한다면 기꺼이 전쟁을 수행하고, 또한 승리를 거두어야 한다며 전의를 불태웠다.

많은 사람들은 그로브의 방식이 일자리 만들기의 해법이 될 수 없다고 주장한다. 1930년대 대공황에서 경험했듯이 무역전쟁은 글로벌 경제를 다시 침체로 빠트릴 것이다. 무엇보다 인텔 수입의 72%가 해외에서 나오는 점을 감안하면 무역전쟁의 최대 피해자는 미국 기업들이 될 것이고, 당연히 일자리 상실로 이어진다. 더구나 현재 미국에 필요한 일자리는 중국 팍스콘의 일자리가 아니다. 2008년 미국 가구의 중위 소득은 연간 50,303달러에 달한다. 즉 일자리 만들기는 고소득 일자리와 관련된 새로운 산업 만들기로 접근해야 한다는 것이다. 수백만 개의 고소득 일자리 만들기만이 건강한 중산층 사회의 복원과 지속가능한 성장을 가능케 한다. 실제로 오늘날 미국에서 만들어지는 새로운 일자리는 인텔 같은 곳에서 나오지 않고 신생 기업들에서 나온다. 기존 산업들에서는 일자리가 빠르게 축소되고 있다. 낡은 산업의 파괴와 새로운 산업의 창조야말로 미국의 글로벌 경쟁력을 가져다준다. 실업을 축소하기 위해 낡은 산업을 보호하는 것은 축소경제의 길일 수밖에 없기 때문이다. 따라서 산업구조의 업그레이드 및 산업체계의 다양화를 위해서는 미국이 새로운 시스템으로 전환하는 길밖에 없다. 즉 새로운 시스템으로의 전환까지 미국경제가 저성장하는 것은 불가피하다. 한 연구에 따르면 미국경제가 건국 이래 일인당 GDP와 생계 수준에서 향후 20년간 가장 느린 속도로 증가할 것이라고 주장한다.[161]

저성장의 첫 번째 요인은 베이비붐 세대의 은퇴에 따라 인구에서 임금노동자가 차지하는 비율이 감소하기 때문이다. 임금노동자의 감소를 상쇄할 만큼 나머지 임금노동자의 생산성이 급증해야 하는데, 미국 노동자의 교육 수준의 증가가 멈추고 있어 불가능하다. 금융위기 이후의 높은 노동생산성 증가는 고용 축소에 따른 결과일 뿐 지속될 수는 없다. 이는 노동생산성 증가율이 2010년 2분기부터 1.8%로 급감하는 이유다. 게다가 미국 역시 (노동가능인구/비노동인구) 비율, 즉 역부양비율(inverse dependency ratio)이 2007년을 정점으로 하락하기 시작했다는 점이다.[162] 주택자산과 역부양비율 간에는 상관성이 존재하는데 미국의 주택시장 붕괴와 역부양비율의 정점이 시기적으로 일치하고 있다는 점이다. 두 번째 이유는, 앞에서 지적했듯이, 인터넷 붐과 같은 새로운 기술혁명을 기대하기 어렵기 때문이다. 실제로 침체 이후 기업은 재정자원을 엄격히 통제하기 위해 자본집약

161 Businessweek, Sep. 30, 2010, "Why One Economist Predicts Slow Growth". Robert J. Gordon, March 2010, "Revisiting U.S. Productivity Growth over the Past Century with a View of the Future", NBER Working Paper 15834.

162 Kiyohiko G. Nishimura, June 20, 2011, "Population Ageing, Macroeconomic Crisis and Policy Challenges", Bank of Japan; Kiyohiko G. Nishimura, 7 January 2011, "This time may truly be different-balance sheet adjustment under population ageing", prepared for the panel "The Future of Monetary Policy" at the 2011 American Economic Association Annual Meeting, Denver, Colorado.

적 프로젝트나 R&D에 대한 투자지출을 축소하는 경향이 있다.[163] '재무적 보수주의'라는 압박은 혁신적 기술의 상업화를 추구하는 창업에도 부정적으로 영향을 미칠 수밖에 없다.[164] 그런 점에서 중화학공업의 붐이 지속되었던 대공황의 상황보다 유리하지 않다.[165] 세 번째 이유는 금융위기 이후 더욱 악화된 소득불평등이 성장의 지속을 둔화시킬 수밖에 없다는 점이다.[166] 그리고 노동소득 비중의 저하는 소비성향과 투자 저하를 초래할 수밖에 없다. 금융위기 이전에 비해 대출조건이 강화될 수밖에 없다는 점에서 신용팽창도 기대하기 어렵다.

이처럼 향후 20년간 생계 수준이 매우 더디게 증가하게 될 경우, 적지 않은 비용이 들어가는 탄소배출 문제부터 빈곤 문제까지 미국 사회가 직면한 주요 문제들을 해결하기는 더 어려워질 것이다. 이처럼 미국의 국가신용등급 강등은 단순한 국가부채 문제의 결과는 아니다. 시스템의 파산은 '미국 시스템=신뢰'라는 브랜드 파워의 타격을 의미하고,[167] 70년간 지속된 '슈퍼파워' 위상의 추락이고, 달러 기축통화 패권의 위상이 위협에 직면한 것이다. 실제로 세계 외환보유액 중 달러 비중은 감소 추세를 보인다. 2차 대전 이후 창출된 세계 질서에 대해 미국이 경제적 및 정치적 리더십의 제공을 지속할 수 있는가는 미국 경제의 장기적 성공에 달려 있다는 점에서 미국 경제의 장기 저성장 가능성은 미래의 불확실성을 의미한다. 이는 또한 세계 나머지 국가들에게 많은 영향을 미칠 수밖에 없다. 물론,

---

163 A. Schoar and L. Zuo, November 6, 2011, Shaped by Booms and Busts: How the Economy Impacts CEO Careers and Management Style, NBER Working Paper.

164 R. Nanda and M. Rhodes-Krop, October 28, 2011, Investment Cycles and Startup Innovation, *Harvard Business School Entrepreneurial Management*, Working Paper No. 12-032.

165 대공황 발발 당시만 해도 미국 노동력의 1/5 이상이 농업에 종사하고 있었다. Economist, Dec 13th 2011, Business cycles: Lessons of the 1930s.

166 A. Berg and J. Ostry, April 8, 2011, "Inequality and Unsustainable Growth: Two Sides of the Same Coin?" IMF Staff Discussion Note.

167 예를 들어, 금융산업에서 미국의 국채가 '트리플 A'라는 전제는 변수가 아니라 상수(a constant at the core, and not a variable)였다. 그런데 국가신용등급의 강등으로 금융시장의 투자 판단의 핵심 이론인 자본자산가격모델(CAPM)이 뿌리째 흔들리게 됐다. 무위험자산이 실종됐기 때문이다. Mohamed El-ErianAugust, 6, 2011, "Downgrade of US debt rating heralds a new era", FT. 문제는 미국채를 대체할 새로운 안전자산이 충분치 않다는 점이다. 참고로 2010년 말 기준 미국채 시장의 발행잔액은 약 9.3조 달러로 미국에서 발행된 채권의 95%를 차지하였다.

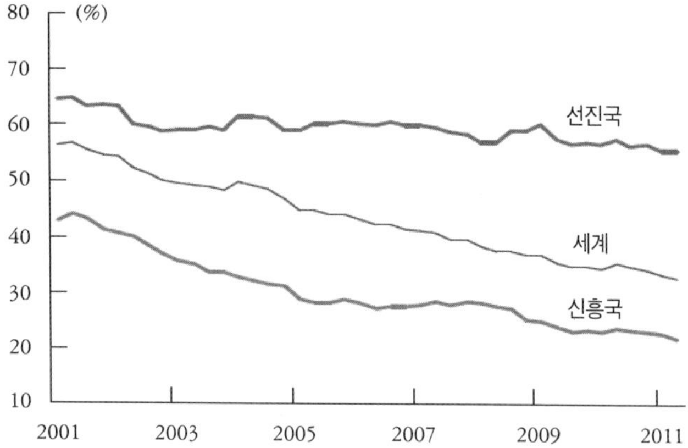

자료: IMF.

그림 3-62. 외환보유액 중 달러 비중 추이

미국은 5% 미만의 인구를 가졌지만, 2008년 기준 세계에서 사용되는 특허의 28%를 차지하고 있고 세계 최고 대학의 약 40%를 보유하고 있다. 그러나 미국은 심각한 취약성이 점증하고 있다. 생산성과 경쟁력의 우위에도 불구하고 지난 30년간 미국의 누적 경상수지는 8.5조 달러에 달한다. 이는 미국 조세시스템 및 군대기구 등과 관련이 있다.[168] 게다가 의료서비스 비용이 지나치게 비싸고 효율성이 떨어진다. 미국의 (공공 및 민간) 의료지출 비용은 OECD 국가 중에서 두 번째로 비싼 국가보다 50%나 높은 반면, 유아사망률은 천 명당 6.7명으로 터키와 멕시코를 제외하고 가장 높다. 게다가 고령화되면서 현재 GDP 대비 약 17%에 달하는 의료서비스 비용이 증가하고 있다. 그리고 중등교육은 매우 취약성을 보이고 있다.[169] 또한, 미국은 사회간접자본 시설(infrastructure)에서 다른 국가들에 비해 상대적으로 매우 취약하다. 무엇보다, 앞에서 보았듯이, 미국 소득분배는 선진국 중 가장 불평등할 뿐만 아니라 악화하고 있고, 많은 사람들에게 '미국인의 꿈(the American Dream)'은 환상이 되어 사회유동성은 하락하고, 상대적 빈곤율

168 미국은 세계 20개 항공모함 중 11개를 소유하는 등 세계 군사비 지출의 40%를 차지하고 있다.
169 미국은 65개국 중 수학 성적은 31번째, 과학은 22번째이다.

▌표 3-9. 달러 역할 축소의 예상 효과

효과의 유형	효과의 규모
세뇨리지(Seignorge)	미국 밖 달러 규모의 변화 가능성이 낮고, 세뇨리지 지대의 감소는 상대적으로 작음
자금조달 비용	자금조달에서 과도한 혜택 소멸로 달러준비금 수요 축소와 미국 자금조달 비용 증가 불가피
달러가치	달러 수요 감소로 달러가치 하락 불가피
해외 충격	신용장(invoicing) 표시 통화의 변화, 수입가격, 소비 등이 해외 충격과 환율 위험에 노출되고, 미국 통화정책으로 전파
재정정책	높은 자금조달 비용은 해외 채권자에 대한 이자지급금을 증가시키고 국내 지출을 구축시킴
글로벌 영향력	달러 스왑라인, 안전자산으로의 회귀, 미국 투자의 '안전한 도피처(Safe Heaven)' 역할이 축소될 수밖에 없음

출처: L. Goldberg(2011).

은 선진국 중 가장 높다. 그 결과 정치시스템은 점점 극단화되고, 심지어 제대로 작동하지 않으면서 '엉망이 된 재정(fiscal mess)'에 기여하고 있다. 지난해 부채 상한선을 둘러싼 벼랑끝 전술이나 의회 슈퍼위원회(supercommittee)의 실패는 우연이 아니다. '정치의 정지'는 국제 주요 이슈들, 예를 들어 기후변화와 무역협상 그리고 IMF 기금확충 등에서도 지도력을 발휘하지 못하게 하고 있다. 오늘날 미국은 다른 선진국들에 비해, 경제력에 비해 해외원조도 뒤처지고 있다. 이처럼 기술의 우위에도 불구하고 미국 경제의 미래의 불확실성과 중국 등 신흥경제의 부상은 국제 사회에 새로운 문제를 제기하고 있다. 즉 글로벌 사회는 새로운 시대의 전개에 적응해야 할 필요성이 증대하고 있다. 산업체계의 다양화나 산업구조의 업그레이드 그리고 이를 위한 새로운 시스템의 필요 등은 농업사회에서 산업사회로의 이행기 과정에서 성공적으로 전환을 이룩한 영국의 경험, 그리고 19세기 말~20세기 초 산업화의 심화 과정에서 성공적인 전환에 실패한 영국과 20세기를 주도한 미국의 사례 등을 참고할 수 있다.

제4장 ▸▸▸▸

영국 산업화와 자기조정적 시장시스템

오늘날 지구상의 대부분 나라가 시장시스템을 선택하고 있음에도 불구하고 각국의 시장시스템은 차이를 보인다. 각국 시장시스템의 가장 본질적인 차이는 시장경제화의 정도에 따른 차이일 것이다. 사실, 시장과 시장시스템의 개념은 구분해야 한다. 시장은 오랫동안 세계의 모든 지역에 공통적으로 존재해온 제도다. 즉 시장은 "인간의 교환성향(본능)에 의해 자연적으로 형성된 것"으로 이해할 수 있다. 그러나 시장시스템을 보편적으로 존재하던 시장 요소들의 단순한 확대로 설명할 수는 없다. 경제를 사회적 과정으로 그리고 인간의 경제행위를 경제적 및 비경제적 제도에 배태(embededness)된 것으로 이해할 때 시장시스템은 시장 멘탈리티(mentality)에 의해 정치, 경제, 사회, 문화 등 사회 제 관계가 재구조화된 사회질서로 이해할 수 있다.

한편, 산업사회(제조업)의 경험에 기반을 둔 경제이론에서 3대 생산요소로 토지와 노동과 자본을 지적하고 있듯이 자연경제[1]의 농업사회가 시장시스템에 기

1 생산 활동의 목적이 영리를 추구하는 상품경제와 달리 자신과 자신이 속하는 공동체의 소비를 위한 경제를 일컫는다.

초하는 산업사회로의 이행은 3대 생산요소의 상품화와 밀접한 관계를 가질 수밖에 없다. 상품경제는 자연경제와 구분된다는 점에서 3대 생산요소의 상품화는 '고도의 인공적인 산물'로, 새로운 시스템의 창출과 관련을 맺고 있다. 노동과 토지와 자본은 본래 상품이 아닌데 상품이 된 것이기 때문이다. 상품이란 "시장판매(영리)를 위한 생산물"로 정의하는 반면, 노동과 토지와 자본의 원천인 인간과 자연과 화폐는 기본적으로 시장판매를 위한 생산물이 결코 아니다.[2] 즉 노동과 토지와 화폐의 상품화는 본래 상품이 될 수 없는 것이 상품이 된 소위 '허구적 상품들(fictitious commodities)'인 이유로 고도의 인공적 산물일 수밖에 없다. 산업사회가 도래하기 이전에 노동과 토지는 모든 사회를 구성하는 인간 그 자체이자 인간이 존재하는 자연적 환경이었다. 그런데 노동과 토지를 삶의 다른 활동으로부터 분리하여 그것을 시장법칙에 종속시킨다는 것은 인간 존재의 유기적 구성을 부정하는 것이었다. 이처럼 3대 생산요소의 상품화가 자연스런 진화의 결과가 아니기에 상품화의 정도는 차이가 발생할 수밖에 없다. 따라서 각 사회마다 상품화의 정도는 차이가 존재할 수밖에 없다. 시장시스템의 차이가 발생하는 이유다.

그리고 인간과 자연과 화폐의 상품화는 인간 사회질서의 불안정을 야기할 수밖에 없다. 시장시스템이란 시장메커니즘이 인간의 운명과 인간을 둘러싼 자연환경의 유일한 지시자가 되는 것을 허용하는 것이기에 인간과 자연 모두 예외 없이 상품의 인자(因子)로 축소되고, 사회의 황폐를 초래하기 때문이다. 다시 말해, 인간의 삶으로부터 노동을 분리하고 그것을 시장의 법칙에 종속시키는 것은 모든 유기체적 존재 형태들을 사멸시키고, 그것들을 원자적이며 개인주의적 형태의 조직으로 대체하는 것을 의미한다. 이것은 토지에도 마찬가지로 적용된다. 전통적으로 토지와 노동은 분리되지 않았듯이, 삶과 자연은 하나의 전체를 구성한다. 즉 토지는 인간제도와 뗄 수 없는 관계를 가진 자연의 한 요소로, 자연은 삶의 부분을 형성하고 토지는 자연의 부분으로 남는다.

---

2 K. Polany, 1957, *The Great Transformation: The Political and Economic Origins of Our Time*, Mass., Boston: Beacon Press, pp. 71, 143.

이처럼 인간의 삶으로부터 노동을 분리하고 토지를 인간으로부터 분리하여 노동시장과 토지시장의 요구들을 만족시키도록 사회를 조직하는 것이 '자기조정적 시장(self-regulating market)' 시스템의 핵심이다. 그리고 앞에서 살펴보았듯이, 화폐의 상품화 역시 '부채를 유발하는 통화시스템(debt-induced monetary system)'으로 귀결될 수밖에 없고, 과잉소비와 환경재앙을 만든다는 점에서 인간의 사회질서를 지속불가능하게 한다.

제1절 자연과 인간의 상품화

이처럼 시장시스템은 공동체마다 상이하게 전개될 수밖에 없고 역사 특수적인 경제제도일 수밖에 없다. 즉 토지와 노동의 상품화가 다른 유럽 국가들에 비해 영국에서 먼저 그리고 급진적으로 진행된 이유나 영국적 유산을 가장 많이 계승한 미국 시장시스템에서 화폐의 상품화가 시작된 것도 결코 우연이 아니다. 토지의 상품화는 15세기부터 19세기까지 영국에서 진행된 인클로저(enclosure)[3]에 의해, 그리고 노동의 상품화는 영국에서 1834년의 '신구빈법(Poor Law of 1834)'에 의한 것이었다. 즉 토지와 노동의 상품화를 내용으로 하는 자기조정적 시장시스템의 등장은 자연스러운 결과가 아니라 사회기구와 국가에서 집행된 "고도의 인공적인 자극의 결과"였다. 이처럼 "자유방임(laissez-faire) 경제의 등장은 교묘한 국가행위의 산물"이었다.[4]

---

3 미개간지 · 공유지 등 공동 이용이 가능한 토지에 담이나 울타리 등의 경계선을 쳐서 남의 이용을 막고 사유지로 하는 일.

4 K. Polany, 1957, p. 141. 시장이론에서 자유방임을 무조건 방치라고 생각하는 사람은 사이비 시장주의자이다. 자유방임(무간섭), 즉 "레세페르(Laissez faire)!"라는 표현은 18세기 프랑스 중농학파가 무역에 대한 정부 간섭을 반대하며 사용하였는데 "레세페르 레세알레 레세파세(Laissez faire, laissez aller, laissez passer)!"의 줄인 말(let do, let go, let pass)로서 중세 때 경기의 시작을 알리는 신호였다. 다시 말해, 어느 쪽도 유리/불리하지 않은 공정한 조건 아래 경기를 시작한다는 구호였다. 즉 특권은 정상적인 시장 작용을 왜곡하고 불로소득을 발생시킨다는 점에서, 그리고 불로소득은 노력과 기여의 대가를 생산자에게 보장하는 사유재산제 원리에 위배된다는 점에서 수용되지 않았다.

경쟁의 핵심이 공정성인 이유다.

자연(토지)의 상품화

런던의 템즈 강변에 자리 잡은 국회 의사당은 의회 민주주의의 발상지로 여겨지고 있다. 그 안에 있는 상원의장의 자리는 유서 깊은 영국 의회정치를 대표하는 상징이라고 할 수 있다. 그런데 그것은 보통의 의자가 아니라 아무런 장식도 없는 커다란 양털 가죽부대이다. 영국인은 그것을 '울색(Woolsack)'이라 하여 상원의장을 지칭하는 말로 사용한다. 이는 대영제국이 바로 양털로 일어난 나라임을 상징하는 사례다. 양모 생산과 모직물 공업은 산업혁명이 일어나기 전까지 그 나라에서 가장 중요한 산업이다. 근대 초기에 인구 증가와 식민지 확장(신대륙 발견) 등으로 시장이 넓어지고 무역이 발달하자 모직물과 그 원료인 양모에 대한 수요가 크게 늘었다. 품질 좋은 영국산 양모와 모직물은 많은 나라에서 인기가 있었다. 한편, 군주들의 화폐 개악과 16세기 들어 아메리카산 금은의 대량 유입으로 인해 물가가 올라가자, 고정된 지대 수입으로 살아가던 영주들은 큰 타격을 받았다. 양모 가격은 올라가고 지대는 제자리걸음이었으니 토지소유자들이 취할 방도는 목장을 개업하는 것이었다. 때마침 국내에서도 농촌 가내공업에 의한 모직물 제조가 성업 중이었다. 그래서 영주들은 미개간지와 공유지, 그리고 심지어 농민보유지까지 포함한 넓은 땅에 울타리를 치고 목장으로 만들었다. 그것을 '인클로저(enclosure)'라 한다. "양의 발은 모래를 황금으로 만든다"는 말이 나돌 정도로 고수익이 보장되던 터라 인클로저는 하나의 유행처럼 되었다. 인클로저가 가장 활발하게 전개된 것은 15~16세기와 18~19세기의 두 시기였고, 첫 번째 시기를 제1차 인클로저 그리고 두 번째 시기를 제2차 인클로저 운동의 시기라 한다. 1차의 경우 곡물생산보다는 모직공업을 위한 양모생산이 더 유리한 데서 경지를 목장으로 전환하는 일이 주류를 이룬 반면, 2차의 경우 산업혁명으로 농산물 수요가 급증하게 되어 경작 능률을 증진시키기 위해 개방경지와 공유지의 둘러싸기와 작물 재배를 늘리기 위한 미개간지의 둘러싸기가 대규모로 진행되었다. 이로 인해 중・소농들은 몰락의 길을 걸어 농업노동자가 되거나, 또는 농촌을 떠나 도시의 공업노동자가 되었다. 그리하여 영국의 농촌 사회에서는 지주, 농업자본가, 농업노동자의 세 계급이 형성되었다. 특히, 1646년 영국의 '장기의회(the Long Parliament, 1640~60)'에서 봉건제적 토지보유권(tenure)과 영주재판권(the Court of Wards)을 폐지하고 그것을 배타적인 사유권 및 법치주의로 대체시켰는데, 이 과정에서 지주계급은 '절대적인 토지소유권'을 확보하였다. 반면, 인클로저에 대항해 공유지 권리와 등본토지보유농의 토지보유권(the tenures of copyholder) 보호, 그리고 농민의 토지보유에 요구되는 등기금[5]의 고정을 위한 법률 개혁은 시민혁명의 과정에서 실패하였다. 토지의 상품화는 사회적 탈구(social dislocation)를 수반한 것이었다. 다음은 인클로저의 야만성을 잘 묘사하고 있다.

> "모든 마을에서 인클로저는 가능한 모든 것을 이용해서 거의 먹고살던 대부분의 가난한 사람들의 경제를 파괴하였다. 자기의 권리에 대한 법적 증거를 제시하지 못했던 영세농은 거의 보상을 받지 못하였다. … 인클로저는 (그것에 대한 온갖 궤변적인 수식어들을 그대로 용인하는 경우) 재산소유자들과 법률가들의 의회가 제정한 재산에 관한 공정한 규칙과 법에 따라 행해진 계급적 강탈행위에 다름 아닌 것이었다.…그러나 그것이 자본주의적 재산관계 측면에서 '지극히 적절한' 것이었을지 모르나 그것은 촌락의 관습과 권리라는 전통적인 외피를 찢어버리는 것이었다. 또한 인클로저의 사회적 폭력은 바로 자본주의적 재산 개념을 촌락에다 철저하고 완벽하게 부과한 데 있었다. … 등본보유(copyhold)와 이것보다 더 모호했던 (공동권을 수반한) 관습적인 가족임차(family tenancy)는 지역공동체의 집단적 기억에 의해 보증되었음에도 불구하고, 법적으로는 무효라고 입증될 수 있었다. 이삭줍기, 땔감구하기, 사이길이나 추수를 끝낸 그루터기 밭에서 가축을 사육하는 따위의 마을사람들이 가지고 있던 사소한 권리들은 경제성장을 문제 삼는 역사가들에게는 아무 것도 아니지만, 가난한 사람들의 생존에는 아주 중요한 것일 수 있었다. 실로 인클로저는 농업적 생산수단에 대한 인간의 관습적인 관례들을 파괴한 수백 년에 걸친 긴 과정의 정점이었다. 그것은 앞의 시대를

5 중세 말의 농민에게 가장 커다란 부담이었다.

보거나 혹은 뒤의 시대와 비교하더라도 잉글랜드 농민사회에 있는 전통적인 요소들의 파괴를 뜻하기 때문에 엄청난 사회적 결과를 초래한 것이었다. … 공유지로부터 정기시(定期市)에까지 널리 걸쳐 있는 갖가지 권리들과 관습들이 한데 뭉쳐 농촌 빈민들의 경제적 · 문화적 세계를 구성하고 있었다."[6]

인간(노동)의 상품화

농업 사회의 복지는 혈연이나 지역공동체 중심의 상부상조에 기초하였던 반면, 산업 사회로 이행하는 과정에서 수많은 빈민들이 발생하였다.[7] 이에 대한 전통적 대응 방식은 국가의 온정주의적 개입이었고 대표적인 제도가 구빈법(Poor Law of 1601)[8], 정주법(Settlement Act of 1662)[9], 길버트법(Gilbert Act of 1782), 스핀햄랜드법(Speenhamland act of 1795)[10] 등이었다. 그런데 산업화가 진행되면서

---

6 E.P. Thompson, 2000, *The Making of the English Working Class*, 나종일 외 옮김, 『영국 노동계급의 형성』(상), 창작과비평사, pp. 301-303. "사실상 모든 공유지에 대한 배타적 사용권이 법적 소유권자에 의해 전유되었다는 것은 증가하고 있던 노동자군이 완전히 프롤레타리아화하는 것을 막아주고 있던 커튼이 찢겨져나갔음을 의미했다." J.D. Chambers, 1952-53, "Enclosures and Labour Supply in the Industrial Revolution," *Economic History Review*, 2nd Series V, p. 336.

7 빈민 증가 요인은 두 가지이다. 첫째, 농민을 농촌에서 내몬 인클로저운동과 1594~97년의 계속된 흉작이다. 둘째, 신세계로부터 귀금속의 대량 유입으로 인한 극심한 인플레이다.

8 엘리자베스 빈민법이라고도 불리는 구빈법은 빈민을 노동 가능자와 불가능자로 분류하여 전자에게는 강제로 작업을 시키고 거부하면 수감시켰고, 후자에게는 자선원에서 최저한의 구제를 제공함으로써 보호하였다. 즉 국가가 최초로 빈민의 문제에 개입하여 정부 차원에서 이를 해결하려 한 첫 시도였다. 즉 엘리자베스 구빈법은 구빈의 책임을 교회가 아닌 정부(지방정부)가 최초로 졌다는 점에서 가장 큰 의의가 있다.

9 엘리자베스 여왕 시절 대부분의 교구들은 자선원을 갖고 있었으며 병자와 실업자에게 구제를 제공하였다. 신빈민법 이전까지 크고 작은 약 1,500개의 교구가 구빈을 자체적으로 해결하고 있었다. 각 교구는 자기 교구 내에서 출생한 법적 거주권의 소지자에 한해서 책임지려 했지만 빈민들의 교구 이동으로 구빈비용이 증가하자 빈민들의 자유로운 이동을 금지하기 위해 제정된 법이 정주법이다. 즉 구제의 방법과 기준이 교구마다 달랐기에 빈민들은 처우가 호된 교우에서 관대한 교구로 옮겨 다녔고 이를 막은 게 정주법이었다. 자유주의자들은 정주법이 빈민의 주거 선택과 이전의 자유를 침해한다고 비판하며 폐지를 요구하였다.

10 노동이 불가능한 빈민을 위해 작업장을 따로 설치하고 일자리가 없는 노동 능력자에게는 일자리를 제공하였으며 임금이 생계비에 미달하면 미달금액을 가구원 수에 따라 보조금 형식으로 지급한 길버트법의 확장으로서 최저생활비의 수준을 정하여 이 수준에 미치지 못하는 경우 가족 수에 따라 임금을 보충하여 수당을 지급하는 임금보조 제도였다.

산업자본의 이해를 대변하였던 자유주의자들은 노동의 상품화를 가로막는 법과 제도의 정비를 시도하였다. 즉 애덤 스미스(Adam Smith)를 비롯한 자유주의자들은 구빈법이 빈곤을 해결하지 못해서 잘못된 것이 아니라 시장에 개입했기 때문에 잘못된 것으로 간주하고, 노동력의 이동과 임금은 수요와 공급에 의해 결정되어야 하는데 이를 가로막는 가장 커다란 장애로 정주법과 스핀햄랜드법을 지적하고 구빈법 폐지를 주장하였다. 즉 빵 가격에 맞춰서 임금에 보조금을 지원하기로 한 1795년 스핀햄랜드의 결의는 자유시장경제에 맞서 구래의 도덕경제를 다시 회복하기 위한 민중의 노력으로 산업혁명이 가장 활발했던 1795~1834년간 영국에서 노동시장의 창출은 '스핀햄랜드법'으로 저지되었던 것이다. 대표적 경우가 1834년의 신구빈법[11]의 제정이다. 국가의 온정주의적 개입에 반대하는 자유방임주의 원칙에 입각해 제정된 신구빈법은 기본적으로 빈곤의 자주적 해결을 요구하고 노동 능력이 있는 자에게 노동을 강제하는 것을 목표로 하였다. 따라서 시장의 작동에 장애가 되는 정주법의 완화와 스핀햄랜드법 및 구빈법을 폐지하고 이를 신구빈법으로 대체하였다. 즉 빈민법의 개정으로 생존권은 폐지되었고, 그 결과 노동시장의 장애물이 폐지되었던 것이다. 신구빈법은 자유주의의 승리를 의미하고 구질서의 완전 폐지를 의미하였다. 이런 점에서 1834년 이전까지 영국에서 경쟁적인 노동시장은 설립되었다고 말할 수 없고, 자기완결적 사회체계로서 시장시스템이 영국에서 존재했다고 말할 수는 없다.

사실, '자기조정적 시장시스템'을 창출하는 데 관여된 사회조직 원리로 '경제적 자유주의'는 1820년대까지 대개 노동시장, 금본위제, 자유무역 세 가지를 의미하였다. 18세기 중반에 '자유방임'이라는 용어가 프랑스에서 처음 사용될 때만

11 1834년의 신구빈법은 1832년에 발족된 왕실위원회(royal commission)의 조사를 토대로 하여 제정된 법으로 구빈수정법(救貧修正法)이라고도 한다. 교구(敎區)를 단위로 하고 지방행정을 지주(支柱)로 한 1601년 이래의 구빈법은 종교적 자선과 함께 지역적 상부상조에 기초하였으나, 구빈법이 빈곤을 해결하지 못한다는 이유로 빈민 처우의 전국적 통일화와 구빈행정의 중앙집권화를 도모하는 등 국가통제체제로 전환하였다. 신구빈법에서는 기본적으로 빈곤의 자주적 해결을 요구하고 정주법도 완화하여 노동 능력이 있는 자에게 노동을 강제하는 것을 목표로 하였다. 신구빈법은 사회문제의 심각화로 파탄되어 1948년 국민부조법(國民扶助法)이 공포될 때까지 유지되었다.

해도 이 용어는 결코 역사적 의미를 담고 있지 않았다. 예를 들어, 중상주의 세계에서 중농주의자들이 요구했던 경제적 자유주의는 농민과 지주의 소득 개선을 위한 곡물의 자유수출 정도를 의미했을 뿐이다. 영국에서도 자유방임은 좁은 의미로 해석되어 생산에 대한 규제로부터의 자유를 의미했을 뿐 심지어 무역조차도 포함되지 않았다. 1830년대 들어 경제적 자유주의가 갑자기 십자군의 열정처럼 등장하였다. 즉 자유방임은 전투적 교리가 되었다. **산업자본가들은 산업노동자계급의 발흥에 방해가 되는 '빈곤법'을 개정하라고 압력을 넣었다.** 앞에서 보았듯이, 이는 자유노동시장의 창출을 의미하는 것이었고 그 의도는 명백하였다. 이처럼 1830년부터 경제적 자유주의는 학문적 관심으로부터 행동의 영역으로 경계가 확장되었고 통화와 무역도 그 대상이 되었다.

한편, 인클로저와 신구빈법이 사람들의 삶에 미치는 효과는 표현할 수 없을 정도로 가공할 만한 것이었다. 인간 사회의 불안정이 크게 증가함에 따라 인클로저에 대한 저항과 신구빈법 반대투쟁 등 사회를 시장의 단순한 부속물로 만들려는 기도에 대한 반대 움직임이 대두하였다. 특히 18세기 이후 영국에서 발생한 민중폭동들은 **자유시장경제가 시장들의 내재적 경향의 결과물이 아니라 사회 기구에서 관리된 인공적 자극의 결과였음을 보여주는 것**이다. 예를 들어, 1840년대까지 영국의 거의 모든 도시와 주에서 반복적으로 발생하였던 빵폭동 혹은 식량폭동은 공식법규와 불문율로 삼아왔던 민중의 법규 사이의 괴리 현상을 적나라하게 드러내주었다. 사법부(개별 재판관)보다 입법부가 중심이 되어 재산권을 침해하는 범죄들에 대해 극형을 부과하는 빈도가 증가했지만,12 식량폭동들은 민중의 생활필수품을 가지고 폭리를 취함으로써 식료품 가격을 앙등시키는 불공정한 방법

12 왕정복고에서 조지 3세(George III)의 사망에 이르는 기간 동안 사형에 해당하는 중범죄 수는 190가지나 증가하였고, 그중 63가지가 1760~1810년 사이에 추가되었는데 좀도둑질뿐 아니라 원초적 형태의 산업반란(industrial rebellion)들—견직 수직기 파괴하기, 공유지가 울타리로 둘러싸일 때 이 울타리들 부수어 버리기, 곡식더미에 방화하기 등—도 사형으로 처벌받게 되어 있었다. 특히, 1795년에는 사형이 거의 전적으로 경제사범에 대해서만 부과되었다. 한편, 18세기 말에 사형에 해당하는 중범죄의 가지 수가 증가한 반면, 몇몇 배심원단은 이 같은 판결을 내리기를 꺼려 했으며 사형선고를 받은 범죄자들 중에서 실제로 처형당한 사람의 비율은 감소했다.

은 전적으로 비도덕적인 것이라고 가르친 구래(舊來)의 도덕경제학의 논리에 의해 그 정당성을 인정받고 있었다. 또한, 장인, 자영수공업기술자, 광산노동자 등 당시의 영국 민중들은 자기들의 임금이 수요와 공급이 아니라 관습에 의해 혹은 그들 자신의 교섭에 의해 조절된다고 생각하고 있었고, 물자 부족의 시기에도 여전히 물가가 소비자와 판매자의 직접 거래라고 하는 관습에 의해 조절되리라 기대하고 있었다. 즉 물가의 급등이 예외 없이 폭동을 촉진하였듯이 당시 민중의 행동은 전통적인 온정주의적 도덕경제에 의해 정당성을 부여받았던 것이다. 예를 들어, 19세기 영국 노동자들은 노동과 자본이 근본적으로 차이가 있다는 사실을 정확히 인식하고 있었다.[13]

> "자본이란 다름 아닌 노동의 산물의 축적이라고 나는 이해하고 있다. … 노동은 언제나 그것밖에는 가지고 있지 않거나 팔 것이 아무 것도 없는, 따라서 그것을 즉각 내놓아야 하는 사람들에 의해 시장에 나온다. … 내가 이번주에 할 수 있는 노동을 … 만약 내가 자본가를 본떠서 내게 제시된 가격이 부당하니까 내놓지 않겠다고 하더라도, 그것을 내가 병 속에 저장해둘 수 있는가? 그것을 소금에 절여둘 수 있는가? … 노동과 자본의 본질 간의 이와 같은 차이는 (즉 노동은 언제나 가난한 사람이 팔고 언제나 부자가 사며 저장해둘 방법이 전혀 없어 즉시즉시 팔거나 그렇지 않으면 상실할 수밖에 없다) 내게 노동이 자본이 같은 법을 따르는 것이 결코 정당하지 못하다는 것을 충분히 확신시켜준다."[14]

즉 자본과 재산은 보호되고 있지만 노동은 우연에 내맡겨져 있기 때문에 자본과 노동에는 동일한 시장 규칙을 적용할 수 없다는 것이다. 자본과 동일한 생산요소로 취급하고 그 결과 시장주의자들로부터 노동시장의 유연성에 장애물로 비난받는 노동조합이 등장한 배경도 자본과 달리 시장에서 자신의 자유의지를 발휘할 수 없는 노동의 입장에서 비롯한 것이다. 노동시장이 제대로 형성되지 않았던 19

---

13 E.P. 톰슨 지음, 나종일 외 옮김, 2000, 『영국 노동계급의 형성』(상), 창작과비평사, pp. 403-04.
14 *Selected Committee on Hand-Loom Weavers' Petitions*, 1834, pp. 381, 408.

세기 초에 이미 영국의 직조공들은 노동과 자본의 본질적 차이를 정확하게 인식하고 있었다.

이처럼 토지와 노동의 상품화 과정은 정치, 경제, 문화 등 **사회 전반에 걸쳐 시장 멘탈리티를 확산시키는 과정**이었다. 그 결과 19세기 영국에서는 경제가 시장만에 의해 통제, 조절, 지시되는 '자기조정적 시장시스템'[15]이 구축된다. 따라서 '자기조정적 시장시스템'은 **경제와 정치 영역을 제도적으로 분리**한다. 시장시스템의 경험에 바탕을 두고 있는 시장이론이 국가의 시장과 경제 개입을 반대하는 이유다. 그럼에도 불구하고 역설적으로 자연과 인간의 상품화에는 국가가 적극 개입하였다. 즉 **'자기조정적 시장시스템'은 자연적으로 진화한 것이 아니라 인공적으로 만들어진 것**이다. 즉 영국에서 가장 먼저 등장한 시장시스템은 역사에 보편적으로 존재하던 시장요소들의 단순한 역할 확대, 즉 **인간의 교환성향**(본능)**에 의해 자연적으로 형성된 것이 아니라 토지와 노동이라는 상품화될 수 없는 생산요소를 상품화하고 이 체제를 확립하기 위해서 부단히 국가가 개입하는 과정**('의식적인 인간설계'의 과정)**을 거쳐 출현했던 것이다.**

게다가 이러한 국가 개입은 역설적으로 중상주의 단계에서가 아니라 자유방임 단계에서 이루어진 것이었다. 시장 멘탈리티가 사회 전체를 지배하는 사회를 만들기 위해 비시장적 메커니즘들의 필연적 개입에 의존하지 않을 수 없었던 것이다. 예를 들어, '수요와 공급의 법칙'이라는 훈계를 정면으로 부정했던 관습과 초기의 노동조합주의가 국가의 직접적 간섭에 의해 붕괴[16]되었다는 사실이 이를 입증한다. 즉 "입법부는 아무 일도 하지 말 것이며 따라서 '자연스러운' 경제적 힘들

---

15 K. Polany, 1957.

16 영국 정부는 1799년과 1800년 두 차례에 걸쳐 노동자가 조직을 만들어 고용주에 대한 임금 인상이나 노동 조건의 개선을 요구하는 것은 사용자가 자유롭게 사업하는 권리를 침해하는 것이라는 '사용자의 자유방임주의' 논리에 기초해 단결금지법(Combination Act, 39 Geo. Ⅲ, c.81 및 40 Geo. Ⅲ, c.106)을 제정했다. 단결금지법은 1825년에 철폐되었다. 이러한 법 논리는 미국에서도 그대로 나타났다. 예를 들어, 노조 결성은 자유계약의 원칙에 따라 형사공모죄(criminal conspiracy)로 간주하여 유죄로 판결하였고, 사용자가 재산 보호를 위해 파업중지를 요구하는 조합중지명령(labor injunction)을 법원은 인정하였다.

이 사회의 일부 사람들을 해쳐도 내버려두어야 한다는 것을 전적으로 옹호하는" 자유주의라는 이데올로기는 '법의 직접적인 개입을 요구'하는 노동은 '우연'에 내맡겼던 반면, 노동과 본질적 차이를 갖고 있는 자본과 재산은 '보호'하였던 것이다.[17] 이런 점에서 착취관계는 "불만과 상호대립을 합친 것 이상의 것"이고, "그것은 역사적 맥락에 따라 각기 다른 형태를 취하는 하나의 관계이며, 그 형태는 거기에 상응하는 소유 및 국가권력의 형태와 관련을 맺고 있다."[18]

한편, 자기조정적 시장시스템은 경제적 자유주의를 전제로 할 수밖에 없다. 영미형 시장시스템이 정치적 자유의 원칙, 즉 자유민주주의와 결합되어 있는 이유도 경제적 자유주의가 작동하기 위해서는 정치적 자유의 원칙이 불가피하기 때문이다.[19] 이처럼 '자기조정적 시장시스템'을 이해하기 위해서는 자유주의 원리를 이해하는 것이 필요하다. 자연적 권리를 전제로 하는 자유주의에서 인간은 그 어떠한 권력으로부터 침해받지 아니하는 천부적 권리를 가지고 있으며, 그때그때의 선호에 따라 그리고 자신의 독자적인 선택에 따라 이 권리를 행사하는 데 있어서 누구의 간섭이나 제한을 받지 아니한다. 그리고 인간의 신체에 대한 절대적 권리는 그 신체적 활동의 결과로서 획득되는 물건에 대한 지배로 유추, 확장된다. 즉 자유주의 재산권 개념은 "인간이 그의 외부에 있는 어떠한 것에 대한 절대적 지배를 행사하는 것"으로 이해한다. 자유주의에서 권리라는 관념에 '배타성' 및 '독점성'을 내포하는 이유다. 자유주의에서 국가를 재산권의 보호자 또는 그 침해에 대한 처벌을 대행하는 기관으로 규정하는 이유도 '소유권을 절대적 권리'로 간주하기 때문이다. 이처럼 인간의 불가침적 지위를 재산에도 유추, 적용함으로써 재산을 매개로 한 인간의 인간에 대한 지배가 가능해진다. 인간의 자연적 권리와 천부적 권리를 옹호하는 자유주의가 인간에 의한 인간의 억압과 지배를 만들

17 E.P. Thompson, 2000 상, pp. 86-99, 329, 413-14, 434.
18 E.P. Thompson, 2000 상, pp. 283, 286.
19 "정치적 자유원칙이 실제적으로 경제적 자유주의에 대한 필요와 동시에 표출되었다는 것은 주목할 만한 우연의 일치였다." M. Beaud, 1983, *A History of Capitalism 1500~1980*, translated by T. Dickman and A. Lefebure, *Monthly Review Press*, p. 35.

어내는 '자유주의의 역설'이다. 이처럼 자유주의는 인간을 모든 관계망으로부터 유리시키고 이렇게 원자화된 인간을 어떠한 재화나 용역에까지 확장시킴으로써 재산권은 헌법적 기본권의 영역으로까지 고양된다.

요약하면, '자기조정적 시장시스템'은 '경제와 정치 영역의 제도적 분리'와 국가의 경제 개입 반대 그리고 '사유재산권 절대의 원칙', 즉 배타적 혹은 독점적 소유권 체계를 특징으로 한다. 앞에서 보았듯이 영국에서는 **토지가 인간으로부터 분리되면서 공동체적 연대와 삶의 양식은 원자화된 개인으로 변질되었다**는 점에서 토지와 인간의 분리는 결국 인간과 인간의 분리를 야기하였다. 이처럼 **영국 역사에서 시장시스템의 성립 과정은 다름 아닌 상품화될 수 없는 토지(자연)가 절대적 불가침의 재산권으로 관념화되는 역사적 과정**이었다. 즉 '자기조정적 시장시스템'은 재산권을 그 소유 주체(인간)로부터 '분리'시켜 '보이지 않는 손'에 의해 익명화시킨다. 재산이 인간으로부터 '분리'되어 그 자체가 독립적인 인격으로 작용하는 것이다. 그 결과 인간이 재산과 시장을 지배하는 것이 아니라 역으로 재산과 시장이 인간을 지배하고('자본과 시장의 독재') 그 경제적 지배관계를 바탕으로 '경제외적 지배'까지도 가능케 한다. 영미형 시장시스템과 자유민주주의가 '제한적' 민주주의일 수밖에 없는 이유가 여기에 있다. 이와 같이 "인간을 배제하고 지배"하는 비민주적 속성은 '자기조정적 시장시스템'의 본질로서, 자유주의가 그토록 제어하고자 하는 권력의 집중이 본질적인 속성으로 내재화되어 있다. 이것이 경제와 국가를 이분법적으로 분할하고 양자의 관계에서 전자의 자유성과 후자의 제한성, 즉 자유주의와 제한정부(limited government)의 이념에 고착하는 이유이다.[20] 로크(Locke)나 몽테스키외(Montesquieu), 애덤 스미스 등이 자유주의 논의를 경제적으로는 시장질서, 그리고 정치적으로는 대의제와 최소국가라는 관념으로 제기한 이유다. 이에 대항하는 논리들—예를 들어, 17세기 영국의 수평파나, 18세기 프랑스의 급진적 공화파, 19세기 영국의 차티스트운동

---

20 한상희, 1998, "경제의 민주화-인권, 재산권, 경제질서".

과 인민주의, 20세기의 페미니스트나 노동자 평의회의 신봉자들, 그리고 시장에 대한 규제 논리들—이 공통적으로 정치와 경제를 통합시키려는 의지로 나타난 이유이기도 하다.

이처럼 자유노동시장이 그것이 창출될 때 사용된 비인간적 방식에도 불구하고 새로운 산업체계에서 조직될 수 있었던 것은 시장시스템이 많은 이해관련자들에게 경제적으로 이득이 된다는 사실을 입증하였기 때문이다. 그럼에도 불구하고 자유노동시장의 경제적 이점이 사회적 파괴를 충분히 보충할 수는 없었다. 자유노동시장의 도입과 더불어 정치와 산업에서 노동자계급운동과 농민운동이 전개되었듯이 거의 즉각적으로 사회의 자기보호 움직임이 작동하였고, 그 결과 새로운 유형의 규제가 도입되고 노동은 다시 시장메커니즘의 작동으로부터 보호되었다. 새로운 보호제도, 즉 노동조합과 공장법 그리고 사회입법이 시장시스템의 전제조건으로 채택된 배경이다. 19~20세기의 2세기 동안 산업사회의 역동성이 두 가지 운동에 의해 지배되었던 이유가 여기에 있다. 즉 한편에서는 시장의 지속적 확대가, 그리고 다른 한편에서는 시장의 확장을 억제하려는 반대운동이 작동했던 것이다. 이런 점에서 지난 2세기에 걸친 전대미문의 시장 확장은 역설적으로 그 반대운동이 있었기에 가능했던 일이다.

개인주의와 사유재산권 그리고 경쟁의 원리

이제 영국에서 사유재산권의 형성 과정을 살펴보자. 영국 중세사회의 기초적 소유단위는 개인이 아니라 가족이었다. 즉 부모와 자녀들로 구성되는 사회의 가장 최하위의 기초단위인 가족이 소유와 생산과 소비의 단위를 이루었고, 다른 자유롭고 독립적인 가족과 결합관계를 형성했다. 소유와 생산과 소비의 단위가 가족이었던 '자연경제(the natural economy)'를 결정적으로 해체하였던 것은 '독립적이고 자급적'인 소농층[21]을 약화시켰던 16세기의 토지 약탈이었다. 즉 영국에

21 소농의 특성은 경지 규모보다 생산단위가 가족노동력이라는 점에 있다.

서는 15세기 말부터 16세기 말까지 봉건제적 토지소유가 개별적 소유제로 전환하는 '소유제의 혁명'이 발생하였다.[22] 이러한 변화들은 공동체(촌락)를 손상시켰던 경제적 · 사회적 개인주의의 결과물이었다. 즉 영국에서의 사유재산권의 발전은 개인주의와 밀접한 관련성을 갖고 있다.

시장과 화폐가 자급자족의 사회에 침투함에 따라 경제력과 전통적인 윤리가 충돌했던 것이다. 예를 들어, 영국에서 13세기에 확립된 장자상속제[23]와 부동산의 완전한 개인 소유는 긴밀하게 상호 연관되어 있었다. 종종 장자상속제는 유럽의 광범위한 현상으로 묘사되곤 하나 유럽에서도 귀족과 젠트리(Gentry) 사이에서는 장자상속제가 광범위하였던 반면, 하층계급들까지 장자상속제가 광범위하였던 곳은 영국뿐이었다. 그리고 여성 소유권의 발생 역시 소유의 개인화와 밀접한 관련을 맺고 있다.[24] 즉 관습법(Common Law)에 의해 여성의 소유권은 양도할 수 없었지만, 부인은 동산을 포함해 남편 소유지의 ⅓에 대한 권리를 가졌다. 반면, 자녀들은 어떠한 권리도 갖지 못하였다. 이것은 소농 사회의 상황과는 상이한 것이었다. 즉 가족의 공동소유에서 아버지와 장남의 공동소유로, 그리고 다시 아버지의 단독 소유로 배타적 소유권이 발전했던 것이다. 1540년의 '유언법(the Statute of Wills)'에 따르면 부모는 판매나 기증에 의해서뿐만 아니라 아버지의 몫인 ⅔를 자신이 원할 경우 유언에 의해 그들의 자녀들에게 전혀 상속하지 않을 수 있었다. 이처럼 16세기 자유보유지의 경우 자녀들은 자동적인 어떤 권리도 갖지 못하였다. 그러나 이러한 소유권은 영국만의 독자적 경험이었다. 즉 18,19세기의 영국 법에서만 부모가 재산의 처분에 대한 완전한 자유를 가지고 있었고, 독일이나 프랑스 법에서는 부모 재산의 합법적 부분이 자녀들에게 보증되었고 상속될 수 있었다.[25]

---

22 K. Marx, 1973, p. 618.

23 R. Lowie, 1950, *Social Organization*, p. 150; J. Goody, J. Thirsk, and E. Thompson, 1976, *Family and Inheritance: Rural Society in Western Europe 1200-1800*, Cambridge, p. 185.

24 F. Pollock and F. Maitland, 1968, *History of English Law before the Time of Edward I*, 2nd ed., Cambridge, 2 Vols., p. 274.

이처럼 14~15세기에 등장했던 개인주의는 17세기까지 영국에서 보편적으로 수용되었다.[26] 즉 새로운 윤리를 새롭게 발생하는 시장시스템의 연장선에서 받아들인 것이다. 많은 연구들은 적어도 17세기 말까지 영국에서 공동적이고 제한적이고 조건부적인 소유제에서 개인적이고 절대적인 소유제로의 이행을 확인한다.[27] 이와 같이 영국에서는 애덤 스미스 시대 훨씬 이전부터 농촌 지역에 흩어져 살던 사람들이 자기 자신의 이익과 경제적 자유를 인간 사회의 자연적 기반으로 받아들이게 되었다.[28] 또한, 소농 사회에서는 이주 시 일반적으로 가족 전체가 이동하였으나, 이 시기부터 개개인의 이주가 크게 증가하였다. 도시도 작업장을 소유한 사람과 그들을 위해 노동을 제공하는 개인들로 구분되었다. 즉 부(wealth)와 노동력이 매우 개인화되는 등 지리적·사회적으로 매우 유동화되었는데 부자(父子) 간 공동 토지보유의 소멸, 핵가족화, 임금노동, 출생지로부터 처녀들의 단독 이주 등은 당시 새롭게 출현한 특징들이었다. 이처럼 사회유동성(social mobility)과 부가 증가함에 따라 16, 17세기의 영국은 혈통사회로부터 지연에 기초한 시민사회로 이동하고 있었다.[29] 예를 들어, 폭넓은 범위의 가족관계, 사랑 없이 예정에 따라 하는 결혼, 아동에 대한 무자비한 폭력 등으로부터 핵가족과 부부의 사랑에 기초한 "근대적이고 개인주의적인 가족시스템"으로 점차적인 이동이 이 시기에 나타났다.[30]

---

25 F. Engels, 1902, *The Origins of the Family, Private Property and the State*, translated by E. Untermann, Chicago, p. 88.

26 예를 들어, 해링턴(Harrington), 홉스(Hobbes), 로크(Locke) 등의 작업들은 영국에서 재산권과 개인주의 이론이 17세기 중엽에 발생하였음을 보여준다.

27 C.B. Macpherson, 1962, *The Political Theory of Possessive Individualism*, Oxford.

28 E. Lipson, 1956, *The Economic History of England*, Vol. II, London, lxvii-lxviii. 블로크(Marc Bloch)의 표현에 의하면 이는 유럽 전체 농업사의 '실질적인 하나의 현저한 변환(one really striking transformation)'으로 15세기부터 19세기 초까지 발생하였으나 유럽의 모든 지역에서가 아니라 영국에서만 발생하였다. Marc Bloch, 1967, *Land and Work in Medieval Europe*, translated by J.E. Anderson. p. 49.

29 M. James, 1974, *Family, Lineage and Civil Society: A Study of Society, Politics, and Mentality in the Durham Region 1500~1640*, Oxford.

30 E. Shorter, April 1976, *The Making of the Modern Family*; L. Stone, 1966, "Social Mobility in England, 1500~1700," *Past and Present*, No. 33. L. Stone, 1977, *The Family, Sex and*

요약하면, 적어도 영국 독자성의 기원으로 삼을 수 있는 13세기부터 영국의 대다수 평민들은 자유분방한 개인주의자였고, 지리적 · 사회적으로는 매우 유동적이었고, 경제적으로는 합리적이고 시장지향적이며 소유욕이 강했고, 혈족관계와 사회생활에서는 자기중심적이었다. 혈연보다 경제력이 강조되면서 직업, 도 · 농(都 · 農), 사회계층 간에 존재했던 장애가 약화되었다. 개인의 권리와 독립성, 그리고 종교의 자유 등이 법률 속에 배태된 이유도 강한 개인주의와 관계가 있다. 이런 점에서 13세기 이래 영국에 거주하였던 사람들은 사회적 · 경제적 · 법률적 시스템이나 이데올로기 등에서 아시아나 동유럽과는 물론이거니와 같은 시기의 유럽대륙의 사람들과 커다란 차이를 보였다.

이러한 차이는 절대왕정의 성격 및 국가와 인민의 관계, 그리고 심지어 영국 사회주의의 성격 등에도 드러난다. 즉 "모든 법이 왕으로부터 나오고 인민은 왕의 복속물"이라는 프랑스의 절대왕정과 달리 영국은 인민의 자발적 묵인에 기초한 제약된 왕정을 가졌고 왕은 일반 평민과 마찬가지로 동일한 법에 구속받았다. 즉 영국의 국가는 상호계약으로 결합된 자유인의 결사체였던 것이다.[31] 또한, 영국 최고의 사회주의 단체인 페이비안협회(Fabian Society)의 활동, 그리고 종종 마르크스주의 사상의 영국식 변형으로 불릴 정도로 영국 사회주의 이념에 커다란 영향을 미친 페이비안주의의 밑바탕에는 '방법론적 개인주의(methodological individualism)'[32]가 자리 잡고 있다. 즉 벤담(Bentham)과 밀(Mill) 등으로 이어진 영국 급진주의 전통과 실증주의적 사고를 맑스적 정신에 접목시키려 했던 영국의 페이비안들의 자본주의 경쟁체제에 대한 신랄한 비판과 개혁에 대한 열정은 개인의 윤리성 완성을 전제로 한 것이었다.[33]

Marriage in England in 1500~1800; L. Mause, 1976, *The History of Childhood*, Ch. 1.

31 A. Macfarlane, 1978, *The Origins of English Individualism: The Family, Property and Social Transition*, Basil Blackwell, pp. 165, 180.

32 C. Menger, 1985, *Investigations into the Method of the Social Sciences With Special Reference to Economics*, ed. by Louis Schneider, New York University Press, p. 62.

33 고세훈, 1999, 『영국노동당사: 한 노동운동의 정치화 이야기』, 나남출판, pp. 55-58.

영국 개인주의 배경을 이해할 때 영국에서 만들어진 근대경제학(시장이론)이 이기심과 '대표행위자(representative agent)' 그리고 경쟁 및 사유재산권의 원리에 기초하는 것은 자연스런 결과다. 주지하듯이 시장이론에서 효율성 달성은 사회적 차원의 문제임에도 불구하고 개인적 선택으로 해결한다. 이는 개인의 합리적 선택이 다른 경제주체의 합리적 선택에 영향을 미치지 않을 때, 즉 사회 전체의 이익 극대화와 충돌되지 않는다는 '독립적 최적화'가 가능할 때 성립한다.[34] 시장이론에서는 독립적 최적화가 '경쟁'의 원리에 의해 가능하다고 본다. 경쟁의 원리가 작동할 경우 사적 이익의 극대화는 사회 전체적으로도 가장 바람직한 결과가 된다는 것이다. 이처럼 시장이론에서 사회는 이기심[35]에 의해 선택을 하는 각 개인들로 이루어진 구성물에 불과하며 사회 현상의 하나인 경제 현상은 개인들의 행위의 결과 혹은 총합으로 간주한다. 전체 혹은 복잡한 현상들을 개체로 분리해 사고가 가능하다 보고, 따라서 개체들은 전체를 구성하는, 즉 상호 독립적인 것으로 이해하는 이른바 '방법론적 개인주의'다. 그런데 매우 복잡한 경제 현상은 직접 접근하기가 매우 어렵기 때문에 이해를 돕기 위해서는 최대한 단순화 설정을 하는 것이고, 단순화의 한 가지 방법은 모든 개체들이 같은 종류라고 가정하는 것이다. 이른바 '대표행위자' 모형의 도입이다. 그리고 경쟁이 제대로 작동하기 위해 사유재산권이 필요하다고 본다. 이러한 경쟁과 사유재산권의 개념은 영국의 개인주의, 그리고 그 산물인 자유주의에 그 배경을 두고 있다. 이처럼 경쟁의 원리는 영국의 역사 및 문화와 관계가 있다. 지금부터는 중세 이후 영국에서 개인주의를 번성시킨 조건을 살펴보자.

---

34 최배근, 2006, "지식정보사회의 재산권, 화두는 다원화", 『철학연구』 72집.

35 홉스가 인간을 이기적 존재로 규정하고 사회를 "만인의 만인에 대한 투쟁"으로 설명한 것은 1651년의 일이다. 이기심은 인간성의 엄연한 한 부분인데, 그때까지 통상 인식되어온 것보다 중시할 필요가 있다는 것이 홉스의 지적이었다.

제2절 영미형 자기조정적 시장시스템의 기원

농촌과 도시의 대립적 발전 그리고 도시 승리의 메커니즘

전통적인 농업사회 어느 곳에서도 경제적 영역이 비경제적인 사회영역으로부터 독립적으로 존재한 적은 없다. 전통적으로 물적 재화의 생산과 분배는 공동체 내 재분배나 호혜성의 원리에 기초하는 비경제적인 사회관계 속에 매몰되어 있었고, '제도적으로 분리된' 경제체제가 존재한 적이 없었다. 즉 전통사회에서는 사회의 비경제적 제(諸) 제도에 의해서 통합된 사회적 제 관계가 경제체제를 자동적으로 관리해왔다. 따라서 '제도적으로 분리된' 시장시스템이 어떻게 서구에서 특정 시기에 출현할 수 있었는가를 설명할 필요가 있다. 먼저 로마제국의 붕괴에 따른 교역과 시장의 궤멸은 이전과는 다른 새로운 의미를 가져다주었다. 서구의 중세 봉건제에서 근대 자본주의로의 이행은 비교적 '통제된 이행'이었고 그야말로 하나의 '혁명'이었던 데 반해, 서양 고대에서 중세로의 이행은 오히려 하나의 **'붕괴(disintegration)'** 또는 **'몰락(decadence)'의 과정**이었다.

역사적으로 서구 봉건제 사회의 발전 그 자체가 근대 자본주의 사회의 성립과정이었듯이 서구 사회에서 19세기에 '자기조정적 시장시스템'의 출현은 서구의 중세 봉건제 사회구조와 밀접한 관련을 갖고 있다. 따라서 영미형 자기조정적 시장시스템을 이해하기 위해서는 먼저 그것의 역사적 기원으로서 영국 중세 봉건제에 대한 이해가 필요하다. 역사적으로 영국 봉건제 사회의 발전 그 자체는 영미형 시장시스템의 성립과정이었기 때문이다. 즉 중세 말 봉건적 토지소유관계는 한편으로 농민경영지에서의 생산력 발전과 영주직영지의 축소, 그리고 다른 한편으로는 농민보유지의 확대와 사실상의 농민적 토지소유의 성립으로 해체되었다. 즉 한편으로는 봉건적 농업생산력의 특징으로, 그리고 다른 한편으로 12, 13세기까지 농업생산물에 대한 시장의 확장을 가져온 도시화는 대규모로 통합한 대영지가 소규모로 분산된 농민보유지 경영보다 수익이 높다는 인식을 확산시켰다. 그 결과, 많은 영주들은 농민들로부터 직영지를 회수하여 합병과 사유화하여 그것들을 독립된 소유권 속에서 경작시켰다. 다른 한편, 12, 13세기까지 북유럽의 많은 지역에서 농노들이 소멸하고 있었지만, 봉건적 의무로부터 해방된 농민은 토지의 일부 혹은 전부를 상실하여 임금노동자가 될 수밖에 없었다. 즉 인구증대와 토지압박은 농민보유지의 규모를 감소시켰고 농민은 생계유지를 위해 대농장의 임금노동자로 보충하였다. 예를 들어, 영국에서는 농민보유지 1 virgate(=30 acre)가 12, 13세기에 1/4 virgate로 감소하였다.

그리고 이처럼 통합된 농민보유지들은 토지소유자에 의해 직접 경영될 수 없었던 반면, 빈농에게 소규모로 대여하는 것보다 대규모로 대여하는 것이 보다 수익적이었기 때문에 빈농이나 토지상실자로부터 제공된 임금노동자를 고용해 경영하는 차지농에게 대여되었다. 그리고 이들 차지농은 상품경제가 확대됨에 따라 농업경영의 규모를 증대시켜 갔다. 그리하여 이미 15세기 이전에 토지와 노동시장은 발전하고 있었고, 북서유럽의 지역들을 중심으로 농업에 있어서 자본제적 관계의 성립은 명백해져 갔다. 즉 농업기술은 아직 원시적 단계에서 벗어나지 못하였지만 근대적 기계농업의 토대에 필요한 사회적 관계들은 이미 확보되고 있었다.

그 결과 17, 18세기에 이르러 이들 지역에서 농업경영 방식은 현저하게 향상되었고 토지생산성 또한 증대되었다. 즉 집약경영으로 특징지어지는 효율적 배수체계와 과학적 윤작법 등으로 농민들은 기회가 있을 때마다 자신들의 보유지 규모를 계속 증대시켰다. 경지의 집중과 더불어 생산력 확장의 즉각적 결과는 농촌사회를 농업경영자와 임금노동자로 양극화시켰다. 그러나 이것은 보다 다양한 변화를 함축하는 것이었다. 즉 소수의 농촌노동자만이 토지에 고용될 수 있었고, 대다수는 상대적으로 유동 가능한 노동력이었기 때문에 이들 중 많은 수가 도시에서 일자리를 찾았고 도시에 기초하는 산업발전에 이용되었다. 이와 같이 대규모 생산단위를 지향하고 인간노동을 기계로 대체시킨 근대 서구의 농업발전 패턴은 중세 북서유럽의 농업생산의 기본조건들과 직접적으로 관련되어 있었다.

그러나 봉건제하에서 농민이 자신의 뜻대로 토지량이나 노동량을 증대시키는 것이 매우 어려웠기 때문에 대농경영의 경제적 효율성이 본격적으로 발휘되기 위해서는 사적 토지소유권의 확립이 전제될 수밖에 없었다. 그러나 이러한 발전 패턴이 보편적으로 확인되는 것은 아니다. 즉 봉건적 토지소유의 해체와 농민적 토지소유의 성립이 바로 '자기조정적 시장시스템'을 가능케 한 자본의 '본원적 축적'[36]으로 발전할 것을 의미하지는 않는다. 농민적 토지소유의 성립은 봉건적 토지소유의 해체를 의미하지만 **광범위한 사적 소유의 성립은 자본주의 재생산구조의 기초**(자본-임노동 관계의 형성)**인 자본축적에는 부정적**이라는 점에서 양면적 성격을 보여주었다. 자본축적은 기본적으로 생산수단의 사적 소유와 임금노동자의 존재에 기초한다. 따라서 신분적으로는 자유스럽지만 생산수단을 소유하고 있지 못하기 때문에 생계유지 및 노동력 재생산을 위해 자신의 노동력을 판매할 수밖에 없는 임금노동자의 창출은 자본축적의 전제조건이다. 그런데 농민적 토지소유는 자본축적의 전제조건 중 하나인 사적 소유를 성립시켰지만, 농민적 토지소유의 성립은 생산수단의 사적 소유의 광범위한 존재를 의미하고 이것은 자본축적에 필요한 또 하나의 조건인 임금노동자의 창출에는 장애가 된다. 이것이 18세기 요맨리(yeomanry) 소멸의 역사적 성격이다.[37]

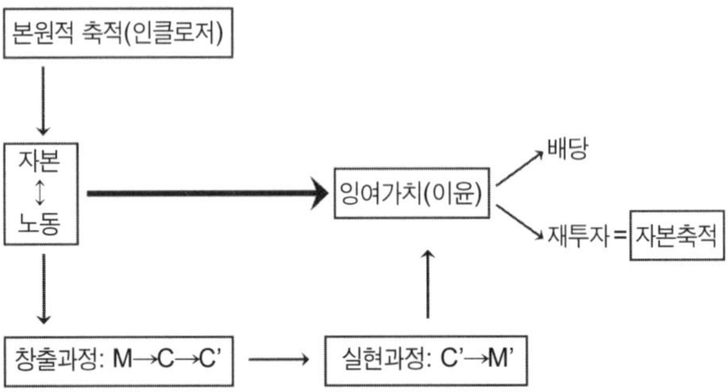

▌그림 4-1. 자본주의 확대재생산 구조

36 자본제적 축적의 선행조건이라 할 수 있는 '자본과 임노동 관계'의 형성 과정으로 앞에서 살펴보았던 종획운동(enclosure)이나 신구빈법 등이 기여하였고, 상품시장의 확대를 가져온 식민지개척(신대륙 발견)도 본원적 축적과정을 촉진하였다.

37 W. Lazonick, Summer 1974, "Karl Marx and Enclosures in England," *Review of Radical Political Economy*, Vol. 6 No. 2, p. 35.

요맨리(yeomanry) 본래는 연 수입이 40실링 이상의 자유보유지를 소유한 사람을 가리켰으나 뒤에는 널리 젠트리(gentry)와 영세농의 중간에 위치하는 중산적인 농민, 즉 농민상층부를 의미하였다. 요먼은 14세기 중엽부터의 페스트 · 농민봉기에 의하여 촉진된 지대의 금납화와 그에 따른 농민의 지위향상, 소위 농민해방의 과정에서 생겨났다. 절대주의 시대에는 의원 선출권과 배심원 자격을 부여받음과 동시에, 젠트리를 도와서 지방행정에도 참여하여 큰 역할을 수행하였다. 또 그들 가운데에는 농업노동자를 고용하여 넓은 토지에서 농업을 영위하는 사람이나 모직물 매뉴팩처를 경영하는 사람도 나타나, 산업자본의 초기적인 출현으로서 자본주의의 시초를 이루었다. 한편 군사제도 안에서는 보병대의 주력을 구성하였고, 특히 청교도혁명 때에는 크롬웰(Cromwell)이 이끄는 기병대의 중심으로서 활약하였다. 그러나 18세기 후반부터의 농업혁명과 제2차 인클로저운동에 있어서 대규모 농업경영이 진행됨에 따라 대항력을 상실하고 급속히 몰락하여 19세기 전반에 소멸하였다.

젠트리(gentry) 젠틀맨 계층을 의미하는 젠트리는 본래 '가문이 좋은 사람들'이라는 뜻이며, 넓은 의미로는 귀족을 포함한 좋은 가문의 사람들을 지칭해서 쓰이나, 보통은 신분적으로 귀족 아래이고, 요맨리의 위 계층으로서 가문의 문장(紋章) 사용이 허용된 사람들을 지칭한다. 또, 본래의 지주가 그 중심을 이루었으나, 도시인이나 그 밖의 사람으로서 토지를 매입해서 지주가 된 사람도 포함하였다. 중세 말기에서 근세에 걸쳐 귀족이나 요맨리의 세력이 쇠퇴하여 간 데 반해 이 계층만은 지방의 유력자로서 순탄하게 신장되어 절대주의시대에 이르러서는 치안판사 및 그 밖의 사회적 지위를 맡아서 활약하여 사회의 실권을 장악하였다. 그러나 시대가 흐름에 따라 협의의 계층적인 개념은 엷어지고 젠틀맨은 교양 있고 예의 바른 남성을 지칭하게 되었다.

그러므로 이 농민적 토지소유가 (임노동에 기초한) 자본주의 공업화에 적합한 농민층분해로 발전할 때만 봉건제는 역사적 의미를 갖는다. 역사적으로 보면, 농민층분해가 반드시 영국식 산업화를 지향한 것만은 아니었다. 다시 말해, 자본주의 공업화에 필요한 임노동의 창출이 성립하지 않은 공업화와 시장시스템의 길이 다양한 지역에서 존재하였다. 이제 농민층분해의 다양한 경로를 토다로(Todaro)[38]

모델의 확장을 통해 이해를 시도해 보자.

인구이동의 균형조건

첫째, 농업부문과 비농업부문, 즉 도시부문에 고용된 노동력과 단위노동력에 대한 소득을 각각 (L_R, W_R), (L_M, W_M)이라 하자. 둘째, 농업부문에는 실업이 존재하지 않고 이 사회의 전체 노동력을 L이라 가정하면 비농업부문의 실업규모는 ($L - L_R - L_M$)이 된다. 이러한 조건하에서 농업부문과 비농업부문 간의 노동력 배분의 균형은 양 부문에서 획득할 수 있는 소득에 의해 결정될 것이다. 그러나 도시부문에는 일정한 실업이 존재할 수 있기 때문에 노동력의 이동에 있어서 실업에 대한 위험을 고려해야 할 것이다. 따라서 농업부문과 비농업부문 간의 노동력 이동의 균형은 농업부문의 소득과 비농업부문의 예상소득이 일치되는 곳에서 이루어질 것이다.

$$W_R = W_M\{L_M / (L - L_R)\} \qquad (1)$$

(1)을 L_R로 정리하면,

$$L_R = \{L - (W_M / W_R)L_M\} \qquad (2)$$

이제 도시부문에서 1단위의 고용이 증대할 때 농업부문에서 몇 단위의 노동력이 감소하는가는 다음 (3)과 (4)로 알 수 있다. 즉, (2)로부터

$$\partial L_R / \partial L_M = -(W_M / W_R) \qquad (3)$$

$$\triangle L_R = -(W_M / W_R) \triangle L_M \qquad (4)$$

즉 도시부문의 고용이 한 단위 증가할 때 농업부문의 노동력은 비농업부문과 농업부문 간의 소득비율만큼 감소한다는 것을 알 수 있다. 이것을 구체적으로 표현하면, 농업부문의 노동력이 도시부문의 임금노동자로 얼마만큼 공급되느냐는 도시부문의 일자리($\triangle L_M$)가 어느 정도 존재하느냐와 도시부문과 농업부문의 소득격차(W_M / W_R)가 어느 정도 존재하느냐에 달려 있다. 여기서 상대생산성의 격차는 농업생산력의 조건이 불리할수록 도시부문이 노동력의 경쟁에서 유리(즉 건조곡물농업경영의 낮은 토지생산성이 공업화에 유리)한 것을 의미하기도 한다. 실제로 산업화 과정에 있어서 농촌으로부터 도시로의 순이주율과 공업-농업부문 간 임금격차 사이에는 정의 상관관계가 있었음이 실증연구에 의해 확인되고 있다.

38 M. Todaro, March 1969, "A Model of Labor Migration and Urban Unemployment in Less Developed Countries," *American Economic Review*, pp. 138-48.

이처럼 (임노동에 기초한) 자본주의 산업화를 위해서는 자연경제의 영역인 농촌과 상품화폐경제의 영역인 도시의 특징을 이해할 필요가 있다. 다시 말해, 도시부문의 존재 형태와 농촌과 도시 간 양 부문의 소득수준에 따라 농촌의 노동력이 도시부문으로 이동하지 않을 가능성도 존재한다. 반면, 자본주의 농민층분해는 토지를 상실한 농민 중 일부는 소작농이나 농업노동자로 여전히 농업부문에 존재할 수 있지만 이들 농민을 산업 프롤레타리아로 흡인해낼 수 있는 도시부문의 구조적 존재에 의해 특징지어진다. 이것을 가능케 한 서유럽 중세사회의 구조적 특수성, 즉 농업생산력 조건, 봉건적 계급구조, 그리고 자치도시의 존재가 봉건제의 역사적 내용을 구성한다. 결론부터 말하면, 건조곡물농업경영체제(dry grain farming system)에서 비롯한 낮은 토지생산성과 인구밀도, 그리고 봉건적 계급구조(정치질서)에서 비롯한 자치도시의 존재는 농업부문으로부터 독립적인 상품화폐경제 영역의 존재를 가능케 하고 상품화폐경제의 지속적 발전을 가능케 하였다. 이제 이들을 구체적으로 살펴보자.

경쟁의 원리와 기독교의 결합

서구의 중세사회는 로마세계의 폐허 위에 탄생했다. 열린 세계에서 출발했으나 종국에는 자기의 세계에 닫혀버렸던 로마는 서구 중세사회의 "자양분이자 마비제"였다. 자기 세계에 닫혀 버린 로마에는, 특히 헬레니즘 시대 이후에는 생산은 없고 소비만 있었다. 기술혁신이 일어날 수 없었던 로마의 경제는 약탈에 의해서만 운용되었고 전쟁을 통해 공급받은 귀금속과 노동력에 의존하였다. 이제 로마의 일반 주민들은 식량을 안정적으로 공급받을 수 없게 되었고, 전쟁으로 로마에 유입된 귀금속은 동방의 도시들로부터 수입된 사치품 대금으로 유출되었다. 3세기 이후 로마의 위기는 대대적으로 확산되었고, 위기는 로마를 분해시키는 원심력으로 작용하였다. 즉 "헐벗고 야만화된" 서방을 스스로 버린 로마—콘스탄티누스 대제(Constantine I: 324-30년)의 콘스탄티노플(Constantinople, 330년)로의 천도—는 동서분리를 넘어 파편화의 길로 치닫는다. 그러나 로마의 분해로 서구

사회의 통일성이 깨진 것은 아니었다. 로마제국이 수행한 역할을 기독교가 대체해갔기 때문이다.

로마의 분해가 다양성을 심화시켰다는 측면에서 중세 서구사회는 '경쟁'이 번영했던 곳이었다. 그러나 경쟁은 두 가지 형태의 사회조직을 전제로 한다. 그 하나는 외부로부터의 간섭 없이 사적으로 소유한 자원을 자율적 행위자들이 처분할 권한을 확보해야 한다.[39] 그러나 첫 번째 전제조건은 경쟁이 작동하기 위한 필요조건에 불과하다. 시장에서의 행위자들 간 경쟁은 규범적 조절을 요구한다. 예를 들어, 경쟁의 원리가 작동하는 세계에 참여하는 행위자들은 자신의 세계를 유지하기 위해서는 상호 신뢰해야 하고 타인의 기본적 합리성 또한 신뢰해야만 한다. 이러한 조건들이 이민족의 이주와 침입이 종료하고 안정을 이룬 1,000년경까지 서유럽의 사회구조에 자리 잡았다. 서유럽은 어떠한 지배중심이나 중앙이 존재하지 않는, 작은 규모의 수많은 행위자들이 상호작용하여 네트워크를 구성하는 하나의 실재였다. 각각의 경제 및 군사적 힘에 기초하였던 이들의 지리적, 사회적 공간은 상이하였다. 그 결과 대개의 사회적 관계는 극단적으로 지역화되어 수많은 세포 같은 커뮤니티들—수도원, 촌락, 장원, 성, 읍, 길드, 조합 등—에 집중되었다. 이들 집합체들은 법이나 관습에 의해 보장된 권력의 자율성을 가졌고, 자신들의 자원에 대한 배타적 통제력을 가졌다는 점에서 사적 소유자들이었다.

이러한 특성을 가진 사회조직에서 경쟁은 무질서 혹은 무정부 상태를 초래할 가능성이 있다. 그러나 **기독교세계가 제공한 규범적 조절이 사회발전이 무질서로 가는 것을 방지**하였다. 다시 말해, 정치 및 계급투쟁, 경제적 삶, 그리고 심지어 전쟁조차 '애덤 스미스의 보이지 않는 손'이 아닌 '예수 그리스도(Jesus Christ)의 보이지 않는 손'에 의해 조절된 것이다. 기독교인이라는 사실이야말로 가장 강력하고 포괄적인 의미에서의 사회적 정체성이었던 것이다.[40]

39 여기서 '자율적 행위자들'이 개인 혹은 개별 가구일 필요는 없다. 집합적 성격을 갖는 기관이라 하더라도 외부나 관습으로부터 어떠한 간섭 없이 경제적 이익을 위해 자신들의 자원을 처분할 수 있는 확실한 권한 구조가 존재하는 한 자율적 행위자라 할 수 있다.

40 M. Mann, 1989, "European Development: Approaching a Historical Explanation," in J.

로마와 게르만사회의 융합, 봉건제의 등장

기후변화, 인구증가, 훈족의 군사적 압박 등의 요인으로 4세기부터 5세기에 전개된 게르만족의 1차 대이동은 서로마제국을 철저히 파괴시킨 반면 로마적 유산을 계승했다는 점에서 양면성을 보여주었다. 즉 게르만족의 공격으로 "서로마제국의 군사·정치·경제상의 통일성은 돌이킬 수 없을 정도로 와해"되었으나, 게르만족 자신에게 서유럽 전체의 사회질서를 대신할 만한 일관되고 새로운 사회체제를 건설할 역량이 없었다. 그 결과 게르만적 요소와 로마적 요소를 통합하여 양자를 대신할 새로운 종합으로 나아가는 융합의 과정이 점진적으로 일어나기 시작했다. 즉 1세기 이후 오랫동안 공존해오면서 간격을 축소시키던 로마적 요소와 게르만적 요소는 최종적이고도 격렬한 충돌과 융합이 이루어져 봉건제를 탄생시킨다.[41] 첫째, 1차 이동 때 전개되기 시작한 대규모 토지재산의 이전이 확대되었을 뿐만 아니라 농촌체제에 일반 평민의 구성비가 증가하여 촌락공동체가 광범위하게 구축되었다. 즉 2차 이동은 대규모의 영지를 가진 귀족층을 등장시켰고,[42] 항구적인 촌락공동체와 소토지보유농을 농촌에 남겼다. 둘째, 정치적 측면에서, 2차 침입으로 로마의 법적 유산은 퇴색하고 게르만의 전통적 규범에 기초해 새로운 행정 및 사법제도가 등장하였다. 그러나 이원구조적 제도에서 구로마제국의 요소를 청산하는 것만으로 적절하고 지속적인 새 정치체제를 건설할 수 없었다. 이러한 상황은 7세기 초부터 이슬람의 팽창으로 교역이 가로막히는 등 서유럽이 고립적인 농촌지역으로 됨에 따라 더욱 악화되었다. 즉 사라센의 침입 및 비잔틴과의 동방무역에서 만성적인 무역적자로 650년 이후 메로빙왕조(Meroving, 481~751)에서 금화는 자취를 감추었고 화폐발행을 통제할 힘이 없었기 때문에 화폐가

Baechler, J.A. Hall and M. Mann(eds.), *Europe and the Rise of Capitalism*, Oxford: Basil Blackwell, pp. 10-14.

41 P. Anderson, 1974, *Passages from Antiquity to Feudalism*, London, pp. 113-17.

42 사실 일찍이 봉건사회가 성립한 프랑스, 벨기에 남부지방, 독일의 라인강 중상류지방, 이탈리아, 이베리아반도 등은 게르만족의 대이동 이전에 이미 대토지소유제와 노예제가 발달했던, 즉 철저히 로마화한 지역이었다. 게르만족 이동 이후 이들 지역에 게르만사회의 요소가 침투하여 로마사회의 유산과 융합되었다.

치가 폭락하고 혼란에 빠졌다. 여기에 메로빙왕조의 **빈약한 행정력으로 "로마원리와 게르만원리의 단순한 병치"인 불안정한 이원체제가 청산되지 못한 채 남아** 있었다.

그러나 8세기 후반에는 불안정하지만 융합 과정이 발생하기도 하였다. 즉 사라센의 기사제에 대항하기 위해 보병제에서 기사제로 전환할 필요를 인식한 카롤링거왕조(Caroling, 751~987)의 칼(Karl)대제는 전문기사에 토지를 은대(恩貸)하는 **주종제와 은대제를 결합**시켰다. 즉 7~8세기경에는 동방으로부터 발로 딛고 신체의 균형과 안정을 유지하면서 비교적 자유자재로 무기를 사용할 수 있는 등자(stirrup)를 비롯한 마구가 도입됨으로써 기병이 보병보다 유리한 군사력으로 대두하였고, 또한 농민들의 생산활동에 부담이 되는 보병대의 강화는 곤란하였다. 그리하여 샤를르 마르텔(Charles Martel)은 왕령지와 교회의 토지를 몰수하여 기병의 부양과 기마 및 무장에 필요한 경비를 충당하도록 봉신(封臣)들에게 수여하였다. 이러한 조건부 토지를 '은대지(beneficium)'라고 한다. 은대지는 봉신으로서의 의무를 거부할 때는 회수되며 봉주나 봉신의 사망 시에는 그것의 보유가 종료된다. 이처럼 **사적 주종관계와 새로운 군사기술의 결합에 의한 강력한 기병대의 창출로 732년 쁘와띠에(Poitiers)전투에서 이슬람군을 대패시킬 수 있었다.**[43] 한편, 토지를 매개로 한 주종관계의 확대 및 강화는 서유럽의 통합(제국의 내적 통일)을 가져다주었지만, 은대지의 확대와 세습화를 증대시켜 국가의 토대를 약화시켰고 궁극적으로 유력자층의 **지방분권을 심화**시켰다. 그러나 무엇보다 궁극적으로 프랑크 왕국의 분열 그리고 이에 따른 봉건화 및 분권화는 거대한 제국의 건설에도 불구하고 로마제국과 달리 정비된 **교통·통신망과 관료조직 그리고 상비군 등을 갖추지 못한 데에** 기인하고 있다.

여기에 내륙지대에 위치한 프랑크 왕국의 지리적 조건과 낮은 농업생산력 그리고 무역 및 화폐유통의 감소 등이 **자연경제의 기초단위인 장원제(莊園制)**를 출현시키는 요인으로 작용하였다. 즉 봉(封)은 원래 수봉자의 재직 또는 생애에 한

43 Lynn White, Jr., 1964, *Medieval Technology and Social Change*, Oxford University Press, Ch.1.

정되었기 때문에 이러한 원칙이 적용되는 한 봉건화·분권화의 경향이 통제되었으나, 왕권의 약화와 동시에 봉의 세습화를 가능케 했다. 여기에 5세기 중엽 훈(Hun)족의 침입과 6세기 이래 이슬람족의 계속적 위협 및 10세기 마자르(Magyar)족의 침략, 그리고 10~11세기 바이킹(Viking)족의 약탈 등 타 민족의 반복된 공격으로 중앙집권적 정치구조는 붕괴했고, 여기에 9세기 중엽 루이(Louis) I세의 사망 후 형제 간에 왕위계승에 대한 분규(843~70년)로 마침내 프랑크 왕국은 독일과 프랑스와 이탈리아로 분열하였다.

이런 혼란상황은 첫째로 생산과 교역활동을 저해하여 **자연경제로의 후퇴를 조장**하였다. 흔히 서구 중세의 경제는 상대적으로 자급자족적인 장원과 원시적 농업기술의 사용에 기초한 농업사회로서 특히 8, 9세기에는 교역도 거의 존재치 않았던 사회로 특징지어진다. 즉 유럽 전체 인구 중 도시인구가 차지하는 비중은 1500년대 이후에나 5%를 상회할 정도였듯이 농업은 중세 초기에 인간의 유일한 경제활동이었다고 해도 과언이 아니다. 11세기 초까지의 서유럽 사회에서 상업 및 교역의 후퇴는 무엇보다 경제 침체의 효과였다. 상업의 쇠퇴와 장원체제의 성장은 타 산업에 결정적 영향을 끼쳤다. 즉 장원의 농업경제가 전체 산업이었다. 장원에서 사람들은 자신들을 위한 수공업 생산을 하였다. 이처럼 장원 내 경제생활의 집중은 화폐사용이나 신용제도, 그리고 부의 축적에 대한 사람들의 태도에 반동적으로 작용하였다. 그리고 교회 또한 이러한 변화를 이데올로기적으로 뒷받침하였다. 즉 화폐 자체는 비생산적이라는 교리에 따라 이자취득 행위에 대한 반대 입장을 취했다.

둘째로 상당한 토지를 소유하고 있던 지방세력가들은 국왕 권력의 통제력이 약화된 틈을 타서 자신의 권력을 공고화하기 위해 황제의 재가 없이 성이나 요새를 구축하여 중앙권력으로부터 이탈해갔고, 정치적 불안으로 유력자에 탁신(托身)한 자유민은 종사(從士)의 수를 증대시킴으로써 세력가의 무장을 가속화시켰다. 이들은 **자신의 권력을 강화시키기 위한 물질적 토대를 마련하기 위해 농민을 예속화시키고 토지를 집적**해갔다. 토지집적자 중에는 왕실을 비롯한 지배층으로부터 토지를 기증받은 유력한 수도원과 (대)주교좌 교회가 있었고 이들은 삼림이나 황무지 개간을 통해 토지를 확대하기도 하였다.

셋째로 장기간 대외전쟁으로 농민지위는 악화되어 농민의 예속화를 심화시켰다. 즉 스스로의 힘으로 안전을 도모할 수 없었던 서민대중은 약육강식의 혼란 속에서 스스로 생명과 재산의 안전을 보호받기 위해 가족과 재산을 세력가에게 자발적으로 투탁(投托)까지 하기도 하였으나, 그들 중 대부분은 무질서를 이용한 지방세력가의 강압에 의해 토지를 탈취당했고 그렇게 빼앗긴 자신의 토지를 소작하거나 여타의 토지를 소작하는 예속민이 되었다. 이렇게 해서 9세기 이전에 대다수 자유농민이 토지와 인신적 자유를 잃고 세력가의 예속민으로 전락했고, 농민 몰락은 9세기 이후 대소유지 중 소작농민의 보유지 부분이 압도적 비중을 차지하였다는 점에서도 확인된다. 이와 같이, 성채, 기사, 그리고 자급자족적인 장원체계는 무정부적 세계에 대한 제도적 장치로서 기존 사회질서의 붕괴에 대한 가장 확실한 대응이었다는 점에서 봉건제의 성립은 게르만적 요소와 로마적 요소의 파국적 충돌과 종합의 결과였다.

후진적 자연경제에서 효율성 세계의 등장

지금까지 보았듯이 게르만족의 이동 과정에서 계속되는 전란으로 토지를 상실하고 신분의 위협에 직면했던 자유농민들은 귀족 및 성직자에게 흡수되어 예속화되어 농노를 형성하였다. 다른 한편, 정복지역의 편입에 의한 왕유지의 격증과 그 후 왕의 공신 및 교회에 봉여(封與) 또는 기증, 중앙권력의 붕괴 후 가속화된 귀족에 의한 광대한 토지의 수탈, 로마귀족의 잔존 빌라(villa), 그리고 귀족들의 교회에 토지 기진(寄進) 등으로 8~9세기의 서유럽에는 장원(manor)이 형성되었다.[44] 장원은 영주에 의해 통할 지배되는 에스테이트(estate)로서 주민을 포함해 영주권 행사의 대상이 되는 대토지이며 구체적으로는 중세 촌락을 가리킨다. 촌

44 Georges Duby, 1968, *Rural Economy and Country Life in the Medieval West*, translated by C. Postan, University of South Carolina Press, Ch. II.

락의 규모가 크면 클수록 영주의 소득도 증대하였다. 즉 **영주의 정치 · 군사력**(경제외적 강제력)**의 크기가 장원과 소득**(경제력)**의 크기를 결정하였고, 경제력의 크기가 역으로 영주의 정치 · 군사력을 결정**하였다. 한 개 이상의 촌락으로 구성되었던 장원은 영주에 의해 지도되었고 영주는 촌락을 보호하고 관습법을 집행하였다. 즉 영주는 장원의 토지를 특정 방법으로 사용하고 자본 투자를 요구하는 활동을 독점하였다. 반면, 촌락의 일반 농민들은 자신을 위한 토지 경작과 목초지 및 황무지의 사용, 그리고 자신의 보유지를 상속시킬 권리를 부여받은 대가로 장원에 구속되어 영주의 허가 없이 이주하거나 결혼하여 나갈 수가 없었다. 즉 토지에 긴박(緊縛)된 존재였다. 이처럼 **장원은 게르만사회 본래의 자유로운 촌락공동체가 종속적 공동체로 전환되어 성립한 영주와 농민의 〈지배-피지배〉 관계의 영역**으로 구체화된다.

촌락은 여러 개의 농민 오두막과 교회와 영주 주택으로 구성됐고, 그 근처에 제분소 · 압착기(壓搾器) · 오븐 · 창고 등 필요한 시설들이 있었고 개인의 채원(菜園)이 오두막 근처에 있었다. 촌락으로부터 방사선 방향으로 거대한 경지가 있었고 근처에는 촌락경제에 연료와 건축자재를 제공하고 양과 소의 사육을 할 수 있는 숲과 목초지와 황무지가 있었다. 한편, 촌락농민들에 의해 곡물이 재배됐던 경지는 영주의 토지로 알려져 있는 직영지와 농민이 영주에게 분여(分與)받은 농민보유지로 구성되었다. 즉 장원의 토지는 직영지(demesne)와 공동지(common field) 그리고 농민보유지(peasant holdings; manse, virgate, hufe)로 구성되었다. 직영지는 영주 가계의 기반이었고 농민 부역에 의해 경작되었다. 중세 서유럽의 농촌에서 토지의 대부분을 구성했을 뿐 아니라 농민의 대부분을 구성하였던 부자유 농민인 농노가 영주로부터 차지하였던 농민보유지는 농민가계의 기반으로 택지와 채원(菜園), 그리고 공동경지의 보유분과 그에 대응한 공동지 이용권으로 구성되었다. 즉 개별 농민들의 보유지는 전체 경지에 걸쳐 거의 무차별하게 놓여 있었고, 영주의 경지는 농민의 개방경지 사이에 있거나 별도로 존재하였다. 경지는 오늘날 개방경지제(open-field system)라 알려져 있는 농업계획 속에서 객토 · 파종 ·

수확의 시기에 관한 촌락공동체의 결정에 따라 협동적으로 경작되었기 때문에 촌락은 공동체적 기초 위에서 조직되어 있었다.

경지 중 한 부분은 매년 휴경되어 가축의 방목을 위해 공동지로 남겨두었고 경지 주위에는 울타리를 쳤다. 즉 공동지는 영지 내 모든 구성원이 공동권을 행사하고 있던 촌락 주변의 목초지・삼림・황무지 등이었다. 일정 수까지 가축은 황무지에서 방목하는 것이 자유로웠고 자신 몫의 건초 목초지를 가졌다. 그리고 노동과 자본은 희소한 생산요소였고 토지는 경제적 가치가 작았기 때문에 효율적으로 사용하기 위해서는 중쟁기에 의한 경작이 요구되었다. 그러나 4~6두의 소는 개별 가족이 제공하기에는 큰 자본이었기 때문에 촌락은 협동하여 자원을 공동으로 사용하였다. 특히, 중(重)토양의 이경(犂耕)에 필요한 6두 내지 8두의 연축(聯畜)을 구성할 만큼 소를 가진 농가가 없었기 때문에 공동 이경의 필요가 있었다. 이처럼 개방경지제하에서 농민은 자신의 토지를 개별적으로 이용할 수 없었고 공동 경작을 할 수밖에 없었다. 개별농가는 독립적으로 쟁기와 연축을 갖출 수 없었기 때문에 공동 확보 및 이용을 해야 했고, 그러기 위해서 공동 작업이 필요했다. 또한 수확 후의 경지에는 공동 방목이 이루어지므로 수확은 동일시기에 이루어져야 했고 그러기 위해서는 파종에서 수확에 이르기까지 공동 수행이 요구되었다. 그 결과, 중세 농촌에서는 재배작물의 종류와 이경 및 수확기, 그리고 수확 후의 방목 개시일의 규정 등 실제의 경작 작업 일반에 관해 경작 강제가 존재하였으며 농민은 그것에 따라 공동 작업을 수행한 관습적 공동경작체제였다.[45] 이처럼 서유럽 중세의 공동지는 대장원과 가족농의 이점들을 결합시킬 수 있도록 토지와 노동을 사용함으로써 토지의 생산성을 극대화하기 위한 제도였다. 즉 '공동지 비극'의 은유처럼 중세 공동지가 비합리적으로 생산성을 희생시켰다는 어떠한 증거도 존재하지 않는다.[46]

---

45 김종현, 1993, 『서양근대경제사』, 경문사, pp. 94-95.

46 S. Fenoaltea, 1991, "Transaction costs, Whig history and the common fields," in Bo Gustafsson (ed.), *Power and Economic Institutions*, Edward Elgar, pp. 107-69.

이제 장원 내 직접생산자인 농민의 모습과 이를 결정했던 기초구조를 살펴보자. 중세 사회의 직접생산자인 농민은 신분이나 토지보유관계에서 대개 자유민, 농노(serf or villein), 빈농(cottar)의 세 부류로 구성되었지만 농노가 그 전형을 이루었다. 농노 신분의 농민은 토지는 물론 가축도 자유로이 처분할 수 없었고 토지로부터 이탈할 수가 없었다. 예를 들어, 농민이 사망하면 그 토지 재산은 영주에게 귀속되었고 상속의 경우 상속세를 부과함으로써 농민보유지의 양도·매매·유증에 의해 타인에게 이전되는 것을 방지하고 **토지의 배타적 독점**을 확보하였다. 게다가 토지를 독점한 영주는 노동력의 확보를 노동시장에 자유로이 맡길 경우 노동력에 대한 비용 증가 및 그로 인한 영주 수입의 감소 때문에 값싼 노동력을 안정적으로 확보하기 위해서 농민을 토지에 긴박시켰고, 농민이 도망할 경우 영주는 체포권을 행사하였다. 혼인 시 허가료를 징수한 것도 노동력으로서의 예속 농민의 이동을 억제하기 위한 것이었다. 농민의 신분적 예속과 토지에의 긴박, 그리고 이에 따른 **봉건지대를 비롯한 각종 부담의 강제라는 영주권의 행사는 사법권을 중심으로 한 제 공권력, 즉 경제외적 강제에** 기초하였다. 단지 각 지역의 계급의 역학관계에 따라 영주권의 정도 차이가 존재했을 뿐이다.

농노의 지위는 서유럽 봉건제의 상황의 결과물이었다. 장원의 토지를 독점적으로 소유하였던 영주는 당시 토지에 비해 상대적으로 부족했던 노동력의 수급문제를 해결하기 위해 노동력의 안정적 확보를 필요로 하였다. 즉 노동력의 재생산구조가 정복전쟁이라는 외부로부터의 노예공급에 의해 노예제는 자신의 체제 유지가 가능했던 반면, **노동력의 재생산을 내적 메커니즘에 의존할 수밖에 없었던 중세 서유럽 사회에서 토지의 독점적 소유자인 영주가 자신의 경제적 수입을 최대화시키는 방법은 농민을 신분적으로 예속시키고 토지에 긴박시키는 대신 농민에게 생계유지에 필요한 토지를 분여하는 것**이었다. 즉 봉건제가 성립하는 10세기경에 토지는 상대적으로 풍부하였기 때문에 토지 사용에 대한 배타적 권리를 고안할 필요가 없었다. 이런 상황에서 농촌은 바이킹족, 이슬람족, 마자르족, 혹은 원주민들의 침략에 위협받고 있었기 때문에 요새와 전문군인들에 의해 보호받을 수 있는 지역이 보다 가치가 있었다. 그렇기 때문에 장원경제는 두 가지 요인이 기초가 되었다. 하나는 보호의 기능이고 다른 하나는 노동의 역할이었다. 즉 요새화된 성과 무장한 기사계급은 군사적 기술이 부족하고 무장하지 않은 농민들에게 지역의 안전을 제공하였다. 게다가 지역의 영주와 성은 멀리 떨어져 있는 왕과 왕의 군대보다 보다 직접적이며 편리한 보호자였다. 혼돈의 기간이 봉건적 조직을 효율적인 보호양식으로 만들었고, 영주와 그의 기사들은 자신들이 소비하는 것을 농노에게 의존하였다. 그렇지 않으면 촌락공동체의 노동의 생산물들은 바이킹족이나 이슬람족이나 마자르족에게 약탈될 수밖에 없었다.

그런데 우리는 왜 봉건제 시기에 영주들이 농민들을 완전히 소유할 수 있는 노예로 만들지 않았는가 물을 수 있다. 하나의 이유로는 노동력은 부족했고 영주는 노동력의 사용에 대해 경쟁해야 했기 때문에 노동력은 협상에서 보다 유리한 위치에 있었고 억압받는 농민들은 주변의 다른 성으로 도망하는 것이 어렵지 않았다는 점이다. 둘째로는 장원경제를 하나의 재생산구조, 즉 생명력 있는 경제제도로 만드는 데 있어서 노예를 지도하고 감독하는 것은 너무 많은 비용을 지불해야 했기 때문이다. 즉 노예제는 강제비용이 클 때와 감독비용이 농노의 비용에 비해 클 때에는 효율적 제도가 아니었다는 점이다. 그 결과 농노는 자급자족적인 장원경제에 필요한 고정된 양의 노동부역을 영주에게 제공하고 나머지 노동은 자신을 위해 생산하는 것이 허용된 농노제가 효율성을 획득했고 여기서 많은 강제와 감독은 불필요했다. 물론, 농노는 영주 토지의 작업에 대한 게으름을 피울 수 있는 유인이 있었지만, 명시적이든 암묵적이든 시간당 일정량의 산출을 요구받았을 뿐 아니라 위반 시에는 벌금을 징수했던 장원의 관습에 의해 해결되었다. 그리고 영주가 농노의 생산물 중 자신의 몫을 수취하기보다는 노동부역을 요구한 이유도 당시 상품시장의 조직이 미비했기 때문이다. 물론, 시간의 변화에 따라 공급의 변동이 없거나 해당 품목이 적은 경우에는 영주에게 현물로 납부할 수도 있었다. 그러나 원칙적으로 영주의 보호에 대한 대가는 노동부역이었다. 이러한 고전장원은 초기의 혼돈 상태가 계속되고 군사적 기능이 상이하고 토지가 풍부하고 노동력의

희소성이 남아 있는 한 지속되었다.[47]

중세 농노의 의무를 보면 농노는 보유지를 분여받은 대신 토지에 긴박되어 '영주의 자의(恣意)'에 따라 각종 부담을 담당하였다. 물론, 그중 가장 주요한 부담은 경제외적 강제 및 토지보유와 관련된 봉건지대였다. 봉건지대는 노동지대(labor rent), 현물지대(rent in kind) 및 화폐지대(money rent)가 있었는데, 영주의 수입분이 직영지의 형태로 존재하였던 고전장원에서는 노동지대로, 그리고 직영지가 소멸된 12, 13세기 이후에는 현물지대나 화폐지대를 지불하였다. 고전장원이 노동부역의 형태를 띠었던 것은 현물 고정임금제가 영주와 농노 간의 높은 협상비용 및 강제비용을 수반하였을 뿐 아니라 농민에게는 모든 위험과 경영비용을 전가시켰던 반면, 생산요소와 산출물을 분할하는 분익소작제는 양자 간에 위험을 분산할 수 있고 협상비용도 앞의 두 형태보다 낮았으나 강제비용은 상대적 몫에 따라 두 형태보다 높았기 때문이다. 노동부역의 형태로 봉건지대를 납부했던 고전장원제 단계에서 농노는 영주에게 보유지를 분여받은 대신 직영지 농장에 대해 대개 일주일에 3일의 정기적 주부역(週賦役)을 부담하였고, 주부역은 직영지 경작 및 기타 영주가 필요로 하는 일상적 일에 충용되었는데 이러한 부역에는 쟁기·소·장비 등 농민의 것도 제공되었다. 부역에는 주부역 외에 특별부역(boon-work)이 제초와 수확기 등 많은 노동력을 필요로 할 때 추가적으로 요구되었고, 이때에는 자유계약으로 보유지를 차지하였던 자유농민도 참여하였다. 농번기에는 농민들도 마찬가지로 많은 노동력이 필요했기 때문에 특별부역은 농노에게 큰 부담이 되었다. 농민은 부역 외에 노동지대를 보충하는 생산물지대의 한 형태로 공조(tribute in kind)를 납부하였고, 이것은 원래 토지보유와 관계없이 영주의 보

---

47 D. North and R. Thomas, 1973, *The Rise of the Western World: A New Economic History*, Cambridge University Press, pp. 19-20. 농노제를 '계약제'로 파악하는 노스(North)와 토마스(Thomas)의 주장은 비계약적인 농노제의 본질을 간과하고 있다는 비판을 받는다. 즉 중세 농노제의 본질을 규정하는 것은 영주의 농노에 대한 자의적 과세와 농노 이동에 대한 통제라는 상호 관련된 특징, 즉 강제력의 직접적 행사를 통한 잉여수탈이기 때문이다. R. Brenner, Feb. 1976, "Agrarian Class Structure and Economic Development in Pre-Industrial Europe," *Past and Present*, No. 70, pp. 30-75.

호에 대한 반대급부로 납부되던 공납이었으나 지대의 성격을 띠었다. 예를 들어, 농노는 보통 부활절(Easter)이나 추수감사절(Thanksgiving Day)이나 성탄절 등 특별한 날에 자유농민과 더불어 농축산물 및 낙농품, 닭이나 계란 같은 가금류(家禽類), 공산품 등을 영주에게 납부하였다. 이상의 것은 정규적 봉건지대에 속하는 것이었고, 농노는 이외에도 부정기적 추가부담 및 세금을 납부해야 했다.[48]

그러나 12세기 중엽 이전의 자급자족적 장원경제하에서 영주권 행사에 의한 영주 수입의 확대에는 한계가 있었다. 봉건 사회의 상부구조를 위해 필수적인 지원을 제공한 것은 소농경제의 생산물이었으며 보다 정확하게는 소농 가계가 점유해 둘 수 없었던 부분의 생산물이었기 때문이다. 즉 봉건적 사회질서의 상부구조는 주어진 기술조건하에서 소농 가계경제의 사회관계에 본질적으로 의존할 수밖에 없었다.[49] 그리고 이러한 농노의 조건은 고정된 노동부역을 가졌던 장원 관습의 성장에 의해 완화되었고, 그에 따라 보유지에서의 상속권을 확보하는 등 농민의 토지소유권을 성장시켜 갔다. 한편, 농노와 달리 자유민은 영주에 대해 재판·군역·납세의 의무를 지지만 인격과 토지는 영주에 예속되지 않았다. 특히, 자유민은 소액의 면역화폐지대(免役貨幣地代) 또는 생산물지대를 납부하여 토지를 보유하고 보유토지를 상속할 수 있었다.[50]

---

48 예를 들어, 농노는 자신의 딸을 출가시킬 때의 노동력 손실의 보상으로 혼인세를, 그리고 영주는 농노 사망 시에 농노가 소유하였던 가축 중 최상의 것을 취득하는 권리로서 헤리오트(heriot)와 1년분 지대에 해당되는 차지상속세(relief)를 징수하였고, 자의에 따라 인두세(tallage)를 현금으로 부과하였다. 그 밖에 농민이 장원을 떠나기를 희망할 때 허가료(chevage), 교회유지 명목으로 1/10세(tithe), 장원에서의 상품거래세, 기타 과료(fines), 그리고 영주가 독점하고 있던 제분소·빵 굽는 오븐·포도주나 올리브를 짜는 기구(壓搾器)·제혁소(製革所) 등을 사용할 때 사용료가 영주의 수입이 되었다.

49 R. Hilton, 1978, "A Crisis of Federalism, *Past and Present*, 80.

50 노동을 제공하는 경우에도 농노의 그것과 같은 정기적인 주부역이 아니라 농번기와 같은 시기에 수일 정도였다. 그러나 사실 자유민과 농노를 구분하기는 용이하지 않았다. 자유민이 농노 부담이 있는 예속지를 보유하기도 하였고, 농노 또한 농노 부담이 없는 자유지를 보유하기도 하였을 뿐 아니라 자유민보다 부유할 수도 있었다. 자유농민도 농노와 동일한 보유조건으로 토지를 차지할 수 있었다. 양자 간의 가장 기본적인 차이는 자유민은 토지에 긴박되어 있지 않았기 때문에 토지보유가 종결되면 자유로이 이동할 수 있었다. 또한, 일반 농노보다 훨씬 적은 토지를 보유한 빈농(cottars)은 영주에게 농노보다 적은 노동부역을 제공했으나 생계보충을 위해 표준적 보유농을 위해 농업노

이처럼 서구 중세사회는 "자립적 재생산구조의 소농민경영에 대한 사적 지배가 동시에 공적 지배로 나타나는 소농민경영의 재생산과정이 그 토대를 이루는 사회"였다. 따라서 봉건제는 이러한 재생산과정에 요청되는 제 사회적 공공사업이 특정 사인(私人)에 의해 담당될 수 있는 자연지리적 · 역사적 전제조건하에서 성립된다. 이러한 조건에 기초한 봉건제는 자기 진화의 결과 배타성 · 절대성을 특성으로 하는 사적 소유 및 〈자본-임노동〉관계에 기초한 시장시스템을 만들어낼 수 있었다. 그것은 구체적으로 다음 세 가지 특성들의 상호작용에 의한 것이었다. 첫째는 **건조곡물 농업경영체계**(dry-grain farming system)**라는 농업생산력 조건이 만들어낸 낮은 토지생산성과 인구밀도**, 둘째는 첫 번째 특성에서 비롯된 **"통치권의 봉건적 세분화**(권력의 원심성)**"가 "봉건적 잉여수탈체계가 갖는 정치력 축적**(권력의 구심성)**의 경향"**과 충돌하면서 발생한 **정치적 불안정**(내포적 지역자치 권력망)**이 "기독교로 대표되는 외연적 규범"에 의해 조절된** 것이다. 마지막으로 첫 번째 특성의 공간인 **자연경제영역**(농노라는 부자유민이 존재한 촌락 · 장원의 농촌영역)과 두 번째 특성인 **통치권의 봉건적 세분화가 만들어낸 공간인 상품경제영역**(자유시민으로 구성된 '자치코뮌'식 도시영역)**의 대립과 상호작용의 결과**가 서구 시장시스템의 출현이었다.

농업생산력의 후진성과 노동절약적 기술진보

생태학적으로 중세 서유럽의 건조곡물 농업경영체계는 아시아 미작생산(wet rice farming system)에 비교해 낮은 토지생산성으로 특징지어진다.[51] 서구 사회의 주요 곡물인 밀이나 호밀은 생물학적으로 수렴농업사회의 쌀이나 기장에 비해 낮은 수확률을 특징으로 한다. 즉 북서유럽의 기후는 2년 3작 이상을 허용하지 않는데 이것조차 비료의 충분한 사용과 과학적 윤작법이 도입된 이후의 일이었다. 예

동자로 고용되곤 하였다.

51 F. Bray, Oct. 1983, "Patterns of Evolution in Rice-Growing Societies," *Journal of Peasant Studies* 11: 1, pp. 3-33.

를 들어, 17세기 이전까지 가장 보편적인 시비(施肥)법은 휴한지에서 방목하는 것이었고, 그 결과 옥수수 재배를 2, 3년에 한 번밖에 할 수 없었다. 또한, 밀의 (수확/종자)의 비율은 유럽에 있어서 17세기까지 서부지역에서 1 : 6 그리고 동부지역에서는 1 : 4에 불과하였다. 이러한 낮은 토지생산성으로 농민은 항상 생계를 위협당했다.[52]

이러한 조건에서 토지이용은 조방적일 수밖에 없었고 그리하여 높은 인구밀도를 유지할 수 없었다. 예를 들어, 중국과 서유럽의 1km^{2}당 인구밀도는 1500년에는 각각 25명과 8명, 그리고 1800년(해외식민지 포함)에는 각각 80명과 3명이었다.[53] 그리하여 농가생계를 해결하기 위한 경지규모는 필연적으로 클 수밖에 없었다. 예를 들어, 9세기에는 대개 약 40헥타르에 달하였던 중세 서유럽의 농민 보유지[54]가 12, 13세기까지는 약 20~30헥타르에 불과했던 반면, 10세기 중엽까지 중국농민의 가구당 평균경지면적은 약 3헥타르(중국의 40畝)에도 미치지 못하였다.[55] 이처럼 생계를 위해 농민 일인당 경지보유 면적은 커야 했던 반면 낮은 인구밀도로 노동력이 부족했던 서유럽 중세사회의 농업생산의 조건하에서 자립적 소농경영이 성립하기 위해서는 보조노동력으로서 목축의 사용과 농업도구의 도움은 절대적이었다. 즉 목축은 비료공급의 주요 원천이기도 하였을 뿐만 아니

---

52 밀의 최대 단점은 수확량이 많지 않다는 것이다. 15~18세기에 대한 연구조사가 이루어진 곳을 보면 씨앗 한 알을 뿌린 데 대해서 수확하는 것은 흔히 다섯 알, 때로는 그보다도 훨씬 작은 양이었다. 다음 번 파종을 위해서 이 중 한 알은 남겨두어야 하므로 결국 소비할 수 있는 알곡은 파종 한 알에 대해서 네 알인 셈이다. 1헥타르당 평균 1.5헥토리터(hl)를 파종하고, 수확과 파종의 비율이 5 : 1이라 가정할 때 밀은 200만 칼로리를 얻고, 또 이 땅을 목축에 사용하여 34만 칼로리를 얻어 모두 234만 칼로리를 얻는다. 반면, 씨앗 한 알당 40~50알을 수확하는 쌀의 경우 735만 칼로리를 얻는다. F. Braudel, 1979, *Civilisation matérielle, économie et capitalisme, XVe-XVIIIe*, 주경철 역, 1995, 『물질문명과 자본주의 I-1: 일상생활의 구조』(上), 까치, pp. 160-207.

53 E.L. Jones, 1981, *The European Miracle*, Cambridge University Press, p. 232.

54 영국에서 농민 한 가구의 생계를 유지할 만한 땅의 단위로 하이드(hide, 약 acre)가 사용되었다. 그리고 1에이커는 농민 한 팀이 한나절간 경작할 수 있는 땅의 면적이기도 하였다.

55 G. Duby, 1968, *Rural Economy and Country Life in the Medieval West,* translated by C. Postan, University of South Carolina Press, p. 29; Slicher van Bath, B.H., 1963, p. 42; Kang Chao, 1987, *Man and Land in Chinese History: An Economic Analysis*, Southern Materials Center, INC., p. 92.

표 4-1. 유럽의 곡물 수확, 1200~1820

기 간	곡물 수확 비율
1200-49	3 : 1에서 3.7 : 1
I. 영국(1200-49)	3.7
II. 프랑스(1200 이전)	3
1250-1499	4.1 : 1에서 4.7 : 1
I. 영국(1250-1499)	4.7
II. 프랑스(1300-1499)	4.3
1500-1699	4.2: 1에서 7 : 1
I. 영국, 네덜란드(1500-1699)	7
II. 독일, 스칸디나비아국가들(1500-1699)	4.2
1700-1820	4.1 : 1에서 10.6 : 1
I. 영국 · 아일랜드 · 네덜란드(1750-1820)	10.6
II. 프랑스 · 스페인 · 이탈리아(1500-1820)	6.3
III. 독일 · 스칸디나비아제국(1700-1820)	6.4
IV. 동부유럽(1550-1820)	4.1

출처: Slicher van Bath, B.H., 1963, *The Agrarian History of Western Europe AD 500~1850*, Edward Arnold.

라 부족한 인간노동력을 보충해줌으로써 넓은 토지를 경작할 수 있게 하였다.

그리하여 서유럽에서 과학적 품종개량법과 무기질소 비료 같은 근대적 과학농법의 도입 이전에 토지생산성을 향상시킬 수 있는 유일한 방법은 가축노동력이 뒷받침되는 한 경지를 증대시키는 것이었다. 철제 쟁기의 보급과 새로운 쟁기법의 사용,[56] 그리고 농업에 있어서 말의 이용[57]이 삼포제(three-field rotation system)

56 철제 쟁기의 도입은 보다 광범위한 축력의 사용을 가져왔고, 보다 수익적인 새로운 쟁기를 사용하려면 농민들은 집단을 구성해야 했다. 결과적으로 이것은 분쟁을 해결하고 공동체의 전체 토지를 어떻게 경영해야 하는가를 결정하기 위한 강력한 촌락농민위원회의 성장을 가져왔다. 즉 새로운 쟁기법은 배수의 향상과 더불어 농민노동력의 절약 및 가장 비옥한 토양의 사용은 생산을 확장시켰을 뿐 아니라 잉여곡물의 축적을 가능케 함으로써 인구성장, 기능의 전문화, 도시화, 그리고 여가의 성장을 가져왔다.

57 징이 박힌 편자와 더불어 마구의 개발은 군사적 용도뿐만 아니라 경제적 자산으로 말의 사용을 가능케 하였다. 8세기 이래 전쟁 비중의 증가는 보다 강력한 말에 대한 기사들의 수요를 창출했고 그 결과 소보다 먼저 말의 품종개량이 이루어졌다. 중세시대에 소는 말과 비교해 오늘날보다 상대적으로 약했다. 오늘날의 실험에 의하면 말과 소의 견인력은 거의 비슷한 반면 약 50% 정도 전자가 후자보다 신속할 뿐 아니라 보다 인내력이 있기 때문에 하루에 1,2시간 더 작업할 수 있다. 농업수

의 확립[58]과 더불어 중세 초의 3대 농업혁명으로 불리는 것도 여기에 있다. 중세 초의 농업혁명의 결과, (수확/파종) 비율로 측정된 생산성은 800~1300년간 약 2에서 4로 증가하였다고 추정하고 있고,[59] 이러한 농업혁명이 경제의 중심지를 남유럽에서 북유럽으로 이동시키는 주요인이 되었다. 9세기 초까지 농업혁명의 모든 주요 요인들—중쟁기, 개방경지, 말굽, 3년 윤작제—은 10세기에 개발된 징이 박힌 편자를 제외하고는 상호 맞물려 개발되었다. 사실, 중세 초의 농업혁명은 중쟁기의 사용이 적합한 북구 평원에 제한되었는데, 그곳은 여름에 많은 비로 봄작물 재배를 허용하는 비옥한 토양이었기 때문이었다. 북구지역 농민들의 수익 증대는 생계수준을 향상시켰고, 따라서 제조품에 대한 구매력을 증대시켰다. 그리고 이러한 농민 수입의 증대와 잉여농산물이 10세기 이후 급속한 도시화를 가능케 했던 것이다.

행에 있어서 이러한 이점과 더불어 말의 신속함과 비용문제는 육로 운송수단으로서도 그 진가를 유감없이 발휘했다. 예를 들어, 로마 시대에 육로에 의한 운송비용은 매 100마일당 두 배씩 증가했고 그 결과 로마 근처의 라티푼디움(latifundium)들은 해상운송의 이점을 가진 이집트나 북아프리카나 시실리아에 비교해 경쟁적이지 못했다. L. White, Jr., 1964, Ch. 2.

58 인구에 비해 토지가 풍부하게 존재하고 있던 시기에 있어서 토지는 수년 동안 연작된 후 방치되고 새로운 토지가 경작되는 조방적인 곡초식농법(穀草式農法)이 이용되었다. 반면, 인구가 증가하고 (토지/인구) 비율이 감소함에 따라 토지가 보다 집약적으로 이용되지 않으면 안 되게 되었다. 경지를 2년에 한 번씩 휴한하는 이포제에서는 토지의 반에 겨울작물을 재배하고 나머지 반을 휴경시켰고, 다음 해에는 두 부분의 기능을 교체했던 반면, 삼포제에서는 경지를 삼등분하여 한 부분은 겨울밀이나 호밀을 가을에 파종하고 두 번째 경지에는 다음 해 봄에 귀리나 보리나 콩 종류를 재배하고 세 번째 경지는 놀렸다. 그리고 다음 해에는 첫째 경지에 봄작물, 두 번째 경지는 휴경, 세 번째 경지에는 겨울곡물을 재배하였다. 그 결과 이포제보다 삼포제에서 생산량이 1/3이나 증대하였다. 참고로 휴한제는 기본적으로 지력을 회복하기 위해서 규칙적으로 토지를 쉬게 하는 것이지만 휴한지가 자연 상태로 방치된 것은 아니다. 낮은 토지생산성(및 그로 인한 높은 농민일인당 경지규모)으로 인해 농민노동력의 보조수단으로서 축력의 도움이 필요했을 뿐 아니라 시비의 중요성으로 가축의 분뇨 등 비료의 확보를 위해 휴한지에는 공동방목이 이루어졌다. 즉 비료생산 능력이 제한적이었던 당시 상황에서 가축부족 → 비료부족 → 곡물 및 사료생산 부족 → 가축부족의 악순환으로 연결되어 중세 농업사회의 확대재생산을 기대할 수 없기 때문이다.

59 G. Duby, 1968.

통치권의 세분화와 정치력 집중의 경향성, 절대왕정의 성립

건조곡물농업경영체계가 만들어낸 낮은 인구밀도는 봉건제의 정치체제를 권력의 분산화와 지방화로 특징지었다. 즉 현대사회처럼 중앙집중화된 정부가 의존하는 신속한 운송수단과 통신시설이 부재하는 상황에서 군사적 충성과 행정적 봉사에 대한 대가로 은대지 수여는 광범위한 지역에 분산되어 있는 농민을 통제하기 위한 수단이었듯이 **봉건제의 확립은 본질적으로 행정과 통신문제에 대한 해결책이었다.**[60] 그 결과, 봉건영주는 상위영주인 국왕에 대하여 충성을 서약한 주종제의 신분관계의 대가로 토지를 하봉(下封, Fief, Lehn)받아 소유할 뿐 아니라 동시에 국왕이 가진 제 지배권을 위임받아 실질적으로 국왕과 같은 특권적 지배자로 군림하였다. 그리하여 서유럽의 모든 영토에서 국왕은 자신의 경제적 수입원이 사실상 한 사람의 영주로서 가지고 있는 개인적 소유영지밖에 없었다는 점에서 그 아래 하급영주층과 질적인 차이가 없었고 단지 등급상의 차이가 존재하였다.

그러나 통치권의 완전한 세분화는 무정부상태가 벌어질 가능성을 함축하고 있고 이러한 무정부상태와 더불어 외부로부터의 위협은 봉건영주층이 누리는 제 특권 및 공동이해의 기초를 파괴시킬 수 있기 때문에 군사적 성격으로 제한된 국왕의 존재는 여전히 필요하였다.[61] 즉 봉건제는 혼란의 시기에 외부로부터의 조직적 침략을 방어하기 위해, 혹은 영주 간의 분쟁을 조정하기 위해 준(準)국가적 장치를 필요로 하였다. 여기에 외연적 확장을 위해 세력의 연합이 필요하였는데 기독교라는 외연적 규범조절장치가 이 역할을 수행하였다. 이처럼 왕 자신은 거

---

60 S. Clough and R. Rapp, 1975, *European Economic History: The Economic Development of Western Civilization*, Mcgraw-Hill, p. 45.

61 예를 들어, 11세기 후반 봉건제가 영국에 이식되는 것을 계기로 어느 정도 대내적 안정을 찾은 서유럽 봉건사회는 예루살렘과 팔레스타인에서 기독교 순례자들이 투르크인들로부터 당하는 고통을 구실로 '성도'(聖都) 구출을 위한 '성전'(聖戰, 십자군전쟁)이 시작된다. 그러나 십자군전쟁은 표면상으로는 종교적 이념과 목표를 내세웠지만, 사실은 이 원정을 계기로 콘스탄티노플의 주인이 되려는 로마 교황의 욕심, 셀주크인에 의해 오래전부터 막혀버린 동방으로 가는 통상로를 회복하려는 베네치아나 제노바 등 신흥무역항 상인들의 상업적 이해관계가 있었다. 그리고 영주나 일반 농민들의 세속적 이해관계들의 산물로서 십자군원정은 수백만의 기독교도와 모슬렘을 죽음과 빈곤으로 몰아넣었을 뿐 별 소득도 없이 실패로 끝났다.

대한 지주로 남아 있었고 그 결과 영주의 담합에 의한 잠재적 위협에 대응할 수 있었다. 그럼에도 불구하고 봉건제는 왕이 주요 영주에게 많은 경제적・정치적 권력을 제공할 수밖에 없었던 분권화된 정치체제였다는 점에서 본질적으로 불안정한 체제였다. 이처럼 봉건제사회는 권력을 분해시키려는 원심력 경향과 권력의 구심력을 형성해야 한다는 절대적 요망사항이 동시에 작용하였다.[62]

이와 같이 봉건영주의 잉여수탈체계의 발전은 경제외적 강제가 그것의 동력으로 작용하였다. 즉 농민에 대한 지배의 유지와 다른 영주로부터 자신을 보호할 수 있는 영주의 정치력은 영주의 소비 욕구를 충족시킬 수 있는 경제력을 제공해 주었고 점증하는 소비 욕구는 경제력의 확대와 정치적 축적을 요구하였다. 그러나 영주의 잉여수탈체계의 확대재생산은 그 자체가 다른 영주들에 대한 위협이 되어 영주 간의 경쟁과 갈등이라는 일반적 경향을 유발시켰고, 이러한 경향은 정치적 축적을 보다 가속화시킨다. 즉 성공적인 정치적 축적은 증대된 군사력이나 사법권을 통해 가능하고 그러한 자원을 축적하기 위해서는 보다 큰 권력을 요구하는 확대재생산의 경향을 지니게 된다. 전쟁은 바로 영주집단 상호 간의 경쟁 격화의 결과였고 전(全) 봉건시대를 통해 봉건적 중앙집권화(절대왕정)를 추진한 거대한 엔진이었다.[63]

시장시스템의 산실, '자치도시'

중세 도시의 부활과 기원에 대해서는 이견이 있지만[64] 새로운 도시의 출현과

62 P. Anderson, 1974, pp. 162-63.

63 R. Brenner, 1982.

64 일반적으로 중세도시의 기원은 로마도시, 자연발생적 도시, 그리고 건설도시로 구분되고 있다. 첫째, 로마제국의 지배하에서 건설되었던 도시는 고대 말부터 중세 초에 쇠퇴하였다가 10세기 이후 상업과 함께 부활하였지만, 남유럽의 로마도시를 제외하면 고대 로마도시와 중세 도시 간에는 일반적으로 어떠한 경제적 및 법제적 관련성이 없었다. 둘째는 상업활동에 유리한 입지조건을 가진 지역에서 자연적으로 발생한 도시로서 교통이 편리하고 안전한 상업활동이 이루어질 수 있었고 상품수요도 있는 곳이었다. 셋째로 왕후 등 봉건귀족에 의해 인위적으로 건설된 도시로서 봉건귀족은 자신의 영지를 개발하고 시장세・거래세・통행세 등의 수입을 증대시키려는 경제적 동기에 의해 건설되었다.

성장이 서구역사의 혁명적인 전환점이었다는 것은 일반적으로 주지하는 사실이다. 즉 산업혁명과 그것의 산물을 포함한 모든 뒤이은 발전의 뿌리를 중세 도시의 발전에서 추적할 수 있기 때문이다. 도시는 비잔틴제국뿐만 아니라 중국 등 중세 세계 어느 곳에서나 존재하였다. 오히려 거대한 도시는 19세기까지 유럽에서보다 중국에 존재한 것 같고 18세기까지 도시화율이 보다 높았던 것 같다. 중세 유럽도시가 유럽사에 독자적 성격을 부여해 다른 사회들과 특별히 구분되는 역사과정을 결정했다면 중세 유럽도시는 다른 지역과 다른 시대의 도시와는 반드시 구분되는 무엇인가가 있었을 것이다. 즉 중세 서유럽도시는 주변 세계와는 완전히 다른 특수한 공간이었다. 중세 서유럽도시는 정치 · 사회 · 문화적으로 도시 시민에 의해 지배되었다. 물론 도시가 처음부터 영주로부터 독립된 자치도시였던 것은 아니다. 10세기 말부터 확대되기 시작한 농업의 번영에 기초해 도시가 성장하였지만, 초기에 도시의 상공업은 영주가계의 일부분이었고 상인은 자치권을 가지지 않았다. 즉

> "로마제국 몰락 후 도시와 소읍의 주민들이 농촌주민들보다 더 나은 대우를 받은 것은 아니었다. 그들은 사실 그리스 · 이탈리아의 고대공화국의 최초의 주민들과는 다른 계층으로 이루어져 있었다. … 도시에는 주로 상인 · 직공들이 살았는데, 그 당시 그들은 노예상태와 같거나 거의 노예상태에 가까웠던 것 같다. … 사실 도시주민들은 현재의 행상인과 같이 한 정기시장에서 다른 정기시장으로, 한 장소에서 다른 장소로 자신의 재화를 가지고 떠도는 매우 가난하고 미천한 사람들이었던 것 같다. … 즉 여행자들이 어떤 장원을 통과할 때나 그들이 어떤 다리를 건너갈 때, 그들이 정기시장의 한 장소에서 다른 장소로 그들의 재화를 운반할 때, 그들이 시장에서 물건을 팔기 위해 매점이나 노점을 설치할 때, 그들의 신체와 재화에 과세했다. 이러한 각종 세금은 영국에서는 통행세 · 교량세 · 적하세 · 노점세라는 이름으로 알려졌다."[65]

65 Adam Smith, 1992, *An Inquiry into the Nature and Causes of the Wealth of Nations*, 김수행 역, 『국부론』, 동아출판사, pp. 380-81.

그러나 11세기 이래 상인 자신을 위한 상업활동을 개시하면서 영주로부터 자립하게 되고 도시에서의 생활양식과 문화의 독자성이 확립되었다. 그 후 도시는 점차 농촌의 활력을 흡수하면서 성장하였고 경제발전의 추진력은 농촌으로부터 도시로 이행하였고 도시경제의 우위에 의거하면서 중상주의 정책을 추진하는 국민국가를 성립시켰다. 이처럼 **사회구조적으로 독립된 공간으로서의 '자치도시'가 출현할 수 있었던 원동력은 봉건제의 권력분산에 기인하였다.** 즉 중세도시들은 다수의 봉건권력의 공존에 의해 혜택을 입었다. 권력이 개별지역마다 봉건적으로 분산되어 있는데다가 이들 개별지역의 경계마저 이리저리 중복되고 있었고 보편적인 권력의 중심지가 존재하지 않았기 때문에 그 틈새에서 '자유토지를 소유'한 집단적 실체가 존재할 가능성이 항상 있었다. 즉 **귀족과 교회의 지배에서 벗어나 집단적으로 정치적 · 군사적 자유를 향유하였던 중세 서유럽도시는 "자연농업적 경제 내에서 도시적 상품생산이 자율적으로 발전"할 수 있었던 공간이었다.**[66] 도시의 공민(公民)을 의미하는 'burgher'의 어원인 버러(borough)는 자치도시의 성격을 잘 보여준다.[67]

이와 같이 중세도시는 도시의 시민들에 의해 지배되었고 도시에는 농노들이 존재하지 않았을 뿐만 아니라 시민들은 상대적으로 평등하였다. 즉 도시는 농촌과 비교해 상대적으로 경제적 평등이 확보되었고 강제노동이 배제되었기 때문에 경제적 유동성이 높았다. 이러한 도시의 특성은 장기적으로 도시가 농촌의 잉여

66 P. Anderson, 1974, p. 161. 맑스(K. Marx)는 이것을 "고전고대의 역사가 토지소유와 농업에 기초한 도시의 역사라면 … (게르만 시기의) 중세는 농촌에서 역사의 궤적을 시작하여 도시와 농촌의 대립을 통해 발전해갔고, 근대(역사)는 고대에서처럼 도시의 농촌화가 아니라 농촌의 도시화"라고 표현하였다. K. Marx, 1964, *Pre-Capitalist Economic Formations*, translated by J. Cohen, Lawrence & Wishart, pp. 77-78.

67 버러는 영국의 특권도시 또는 국회의원 선출 자격을 지닌 자치도시다. -burg, -bourg, -burgh 등이 붙은 도시들, 예를 들어, 영국의 에든버러(Edinburgh), 독일의 잘츠부르크(Salz-burg)와 뷔르츠부르크(Würz-burg), 프랑스의 스트라스부르그(Stras-bourg) 등이 그것들이다. 영국의 경우 바이킹들을 막기 위한 목책 요새를 대대적으로 건설할 정도였다. 이런 요새를 burgh라고 불렀는데, 영국 도시 이름에 붙은 접미어 '-burgh'는 여기서 유래했다. 버러(borough)는 '성벽에 둘러싸인 땅'을 뜻하는 버러(burh)에서 유래된 말로, 처음에는 성채가 있는 요충지를 가리켰다.

노동력을 흡인해낼 수 있는 원동력으로 작용하였다. 농업노동력의 도시 유출은 노동력에 대한 농업과 제조업 간에 심한 경쟁을 야기시켰던 자본주의 발전의 초기 단계에 더욱 가속화되었다.[68] 게다가 도시는 농업생산물을 위한 시장 확대를 제공하였고 상품경제의 발달은 토지집중을 가속화시켜 토지를 상실당한 농민 중 상당수를 도시로 유출시켰다.

도시부문의 경쟁력 우위는 1500~1800년간 두 배로 증가하였던 유럽 사회의 도시화율, 그리고 같은 기간 동안 유럽의 전체 인구는 6,160만에서 1억 2,270만으로 약 두 배 증가하는 동안 도시인구는 350만에서 1,220만으로 약 4배 증가한 데서도 확인된다.[69] 특히, 산업화가 가장 먼저 진행된 영국이 유럽의 다른 사회들보다 도시화나 농업생산성에서 훨씬 빠른 성장을 보여주었다.[70] 한편, 도시부문의 발전을 위해 농촌은 산업원료의 공급뿐만 아니라, 무엇보다 산업노동자의 공급을 위한 농촌 잉여노동력의 창출 및 도시 임금노동자들에게 식량 공급을 수행해야 한다. 이것은 농업에 있어서 노동생산성의 발전을 의미한다. 그러나 봉건제적 규제하에서 농민이 경지규모나 노동력의 고용을 증가시키는 것은 어렵기 때문에 서유럽 농업경영에 있어서 효율성이 높은 대농경영을 위해서는 토지의 사적 소유제로의 이행과 노동력의 자유로운 이동이 요구된다. 즉 봉건적 구속은 상품경제의 자유로운 발전에 질곡으로 작용하였고, 이런 점에서 부르주아지의 사상과 지도를 받아 부르주아와 농민의 연합에 의해 **봉건적 특권의 폐지 및 신분해방을 표방한 시민혁명은 본질적으로 상품경제의 자유로운 발전을 위한 정치적 자유와 경제적 자유의 요구로 나타날 수밖에 없었다.**

이처럼 영국에서 시장은 16세기부터 양적으로 증가했을 뿐만 아니라 그 중요성이 증대해갔다. 그러나 중상주의 체제하에서 시장이 정부의 주요 관심사

68 E, Boserup, 1981, *Population and Technology*, Basil Blackwell, p. 99.

69 Jan de Vries, 1984, *European Urbanization 1500-1980*, Harvard University Press, pp. 30, 36.

70 E.A. Wrigley, 1987, "Urban growth and agricultural change: England and the continent in the early modern period," in *People, Cities and Wealth: The Transformation of Traditional Society*, Basil Blackwell, pp. 157-93.

▌표 4-2. 유럽 각국의 도시인구와 도시화율, 1500~1800 (단위: 천 명, %)

지역	1500	1550	1600	1650	1700	1750	1800
영 국	80(3.1)	112(3.5)	255(5.8)	495(8.8)	718(13.3)	1,021(16.7)	1,870(20.3)
독 일	385(3.2)	534(3.8)	662(4.1)	528(4.4)	714(4.8)	956(5.6)	1,353(5.5)
프랑스	688(4.2)	814(4.3)	1,114(5.9)	1,438(7.2)	1,747(9.2)	1,970(9.1)	2,382(8.8)
이탈리아 북부	638	711(15.1)	897(16.6)	614(14.3)	778(13.6)	924(14.2)	1,032(14.3)
이탈리아 중부	287	286(11.4)	362(12.5)	384(14.2)	399(14.3)	448(14.5)	499(13.6)
이탈리아 남부	377	501(11.9)	714(14.9)	579(13.5)	584(12.2)	787(13.8)	1,074(15.3)
스페인	414(6.1)	639(8.6)	923(11.4)	672(9.5)	673(9.0)	767(8.6)	1,165(11.1)
포루투갈	30(3.0)	138(11.5)	155(14.1)	199(16.6)	230(11.5)	209(9.1)	252(8.7)
네덜란드	150(15.8)	191(15.3)	364(24.3)	603(31.7)	639(33.6)	580(30.5)	604(28.8)
벨지움	295(21.1)	375(22.7)	301(18.8)	415(20.8)	486(23.9)	432(19.6)	548(18.9)
스칸디나비아	13(0.9)	13(0.8)	26(1.4)	63(2.4)	115(4.0)	167(4.6)	228(4.6)
스코틀랜드	13(1.6)	13(1.4)	30(3.0)	35(3.5)	53(5.3)	119(9.2)	276(17.3)
아일랜드	0(0)	0(0)	0(0)	17(0.9)	96(3.4)	161(5.0)	369(7.0)
폴란드	0(0)	10(0.3)	15(0.4)	20(0.7)	15(0.5)	36(1.0)	103(2.5)
유럽 전체	3,441(5.6)	4,416(6.3)	5,933(7.6)	6,184(8.3)	7,465(9.2)	8,933(9.5)	12,218(10.0)

출처: Jan de Vries(1984: 30, 39, Tables 3.2, 3.7).

가 되었음에도 불구하고 인간과 사회에 대한 시장의 통제력이 확립된 것은 아니었다. 오히려 이전보다 엄격한 통제가 작용하였고, '자기조정적 시장시스템'에 대한 사고조차 부재하였다. 19세기에야 완전히 새로운 유형의 경제로 갑작스런 변화를 경험하였다. 그렇다면 '시장들'을 하나의 시장시스템, 즉 '통제된 시장들'을 하나의 '자기조정적 시장시스템'으로 분리시킨 조치들은 무엇인가? 변화의 결정적 계기는 도시조직 내에서 국지적 교역과 장거리 교역이 분리되면서 시작되었다.[71] 부르주아지의 조직이었던 도시 내 국지적 시장에서 생산과 교역은 엄격히 제약되어 있었던 반면,[72] 수출을 위한 생산은 형식적으로만 통제되었다. 게다가 의류무역 같은 수출활동이 지배적인 산업은 임노동이라는 자본주의 생산방식 위

71 K. Polany, 1957, pp. 71-73, 76, 77, 82, 83.

72 예를 들어, 시민권은 부르주아에게만 주어졌고 농민과 다른 도시의 상인들에게는 시민권이 주어지지 않았다. 또한, 국지적 시장에서는 생산 자체가 생산자의 필요에 따라 규제되곤 하였고, 식량의 공급에서는 거래의 공개를 강제하고 중간거래상을 배제하였다.

에 조직되어 있었다. 이처럼 시장들이 외부 교역과 관련된 조직들에서 우세를 보임에 따라 외부 교역과 국지적 교역이 엄격히 분리되기 시작하였다. 그 결과 '이동 가능한 자본'의 힘에 의해 도시 제도들은 해체될 위험에 직면하였고 시장의 통합과 국민경제의 형성[73]은 이러한 위협에 대한 도시적 삶의 대응이었다. 즉 중세 서유럽의 전형적인 도시는 관리와 통제가 가능한 국지적 시장과 그것들이 불가능한 원거리교역 간의 간극을 자신의 존재 근거였던 배제와 보호 정책을 제거함으로써 해소하였다.

그러나 **도시에서 특권을 해체하고 교역을 해방시킨 국가의 개입**은 상호 긴밀하게 관련된 문제, 즉 지금까지 도시가 성공적으로 다루었던 독점과 경쟁의 문제를 해결해야만 했다. 당시 사람들은 **경쟁이 궁극적으로 독점을 낳는다는 사실을 잘 이해하고 있었고 독점에 대한 우려는 경제적 삶의 전반적인 규제로 나타났다.** 이처럼 중상주의가 수반한 교역의 자유화는 교역을 특정한 이해로부터 해방시켰으나 역설적으로 동시에 규제를 확대시켰다. 즉 **규제와 시장은 함께 성장**하였던 것이다. 즉 애덤 스미스가 지적한 교역행위의 '자연적 경향'은 영국에서 자유시장을 창출하는 데 충분치 않았다. 자유무역을 주도한 면직업이 보호주의적 관세, 수출보조금, 그리고 임금에 대한 간접보조금 등의 도움에 의해 창출되었듯이 **자유방임 그 자체는 국가에 의해 강제된 것**이었다. 앞에서 보았듯이, 1830년대와 40년대는 시장제약적인 규제를 퇴출시키는 입법이 분출되었을 뿐 아니라 자유주의 지지자들에 의해 설정된 과제를 수행할 수 있도록 국가의 행정기능이 크게 강화되었다. 이처럼 **자유시장의 확장은 중앙**(정부)**에서 조직화되고 통제된 개입주의에 의해 가능했다.** 즉 **"자유방임은 계획된 것"**이었다. 이러한 역설은 또 하나의 역설을 수반하였다. 그리고 자유방임의 경제가 '교묘한' 국가행위의 산물이었던 반면 자유방임에 대한 뒤이은 제약 또한 동시에 진행되었기 때문이다.[74]

---

73 상업혁명 이전까지는 시를 중심으로 하는 교역이었으나 이때부터 민족국가를 단위로 하는 교역이 나타났다. 예를 들어, '한자동맹'은 독일 상인들로 구성된 것이 아니라 북해와 발틱해의 여러 도시 출신의 교역업자들로 구성된 협회였다.

74 K. Polany, 1957, pp. 130, 135-37, 139-41.

제3절 영국의 성공: 산업구조의 전환과 국가역량

영국의 성공과 국가역량

적어도 1500년경까지 유럽은 아시아보다 앞선 지역이 아니었다. 흑사병과 같은 전염병과 기근, 그리고 잦은 전쟁으로 14세기 후반부터 15세기의 대부분 시기를 보낸 서구 국가들은 15세기 말부터 안정을 되찾기 시작하였다. 즉 1세기 동안 감소 내지 정체하였던 유럽의 인구도, 회복속도나 성장률이 전 유럽에 걸쳐 일정하지는 않았지만, 15세기 중엽부터 그리고 적어도 16세기 초부터는 전반적으로 증가하기 시작하였다. 이러한 추세는 16세기에도 지속되었으며, 특히 16세기 후반에는 가속화되었다.[75] 그러나 17세기 초에는 기하급수적인 인구증가가 기근, 전염병, 그리고 전쟁, 특히 중앙유럽의 많은 인구를 감소시킨 30년 전쟁과 같은 전반적인 장애에 부딪히게 되었다.[76] 이처럼 15세기 중엽부터 17세기 중엽은 유럽이 산업사회로 이행하는 경계 시점이었다. 사실, 17세기 중엽의 유럽과 세계의 경제는 그 이전과 비교할 때 커다란 차이를 보여주었다.[77]

가장 커다란 차이는 지리적 범위가 크게 확대되었다는 점이다. 15세기 중엽부터 17세기 중엽의 이행기는 해상 탐험과 식민지 개척(신대륙 발견?)의 시기와 거의 일치하듯이 유럽과 아시아 사이의 모든 항로들이 건설되었고, 유럽인의 서반구 정복과 정착이 이루어졌다. 이러한 사건들을 계기로 유럽인들은 실질적이고 잠재적인 자원을 그 이전보다 더 큰 규모로 공급받게 되었고, 유럽 경제에 있어 중대한 제도적 변화, 특히 경제에 대한 정부의 역할과 관련된 변화가 초래되었

75 15세기 중반 유럽의 인구는 약 4,500만 내지 5천만 명이었는데 이는 흑사병이 기승을 부리기 전의 약 2/3에 해당한다. 그리고 유럽의 인구는 17세기 중엽까지 약 1억 명에 달했던 것으로 추산한다.

76 인구증가에 따른 실질임금의 지속적인 하락으로 인해 도시와 농촌 빈민들은 더욱 곤경에 빠졌다. 게다가 인구가 농업생산보다 더 빠르게 증가했기 때문에 식량, 특히 빵을 만드는 데 사용되는 곡식의 가격이 훨씬 더 빨리 상승했는데 '가격혁명'은 이러한 상황을 더욱 악화시켰다. 이처럼 16세기 말에는 자원에 대한 인구압력이 극도로 강해졌고 17세기 초에는 일련의 흉작, 새로운 흑사병 및 다른 전염병들의 발생, 전쟁의 빈도와 잔인성의 증가 등으로 인해 인구팽창이 정지되었다. 특히, 17세기에 걸쳐 스페인, 독일, 폴란드에서는 인구가 부분적 혹은 전반적으로 감소하였다.

77 R. Cameron, 1993, 『간결한 세계경제사』, 이헌대 역, 범문사, pp. 110-48.

다.[78] 둘째, 유럽 팽창의 가장 극적이고 중요한 측면은 유럽 문화의 이식이 비서구 문화의 수정, 때로는 소멸을 가져왔다는 점이다. 물론, 팽창은 상호작용을 낳았다. 유럽 문화 자체도 상당히 변화되었기 때문이다. 그러나 무엇보다 팽창의 경제적 측면은 교역 규모의 확대와 교역품의 다양화였다. 16세기에 동방에서 향료와 서방에서 온 금과 은은 식민지로부터의 수입에서 압도적인 비중을 차지하였다. 그럼에도 불구하고 다른 상품들이 교역의 대상이 되었고 점차 그 규모가 확대되었다.

교역의 확대는 유럽 내 경제활동 중심지의 위치를 이동시켰다. 15세기에는 북부 이탈리아의 도시들이 중세를 통해 행사했던 경제적 주도권을 여전히 장악하고 있었다. 그러나 포르투갈인들의 신대륙 발견을 계기로 그들은 향료무역의 독점권을 상실하게 되었다. 게다가, 외국 군대에 의한 이탈리아 침략과 점령을 포함한 일련의 전쟁으로 인해 상업과 재정은 더욱 악화되었다. 그러나 이탈리아의 쇠퇴가 즉각적이거나 급격하지는 않았다. 왜냐하면 그들은 자본상의 여력, 기업가적 재능, 그리고 무엇보다 매우 정교한 경제제도가 있었기 때문이다. 그럼에도 불구하고 유럽의 교역 규모가 크게 확대됨에 따라 이탈리아는 자신들이 누렸던 상대적 우위를 상실하게 되었고, 17세기 중엽 이래 상당히 오랜 시기까지 유럽 경제의 발전에서 소외되었다.

이행 국면에서 주목할 점은 '국민국가'의 경제정책이었다. 국민국가들은 국가를 부강하게 하기 위해 경제력을 향상시키려 했고, 이를 위해 국력을 이용하고자 하였다. "이윤과 권력은 함께 고려되어야 한다"는 17세기 말 영국의 상인이자 정치가였던 차일드(Sir Josiah Child)의 주장에서 보듯이 당시의 국가들은 무엇보다도 재정수입을 확보하려고 노력했으며 때때로 재정수입에 대한 요구 때문에 실질적인 생산활동을 저해하는 정책을 입안하기도 하였다. 즉 정치적, 경제적으로

78 사실, 16세기와 17세기 유럽 외부의 교역은 유럽 내부의 교역에 비해 규모가 작았으며 (향료 이외의) 식량 수입은 무시해도 좋을 정도였다. 그럼에도 불구하고 지리상의 발견은 유럽의 경제적 변화 과정에 지대한 영향을 미쳤다.

국가의 통합을 시도하였던 국민국가들의 정책은 각 국가의 발전에 중요한 영향을 미쳤다.

신대륙의 발견(?)과 원주민에 닥친 대재앙 1492년 10월 12일 콜럼버스 일행이 오늘날의 바하마(Bahama) 제도의 한 섬에 도착했다. 현지 주민들은 과나하니라 부르던 이곳을 콜럼버스는 산살바도르(San Salvador)라 명명하였다. 아메리카의 '발견'은 이렇게 시작되었다. 그런데 이미 만 년 전부터 사람들이 잘 살고 있던 곳에 어느 날 외지인들이 찾아와서 생뚱맞은 이름들을 붙이고 '새로운 대륙을 발견'했다고 말한다. 1492년이라는 해는 한편으로 콜럼버스의 항해의 해이지만 동시에 이베리아 반도에서 이슬람 세력의 최후 거점인 그라나다가 정복됨으로써 레콩키스타(Reconquista, 국토회복운동; 711~1492년)가 완수된 해이며, 또 이렇게 형성된 기독교 왕국에서 유대인을 축출함으로써 종교적 배타주의가 강화된 해이기도 하다. 아메리카 대륙에 도착한 에스파냐인들은 탐험 · 정복 · 상업활동을 하면서 가공할 폭력을 휘둘렀다. 이 폭력을 지휘한 주도 세력은 이슬람 세력과 전쟁을 하고 유대인들을 박해하고 살해하였던 중 · 하급 전사 귀족들이었다. 말과 칼, 살인의 스릴과 약탈의 즐거움을 맛본 이들은 무장해제가 쉽지 않은 형편이고 중앙정부가 쉽게 통제할 수도 없었다. 이 문제를 해결하기 위해 이들을 국외로 내보냈던 것이었다. 아메리카에 도착해서 이방인을 만났을 때 에스파냐인들이 대뜸 칼부림부터 시작한 배경이다. 유럽인들에겐 영광, 원주민들에겐 비극의 시작이었다. 당시 상황을 직접 경험한 라스카사스(Las Casas) 신부는 에스파냐인들이 원주민을 어린애 · 임산부 가릴 것 없이 도살장에서 양을 잡는 것처럼 갈가리 찢거나 산채로 태워버렸고, 이렇게 죽은 사망자 규모는 1,500만 명에 가깝다고 증언하였다.[79]

79 1550년, 에스파냐 국왕의 별장이 있는 바야돌리드에서 역사적인 논쟁이 있었다. 논쟁의 당사자는 '에스파냐의 소크라테스' 라스카사스 신부와 '에스파냐의 키케로'로 일컬어졌던 학자 세풀베다(Sepulveda)였다. 두 사람은 신대륙에서 벌어진 폭력적인 식민지 경영과 선교를 주제로 국익과 인권이라는 엇갈린 관점에서 장시간의 설전을 벌였다. 에스파냐 국왕이 명한 그날의 '끝장 토론'에서 승리한 사람은 30여 년 가까이 남아메리카의 비참을 목격하고, 그보다 더 긴 세월을 원주민 인권에 헌신했던 라스카사스였다. 논쟁이 끝난 직후 '인디오는 영혼이 없으며, 고로 말살해도 좋다'는 주장을 담은 세풀베다의 저서는 에스파냐어로 번역되는 것이 금지되었을 뿐 아니라, 그의 저서들이 수거되어 불태워졌다. '인디오들에게 영혼이 있는가?'라는 물음이 자연스레 들렸을 뿐 아니라, 그런 주장이 백인 유럽인의 인간다움을 한껏 입증해 주었던 시절에 라스카사스는 "인디오도 우리와 똑같은 인간이다"고 외쳤다.

이 기록을 놓고 후대 역사학자들 간에 열띤 논쟁이 벌어졌지만, 볼테르는 이 기록이 10배의 과장이 있었다 하더라도 이미 공포를 심어주기에 충분하다고 말했다. 에스파냐인들은 정복 지역에 요새화된 읍을 건설하고 그 주변의 땅을 분할하여 통치했다. 이것은 이베리아 반도에서 이슬람 세력을 몰아내면서 새로 획득한 영토를 관리하던 방식을 그대로 따온 것이었다. 이렇게 해서 그들은 금을 얻으려고 했으나, 문제는 사금 채취 노동을 할 인력을 확보하기 어렵다는 것이었다. 이를 해결하기 위해 1503년에 이사벨라(Isabella) 여왕이 칙령을 발표하여 현지 주민의 노동력을 할당하는 레파르티미엔토(repartimiento, 할당지) 체제를 구축했다. 주민들은 무상이든지 혹은 몇 푼 안 되는 임금을 받고 정복자들을 위해 사금 채취 작업을 해야 했다. 이 강제노역 체제가 원주민 사회를 붕괴시켰다. 소박한 사회에서 평온한 삶을 살았던 이들에게 가족과 떨어져 8개월 동안 일한다는 것 자체가 큰 스트레스였으며, 여기에 질병과 백인들의 학대, 높은 자살률이 더해져서 사망자가 늘고 출산율이 급격히 감소했다. 다른 곳이라면 산악지역이나 정글로 도주했을지도 모르지만 섬이라는 한정된 공간에서는 그럴 수도 없었으므로 조만간 인구 전체가 사라져 갔다. 한 사회의 멸망을 대가로 해서 1503~1510년 사이에 19톤의 금이 에스파냐로 갔다. 그러나 이 시기 이후에는 사람도 금도 모두 소진되었다. 라스카사스는 에스파냐 호상과 그들에게 매수된 용병들에게 살육되는 인디오들을 지키기 위해 인디오들의 신체적 약점을 강조하며 "힘센 흑인 노예에 관한 정보를 간접적으로 제공"했다. 무심결에 내뱉은 그의 말은 '씨'가 되어 노예 상인들은 라스카사스의 발언을 흑인 노예 매매를 위한 구실로 교활하게 악용했다. 라스카사스는 말년의 저서에서 자신이 아프리카인을 신대륙으로 데려오게 한 장본인이었으며, "흑인의 권리는 인디오의 그것과 다를 바 없다"며 자신의 주장을 참담한 심경으로 후회했다. 부족한 노동력을 보충하기 위해 아프리카 흑인들이 노예로 수입됐고 이들은 오늘날 카리브해 도서에 널리 퍼진 뮬라토(mulato, 흑인과 백인 간 혼혈)의 선조가 됐다. 특히 16세기 유럽에서 설탕수요가 늘면서 설탕 공급을 늘리기 위한 노예제 플랜테이션이 브라질을 시작으로 카리브해 곳곳으로 퍼져갔다. 서인도제도에서 이런 가혹한 방식으로 얻은 부는 다음 탐험의 비용으로 충당되었다. 에스파냐 탐험가들은 곧 대륙 본토로 공격해 들어갔다.[80]

가격혁명 1594년에 신대륙의 스페인 식민지로부터 합법적으로 수출된 상품가치의

80 주경철, 2009, 『문명과 바다』, 산처럼.

95%가 금은으로 구성되어 있었다. 스페인 식민지로부터 금은이 유입됨에 따라 유럽의 금속화폐의 공급이 16세기 동안 적어도 세 배는 증가하였다. 스페인 정부는 금은의 수출을 금지시키려 하였으나, 정부 스스로 부채를 상환하기 위해, 그리고 계속되는 전쟁의 자금을 조달하기 위해 이탈리아, 독일, 네덜란드에 막대한 금은을 유출시켰다. 귀금속이 유럽 전역으로 보급됨에 따라 (비록 불규칙적이었으나) 장기간에 걸친 물가상승이 발생했는데 16세기 말에 물가는 그 초기에 비해 보통 3~4배나 높았다. 특히, 곡물, 밀가루, 빵을 비롯한 식품의 가격이 대부분의 다른 상품의 가격보다 더 높았다. 게다가 재정이 취약하고 비도덕적인 군주에 의한 화폐악주(貨幣惡鑄)는 명목가격의 상승을 부채질하였다. 그리고 일반적으로 화폐임금의 상승은 상품가격의 상승에 못 미쳤으며 그에 따라 실질임금이 큰 폭으로 하락하였다. 즉 가격혁명은 다른 인플레이션과 마찬가지로 개인과 사회집단의 소득과 부를 재분배했다. 예를 들어, 소득이 가격탄력적이었던 사람들인 상인, 제조업자, 자신의 토지를 경작하는 지주, 토지보유 기간이 고정되어 있고 시장에 내다 팔기 위해 생산활동을 하는 소작농 등은 임금소득자, 터무니없이 비싼 지대를 지불하는 소작농 등의 희생을 바탕으로 이익을 보았다.[81]

국민경제 형성의 장애물이 된 국가, 스페인과 포르투갈

스페인과 포르투갈은 유럽의 주도적인 경제대국으로서 해상의 영광을 누렸다. 리스본(Lisbon)은 향료무역의 중계항으로서 베니스를 대신했고, 아메리카 식민지의 금・은으로 재정의 일부를 충당했던 스페인의 합스부르크 왕조는 유럽에서 가장 강력한 왕국이 되었다. 그러나 인도와 아메리카의 부는 이 나라들 안에서 광범위하게 분배되지 못했다. 게다가 스페인과 포르투갈 정부는 현명하지 못한 정책들로 인하여 자원들을 낭비했으며 효과적이고 역동적인 경제제도의 발전을 억제했다. 역설적으로, 합스부르크 가문의 인적 관계의 덕택으로 유럽 어느 왕국보다 광대한 영토와 영향력을 가져다주었던 봉건적 확대와 식민지 경영은 스페인과 포르투갈 내에서의 매뉴팩처의 성장과 중상주의적 기업의 확산을 촉진할 의욕

81 R. Cameron, 1993, pp. 123-24.

을 저하시켰고, 원시적 착취경제의 수준을 벗어나지 못하게 하였다. 이와 같이 16세기 전 기간을 통해 유럽 국가들 중 최고의 지위에 있었음에도 불구하고 스페인과 포르투갈은 귀족적이었고 부르주아적 발전에 적대적이었다. 그 결과 비록 이 두 나라가 19세기와 20세기까지 각각 그들의 확대된 해외식민지를 유지했지만 이들은 이미 17세기 중엽부터 경제적·정치적·군사적으로 철저한 쇠퇴의 길을 걷고 있었다.

첫째, 왕실 간 혼인동맹의 결과로 16세기에 방대한 제국을 구축하여 유럽 군주들의 선망과 질시의 대상이었던 스페인은 자신의 경제적 기반으로 무어족에게 계승받은 정교한 원예농업, 유럽 전역에서 호평을 받았던 메리노 양모, 번창하는 모직물공업과 철공업을 가지고 있었다. 게다가 중앙 유럽에 소재한 합스부르크 왕조의 영토에는 철, 납, 구리, 주석, 은을 포함한 중요한 광물자원이 있었고, 스페인이 창설한 신대륙의 제국에서 금은이 1530년대부터 대량 유입되었다. 그러나 이런 유리한 환경에도 불구하고 스페인 경제는 진보하지 못했으며 국민들은 생활수준의 악화, 기근과 전염병 발생률의 증가, 그리고 17세기에 들어서는 인구의 감소 및 경제의 쇠퇴를 경험하였다. 즉 아메리카로부터의 귀금속의 유입은 초기 수출에 자극 요인으로 작용하였지만 한편으로는 식민지에 대한 포도주나 올리브의 수출이 국내 곡물생산의 기반을 붕괴시켰고, 다른 한편 인플레이션으로 직물공업을 중심으로 하는 국내제조업을 약화시켰다.

이처럼 스페인 쇠퇴의 원인으로 여러 가지를 지적할 수 있지만 그중에서도 스페인 군주들의 지나친 야심과 그들이 실시한 경제정책의 통찰력 부족과 경직성은 가장 중요한 원인이었다. 예를 들어, 유럽의 모든 지역에서 전쟁에 참가하였던 스페인 군주들은 전쟁과 과시적인 소비를 위한 자금을 조성함에 있어 조세에 의존하였고, 상대적으로 빈곤했던 스페인 국민들은 유럽의 다른 국민들보다 무거운 조세 부담까지 떠안았다. 체계적이고 장기적인 경제정책의 결여는 스페인 쇠퇴의 또 다른 주요 원인이었다. 종교정책에 있어서조차 스페인 군주들은 국민의 복지를 해치고 자신들 권력의 경제적 기반을 약화시키는 과오를 범했다. 스페인의 아메리카 제국에 대한 정책도 국내정책만큼이나 근시안적이고 자멸적이었다. 신대륙 발견의 성격과 범위가 어느 정도 구체화되기 시작하자 정부는 독점정책과 더불어 강력한 통제정책을 실시했다. 제국 내부의 정책 역시 현명하지 못했다.[82] 스페인 절대주의의 내적 발전을 제약한 국내 산업기반의 취약성은 계속된 전쟁—네덜란드의 독립전쟁, 영국의 침략과 1588년 에스파냐 무적함대의 패배 등—과 더불어 재정 고갈을 가져와 합스부르크 왕조의 힘을 와해시켰고, 농촌과 도시의 궁핍화를 초래하였다. 역설적으로 스페인 절대주의는 너무 빨리 찾아온 해외에서의 행운 때문에 본국의 토대를 완성도 못하고 너무 빨리 확대되어 버렸고, 그 결과 17세기 말이면 스페인은 거의 죽어가고 있었다.

포르투갈의 운명 역시 스페인과 유사하였다. 인구가 백만 명을 약간 상회하였고 비교적 가난했고 영토도 작았던 포르투갈이 16세기에 아시아, 아프리카, 아메리카에 거대한 해양제국에 대한 영유권을 획득할 수 있었던 것은 비교적 운이 좋았던 데다가 조선 및 항해 그리고 그와 관련된 기술과 지식의 축적에 대한 엥리케(Henrique, 1394~1460) 왕의 헌신적 노력, 그리고 그들의 신과 국왕에게 충성하고 자신들의 부를 추구하기 위해서 위험을 무릅쓰고 대양을 가로질렀던 포르투갈인들의 열의와 용기와 탐욕에 기인한 것이었다. 한편, 포르투갈인들은 아시아의 발견과 그에 따른 성공에 도취되어 아프리카와 아메리카 영토에 대해서는 별로 관심을 기울이지 않았다.[83] 포르투갈은 1580년에 스페인 왕국에 편입되었으며 비록 필립 2세가 포르투갈의 제국체제를 보존하고 보호하기로 약속했지만 동방과 서방에서 네덜란드인들이나 다른 민족들의 약탈에 시달렸다. 게다가 포르투갈 국왕들이 재정적인 이유에서 향료무역 등 상업부문들을 독점하고 과중한 조세를

82 예를 들어, 식민지 간의 교역이 멕시코와 페루 사이에서 어느 정도 이루어지기는 했으나 전반적으로 침체되어 있었다. 포도와 올리브의 재배는 국내 생산업자와 수출업자를 보호하기 위해 공식적으로 금지되었다. R. Cameron, 1993, pp. 155-62.

83 브라질과 아프리카의 무덥고 원시적인 열대지방의 개발은 비용이 많이 들고 장기간에 걸친 불확실한 모험이었던 데 비해 향료무역과 그 부대사업들은 국왕과 일반인들에게 빠르고 충분한 대가를 보장해주었다. 사탕수수와 그 재배법이 노예와 함께 전래된 1570년대가 되어서야 브라질은 제국 경제에 절대적으로 필요한 부분이 되었다.

부과한 결과 비효율과 부정이 만연하게 되었다. 게다가 세율이 높으면 높을수록 탈세를 하려고 하는 동기는 더 컸고, 국왕의 입장에서 이것은 악순환이었다. 그 결과 스페인 국왕들과 마찬가지로 포르투갈 국왕들도 자금을 차입하지 않을 수 없었다. 대부분의 경우 그들은 미래에 인도될 후추나 환금성이 높은 다른 상품들을 담보로 높은 이자율의 단기자금을 차입했다. 또한, 스페인과 마찬가지로 종교재판을 실시한 결과 포르투갈에 상호 불신의 풍조가 수세기 동안 만연했고 포르투갈은 부와 많은 숙련노동자 및 전문가들을 네덜란드와 같은 종교적으로 보다 관대한 나라들에게 빼앗기게 되었다.[84]

강력한 절대왕정과 취약한 국가역량, 프랑스

경제적 민족주의의 전형적 예로 지적되는 루이 14세의 프랑스는 국가의 힘은 '전제적 힘(despotic power)'에서 나오는 것이 아니라 '인프라 힘(infrastructural power)'에서 나오는 것임을 보여준 대표적 사례다. 사실, 루이 14세의 프랑스는 20년 이상(1661~83년) 총리로 정책 결정과 수행에 책임을 졌던 콜베르(Colbert)의 노력을 통해 이해할 수가 있다.[85] 그는 경제에 대한 국가의 통제기구를 체계화하고 합리화하려고 노력했지만 충분한 성공을 거두지 못했다. 특히 조세제도에 대한 개혁이 실패로 끝났다. 콜베르는 국내관세와 통행세를 폐지하려 하였으나 재정수입에 대한 국왕(루이 14세)의 요구가 너무 컸기 때문에 그렇게 할 수 없었다. 18세기 후반에도 콜베르의 후계자들인 계몽주의와 중농주의자들이 이 제도를 개혁하고 국내의 자유무역을 실현하려 했으나 관료, 조세청부업자, 귀족 등을 포함한 기득권 세력의 반대에 부딪쳐 관직에서 쫓겨났다. 구체제(ancien régime)의 종말을 가져왔던 1789년의 삼부회(Estates-General)가 소집되었던 것도 충분한 수입을

84 R. Cameron, 1993, pp. 163-65.

85 사실, 경제문제에 있어 프랑스 국가주의의 전통을 수립한 사람은 앙리 4세(Henry IV, 1589~1610년)의 총리였던 쉴리 공작(Duke de Sully)이었다. 그의 업적으로 두 가지를 지적할 수 있는데 하나는 프로테스탄트에 대해 제한적인 관용을 베풀었던 낭트칙령이고, 또 다른 하나는 포고령을 통해 엄청난 왕의 채무에 대한 원금과 이자를 삭감한 것이다.

창출할 수 없었던 재정제도의 실패 때문이었다.

프랑스의 실패는 기본적으로 재정과 조세 제도에 기인하였다. 즉 전쟁 비용의 증대와 궁정의 사치와 낭비 등에 따른 재정지출은 증대한 반면, 자금 조달은 구조적 문제를 갖고 있었다. 백년전쟁은 프랑스의 군대제도와 조세제도의 근본적 변화를 가져왔다. 즉 영주가 자신의 기사들을 군사적인 봉사에 부르는 소집제를 포기하고 정규적으로 급료를 받는 칙령군이라는 형태의 '맹아적 정규군'을 보유하게 되었다. 이를 위해 직접세가 프랑스 귀족들에 의해 승인되었다. 그럼에도 불구하고 백년전쟁은 중앙집권적인 국가의 형성을 위한 전국적 규모의 새로운 민간 행정조직을 가져다주지 못하였다. 즉 통일적인 시장이나 근대적인 수송체계가 없는 경제에서 프랑스라는 큰 나라를 꾸려갈 효과적인 왕의 통치기구를 가질 수 없었다.[86] 프랑소와(François) 1세의 통치기(1515~47년)에 이르러서 국왕의 부채는 항구적인 특징으로 되었다. 그 후 국왕이 임의로 이자 지불을 연기하고 원금을 삭감하는 등 부분적인 파산으로 자금 차입이 어려워지자 사법·재무·행정에 관계되는 관직을 판매하여 수입을 올렸다. 루이 시대,[87] 특히 루이 14세의 경우에도 여러 차례에 걸친 전쟁을 치르면서 전쟁의 비용을 충당하기 위해 재정개혁보다는 자금의 차입이나 매관매직 등에 의존하였다.[88] 매관매직은 도처에서 찾아볼 수

---

86 예를 들어, 샤를르 7세(Charles VII)의 칙령군은 1만 2천 명 이상의 군대를 가져본 적이 없었던 반면, 이것으로 1,500만의 인구를 통제하고 억압하기는 불가능했기 때문에 전체 사회의 안정은 귀족에 의존할 수밖에 없었고 그 결과 귀족은 자율적인 지방권력을 자신의 검을 통해 유지할 수 있었다.

87 쉴리 체제하에서 관직매매는 전체 예산수입의 8%에 불과하였으나 1610년 앙리 4세가 카톨릭교도에게 암살당한 후 루이 13세 시기(1610~43)부터 급증하였다. M. Prestwitch, 1968, "From Henri III to Louis XIV," in H. Trevor-Roper(ed.), *The Age of Expansion*, London. 리슐리외(Richelieu)의 도움으로 루이 13세는 한편으로 위그노와 귀족을 탄압하여 중앙집권적 행정기구인 지사(intendant)제도를 창설하기 시작하였고, 다른 한편으로 독일의 종교전쟁인 30년 전쟁(1618~48)에 참여로 인한 비용 증대를 조세청부업자들의 고율의 대부에 의존함으로써 매관직의 증대와 재정 변통의 악순환을 구조화시켰다.

88 한편, 국왕은 조세의 대부분을 조세청부업자들의 조직을 통해 징수하기 위해 민간 기업에 의존하였고, 대개 부유한 금융업자였던 이들은 특정 조세, 즉 소비세(aides)와 정액으로 부과되었던 염세(鹽稅, gabelle) 그리고 관세 및 통행세 등을 징수하는 특권을 부여받는 대가로 정액의 돈을 일시불로 지불하는 계약을 국가와 체결했다.

있는 현상이었으나 프랑스에서는 그것이 일반적인 관행으로 되었다는 차이를 갖는다. 매매관직은 일차적인 목적을 달성하는 데는 성공을 거두었지만 장기적으로는 그 효과가 극히 해로운 것이었다. 아무런 기능도 하지 않거나 그 기능이 대중에게 오히려 불리하게 작용하여 정부, 궁극적으로는 납세자에게 더 큰 부담을 안겨주었던 수많은 새로운 관직들이 등장했고, 그에 따라 비능률과 부패가 조장되었다. 게다가 매매관직을 통해 부유한 평민들이 법복 귀족이 될 수 있는 길이 열리게 되면서 그들의 재산이 생산적인 사업에서 국가적인 용도로 전환되었고 그들은 추가적인 과세 대상에서 면제되었다.[89] 이처럼 프랑스에서도 중산층 농민의 사업가적 태도가 있었다 할지라도 그것은 진짜 귀족이 되려는 욕구에 압도당했다.[90] 이는 공업화에 영향을 미친 농업의 생산성 변화에서도 확인된다. 즉 17세기 초까지만 해도 프랑스의 농업은 영국보다 앞서 있었으나 그 후 영국에 비해 훨씬 뒤처짐으로써 프랑스 공업화에 악영향을 미쳤던 것이다.

표 4-3. 영국과 프랑스의 농업의 노동생산성 비교, 1500~1801

	영 국	프랑스
1500	1.32	1.38
1600	1.43	1.45
1700	1.82	1.58
1750	2.19	1.63
1801	2.48	1.70

주: 영국의 경우 1500년의 수치는 1520년의 것임.

출처: E.A. Wrigley, 1985, p. 170; R. Allen, 1988, "The Growth of Labor Productivity in Early Modern English Agriculture," *Explorations in Economic History*, Vol. 25, p. 119.

도시의 과잉 상업화와 산업구조 전환의 실패, 네덜란드

식민지 개척과 관련된 경제적 변화에서 가장 많은 것을 얻었던 지역은 북해와 영국 해협에 인접한 지역, 즉 저지대국가들(the Low Countries)과 영국과 북부프랑

89 P. Anderson, 1974, *Lineages of the Absolutist State*, London, p. 100.

90 경제위기는 종교적 경직성에서도 기인하였다. 콜베르는 낭트칙령(Edict of Nantes)에 의해 인정된 위그노(Huguenot: 프랑스 프로테스탄트 칼뱅파 교도에 대한 호칭)들에 대한 제한적인 관용정책을 지지했으나 그가 사망한 후에 소심한 그의 후임자는 프로테스탄트의 이교도들을 축출하려는 루이 왕의 결정에 따랐고, 많은 위그노들을 종교적으로 보다 관용적인 나라로 도피시킨 1685년 낭트칙령의 폐지는 루이의 파멸적인 전쟁과 더불어 프랑스를 심각한 경제위기에 빠트렸다. 즉 위그노 탄압으로 기술자와 상공업자가 해외로 이주하여 국내생산을 위축시킴으로써 세금과 관직판매가 증대되고 농민에 대한 가렴주구(苛斂誅求)는 증대되었다.

스였다. 대서양의 문호이자 북유럽과 남유럽의 중간에 위치한 이 지역은 세계적인 대양무역의 새로운 시대에 크게 번영하였다. 그러나 앞에서 살펴보았듯이 16세기 전반에 걸쳐 프랑스도 국내외의 왕위쟁탈전과 종교전쟁에 개입하였으며 프랑스 정부는 대체로 상업과 농업에 불리한 정책들을 실시했다. 그 결과 프랑스는 네덜란드와 영국에 비해 커다란 성과를 거두지 못했다. 즉 1500년경에 유럽의 경제적 주도는 북이탈리아(오늘날의 벨기에)였다. 예를 들어, 1500년에 유럽 전체 평균 도시화율이 5.6%였던 것과 비교할 때 네덜란드와 벨기에의 도시 인구는 각각 전체 인구의 15.8%와 21.1%를 차지하고 있었다.[91] 후에 네덜란드 공화정이 되었던 이 지역은 규모가 큰 도시와 섬유산업을 가졌고 국제무역도 보다 활발했던 저지대국가들의 남부지역보다 경제성과에서 뒤처졌다.

한편, 도시마다 광범위한 자치권을 가지고 일찍이 모직물 공업과 중계무역으로 크게 번영한 네덜란드는 종교개혁 이후에는 북부주에 칼뱅파의 신교도가 증대하고 있었다. 스페인의 왕위를 계승한 펠리페 2세는 도시의 자치권을 빼앗는 한편 신교도들을 가혹하게 탄압하여 신교도와 시민들 중심으로 독립운동이 전개되고 1581년에는 북부 7주가 독립선언과 함께 네덜란드 연방공화국을 세웠다. 독립을 계기로 이전의 스페인 영주들에 의해 부과되던 재정 부담에서 벗어나게 된 네덜란드에서 농업체계의 혁명적인 전환, 그리고 도시인구와 국제교역의 빠른 성장이 발생하였다. 앤트워프(Antwerp)[92]에서 가장 기업가 자질을 갖춘 사람들과

---

91 도시 인구의 증가가 경제발전의 중요한 지표로 간주될 수 있으나 16세기의 도시는 공업 중심지로서보다는 주로 상업과 행정의 중심지로서 기능했다. 오히려 모직물 공업과 야금업 등 많은 제조업이 농촌에서 영위되었다.

92 브뤼주(Bruges, 브뤼헤)가 남유럽과의 무역을 위한 주요 중계항으로서의 기능을 상실해감에 따라 앤트워프가 16세기 초반 유럽에서 가장 중요한 항구이자 시장 도시로 부상했다. 왕조동맹의 결과로 저지대국가들의 총 17개 지방이 16세기 초에는 스페인의 속국으로 전락했다. 따라서 그들은 스페인제국을 무역의 방편으로 이용하기에 매우 유리한 위치에 놓여 있었다. 하지만 1568년에 네덜란드는 스페인의 통치에 대해 폭동을 일으켰다. 스페인은 네덜란드 남부지방(현재의 벨기에)의 반란을 진압했으나, 북부의 7개 지방은 네덜란드 연방이나 네덜란드 공화국으로서 독립을 쟁취하였다. 경제적으로 이 사건은 남부지방의 상대적 쇠퇴로 귀결되었는데, 그 이유는 한편으로는 스페인 정부가 지나치게 보복적인 조치들을 많이 취했기 때문이었고, 다른 한편으로는 쉘트(Scheldt) 강 하구를 통치한 네덜란드인들이 선박들을 앤트워프로 진입하지 못하게 했기 때문이었다. 자연히 무

숙련노동력이 암스테르담(Amsterdam)으로 이주하였을 뿐 아니라 지중해에서 대서양으로 이동한 세계교역의 이동으로부터 커다란 혜택을 입었다. 즉 1602년에는 동인도회사를, 그리고 1621년에는 서인도회사를 설립하여 동서무역을 독점하였다. 그 결과 암스테르담은 유럽의 상업과 금융의 중심지가 되었다. 또한 17세기 초에 네덜란드의 해운은 유럽의 운수업을 지배하였고 경제의 가장 동력적인 부문이 되었다. 특히 라이덴(Leiden)을 중심으로 직물수출산업이 존재했고, 부분적으로 수출을 하였던 종이 · 양조 · 표백 · 제빵 · 벽돌 · 기와제조 공업 등이 이 시기 성장하였다.

그 결과 1700년까지 네덜란드의 일인당 소득은 주변의 가장 경쟁국이었던 영국보다 50%나 높았다. 이미 당시에 전체 고용자 중 40%만이 농업에 종사하고 있을 정도로 경제구조에서도 앞서 있었다. 영국보다 인구는 적었음에도 불구하고 도시화율에서 앞서 있었고 비슷한 수준의 국제교역 규모를 갖고 있었다. 네덜란드의 농업은 축산제품을 수출하는 대신 덴마크로부터 생우를 수입하고 식량의 1/4은 폴란드에서 공급받을 정도로 매우 전문화되어 있었다. 은행, 보험, 운송, 보관 등 서비스부문에서 대규모 국제거래를 발달시켰을 뿐만 아니라 다양한 산업도 발전하였다. 특히, 국내에서 생산되는 아마직(linen)뿐만 아니라 영국의 모직과 독일의 아마를 표백, 날염, 염색하는 산업이 발전하였다. 에너지원으로 이탄(泥炭)을 사용하였던 네덜란드 산업은 운하의 덕택으로 다른 국가들에 비해 가격경쟁력을 확보할 수 있었고, 그 결과 네덜란드는 에너지집약적인 산업을 갖게 되었다. 자본형성 또한 당시로는 매우 높은 수준으로 토지 개간과 운하, 인프라스트럭처, 풍차, 선박, 제재소에 거대한 투자가 이루어졌다. 그리하여 농업, 선박디자인, 조선, 풍력을 사용하는 제재공법에 중요한 기술혁신이 발생하였다. 한편, 대학들은 높은 수준의 기술 성취를 이루어냈고 그리하여 네덜란드는 기계, 광학도구, 시계제조 분야에서 숙련기술자들을 확보하였다.

역의 중심은 북쪽으로 이동했으며 암스테르담은 17세기의 거대한 상업과 금융의 중심도시가 되었다. R. Cameron, 1993, pp. 111-12.

네덜란드의 이러한 성취는 세 가지 요인에 기인하였다.[93] 무엇보다 자본제적 기업가에게 매우 우호적이었던 네덜란드의 근대적 제도들과 대부분 지역에서의 봉건제적 유제의 부재를 지적할 수 있다.[94] 또한, 네덜란드의 무역과 산업에 규제가 없었듯이 네덜란드인들의 자유에 대한 관심, 특히 항해의 자유에 대한 관심은 대단하였다. 여기에 종교적 관대함과 신교도 및 유대교 난민들의 이주는 기업가 활동을 촉진시켰다. 지리적 이점은 네덜란드 성취의 두 번째 요인이었다. 네덜란드는 유럽의 심장에 있는 시장들에 접근할 수 있는 주요 강들을 지배하였다. 네덜란드 상업의 주력은 곡물과 목재를 중심으로 한 항해용품, 아마, 대마를 거래했던 발트해 무역이었다.[95] 네덜란드는 대양무역에 있어서도 진취적이었다. 독립전쟁을 계기로 스페인과의 교역은 중단되었으나 리스본을 통해 포르투갈과의 교역을 계속했다. 그러나 1580년에 포르투갈이 스페인의 지배하에 들어갔고 1592년에 스페인 정부가 네덜란드 선박의 리스본 입항을 금지시키자, 네덜란드인들은 즉시 아프리카를 돌아 인도양까지 몇 달 동안 항해를 할 수 있는 선박을 건조하기 시작했다. 그 결과 10년도 채 되지 않아 50척 이상의 선박이 네덜란드와 인도 사이를 오가는 항해를 했고, 앞에서 지적했듯이 1602년에 설립한 네덜란드 동인도회사는 인도와 네덜란드 사이의 무역을 합법적으로 독점하였다. 성공의 세 번째 이유

93 A. Maddison, 1991, *Dynamic Forces in Capitalist Development: A Long-Run Comparative View*, Oxford University Press.

94 네덜란드 공화국의 통치구조는 유럽 대륙의 절대왕정의 그것과 매우 상이했다. 공화국의 입법기관이었던 국가평의회(States-General)는 대외정책에만 관여했고 국내문제는 지방정부와 시의회에 맡겼다. 모든 결정은 하나씩의 투표권을 갖고 있었던 각 지방의 만장일치로 이루어졌으며 의견이 일치하지 않으면 대표자들은 그들의 지방정부로 되돌아가서 협의와 지시를 구하였다. 그리고 지방정부들은 주요 도시들에 의해 지배되었고, 도시들은 20~40명으로 구성된 영구적인 시의회에 의해 통치되었는데 이들이 네덜란드 공화국의 실질적인 지배자(시민의 과두정치가)였다. 원래 이 과두정치가들은 도시의 부유한 상인들 중에서 선출되었다. 그러나 섭정이라고 알려진 이 지배집단의 구성원들이 활동적인 상인들보다는 지주나 채권소유자와 같은 지대수입자들 중에서 선출되는 경향이 17세기 중엽에 들어 전반적으로 나타났다. R. Cameron, 1993, p. 176.

95 예를 들어, 1497년과 1660년 사이에 발트해를 드나들었던 덴마크 세관의 장부에 기록된 4만 척의 선박 중에서 약 60%가 네덜란드 선박이었고, 나머지는 잉글랜드, 스코틀랜드, 독일, 스칸디나비아 선박이었다. 사실상 북유럽과 프랑스, 포르투갈, 스페인, 그리고 지중해유역 간의 모든 무역뿐만 아니라 영국과 유럽대륙 간의 상당한 무역이 네덜란드의 수중에 있었다.

는 중상주의 정책 추구에 있었다. 당시 세계는 제한된 시장을 가졌기 때문에 무역국가들의 성공은 '근린궁핍정책(beggar-your-neighbour policies)'에 달려 있었다.[96] 네덜란드는 1585~1795년간 앤트워프의 바다 접근을 봉쇄함으로써 중계항과 섬유산업을 장악하였다. 또한 포르투갈과의 투쟁에서 승리는 아시아와 라틴아메리카 대부분 국가들과의 무역독점을 가져다주었다.

근린궁핍정책(beggar-your-neighbour policies) 타국의 희생 위에 자국의 번영이나 경기회복을 도모하려는 국제경제정책으로, 특히 세계경제 전체가 침체하여 각국이 불황으로 어려움을 겪을 때 흔히 행하여지는 국제수지 개선책. 자국의 수출을 증가하고 수입을 삭감하여 국내의 경기나 고용 상태를 개선하게 하는 대신 타국에게는 실업 증가와 경기의 악화를 야기하는 자국 본위의 경제정책을 말한다. 이를 위해서는 환율 인상, 임금 인하, 수출보조금 지급 등으로 수출을 증진하고 관세율 인상, 할당제(quota) 등으로 수입을 삭감 또는 억제하는 구체적인 방법이 시행된다. 그러나 한 나라가 이러한 정책을 채택하면, 다른 나라도 역시 같은 형태의 보복조치를 취하므로 세계무역은 침체하고 국제경제는 더욱 악화된다.

중금주의(重金主義, bullionism) 중세에는 대부분의 영주들, 특히 군주들이 문자 그대로 '전비용 금고'를 소유하고 있었는데 이것은 그들이 예상치 못한 전쟁에 대해 자금을 지원하기 위하여 주화와 금은을 모아 놓은 대형금고였다. 16세기경 정부의 자금조달 방식이 그 이전에 비교해 다소 정교해졌으나 다량의 금은을 사전에 준비하는 방식은 지속되었다. 이를 계기로 한 나라가 가능한 많은 금은을 축적하고 또 법령을 통해 그 수출을 금지시키되 위반자에 대해서는 사형으로 다스리는 경제정책인 '중금주의'의 단초적인 형태가 나타났다. 한편, 유럽에는 금은을 생산하는 광산을 소유하고 있는 나라가 거의 없었기 때문에, 그리고 중앙 유럽을 비롯해 그런 광산을 소유했던 나라들도 16세기에 스페인 보물이 쇄도함에 따라 광산을 폐쇄할 수밖에 없었기 때문에 금은을 소유한 식민지의 확보가 탐험과 식민지 개척의 중대한 목표였다. 실제로 각국의 이론가들은 국부나 국력의 요소로서 식민지 소유의 중요성을 강변했다. 설사 식민지에 금광이나 은광이 없다고 하더라도 식민지는 모국에서는 구할 수가 없는 상품들을 생산하여 모국에서 소비하도록 하

96 R. Cameron, 1993, pp. 153-55.

거나 외국에 판매할 수 있었기 때문이다. 귀금속을 확보하는 또 하나의 방법이 무역이었다. 상인들이 국가의 의회에 영향력을 행사할 수 있었던 것도 이러한 연유에서였다. 각국이 대규모 상선대의 구축이나 어업을 육성한 것도 이러한 맥락에서였다.

중상주의(重商主義, mercantilism) 근대자본주의가 산업혁명에 의해 지배를 확립하기까지의 초기 단계에서 자본의 원시적 축적을 수행하는 데 사용된 여러 정책과 이를 뒷받침한 이론체계이다. 경제정책으로서의 중상주의의 핵심은 초기 산업자본을 위해 국내시장을 확보하고, 국외시장을 개척할 목적으로 수행되는 보호주의 제도로서 외국제 완제품의 수입금지와 제한, 외국산 원료의 수입 장려, 국내상품의 수출 장려, 국내원료의 수출금지 등의 조치를 직접 입법 및 관세정책으로 실행하였다. 이것은 봉건제가 붕괴하고 절대왕정이 성립한 뒤 산업자본이 국정을 지배하게 되는 명예혁명(1688) 때부터 약 100년 사이에 걸쳐 자본의 '원시적 축적'의 체제로서 추진되어 온 정책이다.

그러나 네덜란드 무역의 중개적 성격은 네덜란드의 장점이자 단점이었다. 즉 프랑스와 영국과의 갈등에서 무역의 독점적 특권이 파괴됨에 따라 네덜란드 경제는 큰 타격을 입고 주도권 상실의 주요 이유가 된다. 또한, 해운과 직물 양쪽 모두 해외수출시장과 해외생산에 의존하였듯이 네덜란드의 모든 발전들은 16, 17세기 유럽 경제의 일반적 성장에 의존한 것이었다. 다시 말해, 직물무역은 국내 산업에 기초한 것이 아니라 영국 양모를 수입하여 가공하는 수준을 벗어나지 못한 것으로서 신대륙에 모직물을 수출하여 획득한 은으로 동방의 사치품을 수입하는 중개무역에 그 기초를 두고 있었다. 네덜란드의 농업도 마찬가지로서 그들의 생존을 동유럽으로부터 수입하는 곡물에 크게 의존하였다. 이와 같이 네덜란드의 생산체계는 그 자체로서 하나의 경제를 형성하지 못하고 전체 유럽 경제의 한 부분으로 성장했고, 그 결과 운명을 같이할 수밖에 없었다. 예를 들어, 17세기 후반 이후 유럽 경제의 정체는 네덜란드의 운수업에 민감하게 작용하였고 1650~1700년 사이에 라이덴(Leiden)의 생산고를 1/3 수준으로 축소시켰다. 여기에 1750년 이후 곡물가격의 급등은 네덜란드의 직물공업의 경쟁력을 상실시켰다. 물론, 경제가 바로 붕괴된 것은 아니다. 18세기 전체 기간을 통해 장기적인 쇠퇴의 길을 밟았다. 경제가 이주민의 매력을 끌지 못함에 따라 인구성장이 정체되고 국제무역의 중요성은 쇠퇴하였다. 지대소득의 증가와 구산업 지역에서의 실업의 증가는 소득 불평등을 증대시켰다. 네덜란드의 서비스산업은 여전히 경제에서 중요한 역할을 하였기에 해외투자가 급증하였다. 여기에 네덜란드 화폐의 과대평가는 18세기 후퇴에 결정적 타격을 입혔다. 수출 잠재력을 약화시켰던 통화가치의 과대평가는 은행 이해의 과도한 반영의 결과였다. 이는 해외시장을 둘러싼 영국 및 프랑스와의 경쟁과 더불어 네덜란드 헤게모니 붕괴의 주요 원인으로 작용하였다.[97]

취약한 절대왕정과 강한 국가, 영국

19세기를 전후로, 특히 1789~1815년간 서구는 혁명과 전쟁의 소용돌이에 있었다. 혁명과 전쟁으로부터 안정을 되찾은 1820년경부터 서구에는 성장의 계기가 마련되었다. 그리고 1870년 이전까지 서구의 주요 국가들에서 1차 산업혁명이 완료되었을 뿐 아니라 1870년을 전후로 서구사회에는 중요한 정치적 변화들, 예를 들어 미국 노예제의 폐지, 이탈리아와 독일에서 근대 국민국가의 출현 등이 발생하였다. 이 시기 세계 산출량 성장의 63%가 서유럽에서 일어났고, 서구의 성장은 기술에서 우위를 확보한 영국이 주도하였다. 영국의 헤게모니는 산업부문에서의 고용구조와 도시화의 변화 및 진전을 통해 짐작할 수 있다. 즉 영국이 19세기 초반에 이미 전체 활동인구의 약 2/3, 그리고 1871년까지 86%가 비농업부문에 고용된 반면, 프랑스와 미국은 적어도 19세기 중엽까지 농업부문과 농촌이 절대적으로 우세하였고, 독일 역시 통일을 이루었던 1871년까지 도시인구가 전체의 36%에 불과하였다.

영국이 우위를 확보하는 과정에서 국가는 중요한 역할을 수행하였다. 『로빈슨 크루소』의 대니얼 디포(Daniel De Foe)는 '영국무역계획'[98]이라는 글을 통해

97 한 추정에 의하면 1790년 총 해외투자는 8억 길더(guilders)나 되었고 이는 당시 국민소득 4억 4천만 길더의 약 2배에 근접하는 규모였다. A. Maddison, 1991, pp. 30-35.

영국에서 일찍이 어떻게 정부 지원에 의존해 경제개발이 이루어질 수 있었는지 그 과정을 상세히 보여주었다. 디포는 튜더 왕조가 영국을 양모 수출국에서 모직물 제조국으로 변신시키는 과정을 설명한다.[99] 장미전쟁 이후 왕관을 물려받기 전 헨리 7세는 네덜란드에서 상당 기간 망명 생활을 했다. 당시 네덜란드는 모직업을 바탕으로 눈부신 경제발전을 이룩하고 있었다. 네덜란드의 발전에 깊은 감명을 받은 헨리 7세는 영국에서도 기필코 제조업을 발전시키겠다는 결심을 하게 되었다. 영국으로 돌아와 왕위에 오른 헨리 7세는 영국을 제조국으로 탈바꿈시킬 수 있는 조치를 차례차례 취한다. 우선 제조업에 적합한 장소를 찾은 후, 네덜란드에서 숙련된 제조 기술자들을 스카우트했다. 그리고 외국 수입상품에 대한 관세를 점점 높이는 한편, 양모와 의류 미완제품에 대한 금수 조치를 내린다. 대신 튜더 왕조의 왕들은 모직의류의 완제품 수출 판촉을 크게 강화했다. 예를 들어, 엘리자베스 1세는 러시아, 무굴, 페르시아 왕국에 무역사절단을 파견하기까지 했다. 1600년 새해 이브(New Year's Eve)에 희망봉(Cape of Good Hope, 남아프리카 공화국 최남단의 곶)의 동쪽에 대한 무역 독점을 218명의 상인을 가진 회사, 이른바 '동인도회사(East India Company)'에게 승인한 것도 엘리자베스 1세였다.[100]

---

98 A Plan of the English Commerce: A Plan of the English Commerce Being a Compleat Prospect of the Trade of This Nation As Well the Home Trade As the Foreign, Rowman & Littlefield Pub Inc.

99 Ha-Joon Chang, 2002, *Kicking Away the Ladder*, Anthem Press, pp. 20-21에서 재인용.

100 영국의 동인도회사 설립에 이어 1602년에는 네덜란드 동인도회사, 1604년에는 프랑스 동인도회사 등이 설립되었다. 네덜란드 동인도회사는 동인도의 여러 섬을 정복하고 직접지배 또는 그 지역의 지배세력을 통한 간접지배를 행했다. 이를 통해 특산품을 강제로 재배하게 해서 사들여 이 땅의 향신료무역을 독점했다. 그러나 1652년부터 오랜 기간 동안 영국-네덜란드전쟁이 계속되었고, 여기에서 심한 타격을 입은 네덜란드가 영국과의 상업전쟁에서도 지게 되었다. 쪽·면직물을 중심으로 한 인도무역에 주력을 쏟아온 영국 동인도회사는 18세기 유럽에서의 영국과 프랑스의 항쟁에 규제되면서, 인도에서 프랑스 동인도회사와 격렬하게 다투게 되었다. 결국 플라시전투를 계기로 하여 영국 동인도회사는 인도무역을 거의 독점함과 동시에 인도의 식민지화를 추진하기 시작했다. 그런데 동인도회사의 사적 독점력에 대해 영국 국내에서 비판이 일어나고, 또 경영난에 빠지자 영국정부의 원조를 요청하게 되고, "유럽과 인도에 있어서 동인도회사의 업무관리를 위한 규제 확립에 관한 법률"인 노스규제법(North's Regulating Act, 1773)에 따라 정부의 감독하에 놓이게 되었다. 1833년에는 무역독점권이 폐지되고, 1858년 세포이의 항쟁이 일어난 뒤에는 인도가 영국 국왕의 직접통치하에 들어가게 되어 동인도회사는 기능이 정지되었다.

동인도회사는 주주에게 '제한된 책임(limited liability)'을 부여한 최초의 회사이자 대영제국의 근간을 놓은, 최초로 국가가 후원한 기업이었다. 이러한 사례들은 **산업에 대한 지원이 잘 조정되고 잘 준비될 경우 최상의 효과를 낼 수 있다는 사실을 보여준다.** 영국의 왕들은 양모 수출을 금지해도 그 양모가 국내에서 얼마든지 소비될 수 있을 것이라 믿었으며 그렇게 국내에서 생산된 완제품을 국제시장에 수출하면 경쟁력이 있을 것이라고 믿었다. 영국이 이처럼 '관리된 경쟁(managed competition)' 체제를 도입하자 결국 네덜란드 모직 제조업체들은 모두 파산하고 말았다.[101]

영국은 제조업에서의 생산성과 경쟁력의 우위를 기초로 자유무역정책을 추구했다. 1846~60년 사이에 영국은 관세 장벽 및 무역의 제약들을 모두 제거하였다. 사실, 이 시기 서유럽에서 중상주의적 장벽은 거의 제거되었다. 1834년 영방국가들 간의 관세동맹(Zollverein)은 독일에서 교역의 장벽을 종식시켰고 1850년 이후에는 영방국가들 간의 관세율이 인하되었다. 1860년에 영국과 프랑스 간의 이른바 '영·불 통상조약(the Cobden-Chevalier Treaty)'은 수량 제약을 제거하고 적절한 수준으로 관세율을 인하하였다.[102] 이 협정을 계기로 프랑스는 벨기에, 독일 영방국가들, 이탈리아, 스위스, 스페인 등과 상업협정을 체결하였고 모든 협정들에 최혜국조항(Most-Favoured-Nation Clauses, MFN)이 포함되었다는 사실은 쌍방 자유화가 모든 국가들에 동등하게 적용되었음을 의미한다.[103]

19세기 말 세계경제가 상당한 정도로 통합되었던 것은 한편으로는 국제 '금본위제'를 전반적으로 고수한 데 기인하였고, 다른 한편으로는 세계경제에서 영국 내지 런던의 중심적 역할과 정치력 및 자금력에 의한 것이었다. 영국이 1821

101 라구람 라잔, 2011, 『폴트라인』, 에코리브르, pp. 110-11.

102 영국은 프랑스의 모든 공업제품에 대해 관세를 철폐하고 브랜디 외 포도주에 대한 관세를 인하하였고, 프랑스는 영국산 석탄 및 공업제품의 수입관세를 인하하였다. 이 조약은 국제적으로 자유무역체제를 확립시키는 계기가 됨. 국제적 자유무역체제의 확립에 결정적인 계기가 되었다.

103 그러나 자유주의는 오래가지 못했다. 1873년부터 시작된 유럽의 장기불황은 각국을 보호주의로 돌아서게 만들었다. 이러한 보호주의 사조는 각국으로 하여금 교역의 문을 걸어 닫게 만들었고, 자국의 공업제품 판매시장과 원료공급원 확보를 위한 식민지 쟁탈전에 나서게 만들었다.

년부터 시행해 온 '금본위제'[104]를 세계의 대부분 국가들이 도입함으로써 국제거래는 고정환율로 작동하였다. 세계가 단일한 규칙과 재산권의 보호에 의존하게 되었던 것이다. 물론, 오늘날과 같은 세계질서의 경영에 필요한 국제기구가 존재한 것은 아니었다.[105] 영국에 이어 1871~73년에 독일이 공식적으로 금본위제를 채택하였고,[106] 1860년대와 1870년대에 프랑스·벨기에·이탈리아·스위스[107]가 참여하였고, 미국이 이 제도를 1879년부터 사실상 도입하였다.[108] 1875~76년에는 덴마크와 노르웨이와 스웨덴이 '스칸디나비아 동맹'의 결성을 통해, 그리고 같은 해에 네덜란드도 금본위제를 채택했고, 그 후 이집트가 1885년, 오스트리아가 1892년, 일본이 1895년에, 러시아가 1897년, 아르헨티나와 멕시코가 1905년, 그리고 식민지들이 이러한 결정을 뒤따르면서 20세기 초에는 모두 주요 무역국들이 국제 금본위제를 채택하였다. 그러나 이 제도는 20년도 채 지속되지 못하였다.

---

104 중세 영국에서는 파운드 스털링(pound sterling)을 법적으로 순은 1파운드의 무게로 정했듯이 영국은 은본위 국가였다. 17, 18세기에도 실생활에서 은화 대신 금화가 주로 유통되었음에도 불구하고 영국은 나폴레옹 전쟁 기간까지 은본위제를 유지하였다. 전시에 잉글랜드 은행은 정부의 승인 하에 지불을 연기하였는데 이는 은행권 교환을 위한 금과 은의 지급을 거부한 것을 의미하듯이 당시 영국에는 본위화폐가 없었다. 나폴레옹 전쟁이 끝난 후에 정부는 중세의 금본위제로 복귀할 것을 결정하였고, '의회법(Act of Parliament)'에 따라 18세기의 실질적인 본위화폐였던 금을 선택하였다. 계정화폐(가치척도)는 113.0016 그레인(grain)의 정제된(순)금으로 정한 1파운드의 금화 또는 금 파운드였다.

105 A. Maddison, 1995, *Monitoring the World Economy, 1820-1992*, Paris: OECD, pp. 61-64.

106 독일은 '보불전쟁'에서 프랑스에 대해 승리를 거둔 후 패전국으로부터 배상금으로 받아낸 50억 프랑을 토대로 계정화폐로서 1871~73년에 금과 마르크의 비율을 고정시켰던 금마르크(gold mark)를 채택하였으며, 중앙은행 및 독점적인 발권기관으로서 라이히스방크(Reichsbank)를 설립하였다.

107 이들 국가들은 금본위제에 대한 대안으로 1873~74년에 금과 프랑화의 고정비율에 기초한 '라틴통화동맹(the Latin Monetary Union)'을 결성하였다. 그러나 각국은 실제로는 은의 일정한 무게를 기준으로 통화를 정했고, 몇 년 후 새로운 은광이 발견됨에 따라 값싼 은의 유입으로 가격 인플레이션이 발생하는 등 우여곡절을 겪은 후 순수 금본위제로 복귀하였다.

108 남북전쟁 이전까지 복본위제에 바탕을 두고 있었던 미국은 전쟁기간 중 남부와 북부가 각각 불환지폐를 발행하였으나, 남부의 화폐는 가치가 없게 되고 북부의 그린백(greenbacks)은 금에 비해 가치가 떨어지긴 했으나 계속 통용되었다. 미국에서 금본위제가 법적으로 채택된 것은 1900년이었음에도 불구하고 1873년에 의회가 그린백을 1879년부터 금과 교환할 수 있다고 규정한 법안을 통과시킴으로써 금본위제는 사실상 1879년부터 시행되었다고 할 수 있다.

마지막으로 운송기술의 진보, 철도와 증기선의 발달, 그리고 수에즈(Suez) 운하의 건설 또한 무역 비용을 낮추고 수익을 높이는 데 기여하였다. 이러한 변화의 결과로 이 시기 해외무역은 세계 산출량보다 4배나 빠르게 증가하였다. 1870년까지 영국의 수출액(1990년 달러가치로 122억 3,700만 달러)은 서유럽 12개 주요국들의 수출 총액(303억 9,600만 달러)의 40% 이상을 차지하였다. 그럼에도 불구하고 이 시기 영국의 GDP 성장률이 GNP의 성장률보다 낮았듯이 영국은 해외투자로부터 많은 수입을 벌어들였다.

이제 구체적으로 영국이 세계경제의 성장을 주도하게 된 과정을 통해 영국 시장시스템의 형성을 살펴보고자 한다. 17세기 말, 그리고 18세기에는 확실히 영국의 주도가 시작되었다. 18세기 영국 진보의 대부분은 네덜란드의 상업자본주의 모델의 복사판이었다. 게다가 이 시기 영국의 진보는 네덜란드의 기술에 크게 의존하였고, 특히 농업, 운하건설, 조선, 은행 등에서 그러하였다. 그러나 농업과 서비스분야에서 영국은 주도하기보다는 좇아가는 입장이었다. 예를 들어, 영국이 주도 국가가 되었던 1820년까지 일인당 소득과 생산성은 네덜란드가 1700년에 달성했던 수준을 넘는 것이 아니었고 경제구조도 유사하였다. 그럼에도 불구하고 1820년의 영국과 1700년의 네덜란드 간에는 결정적인 차이가 존재하는데, 전자의 경우 (경제에서 차지하는 비중이 여전히 낮았음에도 불구하고) 면직업, 철의 제조, 그리고 석탄의 사용에서 **급속한 기술진보의 출현과 산업구조의 전환을 경험**하였다는 점이다. 영국의 '산업혁명'은 인류세계에서 제일 처음 시작한 공업화로서의 의미를 갖는다. 공업화 이전의 농업사회에서 세계의 거의 모든 지역들이 '맬더스 함정(the Malthusian trap)'을 피할 수 없었듯이 영국도 18세기 이전 수 세기동안 연평균 0.5% 이상의 인구 증가와 실질임금의 하락을 경험하였다.[109]

그러나 공업화에 의한 경제규모의 확장은 인구 증가에 적응할 수 있게 해주었고 나아가 영국을 가장 부유한 나라로 만들었다. 1780~1870년 사이에 (1990년

---

109 A. Wrigley and R. Schofield, 1981, *The Population History of England*, London: Edward Arnold.

국제가격을 기준으로 할 때) 영국의 일인당 실질 GDP는 1,787달러에서 3,263달러로 약 두 배가 되었다. 이는 네덜란드의 그것보다 20% 높은 것이었고 프랑스와 독일보다는 70%, 그리고 미국보다는 약 1/3 높은 것이었다.[110] 또한, 공업화는 도시화 및 산업노동자의 급증을 수반하면서 고용구조의 급변을 가져왔다. 즉 1780년에 45%에 달하였던 농업의 종사자는 1870년까지 22.7%로 하락하였고, 이 규모는 미국이 1920년대 그리고 독일이 1950년에야 도달했던 수치이다. 영국을 필두로 18세기 말부터 본격적으로 시작된 공업화는 그 후 네덜란드, 프랑스, 독일 등의 유럽 대륙과 미국으로 확산되었다.

흔히, 경제성장을 처음 경험한 영국의 초기 산업화 과정을 보면 경제성장률이나 생산성의 성장에 있어서 개도국들의 경험과 비교해 볼 때 대단한 것이 아니었을 뿐 아니라 주도국으로서 특별한 경험은 아니었음에도 불구하고[111] 고용에 있어서 산업구조의 급속한 변화, 그리고 그 결과로 인구압력 속에서도 실질소득의 하락을 피할 수 있었다는 점에서 유례없는 성공이었고, 그 경험의 '혁명적 성격'[112]을 부인할 수는 없다. 오히려 우리의 일차적 관심은 어떻게 첫 번째 산업혁명이 영국에서 가능했고, 영국이 이러한 성장을 할 수 있었던 '사회역량(social capability)'은 무엇이었는가에 있다. 사실, 18세기 영국 기술진보의 이유들도 네덜란드의 그것들과 유사하였다. 예를 들어, 영국 제도들은 농업과 산업과 상업활동에서 경제적 변화와 기업가의 출현을 허용하고 과학적 태도의 발전을 선호하였다. 해양 운송이라는 지리적 이점, 그리고 에너지와 관련해 목재의 부족이 네덜란

110 A. Maddison, 1995. 산업혁명이 시작되던 1788년의 영국과 프랑스를 비교해보면 일인당 GDP는 각각 14.4파운드 대 10.9파운드였고, 성인 남성의 문자해독률은 60% 대 47%, 도시화율은 18.6% 대 8.1%, GDP에서 은행예금이 차지하는 비중은 11.2% 대 8.1%였다. N. Crafts, 1995, "Exogenous or Endogenous Growth? The Industrial Revolution Reconsidered," *Journal of Economic History*, Vol. 55 No. 4, p. 766: Table 5.

111 예를 들어, 1820~90년간 영국의 노동생산성은 연평균 1.2%로 증가한 반면 미국은 1890~1989년간 연평균 2.2%의 성장을 기록하였다. 총요소생산성(TFP, total factor productivity)의 성장도 동일 기간에 영국은 0.9%, 미국은 1.5%를 기록하였다.

112 N. Crafts, May 1996, "The First Industrial Revolution: A Guided Tour for Growth Economists?" *AEA Papers and Proceedings,* Vol. 86 No. 2, p. 197.

드에게는 이탄의 사용을, 영국에게는 석탄을 도입케 했던 〈도전-응전〉 메커니즘도 유사하였다. 그러나 18세기의 영국이 기술진보를 경험할 수 있었던 것을 이해하기 위해서는 제도와 정책의 선택이 생산성의 성장에 미친 영향을 간과할 수가 없다. 재산권과 개방성이 성공적인 예들에 해당한다. 영국은 새로운 아이디어를 수입하고 그것들을 개선시키는 데 놀라운 재능을 보였다. 기술 유입의 중요성을 인식한 영국의 왕정은 기술 유입을 촉진시켰던 반면, 기술의 유출을 방지하는 정책을 채택하였다. 흔히 19세기 초 영국의 주목할 만한 특징으로 기술지식을 확산시키기 위해 고안된 협회들의 급속한 확산이 지적된다. 이와 같이 산업혁명 동안 영국은 뛰어난 학습능력을 보여주었다.

앞에서 지적했듯이, 경제발전에서 국가 역할은 '강한 국가'의 존재 여부로 결정된다. 강한 정부란 자신의 기초인 '인프라의 힘(infrastructural power),' 즉 '침투역량(penetrative capacity)'과 '추출역량(extractive capacity)'의 확보에 달려 있다. **즉 '강한 국가'란 자신의 지역 내에 있는 물적 및 인적 자원을 통제, 추출할 수 있는 국가일 뿐만 아니라 그것들을 폭력이나 물리적 힘 같은 임의적이며 불안정한 형태의 통제에 가장 적게 의존하는 국가를 의미한다.** 이런 점에서 영국은 '17세기 위기' 과정에서 국가의 뛰어난 역량을 드러냈다. 앞에서 살펴보았듯이 17세기 **유럽의 국가들이 직면했던 가장 큰 문제는 재정자원 추출의 장기적 하락 경향에 비교한 군대비용의 장기적 증가 경향 간의 딜레마**였다. 즉 재정자원 추출의 증가율을 초과하는 군대비용의 증가율의 문제를 해결하기 위해서 유럽의 국가들은 정치경제구조를 재조정해야 했다. 예를 들어,

> "16세기 초 영국과 스페인은 매우 다른 양식으로 발전했다. … 영국과 스페인 모두 그 당시 등장한 유럽의 다른 국민국가와 마찬가지로 결정적인 문제, 즉 **전쟁비용이 증가하는 속에서 살아남기 위해 추가적 세입을 획득할 필요**에 직면하고 있었다. 국왕은 전통적인 봉건제 및 자신의 땅에서 나오는 수입에 의존하여 생계를 유지하고 있었다. 그러나 이와 같은 수입원은 석궁, 장궁, 창 및 화약의 효과적인 사용과 관계되는 새로운 군비기술에 직면하여 충분하지 않았다. … 이와 같은 **국가의 재정위기**는 지배

자로 하여금 국민과 교섭하도록 하였다. 그 결과 영국과 스페인 양국에서 국민측은 추가적 세입에 대한 보상으로서 몇 가지 대표제를 발전—영국에서는 Parliament, 스페인에서는 Cortes—시켰다. … (즉) 한쪽에서 그것은 정치조직과 경제의 발전을 이끌어 그 재정위기를 해결하였고, 또한 서구세계를 지배하도록 하였다. 다른 쪽에서는 초기의 유리한 조건에도 불구하고 그것은 재정위기를 해결하지 못하고 파산, 자산의 몰수 및 불안정한 재산권을 초래하였고 그 후 3세기 동안에 걸친 상대적인 정체로 이어졌다. … 영국의 의회는 대의제 정부를 출범시키고 재정적으로 고통받던 스튜어트 군주국을 특징짓던 지대추구 행동을 감소시켰을 뿐만 아니라 의회의 승리는 또한 재산권의 안전성을 증대시키고 보다 효과적이고 공정한 사법체계를 예고했다. … (또한,) 영국의 의회는 지출과 조세수입을 일치시키는 재정체계와 잉글랜드은행을 창설했다. 뒤따른 재정혁명은 궁극적으로 정부를 건전한 재정적 기반 위에 두었을 뿐 아니라 사적 자본시장이 발전하는 토대를 제공했다. 보다 안전한 재산권, 중상주의적 규제들의 축소, 그리고 도시길드의 제한에서 벗어난 직물기업 등이 서로 결합하여 기업에게 국내시장과 국제시장에서의 기회를 확장시켰다. … (반면,) 스페인의 정치조직은 거대한 중앙집권적 관료제로 이루어져 있었(고) … 정치조직과 경제의 세부사항에 이르기까지 모든 것이 로마제국 이래 가장 강력한 제국을 건설하고자 하는 국왕의 이해를 증진시키려는 목표에 맞도록 구조화되었다. 그러나 네덜란드의 반란과 신세계에서 들어오는 재물 유입이 감소하여 재정지출이 세입을 크게 웃돌았다. 그 결과는 파산, 내국세의 증대, 재산몰수, 불안정한 재산권이었다."[113]

이처럼 장기적으로 성공적인 국가들은 자본주의 구조로 자신들의 경제를 점차 전환시켰던 것이다. 즉 분권화된 시스템을 가졌던 유럽 사회가 17세기에 근대적인 국가구조를 경험할 수 있었던 것은 '군대혁명(the military revolution, 1550~1660)' 및 '총포혁명(the gunpowder revolution)'과 관련되어 있다. 즉 군사기술의 변화 및 그것이 수반하는 폭력 비용의 증가는 국가 형성과 유럽 자본주의의 발흥을 초래하였다. 그러나 그 성과와 과정은 상이하게 진행되었다('국가 힘의 축적의

113 D. North, 1990, pp. 179-82.

불균등 발전'). 예를 들어, 17세기의 급속한 군대비용의 증가에 직면한 프랑스의 절대주의는 봉건제적 생산관계의 시스템을 재조정함으로써 재정의 생산성을 증대시키려 하였다. 그리고 이러한 전략은 전체적인 생산시스템의 주요 구성요인으로 소농공동체(peasant communes) 시스템의 확장을 가져왔다(the militarized- agrarian path).[114] 즉 프랑스 국가는 지대와 조세의 축적을 둘러싼 귀족과의 갈등에 개입하였고, 그 결과가 국가보호의 소농공동체의 창출이었다. 17세기 말까지 전체 경지 중 소농들의 소유권은 영국의 25~30%와 비교해 약 50%를 차지하였던 반면,[115] 국가는 지주의 간섭 없이 농민들로부터 조세를 추출할 수 있었다. 소농공동체의 창출은 국가의 힘 축적의 불균등 발전을 반영한다. 낮은 '침투역량' 때문에 국가는 조세납부자들을 개별적으로 다룰 능력을 갖지 못하였다.[116] 예를 들어, 17, 18세기 중앙정부의 관료인 지사들(intendants)은 조세의 집단책임제를 선호하였다.[117] 이는 또한 소농공동체 수의 증가를 의미한다. 이와 같이 취약한 '침투역량'을 가졌던 프랑스의 절대주의 국가는 재정과 군대의 축적을 위해 의도적으로 소농공동체에 기초한 농촌생산시스템을 조장하였다. 이를 거꾸로 말하면, 프랑스 국가가 사회에 대한 높은 침투를 할 수 있는 인프라를 가졌더라면 공동체적 소농구조를 제거하고 개인주의에 기초한 경제시스템을 추구했을 것이다. 게다가 프랑스에서 상업활동의 수준은 영국에 비교해 부분적인 역할을 수행하였다.

---

114 C. Tilly, 1991, "Germany," in Richard Sylla and G. Toniolo, *Patterns of European Industrialization: The Nineteenth Century*, Routledge.

115 R. Brenner, 1976, p. 73.

116 H. Root, 1987, *Peasants and King in Burgundy*, University California Press, p. 31.

117 조세 수집의 공동체 형태를 선호한 첫 번째 이유는 국가의 낮은 '침투역량'이었고, 그로 인해 개인의 부의 평가에 따른 높은 정보비용과 과소 납세에 대한 높은 감시비용을 초래했다. 두 번째 이유는 한 개인이 조세 납부를 하지 않았을 경우 공동체에 조세를 전가할 수 있었기 때문이다. 이 경우도 국가의 '침투역량'이 높다면 상대적으로 적게 납세한 부자의 재산을 몰수할 수 있었을 것이다. 세 번째 이유는 개인 차원의 조세 수집 비용이 통치자에게는 수확체감, 그리고 소농공동체에게는 규모의 경제가 수반되기 때문이다. 따라서 집단협상을 통해 통치자는 거래비용을 줄이고 수입을 증대시킬 수 있었고, 조세납부자들에게는 동일 납부율을 보장받았다. H. Root, 1987, p. 33; M. Levi, 1988, *Of Rule and Revenue*, University of California Press, pp. 25-26, 29-30, 112, 115.

영국과 달리 낮은 상업화율로 광범위한 간접세 기반이 발전하지 못하였다. 따라서 17세기의 프랑스는 농민에게 직접 거두는 주로 토지세(taille)에 의존하였다. 그러기 위해서는 기본적으로 농민들은 자신들의 토지를 제공받아야 했다.

반면, 17세기의 재정딜레마에 대한 영국의 해법은 프랑스와 현저한 대조를 보인다. 대륙 국가들에 비해 상대적으로 관료제의 발달이 미약했고, 특히 재정능력의 한계가 뚜렷했고, 그리하여 상비군을 양성하지 못했던 취약점으로 가장 빨리 붕괴되고 말았던 영국 절대왕정의 경험을 가지고 있는 영국은 자신의 정치적 · 재정적 · 군사적 자원축적의 전략으로 자본주의로 전환하였기 때문이다(군사화된 자본제 경로).[118] 의회는 인클로저가 가능하도록 중요한 지지 역할을 하였다. 즉 토지소유권이 농촌의 공동체시스템에 기초한 프랑스와 달리 영국은 정확히 반대 경향을 보였다.

이는 영국의 국가가 상대적으로 사회에 대한 높은 '침투역량'을 갖추었기 때문이다. 간접세에 대한 의존으로 국가는 직접적인 토지세에 대한 의존의 부담이 낮았다. 사실 국가는 인클로저를 지원했다. 이는 시장을 통한 간접세에 상당히 의존했던 네덜란드에서 농민이 토지에서 분리되어 무토지의 프롤레타리아로 급속하게 전환했던 사실과도 일치한다. 영국의 이행에서 결정적 요소는 발달하는 교환관계의 존재였다. 간접세의 기반이었던 무역의 출현은 국가가 농민층에 타격을 입힐 수 있는 토지세와 봉건제에 대한 의존을 피할 수 있었음을 의미하기 때문이다. 다시 말해, 상대적으로 강한 인프라의 힘과 국가의 침투역량, 그리고 상업화된 경제를 가졌던 영국에서 재정과 군사 요인들은 자본제적 국가 및 경제를 형성시켰다.

그 결과 18세기 영국은 유럽에서 가장 발달된 국가를 가질 수 있었다. 예를 들어, 영국의 국가부문 중에서도 조세수집(국가수입의 추출)부문은 가장 발달됐었다. 국가재정과 관련한 관료제의 발달 정도를 보면, 영국이 가장 규모가 작은 관료제를 가졌었다는 일반 인식과 달리, 18세기 말 프랑스는 인구 4,100명당 1명, 네덜

118 C. Tilly, 1991.

란드는 6,200명당 1명, 프로이센은 3만 8천 명 1명을 가졌던 반면, 영국은 1,300 명당 1명의 중앙관료를 갖고 있었으며 관료 규모로 표시한 영국 국가의 힘은 프랑스에 비해 약 3배, 네덜란드에 비해 약 5배, 그리고 프로이센에 비해 약 29배의 규모였다.

반면, 프랑스혁명의 주 원인으로 18세기 구질서의 과중한 조세를 지적한다.[119] 그러나 실제로는 영국의 조세 부담이 보다 높았고, 특히 프랑스혁명 무렵 영국에서는 조세가 증가한 반면 프랑스에서는 하락하였다.[120] 이러한 역설은 프랑스의 왕정보다 효율적으로 지배하였던 영국 왕정의 조세가 사회의 핵심 행위자들의 동의를 포함했기 때문에 가능했던 것이다. 다시 말해, 영국 국가의 힘 혹은 조세추출 역량은 지배계급들의 동의에 의존하였다. 게다가 국제무역 및 국내교역의 활성화로 상업화된 영국경제는 대량의 간접세의 추출을 가능케 하였다. 즉 영국이 프랑스보다 간접세에 대한 폭넓은 경제기반을 갖고 있었다.[121]

이와 같이 유럽의 국가들은 17세기 후반 이후에 시장시스템을 향해 상이한 경로가 진행되었다. 이들 경로의 각각은 궁극적으로는 시장시스템과 국가 형성으로 수렴되었으나 시간과 속도 그리고 강도에서 차이를 보였다. 앞에서 보았듯이 자본가계급의 필요는 시장시스템 발흥의 한 요소를 형성하나 이는 시장시스템을 촉진시키기 위해 국가가 추진했던 여러 요인 중의 하나에 불과했다. 특히, 시장시스템의 형성은 침투와 추출과 협상의 세 차원에서 국가의 '인프라 힘'의 발전과 병행되었다.[122] 첫째, '내부안정화' 전략은 국가 형성의 중심적 수단이다. 사실, 역사적으로 평화적이고 안정적인 국민국가의 성격은 하나의 새로운 출발이었다.

---

119 T. Skocpol, 1979, *States and Social Revolutions*, Cambridge University Press, pp. 60-67; M. Mann, 1993, *The Sources of Social Power*, Cambridge University Press, pp. 171-75; C. Behrens, 1967, *The Ancient Régime*, Thames and Hudson, pp. 138-43.

120 P. Mathias and P. O'Brien, Winter 1976, "Taxation in Britain and France, 1715~1810: A Comparison of the Social and Economic Incidence of Taxes Collector for the Central Governments," *Journal of European Economic History*, Vol. 5 No. 3, p. 635.

121 P. Mathias and P. O'Brien, 1976, p. 639.

122 L. Weiss & J. Hobson, 1997, pp. 70-92.

산업화 이전의 사회는 '지역화된 폭력' 혹은 '봉건적 무정부' 상태에 놓여 있었다. 안정화 전략은 중앙집중화된 정치력의 추구로 실행되었다. 즉 시간이 흐름에 따라 국가는 지역권력으로부터 '폭력'을 회수하였고, 궁극적으로는 정치력뿐만 아니라 군사력의 수단들을 독점하게 되었다. 그리고 안정화된 공간의 발전은 시장시스템의 발전에 결정적이었다. 이와 같이 사회의 안정화는 경제발전에 대해 의도하지 않은 주요한 효과를 미쳤다. 즉 안정은 사람들로 하여금 '지역화된 봉건 폭력'에 의해 자신들의 재산을 상실할 것에 대한 걱정 없이 투자할 수 있게 하였기 때문이다.[123] 또한, 국가는 국제금융자본가계급의 요구 앞에 안정화되었다. 즉 자본가들의 퇴거(exit)의 권리가 국가의 자의성을 줄인 것이다.[124]

둘째, 17, 18세기의 재정위기의 후유증으로 국가들은 점차 재정균형의 추구에 매달릴 수밖에 없었기 때문에 내향화되었다. 균형 회복의 가장 효과적 수단 중 하나는 상인과 산업 및 농업자본가에게 재산권을 부여하고 그 대가로 국가의 군사력의 기반을 유지할 수 있는 재정수입을 확보하는 것이었다.[125] 지대의 보호와 조세가 교환된 것이다. 이것이야말로 국가와 자본가계급 간의 '인프라적 호혜주의'의 명백한 예이다. 국가는 무역의 이동을 쉽게 모니터할 수 있다는 이점 때문에 상인자본가를 먼저 조세 대상으로 삼았다.[126] 이것은 영국에서 가장 먼저 발생했으나 뒤를 이어 유럽국가들도 19세기 말까지 자본가 기업가들에게 보다 효율적이고 광범위한 재산권을 부여하였다.[127] 재산권 창출에서 가장 중요한 것은 혁신과 투자에 인센티브 구조의 발전을 가능하게 했다는 점이다.[128] 즉 재산권의 창출

123 E. Jones, 1981, *The European Miracle*, Cambridge University Press, p. 137.

124 A. Hirshman, 1978, *Exit, Voice, and the State*, Princeton University Press.

125 D. North and R. Thomas, 1973; D. North, 1981, *Structure and Change in Economic History*, Norton and Co; M. Mann, 1986; J. Hall, 1986, *Powers and Liberties*, Penguin, p. 138; M. Weber, 1951, *The Religion of China*, translated by Hans H. Gerth, Free Press, pp. 103, 249; R. Gilpin, 1981, *War and Change in World Politics*, Cambridge University Press, Ch. 3.

126 D. North and R. Thomas, 1973, p. 99; M. Mann, 1986, p. 479; R. Ardant, 1975, "Financial Policy and Economic Infrastructure of Modern States and Nations," in C. Tilly(ed.), 1975, *The Formations of National States in Western Europe*, Princeton, Princeton University Press.

127 R. Holton, 1985, *The Transition from Feudalism to Capitalism*, Macmillan, p. 171.

로 개개인들은 투자에 참여할 수 있게 되었다. 이와 같이 국가는 재정과 군사력 유지에 필요한 수입을 축적하기 위해 재산권의 보증을 통해 자본가 투자에 도움이 되는 환경을 창출하였다('시장촉진전략'). 이런 방식으로 국가는 **'정치적 기업가**(political entrepreneur)'[129]로 행동하였다. 그리고 이것이야말로 국가와 자본가계급이 유기체적 상호관계를 이루어 자신의 힘을 집합적으로 증가시킨 예인 것이다.

물론, 효율적인 재산권 체계가 단순히 의도된 시장촉진전략에 의해서만 출현한 것은 아니고 의도되지 않은 국가 건설의 결과이기도 하다. 중앙집중화되고 신뢰할 수 있는 법률적 질서를 창출하는 데 있어서 절대주의 국가의 주요 이해는 국가건설의 목적이었던 반면, 국가적 법률시스템은 귀족의 자의적 통치와 파편화된 사회공간의 성격이 유지됐던 봉건제의 관습(법)과 대조를 이루기 때문이다. 법의 역할은 사적 경제의 발전으로부터 자율적 국가를 가져다준 권력의 주요 형태로서 자본제적 재산권을 강화했을 뿐만 아니라 부분적으로 자율적인 경제영역의 창출을 도왔다. 즉 지역의 중간권력의 제거를 가져온 국가적 법률체계와 영토적으로 집중화된 정치제도는 귀족들의 자의적 권력 행사를 제거함으로써 상업화된 업무들의 팽창에 관건으로 작용하는 동시에 근대경제의 발전에 필요한 안정과 보호와 재산권의 제도적 장치들을 제공할 수 있었다. 흔히, 초기 산업화 단계에 있던 영국의 경제를 강하게 만들었던 요인들로 재산권을 제도화시키는 힘, 법치, 지역과 사회 통제에 대한 힘, 국내 및 세계시장을 창출하는 힘 등이 지적되는 이유도 여기에 있다.

국가의 중상주의 정책 또한 17, 18세기의 정치공간을 변환시켰다. 중상주의는 파편화된 정치공간을 초월했기 때문에 국가에 의해 사용된 중요한 무기였다. 내부의 관세장벽과 통행료 징수대는 점차 해체되었다. 이와 같이 중상주의 역시 단순히 의도된 시장촉진전략이 아니라 국가의 침투역량과 국가재정 및 군사력,

---

128 D. North, 1981.

129 Hintze, 1975, *The Historical Essays of Otto Hintze*, edited by Felix Gilbert, Oxford University Press, p. 429.

그리고 경제적 힘을 증대시키기 위해 국가에 의해 추구된 것이었다. 중상주의 정책은 부분적으로는 자본가계급과 타협에 의해 이루어진, 그리하여 양자의 힘을 집합적으로 증대시킨 공동승리의 게임이었다. 특히, 보다 통일된 국가 공간의 창출은 국가의 힘과 전국적인 시장의 발전을 증대시켰다.

한편, 금을 축적하려는 중상주의의 목적은 기본적으로 신용시장의 발흥과 관련이 있다. 금 보유의 축적은 통화를 안정시켰고 국가의 재정자원의 축적전략에 필수적이었다. 유럽근대사의 초기국면을 통해 통치자에 의한 채무 불이행은 꽤 일반적인 현상이었다.[130] 그러나 장기적으로 채무 불이행은 재정위기를 악화시켰을 뿐이었다. 점차 국가는 채무를 갚는 것이 낫다는 사실을 배웠다. 그렇게 하지 않으면 보다 높은 이자를 지불해야 하기 때문이다. 높아지는 군대비용에 대한 대응으로서 **'금융혁명**(the financial revolution)**'을 주도한 것은 영국**이었다. 바로 1694년에 만들어진 '영란은행'이 전쟁대부체계를 합리화하기 위한 것이었다.[131] 그러나 전쟁 기원을 갖는 신용시스템은 중요한 경제적 파급효과를 가졌다. **전쟁대부가 '영란은행'뿐만 아니라 '자본시장**(the City of London)**'을 제공하**였듯이 전쟁은 국제금융자본주의에 사업을 제공하였다.[132] 대부와 관련한 국가의 추출 활동 그 자체가 시장시스템이 확장됐던 중요한 과정이었다.[133] 영국의 경제활동이 서비스부문, 특히 해외시장에 크게 의존했고 경제개방과 제국의 힘에 의해 도움을 받았던 투기은행, 선박, 상업활동에 집중됐고, 이 부문들이 경제구조에서 가장 효율적 부문들이었던 이유가 여기에 있다.

요약하면, 유럽의 국가들은 자신의 국가 건설과 군사력의 목표를 추진함에 따

---

130 D. North and R. Thomas, 1973, p. 96.

131 P. Dickson, 1967, The Financial Revolution in England, St Martin's Press; W. McNeil, 1982, *The Pursuit of Power*, Basil Blackwell, p. 178; K. Rasler and W. Thompson, 1989, *War and State Making: The Shaping of the Global Powers*, Allen & Unwin, Ch. 4.

132 D. North and R. Thomas, 1973, p. 96.

133 P. Kennedy, 1988, *The Rise and Fall of the Great Powers: Economic Change and Military Conflict from 1500 to 2000*, Random House, p. 77; A. Giddens, 1985, *The Nation State and Violence*, Polity Press, p. 102; I. Wallerstein, 1974, *The Modern World System, Vol. 1*, Sydney: Academic Press, p. 140.

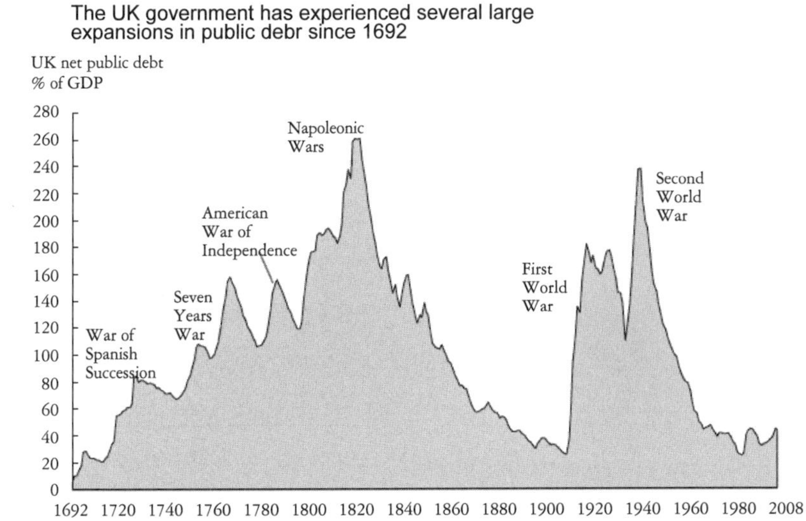

source: HM Treasury; Gregory Clark(2008), ukpublicspending.co.uk; Office of National Statisitcs; Mckinsey Global Institute.
출처: McKinsey Global Institute, Jan. 2010, "Dabt and deleveraging", p. 45에서 재인용.

▌그림 4-2. GDP 대비 영국 공공부채의 역사적 추이

라 의도적으로나 비의도적으로나 자본주의와 부르주아지의 발흥을 가능하게 했다. 그리고 거기에는 부분적으로 자율적인 두 개의 힘들, 자본가계급과 중앙집중화된 국가 간에 공생 혹은 시너지가 존재하였음을 발견하였다. 즉 유럽의 자본주의 발흥은 '협상화된 국가' 권력과 관련된 것이었다. 이 점에서 산업화의 발흥에서 중요한 역할을 하였던 영국 국가의 역할("국가와 시장의 정치경제")은 산업화 단계에서의 제정러시아의 개입주의("시장 없는 국가")보다 효율적인 것이었다. 이것이 영국의 힘이자 동시에 러시아의 취약함의 근원이었다.

이처럼 우리는 서구의 자본주의 시장시스템의 성립과정을 통해 두 가지 사실을 이야기할 수 있다. 첫째로 국가들이 사회의 지배적 집단(자본가계급)과 마찰하기보다는 협조함으로써만 그들의 힘을 증대시킬 수 있었음을 알 수 있었다. 즉 '국가의 힘'은 부분적으로 독립적인 기관들 간의 협조의 정도로 평가할 수 있다.[134] 기본적으로 지주 및 자본가계급들과 협조함으로써, 그리고 중앙집중화된 강한 재정관료제를 개발함으로써 영국 국가는 대륙의 경쟁국들보다 유리한 위치를 차지할 수 있었다. 다시 말해, 성장하는 자본주의 경제와 더불어 '강한 인프라'를 가졌던 국가가 근대 국민국가와 국민경제의 형성을 주도했던 것이다.

둘째, 영국 국가의 힘은 컨센서스(consensus)를 이루어내는 인프라 능력에 있었음을 알 수 있다. 즉 유럽에서 자본주의는 '강한 국가'의 존재 없이는 출현하지 못했다는 점이다.[135] 그럼에도 불구하고 많은 경제학자들은 대다수의 서구 국가들에서는 동아시아에서처럼 '정부실패' 대 '시장실패'에 대한 갈등을 가진 적이 없을 정도로 산업정책의 추구와 관련하여 시장실패보다 정부실패가 항상 더 커다란 문제가 되어 왔다고 주장한다.[136] 그러나 서구사회에서 시장시스템이 출현하기 위해서는 기본적으로 일정한 비경제적 조건을 필요로 했다. '강한 국가'에 대한 이러한 이해에 기초할 때 거셴크론(Gerschenkron)의 가설과 달리 국가는 초기나 후기 모든 단계의 경제발전에서 역할이 가능할 수 있음을 알 수 있다. 단지, 역할의 내용이 시대와 개별적인 〈국가-사회〉 관계들에 따라 다양할 뿐이다.[137]

제4절 경제의 금융화와 영국 우위의 상실

상업자본의 과잉과 산업구조 업그레이드의 실패

19세기 말까지 영국의 경제적 우위는 미국에 추월당했을 뿐 아니라 20세기 이후 영국의 경제는 상대적으로 장기적인 쇠퇴 과정에 들어갔다. 19세기 말부터 영국의 기술적 우위의 상실은 생산성의 하락에서도 확인된다. 1899~1913년 사이에 영국의 국내총생산은 연평균 1.4%를 기록하였고 이는 영국의 공업화 이래 가장 낮은 성장률이었다. 같은 기간에 생산성의 증가율 연평균 0.05%에 불과했

134 L. Weiss & J. Hobson, 1997, pp. 45-46.
135 L. Weiss & J. Hobson, 1997, pp. 55-57.
136 이에 대한 논쟁과 관련하여 C. Wolf, 1988, *Markets or Government: Choosing Between Imperfect Alternatives*, MIT Press 참조.
137 L. Weiss & J. Hobson, 1997, pp. 127-30.

고 이는 총생산량 성장의 3.6%에 불과한 것이었다. 인적 자본의 역할을 분리하여 다시 추계하면 총요소생산성(TFP)의 성장률은 연평균 -0.20%로 떨어질 정도로 생산성은 급격히 하락하였다. 1870년까지 영국은 전체 노동력의 약 ⅓이 제조업에 고용되었고 미국은 약 1/6에 불과하였으나, 후자의 제조업 생산성은 1870년까지 전자보다 2배 이상을 앞섰다.

그렇다면 영국은 19세기 말 미국에게 어떻게 기술적 우위를 상실하게 되었는가? 즉 영국은 다른 부문으로 기술의 변화가 이동하는 과정에서 어떻게 자신의 학습의 이점을 유지하지 못하였는가? 19세기 말 이래 영국에 대한 미국의 기술적 우위는 양국의 일인당 국민소득의 성장률에서 쉽게 확인된다. 1870년에 미국의 일인당 국민소득은 영국의 75%였으나 1929년까지 전자는 후자의 130%로 증가하였다. 핵심 문제는 영국이 투자노력을 지속시키지 못하였고, 그 결과 새로운 분야로 빠르게 기술혁신을 이어가지 못했다는 점이다. 저축 부족에 의해 국내 자본스톡의 성장이 억제된 것은 아니었다. 1913년 영국의 GNP는 GDP보다 9.4%나 높았는데 이 차이는 해외자산으로부터의 소득에 연유하고 있고, 이는 1855년에 2.1%의 차이와 대조를 이룬다. 영국이 미국에 의해 주도권을 빼앗길 무렵에 영국의 화폐는 과대평가되었기 때문에 잠재성장률 이하로 성장하고 있었고 대규모 자본수출국이 되었다. 영국 수출의 시장점유율은 하락하였고 화폐의 과대평가는 국내투자를 가로막았고 노동생산성의 성장을 하락시켰다. 1820~90년간 연평균 1.2%로 성장하였던 노동시간당 GDP는 1890~1913년간 연평균 1%로 하락하였다. 그리고 1914년까지 영국은 세계 전체 해외투자의 43%를 소유하였으나 철강, 기계, 화학 같은 팽창하는 부문들에서 세계 수출의 20%만을 장악했을 뿐이다.[138] 제조업의 경우 세계 수출액에서 영국의 비중은 1911~13년에 27.5%에서 1921~25년에는 23.8% 그리고 1931~38년에는 18.5%로 하락하였다. 수출이 국민소득에서 차지하는 비중 역시 1907년 33%에서 1924년에는 27% 그리고 1938년에는 15%로 빠르게 하락하였다.[139] 생산성 성장의 하락은

138 J. Nye, 1990, "The Misleading Metaphor of Decline," *Atlantic Monthly*(March), p. 90.
139 S. Pollard, 1983, *The Development of the British Economy*, 3rd ed., Edward Arnold, p. 116.

표 4-4. 주요 국가들의 지역별 해외투자액, 1914년(백만 달러, 현재 환율)

	서유럽	기타 서구	남유럽	동유럽	중남미	아시아	아프리카	총 계
영국	263	8,254	248	618	3,682	2,873	2,373	18,311
프랑스	1,255	386	1,332	2,663	1,158	830	1,023	8,647
독일	1,310	1,000	835	834	905	238	476	5,598
미국	674	900	3	29	1,649	246	13	3,514
BNS	990	535	837	1,350	796	413	579	5,500
JRPS	100	100	0	100	200	1,500	200	2,200
총계	4,592	11,175	3,255	5,594	8,390	6,100	4,664	43,770

주: BNS는 벨지움, 네덜란드, 스위스의 해외투자액의 합계; JRPS는 일본, 러시아, 스웨덴, 포르투갈의 해외투자액의 합계; 기타 서구는 북미와 오세아니아 국가들.
출처: A. Maddison, 1995, p. 63, Table 3.3.

화폐의 평가절하로 완화시킬 수 있었다. 그러나 세계통화시스템의 경영자로서 영국의 이해, 그리고 은행과 상업의 이해에 커다란 손상을 입혀야만 하는 비용을 수반하는 것이었기 때문에 공개적으로 논의된 적이 없다. **'국가와 상업의 공생,' '국가이해의 상업적 관점,' '경제에 대한 은행과 상업의 헤게모니'**가 자유무역 및 스털링(sterling)의 국제지위 유지를 절대적인 우선순위로 위치지운 것이다.[140]

물론, 영국이 이런 조치를 취했다 하여 미국에 주도권을 빼앗기는 것을 피할 수 있었던 것은 아니었다. 미국 경제의 역동성을 고려할 때 불가피한 것이었기 때문이다.[141] 그러나 1890년대에 영국이 생산성에서 미국에 주도적 위치를 내주었지만 과거 네덜란드가 그러했듯이 2차 대전 전후까지 유럽 대륙의 국가들보다 뒤처지지는 않았다. 예를 들어, 1차 대전 이전까지 영국은 세계에서 해외시장 점유율이 가장 높았다.[142] 즉 제한된 세계시장에서의 독점적 지위가 무너졌지만 GDP의 절대적 후퇴를 경험한 것은 아니었다. 무엇보다 영국 경제의 주도권 상실

140 L. Weiss and J. Hobson, 1997, pp. 212-14.

141 A. Maddison, 1991, pp. 35-40.

142 1870년에 영국은 4억 300만 달러를 수출했던 미국보다 두 배 이상인 9억 7,100만 달러를 수출하였고, 1차 대전 직전인 1913년까지 25억 5,500만 달러를 수출하였던 영국은 23억 8,000만 달러를 수출했던 미국을 여전히 앞서고 있었다. A. Maddison, 1989, *The World Economy in the Twentieth Century*, OECD.

은 자본이나 숙련된 노동력의 부족 때문은 아니었다는 점이다. 영국은 점차적으로 **'금리생활자 사회**(a rentier society)'[143]로 **전환**되었고, 영국 기업들은 새롭게 성장하는 부문들, 즉 2차 기술혁명 부문들에 거의 투자를 하지 않았다. 예를 들어, 1914년에 영국의 해외자산은 GDP의 1.5배나 되었고, 영국 해외투자액의 상당 부분은 미국으로 투자되었다. 즉 **금융의 과잉으로 영국 경제는 '산업조정'에 필요한 투자에 실패했던 것**이다. 영국의 기업들은 잠재적으로 수익이 높은 시장에도 불구하고 새롭게 확대되던 부문들에 관심을 기울이지 못한 것이다.[144]

그런데 복합적인 세계 무역시스템에 의존하였던 영국 스털링(sterling)의 헤게모니는 1930년대 들어서면서 어렵게 되었다. 당시 유럽 대륙의 국가들은 미국과의 무역에서의 적자를 미국의 대부(loan)와 투자, 그리고 영국과의 무역흑자로 감당하고 있었다. 반면, 영국은 자신의 식민지에서 흑자를 만들고 있었다. 이는 세계 무역시스템이 스털링 블록 국가들의 달러 수입에 의해 균형을 이루고 있었다는 것을 의미한다. 그러나 이러한 복잡한 사각 무역시스템은 1930년대에 붕괴되었다. 경기침체로 공업원료에 대한 미국 수요가 하락하면서 1차 상품의 가격 하락과 영국 식민지들의 달러 수입은 급격히 위축되었다. 영국은 보호주의 정책, 통화가치 조작, 직접적인 보조 등으로 대응하였고, 그 결과 영국에 대한 유럽과 미국의 흑자 규모는 감소하였다. 즉 영국의 무역적자는 1921~24년에 연평균 2억 2,500만 파운드에서 1925~31년에는 3억 9,600만 파운드로 거의 두 배 가까이 급증하였다가, 1932~35년에 2억 7,600만 파운드로 감소하였다. 그러나 세계 경기가 대공황의 충격에서 벗어나자 영국의 무역적자는 다시 급증하였고, 1937년에 무역적자는 4억 파운드를 넘어섰다.

이처럼 연평균 2~4억 파운드에 해당하는 '보이는' 상품교역의 적자를 충당하기 위해 영국은 해외투자로부터의 소득과 운송, 은행, 보험 등 '보이지 않는' 수입들에 절대적으로 의존할 수밖에 없었다. 그러나 이들 '보이지 않는' 수입들은

143 J. Nye, 1990, p. 90.
144 L. Weiss and J. Hobson, 1997, p. 216.

전적으로 해외의 번영과 높은 국제교역 수준에 기초한 것이었다. 즉 '보이지 않는' 수입은 세계의 번영이 합리적으로 잘 진행되는 한 '보이는' 무역적자를 충당하기에 충분하였다. 그러나 경기가 침체로 들어서는 순간 무역은 축소되었고, 1920년대에 경상수지의 약 ⅓을 차지하였던 '보이지 않는' 수입은 무역의 감소보다 더 급격히 감소하였다. 1931년 영국은 보호관세의 부과 및 통화가치의 절하를 포함한 긴급조치들을 통해 일시적으로 경상수지의 적자폭을 줄였지만, 1930년대에 걸쳐 지급해야 할 자본 규모는 해외대부를 초과하기 시작했다. 이는 1차 산업혁명 이래 처음 발생한 사건이었다. 자본 상환 규모의 증가와 대규모 채무불이행에 따른 영국 해외투자의 명목가치는 1927년에 41억 파운드에서 1939년에는 34억 9천만 파운드로 하락하였다.

한편, 1931년 경상수지 적자를 해소하기 위해 영국이 취한 긴급조치들은 고전적인 경제정책으로부터의 완전한 역전을 의미하는 것이었다. 당시까지 영국을 제외한 모든 다른 주요 공업국들의 보호주의 속에서도 영국은 자유무역 정책을 계속 유지했었다. 1930년에 수입액의 17%만이 관세가 부과되었고 보호주의 관세는 전체 수입의 2~3% 정도만 영향을 미쳤을 뿐이었다. 그러나 1931년의 경제 회오리는 금본위제 및 자유무역의 포기를 포함해 상황을 급격히 변화시켰다. 등록 실업률은 1929년에 10.4%에서 1932년에는 22.1%로 증가하였다.[145] 실업은 특히 사양산업들에서 심하였다. 1932년의 실업률을 보면 확장되던 산업들인 자동차가 20.0%, 전기가 16.3%, 호텔 등 서비스가 17.3%, 유통업이 12.2%를 기록하였던 반면, 사양산업들인 탄광이 33.9%, 면직업이 28.5%, 조선이 62.2%, 선철 제조는 43.5%를 기록하였다. 1932년 여름 오타와(Ottawa)에서 회합한 '제국경제협의회(Imperial Economic Conference)' 이후 영국의 전체 수입에서 단지 25.2%만이 면세 혜택을 받았다. 자유무역이 가장 효율적인 자원의 사용을 보장할 것이라는 전통적 주장은 국가 자원의 20% 이상이 유휴 상태에 놓여 있는 상황에서는 설득력을 가질 수 없었던 것이다.

---

145 W.H. Beveridge, 1944, *Full Employment in a Free Society*, p. 313.

제5장 ▸▸▸▸▸

미국 공업화의 성공의 기원

–자유토지와 자유노동의 신화–

미국 경제가 19세기 말부터 20세기 초 사이에 영국 경제를 앞설 수 있었던 요인들로 높은 투자, 풍부한 자원의 이용에 기초해 지속적으로 만들어 낸 노동절약적 기술진보, 그리고 이를 가능케 한 사회환경 등이 지적된다. 예를 들어, 1820~1913년간 인프라스트럭처(infrastructure)에 대대적인 투자가 이루어졌는데, 이는 증가하는 인구를 수용할 도시 시설물을 제공할 필요에서 비롯됐고, 이를 위해 풍부한 자연자원이 이용되었다. 또한, 신규 투자의 많은 부분이 기계설비에 투입됨으로써 급속한 기술변화를 구현시켰다. 게다가 19세기부터 기술혁신에 대해 기업과 정부의 노력을 강화함으로써 혁신의 추진력이 크게 증대하였다.

첫째, 과학혁신을 위한 민관 파트너십을 구축했다. 미국에서 기업과 대학 간에 밀접한 관계가 형성된 이유다. 특히, 정부의 지원을 받는 연구는 영국에 비해 농업과 광업에서 중요한 역할[1]을 하였는데 이는 제1절에서 살펴보는 '자유토지'와 관련이 있다. 둘째, '반독점법'[2]은 미국 기업들이 생존을 위해 연구에 투자하

1 A. Maddison, 1995, pp. 72-73.

2 1890년 제정된 셔먼법(Sherman Act)은 대기업에 의한 경제력 집중이 심각히 우려되던 당시의 상황

도록 만들었다. 반면, 카르텔들이나 기업의 담합행위에 대한 유럽 정부의 관용은 상대적으로 유럽 기업의 역동성을 떨어뜨리는 요인으로 작용하였다. 그 결과 미국 제조업체의 연구기관 수와 고용자 수는 1913년과 1946년 사이에 370개와 약 3,500명의 고용에서 2,303개와 약 11만 8천 명으로 증가하였다. 1946년 미국에는 1,000명의 임금노동자당 4명의 과학자가 고용되어 있었고, 이는 영국의 5배에 해당하는 비율이었다. 나사(NASA)나 방위고등연구계획국(DARPA)과 더불어 벨 연구소(Bell Labs), RCA 연구소(RCA Labs), 제록스 파크(Xerox PARC), IBM 조사활동 등 전설적 연구소들이 만들어진 배경이다.

이상의 요인들이 결합되어 미국 경제는 '규모의 경제' 효과를 실현할 수 있었다. 이는 기존의 유럽 국가들이 경험하지 못한 새로운 경험이었다. 흔히, 유럽보다 상대적으로 빠르게 성장할 수 있었던 미국의 특징으로 설비투자의 평균 규모뿐만 아니라 시장의 표준화 및 확장에서 적극적 역할을 수행하였던 대기업의 역할을 지적한다.[3] 다부문(multi-division)을 소유한 대기업들은 생산뿐만 아니라 광고, 포장, 운송, 판매, 마케팅 등을 조정할 수 있는 전문교육을 받은 사람들에 의해 새로운 방식으로 경영되었다. 그들은 대규모 자본의 배분과 위험 분산을 다루었고, 신종 산업들의 광범위한 분야에서 생산성을 증대시켰다. 예를 들어, 자동차의 경우 1935년의 미국 생산은 영국보다 10배, 독일의 약 16배, 프랑스의 약 23배인 4백만 대를 넘었고, 노동생산성은 영국보다 5배나 높았다.[4] 그 결과 1950년까

에 따라 탄생되었는데, 동종업종의 '카르텔'(기업연합)과 '트러스트'(기업합동)를 형사처벌의 대상으로 하였다. 셔먼법은 특히 소수의 몇 사람에 의한 동종업종의 모든 기업에 대한 '의결권 독점(voting trust)'을 가장 염려하였는데, 반독점(antitrust)이라는 용어도 여기에서 유래한 것이다. 1914년에 제정된 크레이튼법(Clayton Act)에서는 기존의 형사처벌 위주에서 벗어나 민사적 규제수단까지도 인정하였다. 같은 해에 연방무역위원회(FTC, Federal Trade Commission)법이 제정되었는데, FTC는 기존의 법무부의 업무를 보완하여 반독점 행위의 규제만을 전담하는 독립위원회의 성격을 가지고 있다. 법무부 산하의 반독점국과 독립기관인 FTC가 상호 보완적인 활동을 통해 자체 제제와 법정기소를 병행했다. 반독점국은 형사, 민사 문제 모두를 다루며 형집행에 치중하는 반면, FTC는 민사문제를 중심으로 예방 활동에 무게를 두고 있다.

3 A. Chandler, 1977, *The Visible Hand: The Managerial Revolution in American Business*, Belknap Press of Harvard University Press.; A. Chandler, 1990, *Scale and Scope: The Dynamics of Industrial Capitalism*, Harvard.

지 미국의 자동차 보유대수는 자동차를 보유하던 44개 국가들 전체의 80%를 차지하였다. 기술진보를 확산시키는 데 있어서 주도국의 영향은 주도국의 경제 규모와 세계경제의 통합 정도에 의존한다. 미국 경제는 이미 1913년에 영국과 독일 경제력을 합친 것보다 컸고, 1950년까지는 서유럽 전체보다 컸다. 그럼에도 불구하고 미국의 역할은 20세기 전반까지는 세계경제의 혼란, 국제무역과 투자에서 미국의 제한된 역할, 1930년대의 대공황 때문에 매우 제약되어 있었다. 미국의 주도적 역할은 30년대 대공황과 2차 대전을 거치면서 영국의 역할 약화 속에서 부상하였다.

제5장에서는 미국 산업화 성공의 기원과 미국 시장시스템 특징들의 배경을 살펴보기로 하겠다. 산업화를 달성한 국가들의 공통적 현상이지만 미국은 자본집약적 산업화를 이룩한 대표적 사례다. 미국의 본격적인 산업화는 영국보다 뒤늦게, 미영전쟁(War of 1812)이 끝난 후인 1815~1820년 이후부터 시작되었다는 것이 일반적 견해다. 공업화 초기인 1840년부터 미국이 영국을 앞서기 시작한 1900년까지 미국의 일인당 국민순생산(Net National Product, NNP)은 연평균 약 1.5%로 증가하였는데 이 중 자본스톡의 기여율은 거의 32%에 달하였다. 반면, 같은 기간 동안 노동력의 기여율은 약 12% 그리고 토지공급의 기여율은 3%에 불과하였다.[5] 주지하듯이, 산업화에서 미국은 상대적 후발 국가였고, 또한 미국은 (백인 중심으로 볼 때) 이주에 의해 건설된 국가였다. 이는 산업화에 필요한 자본이나 노동력이 부족하였음을 의미한다. 그런데 어떻게 미국 경제는 자본집약적 산업화에 성공할 수 있었을까? 결론부터 말하면 이른바 '자유토지와 자유노동'의 존재 때문에 가능했다. 원주민을 축출 혹은 학살하고 획득한 토지와 자연 그리고

---

4 L. Rostas, 1948, *Comparative Productivity in British and American Industry*, Cambridge University Press.

5 R. Gallman, 1986, "The United States Capital Stock in the Nineteenth Century," in S. Engerman and R. Gallman(eds.), *Long-Term Factors in American Economic Growth*, The University of Chicago Press, p. 190, Table 4.6에서 계산.

표 5-1. 미국의 국민순생산과 3대 생산요소 지수, 1840~1960(1840=100)

기 간	노동력	토 지	자 본	국민순생산[f]
1840	100	100	100	100
1850	146	135	181	161
1860	196	208	357	253
1870	228	240	512	324
1880	313	307	785	520
1890	412	415	1,559	765
1900	514	566	2,343	1,037
1910	662	761[a]	3,683[a]	1,573
1920	735	844[b]	4,942[b]	2,000
1930	863	1,085[c]	6,575[c]	2,952
1940	994	1,003[d]	6,204[d]	3,115
1950	1,142	1,008	8,088	4,566
1960	1,308	1,165[e]	10,531[e]	5,994

주: a) 1912; b) 1922; c) 1929; d) 1939; e) 1958; f) 10년 평균(예, 1840=1834~43).
단, 1860=1859; 1870=1869; 1960=1957(여기서 NNP≡GNP－감가상각비)
출처: L. Davis, et al., 1972, *American Economic Growth: An Economist's History of the United States*, Harper & Row, p. 34, Table 2.9.

노예무역으로 가능한 것이었다.

또한, 흔히 미국 사회의 특징으로 불평등에 대한 미국인의 관대함을 지적한다. 예를 들어, 미국인들은 유럽인보다 보상의 차이가 사람들을 열심히 일하게 한다는 생각에 보다 호의적이다. 또한, 정부가 그러한 불평등을 완화시켜야만 한다는 생각에 덜 공감한다.6 즉 미국인은 불평등이 자유시장시스템의 불가피한 산물이라는 신념을 갖고 있기에 부의 불평등에 쉽게 동요되지 않는다.7 왜 그런 것일까? 미국인들은 결과의 평등보다는 기회의 평등을 균등하게 해주는 기회를 선호

6 Economist, July 9th, 2011, "Fat cats and corporate jets".

7 "미국은 사실상 무한한 기회의 나라이며 열심히 노력하는 자는 누구나 부자가 될 수 있고 열심히 노력하지 않는 자는 가난하게 살 수밖에 없다는 믿음이 존재하기 때문에 정부가 나서서 적극적으로 복지 혜택을 제공해주는 것을 바라지 않는다. 현실은 빈곤층의 경우 기회와 계층 이동 가능성은 더 이상 존재하지 않으며 지금은 중산층에서도 이런 의식이 확대되고 있기는 하지만, 그럼에도 불구하고 미국인의 뇌리 깊은 곳에 뿌리 박혀 있는 의식은 여전히 전반적으로 변하지 않고 있다." Alesina and Glaeser, 2004, *Fighting Poverty in the U.S. and Europe*, Oxford Univ. Press, p. 197.

했다. 사다리를 타고 올라갈 수 있는 이른바 '계급 없는 사회의 건설'이 가능하다는 믿음을 (백인 중심이지만) 대체적으로 공유했기 때문이다. 균등한 기회가 제공될 경우 빈곤의 1차적인 책임은 개인으로 돌릴 수 있게 된다. 미국이 실업 급여를 포함해 사회보장제도가 매우 인색한 이유다.[8] 그런데 이러한 균등한 기회의 물적 기반은 기본적으로 원주민의 살육과 제거로 획득한 '자유토지'와 흑인노예의 강제노동의 대가로 획득한 '자유노동'의 결과물이었다.[9] 미국 성공의 그늘인, 즉 원주민과 흑인으로 상징되는 유색인종에 대한 차별(인종갈등)이 미국 사회진보의 핵심 장애물로 작동하고 있는 이유다. 예를 들어, 인구의 비동질성이 사회안전망 구축을 가로막는 중요한 요인으로 활용되고 있듯이 말이다.[10] 미국 사회와 경제와 정치 등에 깊은 상처를 남긴 남북전쟁(American Civil War)이야말로 대표적인 인종갈등의 산물이다. 2011년 4월 12일은 남북전쟁이 발발한 지 정확히 150주년이었다. 1860년 11개 주로 구성된 남부동맹(Confederate states)은 전쟁으로 일인당 소득이 북부에 비해 40% 미만으로 하락할 정도로 부의 파괴를 경험하였다. 미국 독립 직후 북부와 남부의 소득격차는 31 대 51이었고, 산업화와 서부개척이 진행되며 남부의 우위는 뒤집혀 남북전쟁 직전 소득차이는 100 대 79였다.[11]

---

8 오바마 행정부의 의료보험개혁이 통과되기 이전까지만 해도 미국에는 범국민적 의료보험이 없어 의료비가 GDP에서 차지하는 비중이 그 어떤 선진국보다 높은 상태였다. 또한, 미국의 경우 1998년 전체 GDP에서 노령연금과 장애연금이 차지하는 비중은 7%에 불과한 반면, 프랑스는 13.7%, 독일은 12.8%나 되었다. 그리고 65세 이상 노년층에 지급되는 퇴직연금이 평균근로자의 세금 공제 이전 소득의 경우 19.3%밖에 안 되는 반면, 프랑스는 58.6%, 독일은 37.2%나 되었다. MGI, 2008, "Talkin' 'bout My Generation: The Economic Impact of Aging U.S. Baby Boomers".

9 미국 정치의 자유주의적 성향, 봉건제 및 귀족주의 성향의 부재, 전국적 규모의 강력한 노조세력 및 계급의식의 부재, 빈곤층의 비백인 집중화 현상, 경제 내부에서 대규모 이동이 비교적 용이한 점 등 모두 이와 관련이 있다.

10 사회보장법 도입을 저지해 온 정치인들은 납세자가 힘들게 번 돈이 무책임하고 게으른 빈곤층에 돌아가면 안 된다는 주장을 해왔다. 자신이 그런 한심한 유권자와는 차원이 다른 사람이라고 믿고 또 그렇게 보이고 싶어 하는 정치인일수록 특히 그 같은 선동적인 발언을 서슴지 않았다. 20세기 내내 인종차별적 논리로 국민을 선동한 정치인들이 염두에 둔 대상은 물론 흑인계층이었다. 최근 들어 그 대상이 바뀌어 선동적인 정치인들이 집중적으로 공격하는 대상은 힘없는 불법 이민자들이다.

11 지역통합은 미국 통합의 필수과제가 되었다. 예를 들어, 프랭클린 루즈벨트(Franklin Roosevelt) 대통령은 1938년에 미국의 첫 번째 경제문제로 남부를 지목하고, 대규모의 뉴딜 공공투자를 투입했다. 그 결과 2차 대전 이후 값싼 노동력을 가진 남부는 매력적인 제조업 투자 대상지역으로 부상했

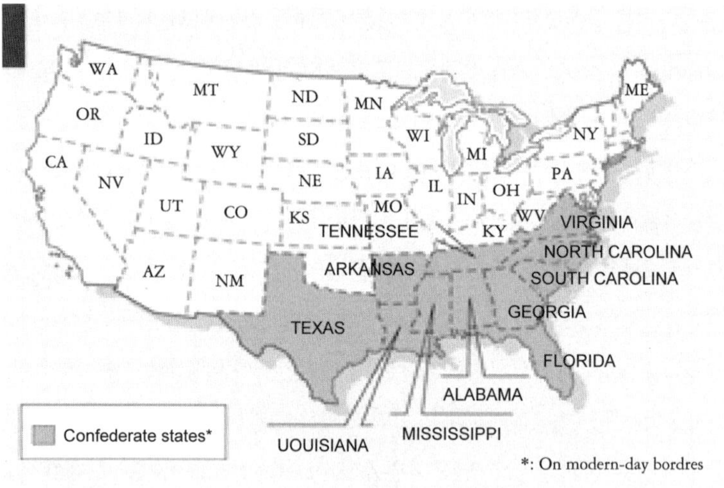

출처: Economist, Mar. 31st, 2011.

▌그림 5-1. 미국 남부동맹의 구성

제1절 자유토지의 신화

미국 성공의 주요 요인은 풍부한 자원, 특히 농업분야에서 '자유토지'의 존재였다. 그 결과 미국은 낮은 토지생산성에도 불구하고 높은 일인당 경지면적의 덕택으로 농업이 발전한 서유럽의 어느 국가들보다 높은 농업생산성을 유지해왔다. 또한, 지난 2세기 동안 서유럽의 어느 국가들보다 높은 인구증가율[12]을 유지했음에도 불구하고 1992년 기준 농업의 고용자당 경지면적은 미국을 100으로 할 때 프랑스가 31, 영국이 12, 독일이 11, 일본이 8, 그리고 네덜란드는 7에 불과했다.[13] 농민 일인당 경지규모도 2003년 기준 미국을 100으로 할 때 프랑스가 37,

다. 오늘날 남부동맹의 일인당 평균 소득은 36,350달러로 미국 전체 평균인 40,584달러의 약 90% 수준으로 상승했다. Economist, Mar. 31st, 2011, The civil war.

12 지난 2세기 동안 미국과 서유럽의 연평균 인구증가율은 1820~70년간 2.9%와 0.8%, 1870~1913년간은 2.1%와 0.9%, 1913~50년간은 1.2%와 0.6%, 1950~73년간은 1.4%와 0.8%, 그리고 1973~92년간은 1.0%와 0.3%였다. A. Maddison, 1995, p. 102, Table A-2.

일본이 4, 중국이 1, 한국이 4, 세계 평균은 2에 불과했다.[14]

그러나 보다 중요한 점은 풍부한 자원이 제조업에서의 기술적 우위를 창출할 수 있는 '규모'와 상호작용을 하였다는 사실이다.[15] 주지하듯이, 미국은 유럽 기술의 수입국으로 출발하였다. 그러나 19세기 초반까지 미국의 독자적인 기술이 출현하기 시작하였다. 앞에서 기술했듯이, 기업가와 투자가들은 노동력을 절약하고 자연자원과 에너지의 사용에 의존하는 전문적인 기계들을 개발하였다.[16] 그런데 노동절약적 개술개발은 노동력의 높은 기회비용과 관련이 있다. 초기 공업화에서 저렴한 노동력의 확보는 매우 중요한 조건인 반면, 미국 농업의 유리한 조건은 역설적으로 공업화에 필요한 노동력의 확보에 어려움으로 작용하였다. 즉 초기 공업화에 필요한 노동력은 농업부문의 노동력과 경합관계를 갖기에 높은 농업소득은 공업화에 필요한 노동력 확보를 어렵게 한다. 즉 농업부문 종사자의 소득은 농업생산성에 의해 기본적으로 결정된다. 그리고 농업생산성(일인당 노동생산성, Q/L)은 토지생산성(경지당 산출량, Q/A)과 일인당 경지(A/L)의 곱으로 구성된다. 미국은 낮은 토지생산성에도 불구하고 절대적으로 높은 일인당 경지 규모로 높은 농업생산성을 달성할 수 있었다. 1862년 남북전쟁 때 링컨대통령이 제정한 '홈스테드법(Homestead Act)'[17]은 미국 농업의 절대적 우위 상황을 잘 보여준다.

또한, 미국은 지하자원의 분포와 산출량에서 세계적이었다. 예를 들어, 1차대전 이전까지 세계 천연가스의 95%와 세계 석유생산량의 65%를 미국이 차지하고 있었다. 특히, 구리, 석탄, 아연, 철광, 납, 그리고 기타 광물들은 미국이 세계경제의 주도권을 잡는 기간에 산업기술의 핵심에 있었다. 게다가 당시의 높은 운

13 A. Maddison, 1995, p. 26, Table 1-6.

14 이태호, "한국농업을 위한 글로벌시장 진출 전략," 농민신문, 2009.5.25에서 재인용.

15 P. Roemer, 1996, "Why, Indeed, in America? Theory, History, and the Origins of Modern Economic Growth," *AEA Papers and Proceedings*, Vol. 86 No. 2, pp. 202-06.

16 N. Rosenberg, 1981.

17 서부 개척의 목적으로 10달러의 등기비용만 내면 서부의 토지 160에이커(20만 평)를 빌릴 수 있고 5년간 경작한 후에는 소유할 수 있다는 내용이었다. 미국의 서부가 중요한 곡물창고가 되는 계기를 제공했을 뿐 아니라 동부의 산업자본에게 새롭고 거대한 소비시장을 제공함으로써 미국 경제성장에 도약의 발판을 마련한 것으로 평가받는 '홈스테드법'은 인디언 축출 등 원주민 희생의 대가였다.

▌표 5-2. 서유럽 주요국들과 미국의 농업조건 비교

	프랑스	독 일	이탈리아	스페인	영 국	미 국	덴마크	네덜란드
	(토지/노동력)의 비율 (단위: 남성노동력당 헥타르)							
1890	6.0	6.4	3.3	6.9	10.7	39.2	6.3	5.0
1910	6.9	6.6	3.2	6.7	11.4	44.1	8.3	4.4
1930	7.9	6.5	3.3	8.9	13.6	48.7	8.2	4.4
1950	10.2	6.8	3.3	6.6	16.0	70.7	9.1	4.3
1960	13.0	9.1	4.3	8.3	20.9	117.0	10.1	6.0
1980	24.9	18.8	9.6	20.9	35.0	246.6	23.5	7.7
	토지생산성 (pre-1922 UK=100)							
1890	128	148	146	58		35	140	192
1910	136	205	161	55		35	202	237
1930	153	218	180	61		41	270	282
1950	111	176	134	46		42	228	310
1960	122	205	164	57		41	246	383
1980	127	194	151	70		38	188	525
	노동생산성 (pre-1922 UK=100)							
1890	72	89	45	38		128	82	89
1910	82	118	45	32		136	147	92
1930	88	104	43	39		146	162	91
1950	71	69	28	19		185	131	84
1960	76	91	34	23		232	119	109
1980	90	105	42	41		265	126	116

주: 1960년 미국 달러가치로 계산됨.
출처: P.K. O'Brien and L.R. De La Escosura, 1992, "Agricultural productivity and European industrialization, 1890~1980," Economic History Review, Vol. 45 No. 3, pp. 529, 531.

송비용하에서 광물 생산에 있어서 미국의 절대적 지위는 더욱 의미가 있었다. 즉 이용가능한 광물자원이 풍부했다는 사실과 미국 산업의 성공은 결코 우연이 아니었다. 한 조사에 의하면, 1850~1919년 기간 동안 자원소비적 기술 경향은 미국의 20대 부문 중 9개 분야에서 중요하였다.[18] 자원소비적 기술변화는 노동력의 이동에서도 확인된다. 1910년에 광업의 1백만 노동력에 비교해 농업부문에는 압도적으로 많은 약 1,200만 명의 노동력이 존재하였다. 그런데 농업에 투입된 노동력은 50년 전보다 2배 증대한 것인 반면 광업의 그것은 6.7배 증가한 것이었다. 이것은 두 부문에서의 산출량이나 수익성 증대의 차이와 같은 경향을 보이고 있다.

18 L. Cain and D. Paterson, March 1986, "Biased Technical Change, Scale and Factor Substitution in American Industry, 1850~1919," *Journal of Economic History* 46, pp. 153-64.

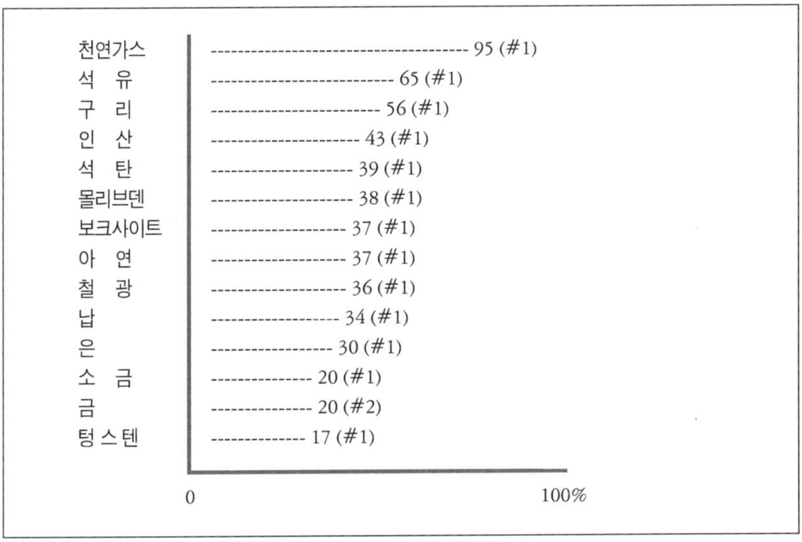

출처: George Otis Smith, ed., 1961, "The Strategy of Minerals," Washington: Resources for the Future; U.S. Geological Survey, 1913.

그림 5-2. 전 세계 광물산출량 중 미국의 비중, 1913

이처럼 노동력의 높은 기회비용과 풍부한 자원은 노동절약적이고, 자원 및 에너지 소비적인 기계의 개발을 유인하였다. 예를 들어, 미국 공업의 특성으로 지적되는 연속공정(continuous process)과 대량생산방식 등은 노동 및 생산시설에 비해 저렴하게 이용이 가능한 자원 및 에너지 등의 존재로 가능했다. 이러한 배경에 기인하여 생산재와 소비재 모두 에너지와 원료 소비적 특징을 갖는다. 예를 들어, 미국의 자동차 회사들이 1, 2차 오일쇼크가 있었던 1970, 80년대에 적응에 어려움을 겪었던 이유도 미국의 자동차 생산구조가 대형과 연료 소비적 자동차에 특화한 데서 비롯한다. 이러한 조건에 거대한 시장이 결합되면서 미국식 생산 및 성장 방식을 만들어냈다. 즉 노동력의 부족 속에 풍부한 자원을 자본과 결합시켜 〈자원집약적-자본소비적-규모의존적〉 경제성장을 만들어냈다.[19] 특히, 2차 대

19 M. Abramovitz and P. David, 1996, "Convergence and Deffered Catch-up: Productivity Leadership and the Waning of American Exceptionalism," in R. Landau, T. Taylor, and G.

전 이전까지 무역은 높은 비용을 수반하던 시기였기에 산업화의 성공은 국내 시장의 규모에 크게 의존하였다.[20] 게다가 초기부터 미국의 운송시스템과 상업 인프라는 대부분의 미국인을 효과적으로 연결시킴으로써 전국적 시장을 형성시켰다. 상대적으로 동질적인 소비자로 구성된 미국의 거대 시장은 기업들에게 장기적 관점에서 표준화된 상품에 대한 디자인과 상호교환이 가능한 부품들로 조합된 생산라인을 구축하도록 자극하였다.[21] 부품의 상호가역성으로 특징지어지는 미국 제조 기술은 남북전쟁 이후 비약적인 기술진보에 의해 달성되었다. 유럽인들이 기계 제조에 있어서 조립의 정확성을 향상시키기 위한 측정기구들을 만들었다면, 미국인들은 그 기구를 수입하여 그것들을 가지고 상호가역적인 부품을 복제하는 생산방법을 만들어냈다.[22] 이러한 미국식 발전은 노동력을 절약하기 위해 어디서나 사용 가능한 기계를 요구하였던 미국 시장의 특성에서 비롯한 것이다. 생산과정이 기계생산으로 이동함에 따라 소비패턴에도 변화가 생겼다. 사실, 생산과정의 변화는 영국이 주도하던 시기에 발생하였다. 그러나 당시 최종소비재의 성격에는 변화가 발생하지 않았다. 미국이 주도하던 시기에 전통적인 소비패턴은 변환되었다. 미국식 생산방식이 표준화된 상품의 대량생산을 가능케 했기 때문이다. 그 결과 영업, 시장조사, 광고, 소비자 신용 등의 기술발전을 수반하였다.

한편, 거대한 시장은 저렴한 운송수단의 사용을 가능케 한 운송시스템의 개발로 이어지기도 하였다. 즉 시장 규모와 운송시스템 개발의 인센티브는 기계 발명이 새로이 확장된 지역에 집중된 점에서도 확인된다.[23] 1992년 기준 국내시장의 규모는 미국을 100으로 할 때 네덜란드가 5, 영국이 17, 프랑스가 19, 독일이 23,

---

Wright(eds.), *The mosaic of economic growth*, Stanford, Sanford University Press, pp. 21-62.

20 K. Murphy, A. Shleifer, and R. Vishny, Aug. 1989, "Income Distribution, Market Size, and Industrialization," *Quarterly Journal of Economics*, pp. 537-64.

21 N. Rosenberg, 1963, 1981,

22 P. Uselding, 1981, "Measuring Techniques and Manufacturing Practice," Otto Mayr(ed.), *The American System of Manufacturing*, The Smithonian Institution.

23 K. Sokoloff, Dec. 1988, "Incentive Activity in Early Industrial America: Evidence from Patent Records," *Journal of Economic History*, Vol. 48 No. 4, pp. 813-50.

그리고 일본이 44에 불과할 정도로 미국은 규모의 이점을 갖고 있었다. 국내시장의 규모는 역으로 수출 규모에서도 확인된다. 고용자당 수출은 1992년 현재 미국을 100으로 할 때 네덜란드가 563, 독일이 371, 프랑스가 276, 영국이 202, 그리고 일본이 123에 해당한다.[24]

또한, 이용 가능한 자원이 풍부하고 거대한 시장 규모로 자원들을 추출하고 가공하는 기초기술에 거대한 투자가 지속될 수 있었고,[25] 이것이 산업기초자재의 공급을 미국이 주도하는 것을 가능케 하였던 배경이다. 물론, 여기에는 미국 지질조사소(U.S. Geological Survey), 사립대학, 다부문을 가진 대기업조직(multidivisional firm), 전문화된 연구실 등 제도들이 뒷받침된 결과였다. 미국 경제의 규모는 전문경영과 대규모 연구예산을 가진 거대한 기업을 출산시킬 만큼 충분했고, 이는 영국이 경험하지 못한 혁신을 제도화시켰다. 미국은 주요 대학들에 연구 분야를 만들고 연구역량 강화를 제도적으로 지원하였다. 예를 들어, 미국의 연구개발(R&D) 지출은 1921년에 0.2%에서 1960년대 중반에 약 3%까지 증가하였다. 이러한 조치들은 유럽에서의 전쟁의 결과와 더불어 우수한 이민자들을 대학의 교원으로 끌어들이게 하였다. 이러한 배경 속에 미국의 기술 우위는 20세기 전반부에 확대되었다.[26]

〈노동절약적-자원소비적-규모의존적〉인 미국형 기술진보는 특히 중화학부문을 만들어낸 2차 기술혁명의 투자를 유인하는 데 성공하였다. 즉 1890~1950년간 미국의 국내투자율은 영국보다 거의 두 배에 가까웠다. 이미 1890년에 고용된 노동력당 자본스톡은 영국보다 두 배나 되었고, 1890~1913년간 고용된 노동력당 자본스톡은 미국이 영국보다 세 배나 빠르게 증가하였다. 그 결과 1890년

24 A. Maddison, 1995, p. 26, Table 1-6.

25 이는 1880~1930년간 미국 수출품의 높은 자원집약도로 반영되었다. G. Wright, Sept. 1990, "The Origins of American Industrial Success, 1879~1940," *American Economic Review*, Vol. 80 No. 4, pp. 651-68.

26 R. Nelson and G. Wright, 1992, "The Rise and Fall of American Technological Leadership: The Postwar Era in Historical Perspective," *Journal of Economic Literature*, Vol. 30 No. 4, pp. 1931-64.

표 5-3. 제조업 제품의 (자본/노동력)비율, 1879~1940(1909년 달러기준으로 한 노동력당 천 달러)

	1879	1899	1909	1914	1928	1940
수 출	5.405	4.877	4.967	4.811	4.959	4.193
수 입	2.999	3.079	3.020	3.073	3.486	4.444
수출/수입	1.80	1.58	1.64	1.57	1.42	0.94

출처: U.S. Census of Manufactures; Foreign Commerce and Navigation of the United States.

표 5-4. 제조업 제품의 기술집약 정도, 1879~1940

	1879	1899	1909	1914	1928	1940
	1890년 기준 주당 12$ 이상 노동력의 비중					
수 출	52.3	48.7	48.2	45.9	46.6	42.9
수 입	48.5	45.7	47.1	44.1	42.3	41.3
수출/수입	1.08	1.07	1.02	1.04	1.10	1.04
	1909년 기준 평균 임금					
수 출	0.467	0.482	0.487	0.502	0.504	0.541
수 입	0.431	0.433	0.460	0.426	0.463	0.471
수출/수입	1.09	1.11	1.06	1.18	1.09	1.15
	1909년 기준 여성 및 아동노동의 비중					
수 출	10.1	10.7	9.9	11.0	11.2	10.4
수 입	30.6	29.0	30.2	27.8	24.2	21.1
수출/수입	0.33	0.37	0.33	0.40	0.46	0.49

출처: U.S. Census of Manufactures.

까지 운송수단의 개선, 그리고 이민과 높은 출산율에 기인하여 빠르게 성장했던 인구를 가진 거대한 국내시장의 창출이 가능했다. 19세기 말부터 미국 산업은 전 세계에서 주도권을 잡을 수 있었는데, 전 세계 제조업 산출량 중 미국의 비중이 영국을 앞지른 것도 1880~1900년 기간이었다. 이는 19세기 후반부터 20세기 초까지 미국 제조업의 수출이 수입보다 〈자본집약적-기술집약적〉이었음에서도 확인된다. 즉 미국은 상대적으로 자본장비 비율(K/L)이 높을수록, 그리고 고임금 부문을 수출하였다. 그런데 1914년을 기준으로 수출품의 상대적 자본집약도는 하락하고 있음도 주목해야 한다. 이는 운송 및 통신 수단의 발달에 따라 해외자원의 중요성이 증대되었고, 그에 따라 미국의 풍부한 자원 이점이 약화된 데서 비롯한다.

이처럼 풍부한 자원과 더불어 '규모의 효과'는 전문화된 기계와 표준화된 상품 그리고 호환 가능한 부품을 사용하는 생산(방식)의 발전에 주요 요인이 되었다. 즉 풍부한 자연자원의 존재는 노동에 비교해 저렴하게 자연자원의 이용을 가능케 하였고, 이것이 노동절약적 기계의 사용을 자극하고 높은 생산성의 달성을 가능케 하였다. 높은 생산성은 해외자본의 유입 등 높은 투자율로 이어졌다. 그 결과 미국은 〈고임금-고투자율-고생산성-고이윤-고성장〉의 선순환 달성이 가능했다. 선순환 구조는 인구 유입에도 긍정적으로 영향을 미쳤다. 1820년에 미국은 960만 명을 가진 나라였으나 1870년까지 4천만 명으로 증가하였고, 이는 당시 영국 인구보다 1/3 이상이 많은 규모였다. 미국의 연구개발(R&D) 지출은 1921년에 0.2%에서 1960년대 중반에 약 3%까지 증가하였다.

제2절 자원소비적 공업화와 한계

지금까지 보았듯이, 미국 공업화 과정에서 노동력은 상대적으로 희소한 생산요소였던 반면, 풍부한 자원의 존재로 산업화는 자원 다소비적이었다. 예를 들어, 미국은 세계에서 석탄 생산량이 가장 많았음에도 불구하고 목재가 상대적으로 보다 풍부하였기 때문에 에너지원을 목재에 의존할 정도였다. 이는 목재가 부가가치 측면에서 1910년에도 여전히 두 번째로 비중 있는 산업이었다는 사실에서도 확인된다. 게다가, 생산의 확장은 에너지 소비의 증대를 가져왔는데, 예를 들어 1860~1910년간 광물자원에서 생산한 에너지와 에너지 생산을 위한 역청탄의 사용은 각각 26.4배와 43.8배가 증가하였고, 그 결과 석탄에 의존한 철도체계는 1860년에 비교해 1910년까지 11.5배나 성장할 수 있었다.

이처럼 미국 제조업이 갖는 자본집약적 성격은 자원 이용의 정도와 밀접한 관련성을 맺고 있었다. 즉 미국 제조업의 수출은 수입에 비해 훨씬 높은 자원소비의 성격을 보여주고 있을 뿐만 아니라, 특히 이러한 경향이 미국이 세계경제의 주도권을 잡는 기간에 증가하고 있었다. 예를 들어, 자원의 직접 및 간접 사용을 기준으로 할 때 미국 제조업 수출의 자원집약도는 절정기에 64%까지 증가하였다. 이상의 사실을 통해 우리는 자본과 자원이 미국 공업화에 있어서 상호보완적이었음을 알 수 있다.[27] 즉 미국의 자본집약적인 공업화는 본래 자본이 풍부해서가 아니라 자본이 자원과 보완적인 산업기술에 특화된 데서 비롯한 것이다. 이는 산업화에 필요한 자연자원의 풍부한 존재가 미국 산업의 힘의 원인이었음을 의미한다.

주도 국가로서 미국의 상대적 지위는 유럽 국가들에 대재앙이었던 양차 대전에 의해 강화되었다. 즉 미국과 유럽 국가들 간의 격차는 보다 확대되었다. 그러나 2차 대전 이후 유럽 국가들과 일본은 미국과의 생산성 격차를 크게 줄였다. 특히 1973년 이후 미국의 생산성 성장이 급격히 둔화되면서 미국으로의 수렴이 지속되었다. 이와 관련하여 두 가지를 지적할 수 있다. 첫째는 자연자원에 대한 미국의 우월적 이점이 상당히 소멸되었다. 앞에서 지적했듯이, 전쟁기간 중 운송기술의 혁신은 유럽 국가들과 일본으로 하여금 풍부한 자원에의 접근을 가능하게 하였다. 즉 2차 대전 이후 운송비용의 감소와 무역장벽의 제거로 세계 상품시장의 통합이 증대하면서 국내 자원과 국내 산업과의 관련성이 약화되었다. 그 결과 미국의 풍부한 자원의 조건은 침식되고, 미국 기업과 기술은 도전에 직면하게 된다. 둘째는 미국의 시장 규모가 더 이상 독보적인 자산이 되지 못하게 되었다. 국제무역의 장애가 현저히 축소되면서 세계시장의 통합이 급진전되었기 때문이다.[28] 사실, 시장점유율에서 미국은 1950년까지는 압도적인 지위를 유지하였다. 미국은 영국(63억 2,500만 달러)과 독일(30억 8,200만 달러)을 크게 앞서는 102억 8,200만 달러를 수출하였다. 1973년까지도 미국은 여전히 세계에서 수출을 가장 많이 하는 국가였다. 미국은 두 번째로 수출을 많이 하였던 독일의 675억

27 G. Wright, 1990, pp. 651-68.
28 A. Maddison, 1991, pp. 40-44.

▌표 5-5. 제조업의 재생불가능 자연자원 사용의 비중, 1879~1940

	1879	1899	1909	1914	1928	1940
	1947년 기준 직접사용의 경우					
수 출	0.0742	0.0677	0.0918	0.0988	0.09984	0.0564
수 입	0.0131	0.0194	0.0170	0.0133	0.0290	0.0369
수출/수입	5.66	3.49	5.40	7.43	3.39	1.53
	1947년 기준 직접 및 간접사용의 경우					
수 출	0.1107	0.1239	0.1647	0.1800	0.1635	0.1240
수 입	0.0565	0.0747	0.0766	0.0749	0.0934	0.1127
수출/수입	1.96	1.66	2.15	2.40	1.75	1.10

자료: Mary Locke Eysenbach, 1976, "American Manufactured Exports, 1897-1914", Arno Press, pp. 297-301; Foreign Commerce and Navigation of the United States.

6,300만 달러보다 많은 714억 400만 달러의 수출을 기록하였다. 그 후에도 미국은 시장점유율에서 우위를 대체적으로 유지하였으나, 독일과 일본을 중심으로 한 서구 공업국가들과의 격차가 상당히 축소되어 1987년에 미국은 2,544억 8,400만 달러를 수출함으로써 2,943억 6,400만 달러를 수출한 독일에 뒤처지기 시작하였다.[29] 게다가 무형재 경제에서 개별국 자연자원의 중요성은 더욱 감소할 수밖에 없다. IT 혁명은 해외 인력 활용의 공간적 장애를 급속히 제거하였기 때문이다.

제3절 미국의 성공과 무역정책

지금까지 보았듯이, 〈자원 다소비적-자본집약적-기술집약적〉인 미국 공업화에서 내수 시장은 중요한 역할을 하였다. 따라서 관세정책은 국내 자원과 국내 시장에 기초한 공업화 및 경제성장에 중요한 정책이었다. 경제학자들은 종종 자유무역은 미국 경제의 주요 요인이었다고 주장하곤 한다. 그러나 먼저 국제교역이 미국 경제의 성공에 기여한 부분이 미미했다는 점을 지적해야 할 것 같다. 미국의

29 A. Maddison, 1989.

가장 중요한 위치를 차지하여 국민소득에서 31%의 가장 높은 비중을 구성하고 있었고 53%의 노동력이 이 부문에 종사하고 있었듯이, 미국 산업의 성장은 농업에 피해를 입히기보다는 도움을 주었다.

마지막으로 1861~1900년의 기간은 미국 제조업자들의 강력한 로비로 앞의 기간보다 더 높은 평균관세율을 유지하였고, 그 결과 1869년부터 19세기 마지막까지 수입은 경제활동의 성장률을 훨씬 밑돌았다. 반면, 이 기간 동안 미국의 GNP는 1929년의 불변가격으로 4배, 실질임금은 50%의 상승, 소매가격은 37%의 하락, 그리고 일인당 연소득은 223달러에서 500달러로 증가하였다. 또한, 자유무역론자들의 기대와 달리 1870년 이후 30년 동안 제조업생산은 4배가 증가하여 총생산에서 53%를 차지하였고 노동력의 22%가 종사하게 되어 새로운 세기가 시작할 무렵에는 미국 경제에서 가장 중요한 부문이 되어 있었다. 예를 들어, 미국의 관세정책은 남북전쟁의 발발과 함께 관세율의 증대가 이루어졌고, 이러한 고관세정책은 대체적으로 19세기 후반 전 기간에 걸쳐 유지되다가 관세율은 19세기 후반부터 산업에 따라 하락을 경험하였고, 특히 1910년대 초에는 일반적으로 하락하였다. 즉 1870~1914년의 기간 동안 관세율의 변화를 보면

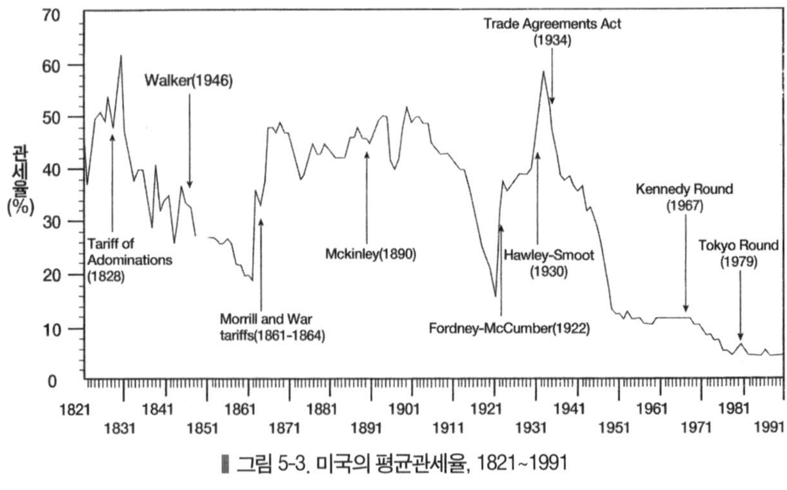

▌그림 5-3. 미국의 평균관세율, 1821~1991

수정주의자들의 견해와 달리 관세율 인하가 미국 산업의 성장을 가져온 것이 아니라 가장 빠르게 성장한 산업들에서 관세율 인하가 가장 크게 나타나고 있다. 그리고 이러한 관세율의 변화를 결정한 요인으로서는 정치적 요인과 기업의 이윤극대화 동기에서 비롯되었음이 밝혀졌다.[31] 즉 19세기 후반의 미국의 보호주의 정책이 공업발전에 기여했다는 전통적 견해를 재확인시켜 주고 있다.

---

31 Bennet D. Baack and Edward John Ray, 1983, "The Political Economy of Tariff Policy: A Case Study of the United States," *Explorations in Economic History* 20, pp. 73-93.

제6장

유로존, 가보지 않은 길

1952년 독일과 프랑스, 이탈리아, 베네룩스 3국 등이 만든 '유럽석탄철강공동체(European Coal and Steel Community, ECSC)'로 출발한 유럽 통합의 노력은 1992년 단일통화 창출을 합의한 '마스트리히트(Maastricht) 조약'을 계기로 1993년에 유럽연합을 탄생시킴으로써 결실을 맺게 된다.[1] 이후 1998년 마지막 날에 11개국[2]의 통화와 유로화의 교환 비율이 최종 확정되고, 1999년 1월 1일 유로화가 탄생하면서 유로 경제는 실체를 드러내기 시작했다. 유로화의 유통은 2001년부터 시작되었으며, 2002년 1월 1일부터는 12개 국가[3]의 법정통화가 되었고, 슬로베니아(2007년), 키프로스와 몰타(2008년), 슬로바키아(2009년), 그리고 에스토

1 1957년 독일, 이탈리아, 프랑스 등 6개국이 참여하여 유럽경제공동체(EEC)의 창설로 발전하고, 1967년에는 유럽공동체(EC)로 확대 개편된 후 영국, 스페인, 포르투갈 등이 추가 가입하여 12개국으로 확대되었고, 1998년에 유럽연합 15개국 정상들이 모여 특별정상회담을 갖고 유럽통화동맹 참가국을 11개국으로 확정하며 통화 단일화에 대한 규범을 마련하였다.

2 독일, 프랑스, 이탈리아, 스페인, 네덜란드, 벨기에, 오스트리아, 핀란드, 포르투갈, 아일랜드, 룩셈부르크.

3 2001년 그리스 가입.

Source: *The Economist.*

▌그림 6-1. 유럽 연합(EU) 국가들의 통화 지위

니아(2011년)가 새로 가입함에 따라 유로를 법정통화로 쓰는 나라는 17개 국가로 증가했다. 그 밖에 덴마크, 라트비아, 리투아니아, 불가리아 등이 자국의 통화 가치를 유로화에 연동시키는 '유로 페그제'를 도입하고 있다.

글로벌 금융위기가 터지기 전만 해도 유로존은 세계경제의 새로운 희망이었다. 무엇보다 유럽 통합의 중요한 이유 중 하나가 달러에 대한 의존도를 축소하는 것이었기에 유로의 도입으로 유로 사용국들은 유럽 내 개별 국가 간 환율 변동의 위험을 완전히 제거할 수 있게 되었고, 인플레이션도 낮게 유지할 수 있었다. 또한, 유로 도입 이후 유로의 국제 위상도 빠르게 발전하였다. 국제채권의 발행 규모를 보면 1999년만 하더라도 달러 표시 채권 발행액의 약 절반 수준에 불과했지만 2004년부터는 유로 표시 채권 발행액이 달러 표시 채권 발행액을 앞지르기 시작했다. 각국 중앙은행의 통화별 보유자산 규모도 1999년 17.9%에서 2009년에는 27.6%로 증가했다. 그리고 유로존 재정위기가 부각되면서 2010년에는 25.9%

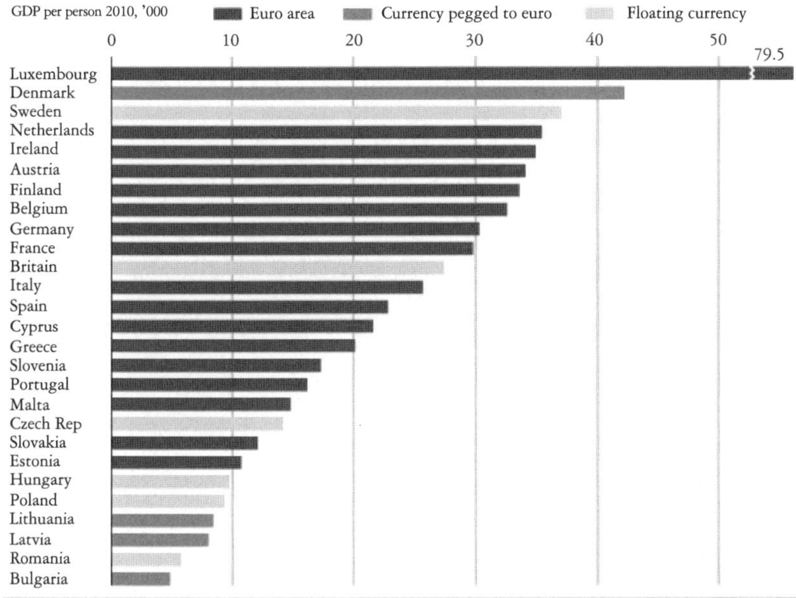

Source: Eurostat.

▌그림 6-2. 유럽 연합 국가들의 일인당 GDP(2010년, 천 유로)

로 하락했고, 2011년 2분기까지 26.7%로 회복되었다. 그렇다고 유로가 과거 달러의 지위를 대체할 수는 없었다. 유로 가치는 미국과 세계경제의 흐름으로부터 자유로울 수 없었기 때문이다. 경제력의 다원화 추세를 심화시켰을 뿐이다. 1999년 1월 1일 유로화 도입 당시 1유로는 1.183달러였다. 유로화 안착에 대한 의구심으로 2000년 10월 26일에는 0.8285달러까지 하락한 적도 있다. 2002년 5월 이후부터 유로 가치는 상승하기 시작하여, 2008년 7월 14일에는 1.6달러 근처까지 육박하였다. 다시 금융위기가 본격화되고 안전자산에 대한 선호가 증대하고 유로존 재정위기가 부상하면서 유로 가치는 하락세로 전환하였다.

제1절 유로존 재정위기의 원인과 책임

그런데 금융위기 이전까지 문제가 나타나지 않았던 재정위기가 금융위기 이후 왜 발생했을까? 유로존의 재정위기는 금융위기와 결합된 유로존의 구조적 문제, 이른바 PIIGS라 불리는 채무국의 책임, 그리고 채권국의 책임 등 몇 가지 요인들의 복합적 산물이다. 첫째, 유로존은 출범부터 경제(단일 통화정책)와 정치(국가별 재정정책)의 비대칭성을 구조적 문제로 갖고 있었다. 즉 유로 회원국은 산업구조와 산업경쟁력에서 차이를 갖고 있고, 경쟁력이 취약한 국가의 경우 경상수지 적자가 발생할 가능성이 높다. 이 경우 통화가치(환율)나 임금의 조정이 필요한 반면, 통화 및 외환 정책의 단일화로 환율 조정은 불가능하다. 게다가 경직성과 낮은 역동성[4]이라는 유럽 노동시장의 특성으로 임금 조정 역시 쉽지 않다. 특히, 유럽 노동시장의 경직성은 남유럽 국가들에서 유명한데, 경쟁력 약화(경상수지 적자)의 원인으로 지적되고 있다.[5] 또한, 재정과 사회경제정책의 독립적 관리로 정부부채와 적자의 증가를 억제할 수 없었다. 사실, 마스트리히트 조약은 단일 통화의 창설을 위해 국가별 경제수렴기준(convergence criteria)으로 재정과 관련하여 재정적자를 명목 GDP의 3% 이내로 축소하고 정부부채는 명목 GDP의 60% 이내이거나 개선 중이어야 하고, 물가와 관련하여 최근 1년간 소비자물가상승률이 가장 낮은 3개 회원국의 ±1.5% 이내여야 하고, 금리와 관련하여 최근 1년간 소비자물가상승률이 가장 낮은 3개 회원국의 평균 명목금리의 ±2% 이내여야 하고, 환율과 관련하여 최근 2년 동안 자국 통화의 환율을 평가절하한 사례가 없어야 하며 유럽환율메커니즘(European Exchange Rate Mechanism, ERM)2[6]에 가입

4 한 달 기준으로 실업에서의 이탈률을 보면 2010년 미국은 24%로 프랑스의 8%, 독일의 6%, 이탈리아의 4% 등에 비해 월등히 높다.

5 예를 들어, 스페인 노동시장의 특성으로 정규직 노동력에 대한 높은 해고 비용, 복잡한 산별 임금 협상 시스템, 관대한 실직 수당 등이 지적된다. 모두 스페인 경제의 낮은 생산성 원인으로 지적되는 요인들이다.

6 1979년 3월 유럽공동체가 유럽통화시스템(European Monetary System, EMS)의 일부분으로 환율 변동성을 축소하고 통화안정성을 확보함으로써 경제와 통화의 통합, 단일통화의 도입을 준비하기

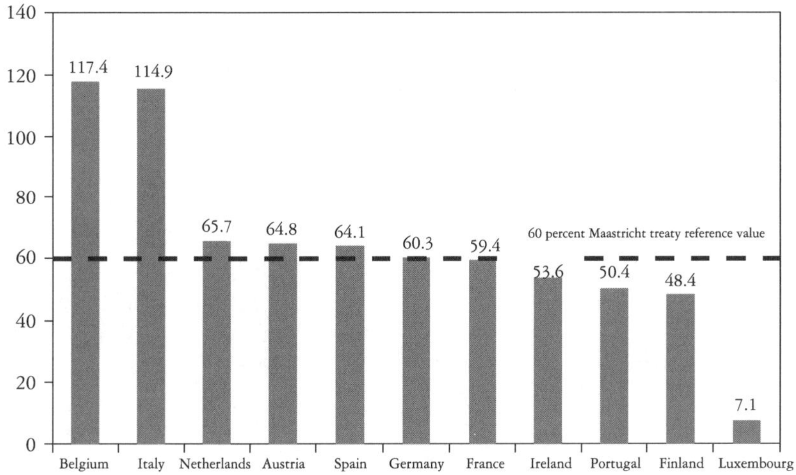

출처: C. Bergsten and J. Kirkegaard, Jan. 2012, The Coming Resolution of the European Crisis, PIIE.

▌그림 6-3. 유로존 초기 11개 회원국의 일반 정부부채(1998년, GDP 대비 %)

하여 자국통화와 유로화 간 환율을 변동허용폭 대비 ±15% 이내에서 유지해야 하는 등에 대한 조건을 명시하였다. 또한 조약은 재정 문제에 봉착하는 국가에 대한 구제가 허용되지 않을 것(no bail-out)이라고 규정하였다.[7] 그러나 기준들은 엄격하게 적용되지 않았다. 예를 들어, 벨기에와 이탈리아는 출발 당시 국가부채가 하락하고 있다는 이유로 기준을 초과했음에도 불구하고 가입이 허용되었다.

이처럼 산업구조 및 산업경쟁력의 차이에 따른 경상수지의 불균형, 단일 통화 사용에 따른 실질실효환율[8]의 격차, 그리고 국가별 독립적 재정관리 등을 재정위기의 원인으로 보는 입장에서는 재정위기를 겪고 있는 국가들의 정부부채 삭감과 노동행위의 개혁 그리고 유로존의 재정통합 등을 위기 해결책으로 제시한다.

위한 목적으로 도입한 시스템이다. 유로 도입 이후에는 통화안정성을 향상시키고 잠재적 유로존 회원국에 대한 평가 메커니즘을 확보하기 위해 유로와 유로존 밖의 통화를 연관시키는 방향으로 정책을 전환시켰는데 이를 ERM2라 부른다.

7 이 밖에도 법적 수렴기준으로 회원국 국내법이 EU 조약과 상충되지 않아야 하며, 특히 회원국 중앙은행의 독립성을 보장하고 중앙은행이 유럽중앙은행(ECB) 제도의 일부분이 되도록 허용해야 한다.

8 물가변동에 따른 실질구매력의 변동을 실효환율에 반영하기 위해 명목환율을 교역상대국의 상대적인 물가지수로 나누어 구한다.

그러나 이러한 주장은 기본적으로 수렴기준을 지키지 않은 채무국의 책임에 초점을 맞추고 있다. 이러한 주장의 약점은 재정위기를 겪는 국가들이 재정수지보다 경상수지의 문제를 갖고 있었고,[9] 자본 흐름의 갑작스런 중단이 유로존 위기의 출발점이었다는 점을 간과한다.

Source: Eurostat.

▌그림 6-4. 유럽연합 국가들의 공공부채(2010년, GDP 대비 %)

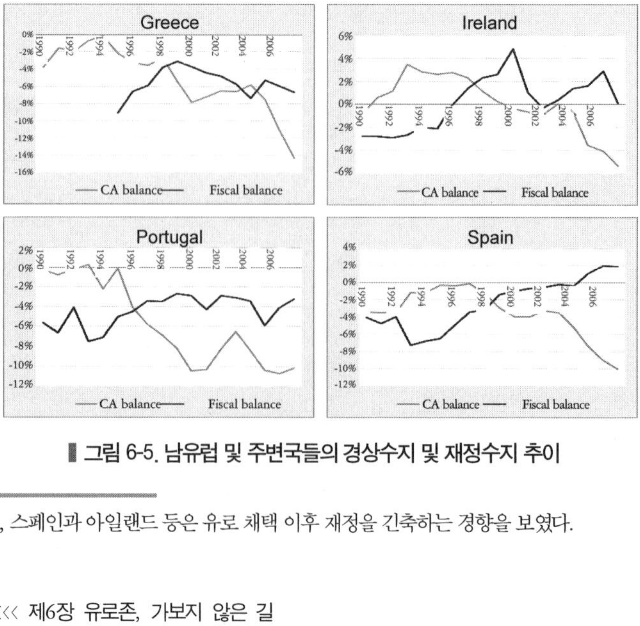

▌그림 6-5. 남유럽 및 주변국들의 경상수지 및 재정수지 추이

9 특히, 스페인과 아일랜드 등은 유로 채택 이후 재정을 긴축하는 경향을 보였다.

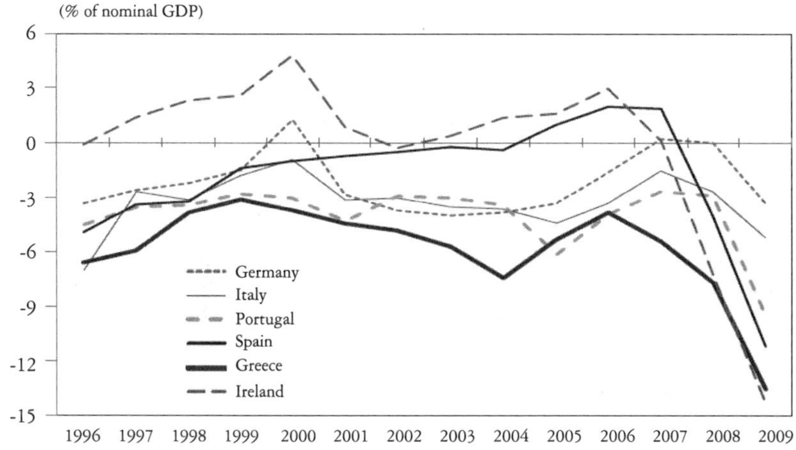

Source: Eurostat

▌그림 6-6. 유로존 재정적자

▌표 6-1. EU-12개 국가의 GDP 대비 경상수지, 1999~2005년

Country	1999	2000	2001	2002	2003	2004	2005	2006
Austria	-3.2	-2.5	-1.9	0.3	-0.2	0.2	1.1	0.5
Belgium	5.1	3.9	3.9	4.8	4.2	3.4	2.5	4.0
Finland	6.3	7.5	7.1	7.5	4.0	5.1	4.9	6.1
France	2.9	1.4	1.6	1.0	0.4	-0.4	-1.6	1.0
Germany	-1.2	-1.6	0.2	2.2	2.1	3.8	4.0	2.5
Greece	-4.2	-8.8	-8.1	-7.5	-7.2	-6.4	-6.3	-6.3
Ireland	0.3	-0.4	-0.7	-0.9	0	-0.8	-2.7	-0.8
Italy	0.7	-0.5	-0.1	-0.8	-1.3	-0.9	-1.6	-0.4
Luxembourg	8.9	13.7	9.0	11.6	6.8	11.1	11.8	10.4
Netherlands	3.9	2.0	2.5	2.6	5.7	9.4	7.7	4.8
Portugal	-8.5	-10.7	-9.5	-6.8	-5.5	-7.8	-9.2	-9.2
Spain	-2.9	-4.0	-3.9	-3.3	-3.6	-5.3	-7.4	-7.4

출처: Sergio Rossi, 2007, "International Capital Flows Within the European Monetary Union: Increasing Economic Divergence Between the Centre and the Periphery", *Intervention* 4(2).

▌표 6-2. EU-12개 국가의 재정과 경상 수지(GDP 대비 %)

Fiscal balance		CA balance	
Country	2007-07 ave	Country	2007-07 ave
Greece	-5.4%	**Portugal**	-9.4%
Portugal	-3.7%	**Greece**	-8.4%
Italy	-2.9%	**Spain**	-5.8%
France	-2.7%	**Ireland**	-1.8%
Germany	-2.2%	Italy	-1.3%
Austria	-1.6%	Finland	0.4%
Netherlands	-0.6%	Austria	1.6%
Belgium	-0.4%	Belgium	3.0%
Spain	0.3%	Germany	3.2%
Ireland	1.5%	Netherlands	5.4%
Luxembourg	2.3%	Finland	5.9%
Finland	4.1%	Luxembourg	10.6%

출처: Kevin Drum, Dec. 6, 2011, "Who's Responsible For the Euromess?"

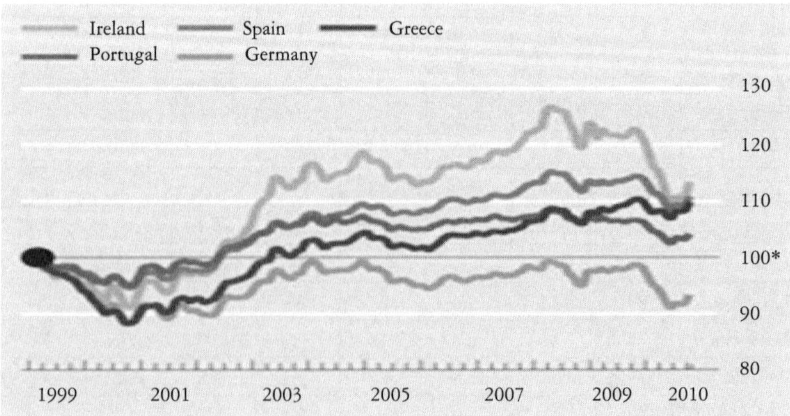

Source: European Central Bank *: Based on consumer prices
출처: Economist, Dec. 2nd, 2010에서 재인용.

▌그림 6-7. 실질실효환율(1999년 1분기 GDP 디플레이터=100)

주지하듯이 단일 통화의 도입으로 환율리스크가 제거되면서 유럽의 신용시장은 급성장했다. 즉 국가 간 자본 이동(cross-border capital flows)은 수익률과 환율에 의존하는데 통화가치 하락의 우려가 제거되었기 때문에 초국가 대출 기준이 크게 완화된 것이다. 그 결과 은행간대출(interbank loans)을 중심으로 유로존의 금융 네트워크화가 형성되었다. 특히 재정위기를 겪는 국가들로 독일과 프랑스 등 핵심국 자본의 유입이 크게 증가하였다. 즉 유로의 도입은 핵심국의 투자자들로 하여금 주변국들의 자산 매입을 매력적으로 만들었다. 이는 90년대 초 나프타(NAFTA) 체결 이후 미국에서 멕시코로 자본 유입이 급증한 것과 유사하다. 이는 일종의 경제수렴 과정으로 이해할 수 있다. 그런데 이러한 자본 유입의 노다지(bonanzas)는 투자자 태도의 변화에 민감하다. 그리고 자본 흐름의 갑작스런 중단은 금융위기를 촉발시킬 수 있다. 따라서 자본 흐름에 영향을 미친 요인을 살펴볼 필요가 있다.

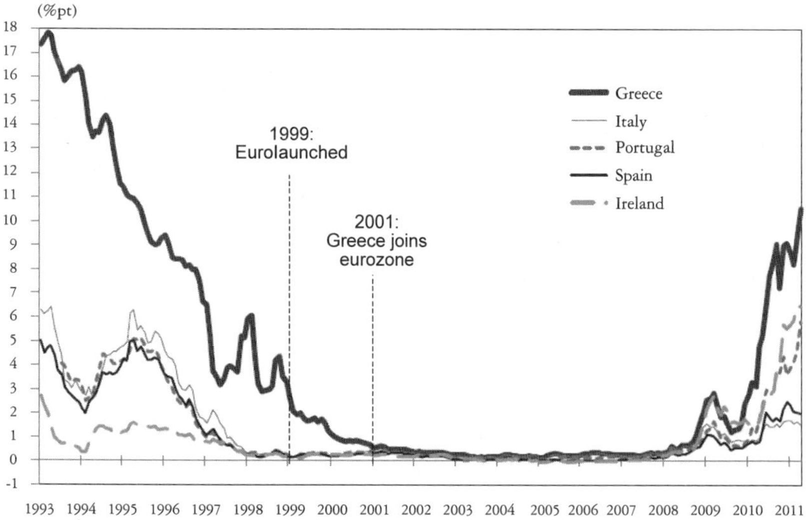

출처: R. Koo, May 20, 2011, "Learning wrong lessons from the crisis in Greece".

▌그림 6-8. 국채 10년물 수익률 스프레드, 독일 대 PIIGS

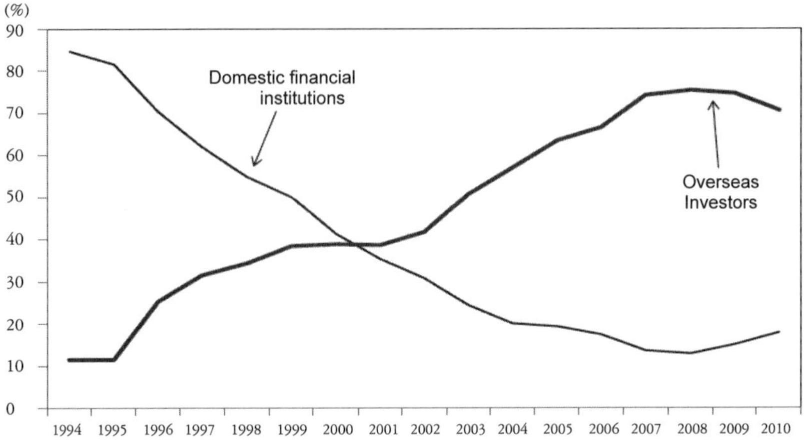

source: Bank of Greece.
출처: R. Koo, May 20, 2011, "Learning wrong lessons from the crisis in Greece".

▌그림 6-9. 그리스 정부부채의 보유자

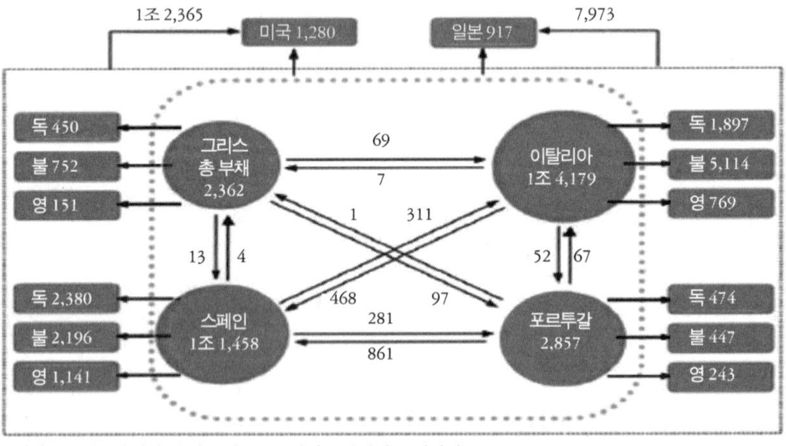

주: 화살표는 채무의 방향, 숫자는 채무규모(단위: 1억 달러)를 나타냄.
자료: BIS, 2009년 말.

▌그림 6-10. 유럽의 역내 부채 연결망(2009년 말 기준, 억 달러)

유로존의 재정위기가 금융경제화의 산물이라는 점에서 유로존 내 자본 흐름의 급증은 이론적으로 풀(Pull) 요인과 푸시(Push) 요인으로 나누어 생각할 수 있다. 전자의 경우 정부를 방만하게 운영한 채무국들의 차입 증대에서 찾는다면, 후자의 경우 투자자의 고수익 추구를 자본 흐름의 결정요인으로 보는 것이다. 두 가지 요인이 상호 강화됐을 가능성이 높지만, 풀 요인이 주원인이라면 주변국의 명목 이자율의 증가를 예상할 수 있을 것이다. 그러나 이는 확인되지 않는다. 오히려 핵심국의 투자자들이 투자에 대한 위험을 고려하지 않고 주변국으로 자금을 투입한 것이 주요 원인으로 작용한 것이 확인된다. 핵심국에서 주변국으로의 자본 유입이 인플레이션을 유발했음에도 불구하고 유로존은 긴축 통화정책을 사용하지 않았다. 오히려 독일 경제를 우려해 통화완화 정책이 전개되었다. 2000년 IT 버블이 붕괴되면서 미국의 나스닥에 해당하는 독일 노이마르크트(Neumarkt)가 정점 대비 98% 하락하였다. 독일의 가계와 기업은 2000~05년간 저축의 증대(GDP 대비 2.8%)와 디레버리지(GDP 대비 10.0%)로 대응하면서 '대차대조표 침체'가 촉발되었다. 그런데 재정투입은 '마스트리트 조약'으로 제약되어 있었다.

이에 유럽중앙은행(ECB)은 금리를 2%로 인하하였다. 그러나 민간부문이 부채 축소에 집중하는 상황에서 독일 경제를 자극하는 데에는 실패하였다. 독일의 경기부양을 위한 통화완화 정책은 PIIGS, 특히 아일랜드와 스페인 등의 주택 버블을 촉발시키고 독일 수출을 회생시킴으로써 독일 경제는 대차대조표 침체에서 탈출할 수 있었다. 반면, ECB의 통화완화 정책으로 주변국의 인플레이션은 임금 상승과 수출 감소와 경상수지 적자 증대 등을 초래하였다. 예를 들어, 2000년부터 2009년 3분기까지 단위 산출량당 노동비용을 보면 독일이 5.8% 상승한 반면, 그리스가 32.8%, 이탈리아가 31.4%, 스페인이 30.1%, 아일랜드가 27.3% 상승했다.[10] 특히, 수출 비중이 낮은 그리스의 경우 수입과 경상수지 적자가 급증했다.

10 Peter Coy, "Germany's Merkel: She's Got the Whole Euro in Her Hands, Businessweek", March 1, 2010에서 재인용.

▌표 6-3. EU-12개 국가의 장기 명목이자율, 1999~2006

Country	1999	2000	2001	2002	2003	2004	2005	2006
Austria	4.68	5.56	5.07	4.97	4.15	4.15	3.39	3.80
Belgium	4.75	5.59	5.13	4.99	4.18	4.15	3.43	3.81
Finland	4.72	5.48	5.04	4.98	4.13	4.11	3.35	3.78
France	4.61	5.39	4.94	4.86	4.13	4.10	3.41	3.80
Germany	4.49	5.26	4.80	4.78	4.07	4.04	3.35	3.76
Greece	6.30	6.10	5.30	5.12	4.27	4.25	3.58	4.07
Ireland	4.71	5.51	5.01	5.01	4.13	4.08	3.33	3.74
Italy	4.73	5.58	5.19	5.03	4.25	4.26	3.56	4.05
Luxembourg	n.a.	n.a.	n.a.	n.a.	n.a.	n.a.	n.a.	n.a.
Netherlands	4.63	5.40	4.96	4.89	4.12	4.09	3.37	3.78
Portugal	4.78	5.59	5.16	5.01	4.18	4.14	3.44	3.91
Spain	4.73	5.53	5.12	4.96	4.12	4.10	3.39	3.78

출처: Sergio Rossi, 2007, "International Capital Flows Within the European Monetary Union: Increasing Economic Divergence Between the Centre and the Periphery", *Intervention* 4(2).

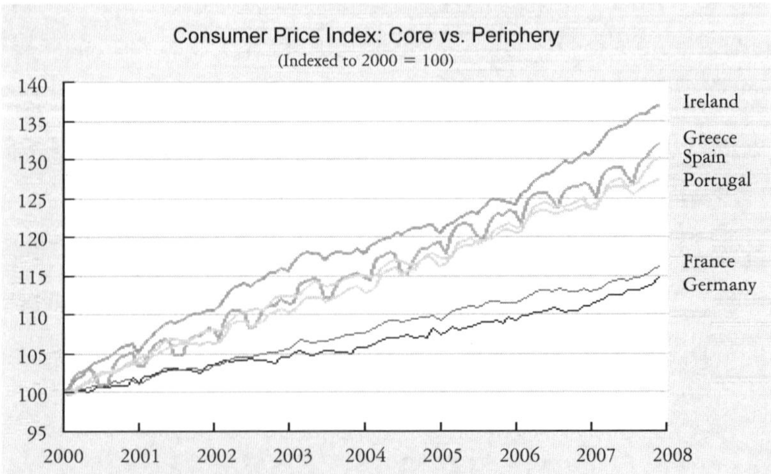

출처: Kevin Drum, Dec. 6, 2011, "Who's Responsible For the Euromess?"

▌그림 6-11. 소비자물가지수, 핵심국 대 주변국(2000년=100)

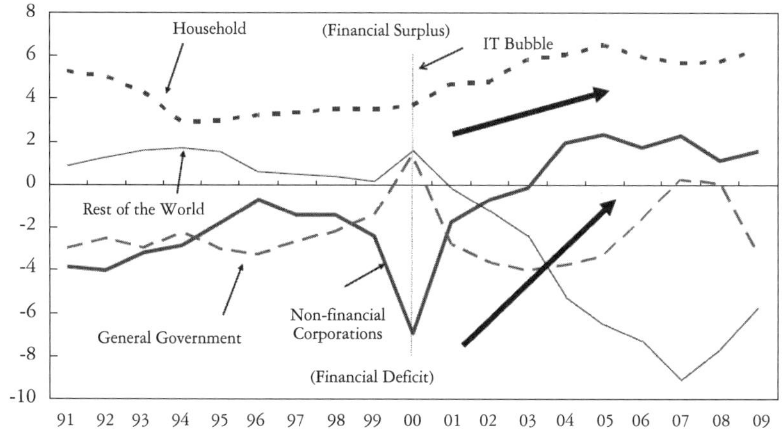

source: Deutsche Bundesbank, Federal Statistical Office Germany.
Note: The assumption of Treuhand agency's debt by the Redemption Fund for Inherited Liabillties in 1995 is adjusted.
출처: R. Koo, May 20, 2011, "Learning wrong lessons from the crisis in Greece".

▌그림 6-12. 독일의 자금 흐름(부문별 금융 수지)

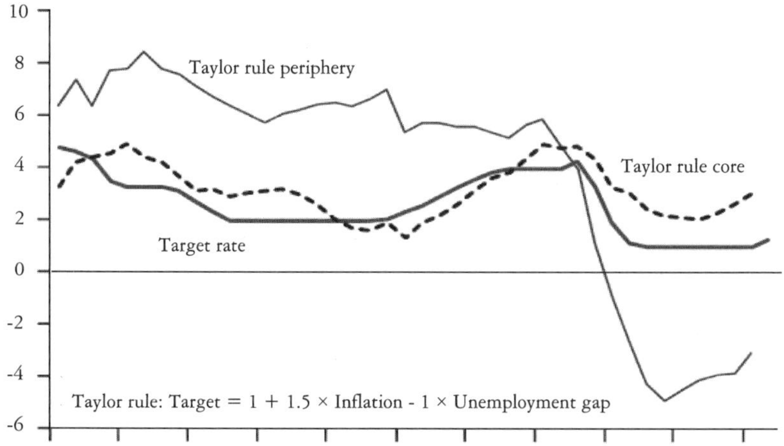

source: OECD, Eurostat.
출처: F. Nechio, June 13, 2011, "Monetary Policy When One Size Does Not Fit All", FRBSF Economic Letter.

▌그림 6-13. 테일러 정책 금리: 중심부와 주변부(분기별 자료)

▌표 6-4. EU-12개 국가의 장기 실질이자율, 1999~2006

Country	Average long-term nominal interest rate	Average inflation rate(HICP)	Average long-term real interest rate	Rank in terms of borrowing costs
Australia	4.47	1.70	2.77	9
Belgium	4.50	2.00	2.50	7
Finland	4.45	1.50	2.95	11
France	4.41	1.80	2.61	8
Germany	4.32	1.50	2.84	10
Greece	4.87	3.20	1.65	4
Ireland	4.44	3.50	0.98	1
Italy	4.58	2.30	2.24	6
Luxembourg	n.a.	2.70	n.a.	n.a.
Netherlands	4.41	2.50	1.89	5
Portugal	4.53	3.00	1.53	3
Spain	4.47	3.10	1.40	2

출처: Sergio Rossi, 2007, International Capital Flows Within the European Monetary Union: Increasing Economic Divergence Between the Centre and the Periphery, *Intervention* 4(2).

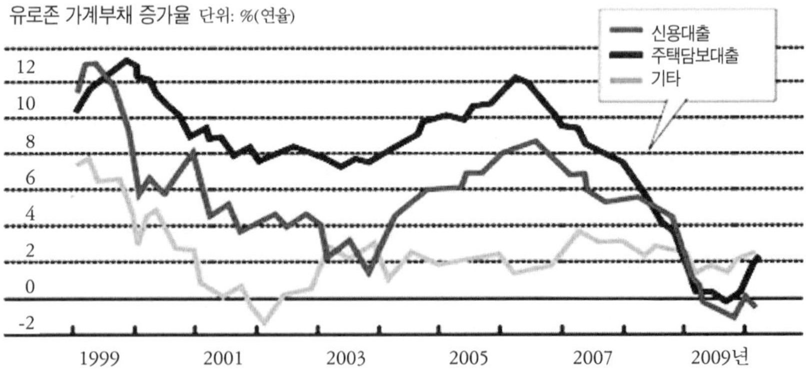

출처: ECB.

▌그림 6-14. 유로존의 가계부채 증가율(연율, %)

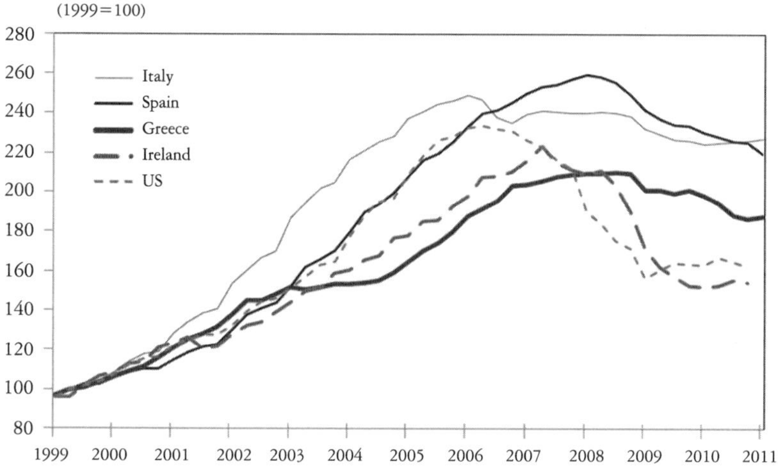

Source: Nomura Research Institute, based on Bank of Greece, Ministerio de Vivienda, Spain, Bloomberg, BIS, S&P and Department of the Environment, Heritage and Local Goverment, Ireland.
Note: Greek priced are in urban areas. Irish figures are new houses' prices.

▮ 그림 6-15. 유로 도입 이후 주택가격의 추이, 미국 대 PIIGS

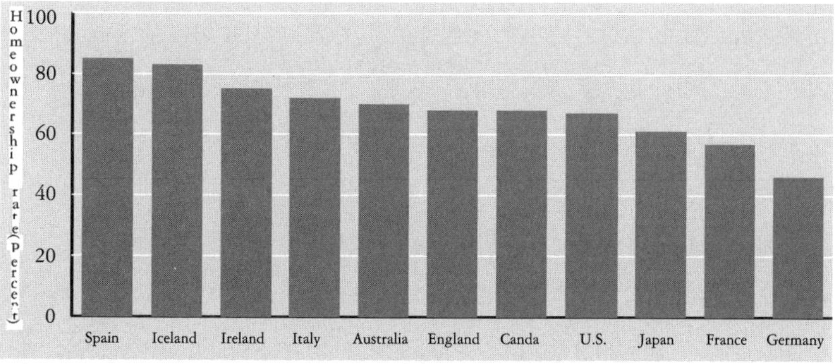

출처: A. Pollock, Sept. 29, 2010, "Testimony before the Subcommittee on Security and International Trade and Finance, Committee on Banking, Housing and Urban Affairs", US Senate.

▮ 그림 6-16. 전 세계 주택소유율

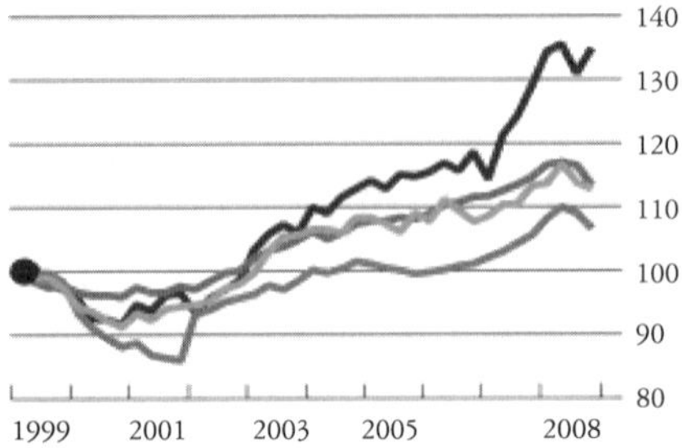

Source: European Central Bank.
*: Data not available for Portugal.

출처: Economist, Jun. 11th, 2009에서 재인용.

그림 6-17. PIIGS 국가의 단위노동비용 디플레이터(1999년 1월=100)

마지막으로 자본의 자유로운 이동을 지지하는 이들은 자본이동(금융통합)에 따른, 이른바 저소득 국가의 '따라잡기(catch-up) 효과' 등 유익한 효과를 강조한다. 실제로 PIIGS 국가들은 유로화 도입 이후 소비재보다는 투자재에 더 많이 지출했다. 이런 관점에서 금융위기 이전에는 경상수지 불균형도 문제될 것이 없다는 인식이 존재하였다. 그런데 유로존 위기는 거시경제 관점에서 책임 있게 행동해도 자본 흐름의 갑작스런 중단에 따른 위기의 충격은 막기 어렵다는 것을 보여주었다. 유로존 부채위기에 대한 일부 책임이 해당 국가의 몫인 것이 명확하지만, 책임의 초점은 유로의 도입이 금융위기를 가능케 했던, 즉 피하기 어려운 강력한 힘으로 작동했다는 사실에 맞추어야 할 것이다. 유로 도입 이후 경상수지 적자국에서 은행시스템은 높은 예대비율(loan-to-deposit)을 드러냈는데 이는 주변국 은행들이 소매예금 대신 도매 자금조달(wholesale funding, 은행간자금조달)에 의존한 결과였다. 그런데 자유로운 자본 이동으로 투자자가 자본 유입을 중단할 때 도매 자금조달은 고갈되고 은행시스템은 심장을 멈추게 된다. 이는 악순환(a vicious cycle)을 형성한다. 즉 금융위기는 침체를 만들어내고 주변국 재정과 은행시스템에 큰 구멍을 만들어냈다. 주변국의 예산적자는 폭발하고, 부채 수준은 지속불가능하게 되었다. 동시에 투자자들은 자금 인출을 하고 은행시스템은 파산에 직면하게 되었다. 국가부채 위기와 은행위기가 결합되는 이른바 '쌍둥이 위기(twin crisis)'가 발생하는 이유이다. 여기에 시가평가(mark-to-market) 회계 방식에 의해 확장되는 금융 불안(예: fire-sale)은 은행위기의 악화와 상호작용을 한다.

▌표 6-5. 국내 지출 중 소비와 투자 지출의 비중, 독일 대 PIIGS

	Germany	Greece	Ireland	Portugal	Spain
Consumption as % of Domestic Purchases:					
ave 1992~99	65.2%	73.2%	67.0%	66.4%	66.1%
ave 2000~2007	67.4%	69.7%	61.3%	65.5%	62.4%
difference	2.2%	-3.5%	-5.7%	-0.9%	-3.7%
Capital Formation as % of Domestic Purchases:					
ave 1992~99	18.4%	14.9%	18.0%	19.6%	18.7%
ave 2000~2007	16.2%	16.8%	23.9%	19.0%	23.0%
difference	-2.2%	1.9%	5.9%	-0.6%	4.4%

출처: Kevin Drum, Dec. 6, 2011, "Who's Responsible For the Euromess?"

이처럼 금융통합에 따른 신용 팽창은 금융위기의 리스크를 고조시킨다.[11] 즉 금융통합은 대외 총자산과 부채의 증가로 나타난다. 앞에서 보았듯이 90년대 말과 비교해 미국과 유로존의 대외 총자산 및 부채는 거의 두 배 증가하였다. 특히, 유로 도입에 따라 유로존의 규모가 크게 증가하였다. 즉 유로존 금융회사의 대차대조표에서 미국의 ABS와 회사채가 크게 증가하고, 유로존에서 국채 발행이 크게 증가하고, 은행간차입(interbank loans)에 의한 자금 조달이 급증했다. 예를 들어, 유로존 은행의 경우 2004~2007년간 달러예금 기반(소매 자금조달)의 부족으로 단기 달러를 차입(도매 자금조달)하여 달러 표시 ABS를 매입하였다. 이러한 특성이 2007~2009년간 달러 자금조달 시장의 소동이 발생한 배경이다. 유로존 재정위기를 겪는 국가들을 중심으로 신용 팽창을 간단히 살펴보면 다음과 같다. 그리스의 경우 자본유입과 국가부채 문제가 연결된 경우다. 유로존 접근이 가능해지면서 금융 심화(financial deepening)와 순 대외부채가 급증하였다. 대규모 경상수지 적자의 발생은 GDP 대비 순 대외부채와 정부부채의 급증을 반영한 것이다. 과거 신흥경제와의 공통점은 부채 급증이 해외차입 급증에 의한 것이라는 점이고, 차이점은 인플레이션이나 통화가치 절하의 불가능으로 부채의 실질가치 축

11 금융통합의 정도는 (외부자산+부채)/GDP 같은 지표로 측정할 수 있다.

소가 불가능했다는 점이다. 오히려 재정위기가 부상한 후 긴축(부채 감축)으로 대내적 디플레와 부채의 실질가치 증가에 직면하게 되었다. 위기 폭발은 당연한 수순이었고, 긴축에 따른 부채 디플레이션 가능성이 고조되며 상황이 악화된 배경이다.

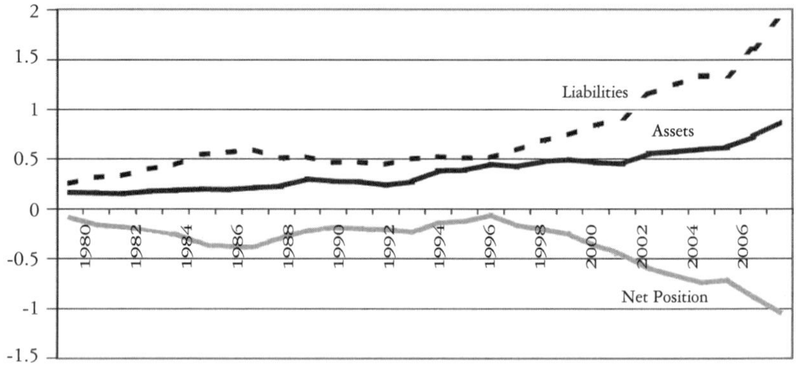

그림 6-18. 그리스의 위기: 부채 주도의 거품(GDP 대비 비중)

아일랜드의 경우 유로 도입 이후 금융위기 이전까지 재정수지 흑자를 유지했음에도 불구하고 해외자본에 대한 의존[12]과 과잉금융에 의한 성장이 국가를 파산시킨 사례다. 은행부문을 국제적으로 노출시킨 결과 은행 자산이 경제 규모에 비교해 과도하게 팽창하였다. 2007년 GDP 대비 은행부문의 대외자산 비중은 13배에 달하였다. 그러나 자산의 성장은 부채 증가를 수반하는 것이었다. 즉 글로벌 은행이 대규모 차입을 주도한 반면, 대부분 은행 차입은 아일랜드 경제와 무관하였다. 순 대외부채가 낮았음에도 불구하고 은행 부채는 아일랜드의 시스템에 영

12 한때 '켈틱 타이거(Celtic Tiger)'로 불리던 아일랜드는 2003년부터 법인세율을 독일(30%)의 절반 수준보다 낮은 12.5%를 적용함으로써 해외 자본의 유입과 저금리의 혜택을 누리는 대신 은행을 붕괴시키고, 가계와 정부를 부채의 늪에 빠트린 자산 가치의 버블을 일으켰다. PIIGS 지원에 대해 독일의 많은 국민들이 분노하는 이유도 자신들은 높은 법인세율 속에서 경쟁력을 확보하기 위해 임금 인상의 억제, 복지와 노동시장의 개혁 등을 감내했는데, 자신들이 허리띠를 졸라매고 사는 동안 흥청거리며 살아온 PIIGS를 지원하기 위해 다시 긴축을 해야 하기 때문이다.

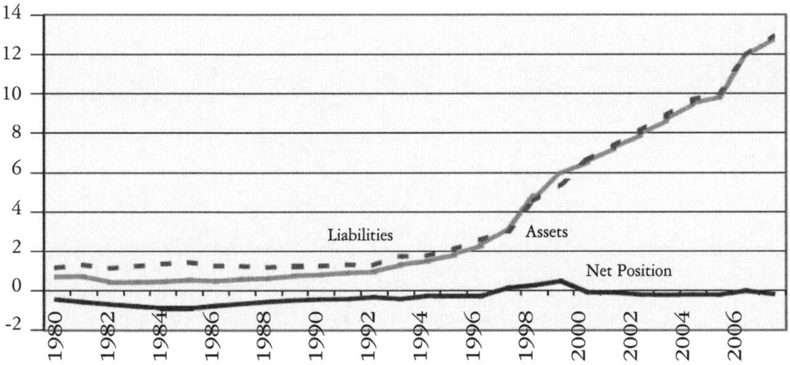

▌그림 6-19. 아일랜드의 위기: 자산 주도의 거품(GDP 대비 비중)

향을 미칠 수밖에 없기에 국가부채 위기로 발전하였다. 즉 금융위기에 따른 해외 자본의 유출로 2007년 GDP 25% 수준의 재정적자가 2011년 112%로 증가하였고, 이 중 은행 부채가 42%나 되었다. 아일랜드의 교훈은 총부채, 특히 단기부채의 중요성을 보여주었다. 즉 장부상 상쇄 가능한 자산을 보유하고 있더라도 그 자산이 비유동적일 경우 유동성 위기에 직면할 수밖에 없는 것이다. 포르투갈의 경우는 그리스와 아일랜드의 특성이 결합된 사례였다. GDP 대비 높은 총자산은 부채와 관련된 것이었는데 순 대외부채 규모가 2007년에 거의 GDP 수준일 정도로 부채가 자산을 능가했다. 그 결과 유동성 리스크가 매우 높은 경제구조였다.

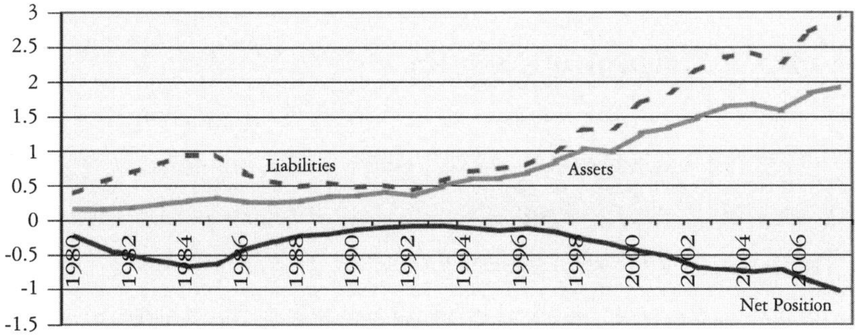

▌그림 6-20. 포르투갈의 위기: (자산+부채)가 주도한 거품(GDP 대비 비중)

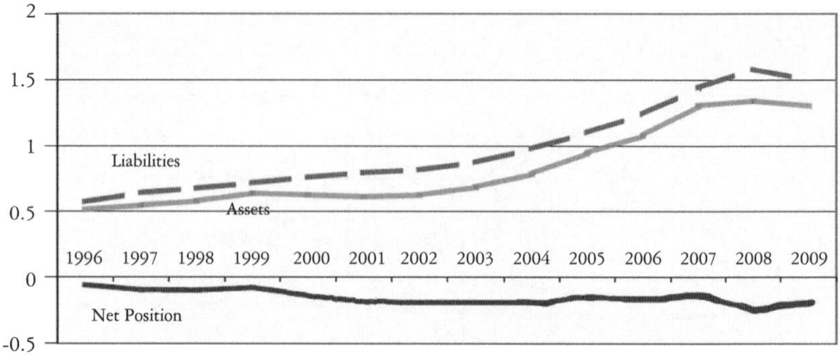

▌그림 6-21. 미국의 위기: (자산+부채)가 주도한 거품(GDP 대비 비중)

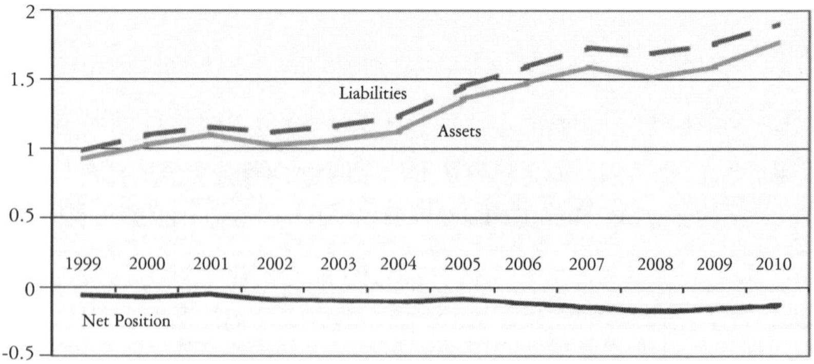

출처: Maurice Obstfeld, Sept. 2011, International Liquidity: The Fiscal Dimension, NBER WP 17379.

▌그림 6-22. 유로(17)의 위기: (자산+부채)가 주도한 거품(GDP 대비 비중)

제2절 유로존의 새로운 실험

유로 사용으로 유로존은 하나의 네트워크가 되었다. 네트워크는 연결성을 증대시켜 안정성을 높이는 장점이 있지만, 위험의 '전염 효과(contagion effect)'라는 단점도 있다. 구체적으로 환율 변동성 비용의 제거, 가격 투명성의 증대와 물가 안정, 국가신용도 개선, 자본시장의 통합과 금융자원의 효율적 배분, 일자리 창출, '하나의 유럽'이라는 동질성(정치적 통합의 가능성)의 확보 등이 이점들이다. 반면, 2010년 봄 그리스 사태가 아일랜드, 포르투갈, 스페인 등의 국채수익률을 끌어올렸고, 그해 말에는 아일랜드 사태가 그리스, 포르투갈, 스페인, 이탈리아, 벨기에 등의 국채수익률을 끌어올렸다. 그리고 이탈리아 위기는 은행을 매개로 유로존 전체로뿐만 아니라 글로벌 경제 전체로 위기의 전염(성장 둔화 ⇒ 국가부채 우려 ⇒ 은행 부실 ⇒ 성장 둔화 …)을 만들어낸다. 예를 들어, 이탈리아의 경우 시장이 우려하는 것은 재정적자가 아니라 전염과 성장 그리고 양자 사이의 심각한 상호작용이다. 유로존 3위 경제대국이자 G7 국가 중 하나인 이탈리아의 채권시장은 미국, 일본에 이은 세계 3위다.[13] 미국 은행은 2011년 6월 기준 이탈리아에 대한 위험 노출(exposure) 규모가 470억 달러로 감당할 만한 규모다. 문제는 이탈리아에 대한 프랑스의 위험 노출 규모가 4,160억 달러에 달했다는 점이다. 프랑스에 대한 미국의 노출 규모가 약 2,710억 달러였고, 영국이 프랑스에 대해 3,050억 달러 노출되어 있었으며, 다시 영국에 대한 미국의 노출이 8천억 달러에 달했다. 이처럼 미국이 이탈리아 문제를 감당할 수 있지만, 문제는 이탈리아에서 끝나지 않는다는 점이다. 이탈리아의 문제는 프랑스로, 그리고 다시 독일과 스위스와 네덜란드 은행들이 심각한 상황에 놓일 수밖에 없다.

따라서 위기의 해법은 기본적으로 금융애로를 겪는 회원국에게 자금 지원(대출 제공)이 필요하고, 회원국 대출을 통해 금융기관의 자본 확충 지원 등이 필요하다. 그리스의 재정위기 사태에 대응하기 위해 2010년 5월 9일 EU 27개 회원국 재무장관들이 브뤼셀에 모여 결성하기로 합의한 유럽재정안정기금(EFSF, European Financial Stabiltiy Facility)이 그것이다.[14] EFSF는 EU 회원국에 대한 직접적 구제 금융을 금지(no bailout clause)한 리스본 조약 때문에 특수한 상황에 특정 조건하에서만 활동하는 것을 목적으로 한 한시적 특별기구였기 때문에 IMF와 같은 상설적인 금융 지원 기구의 설립이 필요하였다. 2012년 7월부터 출범하는 5천억

13 이탈리아 채권 시장 규모는 발행액 기준 1조 6천억 유로로 유로존 4위 경제대국인 스페인(6,550억 유로)의 두 배를 훨씬 웃돈다. Michael Patterson and Belinda Cao, Jul. 13, 2011, “Emerging-Market Stocks Plunge Most Since May; Currencies, Bonds Retreat” , Bloomberg.

14 기금 규모는 4,400억 유로이며 독일과 프랑스의 분담 비율이 절반에 달한다.

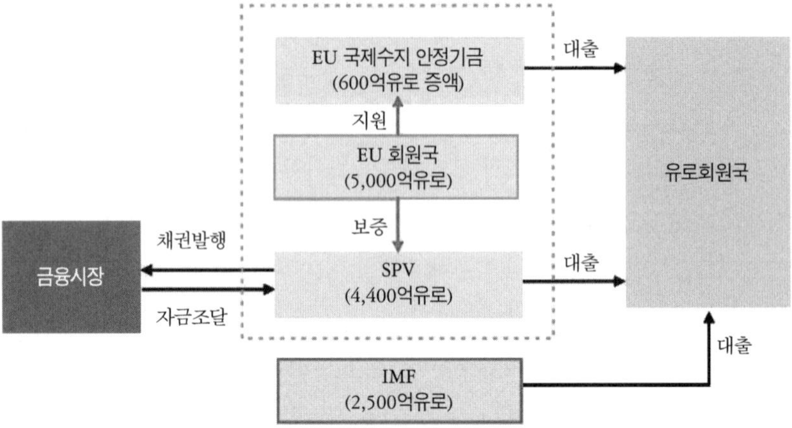

그림 6-23. 유럽금융안정메커니즘

유로 규모의 '유럽재정안정메커니즘(ESM, European Stability Mechanism)'이 그것이다.[15]

한편, 자금 지원을 받는 국가들의 경우 금융지원 대가로 강도 높은 재정긴축을 요구받았다. 재정건전화를 위해서는 증세 또는 재정긴축이 필요하나 경제이론은 증세보다는 재정긴축이 효과적이라고 주장한다. 그러나 경기침체와 더블딥에 대한 우려로 인해 단기간에 재정건전성을 회복하는 것은 사실상 어렵다. 특히 마이너스(−) 성장을 겪고 있는 구제금융국의 경우, 대규모의 재정 감축을 단기간에 시도할 경우 정치·사회적 저항에 직면하게 되어 개혁 시도가 좌초될 가능성이 높다.

긴축을 둘러싼 논쟁은 대공황 당시와 비교함으로써도 교훈을 얻을 수 있다.[16] 1차 대전의 패전국인 독일에 대한 전쟁의 배상책임을 부과했던 베르사유 조약이 1924년 미국 주도로 수정[17]됨으로써 독일 경제가 급속히 성장하자 프랑스와 미

15 EFSF의 존속 시한인 2013년 중반까지는 EFSF와 ESM이 병행 운영된다.
16 Economist, Dec. 10th, 2011, "Lessons of the 1930s", pp. 68-70.
17 미국 주도하의 도스안(案, Dawes Plan; 당시 미국 재무장관)은 미국 자본으로 독일 경제를 재건하고 독일이 지불하는 배상금으로 영국·프랑스는 미국에게 전쟁 채무를 갚는다는 내용이었다.

국의 채권자들이 독일로 쇄도하였다. 대규모 자본 유입은 독일 국가의 약속에 필요한 자금조달을 도왔을 뿐만 아니라 임금 급등으로 이어졌다. 신용이 주도한 붐은 마치 2000년대 중반의 유럽 주변국의 상황과 유사했다. 그러나 1928년과 29년에 파티는 끝났고 자본 흐름은 역전되었다. 투자자들이 폭등시장을 연출하던 미국으로 떠나자, 금 준비금을 방어하기 위해 독일의 제국은행(Reichsbank)은 이자율을 상승시킬 수밖에 없었다. 초기 붐이 지속 불가능한 임금 상승을 야기함에 따라 성장을 위해 수출에 의존할 수 없게 되자 독일은 자신의 약속을 이해하기 위해 긴축으로 전환했다. 이는 아일랜드와 스위스 그리고 포르투갈의 상황과 같았다. 당시 독일의 환율은 금본위제에 의해 고정되었다. 경쟁력은 임금의 점진적 하락으로만 회복할 수 있었다. 긴축이 강화되면서 은행은 압력을 받았다. 오스트리아 경제는 독일 경제와 같은 고통에 직면하였고, 1931년 오스트리아 최대 은행 크레딧 안스탈트(Credit Anstalt)가 파산하였다. 그리고 은행들의 자신감 손실은 급속히 확산되었다. 독일에 대한 압력이 증대하자 주요 경제들은 취약국들에 대한 지원을 검토했으나, 프랑스가 독일 부채와 배상 지급금의 감축을 수용하지 않았다. 최종대부자의 부재가 패닉을 가열시키고 있다는 사실을 인식한 영란은행의 총재 몬레 노먼(Montagu Norman)은 2억 5천만 달러의 자본금을 출자하여 7억 5천만 달러까지 레버리지를 만들 수 있는 국제대부자(an international lender)를 창출하여 자본 부족에 처해 있는 정부와 은행에게 대출할 것을 제안했다. 그러나 자본금 출자와 레버리지에 필요했던 금 소유자인 프랑스와 미국이 반대했다. 그 결과 도미노가 발생했다. 크레딧 안스탈트가 파산한 지 두 달 만에 독일의 대형은행인 다나트방크(Danatbank)가 파산하자 독일 정부는 자본통제를 도입할 수밖에 없었고 금 지불을 유예했다. 독일 경제는 붕괴됐고 1930년대의 공포는 시작됐다.

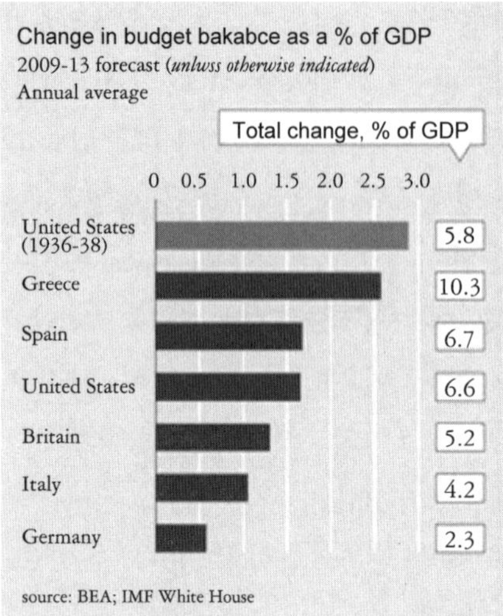

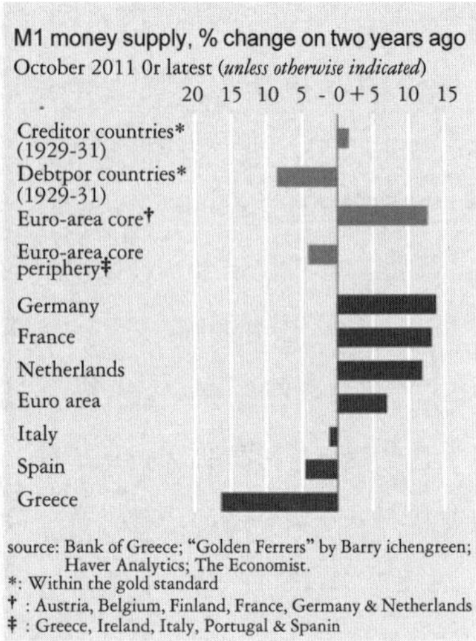

출처: Economist, Dec. 10th, 2011.

▌그림 6-24. 재정수지의 변화(연평균)　　▌그림 6-25. 화공급량(M1, 2년전 대비)

이처럼 현재의 상황은 대공황 이전의 상황과 끔찍할 정도로 (유럽 국가들이 또 다른 히틀러를 선출하지 않더라도) 유사하다. 대공황 당시의 금본위제 고수처럼 유로존의 멤버십은 경쟁력이 없는 국가가 무역적자를 줄이기 위해 통화가치를 절하할 수 없다는 것을 의미한다. 그리고 긴축은 국내 수요의 압박과 실업 증대, 그리고 세수 손상의 악순환을 가져옴으로써 대규모 적자와 은행의 자신감 고갈 그리고 국가부채를 지속시켰다. 유럽 주변국 거주자들이 자신들의 돈을 핵심국에 있는 보다 안전한 은행으로 이동시킴에 따라 통화 공급은 1930년대처럼 하락했다. 채권국의 고위급 미팅은 계속되지만 최종대부자는 존재하지 않는다. 유럽재정안정기구(EFSF)가 노먼 계획보다 순조롭게 출범했지만 양자는 소름끼칠 정도로 유사하다. 유로존 지도자들은 4,400억 유로로 2조 유로의 레버리지를 만들려는 방법을 찾고 있다. 문제는 그것이 성공해도 규모가 너무 작기 때문에 패닉을 끝낼 수 없다는 점이다. 이탈리아 시장의 혼란으로 투자자들은 유로존 도처로 은행과 국가 채권에 대한 위험노출(exposure)을 선제적으로 축소시키고, 상대적으로 재정이 건전한 프랑스와 네덜란드조차 여유롭지 않다. 아무리 재정이 안전해도 패닉이 주도한 단기 유동성 경색은 지급불능으로 몰아넣을 수 있기 때문이다. 라가르드 IMF 총재가 "전 세계 모든 국가가 유로존 위기 해결에 동참하지 않는다면 세계가 대공황이 강타했던 1930년대식 불황에 빠질 수 있다"고 경고한 이유다.[18]

이처럼 재정, 금융, 노동, 연금, 산업 분야의 다각적인 구조개혁은 중장기적으로 추진될 수밖에 없다는 인식하에 유로본드 발행의 필요성이 제기되었다.[19] 즉 유로본드 발행은 재원조달을 용이하게 하여 개혁 추진에 필요한 시간을 확보해줄 수 있기 때문이다. 구제금융국의 경우 재정조달 비용이 높기에 유로본드를 발행하면 적용금리가 개별 국가별로 발행하는 경우보다 국채금리를 크게 낮출 수 있다. 또한, 유로존 은행들의 상호 교차 채무관계로 일부 국가 국채에 대해 큰 규모의 상각이 이루어지거나 국채에 대한 지급 불이행이 나타날 경우 은행위기가 확산될 수 있기에 유로본드를 발행할 경우 채무불이행 가능성이 불식되므로 금융위기에 직면한 회원국의 신용 리스크를 감소시켜 일종의 보험적 기능을 발휘하게 된다. 이 밖에도 유로본드가 등장할 경우 각국이 유로본드를 안전 외환자산으로 확보할 것으로 보여 외환보유고로서 유로화의 위상 제고도 기대할 수 있다.

그러나 도덕적 해이로 인한 재정규율 준수의지 약화와 일부 국가의 재정부담

18 the guardian, December 15, 2011, "Eurozone crisis live: IMF's Lagarde warns of return to Great Depression".

19 사실 유로본드 발행은 1999년 유로화 도입을 전후하여 EU 채권시장의 통합을 위해 유로화 사용국 간 공동국채 발행이 논의된 바 있었다. 공동국채를 발행함으로써 세계 최대 규모의 국채시장을 형성할 수 있으며, 경제규모가 작은 국가의 경우 국채시장의 유동성을 강화시켜 국채금리를 인하시킬 수 있다는 것이 논의의 주된 배경이었다. 그러나 각국 간의 국채금리가 수렴현상을 보임에 따라 논의의 필요성이 감소하였다. 유로화 도입 이후 신용도가 개선되어 각국의 국채금리가 독일 국채(Bund) 금리에 대해 빠른 수렴현상을 보인 후 상호 간 동조화 현상을 보이자 공동국채 발행의 필요성이 낮아진 것이다. 현재 유로화 사용국의 국채시장은 분절되어 있으며, 이탈리아, 독일, 프랑스 등 거대 경제국을 제외하고는 국채시장이 협소하여 유동성 문제가 빚어질 수 있는 가능성을 갖고 있다. 경제규모가 작은 국가(핀란드, 네덜란드 등)의 재정지표 및 경제 펀더멘털을 고려할 때 재정건전성이 양호함에도 불구하고 유동성에 대한 우려로 거대 경제국에 비해 국채금리가 높게 형성되는 현상이 발생하는 이유다. 남유럽 재정위기 발생 이후 국가 간 국채금리 차이가 현저하게 확대되고, 구제금융 및 유럽중앙은행(ECB)의 채권시장 개입이 미봉책에 불과하다는 인식이 확산되면서 2010년 12월 EU 정상회의에서 룩셈부르크의 융커(Jean Claude Junker) 총리가 유로본드 발행을 공식적으로 제안하였다.

증가 등을 이유로 독일을 중심으로 유로본드 도입에 반대하는 입장도 매우 강한 상황이다. 즉 재정위기의 원인 중 하나로 '안정 · 성장협약(Stability and Growth Pact)'의 실효성 부족이 지적되는 상황에서 유로본드 도입은 채무 증가를 통해 제2의 재정위기를 불러오는 원인이 될 수 있을 뿐만 아니라 독일 등 신용도가 높은 국가에서는 재정 부담이 증가할 가능성이 높기 때문이다. 게다가 현재의 EU 기능조약(Treaty on the Functioning of the EU) 125조는 유로화 사용국의 공공채무에 대해 EU 공동체 차원에서 재정지원을 금지하고 있다. 이른바 '지급불능조항(no bailout clause)'으로, 이 조항은 재정정책은 결국 개별 회원국의 주권분야로 EU 공동체 소관이 아니고, 회원국의 도덕적 해이를 방지하기 위한 것이다. 사실, 유로본드 발행은 재정취약국의 채무를 독일 등 경제대국이 보증해주는 것을 의미하므로 재정 통합으로 획기적인 진전을 의미하며, 이 경우 원칙적으로는 EU 조약 자체의 개정이 불가피하다. 따라서 유로본드를 발행할 경우 선결조건으로 EU 조약 자체의 개정이 불가피할 것으로 보이나 조약 개정을 위해서는 회원국의 동의가 필요하며, 각국에서 국민투표 시행 시 난항이 예상된다.

두 번째는 은행자본 확충의 문제다. 네트워크화된 유로존의 경우 재정위기와 은행 부실은 동전의 앞뒷면을 구성한다. 유로는 은행자본 확충을 위해 필요 시 각국 정부가 지원하기로 하였다. 그러나 주변국은 재정 여력을 이미 소진한 상태다. 즉 정부나 EFSF가 은행자본 확충을 지원하는 경우 해당국의 정부부채 비율이 상승할 가능성이 높다. 반면, 자본 확충을 위한 은행의 자구노력에만 의존할 경우 디레버리징이 발생하여 실물경제에 악영향을 줄 가능성이 높다. 실제로 신용경색 조짐으로 발전하면서 은행의 자본조달 비용이 높아지고 은행들이 자본 확충보다 위험자산 매각에 치중하면서 경제성장 둔화로 작용하였다.[20]

20 예를 들어, 유로지역 신용 증가율이 평균 대비 5%p 감소하는 경우 유로지역 실질 GDP 성장률은 단기적으로는 평균 대비 0.4%p, 장기적으로는 평균대비 1.6%p 축소하는 것으로 추정된다. L. Cappiello, A. Kadareja, C. Sørensen and M. Protopapa, 2010, "Do Banks and Credit Standards Have an Effect on Output? A Panel Approach for the Euro Area", ECB Working Paper Series, No. 1150.

이러한 이유로 재정위기와 은행자본 확충 등을 해결하기 위해 유럽중앙은행(ECB)의 역할 확대의 목소리가 증대하고 있다. 금융을 안정시키기 위해서는 ECB가 유로지역 최종대부자로서의 역할을 할 수밖에 없기 때문이다. 유동성 위기 발생 시 중앙은행은 공개시장조작을 통해 단기금융시장 안정을 도모할 수 있듯이 EU 조약(127조) 역시 "유로시스템이 금융시스템 안정에 기여"하도록 규정하고 있다. 그러나 금융시장 안정을 위한 ECB의 적극적 역할 수행은 국채매입 확대에 따른 신용위험 부담, 재정정책과 통화정책의 구분 모호성, 회원국의 도덕적 해이, 비전통적 통화정책이 장기대책으로 변질될 가능성 등의 문제들이 수반된다. 첫째, 전통적 최종대부자이론에 의하면 중앙은행은 차입자가 지급능력문제(solvency problem)가 아닌 유동성문제(liquidity problem)에 처해 있고 대출적격담보를 확보할 수 있는 경우에 한해 최종대부자 기능을 수행하는 것이 바람직하다. 그러나 재정위기를 겪고 있는 국가들의 파산 가능성이 제기되는 상황에서 ECB가 회원국 국채 매입 시 신용위험(credit risk) 부담을 가질 수밖에 없고, 신용위험이 현실화되어 중앙은행의 손실이 발생할 경우 중앙은행의 신뢰성 및 통화정책의 중립성이 손상될 우려가 발생한다.[21] 둘째, ECB는 채권시장 안정을 위해 유통시장에서 회원국 국채매입 프로그램(SMP, Securities Markets Programmes)을 운용하였는데 SMP에 의한 ECB의 국채 매입은 재정정책 수단(예: EFSF)으로 해결해야 할 문제를 통화정책수단으로 해결하는 것이므로 재정정책과 통화정책의 역할구분 및 책임소재가 모호해진다.[22] 마리오 드라기(Mario Draghi) ECB 총재(Nov. 3, 2011)가 ECB의 최종대부자로서 책임은 은행시스템에 대한 것이지 정부에 대한 것은 아니기 때문에 국채 매입은 일시적이고 제한적으로 행해질 수밖에 없다고 밝힌 이유다. 셋째, 국가 채무 축소를 위해서는 강도 높은 재정건전화 및 국민의

21 Vergote, Studener, Efthymiadis and Merriman, May 2010, "Main Drivers of the ECB Financial Accounts and ECB Financial Strength over the First 11 years", ECB Occasional Paper Series.

22 Weidmann, J., Sep. 13, 2011, "The crisis as a challenge for the euro area", President of the Deutsche Bundesbank Speech at the Verband der Familienunternehmer (Association of Family Enterprises) in Cologne.

전폭적인 지지가 필요한데 ECB가 대규모 국채 매입 등에 나설 경우 회원국의 재정건전화 유인을 크게 약화시킬, 즉 회원국의 도덕적 해이가 우려된다. 넷째, 일시적 대책인 비전통적 통화정책수단이 국가채무위기 해결에 동원되는 과정에서 상시대책으로 변질되어 전통적 통화정책(물가안정을 위한 정책금리 조정)이 왜곡될 가능성이 존재한다. 즉 비전통적 통화정책이 장기간 시행되면 낮은 수준인 인플레이션 기대가 점차 높아질 수밖에 없다.

이러한 제약 요인들로 ECB는 위기 중에 통화 프린트를 꺼렸다. 그럼에도 불구하고 ECB의 역할 요구에 대한 압력은 증대하고 있다. 예를 들어, 위기 이후 PIIGS 중앙은행의 자금 수요는 독일의 중앙은행인 분데스방크(Bundesbank)의 대출에 의존하였다. 즉 한 국가 중앙은행으로부터 다른 국가 중앙은행으로의 대출인 타겟(TARGET, Trans-European Automated Real-time Gross Settlement Express Transfer) 시스템에 의존한 것이었다. 예를 들어, PIIGS 중앙은행으로부터 대출을 요청받았을 때 분데스방크는 자신이 보유한 일부 대출을 처분해서 아일랜드나 포르투갈의 중앙은행들에게 현금을 빌려주었던 것이다.[23] 2006년 말 타겟의 청구액은 분데스방크 자산의 7%에 불과했다. 그런데 2011년 10월까지 64%를 차지하였다. ECB가 대출을 지지하기 위해 보유하는 담보는 기본적으로 유로존 취약 국가의 부채다. 타겟의 손실은 ECB의 자본 지분에 비례해 유로존 17개 중앙은행들에 의해 공유된다. 독일은 전체 지분의 28%를 차지하고 있다.[24]

분데스방크의 민간 대출이 2011년 10월 210억 유로까지 하락했듯이 자금 대출을 위해 처리할 자산이 바닥에 이르고 있다.[25] 금과 준비자산을 처분할 가능성은 없기 때문이다. 즉 유로존 타겟 메커니즘에 자금을 지원할 수 있는 분데스방

23 기술적으로 말해서 대출(loans)이 아니라 청구권(claims)이었다.

24 타겟을 지불할 수 없는 국가의 중앙은행은 손실을 공유하지 못하기 때문에 독일은 자신의 지분보다 많이 부담해야 한다. 독일이 유로존을 해체할 수 없는 요인 중 하나이기도 하다.

25 2011년 11월 기준 분데스방크가 ECB에 대출한 규모는 4,950억 유로로 유럽재정안정기금(EFSF) 등의 대출 규모보다 큰 것이다. Time series EU8148: External position of the Bundesbank in the EMU/Claims within the Eurosystem/Other claims(net). Businessweek, Dec. 19-25, 2011, p. 11에서 재인용.

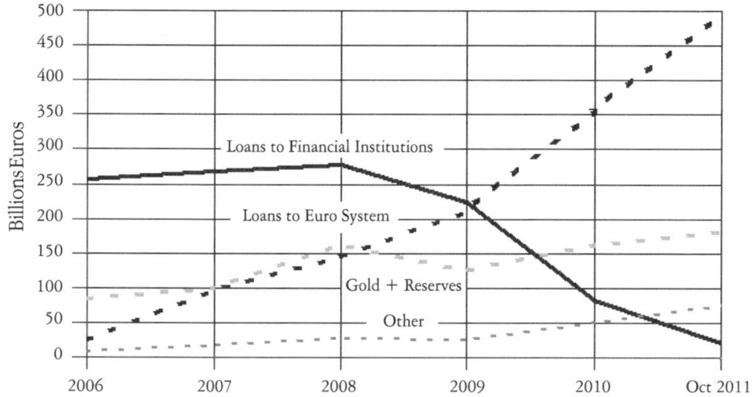

출처: Reuters, Dec. 6, 2011, "How the ECB could be forced to print money".

▌그림 6-26. 독일 분데스방크의 자산 구성 추이(단위: 십 억 유로)

크의 여력이 소진되면서 재정이 취약한 국가들로부터 자본의 이탈은 타겟 시스템을 압도할 가능성이 높아졌다. 따라서 1992년 ERM 위기 당시 영란은행이 경험했듯이, 재정이 취약한 특정 국가에 대한 투기적 공격이 발생할 경우 ECB가 통화를 프린트하지 않고 투기적 공격을 방어하기는 어렵다. 즉 ECB는 상대적으로 작은 규모의 자본을 갖고 있기 때문에 공격을 당하는 국가가 발행한 대규모 자산을 구매할 수 없다. 이것은 기본적으로 '뱅크런(a bank-run)'이다. 뱅크런은 항상 유동성 문제로 유동성이 충분히 공급된다면 뱅크런은 발생하지 않는다. 유로존 중앙은행 네트워크와 분데스방크의 현금이 고갈될 경우 ECB가 최종대부자 역할을 수행하는 것은 불가피해 보인다.

사실, ECB가 비전통적 통화정책 수단을 활용하거나 유통시장에서 국채 매입을 대폭 확대하는 데는 법률적 제한이 없다. ECB는 EU 조약[26]에 의거하여 독자적인 자산매입 의사결정이 가능하고, 또한 ECB가 유통시장에서 재정취약국 국

26 EU 조약 130조에 의해 ECB 또는 회원국 중앙은행들(NCBs)은 권한・직무・의무 수행 시 EU 기관 또는 회원국 정부로부터 지시를 받지 않아도 된다. 정책위원회 의사결정은 위원 1인 1표의 단순다수결 방식으로 이루어지므로 특정국(예: 독일)의 영향력은 제한된다.

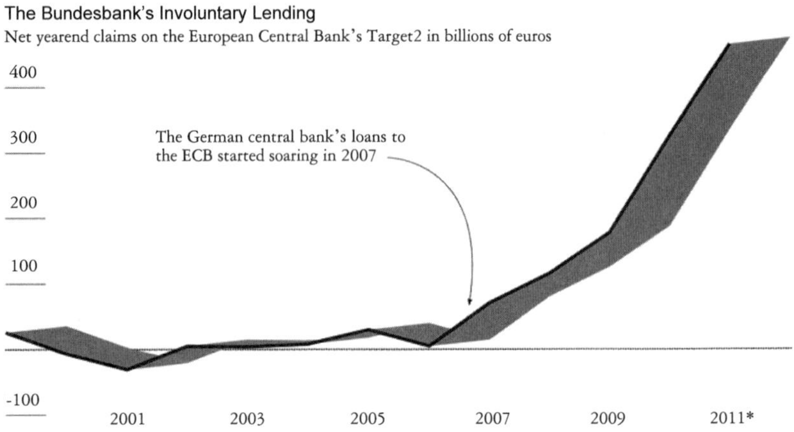

*: NOVEMBER 2011, DATA: BUNDESBANK.
출처: Businessweek, Dec. 19-25, 2011.

▌그림 6-27. 독일 분데스방크의 대출(ECB에 대한 순 청구액, 10억 유로)

채를 매입하는 것은 유로 회원국 간 재정이전을 금지하는 EU 조약에 위배되지 않으며 회원국 반발도 거의 없다.[27] 그러나 1920~24년 중 하이퍼인플레이션(hyperinflation) 경험을 갖고 있는 독일은 국채 매입은 사실상 '재정적자의 화폐화(monetisation of deficit)'이고, 하이퍼인플레이션의 원인으로 본다. 독일은 발행 및 유통시장에서 ECB의 국채 매입을 모두 금하는 것이 EU 조약의 정신이라고 주장한다.[28] 그럼에도 불구하고 ECB는 이미 양적완화 정책을 시행해왔다. 이는 ECB의 보유자산이 꾸준히 증가해왔다는 데서도 확인된다. ECB의 자산 규모가 2011년 12월 23일 기준 2조 7,300억 유로(3조 5,500억 달러)로 급증하면서 연준의 자산 규모를 추월했다. 〈그림 6-28〉은 2011년 12월 21일 ECB가 새로운 대출을 시행하기 이전의 자산규모 추이다.[29]

27 EU 조약 123조는 ECB가 회원국 국채 직접인수를 금지하고 있으나 유통시장에서의 매입은 금지하고 있지 않다.
28 박진호・김아현, 2011.11.17, "유로지역 국가채무위기에 대한 ECB의 정책대응", 한국은행, 『국제경제정보』, 제2011-56호.
29 ECB는 자금난에 몰린 유럽 523개 은행에 사상 최대 규모인 4,892억 유로(6,280억 달러)를 연 1%

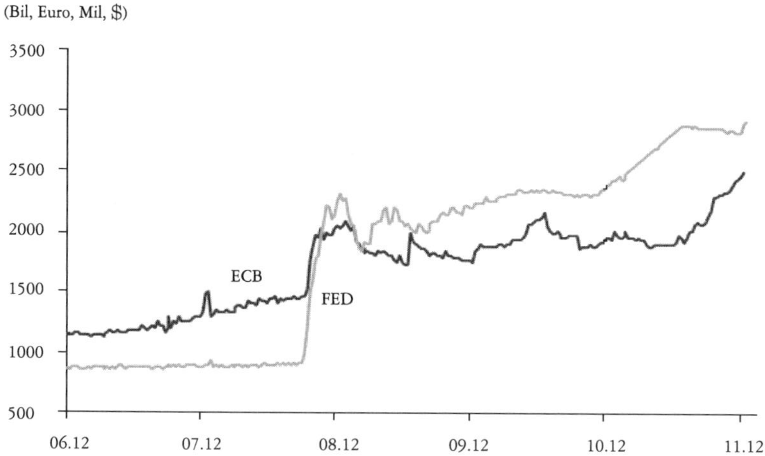

출처: Bloomberg.

▌그림 6-28. 연준과 유럽중앙은행의 자산보유 규모

> **타겟(TARGET) 시스템** 타겟 시스템은 EU 내 국가 간 자금이체(transfers)의 실시간 처리(real-time processing)를 위한 은행 간 지불시스템(an interbank payment system)이다. 즉 16개 국가의 중앙은행과 금융기관을 온라인으로 연결하여 금융기관의 자금 이체 또는 증권 이체를 해당 금융기관의 중앙은행 계정을 통하여 거래 건별로 즉시 결제하는 '즉시 총액결제 시스템(Real Time Gross Settlement, RTGS)'과 '유럽중앙은행 지불 메커니즘(ECB Payment Mechanism, EPM)을 포함한다. 예를 들어, 그리스 사업가가 자신의 보통 혹은 당좌예금계좌(checking account)의 돈을 기초로 독일로부터 트럭을 구매했을 때 거래는 타켓을 통해 두 국가의 중앙은행 간 수행된다. 따라서 TARGET이 내부 연결 고리가 되어 각국의 시스템이 소통할 수 있도록 돕는 것을 말한다. 대개는 은행 간 개별 지불거래에 사용되지만 회사나 개인 간 거래에도 적용된다. TARGET은 엄격히 말해서 자금 거래 체계 자체는 아니다. 자금 이동이 시스

와 3년 만기로 대출해주기로 했다. 2011년 말 기준(일부 단기 대출의 치환을 포함해) 2,350억 유로 대출이 집행돼 ECB의 총 대출 규모가 9,790억 유로(1조 2,568억 달러)로 늘었다고 밝혔다. 그 결과 대출 자금에 대한 평균 만기는 10주에서 21개월로 증대하였다. 문제는 2011년 말 기준 은행들의 ECB 예치금이 4,520억 유로(5,910억 달러)로 사상 최고치를 기록할 정도로 신용 경색이 해소되고 있지 않다는 점이다. Economist, Dec 31st 2011, The ECB fills banks with funds.

템을 직접 통하는 것이 아니라 단순히 국가 간 연결하기 때문이다. 2007년 11월 TARGET2로 대체됐다.[30]

1992년 ERM 위기 영국 사람들이 '검은 수요일'로 부르는 1992년 9월 16일 영국은 정치・경제적 치욕을 겪었다. 영국은 1990년 10월 8일 유럽통화제도(EMS) 중심 기구인 '환율조절메커니즘(ERM, Exchange Rate Mechanism)'에 가입했다. 유럽 내 단일통화권을 구축하려 한 유럽연합 내 국가들이 과도기적 조치로 회원국 간 기본환율을 설정한 준고정환율제를 채택한 것이다. 변동폭을 제한한 고정환율제였다. 당시 협약에 따라 영국 1파운드당 독일 2.95마르크화를 기준으로 상하 6%라는 변동폭에서만 움직일 수 있었다. 변동폭을 벗어날 정도로 환율이 요동치면 회원국 중앙은행들이 시장에 개입해 인위적으로 환율을 조절했다. 위기는 독일에서 시작됐다. 1990년 통일을 달성한 독일은 낙후한 동독 경제를 단기간에 끌어올릴 필요가 있었다. 독일은 휴지조각 신세가 된 동독 화폐와 서독 화폐를 1 대 1로 맞교환하고 대대적 투자를 단행했다. 독일은 동시에 물가 상승을 막기 위해 통일 후 2년 동안 10차례나 금리를 올려 물가 잡기에 나섰다. 하지만 주변 나라에는 재앙의 씨앗이었다. 높은 금리를 주는 독일로 돈이 쏠리면서 독일과 환율이 연동된 국가들도 금리를 올릴 수밖에 없었다. 금리를 올리자 실업률이 증가하고 경기가 급랭하는 등 불황으로 이어졌다. 1992년 9월 8일 핀란드는 마르크화의 연동제를 폐기했다. 반면 독일과 함께 유럽 내 주도권을 다투고 있던 영국은 파운드화 폭락 방어에 나섰다. 보수당 출신의 존 메이저(John Major) 총리는 "파운드화 평가절하는 영국의 장래에 대한 배신행위"라고까지 호언했다. 이때 펀드매니저 조지 소로스는 불안을 틈타 영국 시장을 초토화시킬 계획을 세웠다. 소로스는 언론에 직접 나서 파운드화 대폭락을 예견하면서 분위기를 조성했다. 그리고 가능한 모든 자금을 동원해 파운드화를 팔아치웠다. 소로스가 그해 9월 15일 하루 동안 쏟아 부은 자금만 100억 달러에 달하는 것으로 추정됐다. 소로스가 나서자 다른 헤지펀드들도 파운드화를 내다던졌고 그 액수가 1,100억 달러에 달했다. 영국 중앙은행인 잉글랜드뱅크는 외환보유액을 총동원해 파운드화를 사들이고 단기금리를 10%에서 15%로 대폭 인상해 파운드화를 지키려 안간힘을 썼다. 하지만 투기자본의 총공세를 막아내기에는 역부족이었다. 소로스는 한 달간 10억 달러를 벌어들였고, 소로스 펀드

30 타겟과 타겟2의 차이에 대해서는 다음을 참고할 수 있음. From TARGET To TARGET2: Innovation and Transformation. http://www.bundesbank.de/download/zahlungsverkehr/zv_ target2_ 2006%20sibos.pdf

의 그해 수익률은 무려 68.6%였다. 하루 만인 9월 16일, 영국은 유럽 환율메커니즘 탈퇴를 선언했다. 장기집권을 했던 보수당은 노동당에 정권을 내줬다. 영국이 유로존에 가입하지 않고 별도의 통화체계를 유지하는 것은 '검은 수요일'의 충격이 그만큼 컸기 때문이다.[31]

유로존 국가들의 국채에 대한 ECB의 무제한 매입과 더불어 유로존 위기 해결의 또 다른 장애물이 재정동맹(fiscal union) 결성과 유로본드 발행의 문제다. 회원국에 대한 제한 없는 구제금융의 제공에 필요한 자금을 확보하기 위해서는 유로존 전체가 함께 보증하는 유로본드(a jointly-guaranteed euro-bond)의 발행이 필요한 반면, 앞에서 지적했듯이 '도덕적 해이(moral hazard)'나 재정이 건전한 회원국의 경우 채권 발행 비용의 증가 등의 문제를 발생시킨다. 따라서 공동 유로본드의 발행을 위해서는 회원국의 재정 규율의 강화를 포함해 경제구조와 관련된 정책 조정이나 경제 거버넌스(governance)[32] 제도 등이 필요하다. 그 결과 유로존은 2011년 12월 18~19일 EU 정상회의를 통해 새로운 재정협약, 구제금융 규모 확대 및 수단 강화, 민간투자자들의 손실 분담에 대한 표준적 규정 도입 등 크게 세 가지 합의가 있었다. 먼저 (체코의 유보와) 영국을 제외한 EU 정상들은 유럽 내 재정통합을 강화하는 '신재정협약'에 참여하기로 결정했다.[33] 이 협약에 참여

31 경향신문, 2011.9.15, 1992년 9월 16일 영국 '검은 수요일'에서 재인용.

32 국제기구들은 거버넌스를 "국가 문제를 관리하기 위한 정치적, 경제적, 행정적 권한의 행사"(UNDP), "발전을 위해 권력이 국가의 사회경제 자원의 관리에 행사되는 방식"(아시아개발은행), "한 나라에서 권한이 공공재를 위해 행사되는 전통과 제도들"(세계은행)로 정의하곤 하였다. 즉 거버넌스는 해당 분야의 여러 업무를 관리하기 위해 정치·경제 및 행정적 권한을 행사하는 국정관리 체계를 의미했다. 그러나 최근에는 회사에 관련된 이해관계자들의 이해를 조정하고 회사의 의사를 결정하는 기업 거버넌스, 조직의 정보기술(IT)이 조직의 전략과 목표를 유지하고 사용·통제하는 업무 프로세스나 조직 구조를 나타내는 정보기술 거버넌스(IT governance), 이행을 강제할 권력이 존재하지 않을 때 한 국가 혹은 지역을 초과해 영향을 미치는 문제를 해결하기 위한 범국가 행위자들의 정치적 상호작용을 의미하는 글로벌 거버넌스(global governance) 등으로 확대, 사용하고 있다.

33 2012년 1월 30일 유럽연합(EU) 정상회담에서 영국과 체코를 제외한 25개국이 '신재정협약'에 참여하기로 합의했다. 개별 회원국이 주요 경제정책을 변경할 때는 그 사실을 미리 알려 회원국들의 정책협력을 강화하도록 했다. 회원국의 재정적자가 GDP의 3%를 넘으면 유럽사법재판소(ECJ)가 해당국 GDP의 0.1%까지 벌금을 부과할 수 있도록 하는 조항도 협약에 담았다. 의회의 반대를 이유로

하는 회원국은 경제수렴기준의 재정 관련 사항을 위반할 경우 자동적으로 EU 집행위로부터 제재를 받게 되고, 이러한 사항을 각국의 헌법과 법률에 반영하여야 한다. 더불어 회원국들은 국채 발행 계획도 사전에 EU 집행위에 보고해야 한다. '신재정협약'은 EU가 재정통합을 강화하는 방향으로 가는 데 중요한 단계이지만, 영국의 반대로 인해 EU 조약의 변경이 아닌 국가들 간의 합의 형태로 도출되었다는 점에서 이를 설치하고 시행하는 데 법률적 한계를 가진다.[34] 이와는 별도로 '신재정협약'이 각국의 주권을 제한한다는 점에서 위기를 겪고 있지 않는 국가들의 비준을 확보하는 데 어려움이 따를 수밖에 없다. 게다가 ECB 드라기 총재가 ECB의 역할 확대를 거부하고, ECB가 정치권으로부터 독립성을 유지하기를 원하며 국채 매입에 소극적 태도를 보였다. 물가 상승과 재정취약국의 도덕적 해이 유발을 우려하는 것이다.

이처럼 ECB의 적극적 역할 수행이 불가피함에도 불구하고 정치적 합의를 이루어내지 못하는 이유는 근본적으로 유로존이 직면한 초국가 협력이 지금까지 경험한 바가 없는 새로운 과제이기 때문이다. 즉 EU가 직면한 문제는 회원국의 입장 차이에 따른 '집단행동의 딜레마' 문제로, 이른바 '용의자의 딜레마(prisoner's dilemma)'나 '무임승차(free rider)'의 문제에 빠져 있다. 회원국이 협력하면 모두에게 바람직한 결과를 낳지만, 자신의 이해만 추구하면 모두에게 불행한 결과를 낳기 때문이다.

체코는 당초의 입장을 번복하고 협약을 거부했다. '신재정협약'은 유럽이 화폐통합을 넘어 재정통합으로 가는 첫 걸음을 내디뎠다는 의미가 부여되는 반면, 느슨한 협약 수준에 불과해 위반하는 국가에 대한 자동 징계의 실효성이 떨어지는 측면도 존재한다.

34 독일이 EU 조약 변경을 통해 유럽 국가들이 재정규율을 준수하고, 이를 통해 유럽 국가들이 재정통합으로 나아가고자 하는 강력한 의지를 시장에 보여주길 원하고, 대부분 EU 국가들이 금융거래세 도입을 통해 재정수입 기반을 확보하려는 움직임을 보인 반면, 금융거래세가 자국의 금융산업에 타격을 줄 것을 우려한 영국이 자국에 대한 금융거래세의 면제가 받아들여지지 않자 EU 차원에서 추진하는 재정규율에도 참여하지 않겠다고 선언하였다. 이로써 새로이 제시된 재정규율은 조약 변경이 아닌 국가 간의 협약 형태로 존재하게 되었고, 국가 간의 협약은 조약보다 법적인 권한을 부여할 수 있는 근거가 미약하다는 단점이 있다. 이러한 근본적인 결함으로 인해 유로본드도 발행하기 어렵게 될 수 있다.

다행스럽게 EU는 회원국이 되면 이탈하는 비용이 너무 크기 때문에 사실상 한쪽 방향으로만 이동이 가능하다는 또 다른 비대칭성을 갖고 있다. 즉 유로는 일종의 '너구리 덫(Raccoon Trap)'의 상황에 놓여 있다. 유로를 처음 디자인할 때 의도적으로 출구 과정은 남겨놓지 않고 가입만 할 수 있게 했기 때문이다. 국가부채 위기를 겪는 국가(예: 그리스)가 유로를 탈퇴하는 것은 상상할 수 없다. 예를 들어, 정부의 경우 은행시스템의 자본 확충에 필요한 자금 조달이 너무 어려울 것이고, 기업 역시 신용 라인을 만드는 것이 거의 불가능할 것이기 때문이다. 사실, 회원국가들이 유사하거나 혹은 하나의 통일체로 다룰 수 있도록 긴밀하게 통합될 경우에만 통화 통합이 제대로 작동한다는, 즉 유로존의 본질적 문제는 당대에 충분히 인식되고 있었다.[35] 그런데 '정치'가 시작부터 긴밀한 통합에 장애물이었다. 유로존 위기의 해법의 핵심은 효과적인 교차 보증(cross-guarantees)이다. 즉 유로존 전체 자원이 이탈리아와 스페인 뒤에 있다는 것을 보증하는 것이다. 유로본드나 ECB의 대규모 개입 등의 대두가 그것이다. 그런데 독일 등 핵심국들은 취약국의 도덕적 해이를 방지하기 위해 재정정책의 엄격한 제한을 요구하는 것이고, 이것이 재정통합이 제기된 배경이다. 그런데 재정통합은 조약 개정이 요구되는 등 복잡하다. 즉 사태가 개선되기 전에 사태가 악화될 가능성이 높다.

또 한 가지 주목할 점은 유로의 부채 구성이 미국과 다르다는 점이다. 미국 부채에서 민간투자자의 비중은 14%에 불과한 반면, 유로존의 경우 이탈리아가 48%, 프랑스가 66.2% 등 46%~67%를 차지한다. 일반적으로 민간 투자자는 단기적 관점에서 리스크와 수익 간의 최적 균형을 추구할 정도로 변덕스러운 반면, 공공 투자자는 안정과 현상 유지를 선호한다. 국제신용평가사 S&P가 이탈리아나 그리스의 신용등급 강등이나 스페인과 프랑스를 관찰 대상에 올려놓았을 때 전체 유로존이 흔들거렸던 반면, 미국의 신용등급을 강등했을 때는 유사한 현상이 전혀 발생하지 않았던 이유다. 유로존의 민간 투자자들은 통화 가치의 변동에 따른 비용이나 리스크 없이 유로존 내에서 다른 국가로 신속하게 이동할 수 있기

35 The Brookings Institution, Oct. 19, 2011, "Decoding the Euro Crisis: Its Past and Future."

에 우려가 제기되는 국가는 유동성 공급에 문제가 발생한다. 그런데 국가별로 중앙은행이 존재하지 않기 때문에 유동성 부족이 빠르게 지불능력(solvency) 문제로 전환된다. 게다가 중앙은행이 보유하는 국채의 비중은 또 다른 구조적 취약성으로 작용한다. 미국의 경우 약 36%를 보유하고 있는데 이 중 연준이 직접 보유하는 비중이 18% 정도다. 영국의 경우에도 중앙은행이 공공부채의 20%를 보유한다. 반면, ECB는 4%도 안 된다.

중앙집중화된 통화정책과 분산된 재정정책의 비대칭성은 EU가 기본적으로 조약에 기반한 제도(a treat-based institution)라는 점에서 비롯한다. 유로는 초국가적(supernational)이면서 동시에 정부간(intergovernmental)의 일련의 규칙에 기반하고 있다. 예를 들어, 공동의 수준에서 어떠한 조세도 없고 재정정책에 대한 책임이 국가별 정부에 의존한다는 점에서 정부 간 수준이다. 은행에 대한 규제도 재정정책과 같은 이유로 국가별 감독의 통제하에 두었는데 미국과 달리 은행들이 유럽 경제에서 매우 특별한 역할을 하는 정치적 이해 때문이다. 그런데 규칙에 기반한 시스템은 정상 시기에는 잘 작동하는 반면, 어려운 시기에는 매우 취약해진다. 철학적으로 EU의 조직 원리는 의사결정에서 분권화된 가톨릭 전통, 즉 분권화된 수준에서 동등한 효과를 만들어낼 수 있는 경우 분권화시키고 그럴 수 없는 경우에 집중화시키는 '제한된 책임을 갖는 자회사(subsidiary)'의 성격을 갖는다. 이는 유럽의 역사적 전통과 맥을 같이한다.

결국 유로 회원국들은 본질적으로 '모두에 대한 동일한 적용(one-size-fits-all)' 대 '국가별 다른 결과'라는 유로존의 구조적 문제를 협력적으로 해결해야 하는 운명을 갖고 있다. 즉 유로 멤버십에 대한 연대책임(collective responsibility)과 유로를 사용하는 회원국 상호 간 리스크의 공유(mutualization of risk)를 강화하는 것이 불가피함을 의미한다. 동시에 개별 국가가 전체에 충격을 미칠 수 있는 실수(예: 단기적 이득 대 장기적 손실의 비대칭성)를 자율적으로 통제해야 하는 것을 의미한다. 즉 자율과 협력만이 유로존 유지의 충분조건이다. 유로화 사용 및 경제통합의 이득 포기뿐만 아니라 유로존 해체에 따른 비용을 고려할 때 유로존 해체는 유럽인에게 고려사항이 될 수 없다. 단일 통화인 유로화의 사용으로 유로존 회원국들의 채권은 사실상 동일한 취급을 받았다. 예를 들어, 유로화 도입 이후 유로 회원국이 발행한 채권 수익률은 급속히 수렴되었다. 게다가 시장은 회원국의 채권을 사실상 무위험자산(totally risk-free illusion)으로 받아들였다. 유럽중앙은행(ECB) 역시 모든 회원국의 채권을 똑같이 무위험자산으로 취급하고 매입하였다.[36] 그런데 유로존 위기가 부상한 이후 시장은 회원국의 신용을 차별하고 있다. 문제는 그리스 등 파산 위기를 겪고 있는 국가들의 국채에 대한 대규모 헤어컷(채권 할인)이 이루어짐에 따라 ECB의 손실 발생이 불가피해지고 있다는 점이다. ECB 시스템은 17개 유로 회원국의 은행과 정부 부채를 1조 유로 이상 보유한 것으로 파악된다. 극단적으로 이 부채에 50% 안팎의 헤어컷이 적용될 경우 ECB는 누가 구제할 것인가라는 거대한 문제에 직면할 것이다.[37]

이처럼 유로존 체제는 불완전하게 디자인되었음에도 불구하고 은행과 ECB를 매개로 사실상 모든 정부가 하나로 묶여 있는 공동운명체다. 시스템의 재디자인과 상호간 협력은 불가피하다.

유로존 위기가 심화되는 가운데 2011년 10월 23일 유럽 정상회담을 앞두고 프랑스 대통령 사르코지(Sarkozy)의 표현("유로의 파괴를 용납하는 것은 유럽 파괴의 위험을 감수하는 것이고, 유럽과 유로를 파괴시키는 국가들은 갈등의 부활과 우리 대륙의 분할에 대한 책임을 감수해야 할 것이다")은 유로존 해체가 검토 대상이 될 수 없음을

---

36 참고로 미국의 경우 주 정부가 발행한 채권들은 위험자산으로 취급되고 파산 위험을 반영한 이자율 프리미엄을 내포한다. 따라서 연준(FRB)의 통화정책에 주 정부의 채권은 포함되지 않는다. 연준은 거의 무위험자산인 연방정부 채권만을 매매한다. 게다가 ECB가 2011년 12월부터 3년 만기의 장기대출을 확대하면서 담보 증권으로 국채 뿐 아니라 지방채, 은행 선순위채 및 커버드 본드(covered bond, 은행이 신용으로 발행한 일반 채권이지만 담보자산에서 우선적으로 변제받을 수 있는 권리가 부여된 채권), 기타 무보증 금융채, 회사채, 자산유동화증권 등으로 확대하면서 ECB의 자산건전성도 악화되고 있다. 담보가 가능한 최저 신용등급은 'BBB-'이지만 그리스, 포르투갈, 아일랜드 국채의 경우 신용등급에 관계없이 담보로 인정해 주었기 때문이다.

37 국가별 부채는 공개하지 않아 파악되지 않는다. 1800~2000년간 11개 유럽 국가들이 67회의 파산을 경험한 바 있다. 그리스는 1828년 독립 이래 182년의 절반 기간을 파산 상태에 있었다. Carmen M. Reinhart and Kenneth S. Rogoff, 2009, *This Time is Different*, Princeton University Press, p.99.

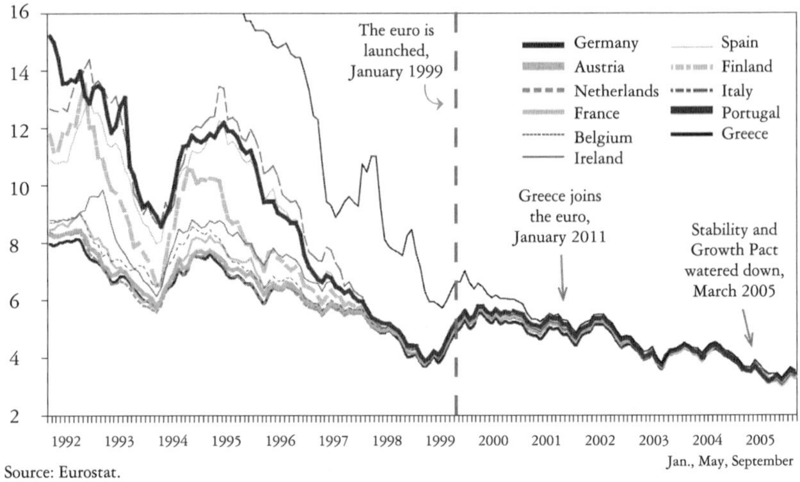

Source: Eurostat.

출처: C. Bergsten and J. Kirkegaard, 2012.

그림 6-29. 유로 회원국들의 10년물 평균 수익률, 1992년 1월~2005년 12월

표 6-6. ECB 시스템의 자산, 2010년 12월 31일 기준(유로)

금과 외화준비금	5,914억
유로존 은행에 대한 대출과 청구액	5,924억
유로 정부와 은행의 채권	4,924억
기타 자산	3,260억
총 자산	2조22억

출처: D. Beim, October 9, 2011, Can the Euro be Saved?

잘 보여준다. 유럽통합은 유럽인에게 경제와 정치뿐만 아니라 '평화'를 의미하기 때문이다. 유럽통계국(European Statistical Office)에 따르면 유럽인의 약 90%가 위기의 해법으로 보다 강한 조정을 선호하는 것으로 나타났다. 심지어 독일인조차 독일 마르크로 복귀를 찬성하는 비중이 하락하고 있다. 독일 경제의 높은 유로존 의존이나 높은 (순)수출의 비중에서 보듯이 유로존 해체는 독일 경제에 커다란 타격이 될 수밖에 없기 때문이다.[38] 사실, 유로화 도입으로 가장 혜택을 보는 국가가

38 독일의 경제성장률은 1950년대 연평균 7.9%에서 60년대 4.5%, 70년대 2.7%, 80년대 2.6%, 90년대 1.4%로 계속 하강하였다.

독일이다. 앞에서 지적했듯이 유로존 위기는 과다 채무국의 책임으로 돌릴 수는 없다. 과다 채무국들 역시 통화 통합에 따른 금융자유화와 탈규제의 희생물이기도 하다(부록 "유로존 위기, 누구의 책임인가?" 참고). 독일 총리 메르켈(Merkel)은 유럽이 2차 대전 이후 가장 어려운 시간을 갖고 있다고 보고, 이에 대한 해법으로 "보다 많은(커다란) 유럽(more Europe and not less Europe)"을 제시했다. 그리고 개별 국가의 주권의 일부를 포기할 준비도 되어 있다고 언급했다.[39] 사실, 유로존이 개별 회원국을 위한 '마지막 의지처(the last resort)'의 역할을 수행하는 것은 선택의 여지가 없다. 그러기 위해서는 초국가 협력은 불가피하다. 예를 들어, 흑자국은 경쟁력의 문제를 해결해야 하는 적자국과 더불어 조정비용을 부담해야만 한다.

▌표 6-7. 독일 수출의 유로존 의존도(%)

	EU 국가	유로지역	기타 EU	미국	동남아	중국	OPEC	러시아	일본
2002년	54.7	42.6	12.1	10.3	3.9	2.2	2.2	–	1.9
2004년	64.1	43.6	20.5	8.9	3.7	2.9	2.3	2.0	1.7
2005년	63.4	43.2	20.2	8.8	3.5	2.7	2.5	2.2	1.7
2006년	62.3	42.0	20.3	8.7	3.5	3.1	2.4	2.6	1.5
2007년	64.7	42.8	21.9	7.6	3.3	3.1	2.4	2.9	1.3
2008년	63.6	42.0	21.6	7.2	3.3	3.4	2.8	3.3	1.3
2009년	63.0	43.1	19.9	6.7	3.5	4.5	2.8	2.5	1.3

자료: 연방은행, Monthly Report.

▌표 6-8. 독일 수입의 유로존 의존도(%)

	EU 국가	유로지역	기타 EU	미국	동남아	중국	OPEC	러시아	일본
2002년	51.5	41.6	9.9	7.7	5.1	4.0	1.3	–	3.6
2004년	60.3	40.8	19.5	7.0	5.2	5.7	1.5	2.8	3.7
2005년	58.9	39.8	19.1	6.6	4.9	6.4	1.8	3.5	3.4
2006년	57.6	38.8	18.8	6.6	4.6	6.7	1.8	4.1	3.2
2007년	59.5	39.5	20.0	5.9	4.3	7.1	1.6	3.7	3.1
2008년	58.4	38.9	19.5	5.6	4.0	7.3	2.1	4.4	2.8
2009년	58.4	39.8	18.5	5.9	4.1	8.2	1.2	3.7	2.7

자료: 연방은행, Monthly Report.

39 p. Coy, Nov. 21-27, 2011, "As Good (and Bad) as Gold," Businessweek, p. 13.

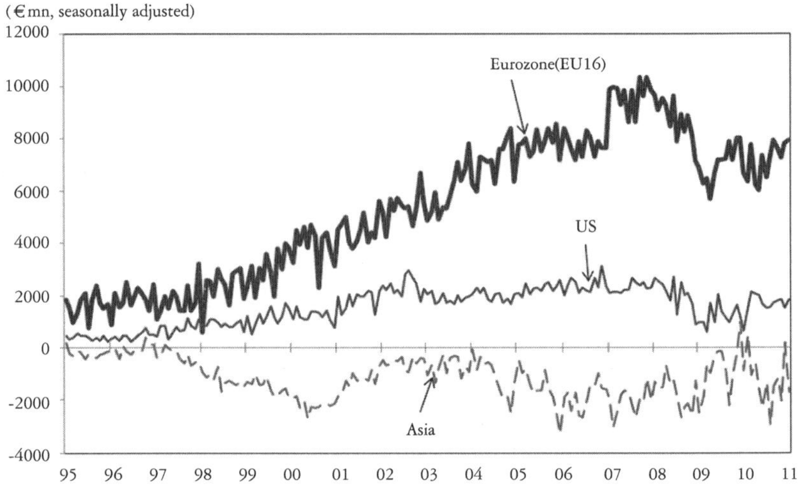

Source: Deutsche Bundesbank.

▌그림 6-30. 독일의 무역수지 구성(백만 유로)

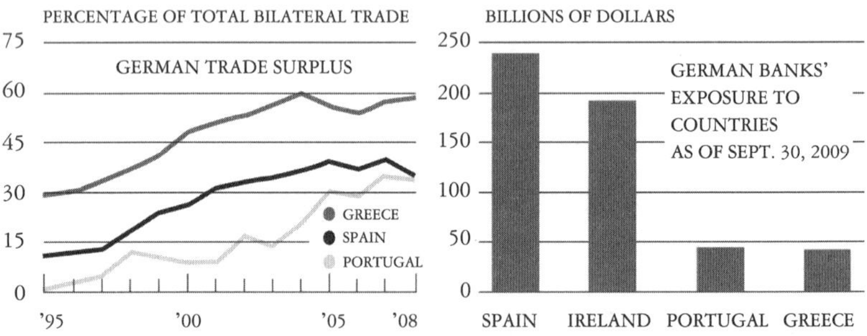

Data: Moody's Investors Service, Eurostat, Organization for Economic Cooperation & Development, Bank for International Settlements, European Union.
출처: P. Coy, March 1, 2010, Businessweek에서 재인용.

▌그림 6-31. PIIGS에 대한 독일의 무역흑자 비중과 은행의 유로존 투자(%, 십억 달러)

이처럼 유럽은 '아무도 가보지 않은 길'이지만 '가야 할 길'을 실험하고 있는 것이다. 그래서 새로운 길에 성공적으로 진입할 때 유럽은 새로운 모습으로 탄생할 것이다. 문제는 새로운 유럽을 만들기 위해서는 보통의 정치로부터 급진적 이탈이 필요하고, 낡은 경제시스템이 근본적으로 변화해야 하는 반면, 정치지도자

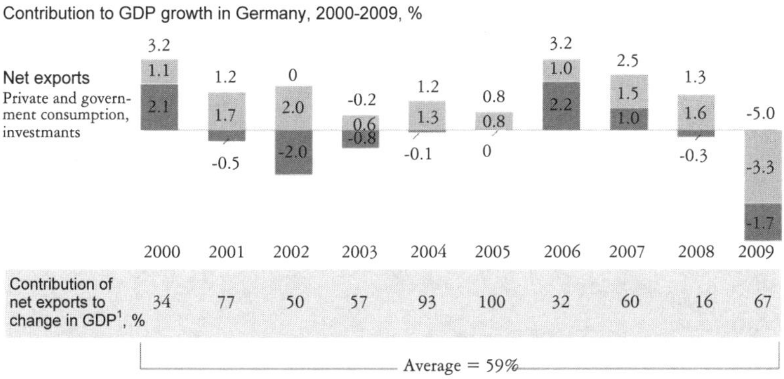

출처: P. Koch, F. Mattern, and S. Niemeier, May 2010, "After the crisis: Refining Germany's economic model, McKinsey Quarterly".

▌그림 6-32. 독일 경제성장에서 내수와 순수출의 기여도

들은 이러한 기본적인 사실을 인정하지 않는다는 점이다.[40] 즉 위기의 해결은 항상 새로운 리더십을 요구한다. 유럽 전체를 위기로 이끌었던 지도자들이 국가 구조에 필요한 급진적 변화를 수행할 가능성이나 이전의 '실패한 정치'를 반복하지 않을 가능성은 매우 낮다. 또한, 위기의 해결은 '새로운 사고'를 요청하고, 새롭고 명확한 원칙들을 요구한다. 보통의 정치인들이 대개 흥정과 협상에는 익숙하지만, 위기 해결을 위해서는 정반대가 필요하다. 지금 유럽은 실패한 정치 모델에 사로잡힌 낡은 정치인들의 서클에서 벗어날 필요가 있다. 그리고 위기의 지도자들은 핵심 관심사에 집중하고, 불필요한 분쟁을 야기하는 지엽적인 이슈로 산만해져서는 안 된다. 심각한 위기 상황에서 컨센서스는 불가능하다. 깊은 위기 상황에서는 컨센서스는 존재하지 않고, 혼동과 두려움과 의견이 충돌하는 불협화음만 존재할 뿐이다. 만만찮은 개혁은 항상 논란이 많듯이 말이다. 게다가 기존 엘리트의 기득권이 거의 항상 문제의 뿌리를 이룬다. 그들은 개혁들로부터 손상을 입을 수밖에 없기 때문이다. 물론, 투명성은 절대적으로 중요하다. 위기는 소문과 의혹을 만들어내기에 개혁은 최대한 개방하고 엘리트를 넘어 일반 대중에게 다가가야

40 A. Åslund, Dec. 2011, "The Failed Political Economy of the Euro Crisis", CASE.

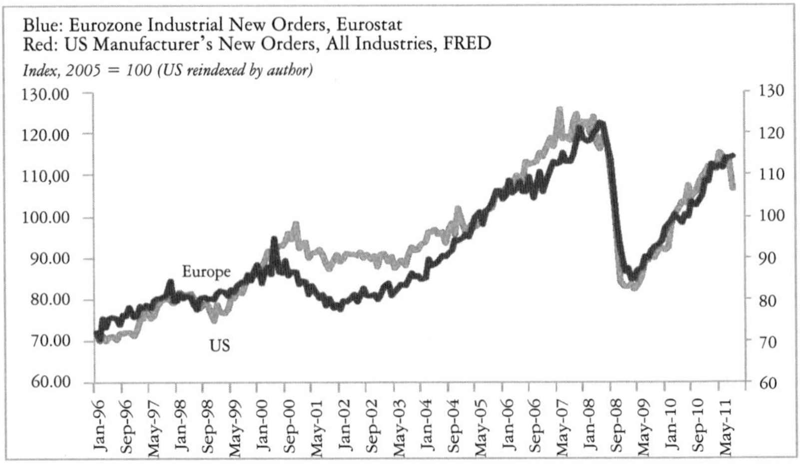

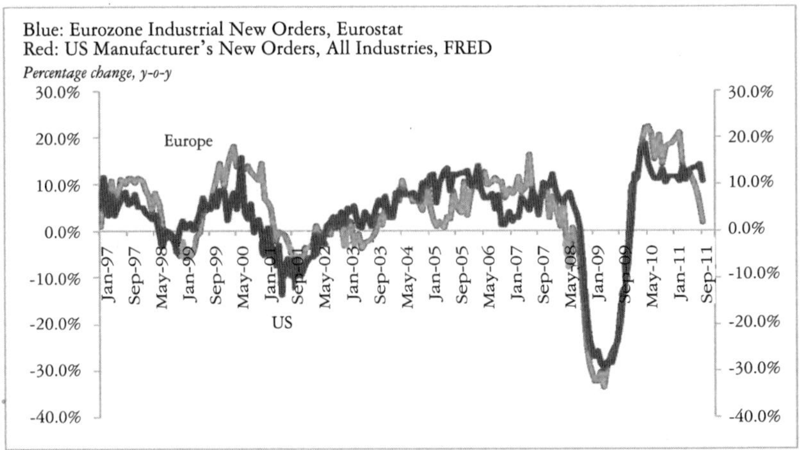

출처: Economist, Nov. 29th, 2011.

▌그림 6-33. 유로존과 미국 제조업의 신규 주문의 동조화

한다. 마지막으로 국제 사회의 지원이 필요하다. 네트워크화된 글로벌 경제에서 유로존의 문제는 곧 글로벌 경제의 문제이기 때문이다.

<부록>

유로존 위기, 누구의 책임인가?

전통적 통화위기 모델은 대내적 채무위기를 대외적 채무위기의 원인으로 본다.[41] 유로존의 경우 단일통화 도입으로 공공채무 위기는 외화채무 위기로 나타난다. 이제 경제모델을 통해 위기의 원인을 살펴보자. 명목환율은 고정되어 있고, 소득 수준의 변화가 국제수지 조정에 핵심요인으로 가정할 때 실질환율의 변화율은 다음의 규칙을 따른다.

$$(1)\quad \frac{\dot{\epsilon}}{\epsilon}=(\alpha-1)\frac{\dot{p}}{p}+\Phi\frac{\dot{ff}}{ff}\ \text{그리고}\ 0<\alpha<1,\ \Phi>0$$

여기서 ε는 실질환율, p는 국내 물가수준, ff는 금융흐름(financial flows), ·은 시간 흐름에 따른 변화량을 의미한다. 식(1)은 실질환율이 인플레이션율에 대해 역(-)의 함수, 금융흐름에 대해 정(+)의 함수임을 말한다. 그리고 금융흐름(ff)은 금융자유화(FL)의 정도와 설비가동률(capacity utilization)에 의존한다. 즉 금융변수만이 아니라 실물변수도 금융흐름에 영향을 미친다. 즉

(2)

$$\frac{\dot{ff}}{ff}=\gamma(i-i^*)+\beta(k-y)+\psi FL;\ \ \gamma<0,\ \ \beta>0,\ \ 0<\psi<1$$

여기서 i와 i*는 국내 및 해외 이자율, k는 자본스톡, y는 소득 수준이다. 그리고 국내 물가수준은 비용을 제외한 물가상승폭(markup)으로 결정되고, 다음과 같이 표현된다.[42]

$$\Pi=py-(wL+p^*M)\quad\Rightarrow\ \pi=1-\left(\frac{wL}{py}+\frac{p^*M}{py}\right)=1-\left(\frac{wb}{p}+\frac{p^*}{p}\right)$$

$$(3)\quad \therefore\ p=\frac{wb+p^*m}{(1-\pi)};\ \pi\equiv\frac{\Pi}{py},\ b\equiv\frac{L}{y},\ m\equiv\frac{M}{y}$$

여기서 w는 명목임금, p* 수입재 가격, m과 M은 수입계수와 수입재, Π와 π는 각각 이윤과 총소득에서 이윤의 비중, L은 노동량을 의미한다. 그리고 소득분배에 대한 갈등은 이윤의 비중이 일정 수준 아래로 하락할 때마다 가격을 증대시키는

41 E. Pérez-Caldentey and M. Vernengo, Jan. 2012, The Euro Imbalances and Financial Deregulation: A Post-Keynesian Interpretation of the European Debt Crisis, Levy Economics Institute Working Paper No. 702 참고.

42 비용은 노동 비용과 수입원자재 비용만을 고려한다.

기업 태도에 의해 대표된다. 즉

(4) $\frac{\dot{p}}{p} = \bar{\pi} - \pi$; 여기서 $\bar{\pi}$는 자본가가 바라는 목표 이윤의 비중

식(2)~(4)로부터 식(1)은 다음과 같이 다시 표현할 수 있다.

(5)

$$\frac{\dot{\epsilon}}{\epsilon} = (\alpha - 1)(\bar{\pi} - 1 + wb + \epsilon m) + \gamma(i - i^*) + \beta(k - y) + \Phi\Psi FL$$

그리고 소득 결정은 전통적인 케인지안의 주장에 따라 다음과 같이 표현할 수 있다.

(6)

$$\frac{\dot{y}}{y} = \delta(k - y) + \eta ex + \lambda i + \mu G + \zeta d;\ \ \delta > 0,\ \eta > 0,\ \lambda < 0,\ \mu > 0$$

여기서 εx는 수출, G는 정부지출, d는 민간부채다. 그리고 정부지출은 조세 역량(Γy)과 자금조달 비용에 의존하고, 자금조달 비용은 유로존의 해당 국가의 채권 이자율(rgb)과 독일 국채(rggb)의 차이로 나타낸다. 즉

(7) $G = \tau y + \phi(r_{gb} - r_{ggb});\ \ 0 < \tau < 1,\ \ \phi < 0$

이 모델을 기초로 유로존 위기를 재구성해보자. (중심국에 비교한 유럽 주변국의) 높은 단위노동비용[43]은 경쟁력 상실과 대외 문제를 증가시키고, 이는 금융위기와 결합하여 생산을 붕괴시킨다. 따라서 통화가치를 절하할 수 없고, 재원을 이전시킬 수 있는 초국가 재정 당국이 부재한 상황에서 긴축은 대외불균형의 해법이 된다. 즉 재정 긴축과 민간수요의 부진은 경기 회복이 대외부문을 통해 가능하다는 것을 의미한다. 그런데 유로존에서 대부분 교역은 역내무역인 반면, 국내 수요가 침체된 주변국에서 수출 주도의 경기회복은 대외경쟁력 확보를 위한 저임금과 디플레이션의 선택을 의미한다. 이는 실업을 증대시키고 총수요를 더욱 위축시킨다는 점에서 문제를 해결하기보다는 자멸적 전략이다. 그리고 핵심국의 동반 침체도 불가피하다.

무엇보다, 시장이론에 따른 처방은 사실들에 의해 뒷받침되지 않는다. 금융위기가 발발하기까지 (2006년과 2007년을 제외하면) 모든 주변국의 재정적자는 평균 GDP 대비 3% 밑에 있었다. 그리스조차 2007년 이후에나 재정불균형이 증대했

43 마스트리트 조약과 유럽안정성장협약(SGP, Stability and Growth Pact)에 따라 재정의 지속가능성을 위해 핵심국들은 임금 안정과 억제를 추구했다.

다. 특히 아일랜드와 스페인은 재정이 흑자 상태였다. 즉 재정불균형은 2007년 이후에나 증가했다. 글로벌 금융위기라는 대외 조건의 변화를 계기로 증가하던 역내 불균형과 주변국의 부채 축적이 취약성을 드러냈던 것이다. 즉 금융자유화와 탈규제로, 특히 유로 도입 후 금융흐름이 크게 증가했는데 GDP 대비 핵심국에서 1/3 이상, 주변국에서 두 배 이상이 증가하였다. 환율 리스크가 제거되었고, ROE를 증대시키기 위해 주요 은행들이 레버리지를 활용하였기 때문이다.[44] 한편, 높은 단위노동비용과 실질 통화가치의 절상, 그 결과 대외경쟁력 손상에 직면했던 주변국은 대내적 총수요 증대 전략을 선택할 수밖에 없었다. 1996~2007년간 GDP 대비 총고정자본형성은 핵심국과 주변국에서 각각 20%와 21%였던 반면, 2007년에는 주변국이 핵심국보다 GDP 대비 약 4% 높았다. 이는 자본 유입에 따른 이자율 하락의 결과였다. 유입된 자본은 높은 수익으로 보상받았다. 자본 유입은 주변국 민간부문의 부채 증가와 주택시장 붐을 수반했기 때문이다. 핵심국의 수출주도 성장 전략이 성공적이었던 이유도 주변국의 수입 증가로 가능했던 것이다. 반면, 주변국의 경우 보다 높은 국내 수요와 인건비 그리고 통화가치의 절상은 대외 포지션(경상수지)에 부정적으로 영향을 미쳤던 것이다.

지금까지 살펴본 재정위기와 대외부채 위기 간의 관계는 전통적 통화위기에 대한 주장과 달리 재정위기가 대외부채 위기의 원인이 아니고 결과라는 것이다. 통화 통합에서 회원국이 경제적으로 이질적이고 상이할 때 불균형의 발생은 불가피하다. 이러한 사실을 인식한다면 통화 통합은 불균형을 해소하고 청산하기 위한 차터 메커니즘(charter mechanism)의 창출이 유로의 한 구성요소로 불가피함을 이해할 수 있다. 일찍이 케인즈(Keynse)가 기초한 국제청산동맹(International Clearing Union)과 같은 것이 필요한 것이다.[45] 즉 대외 계정의 균형 창출을 위해

44 독일의 주요 은행들의 레버리지는 1996~2007년간 27에서 45배로 증가했고, 2007년 유럽 14대 주요 금융회사의 평균 레버리지는 34배에 달했다.

45 케인스안의 골자는 국제청산동맹(International Clearing Union)이라는 국제적인 중앙은행을 설립하여 일정량의 금과 같은 가치를 갖는 방코(Bancor)라는 국제통화를 발행하는 것이다. 케인스는 이를 통해 국제수지 적자가 발생한 국가가 국제청산동맹에서 당좌대월방식(automatic overdraft facilities)으로 기금을 인출, 수지적자를 해결하는 방안을 제시했다. 이때 기금 인출 국가의 화폐는 방코에 설정된 기준에 따라 그 가치가 평가되며 국제청산동맹으로부터의 차입(방코의 인출)은 미리 설정된 기준에 따라 그 한도가 정해졌다. 케인스는 청산동맹구좌에 적립되어 있는 흑자국의 대금이 2년 동안 국제거래의 결제에 사용되지 않을 경우 자동 소멸되도록 규정했다. 강력한 권한을 지니는 국제중앙은행으로서 국제청산동맹을 설립할 것을 제안한 케인스의 구상은 원활한 국제유동성 공급에 주안점이 맞춰졌다. 즉 국제적인 중앙은행을 설치하여 자금이 필요한 나라들에게 유동성을 원활

유럽 통화 통합의 중심에 균형화 원칙의 설정이 필요한 것이다.

하게 공급하는 메커니즘이다. 이처럼 케인스안은 국제수지 불균형의 해소책임을 적자국과 흑자국 모두에게 부과하는 방안으로 당시 만성적인 흑자가 예상되는 미국의 청구권을 자동 소멸시키려는 의도가 포함되어 있었다. 그 결과 미국의 반대에 직면했고, 미국의 제안인 화이트(White)안을 중심으로 2차 대전 이후 IMF가 설립되었다.

제7장 ▸▸▸▸▸▸▸▸

일본의 네트워크 시장시스템, 성과와 위기

일본 경제는 전후 처음 5년(1945~50년)간 연평균 GNP 성장률 9.4%를 기록한 후 1970년까지 매 5년마다 연평균 10.9%, 8.7%, 9.7%, 12.2%를 기록하였다. 일본 경제가 전후 30여 년간 기록한 성장률은 서방세계가 이전에 경험한 것과 비교하면 전례가 없는 높은 것이었다.[1] 이러한 경험에 기초해 '일본 모델'의 독자성이 강조된다.[2] 그 독자성은 '네트워크 자본주의(network capitalism)'[3]부터 심지어 '비자본제적 시장경제(a non-capitalistic market economy)'까지 다양하게 표현되고 있다.[4] 예를 들어, 미국 시장시스템에서 경제성장의 주요 엔진으로 '소비'에

---

1 Y. Kosai, 1986, *The Era of High-Speed Growth: Notes on the Postwar Japanese Economy*, translated by J. Kaminski, University of Tokyo Press, pp. 5, 7.

2 p. Choate, 1990, *Agents of Influence: How Japan's Lobbyists in the United States Manipulate America's Political and Economic System*, Knopf; J. Fallows, 1989, "Containing Japan," *The Atlantic*(May); K. van Wolferen, 1989; C. Prestowitz, 1988, *Trading Places: How We Allowed Japan to Take the Lead*, Basic Books; C. Johnson, 1982, "Japan in Search of a 'Normal' Role," *Daedalus*(Fall).

3 C. Johnson, 1992, p. 8에서 재인용.

4 E. Sakakibara, 1993, *Beyond Capitalism: The Japanese Model of Market Economics*, University Press of America, Inc.

초점을 맞추고 소비자 복지의 극대화를 추구하는 반면, 일본 시장시스템은 지속적인 경제성장을 보증하는 수단으로 '생산'을 강조한다. 실제로 미국은 많은 소비에 보조금이 지급되거나 낮은 세금이 부과되는 반면, 일본에서는 소비에 많은 세금이 부과되고 생산활동이 우호적으로 취급된다. 그리고 경제목표의 차이는 상이한 경제철학을 반영하고 있다. 미국 시장시스템이 경제구조에 대해 전적으로 자유방임적 태도를 채택하고 있는 반면, 일본은 1868년 메이지(명치)유신 이래 경제비전의 개발과 그것들을 이룩하기 위한 행정 안내 및 지도의 사용이 정책입안자들의 주요 활동이었다. 생산과 소비구조의 중요성에 대한 상이한 태도는 금융환경 및 이와 관련된 기업구조에 있어서 주요한 차이를 만들어냈다.[5] 2차 대전 전과 후의 자이바쯔(재벌)와 게이레츠(기업집단)가 그것이다.

일본 경제의 초기 발전은 1880년대부터 구미 선진기술과 생산방법의 활용 그리고 철도나 해운 등 SOC 투자 등을 추진함으로써 본격적으로 시작되었다. 1900년까지 경공업의 국내대체가 완료되었고, 본격적 수출화도 가능하였다. 그렇지만 공식적으로 일본이 서구국가들에 비교해 높은 경제성장률을 기록하기 시작한 것은 1910년대에 선진형 경제구조인 '원-세트(one-set)형' 경제구조가 형성되면서였다. 기계류, 철강 및 수출활동에 불가결한 선박 중심의 중화학공업의 국내대체화가 추진되었고, 1차 대전은 중화학공업의 대외의존도를 낮추는 계기로 작용하였다. 1920년대에는 일본적 경영방식이 출현하였다. 즉 1차 대전의 종료로 세계 경기가 공황에 직면하면서 유치산업단계에 있던 중화학공업 대부분은 심각한 경영 악화 및 도산에 직면하였고, 그 결과 기업 간 통폐합과 산업조직 재편성 추진을 통해 기업 체질을 강화하였다. 당시 불황에도 불구하고 숙련기술 노동시장에서는 기술 인력의 부족으로 노동 이동이 빈번히 발생함으로써 기업 차원에서의 기술축적에 제약이 되었고, 이에 대한 대응책으로 종신고용 및 연공서열 등 일본적 경영방식이 출현하였다. 이는 기업 차원에서 기술 축적의 토대로 작용하

5 C. Prestowitz, Jr., 1993, "Introduction," in E. Sakakibara, *Beyond Capitalism: The Japanese Model of Market Economics*, pp. viii-ix 참조.

였다. 1930년대는 중화학공업의 2차 국내대체화 과정이었다. 즉 구미제국의 제국주의적 시장 확대 경쟁에 대응하여 군사력 증강과 군수물자 중심의 중화학공업을 육성하였다. 그 결과 중화학공업화에 필요한 숙련 및 기술 인력이 대량 양성되었고, 이는 2차 대전 이후 일본 경제 고도성장의 밑거름이 되었다.

자이바쯔 메이지 초기인 1860년대 말과 1870년대 사이에 정상(政商, 정부나 정치가와 특별한 관계를 가지고 이권을 얻고 있는 상인)에서 출발하여 2차 대전 전까지 금융·공업·상업·농업의 주요 부문에서 커다란 지배력을 가졌으며 1900년 전후부터 자이바쯔로 불리기 시작했다. 대표적인 자이바쯔로는 미쓰비시(三菱), 미쓰이(三井), 스미토모(住友)를 들 수 있다. 이들은 2차 대전 기간 중 일본 군국주의의 경제적 기반이 되었기에 종전과 함께 연합군 최고사령부는 재벌을 해체하기로 결정하였다. 당시 해체된 자이바쯔는 미쓰이, 미쓰비시, 스미토모, 야스다(安田), 닛산(日産), 노무라(野村) 등 83개에 달했다. 또한 3대 자이바쯔의 계열회사 711개에 대해서는 자신의 상표와 상호의 사용도 중지시켰다. 그러나 '한국전쟁'이라는 군특수(軍特需)기에 일본의 경제가 되살아나고 1951년 미·일 강화조약을 계기로 차츰 기업 간의 재결합이 시도되었고, 이후 상호사용금지가 해금됨에 따라 3대 자이바쯔가 자신의 상호를 다시 사용하기 시작하였다.

게이레츠 2차 대전 후 일본의 기업집단을 일컫는 말로 패전과 함께 해체된 일본의 재벌이 상호주 소유를 기반으로 하는 재편성 과정과 은행의 융자 계열을 중심으로 다시 부활하게 된다. 전쟁 전의 재벌과 소유 및 경영구조에서 뚜렷한 차이가 있기 때문에 '기업집단' 혹은 '그룹'으로 부른다. 과거 자이바쯔 산하에 있던 계열회사가 경영자에 의한 '사장회'의 결성으로 진전되어 미쓰이 계열의 '이목회(二木會, 1961)', 미쓰비시 계열의 '금요회(金曜會, 1954)', 스미토모 계열의 '白水會(白水會, 1951)'가 결성되었다. 이들과 함께 전후 1960년대 고도성장기에 기업집단화를 추구하면서 등장한 후요(芙容), 다이치강교(第一勸銀), 산와(三和) 같은 은행계열의 기업집단도 있다. '자이바쯔'와 '게이레츠'를 구분짓는 가장 중요한 특징은 소유-지배 구조로 전자의 경우 재벌가가 실질적 대주주이면서 계열회사에 대한 독점적 지배를 하는 반면, 후자는 사장회를 중심으로 상호주식보유제도를 통해 연결되어 있고 실질적 대주주는 없다는 점이다.

이러한 공업화 과정에서 정치적 리더십은 중요한 역할을 수행하였다. 일본의 발전 방식은 자본축적을 위해 동원된 모든 자원을 가지고 '위로부터' 발전을 이룩한 전형적인 후발경제로 간주된다. 예를 들어, 20세기 일본이 상대적으로 고성장 경로를 밟을 수 있었던 선행조건은 19세기 말과 20세기 초의 급속한 인적자본의 축적이었고, 이는 정부정책에 의해 추구되었다. 이미 메이지 기간에 선진적인 공교육 체계를 가졌던 일본은 급속하게 팽창하던 교육부문과 정부부문에 양질의 인적 자원들을 교육자들과 행정가들로 흡수할 수 있었다. 또한, 1차 대전까지 과학과 공학부문에서 선진적인 공식교육을 받은 일본인들이 제조업에 대규모로 고용되어 생산성의 증대에 중요한 영향을 미쳤다.[6] 실제로 일본이 총요소생산성에서 상대적으로 급속한 성장을 경험하였던 것은 상당한 수준의 인적자본이 축적된 이후였다.[7]

1920년대 중반 일본 금융시스템의 규제 증가도 일본의 산업구조를 결정짓는 데 있어서 중요한 작용을 하였는데 이것 역시 정부의 적극적 개입의 증대와 병행된 것이었다.[8] 일본의 금융시스템은 1868년 메이지유신 이후 미국 관행을 따른 국가은행시스템(national bank system), 즉 분권화된 뱅킹시스템으로 출발하였다. 은행권 발행을 위해 은행의 지급준비금 완화가 이루어졌고, 그 결과 인플레이션이 문제로 부상하였다. 인플레이션의 억제를 위해 1882년에 중앙은행(일본은행)을 설립하여 통화 발행을 독점하였다. 1930년대 말과 40년대 초에는 전시경제의 준비를 위해 기업 통합(합병)이 이루어졌고, 그에 따라 대규모 제조업, 특히 군수산업에 자금을 지원하기 위해 은행부문의 합병도 진행되었다.[9] 그 결과로 등장한

6 G. Saxonhouse, May, 1977, "Productivity Change and Labor Absorption in Japanese Cotton Spinning, 1891-1935," *Quarterly Journal of Economics* Vol. 91, No. 2, pp. 195-219.

7 1890~1913년간 일본은 1966~90년간의 싱가포르처럼 총요소생산성(TFP)에서 상당한 후퇴를 경험하였다. G. Saxonhouse, 1998, p. 409.

8 G. Saxonhouse, May, 1998, "Structural Change and Japanese Economic History: Will the 21st Century Be Different?" *AEA Papers and Proceedings*, Vol. 88, No. 2, p. 409.

9 은행의 수는 1920년대 말에 1,200개 이상에서 30년대 초 은행위기로 절반이 감소하였고, 다시 1941~45년 전시에는 186개에서 61개로 1/3이 축소되었다. 반면, 전후부터 1980년대 말까지는 변화가 없었다.

것이 '주거래은행(main banks) 시스템'이었다. 은행이 정부 통제하에 놓임으로써 '호송선단 시스템(the convoy system)'[10]이 확립되고 정부 보호 하에 놓이게 된 것이다. 이처럼 정부의 경제에 대한 포괄적인 개입의 상당 부분은 중일전쟁 이래 전시기간의 유산이다. 즉 정부의 적극적이고 지시적인 산업정책과 은행 주도의 금융통제가 상호 지지하면서 발전한 것이 전후 일본 경제제도의 특징을 형성한 것이다.

또한, 불완전한 부르주아혁명으로 일본에서 노동자계급의 시민권들은 항상 제약되어 왔다. 다시 말해, 일본의 자본축적은 생산단위당 낮은 임금비용, 장시간 노동, 그리고 취약한 사회안전망과 공공복지서비스 등과 관련이 있다. 생활수준의 진전이 제약됨으로써 국내시장의 팽창은 억제되었고, 그 결과 해외시장으로 눈을 돌릴 수밖에 없었다. 그리고 이것은 일본 경제의 성격을 공격적이며 전투적으로 만들었고,[11] 정부정책이 이러한 성격을 다시 강화시켰다. 게다가, 일본의 경제적, 군사적 침략은 주요 강대국들과의 협조, 의존, 종속—예를 들어 메이지 기간의 영일동맹이나 2차 대전 중 〈일본-독일-이탈리아〉 간의 추축(樞軸)이나 전후 미일동맹—에 의해 수반된 것이었다.[12]

---

10 전쟁 시 선박의 단독 항해에 따르는 위험을 방지하기 위하여 선단을 편성하고 가장 느린 선박에 속도를 맞추면서 다 같이 안전하게 목적지까지 호송하는 것을 의미.

11 일본 경제가 공격적이라는 것은 2차 대전까지의 이웃국가들에 대한 군사적 침략만 의미하는 것이 아니라 일본 상품과 자본에 의한 해외경제의 침투까지 의미한다.

12 예를 들어, 2차 대전 이후 일본자본의 경제적 해외침투는 미국의 '핵우산(nuclear umbrella)' 아래에서 진행된 것이었고, 그러한 침투는 일본의 미국에 대한 종속적 관계, 구체적으로 '미일안보조약(the U.S.-Japan Security Treaty)'을 언급하지 않고는 설명될 수 없다. 이와 관련하여 고성장 기간 이래 일본의 낮은 군사비 부담이 경제발전의 속도와 경제 팽창에서 한 요인이 된 것은 주지의 사실이다. 예를 들어, 1985년 현재 일본의 군사비 지출은 전체 정부지출 중 0.94%로 미국의 6.57%, 영국의 5.12%, 프랑스의 3.49%, 그리고 심지어 독일의 2.79%보다 훨씬 낮다. E. Sakakibara, 1993, *Beyond Capitalism: The Japanese Model of Market Economics*, University Press of America, Inc., p. 30, Table 5.

제1절 네트워크 시장시스템과 고도성장

전후 일본 국가는 포츠담선언(the Potsdam Declaration)에 의해 요구된 민주적이며 탈군사적인 사회경제 구조의 창출, 그리고 군사적 생산의 종료와 해외식민지의 상실이라는 새로운 상황 속에서 전쟁복구 및 경제 부흥을 위해 다양한 정책의 수행이 필요하였다. 이는 새로운 상황들의 전개로 경제군사화, 해외침략, 식민지 시장의 팽창에 기초하였던 기존의 자본축적방식과 재생산구조를 더 이상 유지할 수 없었기 때문이었다. 무엇보다, 일시적이긴 하여도 주권을 상실한 일본은 연합군의 요구에 적응할 수 없었던 반면, 전쟁 종료에 따른 산업 전반에 걸친 생산수준의 하락은 경제 회복에 필요한 정책의 도입을 요구하였다.[13]

1952년에 종료된 연합군의 '점령'은 일본인들의 정치, 경제, 사회의 삶에 커다란 영향을 미쳤다. 즉 전후 일본에서 미국의 목적은 일본 경제 및 사회의 민주화와 탈군사화였기 때문에 점령기간 중의 정책은 경제영역에 국한되지 않았다. 예를 들어, 사회적으로는 1946년 '신헌법'의 제정을 통해 천황을 단순히 상징적인 존재로 끌어내렸고, '노동조합법'(1946년), '근로관계조정법'(1946년), '근로기준법'(1947년)의 제정을 통한 노동 분야의 개혁은 노동자계급의 기본권을 보호하는 장치를 마련한 반면, 경제적으로는 토지개혁과 재벌해체를 통해 부재지주 시스템과 재벌가족에 의한 기업의 사적 소유 시스템을 해체함으로써 절대주의 천황시스템이 파괴되고 지배계급으로부터 부재지주들이 제거되는 결과를 가져왔다.

그러나 일본 경제 및 사회의 민주화와 탈군사화를 표방했던 민주화정책은 기본적으로 미국의 강한 힘에 의해 추진되었기 때문에 일본의 독점자본이 미국의

---

13 일본은 중일전쟁과 태평양전쟁으로 약 2백만 명에 달하는 군인이 사상 혹은 실종되었고, 30여만 명이 중상을 입었다. 일반 시민의 경우에도 32만여 명이 사상 혹은 실종되었고 34만여 명이 부상되었다. 경지, 광산, 기계의 대량 파괴는 생산능력의 급격한 하락을 가져왔다. 또한, 전쟁에서 귀환한 군속이나 해외 이주했던 사람들의 유입은 생활수준에 즉각적으로 영향을 미쳤다. 예를 들어, 1945년 말에 실업자의 수는 약 1,300만 명으로 추정되고, 이는 1935년의 7,300만 명의 인구와 3,200만 명의 취업자에 비교할 때 엄청난 규모였다.

그것에 종속되는 불평등 협조관계가 양자 간에 확립되는 계기가 되었다. 그리고 무엇보다 2차 대전 이후 미・소 갈등의 출현, 중국에서의 내란과 혁명, 한국전쟁의 발발이라는 냉전 상황 속에서 일본과 아시아에 대한 전후의 미국 정책이 일본 민주화정책의 내용을 제한할 수밖에 없었다. 대표적 경우가 재벌해체의 불완전성이다.[14] 토지개혁이 철저히 진행될 수 있었던 것도 소규모 독립자영농층의 확립을 통해 천황제도 및 자이바쯔와 더불어 일본 제국주의 세력의 한 축을 형성했던 지주세력을 제거할 수 있을 뿐만 아니라 농촌사회에 보수블록을 형성할 수 있었기 때문이었다. 실제로 농민운동은 점차 적극적인 노동운동과 분리되어 갔다.

이러한 상황에서 전후 일본의 인플레이션 해소와 수출 확장을 통한 경제자립의 재구축을 시도하였던 '닷지구상(the Dodge Line)'[15]은 효과를 거두지 못하고 심각한 경기침체만을 야기하였다.[16] 이처럼 전후 일본 경제가 침체의 늪에서 빠져 나와 경기회복을 위한 정책수단을 발견하는 것은 쉬운 일이 아니었다. 전후 일본 경제의 기초를 형성하고 있던 중공업은 국제경쟁력을 위해 새로운 시설과 기술의 필요를 외면한 채 임금 삭감과 노동조건의 후퇴에만 매달리고 있었다.

그럼에도 불구하고 미 점령사령부(GHQ, general headquarters) 시절 일본 경제

14 대기업과 상호 결합되는 지주회사를 허용하는 등 재벌이 관계하는 금융제도는 손을 대지 않았다. 즉 금융 공급에 기초한 기업집단의 재창출 및 상호 결합된 주식소유가 가능하였고, 그 결과 독점자본이 부활하고 재구성되었다.

15 전후 생산 회복은 어느 정도 이루어졌으나 무리한 부흥정책으로 인하여 인플레이션이 가속화되는 등 일본 경제는 또 다른 어려움을 겪게 되었다. 이에 1949년 2월에는 디트로이트 은행장인 닷지(Dodge)가 방일하여 일본 국가예산을 편성하고 재정, 경제의 전 부문에 걸쳐 일본 정부의 모든 정책을 지도하게 되는데 이것이 이른바 '닷지구상'(Dodge Line)이다. 닷지는 일본 정부에 대하여 경제력을 복구하기 위해서는 인플레이션을 억제할 수 있는 긴축정책, 즉 보다 보수적인 제 정책을 채택해야 한다고 권고하였다. 그 결과 채택된 것이 경제안정 9원칙이었다. 균형 예산, 징세 강화, 신용 확장의 엄격한 제한, 임금안정 계획의 입안, 물가 통제, 무역과 외환 통제의 강화, 수출용 자재배급의 효율화, 주요 국산원자재와 제품의 증산, 식량 공출의 효율화 등을 강조하는 경제안정 9원칙은 경제의 안정과 긴축을 최우선 과제로 삼으면서 안정 속의 성장을 꾀하려는 것이었다.

16 물론, 전후 일본 경제는 국제경쟁력이나 당시의 국제경제 환경이 불리하였던 것도 사실이다. 즉 전후 가동되던 일본의 많은 생산시설의 기술은 낡은 것이었고, 전후 세계경제는 침체에 빠져 있었다. 이런 상황에서 1달러당 360엔으로 설정했던 환율은 일본 통화를 과대평가한 것이었다. 게다가 자원의 공급과 수출시장으로서 중요하였던 중국에서의 혁명은 일본 경제에 심각한 타격을 입혔다. 전후 중국과의 교역 단절은 서부에서 태평양 연안벨트로 일본의 경제지리를 이동시키는 결과도 초래하였다.

는 경제개혁과 고도성장의 조건을 확보하는 계기를 마련하였다. 패전 직후 1인당 GNP는 전쟁 이전의 절반 수준으로 하락하였음에도 불구하고 인적 자원의 상대적 유지가 가능하였고, 숙련기술 인력을 1/2 임금 수준으로 활용할 수 있어 대외 경쟁력을 향유하였다. 게다가 패전 이후 미국경제권에 편입됨으로써 서구 제국의 선진적 발전요소를 제약 없이 활용할 수 있게 되었다. 소위 거센크론의 '상대적 후발성 이익'의 활용을 극대화시켰다. 예를 들어, 물적 경제력만 고려하여 환율을 1달러=360엔으로 크게 평가절하함으로써 가격경쟁력 확보와 수출 증가를 달성할 수 있게 되었다. 무엇보다 경제민주화로 경쟁 체질을 강화할 수 있었다. 즉 재벌해체와 독과점 금지 등으로 공급구조의 경직성을 탈피하였고, 노동조합의 활성화 및 농지개혁으로 부와 소득의 분배구조를 평준화시켜 국내 생산업자들에게 내수 확대를 제공하였고 기업 성장의 메커니즘으로 작용하였다.

동태적 국제분업주의 채택

여기에 1950년대 초의 자본투자와 새로운 노하우(know-how)에 기초한 기술현대화정책과 한국전쟁 특수(特需)의 결합은 '닷지침체(the Dodge Recession)'와 통화긴축에 직면했던 일본 경제가 낡은 자본스톡을 처리할 수 있는 기회를 마련해줌으로써 경제적 붐(boom)을 가져다주었다. 일본 경제에 대한 한국전쟁 특수의 중요성은 몇 가지 자료로 쉽게 확인된다. 1951년 6월까지 제조업 생산지수(실질가치)는 한국전쟁 발발 1년 전에 비해 50%, 제조업 생산성은 30%, 그리고 도매상품가격지수는 52%나 증가하였다. 1950~57년간 총 15억 7천만 달러에 달했던 특수 조달의 가치는 1949년 5억 1천만 달러, 그리고 1950년 9억 6천만 달러를 기록했던 수출액과 비교하면 쉽게 짐작이 될 수 있다. 물론, 한국전쟁 특수는 정상적인 무역에도 영향을 미쳐 정상적인 수출액은 1949~50년간 89%, 1950~51년간은 40% 증가하였다. 이러한 경제환경에서 기술현대화가 진행될 수 있었던 것이다. 기술현대화정책은 모든 산업의 합리화를 표방했으나 실제로는 기존 중공업 분야의 대규모 독점기업에 초점이 맞춰진 장기계획, 그리고 기존의 시설과 장비들이 서방의 기준으로 볼 때 특히 뒤처진 분야에 대한 자본투자와 기술의 격상 두 가지가 강조되었다. 이러한 소규모로 운영된 기술현대화정책에 기초한 중공업화정책이 고성장기의 뒤에 숨어 있는 추진력으로 작용하였다.

1950년대 전반부 일본 경제 발전의 분석에서 강조되어야 할 또 하나의 요인은 일본의 정치적 독립의 회복을 수반했던 재무장화 경향이다. 즉 일본의 재무장화는 한국전쟁의 발발과 동시에 일본의 전후 '신헌법'에 대한 수정의 움직임으로 나타났다. 일본 독점자본은 미일관계의 강화와 일본의 미국에 대한 정치경제적 종속을 강조함으로써 전전의 군사기초적인 경제구조로의 방향 전환을 추구하였다. 이러한 시도는 대중운동에 의해 좌절되었지만, 한국전쟁 중 7만 5천 명의 경찰예비군이 확립되고 8천 명의 해군안보대가 강화되었고, 정치적 독립을 회복하기 바로 직전인 1952년 3월에는 공군의 설립이 공식 승인되었다. 즉 정치적 독립이 회복될 때까지 이미 일본은 육해공군을 포함한 군사능력을 재구축하였던 것이다. 게다가 한국전쟁 중 일본은 군사장비(하드웨어)를 제조할 수 있는 권리를 승인받았고 이 부문은 계속 확장되어 왔다.

일본의 재무장화는 이후에도 강화되어 일본 군대는 1952년 10월에는 '안보군'으로 그리고 1954년 7월에는 '자위대'로 개명되었다. 사실, 한국전쟁에 의해서 촉발된 일본의 재무장화물결은 한국전쟁 붐이 종료되었을 때 예상되는 구조적 침체를 전환시키기 위한 일본 대기업들의 노력을 반영한 것이었다. 이는 또한 태평양전쟁 이전의 자본축적 구조를 재창출하기 위한 시도이기도 하였다. 예를 들어, 정치적 독립을 획득한 1952년 정부회계를 보면 정부의 군사비 지출은 1,820억 엔으로 전체 지출의 20% 이상을 차지하였고, 1953년 5월에 일본 대기업집단의 로비단체인 '경단련(經團聯)'의 방산(防産)위원회는 '방위비 지출에 대한 8개년 계획'에서 재무장화의 가속화를 요구하면서 계획 기간 중 2조 9천억 엔의 군사비 지출을 제안하였다. 일본정부 또한 1954년의 '미일상호안보합의'하에서 미국의 군사적 지원에 대한 대가로 일본의 무장능력을 강화하기로 약속하였다. 물론, 이는 재무장화를 촉진하기 위한 대기업의 노력을 지지하는 것이었다. 이러한 노력들은 1952년의 '반전복활동법', 전기와 석탄산업에서 파업을 제한하였던 1953년의 '파업제한법'의 제정으로 이어졌다. 그러나 재무장화를 촉진시키려는 조치들은 노동계급으로부터 심한 저항에 부딪쳤고, 태평양전쟁 이전의 축적구조의 재구축 시도에 반대한 일반대중들의 평화운동은 군비지출이 정부지출의 10%, 그리고 국민총생산의 1%를 넘지 못하게 하는 가이드라인(guidelines)을 이끌어냈다.

한국전쟁 특수의 덕택으로 1953~55년간 일본 중공업의 생산은 2차 대전 중의 가장 높았던 수준을 회복하였다. 이후 경제발전의 속도는 가속화되어 대략 1970년까지 세계에서 가장 경쟁적인 중공업부문을 건설하는 데 성공하였다. 한국전쟁 이후 1954년의 침체를 끝으로 시작된 일본 경제의 고도성장은 1973년 1차 석유파동 때까지 19년간 지속되었다. 1955~73년간 고도성장은 특히 중공업 분야에서 괄목할 만한 것이었는데, 예를 들어 이 기간 동안 철강생산은 12.7배, 자동차생산은 102배, 전력생산은 7.2배가 증가하였다.

고도성장 기간 동안 정부정책은 중요한 역할을 수행하였다. 정부는 중공업화 육성을 위한 구체적 시도로 전통부문을 재조직화하고 강화하기 위해 저이자율 금융정책, 낮은 조세율의 조세정책으로 가격경쟁력을 제고시켰고, SOC 정비로 기업의 비용 절감에 기여하였다. 예를 들어, 1950년대 후반의 경제적 붐을 가져왔던 민간 투자의 폭발적 성장[17]은 경제정책에 의해 지지된 것이었다. 구체적으로 구미로부터 철강, 자동차, 조선 등에서 신기술 및 신자본재의 도입, 그리고 새로운 분야였던 전자, 합성섬유류 기술 및 자본재류를 왕성하게 도입하였다. 그러나 자본투자에 의한 붐은 50년대 말에 접어들면서 궁극적으로 수요의 제약이라는 장애물에 부딪칠 수밖에 없었다. 즉 국내자원이 빈약하였고, 임금과 노동조건은 취약했고, 농촌시장의 규모는 작았기 때문에 생산과 소비의 격차는 불가피하게

17 1955~61년간 광업과 제조업의 산출량은 2.5배 증가하였는데, 특히 기계생산 분야를 중심으로 중공업의 산출량이 급속히 증가하였다. 전기 장비는 7.8배, 운송기계는 3.9배, 제철은 2.9배, 화학은 2.3배 증가하였다.

발생하였다. 시장과 관련된 문제를 풀기 위해 일본 독점자본은 해외시장의 확장으로 눈을 돌렸고, 정부도 경제자유화정책으로 대응하였다. 해외시장을 확장하기 위해서는 기본적으로 신기술에의 투자와 생산성의 증가를 통한 일본산업의 국제경쟁력을 강화시켜야 할 뿐만 아니라 자유화정책으로의 전환과 일본시장의 개방을 필요로 하였다. 이처럼 일본 중화학공업 제품의 부족한 경쟁력을 정책적으로 지원하면서 국제분업 구조에 참여하였다. 즉 비교우위가 크게 존재하는 상황에서의 개방전략인 동태적 국제분업주의를 채택한 것이다.

게다가 1950년대 말에 달러 위기와 관련된 경제문제를 경험하기 시작했던 미국은 동남아시아에 대한 원조 부담의 일부를 일본에게 요구하는 동시에 일본시장의 개방을 요구하였다.[18] 미국의 직접투자를 위한 조건을 완화시키는 등 자본의 이동도 점차 자유화되었고, 무역자유화율이 1963년 4월까지 89% 그리고 1964년 4월까지 92%로 증가하는 등 무역제약 품목은 급속히 감소하였다. 여기에 1960년 4월에 발효되었던 '미일신안보조약' 또한 해외경제로의 팽창을 위한 조건을 제공하였다. 즉 미국의 핵우산 아래에서 미일동맹(상호방위의 책임)의 범위가 일본의 국경선 밖 아시아까지 확장되었다. 또한, 이 조약에서 일본은 무역정책의 자유화 및 해외경제원조의 제공에 의해 미국의 경제적 안보의 목적을 지지할 것을 동의했다. 다시 말해, 미국과 일본의 군사적 조약은 일본의 제국주의적 팽창을 위한 기초를 제공하였을 뿐 아니라 양국의 경제적 유대를 강화하고 경제정책의 갈등의 해소를 위한 기초를 제공했다는 측면에서 일본의 영향력을 경제영역으로 확장시키는 계기가 되었다.

독자적 경제발전 모색

고도성장의 추진은 1960년대에 들어서도 중공업을 중심으로 초과설비의 문제를 계속 야기하였고, 이에 따라 정책은 투자의 촉진에서 수요의 팽창으로 이동

18 1959년을 기준 연도로 할 때 자유화된 품목의 수입액은 1960년 4월까지 41%, 그리고 1963년까지 80%가 증가하는 등 계속 증가하였다.

하였다. 그러나 일본 중공업의 국제경쟁력은 여전히 문제점으로 남아 있었고 초과설비 속에서도 지속적인 자본투자가 필요하였기 때문에 정부정책은 일본 경제의 자유화와 해외시장의 확장을 지속하는 동시에 경제구조를 포괄적으로 재조정하기 위해 자본집중을 지원하고 수요를 촉진시키기 위해 예산과 금융조치들을 강화하였다. 그 결과 주요 기업들의 대규모 합병을 통해 수직적으로 통합된 기업집단이 창출되고 대기업과 중소기업 간의 하청관계가 새롭게 조정되었다. 경제구조의 재조정으로 1961~65년간의 성장률과 생산성 증가율은 1955~61년간에 비해 급격히 하락한 반면, 정부지출의 증가율과 수출은 급격히 증가하였다.[19] 한편, 60년대 전반기 중에 정부지출이나 수출의 성장률이 공업생산성의 그것보다 빠르게 증가했다는 사실은 유효수요의 확장에 초점을 맞춘 예산 조치들이 성장을 자극하는 데 주요 역할을 수행하였고, 일본 중공업의 경쟁력이 증대함에 따라 수출의 확장이 성장의 주요 원천이 돼 갔음을 의미한다.

1960년대 전반에 경제구조가 재조정되고 일본 중공업의 경쟁력이 증가[20]함에 따라 60년대 후반(1965~70년)에 일본 경제는 연평균 12.1%라는 전후 가장 높은 성장률을 기록하게 되었다. 이러한 성장의 주요 원천은 수출이었고, 수출경쟁력이 빠르게 개선됨에 따라 지금까지 국제수지의 불균형에 의해 야기되었던 성장의 제약 요인이 소멸되었다. 즉 이전까지는 경기팽창의 지속이 경기과열을 가져왔고, 수입의 증가와 경상수지 적자의 증가를 수반하였기 때문에 정부는 성장을 억제하는 조치들을 취하지 않을 수 없었다. 그러나 수출경쟁력이 증대됨에 따라 이러한 위기의 위협은 중단되었고, 수요 확장에 초점을 맞춘 예산운영의 강화는 성장을 심화시켰다. 60년대 후반의 고성장에 힘입어 일본의 GNP는 1968년 서독의 그것을 능가하게 되었고, 세계 2위의 경제력을 갖게 되었다. 1965년부터 미국에 대한 무역수지도 흑자로 전환되었고 그 이후 흑자규모는 계속 확장되었다. 이는

19 공업생산성의 증가율은 연평균 17.2%에서 10.1%로 하락하였고, 정부지출의 성장률과 수출의 신장률은 연평균 각각 12.6%에서 16.1%, 그리고 13.6%에서 19.0%로 증가하였다.

20 예를 들어, 1965년부터 일본은 미국과의 무역수지에서 흑자로 전환하게 된다. 일본은 미국에 주로 제조업 제품, 특히 중공업 제품을 수출한 반면, 미국으로부터 원료와 식량을 수입하였다.

세계경제에서 경쟁적 위치를 차지한 일본 중공업에 힘입은 것이었다.[21]

성장과 자본축적이 가속화됨에 따라 고성장전략의 성격은 보다 공격적이고 체계적이 되어 갔다. 자유화정책을 보다 강화하고 이를 자본이동이 가능한 지역으로 확장시켰다. 물론, 이는 중공업 생산물의 수출 확장을 위한 환경을 개선시키려는 것이었다. 이 밖에도 산업인프라의 질을 제고시키기 위한 대규모 정부지출과 적자재정은 중공업 생산물을 위한 국내시장을 창출시켰다. 한편, 1950년대 후반부터 60년대까지 진행된 고성장에 힘입어 노동자계급의 노동조건과 생활환경 또한 빠르게 개선되었다. 그러나 임금 증가율은 생산성의 그것을 따라가지 못했고 사회보장과 복지시설은 낙후되어 있었다. 게다가 60년대부터 인플레이션이 증가하였고 독점자본의 토지 매입은 지가의 급등을 초래하였다. 이 밖에 환경문제가 확산되고 도시의 밀집과 탈농현상은 증대하였다.[22]

이처럼 1960년대 일본이 고도성장과 구미와 유사한 산업구조를 만들어낼 수 있었던 것은 낮은 임금과 높은 노동생산성을 발휘할 수 있는 기술력, 그리고 정부의 강력한 인센티브 제공을 통한 중화학공업 제품의 대외경쟁력 향상 및 수출의 급속한 신장에 따른 결과였다. 그러나 일본 상품의 세계시장 점유율이 높아지면서 시장(상품 및 자본)에 대한 개방 압력이 강화되고, 이에 대응하여 상품 경쟁력에서 기업 경쟁력으로 전환하였다. 구체적으로 기업 간 통폐합 등 기업규모의 확대로 영세성과 과당경쟁체질을 극복하고, 주식의 상호보유 및 관련 기업 간 기술개발 활동의 제휴 등 자본의 충실화를 통해 R&D 활동을 강화함으로써 60년대 후기부터 경상수지는 안정적 흑자구조가 정착되었다.[23]

---

21 세계 중공업 제조 지역으로서 일본 중공업의 역할은 일인당 산출량에서 1970년까지 인쇄, 플라스틱, 시멘트, 철강, 트럭, 조선, TV, 종합섬유 등 대부분의 전통적인 중공업 분야에서 서독과 미국을 이미 추월하고 있었던 점에서도 확인된다.

22 노동자계급의 불만은 정치적 수준에서 자유민주당에 대한 지지의 하락과 1969년 이후부터 지역정부에서 좌파의 집권으로 나타났다.

23 예를 들어, 야하다제철소와 후지제철소의 합병으로 신니데츠(新日鐵)가 탄생함으로써 규모의 경제에서 세계 최대가 되었고, 기술력 통합을 통해 기술개발력 시너지효과가 발생하였다.

금융경제화와 오일쇼크

1970년대 초 전 세계적인 스태그플레이션(stagflation)은 50년대와 60년대에 지속됐던 고성장의 종언을 예고하였다. 1969~70년의 미국 경기침체에서 시작된 세계 경제침체로 일본도 1970년 8월부터 침체에 빠졌고, 여기에 1971년 8월 닉슨의 '금태환 정지'와 미국의 수입품에 대한 10% 부가세의 부과 등으로 일본경제는 커다란 타격을 입었다. 즉 1971년과 73년 두 차례에 걸쳐 달러가 평가절하됨에 따라 '변동환율제'가 확산되며 엔화도 1971년 12월까지 1달러에 360엔에서 330엔으로 절상되었다. 그리고 1973년 3월에 '스미소니언 협정(The Smithsonian Agreement)'이 붕괴되면서 엔화 가치는 그해 10월까지 260엔 수준까지 절상되었다. 여기에 1973년의 1차 석유파동은 세계경제에 충격을 추가했다. 석유 및 원자재 가격의 상승은 저개발국가로부터 저렴하고 안정적인 자원의 공급에 의해 고성장을 유지했던 개발국들의 황금시기에 종지부를 찍었을 뿐만 아니라 일본 등 고성장정책을 추구하던 국가들도 어렵게 하였다. 에너지 비용과 원자재 가격의 상승은 상품가격을 인상시켰을 뿐만 아니라 인플레이션을 악화시킴으로써 정부로 하여금 유효수요를 줄이는 정책을 통해 인플레이션의 완화를 필요케 하였다. 석유위기의 효과는 개발국 중 특히 (중동으로부터의) 수입된 에너지 자원에 기초해 높은 성장을 구가하였던 일본에서 심각하게 나타났다.[24] 일본정부는 한편으로는 재할인율의 인하와 적자예산의 증대를 통해 경기부양을 꾀하고, 다른 한편으로는 임금억제로 인플레이션을 막고자 하였다. 임금 상승이 높은 인플레이션에 대해 주요 책임이 있다는 주장은 노동계에서 인정하지 않았으나 1975년 '춘투(春鬪)'의 패배는 실질임금의 상승 추세에 종지부를 찍었다.

임금 인상의 억제와 고용 축소 등 감량경영(slim-line management)으로 엔화 가치의 상승에도 불구하고 일본의 국제경쟁력은 기본적으로 손상되지 않았다.

24 1973년 4분기와 1975년 1분기 사이에 일본 광공업의 산출량은 21.1%가 하락했다. 1973년의 수치는 1978년의 4분기까지 회복하지 못하였다. 이에 비해 미국은 산업생산이 14.4%, 영국은 8.2%, 서독은 11.3%, 프랑스는 13.2% 하락하였다.

1973년 9월에서 1974년까지 일본의 수출액은 35% 상승했고, 무역수지도 1974년 전반기 27억 달러의 적자에서 그해 후반기에는 43억 달러의 흑자로 돌아섰다. 일본은 엔화 가치의 절상과 UNCTAD(유엔무역개발회의)에서 결정된 특혜관세제도[25]의 창설을 계기로 비교열위산업을 발전도상국, 특히 동남아로 옮기는 한편, 석유위기를 계기로 에너지와 노동력을 절감하는 시설투자를 촉진시킴으로써 산업구조를 고도화시켰다. 예를 들어, 1977년 말까지 4백만 노동자를 고용한 섬유, 화학비료, 비금속, 조선 등 12개 산업은 구조적 침체 상태에 있다는 것을 공식적으로 선언하였다. 이에 대해 정부는 석유화학과 철강 등 소재산업 비중을 축소하고 자원 및 에너지 절약형 기술개발을 통해 상대적으로 가공도가 높으면서 자원과 에너지 절약형 산업인 자동차와 전자산업의 비중을 높이는 방식으로 산업구조를 전환시켰다. 동시에 잉여노동력의 해고가 광범위하게 진행됐다. 예를 들어, 1977년 총고용에서 차지하는 제조업의 비중은 73년 수준에서 5~10% 감소하였다. 경쟁력 강화를 위한 대기업의 고용 감축과 감량경영 정책은 노동운동으로 하여금 해고에 저항할 힘을 상실시켰다. 심지어 침체에서 가장 빨리 회복되었던 산업들에서조차 고용이 축소되었다.[26] 이를 통해 구미에 비해 일본 제품의 가격경쟁력은 증대되었다. 즉 산업구조의 고도화와 감량경영을 통해 일본 산업의 생산성은 크게 증가하였다. 실제로 제조업의 생산수준은 1973년의 수준이 78년까지 회복되지 않았지만 생산성은 그 이전인 76년에 이미 회복되었다. 일본 경제의 생산성이 회복되고 팽창됨에 따라 수출 또한 증가하였다. 일본 경제가 고도성장을 이룩한 1955~73년간 연평균 수출신장률을 보면 1955~61년간은 13.6%, 1961~65년간은 19.0%, 1965~70년간은 18.2%, 1970~73년간은 24.2%를

25 이 제도의 창설로 발전도상국의 대선진국 공산품 수출에 대해 일정 한도까지 관세를 제로 내지는 50% 절하하도록 함으로써 발전도상국의 대선진국 수출을 촉진시키도록 하였다.

26 예를 들어, 1973~77년간 정밀도구의 산출량은 68.8%나 증가했던 반면, 이 산업에서 고용은 6.8% 감소하였다. 전기기계산업에서도 생산량은 11.2% 증가했던 반면, 고용은 6.8% 감소하였다. 특히, 대규모의 노동력 감소가 경쟁력이 있는 것으로 알려진 주요 기업들에서 이루어졌다는 사실이 중요하다. 예를 들어, 마쓰시다 전기가 27.7%, 히타치가 16.37%, 다이니폰인쇄가 25.8%를 줄였다.

기록하였다.[27] 1977년 1월부터 78년 10월까지 달러에 대한 엔화의 가치는 다시 약 64%, 즉 295엔에서 180엔으로 절상되었다.

1980년대 전반부 동안 정부가 추구한 긴축정책에도 불구하고 일본 경제의 성장률은 70년대의 저성장 기간의 수준을 유지하였을 뿐 아니라 다른 선진국과 비교할 때 상대적으로 높은 성장률을 기록하였다. 주요 요인은 미국 달러를 인위적으로 높은 수준으로 유지했던 레이거노믹스(Reaganomics)의 영향이었다. 엔화의 저평가는 미국에 대한 일본 수출의 급성장을 초래하였고, 동시에 수입 팽창에 대한 브레이크를 설치해주었다. 게다가 1979년 2차 오일쇼크와 주요 원자재 가격 급등은 선진국들로 하여금 하이테크라고 불리는 고도의 자원 및 에너지 절약적 혹은 노동대체적인 기술개발 경쟁으로 돌입하게 하였고, 그 결과 산업구조가 중후장대형 산업에서 경박단소형 산업(반도체, 로봇 등)으로 전환하였다. 하이테크 경쟁에서 일본은 유럽제국 수준을 능가하였고 미국과 경쟁관계를 형성하였다. 그러나 고성장-저실업-물가안정-대규모 경상수지 흑자 등 경제의 충실도에서는 미국을 추월하였다. 게다가 자원 및 에너지 절약형 기술개발로 자원과 에너지 수입이 감소하였고 대량 로봇 투입으로 엔고에 따른 인건비 부담을 절약하여 조선 및 섬유산업 등 노동집약적 산업을 활성화시켰다. 반면 미국 레이건 행정부는 '강한 미국의 재건'에 따라 군수산업의 육성과 고달러-고금리의 유지, 제조업의 대규모 해외 이동과 범용성 제조업의 공동화 그리고 일본 제품으로의 대체 등에 따라 재정수지 및 경상수지 적자가 급증하였다.

플라자합의와 버블경제 그리고 장기불황

80년대판 글로벌 불균형은 국제 갈등을 야기했고 경제환경의 중요한 변화를 초래했다. 첫째, 85년 여름부터 하이테크 산업들이 침체의 상태로 빠져들었다.

27 Seiyama Takurō, 1989, "A Radical Interpretation of Postwar Economic Policies," in T. Morris-Suzuki and T. Seiyama(eds.), *Japanese Capitalism Since 1945: Critical Perspectives*, pp. 28-73, 54, Table 2.2.

둘째, 85년 9월 도쿄 정상회담에서 도달한 합의에 의해 엔화의 가치가 다른 통화들에 대해 급격히 상승하는 것을 인정하였다. 86년 9월까지 1년 안에 달러에 대해 엔화의 가치는 250엔에서 155엔으로 올랐고 1987년 5월까지 125엔으로 급등하였다. 셋째, 일본에 대해 수출을 억제하고 수입을 증가시키라는 국제압력이 증대하였다. 넷째, 행정재구축이 84년까지 완성되었음에도 불구하고 일본정부의 재정상태는 악화되었다.[28] 그 결과 85년 말에 시작된 유가 및 원자재가격의 하락에도 불구하고 일본 경제의 성장 전망은 약화되었다. 즉 엔화의 40% 평가절상으로 대외경쟁력이 약화되면서 비용 절감을 추진하고, 생산시설이 해외 이전[29]되고, 하이테크 분야에는 시설투자가 이루어졌다. 즉 80년대의 대응도 70년대와 다를 바가 없었을 뿐 아니라 합리화정책은 한계점까지 추진되었다. 그리고 임금의 억제 속에서 정부재정의 위기와 저성장 때문에 복지 제공은 축소되었다. 그 결과 일본 제조업의 생산물의 경쟁적 위치는 질과 기술에서뿐만 아니라 노동비용에서도 강화되었다.

수입원자재 가격의 하락과 초저금리[30]로 1987~90년간 국내경기는 급속히 과열되고, 달러표시 해외자산 가치가 급락하며 흑자부분의 해외이동이 축소되고, 일본 내 통화량 증가와 이자율 하락은 주식 및 부동산 구매를 위한 대출 경쟁을 야기하여 주식 및 부동산 가격이 급등하였다.[31] 경기과열을 우려한 일본은행이 1989년 5월부터 90년 8월까지 5회에 걸쳐 공정할인율을 연 2.5%에서 6%로 다시 인상함으로써 버블 붕괴가 본격화하였다. 1990년경 경상수지 흑자 규모는 플라자합의 이전에 비해 두 배 증가했음에도 불구하고 내수 부족으로 장기불황의 시대에 돌입하였다.

28 1985년 플라자합의에서 엔화 강세를 용인하기로 한 뒤 수출경쟁력의 약화와 경기침체로 일본은 1985년부터 1987년까지 총 13조 5천억 엔에 이르는 내수부양책을 실시하였다.

29 중급기술의 부품류 생산은 한국과 대만 등으로, 저급기술의 부품류는 타이와 인도네시아 등 동남아로 이전하였다.

30 엔화 강세 속에서 기준할인율을 1985년 1월 5.0%에서 1987년 2월에는 2.5%까지 0.5%씩 다섯 차례나 인하하는 등 금융완화정책을 추진하였다.

31 1989년까지 니케이 평균 주가와 도쿄, 요코하마 등 6대 도시 땅값은 3배 이상 급등하였다.

제2절 장기불황의 원인: 네트워크 시스템의 몰락

자산버블 붕괴의 후유증

일본의 2009년 명목 GDP는 1992년 수준 밑으로 추락했다. 니케이 225 지수는 1989년 말에 38,916 포인트를 기록한 후 하락하기 시작하여 2011년 말

▌표 7-1. 일본의 지가 추이

Year	全國市街地 Urban land of nationwide				六大都市 6 large city areas			
	全用途平均 Total average	商業地 Commercial	佳宅地 Residential	工業地 Industrial	全用途平均 Total average	商業地 Commercial	佳宅地 Residential	工業地 Industrial
1990	133.9	175.4	114.9	111.6	276.8	502.9	218.8	196.2
1991	147.8	195.5	126.1	122.6	285.3	519.4	223.4	203.6
1992	145.2	191.6	123.0	122.1	241.0	440.2	183.3	176.9
1993	137.2	177.1	116.9	118.4	197.7	341.4	149.1	154.7
1994	130.9	163.9	113.5	115.4	174.9	278.3	136.4	143.1
1995	126.1	152.8	111.8	113.3	151.4	210.8	125.7	131.8
1996	120.5	140.1	109.7	110.9	134.5	166.6	118.1	124.2
1997	115.6	128.9	108.0	108.9	124.4	143.2	113.7	118.9
1998	111.5	120.0	106.5	107.1	117.9	128.9	111.1	114.7
1999	106.1	110.2	103.7	104.0	109.2	114.1	106.1	107.6
2000	100.0	100.0	100.0	100.0	100.0	100.0	100.0	100.0
2001	93.7	90.5	96.0	95.3	91.7	89.5	94.8	90.6
2002	87.4	81.8	91.7	90.3	84.1	80.1	89.8	82.5
2003	81.2	73.6	87.3	84.8	77.0	72.1	84.8	74.6
2004	74.4	66.1	81.7	77.4	71.3	67.8	79.8	66.8
2005	69.1	60.6	77.3	71.2	68.6	67.3	77.6	61.0
2006	65.7	57.3	74.3	67.3	71.2	74.4	78.7	59.7
2007	64.4	56.0	73.2	65.3	79.0	89.0	84.8	61.2
2008	63.9	55.6	72.7	64.6	84.8	99.7	88.3	64.5
2009	61.4	53.0	70.2	62.5	76.7	85.2	81.4	61.8
2010	58.5	50.1	67.4	59.6	70.9	75.0	77.6	58.7

출처: Statistics Bureau. http://www.stat.go.jp/english/data/nenkan/1431-17.htm

기준 8,500 포인트 밑으로 추락한 상태다. 일본의 6대 도시 땅값은 2000년(=100) 기준 1991년 285.3에서 2010년에 70.9까지 추락하였다. 그 결과 일본의 가계자산은 80년대 말 이래 계속 하락하고 있다. 이른바 '대차대조표 침체'의 늪에 빠진 것이다. 자산가치의 하락으로 가계와 기업의 재무 상황이 악화되었고, 재무구조의 개선을 위해 가계와 기업은 소비와 투자를 억제했다. 기업이 이윤극대화에서 부채최소화로 경영의 우선순위를 변경하면서 GDP 대비 투자율은 1990년대 이전까지 30%대에서, 1990년대 지속적으로 하락하여 2000년대에는 23%까지 약 7% 낮아졌다. 그중 주택건설 투자가 2.5%, 설비투자가 4.5%까지 하락하였다. 은행도 무수익여신(Non-Performing Loans, NPL)의 손실을 처리하기 위해 구조조정과 합병 등에 내몰렸다. 일본 금융권의 부실채권 처분손 규모도 2007년 9월 기준 99조 엔에 달했는데 서브프라임 모기지 대출의 추정 손실액 규모인 98조 엔과 절대 규모 면에서 비슷하였다.[32] 개별 경제주체의 재무구조 개선은 합리적 선택이었지만, 경제 전체적으로는 바람직하지 않은 결과를 만들어내는 '구성의 오류'라는 함정에 빠진 것이다. 이른바 '유동성 함정'과 디플레이션이 구조화되어 버렸다.

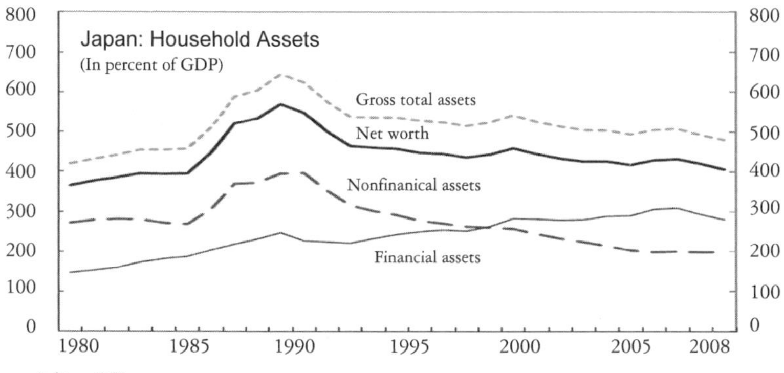

Source: Cabinet Office.

▮ 그림 7-1. GDP 대비 일본 가계의 자산(%)

---

32 98조 엔은 IMF가 전 세계 금융기관의 잠재적 총 손실이 9,450억 달러에 이르는 것으로 추정(Global Financial Stability Report, 2008. 4)하였는데 이를 엔화로 환산한 금액이다.

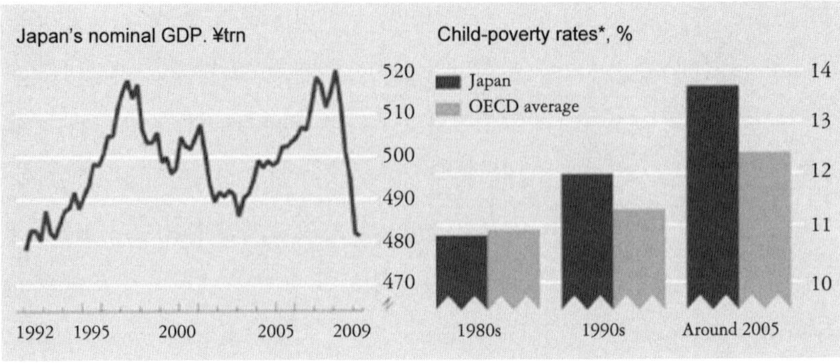

source: CEIC; OECD

*Children living in poor households (below 50% of the median income), % of total

▌그림 7-2. 잃어버린 20년의 참상: GDP와 아동빈곤율(OECD 평균 대비)

▌표 7-2. 일본의 CPI (2005=100)

平成2年	1990	94.1
6	1994	100.8
7	1995	100.7
8	1996	100.8
9	1997	102.7
10	1998	103.3
11	1999	103.0
12	2000	102.2
13	2001	101.5
14	2002	100.6
15	2003	100.3
16	2004	100.3
17	2005	100.0
18	2006	100.3
19	2007	100.3
20	2008	101.7
21	2009	100.3

대차대조표의 침체가 장기간 지속되는 이유는 인구구조의 변화가 맞물렸기 때문이다. 자산거품이 정점에 달했던 1990년에 이른바 노동가능인구를 부양인구로 나눈 '역부양비율'[33] 역시 약 2.3명으로 최대치를 기록했다. 저출산과 고령화 그리고 베이비붐 세대의 은퇴 등 일할 사람은 줄어들고 부양해야 할 비노동인구가 늘어나는 '인구 오너스'로 전환된 것이다. 대차대조표 조정이 장기간 지속된 이유다. 그 결과 자산가치의 추가 하락과 재무 구조의 악화라는 악순환 고리가 형성되었다. 일본 정부와 금융당국이 (글로벌 금융위기 이후 미국이 그랬듯이) 모든 수단을 동원했음에도 불구하고 효과를 보지 못한 이유다. 불황 속에 은행 보유 자금의 일부만 대출되고, 소득 중 일부만 순환하면서 소득 감소의 악순환으로 이어지는

33 여기서 노동가능인구는 15-60세 인구로, 부양인구는 14세 이하와 60세 이상 인구로 계산한 것이다.

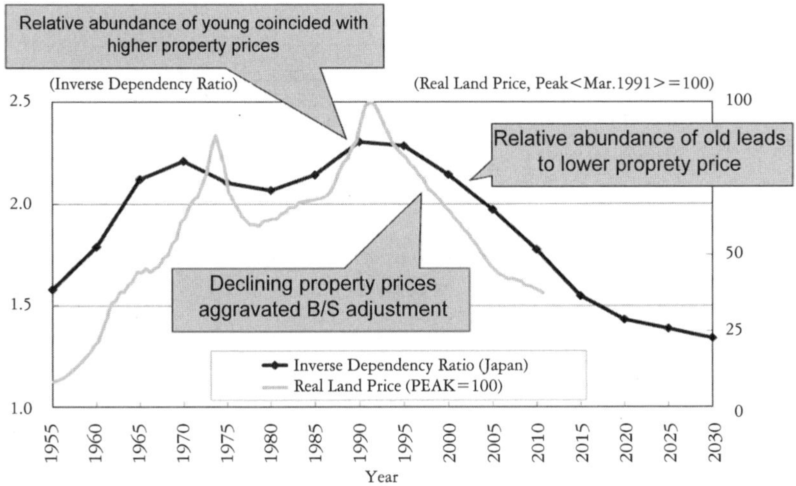

출처: K. Nishimura, June 20, 2011, "Population Ageing, Macroeconomic Crisis and Policy Challenges," Bank of Japan.

▌그림 7-3. 인구구조(역부양비율=노동가능인구/부양인구)와 자산가격

▌표 7-3. 버블 붕괴 이후 일본의 주요 정부대책

실시 연도	경제대책명	규 모
1992.8.28	종합경제대책	· 공공투자 확대 등 10.7조 엔
1993.4.13	종합경제대책	· 공공투자 확대 등 13.2조 엔
1993.9.16	긴급경제대책	· 공공투자 확대 등 6조 엔
1994.2.8	종합경제대책	· 공공투자 확대 등 15.3조 엔 (소득세 감세효과 5.9조 엔 포함)
1995.4.14	긴급경제대책	· 오사카-고베 지진 관련 7조 엔
1995.9.20	경제대책	· 공공투자 확대 등 14.2조 엔
1998.4.24	종합경제대책	· 사회간접자본 정비 등 16조 엔
1998.11.16	긴급경제대책	· 사회간접자본 정비 및 금융대책 23조 엔(항구적 감세 6조 엔 포함)
1999.6.11	긴급고용대책	· 약 70만 명의 고용창출
1999.11.11	경제신생대책	· 사회간접자본 정비 및 중소기업 금융대책 등 17조 엔
2000.10.19	일본신생을 위한 신발전 대책	· 사회간접자본 정비 및 중소기업 금융대책 등 11조 엔
2001.10.26	개혁 선행 프로그램	· 중소기업 및 고용대책 등 1.3조 엔
2001.12.14	긴급대응 프로그램	· 고령화, 과학기술, 국제화 등을 위한 특별 조치 4.1조 엔

자료: 日本, 財務省, 「1990年代における日本の財政政策」, 2002. 4.

▌표 7-4. 버블 붕괴 이후 주요 통화정책 내용

정책수단별		주요 내용
전통적 수단	· 정책금리 하향조정	· 1991. 7~95. 4월 중 기준할인율 9차례 인하(6% → 0.5%) · 1999. 2~2000. 8월 중 제로금리 정책 실시(콜금리 0%로 유도)
비전통적 수단	· 양적 완화	· 일본은행 당좌예금잔액 목표 수준을 지속적으로 상향 조정(2001. 3~2006.3)
	· 자산평균만기 연장	· 단기증권 매각/장기증권 매입 · ABCP, ABS 매입, 금융기관보유주식 매입 등
	· 신용완화	· 디플레이션 우려 해소 시점까지 제로금리를 지속(1999. 2~2000. 8)
	· 정책시행 기간 명시	· Core CPI 상승률이 안정적으로 0% 이상이 될 때까지 양적 완화 정책을 지속(2001. 3~2006. 3)

주: 1) ( ) 안은 정책결정 시기
자료: 일본은행.

'축소경제'가 되었다. 130조 엔이 넘는 재정지출은 마이너스(–) 성장을 막은 요인이 되었음에도, 토건경제라는 한계 때문에 민간부문의 활력을 만드는 '마중물'의 역할에 실패하였다. 재정지출은 기본적으로 제조업 강국에서 한 단계 더 나아가는, 산업구조의 업그레이드와 산업체계의 다양화에 필요한 투자나 그와 관련된 새로운 일자리 창출의 기여와는 무관한 '삽질 프로젝트(shovel-ready project)'였다.

민간부문의 '대차대조표 침체'와 국가부채의 급증에 따라 일본 경제는 수출에 의존할 수밖에 없었다. 제조업의 경쟁력은 장기침체 속에서도 경상수지 흑자 구조를 지속시켰다. 1998~2008년 경상수지 흑자 누적액은 1조 2,119억 4,400만 달러에 달할 정도였다. 이는 엔화 가치의 지속적 상승 요인으로 작용했다. 갈수록 심화되는 제조업의 공급과잉에 따른 경쟁 격화 및 단기 수익성을 추구하는

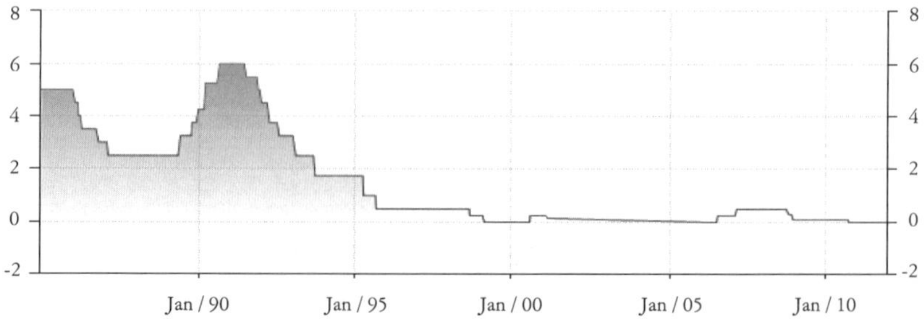

▌그림 7-4. 일본 공정금리의 추이 1985.1~2011.12

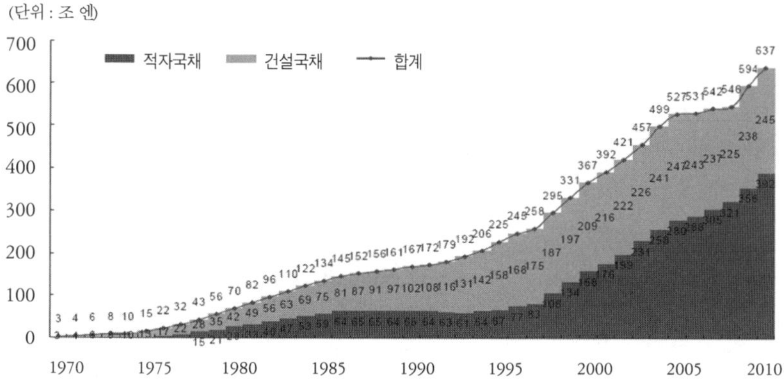

▌그림 7-5. 적자국채 및 건설국채 규모의 추이

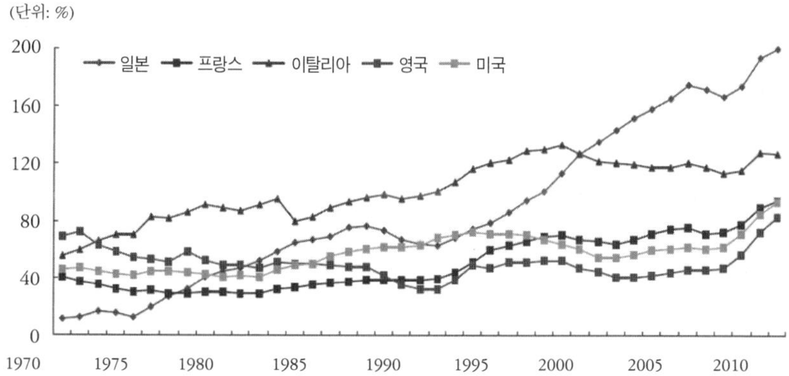

출처: OECD Database.

▌그림 7-6. 세계 주요국의 국가채무 추이

금융가들의 기업에 대한 영향력 증대와 더불어 엔화 가치의 상승에 따른 가격경쟁력 약화는 기업에게 비용 절감과 수익성 개선의 압력으로 작용한다. 그 결과 기업은 임금 동결, 비정규직 노동력의 사용 증대,[34] 해외 이전 등으로 대응했다.[35]

34 정규직 노동력은 1990년 80%에서 2007년 66%로 하락하였다.

35 해외 진출 기업의 비중은 제조업을 중심으로 장기 침체 동안 급증하여, 1987년만 해도 10% 정도에서 2000년대 들어 30%를 넘어섰다. 해외 이전에 따른 산업생산 공동화는 금융위기와 2011년 봄 원전사태 등을 계기로 더욱 심화되었다. 예를 들어, 일본 제조업의 국내설비투자 대비 해외설비투자 비중은 2009년 42.0%에서 2010년에는 55.0%로 증가했으며, 2011년에는 74.2%까지 늘어날 것

실제로 기업의 국내 고용 규모 축소는 대기업이 주도하였다. 1990~2008년 사이에 고용 규모의 변화를 보면 신닛테츠(新日鐵)는 55,255명에서 15,567명으로, 미쓰비시(三菱) 중공업은 44,534명에서 33,923명으로, 도시바(東芝)는 72,580명에서 34,096명으로, 소니는 18,188명에서 18,040명으로, 파나소닉은 45,191명에서 44,743명으로, 닛산(日産)은 57,964명에서 30,815명으로 축소되었다. 토요타의 경우도 70,841명에서 71,503명으로 근소한 고용 증가가 있었을 뿐이다. 임금 둔화와 고용 악화 등은 내수를 약화시키고, 결혼율 저하와 저출산 그리고 고령화 추세를 심화시켰다.[36] 그 결과 다시 수출에 의존할 수밖에 없게 된다.

기업은 부유해지는데 노동자는 가난해지는 배경이다. 제조업 의존도가 높다 보니 모노컬러 산업구조가 만들어내는 제조업 강국의 함정에 빠진 것이다. 이른바 '수출에 죽고 사는' '일본병'이다. 일본은 GDP 대비 수출 비중이 1990년에 10% 수준에 불과했으나 금융위기 직전에는 18% 수준까지 증가하였다. 그런데 역설적으로 일본의 세계 수출시장 점유율은 90년대 이후 하락하고 있다. 1970년대 6.7%에서 80년대에는 8.6%로 증가했으나 90년대에 8.5%, 그리고 2000~2008년에는 6.1%로 하락하였다.

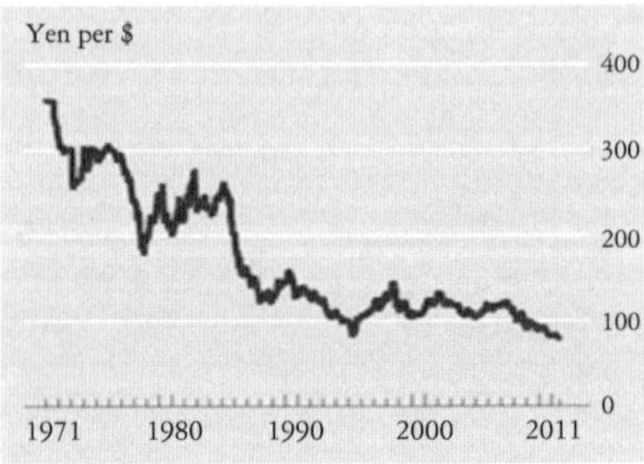

Source: Thomson Reuters.
출처: Economist Aug. 13th, 2011.

▌그림 7-7. 일본 엔화 가치의 추이

으로 예상된다. 이는 국내와 해외의 설비투자 증가율에서도 나타나는데, 2010년과 비교해 2011년 제조업의 해외 설비투자금액은 54.7% 늘어난 반면 국내설비투자금액은 21.4% 증가에 그칠 것으로 전망되었다.

36 일본 정부 역시 '비정규직 증가 → 소득감소 · 저출산 → 내수부족 및 경제활동인구 감소 등 경제활력 저하'라는 구조가 경제침체를 가져왔다고 진단했다. 저출산 현상도 고용문제와 관련이 크다는 진단을 내렸다. 언제 해고될지 모르고 급여도 적기 때문에 비정규 근로자들이 결혼을 기피하면서 저출산을 가속화시킨다는 것이다. 2007년 기준 30~34세의 노동자 중 배우자가 있는 비율이 정규직은 59%인 데 비해 비정규직은 28%에 그쳤다. 후생노동성 고용정책연구회, 2010.7, "지속가능 사회 실현을 위한 고용 · 경제시스템".

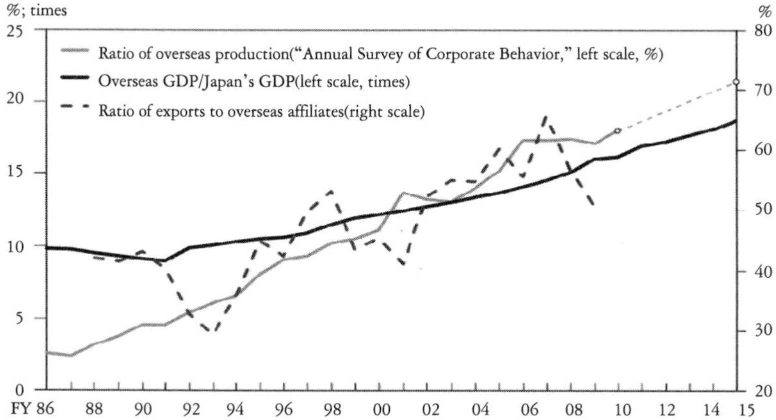

Notes: 1. For the ratlo of overseas production ("Annual Survey of Corporate Behavior"), the figure for fisacl 2010 is the forecast and data from fiscal 2011 are linearly interpolated by using the fiscal 2015 outlook.
2. Taken from the "World Economic Outlook (calender year besis)." Data from 2010 IMF estimates.

source: Cabinet Office, "Annual Survey of Corporate Behavior"; Ministry of Economy, Trade and Industry, "Survey of Overseas Business Activities"; IMF, "World Economic Outlook."

▌그림 7-8. 해외생산의 비중 증가

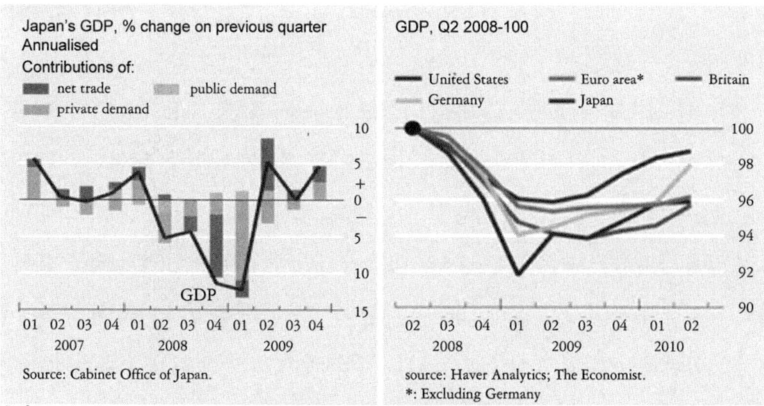

출처: Economist, Feb. 18, 2010, "Japan's fragile economy"에서 재인용.

▌그림 7-9. 세계경제와 일본 경제의 수출 및 성장의 동질화

장기 침체의 근원: 금융자유화와 시스템의 충돌

일본 경제의 '잃어버린 20년'은 외형상으로는 자산버블 붕괴의 결과에서 비

롯한다. 그러나 근원적으로는 자산버블을 발생시킨 원인에서 비롯한다. 자산버블은 기본적으로 과잉금융의 또 다른 표현이다. 즉 일본 경제 역시 산업체계의 다양화 및 산업구조의 업그레이드 문제를 효과적으로 해결하지 못한 것으로 이해할 수 있다. 지속적인 기술혁신을 이룩하여 세계 최고 수준의 제조업을 구축한 일본 경제가 산업구조의 업그레이드에 실패한 이유는 무엇일까? 일본의 네트워크 시장시스템이 제대로 작동하지 못한 것이다. 전후 일본은 고성장을 국가목표로 정했다. 정부 리더십하에서 경제부문 및 경제주체 간 협력이 결합된 네트워크 시장시스템이었다. 즉 정부의 개입과 상호 지원 속에 리스크 공유를 만들어낼 수 있었기에 지속적인 혁신과 성장을 만들어낼 수 있었던 것이다. 예를 들어, 제조업 중심의 성장에 필요한 기업의 저비용 자금조달을 지원하고 은행 이윤을 보장해주기 위해 정부는 이자율을 규제하였다.[37] 또한, 정부는 규제와 지도를 통해 신규 진입(경쟁)을 제한했고, 신상품 도입은 인가 사항이었고, 도시와 지방은행 간에 장·단기 신용은 분리되었다. 즉 가계의 저축과 지방은행과 도시은행 간 은행간대출을 통해 기업에 필요한 장기 자금이 지원되었다. 주거래은행제를 통해 (대)기업의 지원 역할을 수행했다.

이러한 시스템에서 은행은 대출 리스크 통제를 고려할 필요가 없었다. 기본적으로 이자율이 규제된 시장에서 시장리스크가 존재하지 않았을 뿐 아니라 분리된 대출시장에서 만기불일치의 가능성은 없었고, 그 결과 은행들은 리스크에 대한 고려 없이 증가하는 예금으로 은행의 규모 증가만 추구할 수 있었기 때문이다. 기업의 활기찬 투자 욕구로 은행 대출에 대한 수요도 풍부하였기 때문에 양질의 대출처를 선택할 수 있었고 신용리스크의 통제를 위해 노력할 필요가 없었다. 그 결과 후에 금융자유화 경제 환경에서 은행들은 특히 소기업에 대한 대출이 증가했을 때 리스크 관리 능력이 부족하였다.

재량적 신용 할당 같은 저비용 대출은 자본 지출을 장려함으로써 고성장의 엔

37 예를 들어, 1년 만기 저축금리는 1951~70년 20년간 5% 혹은 6%로 고정되었다.

진이 되었다. 채권시장과 주식시장이 발달되지 않은 상황에서 은행 대출은 기업금융의 효과적 루트가 되었다.[38] 즉 경제에서 대부분 신용이 은행에 의해 통제되었다. 주거래은행제는 점차적으로 대기업에서 중・소기업으로 확산되었다. 은행의 활동은 모니터링과 스크리닝 같은 전통적 활동에 더해 기업에게 필요한 조언 제공과 비즈니스 조직 등 투자은행 업무를 수행했다. 이처럼 금융자유화 이전 은행의 임무는 대규모 제조업 같은 성장 산업에 자금을 할당하는 것이었다.

무엇보다, 규제와 통제를 특성으로 하는 일본시스템에서 또 다른 필요조건은 자본통제였다. 국내 유입되는 해외직접투자(FDI)는 외국인 소유에 대한 통제와 기업주식에 대한 교차 보유를 통해 제약되었다. 경상계정을 위한 외환거래만 허용되었는데 외환거래가 허용된 외환은행에서만 가능했다. 그러나 외환은행은 포지션 지도에 의해 통제되었다.[39] 자본시장의 저발달도 외국인에게 폐쇄된 시장이 유지되는 것을 도왔다. 이처럼 일본 정부는 외환거래를 실질적으로 통제하고 국경을 넘는 자본투자의 통제를 통해 국제시장에서 국내 금융을 분리하였다. 다시 말해, 일본의 네트워크 시장시스템은 정부의 금융억압(financial repression)에 기초한 것이었다.

기업부문에서도 상호의존 시스템이 작동하였다. 기존의 사업 유대에 기초한 이른바 게이레츠 시스템이 그것이다. 예를 들어, 대규모 조립업자(assembly maker)와 소규모 부품 제조업자 간에, 그리고 도매업자와 소매업자 간에 강한 유대가 점차적으로 구축되었다. 노동관계에서 종신고용이 확립되고 노동조합은 기업경영에서 주요 협력자가 되었다. 고용 보장은 보너스 시스템을 가진 임금 유연성과 연계되었다. 근로자는 사내훈련을 통해 기업 특수적 혹은 기업 구체적인 숙련을 획득했고, 노사관계는 기업 내 내부화되었다. 즉 기업 내 노사관계를 통해 (종신고용＋보너스 시스템)과 (임금 유연성＋기업 구체적 숙련의 확보)를 교환하였다.

---

38 주식시장은 채권시장에 비해 상대적으로 잘 발달된 편이었으나 주식의 교차보유가 60년대부터 이용되었기에 주식의 상당 부분은 은행과 보험회사 같은 금융회사에 묶여 있었다. 은행 또한 회사채 인수와 매입을 수행했다.

39 예를 들어, 외환 포지션, 현물 및 선물 비중의 합이 매일매일 정리되어야만 했다.

네트워크의 안정성을 위해 소득재분배시스템은 주요 구성요소였다. 일본의 고성장 기간 동안 산업화는 중앙의 해안 지역을 중심으로 이루어졌기 때문에 지방 지역으로부터 중앙 허브로의 노동력 이동이 있었고, 이는 농촌지역의 성장잠재력을 축소시켰다. 따라서 중앙과 지방 간의 소득재분배는 고성장 기간 동안 급속한 변화가 야기하는 충격을 완화시키는 데 중요한 역할을 하였다. 마찬가지로, 소득재분배 시스템에서도 정부정책은 재정의 재분배를 통해 중요한 역할을 수행하였다. 즉 지방 할당 조세시스템에 의해 중앙정부 조세 수입의 상당 부분이 지방정부에 배분되었다. 또한, 도시의 대규모 은행은 지방의 소규모 은행으로부터 지속적으로 자금을 차입함으로써 소득 재분배에 (재정 할당보다는) 작지만 기여하였다. 수출 대기업의 고이윤 중 일부가 도시은행과 지방은행 그리고 지방은행과 지역주민 간 연관채널을 통해 소득재분배에 기여한 것이었다.

이처럼 정부개입, 경제부문 및 경제주체 간 상호 지원 속에서 〈정부－은행－기업〉의 강한 결속력을 특징으로 하는 관계의존적 정치・경제시스템은 장기 관계의 구축과 리스크 공유가 가능했다. 그런데 일본의 상호의존적 시스템은 탈규제와 금융자유화를 계기로 균열의 위기를 맞는다. 일본 경제의 고성장은 1974년 1차 석유파동을 계기로 종언을 맞는다. 물론 일본 경제는 70년대 두 차례의 석유파동을 잘 극복해나갔고, 최고라는 찬사[40]가 나왔음에도 불구하고 지속적인 고성장에 맞추어 디자인된 일본 경제시스템은 전환점을 맞게 된다. 그중 하나가 노동관계였다. 비용 상승에 따라 종신고용과 연공서열을 유지하기 어렵게 된 것이다. 여기에 해외 투자자의 일본 기업에 대한 관심 증대, 예를 들어 자기자본이익률(ROE) 같은 수익률 개선에 대한 압력이 증대하였다. 일본 기업들은 글로벌 금융시장에 적응하기 위해 과거의 금융 기준을 지속할 수 없었다. 이른바 나카소네(1982~87) 개혁으로 알려진 1980년대부터 수행된 금융자유화는 일본 경제의 어려움을 증대시켰다. 이자율 규제와 금융 사업의 분리가 완화되었고, 은행들의 중

---

40 예를 들어, E.F. 1979, Vogel, *Japan as Number One: Lessons for America*, Harvard University Press.

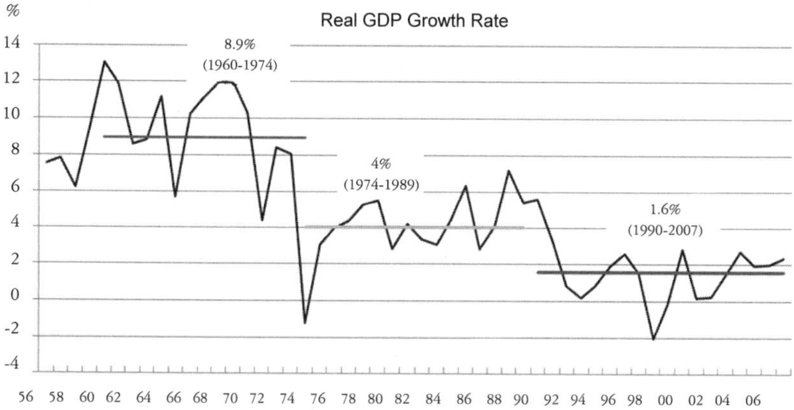

출처: W. Takahashi, Oct. 24, 2011, "The Japanese Financial Sector's Transition form High Growth to the 'Lost Decades': A Market Economy Perspective", Kobe University RIEB Discussion Paper DP2011-29.

▌그림 7-10. 일본 실질 GDP 성장률 추이

권 업무가 허용되었다. 80년대 말에 금융자유화는 가속화됐지만 점진적 자유화였다.[41] 은행과 증권회사 그리고 보험회사로 분리되어 있던 금융산업들 간 기득권의 이해 조정이 지연의 주요 이유였다. 재무성 내 분리되어 있던 감독국의 이해 갈등 또한 지연의 요인이었다.[42]

금융부문의 자유화는 몇 가지 원인으로 구분할 수 있다. 무엇보다 자금 흐름의 구조적 변화가 발생하였다. 경제성장이 둔화되면서 〈투자－저축〉(IS) 수지의 기준에서 자본지출이 감소했고 기업이윤이 기업저축으로 축적됐다. 즉 기업부문이 순저축자로 전환된 것이다. 기업의 순저축이 정부의 순채무 증대를 상쇄하였다. 순차입자에서 순저축자로 기업금융 포지션의 변화로 기업은 은행의 예금자가 되고 은행은 주요 대출 고객을 상실했다. 이것이 은행 사업의 변화를 자극했다. 두 번째는 민간부문 금융자산의 축적을 지적할 수 있다. 리스크 감수 능력의 증대

---

41 이자율 자유화가 15년에 걸쳐 이루어졌고, 자본통제의 제거에 34년이 걸렸다. W. Takahashi and S. Kobayakawa, 2003, "Globalization: Role of Institution Building in the Japanese Financial Sector," Bank of Japan, Wp. 03-E-7.

42 게다가 농업금융 회사들은 농업성에 의해 감독되고 있었다.

는 자연스럽게 보다 높은 수익과 다양한 금융상품을 요구했다. 세 번째는 채권시장의 발전이다. 이는 첫 번째 원인과 관련된 것으로 정부 재정적자의 증가에 따른 국채 발행이 증가하였다. 기업 또한 회사채 발행을 증대시켰다. 채권시장의 변화에 따라 투자자는 이자율 자유화를 요구하였다. 네 번째로 국제화와 1973년 변동환율시스템의 도입을 지적할 수 있다. 변동환율제의 도입은 금융자유화를 촉발시켰다. 현물과 선물 환율의 차익으로 인해 외환선물시장은 이자율에 비해 비규제 시장으로 작동할 수 있었다. 이는 투자자에게 좋은 투자 기회를 제공했다. 금융기업뿐만 아니라 종합상사(綜合商社, 소고 쇼샤) 같은 비금융기업들이 시장에서 적극적으로 투자를 했다. 이처럼 변동환율제 도입 후에 자유화 프로세스는 불가피하게 되었다. 즉 유로-엔 시장의 출현으로 국내 금융시장은 공동화(hollowing-out) 되었다. 대기업들은 유로-엔 시장에서 회사채 발행을 시작했듯이 변동환율의 도입은 기업으로 하여금 해외자본에 대한 접근 기회를 증대시켰고, 생명보험사 같은 기관투자자들은 70년대부터 그것들에 투자하기 시작했다. 80년대 이 시장은 붐을 형성했다.[43] 이는 국내 채권시장에 대한 추가 규제 완화를 초래했다. 결과적으로 은행의 주거래 대상인 대기업들은 은행 차입을 축소했고 은행은 대출 업무에서 주요 고객을 상실했던 것이다. 마지막으로 해외 압력을 지적할 수 있다. 외국 금융기업에 대한 일본 시장 개방의 압력이 미국 정부에 의해 증대되었다. 80년대 설립된 '엔-달러 위원회'가 한 예다.[44] 미국에 대해 무역흑자를 누렸던 일본은 소극적으로 대응했지만 미국은 양자협상과 WTO를 통한 다자협상을 통해 일본 시장 개방을 밀어붙였다.

80년대 말에 촉발되기 시작했던 자산버블은 부동산과 주식에 초점을 맞추지만, 그것의 주요 원인들은 1985년 플라자합의가 수반한 통화완화, 일본의 경제

43 발행자 입장에서 유로채 발행 과정이 국내 채권시장보다 간편했고, 투자자 입장에서는 수익이 국내 시장의 같은 기업이 발행한 채권보다 높았다.

44 엔-달러 위원회는 1989년 '구조장애 이니셔티브(Structural Impediments Initiatives, SII)'로 발전했고, 이는 90년대 대규모 탈규제를 촉발시켰다. 시장 개발에 대한 대외 압력은 80년대 후반에 심화되었지만 80년대 초에 이미 미국채 매입을 요구받았다.

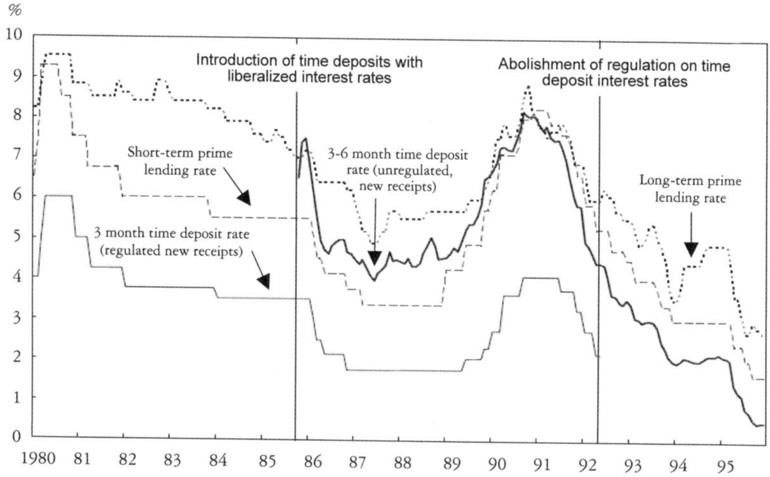

출처: M. Hattori, H. S. Shin and W. Takahashi, 2009.

▌그림 7-11. 저축은행과 프라임대출 금리

전망에 대한 과도한 자신감, 은행의 신용리스크 관리 능력의 부족, 취약한 건전성 규제 등이었다. 여기에 무역흑자를 축소시키기 위해 내수 주도의 성장을 달성하려 했던 일본 정부의 노력도 하나의 요인이었다. 경상수지 흑자가 지속되는 한 부양 정책을 지속할 것이라는 믿음을 시장에 제공했기 때문이다.45 게다가 은행 간 경쟁이 심화되어 마이너스(−) 예대금리 스프레드가 출현했을 정도였다. 자금흐름의 구조적 변화를 고려할 때 비대해진 은행부문의 축소가 필요했지만 지속적인 규모 확장을 추구했다. 미래 사업을 위해 고객 기반의 확장이 중요하다고 믿었기 때문이다. 그 결과 은행들은 부동산 부문으로 신용을 확장시키거나, 부동산 관련 사업의 투자를 진행한 기업들에 대한 대출을 증대시켰다. 부동산은 새로운 기반의 고급(high quality) 차입자로 간주하였기 때문이다. 새로운 고객과 은행의 관계가 깊지 않아도 부동산 담보에 의존해 대출을 확대하였던 것이다. 고성장 기간에

45 M. Hattori, H.S. Shin, and W. Takahashi, 2009, "A Financial System Perspective on Japan's Experience in the Late 1980's," IMES Discussion Paper No. 2009-E-19, Institute for Monetary and Economic Studies, Bank of Japan.

는 90년대 이후와 같은 부동산 가격의 지속적인 하락을 경험한 적이 없기 때문에 부동산은 가장 신뢰할 수 있던 담보였다.

이같이 자산가격 버블의 창출에 은행들은 주요한 역할을 수행한 것이다. 즉 은행 사업의 변화가 자산가격 버블 이후의 악순환을 자극했던 것이다. 사실, 금융 자유화 이전에 부동산 담보 대출은 일반적인 사업이 아니었다. 이런 점에서 자산가격 버블의 창출은 관계 변화로 야기된 마찰의 징후였다. 증권화로 특징지어지는 원자화된 시스템으로 경제가 이동했음에도 불구하고 은행들은 전통적인 관계 은행시스템을 보존하려고 하였다. 장기간 유지해온 신뢰 대신에 은행은 관계의 신뢰성을 입증할 담보를 원한 것이다. 일본의 관계은행 시스템과 영미형의 원자화된 시스템 간의 시스템 충돌의 결과였다. 다른 한편으로는 자본시장 활용이 가능한 대기업과 은행이 분리되면서 리스크 공유 메커니즘의 효과성이 축소되었던 것이다. 반복되지만, 제조업 부문의 대기업이 은행 금융에 대한 의존을 중단하고 자본시장에 대한 의존을 증대시켰고, 이자율 자유화에 따라 다양한 자금조달 수단이 확대되며 은행의 대출 마진이 급속히 축소되고 은행 지대가 감소하였다. 즉 은행의 전통적 고객 기반이 축소되며 고수익 추구를 위해 자산 관련 대출이나 중소기업의 대출이 가속화되었던 것이다.

신용에 의한 붐과 관련된 자산가격 버블의 결과는 은행들이 해결하기에 오랜 시간이 필요한 금융부문의 천문학적 비수익여신(NPLs)이었다.[46] 금융부문의 활동은 규모의 확장이나 혁신 사업의 창출 모두 위축되었다. 그 결과 최근까지 은행 및 나머지 금융부문은 낮은 수익성으로 고통을 겪고 있다.[47] 그리고 금융과 기업부문의 디레버리지는 경제성장을 위축시켰다. 그중 주택 건설 투자가 2.5%, 설비 투자가 4.5% 하락하였다. 금융경제화라는 새로운 환경 적응에 일본 경제시스템이 실패한 것은 몇 가지 측면에서 평가할 수 있다. 첫째, 경제가 성숙하면서 사

46 1990년대 이후 자산가치의 하락 규모는 일본 GDP의 약 2년분에 해당하는 1천조 엔에 상당하였다.

47 Bank of Japan, March 2010, *The Financial System Report*. http://www.boj.or.jp/en/research/brp/fsr10a.htm

람들의 선호는 다양화되고 생산물의 차별화가 진행되었다. 그 결과 기존의 대량 생산시스템은 무용지물이 되었다. 생산물 차별화와 양립할 수 있는 소규모 생산 과정은 소비자 선호의 변화에 대응하여 적절하였다. 그러나 일본 경제에서 새로운 생산시스템을 향한 이행은 점진적이었다. 장기고용 계약에 배태된 인간 숙련에 수반한 위협이 일본 시스템의 조정을 지연시켰다. 둘째, 경제구조 변화 과정 중에 일본 금융부문에 불일치가 나타났다. 앞에서 지적했듯이, 이전 경제시스템은 시스템 내 경제부문 및 경제주체들 간 상호 의존에 기초해왔지만, 점차 긴밀하고 오랜 유대관계를 결여한 원자화한 시스템으로 전환되었다. 이전 시스템하에서의 리스크 공유 메커니즘의 작동은 축소되었다. 탈규제와 정부개입 축소를 향한 정책 트렌드는 90년대와 2000년대에 걸쳐 계속되었다. 하시모토의 '일본판 금융 빅뱅'(1996)과 고이즈미(2001~2006)의 신자유주의 개혁이 그것들이다. 일본의 '잃어버린 20년'은 경제시스템의 전환이 얼마나 어려운지를 보여주는 사례다. 특히 고이즈미 준이치로(小泉純一郎) 정권의 신자유주의 개혁은 일본 경제 모델의 핵심 가치인 와(和)를 붕괴시켰다. 노동 관련 규제 완화로 안정된 일자리를 제공하던 기업은 비정규직 사용을 지속적으로 증대시켰고, 소자영업자들을 보호하던 정책들 대부분도 폐기되었다. 사회안전망이 축소되면서 일본은 불평등과 빈곤과 갈등의 사회로 변모했다. 서양에서는 일본 사회가 가졌던 '집단 동질성의 위기 collec- tive identity crisis'라 불렀다. 고이즈미의 개혁은 소득 불평등과 연금 수급자의 빈곤화, 아동 빈곤의 급증을 수반하였다. 일본은 계급 자체를 무의미하게 하는 보편적 중산층 사회의 지향에 대한 믿음을 공유해왔다. 거품 붕괴 이후 일본에서는 소득 불평등과 실업, 사회적 탈구(social dislocation)가 증대하였다.

내수의 취약성이 구조화된 상황에서 엔화가 강세를 보이거나 세계경제가 침체할 경우, 일본은 제로 금리의 통화완화 정책과 재정 투입에 의존할 수밖에 없었다. 일본의 장단기 국채 규모는 20년 사이 두 배 가까이 증가하였다. 2007년 GDP 대비 188%에서 2014년에는 246%까지 급증할 전망이다. 2010년 3월 말 현재 882조 9,235억 엔에 달해, 1년 만에 무려 36조 4,265억 엔이나 증가하였다.

특히 GDP 대비 국채 비율은 무려 218.6%로 치솟았다. 미국(84.8%)이나 영국(68.7%) 등 선진국은 물론이고, 그리스(101%)보다도 두 배 이상 높다. 2011년 9월 말 기준 954조 42,00억 엔으로 조만간 1,000조 엔대를 돌파할 것으로 전망된다. 일본 제품의 세계시장점유율도 1990년대 8.5%에서 2000년대에는 6.1%로 하락하여, 독일이나 중국의 10%나 미국의 9% 수준에 크게 뒤처지고 있다. 일본의 해외시장 의존도는 미국과 EU가 각각 24%와 15%를 차지할 정도로, 한국의 16%와 14%보다 선진국에 의존적이다. 향후 세계 경제성장의 중심지가 선진국에서 신흥시장으로 옮겨지고 있는 상황을 고려하면 일본 수출의 전망은 그리 낙관적이지 않다.

오늘날 일본 경제의 한계는 '모노즈쿠리(もの造り, 혼이 담긴 고도의 제조 능력)'의 한계를 의미한다. 일본 경제는 수출형 제조업의 축소와 내수 산업 활성화의 어려움에 직면해 있다. 일본 기업들은 R&D 지출에 상대적으로 많은 자원을 투입하지만, 제조업에 집중되어 있고 그 효과도 작다. 수직적 통합, 조직부문 간 협력의 취약성, R&D 부문들(대학과 기업과 공공 부문) 간의 취약한 연관성, 해외 투자에 대한 낮은 개방성, 저발달된 벤처자본 산업 등은 생산물 혁신의 부족으로 나타나고 있다. 게다가 국가재정 부담(세대 갈등)과 미래 불확실성으로 일본 소비자의 소비 위축과 높은 저축률이 지속되고 있다. 이런 상황에서 일본 기업은 통화 팽창 정책

표 7-5. 일본의 자본계정 자유화의 약사

Year	Month	Changes in regulations
1964	Apr.	Japan accepts IMF Article Ⅷ obligations. Japan becomes an OECD member.
1968	Feb.	Yen conversion controls introduced to restrict conversion of foreign currencies into yen and domestic investment in yen.
1971	July	Upper limit on foreign securities purchased by investment trusts and insurance companies abolished.
	Aug.	United States suspends dollar conversion to gold(the so-called 'Nixon Shock').
	Dec.	IMF parity changed to ¥308/US$1(Smithsonian rate) and band widened by +/−2.5%

1972	Feb.	Purchase of foreign securities by trust banks liberalized.
	Mar.	Purchase of foreign securities by commercial banks liberalized.
	June	Outward foreign direct investment liberalized.
1973	Feb.	Floating exchange rate regime introduced.
	May	Inward direct investment liberalized with exception of five categories of business.
	Dec.	Yen conversion controls on banks partially eased(non-residents permitted to hold yen accounts[except inter-office accounts])
1974	Jan.	'Voluntary restraint', to balance net foreign securities investments by banks, securities companies, investment trusts, and insurance companies introduced.
1976	Nov.	Conditions attaching to outward long-term bank loans are eased.
1977	Mar.	'Voluntary restraint' on foreign securities investments by banks abolished.
	June	Acquisition of foreign equities and bonds by residents belonging to foreign companies permitted. Regulations on net open positions of residents abolished.
1979	Jan.	Regulations on acquisition of yen-denominated bonds excluding those with remaining maturity of more than one year by non-residents relaxed.
	May	Repo transactions by non-residents liberalized(*gensaki* market).
	June	Short-term impact loans introduced and regulations on long-term impact loans lifted.
1980	Dec.	New Foreign Exchange and Foreign Trade Control Law implemented; in-and-out transactions free in principle.
1984	Apr.	Regulations based on the principle of real demand related to forward foreign exchange transactions abolished.
	June	Regulations regarding the conversion of foreign currency-denominated funds into yen abolished. Yen-denominated loans to residents contracted in overseas markets liberalized.
1985	Oct.	Interest rates on large time deposits liberalized.
1986	Dec.	Japan Offshore Market(JOM) established.
1993	June	Interest rates on time deposit fully liberalized.
1994	Oct.	Interest rates on demand deposits(excluding current accounts) liberalized.
1995	June	Restriction on the number of new branches a bank can establish removed.
	Aug.	Recycling restrictions on yen-denominated bonds issued by non-residents in overseas markets abolished.
1996	Nov.	'Big Bang' reform of capital market announced.
1997	Dec.	Ban on financial holding companies lifted.
1998	Apr.	Revised Foreign Exchange and Foreign Trade Law enforced.

출처: W. Takahashi(2011)에서 재인용.

표 7-6. 일본의 이자율 자유화의 역사

Year	Month	Changes in regulations
1947	Dec.	Temporary Interest Rates Adjustment Law enforced.
1949	Dec.	Foreign Exchange and Foreign Trade Control Law enforced.
1979	Apr.	Call rate liberalized
	May	Negotiable certificates of deposit(CDs) introduced.
	Oct.	Trade bill rate liberalized.
1980	Jan.	Medium-term government bond funds introduced.
	Dec.	Foreign Exchange and Foreign Trade Control Law amended.
1982	Apr.	New Banking Law enforced
1984	Apr.	Sales of foreign CDs and CP permitted.
	Dec.	Interest rates on short-term euro-yen CDs liberalized
1985	Mar.	Money market certificates introduced.
	July	Interest rates on medium- and long-term euro-yen CDs liberalized.
	Aug.	Large-lot open-end bond investment trusts introduced.
	Oct	Interest rates on large time deposits over ￥1 billion liberalized.
1986	Mar.	Long-term government bond funds introduced.
1989	June	Small-lot money market certificates over ￥3 million introduced.
1991	Nov.	Interest rates on time deposit over ￥3 million liberalized
1992	Mar.	Money management funds introduced.
1993	June	Interest rates on time deposits fully liberalized.
1994	Oct.	Interest rates on demand deposits(excluding current accounts) liberalized.
1998	June	CD issue terms fully liberalized.

출처: W. Takahashi(2011)에서 재인용.

표 7-7. 일본의 금융 빅뱅

1. Diversification of investment and finanical choices		
1998	Apr.	Cross-border capital transaction liberalized.
	Sep.	Securitization of loan assets permitted.
	Dec.	Securities derivatives fully liberalized.
		Sale of investment trusts by banks permitted.
		Definition of 'securities' expanded and enhanced.
2001	Apr.	Over-the-counter sale of insurance products by banks partly permitted.
2. Improvement of intermediary agent service quality and fostering competition		
1998	Mar.	Establishment of financial holding companies permitted.
	Dec.	Licensing of securities activities shifted to register system.
1999	May	Range of fund-raising for financial companies diversified.
	Oct.	Scope of business Widened for subsidiaries of financial institutions.
		Equity brokerage commissions fully liberalized.
3. Development of user-friendly financial market		
1997	July	Sale of unlisted and unregistered equities by securities companies permitted.
1998	Dec.	Stock exchange features improved, and off-exchange equities transactions permitted.
		Over-the-counter market for equities improved(introduction of market maker and new register system).
		Features of financial futures contract improved.
4. Development of credible, fair, and transparent business system		
1998	Dec.	Disclosure practices enhanced.
1999	Apr.	Prompt corrective action introduced.
2001	Apr.	Law on Sales of Financial Products enacted.

출처: W. Takahashi(2011)에서 재인용.

3D 함정에 빠진 일본 경제

사실, 2001~10년간 일본 경제가 미국보다 절반 속도로 성장을 했지만, 일인당 GDP를 기준으로 할 경우에는 미국과 유로존을 능가했다. 이는 노동생산성이 미국에 비해 낮았다는 점에서 일본의 인구 감소와 미국의 인구 증대가 주요인 중 하나였음을 의미한다.[48] 이처럼 일본 경제는 국가부채(Debt)와 디플레이션(De-

48 Economist, Nov. 21st, 2011, "Lost decades: The real lesson from Japan".

flation), 인구 감소(Demography)가 서로 맞물려 악순환 고리가 형성된 '3D 함정(3D Trap)'에 빠져 있다. 급속한 고령화와 낮은 출산율, 생산가능인구의 축소는 일본 경제의 특징으로 잘 알려진 사실이다. 무엇보다 고령화는 연금 비용을 증가시키고 공공재정의 부담을 악화시키면서 일본의 사회안전망 시스템의 근간을 곤경에 빠뜨리고 있다. 포스트 버블의 경제침체 20년 동안, 소득은 정체됐는데 의료비 지출이 폭발적으로 증가하는, 이른바 '악어의 입(crocodile's mouth, 소득과 의료비 지출의 그래프를 묘사한 표현)' 현상이 나타났다. 소득의 정체로 조세 수입은 감소하는데 전체 공공 지출은 치솟아 왔기 때문이다.

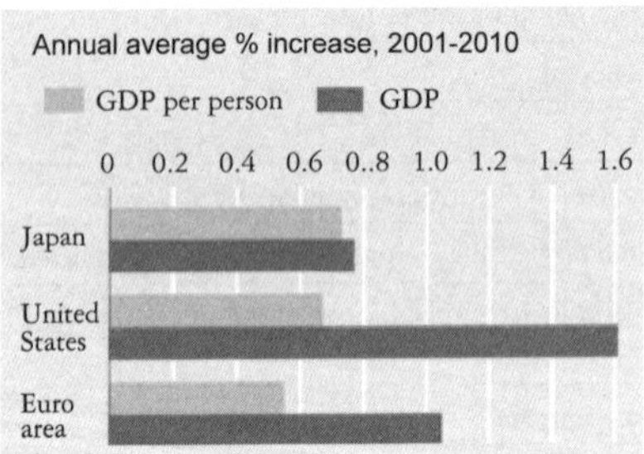

출처: Economist, Nov. 19th, 2011.

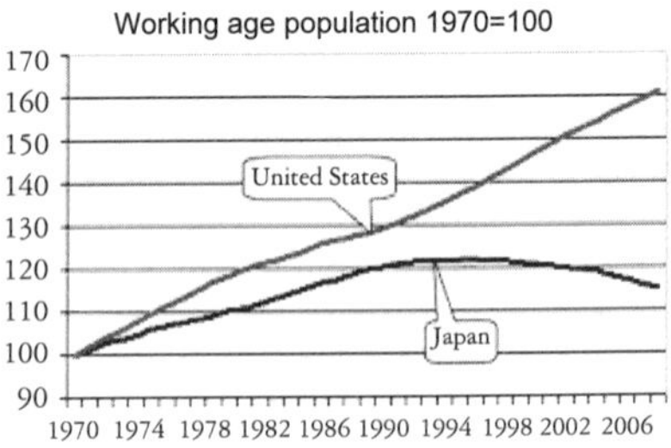

출처: Economist, Nov. 14th, 2011.

▌그림 7-12. 경제성장과 노동연령인구의 비교, 일본과 기타 선진국의 비교

공공지출의 급증을 주도한 것은 연금이나 의료보험, 복지와 고용 프로그램 등의 사회보장이다. 사회보장 예산은 1990년 11.5조 엔에서 2010년에는 27.2조 엔으로 증가했다. 사회보장 예산의 약 70%가 65세 이상의 노인에게 돌아갔다. 일본의 사회보장 혜택은 대부분 유럽 국가보다 부족하고, 국가채무 때문에 범위를 확대하기가 어렵다. 저급여 대상자들에 대한 퇴직연금은 다른 선진국이 퇴직 전 임금의 평균 72%를 지급하는 반면, 일본은 47%에 불과하다. 문제는 공적 연금이 도입된 1960년대는 11명의 노동력이 1명을 부양했지만, 현재는 2.6명이 1명을 부양해야 한다는 점이다. OECD 평균인 4명에 비해 높은 부담이다. 연금 문제보다 더 심각한 것이 거침없이 상승하고 있는 의료 서비스 비용이다. 베이비붐

세대가 65세가 되는 2012년부터는 더욱 명백해질 것이다. 2006년에 연금 지불이 GDP의 13%였는데, 1990년 수준의 거의 두 배에 해당한다. 2020년경에는 약 80조 엔, GDP의 20%에 달할 것으로 전망된다.

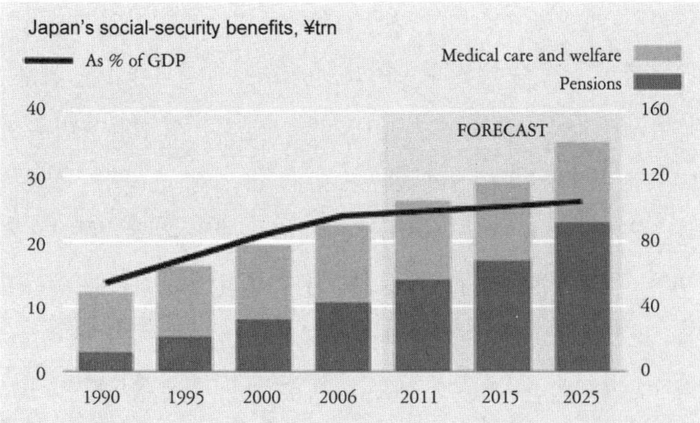

(단위: 조 엔, GDP 대비 %)

▌그림 7-13. 일본의 사회보장 혜택: 의료보장과 복지, 연금

인구 감소는 미래에 대한 자신감을 저하시켜 기업 투자의 축소로 이어진다. 지난 20년간 일본 기업은 노동력을 자본으로 대체해 왔다. 인구 구조의 변화는 엔고, 불확실한 경제 전망과 더불어 기업으로 하여금 공장 증설 등 새로운 투자를 기피하게 한다. 실제로 최근 일본 기업의 저축률이 증가해 GDP의 10%에 근접하고 있다. 반면 일본의 가계저축률은 2%대까지 하락하였다. 수출 주도의 성장이 기업은 살찌우고 가계는 빈곤화시키고 있음을 보여주는 것이기도 하다. 기업이 순부채를 갖고 있지 않다는 것은 일본 미래의 성장을 위해서는 바람직하지 못하다. 기업의 투자 기피를 보강하려면 정부가 차입을 늘리는 수밖에 없다. 일본 정부는 디플레이션을 벗어나기 위해 장기간 제로 금리와 양적 통화 완화 정책을 시행해 왔지만 효과를 보지 못했다. 일본의 디플레이션은 통화 문제가 아니라 낮은 생산성 문제에서 비롯하기 때문이다. 일본은행도 양적완화가 디플레이션의 해결책이 될 수 없다는 것을 알고 있다. 정치권의 압력에 밀려 억지로 하고 있을 뿐이다.

한편, 여성 1명이 평생 동안 낳을 수 있는 평균 자녀수로 정의되는 출산율은 1.4명으로, 한국에 이어 세계에서 두 번째로 낮다. 2005년부터 사망률보다 낮아진 출산율은 인구 감소의 주요 원인이 되고 있다. 출산율이 낮은 이유는 높은 결혼 비용(평균 320만 엔)으로 인한 낮은 결혼율이 원인이다. 가임 가능성이 가장 높은 20대 중후반 여성 중 미혼자는 1970년에 20%에 불과했으나, 현재는 60%에 달한다. 마찬가지로 2005년 기준 30대 전반 남성의 거의 절반이 미혼 상태로, 30년 전보다 세 배나 높다. 여성이 결혼을 기피하는 가장 큰 이유는 일본 사회의 남녀 불평등에 기인한다. 예를 들어, 공무원의 경우 출산 후 복직률이 80%에 달하지만, 민간 기업의 경우 약 1/3에 불과하다. 그러다 보니 대부분 여성이 출산 후 저임금의 비정규직이나 파트타임에 종사한다. 일자리를 가진 35~49세의 여성 중 대다수가 연 50만~150만 엔을 벌고 있는데, 같은 연령층의 남성은 300만~600만 엔을 번다. 남성이 여성에 비해 상대적으로 높은 소득을 번다고 해도, 낮은 고용률과 젊은 층의 저소득은 결혼율에 도움이 되지 못한다. 1990년대 일본에 등장한 파라싱글(para-single)족[49]은 고령화에 따라 연금파라족[50]으로 진화하였다. 게다가 초식남(草食男)[51]이나 히키코모리(引きこもり)[52] 등의 등장에서 보듯이 일본의 젊은 층들은 일 중독자로 살다가 은퇴 후 이혼을 당하는 아버지 세대의 함정에 빠지기를 원치도 않는다.

고령화는 소비자 기반을 악화시켜 디플레이션을 조장한다. 예를 들어, 노인은 전기 사용량을 줄이는 데, 이는 GE의 유틸리티 사업에 영향을 미친다. 여행을 줄여 항공 사업에 부정적 영향을 미치고, 새로운 정보기술 사용에도 익숙하지 않아

49 parasite(기생충)와 single이 합쳐진 단어. 독립할 나이가 됐지만 경제적 이유로 부모님의 집에 얹혀 살면서 자기만의 독립적인 생활을 하고자 하는 사람들을 지칭.

50 pension(연금)과 parasite가 합쳐진 단어. 부모님의 연금에 의지해 사는 사람들을 지칭.

51 소쇼쿠케이단시(草食系男子). 섬세한 요리나 패션, 쇼핑 등 취미 활동에는 관심이 많지만 연애에는 소극적인 남자를 지칭.

52 폐쇄은둔족. 일본어로 '방에 틀어박히다', '뒤로 물러나다'라는 의미. 6개월 이상 길게는 3~4년, 심하면 10년 이상 다른 사람과 말도 안하고 혼자 생활하는 사람들을 지칭.

IT 산업에 부정적 영향을 미친다. 고령화는 낮은 출산율과 더불어 노동력 부족도 야기해서 임금 비용을 증대시킬 것이다.

지금까지 지적했듯이 일본병은 기본적으로 제조업 이후 산업체계 전반에 대한 재검토 시기를 놓친 데서 비롯한다. 모노컬러 산업구조는 위계적인 사회구조와 기업문화, 그리고 최고(best)를 목표로 하는 경쟁 교육과 동전의 앞뒤처럼 맞물려 있다. 2008년에 〈뉴스위크Newsweek〉가 '애플이 일제가 아닌 이유'로 일본의 수직적·위계적 기업 구조와 문화, 그에 따른 창의력 빈곤을 지적한 이유다. 이처럼 일본 경제의 부활은 사회 체계의 근본적 재검토에서 찾아야 한다. 전설처럼 얘기되는 일본 기업의 문화는 지식 기반 경제에 부적합하다.

흔히 일본을 세계에서 가장 네트워크화된 국가 중 하나로 지적한다. 50대 이하 연령층 중 많은 사람들이 모바일폰 사용에 익숙하지 못하다. 수많은 페이스북 친구를 가진 것에 비해 친밀한 관계는 별로 없는 서구의 인간관계와, 소수의 친밀한 친구와 가족에 기반한 일본의 인간관계는 대조를 이룬다. 강한 관계성은 타이트하게 짜인 일본 기업의 특징이다. 일부 일본 기업들이 뿌리를 공유하며 배타적인 문화를 가진 이유다. 예를 들어, 세계적인 상사로 성장한 미쓰비시는 일본 남부 도사(土佐) 지방의 번(藩)[53]이 운영한 선박업에서 시작했다. 미쓰비시는 직원들에게 계열사인 기린(KIRIN, 麒麟) 맥주의 애용을 권장하며 그 이유로 한 가족임을 내세운다. 씨족주의는 일본 기업의 강점의 원천이었지만, 나이에 기초한 엄격한 서열주의는 지식 기반 경제에는 적합하지 않다.

또한 일본 기업은 많은 규칙을 특징으로 한다. 그로 인해 높은 정밀성을 요구하는 제조업을 구축할 수 있었다. 하지만 상세한 규칙들은 자유로운 정신을 요구하는 지식 경제에 도움이 되지는 않는다. 일본에는 모험적인 기업가를 기피하는 문화가 존재한다. 엄청난 자금을 쌓아 두고 수익이 매우 낮은 국채에 투자하고 있는데도 일본 은행들은 창업에 대한 신용 제공을 기피한다. 그래서 위험을 추구하

53 번(藩)은 과거 일본에서 제후가 다스리는 영지와 지배 기구 등을 가리키는 말.

는 벤처 자본은 매우 부족한데, 이는 일본 사회의 공동체 성격을 반영한다. 일본의 젊은 청년들도 사업 시작과 관련된 위험을 취할 의지가 거의 없다. 이는 독일과 매우 흡사한 점이다. 독일 경제가 유로화 사용으로 수출 경쟁력에 혜택을 입고 있다는 점이 일본 경제와의 주요 차이점이다.

정치리더십의 위기와 일본 경제의 파산 가능성

일본 경제에 대한 최대 관심사 중 하나는 경제 활력의 상실과 고령화 속에서 상상을 초월하는 국가부채 문제다. 선진국을 중심으로 금융 위기가 재정위기로 전화하고, 재정위기가 통화위기로 전화하는 상황에서, 수출에 죽고 사는 일본 경제는 재정위기와 통화위기라는 이중 위기를 가질 수 있기 때문이다. 많은 사람들은 우선 천문학적인 일본의 국채가 어떻게 지속가능한가에 대해 의문을 가진다. 게다가 정부 적자의 증가에도 불구하고 장기 금리의 지표 격인 일본 국채 10년물 수익률은 1990년대 지속적으로 하락하여 1990년대 후반부터 1%대를 유지하고 있다. 확대 재정 정책이 금리를 상승시킨다는 경제학의 예상과 다른 방향으로 움직이고 있는 것이다. 그 이유의 첫째는 1999년경까지 가계저축률이 10%가 넘을 만큼 풍부한 가계 자산의 규모다.[54] 둘째는 2008년 말까지 일본 국채에 대한 투자 중 94%가 국내에 의존할 정도로 강한 국내 편향이다. 셋째는 전체 국채 매입의 약 35%(약 250조 엔)에 해당하는 일본 우정성(우체국)과 정부연금투자기금의 투자, 일본은행의 60조 엔 투자(전체의 7.4%, 2008년 말 기준)이다. 마지막으로 1990년대의 위기에서 회복된 기업 부문의 여유 자금(저축)의 유입을 지적할 수 있다.

열악한 재정과 세수 여건을 감안하면 국채 금리의 상승세 전환은 시간문제다. 고령화가 진행되면서 사회보장지출은 공공재정 부담을 증가하고 있고, 위축되는 노동력은 성장을 둔화하고 세수를 감소시키고 있다. 현재 일본은 65세 인구가 전

54 일본의 가계자산은 1,470조 엔(16조 달러)으로, 미결제 정부 채권의 약 두 배 규모다. 문제는 중산층의 소득은 잃어버린 20년간 하락해왔는데 가계 자산의 약 1/3에 해당하는 450조 엔(5.8조 달러)이 70세 이상의 수중에 있다는 점이다. Economist, Jul. 30th 2011, "Turning silver into gold".

체의 23%인 초고령 사회다. 여성 1인당 출산율은 선진국 평균 2.1명에 훨씬 못 미치는 1.34명에 불과하다. 올해 1월 9일은 일본에서 성년의 날이었다. 그런데 1970년에 비해 반토막인 120만 명이 만 20세를 맞았다. 인구 감소, 특히 생산가능인구의 감소는 GDP 대비 2배에 달하는 12조 달러의 부채 상환 문제를 어렵게 하는 변화라는 사실을 누구도 부인할 수 없다. 이는 일본 정부가 파산할 수밖에 없는 상황으로 다가가고 있음을 의미한다. 무엇보다 일본이 높은 정부부채를 유지할 수 있었던 원동력인, 일본 국채에 대한 국민적 투자 열기가 사그라지는 조짐이 뚜렷해지고 있다. 2009년 일본의 개인용 국채 판매는 1조 3천억 엔이었다. 2008년 대비 40% 수준으로 역대 최저를 기록하였다. 2006년 개인용 국채 판매가 6조 엔을 넘긴 것을 생각하면 격세지감이 아닐 수 없다. 2010년 일본 정부가 부담해야 할 국채 이자 비용은 10조 2천억 엔이다. 전체 세수 가운데 26%에 이르다 보니, 일본 국채는 개인 투자자가 아닌 자국 투자 기관들도 외면하고 있다.

그동안 일본 정부가 발행한 국채 대부분은 일본 국내 금융시장에서 소화되었다. 재정 적자가 쌓이더라도 바로 대외 채무로 연결되지는 않은 것이다. 그런데 국채를 받아 주던 저축 위주의 기성세대가 점점 늙어 가고 있다. 국내 채권 투자자들이 감소하면 일본 정부는 외국인 투자자들에게 의존할 수밖에 없게 된다. 고령화와 베이비붐 세대의 은퇴 증가로 저축 감소는 불가피하다. 고령화는 저축을 축소시키고, 국채 시장에 유입되는 자금 규모를 축소시킬 것이다. 가계저축률이 2.2%에서 더 이상 하락하지 않더라도 2015년까지 전체 공공 부채는 가계의 금융 자산 규모를 초과할 것이다. 국채에 대한 국내 자금 조달이 어렵게 되고, 해외 투자자에 대한 의존을 증가해야 함을 의미한다.

향후 국가채무를 흡수할 시장 여력이 약화될 가능성이 높다. 그에 따라 국채 발행량과 국채수익률은 비례할 것이다. 국가부채에 대한 이자 상환 능력이 한계에 도달하면서 일본의 재정위기는 고조되고 있다. 일본은 2010 회계연도에 41조 엔을 차입해도 사회보장 지출과 부채 이자 상환에 약 44조 엔이 들어간다. 현재의 위태로운 일본의 공공재정을 고려할 때 일본 경제의 회복은 지속가능하기 어렵

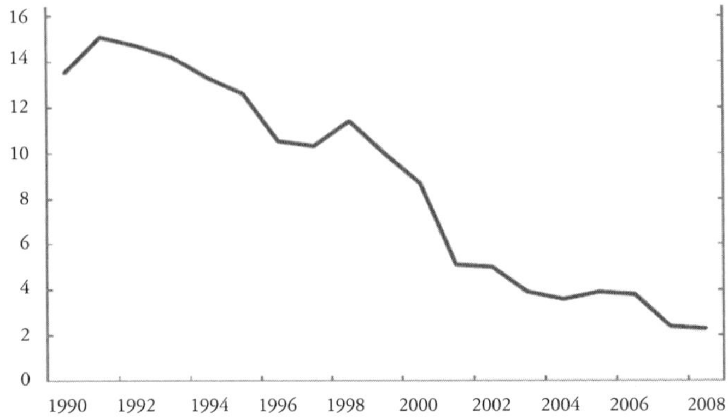

출처: Cabinet Office.

그림 7-14. 잃어버린 20년과 가처분소득 대비 가계저축률(%)

다. 세계경제의 회복에 기초한 수출 주도의 회복도 일본의 고질적인 문제들(디플레이션, 천문학적인 공공부채, 어두운 인구통계, 정책 결정자들의 대안 및 추진력 부족)을 넘어서기 어렵다. 상황이 급격하게 변하지 않는 한 이들 고질적인 문제들은 아마도 재앙을 동반하며 일본의 향후 성장을 약화시킬 것이다.

현재까지는 일본의 고질적인 문제들을 다루고 분위기를 바꾸기 위해 제안된 어떤 아이디어도 구체적이거나 대담해 보이지 않는다. 근본적 개혁이 취해지지 않는 한 일본 정부는 파산할 수밖에 없다. 20세기 일본을 경제 대국으로 만들었던 특성들은 21세기와 조응하지 못하고 있다. 현재의 일본 경제 상황을, 국가부채에 해외 채무가 없다는 점을 지적하며 위기를 느끼지 못하는 말기 암 환자에 비유하는 이유다.

20년의 경기침체와 15년의 노동인구 감소 등에 직면한 일본 경제는 고통스럽지만 근본적인 개혁이 불가피하다. 이는 단순한 개량이 아니다. 1700년 이후 150년간 일본 인구와 경제가 정체하면서 체제가 더 이상 지속불가능하자 1868년 메이지 유신이 일어났다. 현재 일본의 높은 국가부채와 인구 감소, 공공재정의 가파른 증가 등도 지속불가능하다. '내일의 파산'을 막기 위해서는 근본적이고 급진적인 변화가 불가피하다. 경직적인 기업의 위계제를 해체할 필요가 있고, 외국인 고용이나 외국인과 함께 노동하는 것에 대한 금기를 없애야 한다.

지식기반 경제에서 노동력은 보다 다양하게 구성되어야 한다. 인재가 어디에 있든, 어디 출신이든 고용할 수 있어야 하고, 고용해야만 한다. 무엇보다 구조적 장애물로 지적되는 관료제를 타파해야 한다. 도쿄도(東京都) 지요다구(千代田區) 남부에 있으며 미나토구(港區)와 접하고 있는 도쿄 제일의 관청 지구인 가스미가세키(霞が關)[55]를 '벙커 같은 복합체' 혹은 '안개로 덮인 요새'로 비유할 정도로, 전후 고도성장을 가능케 했던 관리 경제의 주역인 관료제가 개혁의 가장 큰 장애물로 지적되고 있다. 사실상의 일당 독재를 종식하고 2009년에 집권한 민주당이 관료 권력의 축소를 주장한 이유도 여기에 있다. 대중 주권과 참여 민주주의의 성장으로 관료제를 통한 관리사회 모델은 한계를 가질 수밖에 없다. 이러한 모순에 대한 변화의 욕구가 정권 교체로 나타났던 것이다.

그러나 민주당은 개혁에 필요한 리더십을 보여주지 못하고 있다. 간 나오토(菅直人) 총리는 자민당 집권 체제가 상징하는 재정지출, 공공사업 주도형 경제성장을 '제1의 길'로, 2000년대 초반 구조조정 및 규제 완화를 추진하며 '작은 정부'를 주장해 왔던 고이즈미 개혁을 '제2의 길'로 각각 지칭했다. 간 총리는 과거 성장 모델(제1, 2의 길)은 한계상황에 직면했는데 정부와 정치권이 인식하지 못한 채 시간만 낭비해, 결과적으로 일본의 국력 저하를 초래했다고 주장했다. 그러면서 자신의 경제 구상을 '일본판' 제3의 길로 명명하였다.

일본 경제 재건을 위한 제3의 길의 구체적 방향으로, 의료·복지·환경 등 성장 산업과 고용 창출에 직결된 분야에만 재정지출을 확대하고, 동시에 사회적 불평등 해소의 주력과 개인의 정당한 책임 강화 등을 제시했다. '영국판' 제3의 길과의 차이는 친성장 정책이 수반한 고통을 완화하기 위해 사회안전망 개선을 강조한 점이다. 그러나 고령자 복지 비용의 충당을 위해 들고 나온 소비세율(5%) 인상은 여론의 반발과 2010년 7월 참의원 선거에서의 참패 후 자취를 감췄다. 유권

55 농림수산성, 후생노동성, 문부과학성, 경제산업성, 환경성, 법무성, 총무성, 국토교통성, 외무성, 재무성, 검찰청, 내각부, 경시청, 국세청, 특허청 등 거의 모든 중앙 행정 기관과 부속 기관의 집합소.

자들이 소비세 인상을 수용할 수 있을 만큼 충분한 설득력이 없었던 것이다.

재정지출을 규모의 많고 적음이 아니라 고용 창출과 연계하려는 시도는 방향 설정이 옳지만, 민주당이 제시한 개혁을 통해 유권자들이 미래에 희망을 가질 수 있다는 확신을 심어 주어야만 한다. 기본적으로 전임자인 하토야마 유키오(鳩山由紀夫)의 정책과 차이를 찾기 어려웠다. 의료・복지・환경 등 성장 산업을 정부가 지원한다고 해서 고용 문제, 특히 젊은 층이 찾는 괜찮은 일자리가 창출될 것이라고 믿지 않았다. 새로운 성장 산업에 대한 정부 지원은 역대 정부의 단골 메뉴이기 때문이다. 소비세율 인상 등 증세 이전에 정부지출부터 축소하라는 것이 유권자들의 생각이기도 했다. 일본 사회에 필요한 '제2의 메이지 유신'은 유권자들의 이해를 끌어낼 강력한 리더십과 실력이 요구되는 반면, 일본 정치권의 새로운 리더십은 보이지 않는다.

2011년 3월의 대지진은 정치 리더십의 위기로 침몰하고 있는 일본 경제에 대한 '확인 사살'을 의미한다. 일본 대지진을 단순히 경제적 피해의 규모로 이해하는 것은 의미가 없다. 대지진이 발발했던 초기에 일부 전문가들이 1995년 고베 대지진의 경험에 비유하며 경제에 '단기 악재, 중장기 호재'로 작용할 수 있다는 전망이 힘없이 무너진 이유다. 〈저출산-고령화〉와 '수출에 죽고 사는 경제 구조', 대규모 국가부채와 저금리 구조의 장기 지속 등이 보여주듯이 대지진 이전에 일본 경제는 이미 서서히 가라앉고 있었다. 대지진을 계기로 정치 리더십의 부재와 정부에 대한 신뢰 약화는 가속화될 것이고, 이는 '정부에 의해 관리된 시장'에 기반한 일본 경제의 침식을 앞당길 수밖에 없다. 산업 기반이야 시간이 지나면 복구될 수 있지만, 중요한 점은 새로운 시스템을 설계할 정치 리더십이 존재하지 않기 때문이다. 대지진 이전에 이미 무기력증에 빠진 일본 경제와 자신감을 상실한 일본 사회에 대지진은 정부와 관료제 그리고 정치 리더십에 대한 불신을 가속화시킬 것이고, 이는 그동안 일본 경제와 사회를 이끌었던 리더의 실종을 의미한다.

제8장

중국, 또 다른 시장시스템

제1절 또 다른 시장시스템의 역사적 기원

유럽중심주의 사고에 기초해 동양의 전통사회를 설명하는 인식들(예: 아시아 봉건제론)에서 중국의 전통사회는 기본적으로 불변의 농촌사회였고, 농촌사회는 자신의 부를 정치엘리트에 의해 수취당함으로써 발전의 경향이 좌절되었다고 가정한다. 예를 들어,

> "직접생산자가 자신의 생계수단의 생산에 필요한 생산수단과 노동조건의 점유자로 나타나는 모든 전자본주의적 사회형태에서 소유관계는 동시에 직접적 지배와 예속의 관계로 나타날 수밖에 없고, 따라서 직접생산자는 부자유인으로 존재할 수밖에 없다 … 이러한 조건하에서 명목상의 토지소유자를 위한 잉여노동은 경제외적 강제(extra-economic compulsion)—그것의 형태에 관계없이—에 의해서만 수취될 수 있다. … 그러므로 인신적 종속관계, 즉 정도의 차이는 있을지라도 신분적 부자유가 필요하고 그리하여 토지의 부속물로서 토지에 긴박되었다. 동양에서처럼 국가를 제외한 사적 토지소유자가 존재하지 않는 경우에는. … 지대와 조세가 일치한다 … 이러한 조

건하에서 종속관계는 정치적으로나 경제적으로나 모든 것이 국가에 부속되는 형태 이상의 강한 것을 소유할 필요가 없다. 여기에서 국가는 최상위의 지주이다. 그리고 통치권은 전국적 규모에서 집중된 토지소유이기 때문에 설사 토지에 대한 사적·공동체적 점유, 그리고 토지에 대한 용익권(用益權)은 있을지라도 어떠한 사적 토지소유도 존재하지 않는다."[1]

그러나 이러한 견해는 적어도 1800년까지 빠른 속도의 인구증가를 뒷받침할 정도로 중국농업이 발전했다는 사실을 간과한다. 예를 들어, 중국의 인구는 명왕조부터 1949년까지 약 7배에서 9배까지 증가하였고, 농업산출량도 거의 같은 증가가 있었다.[2] 또한, 중국의 전통사회가 발전시켰던 높은 수준의 상업과 시장경제를 설명하지 못한다. 무엇보다, 종래 유럽중심적 사고에 기초한 중국 전통사회에 대한 분석들은 중국 사회에서 있었던 중요한 변화의 발생 및 독자성을 부정하고 있다. 사실, 그 변화의 역동성이 유럽 역사의 경험과 다른 것이기 때문에 종래의 모델들이 지금까지 그러한 변화를 설명하지 못하거나 그것의 존재를 인정하지 않았다는 사실이 놀라운 것은 아니다. 예를 들어, 중국 사회에도 생산력의 확장과 생산관계의 변형이 존재했다는 자료를 찾는다는 것은 어려운 일이 아니고, 문제는 그러한 변화의 성격을 설명하고 이해하지 못하는 데에 놓여 있다. 중국 전통사회의 성격을 이해하기 위해서는 새로운 사고와 시각 그리고 상상력이 요구되는 것이다.

중국 전통사회에 대한 인식의 한계는 "왜 1500년까지 중국은 과학과 기술의 많은 분야에서 유럽보다 앞섰음에도 불구하고 과학혁명이나 자본주의의 발흥이 일어날 수 없었는가"를 물은 니덤(Needham, *Science and Civilisation in China*, 1954)의 문제제기에 함축적으로 표현되어 있다. 1313년 왕정(禎)의 『농서(農書)』에 나타난 기계방적을 보면, 중국의 직물생산이 서구보다 400여 년 전에 산업혁명을

1 K. Marx, 1981, *Capital III*, p. 927.

2 D.H. Perkins, 1969, *Agricultural Development in China, 1368~1968*, Aldine Publishing Co.

이룰 수 있는 가능성을 가지고 있었음에도 불구하고 왜 그 기계를 보다 능률적인 것으로 만드는 데 필요한 변화가 지속되지 않았는가에 대해 의문을 떨쳐버릴 수 없다. 다시 말해, 북서유럽을 중심으로 서구사회에서 중요한 변화가 진행되던 14~16세기에 중국에서도 기존의 패턴과 다른 역사발전의 내적 논리가 펼쳐지고 있었다. 한편으로는 중국 전통사회질서의 순기능이 소멸되고 있었다. 다른 한편으로는 종래와 같은 과학 발달과 생산기술의 혁신이 수반되지 않는 가운데 인구의 지속적 증가와 지방의 중소 상업도시가 증가하였다. 그런데 상업화와 화폐경제의 진전에도 불구하고 정부의 해금정책으로 중국의 해외・연안무역이 장기간 침체하였던 것도 이 시기였다. 그 결과 유럽과 거의 같은 시기에 중국은 근대적인 경제성장의 길로 나아가지 못했고, 그 결과 근대서양이 주도하는 세계시장에 강제로 접합됨으로써 근대와 공업화의 내적 논리는 왜곡・변용될 수밖에 없었다.

전통 중국사회가 보여준 활력이 서양이 새로운 변화를 향하던 시점에 소멸된 이유에 대해서 종래 많은 논의가 있었다. 그 원인으로 자본축적의 결여[3] 혹은 기업가정신이나 합리적 태도 등의 결여가 지적된다. 중국 전통사회에서 경제의 질적인 발달은 거의 정지되었고, 양적인 성장만이 존재했다고 주장한다.[4] 중국이 이러한 '고도균형함정'을 완화하고, 이로부터 벗어날 수 있었던 것은 근대 서양의 공헌으로 돌린다. 다시 말해, 19세기 중엽 근대서양이 중국을 세계시장에 개방시킴으로써 상업 및 산업의 성장을 촉진시켰다는, 이른바 서양에 의한 문명화론이다.[5] 그러나 이런 주장들은 서구 공업화의 경험을 도식적으로 적용한 단순논리

---

3 예를 들어, 후진국이 저수준의 균형에서 빠져나오지 못하는 원인으로 넉시(R. Nurkse)는 "자본 부족 → 저생산성 → 저소득과 낮은 구매력 → 낮은 저축과 투자 유인 → 자본 부족과 저생산성"이라는 악순환을 주장한다. R. Nurkse, 1953, *Problems of Capital Formation in Underdeveloped Countries*, Oxford, pp. 5-6.

4 이와 유사한 개념들은 여러 학자들에 의해 지적되고 있는데, 그 중 대표적 경우가 황(Huang)의 '내권적 성장(involutionary growth)' 혹은 '발전 없는 성장(growth without development)' 개념이다. p. Huang, 1990, *The Peasant Family and Rural Development in the Yangzi Delta 1350~1988*, Stanford Junior College.

5 이러한 논리는 비서구 사회에 대한 유럽 중심적 사고의 일반적 경향으로 결과적으로 침략과 식민지 경영을 정당화시킨다.

다. 중국의 경우 기술진보를 위한 자본이 부족했다기보다는 기술진보의 유인효과가 결여되어 있었다. 우리는 인류역사를 통해 기술선택과 기술진보의 이면에 매우 합리적 동기가 작용해왔다는 것을 경험적으로도 확인할 수 있다. 즉 과학과 기술 발달의 전통과 경험을 축적하고 있던 중국에서 14세기 이후 과학과 기술이 침체된 이유로 중국 지식인들의 합리적 사고의 결여를 주장하는 것은 기술선택의 이면에 합리적 동기가 작용한다는 논리와 모순을 보인다. 게다가 세계시장에의 개방이 경제 활력을 무조건적으로 보장해주는 것인가에 대해서도 설득력이 없다. 서양의 중국 진출 이후에도 중국 전통사회의 경제진화 패턴이, 특히 농촌부문에서 근본적 변화는 나타나지 않았다.[6]

결론부터 말하면, 전통시대 말기 중국 경제는 생산효율성이 관건이 된 북서유럽의 내포적 농업기술과 달리 노동의 다량투입과 토지 이용의 극대화라는 외연적 농업기술에 기초하였기 때문에 농촌공업화와 시장의 확대야말로 유휴노동력의 흡수와 확대재생산을 위한 유일한 대안이었다. 즉 전통적 곡물농업 분야에서는 토지생산성이 기존의 기술 수준에서 도달할 수 있는 한계점에 와 있었으며, 따라서 인구 증가는 생존에 필요한 것 이상의 잉여생산물을 꾸준히 감소시켰다. 농업에서 잉여의 감소는 일인당 수입과 수요(구매력)의 감소 그리고 내수의 부족을 의미하였다. 또한, 토지나 자본에 비교해 노동력의 상대적 과잉은 노동절약적 기술혁신을 유인하지 못했다. 따라서 상대적으로 풍부한 노동력을 이용해 농가생계의 안정을 도모하는 동시에 농가의 잉여노동력을 흡수할 농촌공업화 그리고 이로부터의 생산물을 소화시킬 세계시장에의 '주체적' 결합을 통해 중국은 독자적 공업화를 전망할 수 있었다.

선진적 농업사회의 역설: 지체된 공업화와 '또 다른 공업화'의 길

인류의 문명이 시작된 동양문명은 하천과 밀접한 관계를 맺고 있다. 하천은

6 P. Huang, 1990, pp. 115-43.

물의 공급이나 편리한 교통수단이 되었을 뿐만 아니라 농업생활, 특히 미작농업(rice agriculture)과 밀접한 관련을 맺고 있다. 물은 한편으로는 인간에게 높은 토지생산성을 제공하였으나 우기(雨期)의 하천의 범람 및 홍수로 인한 재난을 막기 위해, 그리고 건기(乾期)의 한발(旱魃)과 건조한 사막지대의 기후조건은 인공관개 시설을 통해 급수의 조절이 요구되었다. 일찍이 칼 비트포겔(Karl Wittfogel)도 지적했듯이, 상업 및 산업혁명의 결과로 유럽인들이 접촉한 동양문명—중동, 인도, 중국의 문명—에서 가장 감명을 받은 것 중의 하나가 관개와 교통을 위해 계속된 대규모 수리사업이었다.[7]

한편, 이러한 수리사업은 "개별 농민은 물론이거니와 촌락과 같은 '현실의 소공동체' 규모만으로도 불가능한 것으로서 '총괄적 통일체' 혹은 중앙정부의 일이었다. 또한, 관개농경은 물의 주요 공급을 효과적으로 다루는 데 의존하고, 물의 대량 집중 경향으로 물의 효율적 제어는 대량 노동의 사용이 필요할 뿐만 아니라 대량 노동의 통일적 지도(mass coordination)가 요구된다. 이처럼 동양사회는 '대규모의 협업'을 필요로 하는 자연적 조건으로 공유(共有)적 계기(契機)의 사회질서를 성립시켰다.[8] 그러나 수리농업은 이들 사회의 농민들에게 높은 생산성을 제공해주었다. 첫째, 다른 곡물과 비교해 쌀이 갖는 식물학적 이점은 상대적으로 높은 수확을 가져다주었다.[9] 특히, 생계의 한계선상에 있는 농민들에게는 파종 대 수확의 비율이 중요하다. 다시 말해, 밀, 보리, 호밀을 주곡으로 하는 북유럽에 비

7 예를 들어, 1900년에 벵갈 지방이 97마일의 큰 관개수로와 1,298마일의 제방을 자랑했듯이 동양사회는 쌀 재배의 최적조건과 홍수의 최대위험의 공존을 특징으로 하였다. RRCAI, 1928, *Report of the Royal Commission on Agriculture in India, Presented to Parliament by Command of His Majesty*(June), p. 359.

8 이러한 사회질서의 특징은 예를 들어 孔子의 사상에도 잘 나타나 있다. "不患寡而患不均 不患貧而患不安 蓋均無貧和無寡 安無傾"(적은 것을 걱정하지 않고 고르지 않음을 걱정하며, 가난함을 걱정하지 않고 편안하지 못함을 걱정한다. 고르면 가난함이 없고 和하면 적은 일이 없고 편안하면 기우는 일이 없다).「季氏編」,『論語』.

9 예를 들어, 753년 일본의 건조곡물지역은 미작지대 생산량의 1/4~1/3에 불과하였다. 오늘날 세계 총생산을 기준으로 할 때 연평균 쌀과 밀의 수확량은 각각 헥타르당 2.75톤과 1.95톤 정도이다. 이러한 격차는 중국이나 한국 같은 집약적 쌀농사지역에서는 더욱 크다. F. Bray, 1986, p. 15.

해 높은 (수확/파종) 비율을 보이는 아시아 미작지대의 농민이 생계조건에서 훨씬 유리하다. 둘째, 쌀이 높은 연간 수확을 가져다주는 주요한 이유는 동일한 경지에서 두 번 내지 세 번까지 재배가 가능하고, 혹은 쌀의 수확 후에 밀이나 채소나 (연초 같은) 상업작물을 재배함으로써 총산출을 증가시킬 수 있기 때문이다. 그리고 이러한 조건은 지주들로 하여금 토지 없는 농민들에게 건조기에 콩 같은 작물의 재배를 자유롭게 허용하곤 하였다. 즉 수도작(水稻作)은 계속적 재배에도 불구하고 물로부터의 자양분 공급 덕택으로 토지비옥도가 감소하지 않는다. 수도작의 이러한 이점은 빈농들로 하여금 비료 구입 같은 자본지출의 필요 없이 많은 노동 투자만으로 경지로부터 생계 가능한 수확을 산출케 한다. 게다가 이앙법(移秧法)에 의한 미작농업은 경지를 두세 달 정도만 차지하기 때문에 밀, 수수, 옥수수 같은 직파법(直播法)에 의한 곡물보다 다각경영에 유리하다.

이와 같은 미작의 고수확과 다각경영의 가능성이 높은 토지생산성을 가능케 하였다. 그리고 수도작이 집약화됨에 따라 토지의 인구 부양능력과 노동 요구는 급증한다. 즉 미작경영의 집약화는 인구증대를 허용할 뿐만 아니라 요구하기도 한다. 세계에서 가장 인구밀도가 높은 농업지역이 수세기 동안 집약적 수도작 경영과 관련된 반면, 밀재배 지역은 그처럼 높은 인구밀도를 유지할 수 없다. 예를 들어, 중국과 서유럽(해외식민지 포함)의 1km^{2}당 인구밀도는 1500년에는 각각 25명과 8명이었고, 1800년에는 각각 80명과 3명이었다.[10] 즉 토지가 부족하고 노동이 풍부한 경우, 즉 대개가 미작이 집약적으로 경영되는 대부분 지역에서의 기술변화는 토지생산성과 노동 수요가 증대하는 방향으로 전개되었다.

이런 점에서 수도작의 생산력 조건은 생산력 발전패턴에도 상이하게 작용하였다. 토지가 풍부하고 노동력이 부족한 서유럽에서는 경지규모를 확장하고 인간노동을 축력이나 기계로 대체시킴으로써 생산성의 증대, 즉 자본집약적인 규모의 경제와 노동생산성의 향상으로 전개된 반면, 역으로 토지가 부족하고 노동력이

10 E. Jones, 1981, p. 232.

풍부한 아시아 수도작 지역에서는 노동력의 활용과 숙련된 경영기술에 의해 토지생산성을 증대시킴으로써 토지사용의 집약화와 소규모경영을 향한 내적 경향을 보여주었다. 이처럼 수도작 농업은 토지생산성의 증대를 위해 거대한 잠재력을 가지고 있을 뿐만 아니라 이 지역에서 대개의 기술향상은 규모 중립적이고 자본투입의 증대를 내포하지 않는다.

표 8-1. 중국 역대 인구와 일인당 경지면적(단위: 백만, 市畝)

연대	인구	일인당 경지면적
2	59	9.67
105	53	10.09
146	47	10.78
961	32	7.96
1109	121	5.50
1391	60	8.70
1592	200	3.96
1657	72	7.92
1776	268	3.30
1800	295	3.19
1848	426	2.70

출처: Kang Chao, 1986, *Man and Land in Chinese History: An Economic Analysis*, Taipei: Southern Materials Center, INC., p. 195.

한편, 대개의 추가적인 노동투입의 요구분은 소규모 수도작 농업경영의 주체인 가족노동으로 충분하거나, 공동체 내에서 노동 교환이나 윤번제에 의해 해결하였다. 그리고 공동체의 농민들은 윤번제를 확립시키기 위해 파종과 수확에 시차를 두는 등 협력에 동의할 수밖에 없었다. 이것은 관개의 필요와 마찬가지로 미작공동체내에 공동체주의와 협력의 문화를 창출하는 중요한 요인이 되었다.[11]

노동의 효율보다 비용에 대한 중국농민들의 관심은 농업장비의 발명률에서도 확인된다. 농기구의 혁신은 1300년에서 1700년 이후 중지될 때까지 급격히 감소하였다. 예를 들어, 명왕조 시기(1368~1644)의 네 가지 발명 중 두 가지는 확실히 노동집약적인 것이었다. 즉 명대 미작의 향상은 기술의 혁신보다는 이미 알려진 기술의 변형이나 확산을 통한 것이었다.[12] 그러므로 14세기 이후의 변화는 단순한 발명률의 감소를 의미할 뿐만 아니라 중국농민들의 기술선호의 변화를 의미하고 있다. 다시 말해, 12세기까지 중국농민들의 주요 관심사는 거대한 토지량을 다

11 F. Bray, 1986.

12 E. Rawski, 1972, *Agricultural Change and the Peasant Economy of South China*, Harvard University Press, p. 39.

▎표 8-2. 중국 역대의 주요 농업장비의 발명과 기술혁신의 수

중국 역대 왕조	발명된 농업장비의 수
진・한시기(221B.C.~A.D.220)	13
위・진・남북조시기(221~580)	10
수・당시기(581~906)	3
송시기(961~1279)	35
원시기(1280~1368)	3
명시기(1369~1644)	4

자료: K. Chao, 1986, p. 195.

룰 수 있는 농업장비의 기술혁신과 완성을 통해 노동을 절약하는 것, 즉 노동생산성의 향상이었던 반면, 14세기에서 19세기에 이르는 기간 동안 중국에 알려져 있지 않았던 신품종과 신종자의 도입을 제외하고는 다른 재배기술상의 변화는 없었다.

국가 역할과 독점적 소유권의 배제

수도작 지역에서의 치수 및 수리사업은 개별농민은 물론 촌락과 같은 소공동체의 힘으로도 불가능하여 전체 촌락공동체의 협동, 즉 군소공동체의 '총괄적 통일체'인 국가의 조직 속에서 가능하였다. 또한, 물을 이용한 운송과 교통의 발달이 통일제국의 통합과 유치에 크게 기여하였다. 이러한 '총괄적 통일체'는 서구학자들에게는 전제군주(despot), 즉 전체 토지의 최상급소유자로서 경제적 지배자일 뿐만 아니라 정치적 지배자로 표현되었다. 카를 마르크스(Karl Marx)의 '총체적 노예제'론이나 칼 비트포겔(Karl A. Wittfogel)의 '동양적 전제군주론' 등이 그것이다. 이들에 의하면, 동양사회에서는 수리사업이 개인이나 지방집단의 힘을 떠난 국가라는 강력 집단에 의존케 했고, 그 결과 중앙정부가 토지소유권을 포함한 모든 사회적 특권을 독점했다. 그리하여 '아시아적' 특성으로 거론되는 국가권력과 국가적 토지소유의 강인성은 유럽중심적 사고에 의해 "국가적 토지소유 = 사적 소유의 결여" 및 "전제왕권 = 개개인의 공동체에 대한 비자립성"으로 등식화되어 동양사회의 정체성 혹은 후진성의 요인으로 취급되었다.

국가의 공공기능과 계급구조의 안정성

이처럼 유럽 중심적 주장들은 동양의 국가권력을 단순히 〈지배-예속〉관계의 영속을 위한 기관으로 규정짓고 있는 반면, 국가가 갖는 공동체적이며 공공적인 성격[13]을 간과하고 있다. 기본적으로 동양에서 국가의 계급적 지배의 관철은 사회의 공공기능을 수행하면서 실현되었다. 예를 들어, 국가에 의해 징발되고 편성된 역역(力役)·병역 노동은 직접적인 농민경영의 재생산에 필요한 노동부분을 초과하여 지출되는 것이고 그 경우에 이는 '잉여노동'이다. 그러나 노동을 구체적으로 사용하는 측면에서 보면 그것은 일반적인 생산조건들의 재생산을 위한 노동이며, 이러한 일반적 생산 제 조건을 공통의 기초로 향유하는 공동단체(최고의 것으로는 국가)를 재생산하기 위해 사회적으로 유용한 '필요노동'이다. 그러므로 역역(力役)·병역으로 편성·결합된 노동이 본래의 사회적 유용성에 입각해서 생산적으로 소비되면 그것은 명확하게 소농민경영의 안정적 재생산을 위한 일반적 생산의 조건들을 창조하고 재생산하며, 사회적 결합 노동의 관리·편성을 내용으로 하는 공동업무의 주체인 관료나 황제의 정치권력에 정당성을 부여한다. 그렇지만 사회적으로 편성·결합된 노동이 관료나 황제에 의해 궁전·정원·묘지의 조성과 같은 비생산적이고 사치스런 방식으로 소비된다면,[14] 그것은 본래의 사회적 유용성을 잃고 농민의 잉여노동 수탈로 전화될 것이다. 그리고 잉여노동 수탈이 일정한 한도를 넘을 때 그것은 농업노동의 수행을 곤란하게 할 뿐만 아니라 사회 자체의 재생산까지도 곤란하여 결국은 왕족이나 국가 자체의 해체까지도 초래했다. 중국 전통사회에서 조세도 마찬가지로 공동체 재생산을 위한 사회적 필요노동 부분을 포함하는 동시에 그것을 초과하는 지대, 즉 농민적 잉여의 수탈까지도 포함하고 있다고 간주할 수 있다.[15]

13 谷川道雄, 『中國中世社會と共同體』, 國書刊行會, 1976.

14 물론, 궁전과 묘지의 조성이 공동체의 재생산을 위하여 큰 의의를 갖는 경우도 있다. 이들의 조성에 필요한 노동이 잉여노동 수탈인가 아닌가는 그 노동 혹은 생산물의 사회적 유용성 기능에 따라 다른 현상의 형태를 취한다.

15 渡邊信一郎, 1983, 「中國前近代史硏究の課題と小經營生産樣式」, 『中國史像の再構成-國家と

둘째, 중국사회에서 정치권력의 집중화(중앙집권적 관료제)는 그들의 농업생산력 조건에서 비롯되었듯이, 국가는 농업생산력의 발전 및 소농경영의 안정성 확대에 절대적으로 기여하였다. 예를 들어, 국가는 관개 · 치수 등의 수리사업 및 운하 · 교통시설을 통한 인프라스트럭처의 지원, 신간토지에 대한 세금 감면의 특전 부여로 간전(墾田) 사업의 유인, 이모작 도입과 같은 농업경영 방식의 개선, 그리고 농서 간행을 통한 농업정보의 보급 등 농업 발전에 있어서 절대적 역할을 수행하였다. 그 대표적 경우가 남송시대의 '녹색혁명(Green Revolution)'이다.[16] 이러한 공공사업으로 아시아의 관개농업이 유럽의 전작(田作)이나 삼림경작에 비해 훨씬 높은 토지생산성을 달성할 수 있었다는 것은 잘 알려진 사실이다.

셋째, 왕조 안정과 자영농 규모 간의 상관관계가 보여주듯이 강인한 국가권력은 국가의 물질적 토대(조세)를 제공하는 자유토지보유농의 강인한 존재 속에서 가능했다.[17] 사실, 강인한 국가 권력은 소농경제와 이해를 같이하고 있다. 첫째로 소농체제가 대규모 군대를 구성할 수 있는 가장 좋은 원천이라는 인식, 둘째로 소농민들은 관료대지주보다 집권적 국가 권력에 덜 위협적이라는 점, 셋째로 소농경제와 균분상속제와 높은 인구밀도 간의 연관성이 있다는 인식에 기초하고 있다.[18] 이처럼 국가의 자작농 유지 정책은 한편으로 가족농이 귀족적 대토지소유보다 중앙국가 권력에 덜 위협적이었다는 점에서 국가의 이해관계의 반영이지만, 다른 한편으로는 농민소유권의 발전을 보여주는 것이다. 전통적 견해인 동양사의 순환론적 이해, 즉 "왕조 성립기의 소농민보호 정책 → 왕조안정 → 대토지소유의 성행 → 소농민의 몰락 → 농민반란 → 왕조붕괴 → 신왕조의 발흥"이라는 도

農民』, 東京: 文理閣, 2장 참조.

16 M. Elvin, 1979, pp. 681-88.

17 C. Wickham, 1985.

18 전국시기(475~221B.C.)에 진 · 한제국은 고밀도의 소농경제 위에서 성립하였다. 당시의 대부분 국가들의 힘은 대규모 군대의 유지에 의존하였고 이는 인구의 규모에 의존하였다. 이를 위해 남성과 여성들은 각각 20세와 15세까지 결혼해야만 했다. 또한, 자녀 중 아들은 30세까지, 딸은 17세까지 결혼하지 않을 경우 부모에게 책임을 물었다. 많은 자녀들을 가질수록 혜택을 입었다. 공자는 높은 인구밀도를 찬양했고, 맹자 역시 유교적 인본(人本)정부의 역할이란 국가가 영토를 확장하고 인구를 증대시키는 것을 돕는 것이라 하였다. P. Huang, 1990, pp. 325-26.

식 속에는 왕조교체의 진실된 내용인 사회경제적 관계의 변화를 주목하는 데 실패하고 있다. 농민반란으로 등장한 새로운 국가권력은 생산력 발전에 따른 사적 요소의 성장 및 농민의 불만을 일정하게 수용할 수밖에 없었다.

요약하면, 국가의 인적 및 물적 토대는 자유농민과 그들의 경작지였던 반면, 관료집단 혹은 귀족집단의 인적 및 물적 토대는 예속농민과 자신의 사유지였다. 그런데 전체 농민과 경지는 일정하기 때문에 자유농민과 예속농민의 규모 사이에, 그리고 자유농민의 경작지 규모와 관료집단의 사유지 규모 사이에는 역의 관계가 존재할 수밖에 없다. 즉 관료집단은 중앙정부의 대리인이자 동시에 중앙정부의 권력에 기초해 자신의 이해를 증대시킨다는 점에서 상호의존적 관계이지만 관료집단의 지나친 이해의 증대는 중앙정부의 토대를 약화시키기 때문에 상호 갈등 관계이기도 하다. 일반 농민과 중앙정부의 관계 역시 마찬가지다. 자신에 대한 관료집단의 지배는 궁극적으로 국가권력으로부터 나온다는 점에서 국가와 일반 농민의 관계는 대립적이지만, 일반 농민의 안정성 확보가 강력한 국가권력의 전제조건이었기에 관료집단의 지나친 수탈을 억제했던 국가는 일반 농민과 동반자 관계이기도 하였다. 이처럼 3자 간의 갈등과 보완 관계의 균형에 기초한 중앙집권적 관료제는 "서유럽형 공납제의 원시성과 불완전성"에 대비될 정도로 안정성을 확보하고 있었다.

독점적 토지소유권의 배제

농업 사회에서 가장 중요한 토지소유권의 변화가 이를 잘 반영해주고 있다. 중국 사회의 토지소유제는 고대부터 공유적 요소가 주요 부분을 구성하고 있다. 그러나 동양사회의 토지공유제에서 소유 개념은 우리가 전통적으로 이해하는 토지국유제 혹은 왕유제와는 거리가 있다. 미작지역에서의 공유 개념은 특정 사인(私人)에게 토지에 대한 배타적·절대적 소유권을 인정하지 않지만, 동시에 일정한 농민소유권을 전제로 한다. 국가 제약의 범주 속에서 존재하였던 사전(私田)의 성격이 그것이다. 또한, 농업생산력의 발전 및 사회경제 조건, 특히 (토지/인구) 비율에 따라 토지소유제와 농민소유권의 내용은 변화되었는데 그 장기적 방향은 사적 요소의 성장에 따른 공유적 특성의 소멸이 아니라 양자의 동태적 결합, 즉 사적 요소의 성장(개인주의)과 공동체주의의 역설적 결합("a paradoxical combination of individualism and communalism")이었다.[19]

이제 중국 전통사회의 토지에 대한 농민소유권의 진화 과정을 간단히 살펴보자. 정전(井田)·한전(限田)·점전(占田) 등의 토지공유제에 기초했던 중국 고대사회에서는 소작제가 형성되어 있었지만, 소작제는 호민(毫民)의 공전 침탈의 결과 그리고 지대수입은 일종의 '탈취'라고 인식했다.[20] 즉 토지사유제를 제도적으로 인정하지 않았다. 소작제는 8세기 후반에 다시 출현하였다. 이것은 부분적으로는 이전처럼 전란이나 집권질서의 문란으로 인한 토지겸병 풍조에 의해서, 그리고 부분적으로는 직전제(職田制)의 사전화(賜田化), 세습 가능하고 환급(還給)이 불필요한 상전(桑田)의 지급 등 균전제하 사유제 요소의 증대 등에 의한 것이었다. 그러나 보다 근본적으로는 경지보다 빠른 인구의 증가로 급전액(給田額)이 부족해졌고, 계속된 수전(受田)과 환전(還田)으로 토지가 분산되고 영세화되어 농민의 인력 낭비 등 비효율성이 증대한 데서 비롯한 것이다. 대다수 농민의 생계를 위협했던 부호세가들의 토지 겸병은 비난의 대상이었지만, 생산력 발전에 따른 자연적인 인구 증가 그리고 그로 인한 급전액의 부족은 새로운 자원배분의 방식을 요구하였다. 즉 인구압력으로 공동체에 의한 균전적(均田的) 토지배분뿐만 아니라 국가에 의한 토지배분 원리가 더 이상 작동할 수 없게 된 것이다. 생산력 발전에 부합하는 새로운 공유제가 요구된 것이다. 이러한 요구는 북송(976~1099) 때 한편으로는 둔전제(屯田制)의 도입과 직전제의 부활로 이어졌고, 다른 한편으로는 수리시설의 증대 등을 통한 토지생산성의 제고로 나타났다.

인구압박과 경지 부족은 시장경제의 발전으로 이어졌다. 당대(618~907)부터 시장 영역은 날로 확대되었고 송대(960~1279)에는 더욱 발전하였다. 동시에 인

---

19 F. Bray, 1986, p. 7.

20 "而毫民侵陸 分田劫假 厥名三十 實什稅五也,"「王奔傳」,『漢書』卷 99.

구가 날로 줄어들어 어떤 지역에서는 전호의 과잉현상이 나타나기도 하였다. 그 결과 토지가격은 날로 높아갔고 토지겸병은 이전보다 극심해졌다. 토지매매 또한 날로 유행하였다.[21] 이것이 호적제도상으로는 주호(主戶)와 객호(客戶)로 구분되었다. 여기서 주호는 토지를 소유하고 세금을 납부하는 유산호(有産戶)로서 자산의 다과에 따라 5등급으로 나누어졌는데, 1~3등호는 대개 관료나 지주에 속했고 4, 5등호는 대체로 협소한 토지를 보유한 자영농이었다. 반면, 객호는 토지가 없었으므로 토지에 부과되는 세금을 낼 수 없는 전농(佃農)이었다. 이러한 구분은 당 중엽 이후 사유제, 즉 생산관계상 조전제(租田制)의 발전을 반영하는 것이기도 하였다. 조전제의 출현은 **경제적인 계약관계가 보편적이었음을 의미하는**, 즉 강제성을 띤 예속관계가 이전에 비해 약화되었음을 의미한다. 그리고 이러한 발전은 조전제가 그들의 생산에 있어 적극성을 촉발하기에 유리하기 때문이었다. 다시 말해, 북송시기 지주와 전농 간의 관계는 매우 불안정하였는데 지주는 소작인의 행동자유를 제한하는 방법을 강구하였던 반면, 이러한 행위를 금지시키는 정부의 보호와 더불어 노동력이 부족한 곳에서 소작인 확보에 대한 경쟁 격화로 전농은 **상당한 인신적 자유**를 누릴 수 있었다. 이처럼 지주와 전호 간의 조전계약관계는 북송 때 보편적으로 출현하였고 법률적으로 인정을 받았다.

조전제는 북송 말~남송 초에 접어들어 장기적 소작계약제도로 발전하였다. 그러나 장기적인 소작계약은 토지소유권의 이전에 새로운 문제를 제기하였다. 토지소유권의 이전에도 불구하고 소작계약의 효력을 상실하지 않는 경우로서 토지를 매입한 주인은 매입 당시의 소작인에게 그 토지를 소작케 하는 것으로 일반적으로 매지(買地) 문서상에 이 사실을 명기하고 원래의 소작인 성명을 기입하여 **'수전전객**(隨田佃客)'이라 밝히고 있다. 수전전객제를 반대한 사람은 토지매매가

21 물론, 송대에도 역시 토지매매가 토지겸병의 주요 수단이었다고 말하기는 어려우며 다만 이전보다 증가한 것에 지나지 않았다. 송은 오대를 잇는 과정에서 우선 대규모의 농민기의(農民起義)를 겪지 않았기 때문에 토지겸병은 억제되지 않았다. 관료지주들은 아무런 제한 없이 교묘히 백성들의 토지를 빼앗고 헐값에 매입하는 등 갖가지 방법을 동원하여 대토지를 소유하게 되었고 수많은 자영농민은 전농으로 몰락하였다. 粘尙友, 1964, 「試論北宋時期封建土地所有制的演習」, 『江海學刊』 8.

소작인을 저당·매매한 것과 같은 것이라 하여 소작인의 인격과 인신적 자유를 침범한 것이라 주장하였다. 1153년에 정부는 이러한 토지매매를 법적으로 금지시켰다.

명대(1368-1644) 이후에도 왕조 초기에는 정부의 개간사업으로 자영농의 비중이 증대하고 둔전제(屯田制)와 녹전제(祿田制), 혹은 녹미제(祿米制) 등으로 공유제의 원칙을 유지하였다. 즉 원말의 지주계급이 홍건군(紅巾軍)의 타격으로 큰 피해를 당하여 많은 토지가 황무지로 버려진 반면, 인구는 감소하여 명초에 대대적 토지정리를 할 수 있었다. 또한, 생산력 회복을 위해 부세 감면과 개간자에게 토지소유권을 주는 등의 물질적 자극을 줌으로써 농민의 황무지 개척의욕을 높여주고 자영농민을 배양하여 원말의 심각한 토지집중을 분산시켰다. 그 결과 명대초 소작제의 비중은 송대보다 낮게 추정된다.[22] 그러나 왕조 중엽 이후, 특히 후기에는 다시 사전(賜田)의 증대 및 부호세가의 공전침탈 등으로 토지겸병이 증대하였다. 그 결과 농민기의(農民起義)가 연이어 발생하였고, 명말 농민전쟁은 지주에게 심각한 타격을 가했다.[23]

명대와 마찬가지로 청조(1644~1911)는 농민들에게 황무지 개간의 장려를 통해 자영농의 토지소유권을 승인하는 한편 기존 지주의 토지소유권도 승인하였다. 즉 이전 시기와 달리 시장 영역의 발전과 더불어 토지에 대한 자유매매의 성행으로 토지상품화가 촉진되어 토지의 사적 소유가 강화되었다. 그러나 청초의 농민투쟁은 이 시대만의 특징을 가지고 있었다. 즉 강남지역에서는 지주계급의 잔혹한 착취로 말미암아 그 지역 농민투쟁은 종종 **영전권**(永田權) 쟁취와 항조투쟁, 즉 소작료 거부의 형태로 나타났다. 또한 강서의 한 지역에서는 농민이 보증금(押金)을 내고 영전권이나 토지경작권을 취득하였는데, 이는 토지에 대해 모종의 지배권을 가지게 된 것을 의미하였다. 게다가 부재지주의 확대는 소작인의 유리한

---

22 趙岡·陳鍾毅, 1985, 『中國土地制度史』, 대왕출판사, p. 315.

23 예를 들어, 관료와 훈척들은 대순군(大順軍)에게 재산을 빼앗기고 살해당하지 않으면 사방으로 도망가서 목숨을 부지했고, 지주와 신사들은 집안·재산을 파괴당하는 것은 물론 생명까지도 보존하지 못하기가 일쑤였다.

조건을 촉진시킨 요인으로 작용하였다.[24] 예를 들어, 부재지주의 비율이 높았던 명대의 소작계약을 보면 소작인은 소작미를 성곽도시 내에 있는 지주의 창고까지 배달해야만 했다. 반면, 소작인과의 접촉이 분리되었을 뿐 아니라 자신의 토지에 대해 잘 알지 못했던 지주는 경지조건과 연간수확을 알 수 없는 경우가 많았다. 심지어 지역사가들은 소작인이 도주할 경우 지대도 사라질 뿐 아니라 이 경우 지주가 토지의 위치를 알지 못하는 등 소작인의 우세한 입장을 기록하고 있다.[25]

이와 같이 송대 농촌에서 성행한 소작제의 관행은 명·청 시기에 이르러 그 유명한 **'영전제'**로 변화하게 되었다. 영전권을 향유하고 있는 소작인은 소작계약을 할 필요가 없었고, 또한 일반 소작계약도 모두 기한을 정하지 않고 있었다. 영전권 제도는 특히 강남지역에서 성행하였는데 일명 '전피(田皮 혹은 佃皮)권'이라 했고, 이러한 영전권은 하나의 독립된 재산으로 간주하여 돈으로 구입할 수도 있고 마음대로 이전할 수도 있었다. 즉 영전제는 토지의 소유권과 사용권을 완전히 독립된 두 개의 권리, 즉 '전저전면(田底田面)'·'전골전피(田骨田皮)'·'전근전각(田根田脚)' 등으로 분할하여 각기 집행하거나 점유할 수 있는 것으로, 혹은 일부 지방에서는 영전권이 토지소유권의 일부라고 간주하여 영전권을 향유하고 있는 사람을 '전주(田主)'라 하여 **'일전양주제(一田兩主制)'**를 성립시키고 있다. 이처럼 토지소유권에서 전면권이 파생됨에 따라 전저권은 약화될 수밖에 없었고, 전면권을 가진 농민은 그 권리를 자기가 보유하거나 타인에게 양도할 수 있었기 때문에 지주가 마음대로 농민의 소작권을 빼앗을 수 없었고 이는 지주의 무한한 소작료 착취를 제한시켰다. 영전권은 시가(時價)가 있었을 뿐만 아니라 흔히 '전골(田骨)'의 가격보다 더 높은 경우도 있었다.[26]

---

24 이미 북송시기에 전체 가구 중 비거주가구의 비율이 30~41%에 이르렀을 정도로 부재지주는 크게 증가하였다. I. Chen, 1977, "The population and household returns of the Northern Sung," *Shih Huo Monthly* 7, p. 31.

25 E.S. Rawski, 1972, pp. 28-29에서 재인용.

26 한 예로 1939년 소주(蘇洲)에서 경작권(전피권, topsoil right)은 지대수취권(전골권, subsoil right)보다 두 배로 매매되었고, 그 격차는 확대되어 갔다. 한 조사에 의하면, 전면권은 무(畝)당 70~100원(元)에 매매된 반면, 전골권은 30~70원에 매매되었다. P. Yang, 1988, *The Origin and*

영전제는 중국 역사상 소작제도의 변화과정에서 중대한 영향을 초래하였다. 즉 영전제하에서 토지의 소유권과 사용권이 분리되어 있었기 때문에 지주와 소작인의 관계는 밀접하지 않았다. 소작인은 독립적으로 지주의 토지를 경작하고 정기적으로 지주에게 지대를 납부하면 되고 지주로부터 어떠한 간섭도 받지 않았다. 즉 영전제는 실질적으로 지주의 권한을 제한했기 때문에 지주의 재산권은 불완전하였다. 자연히 지주는 토지소유권에 손해가 오는 것을 원치 않게 되어 이러한 영전권을 회수하기 위해 농민에게 압박을 가하고 심지어는 농민의 전면권을 도각(盜榷, 도둑질한 권리)이라고 멸시하였다. 그리고 농민들은 전면권을 보호하기 위해 지주에 대한 투쟁을 전개하였는데 이는 바로 영전권을 보장받으려는 투쟁이었다.

한편, 영전제가 성행한 지역에서는 자영농의 비율이 보편적으로 낮았고 소작인의 비율이 비교적 높았다. 그 원인으로는 한편으로는 영전제하의 소작인은 이미 절반에 해당하는 재산권을 소유하고 있었다는 점에서 자영농과의 차이가 감소되었고, 다른 한편 영전제가 성행한 지역에서는 토지매입을 통해 자영농으로 전환하는 것이 다른 지역에 비해 훨씬 곤란했기 때문이다. 또한, 영전제의 발생은 정액지대의 발생과 밀접한 연관관계를 가지고 있다. 할당제(割當制)하에서는 지주와 소작인이 합작인과 같아 그 수확을 공동으로 나누었으므로 지주는 자신의 이익을 위해 소작인의 경작을 감독하기가 일쑤였기 때문에 양자의 관계는 밀접할 수밖에 없었다. 따라서 정액소작제하에서만 토지의 소유권과 사용권은 비로소 분리될 수 있었고, 지주와 소작인은 서로 간섭하지 않고 다만 정기적인 지대만 납부하면 되었기 때문이다.

한편, 지대형태는 당시기 균전제하의 소작제를 제외하고는 남송(南宋) 이전까지 병작반수제(竝作半收制), 즉 분할제(分割制)를 채택하였다. 분할제에는 대개 세 가지 종류가 있었다. 첫째로 수확 이전에 토지를 1/2로 분할하여 지주와 소작

Evolution of Topsoil Ownership in Suzhou, Jiangsu Province, 『中國學論叢』 제4집, 고대중국학연구회, pp. 169-70에서 재인용.

인 양자가 한쪽의 토지를 자기 소유로 정하고 수확기에 수확을 하는 방법, 둘째로 곡물을 수확한 후 그 수확물을 반분해놓고 지주와 소작인이 뽑기를 하는 방법, 셋째로 수확 후 수확물의 분량을 함께 측정하여 반분하는 방법이 있다. 앞에서 지적했듯이, 균전제하에서는 계속된 수전과 환전으로 토지가 분산되고 영세화되었기 때문에 지주도 여러 사람에게 소작을 주기도 하고 소작인도 여러 사람의 지주로부터 토지를 소작하기도 하였다. 그 결과 거래비용[27]을 최소화하기 위해 많은 경우 정액소작제를 채택하였다. 그러나 북송시기에는 다시 분할제로 돌아갔다. 그러나 북송정부는 수확이 나쁘거나 도구로 인해 피해가 있을 때는 지대를 경감하도록 했다.[28]

분할제는 송말까지도 적지 않은 지역에서 채택되고 있었으나 변화가 시작되었다. 남송 시기 집약적 농업생산이 발전함에 따라 한편으로는 소작료율의 결정이 곤란하여, 다른 한편으로는 거래비용을 최소화하기 위해 정액지대가 도입되었다. 즉 복잡화된 윤작제, 다모작, 교차재배, 다양한 부산품의 수확[29] 등은 병작반수제에서 지주와 소작인 간에 지대 결정을 어렵게 하였다. 예를 들어, 남송정부는 1년2모작을 촉진시키기 위해 소작인에게 맥에 대한 지대 지불을 면제시켰다. 그 결과, 소작인은 오로지 추과(秋課)만 납부하면 되었기 때문에 맥을 경작한 이익은 모두 전호(佃戶)에게 귀속되어 전호들은 경쟁적으로 춘작(春作)에 참여하였다. 이러한 상황에서 지주와 소작인 간에 지대를 놓고 논쟁이 발생하였고, 그 결과가 각종 수확물을 하나의 곡물로 환산한 정액지대의 도입이었다. 보다 중요한 것은 경지당 투입 노동력의 증가 및 경작기간의 확장이 노동력의 질과 양에 있어서 소작인을 소작계약대로 이행시키기 위해, 그리고 수확량의 축소보고를 방지하기 위한 지주의 감독비용을 증가시켰다. 예를 들어, 분할제에서 지주는 그 지역의 생산작

27 거래비용은 하나의 재화가 생산되어 소비자에 의해 소비되기 이전에 수반되는 모든 종류의 화폐적 비용 및 정신적 불편함으로 정의된다.

28 "災傷之田 旣放苗稅 所有私租 亦合依例放免,"『宋會要輯稿』,「食貨」63 上. "盜起二浙 延及江東內 被焚劫民戶 租佃私田 … 止合量減二分 疾速申名行,"『宋會要輯稿』,「食貨」63 下.

29 예를 들어, 맥의 수확물은 맥뿐 아니라 보리짚도 있었다.

업을 직접 감독하여 경작, 제초, 수확시기 등을 결정하기도 하였다. 즉 분할제는 '감분(監分)'이라 했는데 '감(監)'이란 지주가 토지에 직접 가서 수확상황을 감독하는 것을 말하고, '분(分)'이란 지주와 소작인이 각각 1/2로 나누는 것을 말하듯이 분할제하에서는 지주가 경작지에 나가 직접 혹은 대리를 위탁 파견하여 수확작업을 감독해야 하기 때문에 감독비용의 추가적 부담이 요구된다. 이러한 요인들로 인해 지주의 입장에서는 분할제보다 자기감독하에 소작을 하는 정액지대를 선호하였다.

정액지대는 한계생산력의 증가에 따라 상향조정될 수 없기 때문에 생산력 발전으로 인해 소작인이 이득을 볼 수 있는 반면, 수재나 한재 등의 위험을 당하게 되면 소작인이 수확 감소분에 대한 전체 부담을 가지기 때문에 소작인에게도 정액지대가 반드시 유리한 것은 아니었다. 이러한 위험을 공동 부담토록 한 제도가 명청 시기 성행한 정조제(正租制)였다. 정조제는 각 토지에서 풍년일 때 최고 생산량 중 1/2을 지대로 정하고 소작계약서에 쓰는 것이었다. 그리고 지주는 매년 수확 정도를 보아서 정조액(正租額)보다 미달될 경우 그 미달되는 수확량을 '양조(讓租)'라 했다. 즉 양조는 예상수확량보다 미달되는 양을 의미하였다. 또한, 지주가 양조하지 않는 경우 소작인이 '흠조(欠租)'하곤 했다. 이처럼 정조액은 하나의 고정액이었지만 매년 소작인이 실제로 지대를 납부할 때 지주는 그해의 실질적인 수확에 따라서 지대액을 감소할 수도 있었기 때문에 감분제와 정액제의 중간적인 과도형태로 간주할 수도 있다. 즉 지대형태는 장기적으로 감분제나 정조제에서 정액제로 변화해온 것이 확인되고 있다. 정액지대는 '경조(硬租)' 혹은 '경교불양(硬交不讓)'이라 불리었고, 명에서 청대로 오면서 감분지대의 비중이 감소하고 경조의 비중이 상승하는 것이 확인되고 있다. 물론, 역으로 감분제로 역전된 경우도 있었다. 예를 들어, 심한 흉년이나 수확이 좋지 않을 경우 지주는 경조제하의 소작인을 감분제로 대체하여 양조하였고, 생산 작업의 위험이 어떤 원인으로 높아질 경우 또한 지주는 소작인의 요구에 응하여 지대를 감분제로 바꾸고 위험을 쌍방이 공동부담하곤 하였다. 이처럼 단기적으로 지대형태를 선택할 때는 위험성의 고하가 중요한 결정요소였지만, 장기적으로 고정적인 지대형태의 변화과정은 위험성의 고하와는 무관했다. 특히, 명청 시대에는 농업기술 수준에서 중대한 변화가 없었고 생산의 위험성도 감소하지 않았음에도 불구하고 농민들은 점차로 감분제에서 정액지대로 바꾸었다.[30]

신분의 등질화 확대

이제 농민의 사회적 지위를 살펴보자. 무엇보다 중국은 진한 이래로 대다수의 자유농이 사회경제의 근간을 이루어왔다. 둘째, 노비는 주인 재산의 일부였기 때문에 인신적 자유와 결혼의 자유와 이전의 자유를 완전히 상실했고 주인의 명에 따라 주인을 위해 무상으로 노역(勞役)해야 했다.[31] 셋째, 노비와 자유노동자 사이에 부곡(部曲)・객녀(客女)・동복(童僕)・지객(地客)・의식객(衣食客) 등으로 불리었던 중간신분이 있었는데, 이들은 모두 모집되어 온 노동자로 임금을 받아 고용기간의 장단에 따라 계급적 지위가 달랐다. 부곡과 동복은 고용기간이 길어서 마치 인신매매와 같았기 때문에 천민으로 간주되었다는 점에서 노비신분과 유사했다. 부곡은 사유재산을 가지고 독립된 가정생활을 영위하면서 매년 주인을 위해 일정 기간 동안 노역하고 심지어 주인으로부터 이탈하여 다른 직업을 선택하기도 하였다.[32] 부곡제도는 당송시기에 들어와 사실상 소멸되고 있었다. 대신 동복제도가 송왕조에서 청왕조 초까지 유지되었는데 이들의 자녀는 입학할 수도 있고 전지(田地)를 가질 수도 있고 심지어 외지에서 장사도 할 수 있었다는 점에서 노비보다 신분적으로 높은 존재였다. 장기간 인신을 매매하여 고용된 지객(地客)의 경우도 고농(雇農)과 노복의 중간에 위치하고 있었다. 이들은 스스로 인신

30 趙岡・陳鍾毅, 1987, pp. 341-43.

31 전체 인구에서 노비가 차지하는 비율에 대한 사료상의 기록이 적기 때문에 정확히 알 수 없고, 한 예로 『金史』, 「食貨」의 金 世宗 大定 23년(1183년)의 호구 수에 대한 기록을 보면 노비 비율은 약 22%에 달하고 있다. 물론, 축노(畜奴)의 풍조가 본래 성행한 금의 특수한 상황을 고려해야 하지만, 축노제도는 청대 말까지 유지되었다.

32 "轉易部曲事人 聽量酬衣食之直," 『唐律疏議』 2卷 「十惡反逆緣坐」條.

을 매매했기 때문에 때로는 먼저 그 기한을 정하고 그 기한이 만료되면 곧 인신의 자유를 회복할 수 있었다. 한편, 1년 미만으로 고용되는 고공(雇工)은 자유민으로서 서민과 동등한 대우를 받았다. 고용주와 피고용주 간에 신분은 완전히 평등했고 인신적 자유에 대해 아무런 제한도 받지 않았다.

당 이후 천민의 신분은 점차로 상승하여 더욱 많은 자유를 누리게 되었다. 송대에 와서 노비와 객용의 차이는 분명치 않았고 노비는 자유롭게 떠날 수 있는 존재였던 것 같다. 이러한 변화추세는 송부터 명 · 청 시기까지 계속되어 옹정 5년(1727년)에는 노복해방령이 내렸다. 앞에서 지적했듯이, 그 다음 해에는 장복(莊僕)에 대한 영(令)을 내렸는데 이 영에 의하면 장복은 본래 양민이었기 때문에 세호(勢戶)들이 마음대로 하는 것을 금지하고 만약 위반할 경우 양인을 함부로 노복으로 사칭한 죄로 다스리겠다고 선포하였다. 그 결과 노복과 소작인이라는 이중 신분을 가진 사람은 완전히 해방되어 순수한 소작인으로 변하였다. 이와 같이 중국사회의 발전은 한편으로는 직접생산자와 지배계급 간의 간격이 축소되는 수직적 등질화의 확대가, 그리고 다른 한편으로는 직접생산자들의 사회적 지위의 평준화를 확대시켜 왔다. 즉 소작인의 사회적 지위의 상승 및 소작권의 성장은 공유적 계기를 밑으로부터 강화시켰던 것이다. 이것은 소작제의 발달과 소득분배의 불평등도와 관계가 없음에서도 간접적으로 확인된다. 예를 들어, 소작지 비율과 지니계수 간에는 상관관계가 확인되지 않는다. 오히려, 소작지 비율이 가장 높은 광둥성의 경우 경지와 소득 모든 측면에서 소득의 불평등이 가장 낮게 나타나고 있다.

이와 같이 중국 사회의 역사는 기본적으로 '공유적 계기에 기반한 공동체적 사회질서'의 재생산과정이었다는 점에서 서구의 중국에 대한 이해는 중국 전통사회의 역사발전이 갖는 역동성을 간과하고 있다. 중국 농업사회에서 생산력의 발전은 '소농민경영의 자립성'의 신장과 '농민의 자주성'의 확대, 즉 사적 요소를 성장시켰다. 사적 요소의 성장은 외형상으로 공유적 계기와 상호 모순적으로 작용한 것 같으나, 장기적으로 사유적 요소의 확대는 공유적 계기를 소멸시킨 것이

| 표 8-3. 1930년대 중국에서의 가구당 경지 및 소득분포

성	지니계수	경지 소득	소작지 비율
광둥성	0.423	0.335	76.95
저장성	0.569	0.416	51.31
안후이성	0.538	0.473	52.64
허난성	0.601	0.428	47.70
장시성	0.530	0.339	45.10
장수성	0.570	0.430	42.23
푸젠성	0.557	0.345	39.33
후베이성	0.525	0.393	27.79
하이난성	0.598	0.437	27.27
산시성	0.528	0.517	-
광시성	0.542	0.445	21.20
산시성	0.562	0.415	16.64
허베이성	0.596	0.458	12.89
산둥성	0.541	0.454	12.63
차하르성	0.437	0.648	10.20
쓰이유안성	0.641	0.497	8.75
전 체	0.615	0.458	30.73

출처: L. Brandt and B. Sands, 1992, "Land Concentration and Income Distribution in Republican China," in T.G. Rawski and L.M. Li (eds.), *Chinese History in Economic Perspective*, Taipei: SMC Publishing INC., p. 189, Table 6.3에서 재인용.

아니라 공동체 성원의 자주성을 증대시킴으로써 밑으로부터 강화되고 재생산되었던 것이다.

시장과 도시, 교환(시장)과 재분배의 공존

중국 전통사회의 특징들은 중국의 농업생산력 성격과 밀접한 관련을 맺고 있는 상업 및 시장영역의 발전에서도 확인되고 있다. 기원전 3세기경부터 중국에서는 상업이 급격히 발전하였고 유력한 상인계급이 출현하기도 하였다. 그러나 대다수 사람들은 상업의 영향을 거의 받지 않았다. 예를 들어, 한대에 있어서 시장판매를 위한 생산은 염 · 철을 제외하고는 주로 상층계급이 필요로 하는 것을 조

달하는 정도에 불과했다. 합법적인 거래는 주요 행정중심지 또는 바로 그 외곽의 지정된 지역에 한정되어 있었으며, 같은 업종의 점포와 노점은 관의 통제하에 함께 모여 있었다. 즉 공식적으로 인가와 감독을 받은 시장 이외에 관의 허가를 받지 않고 시장을 설립하는 것은 불법이었다.[33]

한편, 대도시에는, 특히 중세 런던에 비견할 만한 면적을 지닌 장안(長安)의 거대한 시장에는 그 규모에 알맞게 치안을 담당하고 도량형과 가격을 통제하는 정교한 장치가 갖추어져 있었다. 그러나 이러한 공식적인 시장만으로는 그 수가 너무 적고 거리가 너무 멀어 농부들의 필요를 충족시켜 줄 수가 없었다. 그 결과 농부의 필요를 만족시켜 주기 위하여 보통 며칠에 한 번씩 열리는 비공식적인 별개의 시장체제가 농촌지역에서 점차 형성되기 시작하였고, 따라서 농촌경제는 시장과 연결되었다. 즉 상업은 사치품의 조달뿐만 아니라 필수품의 공급에도 관여하였다. 쌀 같은 주요 산물의 경우 대단위의 지역 간 교역이 발달하였고, 특수종이와 같은 지방생산품은 전국적으로 알려져 이용되어 전국적 시장이 출현하였다. 그리하여 지방시장은 거의 전 중국의 경제를 연결시켜주는 국내 상급시장조직의 기초를 형성하였다.

이러한 변화의 결과로 우선 국내 관세망이 형성되었다. 예를 들어, 1077년경 송대에는 약 2천 개소의 세관이 있어 운송세와 상세(商稅)를 관장하였고, 시간이 지남에 따라 그 숫자는 증가하였다. 이것은 상업을 통제하고 상세를 부과하는 수단으로서 국가의 시장 통제체제를 대신하였다. 둘째로 송대에는 각각의 지역 내에서 특히 공물이나 피륙과 같은 주요산물의 경우 산지 간에 경제적 상호의존이 증대하였다. 그 한 예가 12, 13세기 남부지역에서의 쌀 교역이다. 즉 양자강델타, 광동델타, 그리고 장강 중류지역 등은 통상적으로 쌀이 남아 수출할 정도였기 때문에 쌀이 만성적으로 부족한 동남 해안지역이나 농산물 이외의 것을 전문으로

33 "生財有大道 生之者衆 食之者寡 爲之者疾 用之者舒 則財恒足矣(재물을 불어나게 하는 데에는 대도가 있으니 그것을 생산하는 사람이 많고 徒食하는 사람이 적으며, 생산하는 사람이 빨리 하고 소비하는 사람이 더디게 하면 재물은 항상 풍족하게 된다)." 『大學』.

생산하는 지역이나 대도시로 흘러갔다. 국제무역 또한, 특히 일본 및 동남아의 무역이 활발하였다. 중국은 동남아시아로 구리 및 철제품・자기・설탕・쌀・서적을 수출하고 대신 향료와 그 밖의 색다른 상품을 수입하였다.

이처럼 양적으로는 정확히 측정할 수 없으나 질적인 의미에서 중국의 경제는 상업화되어 갔다. 그리하여 다양한 상인조합이 등장하였고, 이들 중 일부는 대상인과 소상인을 연결시켰고 일부는 상호 동등한 조합원을 연합시켰다. 한편, 상업활동도 기능 면에서 전문화되고 상인계급의 분화 등 상업조직도 복잡화되었다. 또한 상공업의 번영과 교환의 발달로 인해 화폐의 수요량이 증가했다. 즉 송대에는 매년 550여만 관(貫)의 동전을 주조하여, 당대보다 거의 20여 배나 증가하였으나 이것조차 모자라는 형편이었다.

이러한 상업의 발전은 도시혁명에서 그 절정을 보여주었다. 중국의 도시인구는 13세기 말 전후까지 절대적, 상대적 규모에서 증가하였다.[34] 송대 수도인 변경(卞京, 혹은 開封)은 20여만 호가 사는 상업도시였고, 또한 송대에 10만 호가 넘는 성시(城市)는 대략 40여 개였는데 당대에 비해 3배나 증가한 것이었다. 높은 도시화와 더불어 또 다른 도시혁명의 간접적 증거는 도시의 토지소유권이 송대에 처음으로 돈벌이의 주요 원천이 되었을 뿐만 아니라 도시의 부동산이 특별한 그리고 독립적인 과세대상으로 되었다는 사실이다.[35] 특히, 대도시의 팽창이 특징적이었다. 13세기 말 마르코 폴로(Marco Polo, 1254?~1324?)가 본 항주(杭州)는 세계에서 가장 훌륭하고 화려한 도시였다. 그가 항주의 그렇게 많은 인구를 먹일 만한 음식을 구한다는 것이 완전히 불가능하다고 생각하였듯이 잉여곡물의 증대와 공급 없이 도시부문의 확장은 유지시킬 수 없었다. 물론, 거대 도시의 성장은

---

34 한 추정에 의하면 중국의 도시화율은 기원전 300년경 14.3%에서 기원 후 2년에는 17.2% 그리고 1220년 남송시대에 21%까지 증대했으나, 14세기 이후 하락하기 시작하여 1820년까지 6.9%로 하락하였다. 이러한 규모의 도시화율은 그 후 증대(1893년 7.7%, 1930년 10.0%)하기 시작했으나 중국혁명으로 새로운 오늘의 중국이 건설되는 1949년까지 10.6% 수준에 불과하였다. K. Chao, 1987, p. 60.

35 M. Elvin, 1973, p. 179.

물을 이용한 낮은 운송비용으로 반드시 주변지역으로부터 곡물을 수집할 필요가 없었다. 즉 송대를 기점으로 하천의 기능이 농업보다 상업의 발전에 더 크게 작용하였듯이, 수운교통의 발달은 시장경제의 팽창을 도왔다. 산업화 이전에는 수운교통이 가장 비용이 적게 드는 교통수단이었고, 남북을 횡단하는 대운하의 완성은 하나의 거대한 시장체제 속에 중국을 편입시키는 결과를 가져왔다. 특히 대부분이 저습지였던 강남평원은 도로를 건설하기에 적절하지 못했기 때문에 자연히 수운교통에 의지하지 않을 수 없었다. 원래 대운하의 남쪽 부분은 춘추전국 시대에 이미 강남 평원에 건설되었지만, 그것이 전국적인 규모의 운하로 완성된 것은 7세기경에야 비로소 이루어졌고 대운하의 완성이 중국제국의 재통일 과업을 완수한 수왕조에 의해 이루어졌으므로 수운교통의 발전과 그에 따른 농업의 상업화에 대한 국가의 역할이 재삼 강조되지 않을 수 없다.[36]

이러한 도시의 발전패턴에 놓여 있던 주요 요인은 농업생산력의 증대였다. 경지개간, 농구개량,[37] 새로운 종자의 보급, 그리고 정부의 농업기술 보급 및 수리사업의 진전으로 농업생산의 커다란 진전을 보였던 송대에는 화북을 포함한 수도작 지역을 중심으로 축력을 사용하지 않고 인력을 사용하는 소농경영이 자립하기 시작했다. 이러한 동향은 대규모 경영 내의 노동력을 변질시켰다. 즉 종래의 노예 등 예속적 노동력에게 점유를 허용하고 있었던 토지의 생산력이 향상되었고, 토지소유자도 그들의 생산력을 이용하고자 하였다. 따라서 노예노동의 사용은 감소하였고 장객(莊客) 등으로 불리는 소작농이 증가하였다. 이처럼 당・송 시대에는 타인의 노동력을 포함하지 않는 본래의 소경영이 등장하고 가족농 자립이 진전되었다. 그러나 13세기 말 내지 14세기 초부터 19세기 전반까지 도시의 발전은 후퇴 내지 정체하였다. 11세기에 1억을 넘었던 중국의 인구는 14세기 후반에는 한대의 수준[38]을 크게 벗어나지 못했다. 그러나 1400년에 6,500만 명 정도였던 인

36 양필승, 1991, pp. 14-15.
37 예를 들어, 개간용 쟁기, 농경용 누서, 제초용 등서(登鋤), 파종용 앙마(秧馬) 등을 열거할 수 있다.
38 4,800만 명(146년)에서 6,000만 명(2년) 사이로 추정함.

구는 1800년에 약 4억으로 6배가량 증가하였다. 이러한 인구성장은 곡물생산량의 증가에 의해서 가능하였지만, 이러한 농업성장은 경작면적의 확장이나 면적당 산출량 증가를 통해 이루어졌다. 추정에 의하면 경작면적당 산출량은 1400년과 1770년 사이에 약 46% 증가하였던 반면 그 후 80년 동안에 또다시 17% 증가하였다.[39]

그러나 〈표 8-4〉에서 보듯이 1770년 이전의 인구증가가 토지에 대해 압력을 가했기 때문에 그 후 80년간 일인당 생산량은 다소 쇠퇴하였다. 즉 경지면적의 확대는 18세기 중엽에 이르러 거의 정점에 달하였으며, 그 후 일인당 경지면적은 평균 5무에서 1930년대까지 3무로 떨어졌다. 그 결과, 인구압력은 한편에서는 농가경영을 보다 노동집약적으로 심화시키면서, 다른 한편으로는 비농산물의 가내보조생산을 증대시켰다. 그리고 노동집약적 농업경영은 농업의 상업화를 촉진하였다. 즉 상업은 농민들 각자의 능력과 토지에 적합한 작물이나 수공업품을 집중적으로 생산할 수 있도록 하였다. 그러나 농민의 일인당 농업수입을 증가시켰던 농업의 상업화와 농촌경제의 상품경제화는 소농경제의 강화 속에서 이루어졌다. 즉 명대 선진지역에서 상업적 농업의 발전은 상품작물의 재배를 장공(長工)·단공(短工) 등의 고용노동에 기초한 부농층을 등장·증대시켰으나 인구증대에 의한 토지압박은 거대경영을 해체시키고 소농경영을 광범하게 전개시켰다.

39 19세기에 들어와 중국은 실제 경작 가능한 토지 밖으로의 확장을 하기 시작하였다. 경작지는 1957년 이전의 약 100년 동안 약 40% 정도 증가하였지만 이 증가의 약 80%는 토지의 비옥도가 낮은 북서부, 내몽고, 만주에서 이루어졌다. D. Perkins, 1969.

표 8-4. 인구와 경작면적에 관한 전국 총평가, 1400~1957

연 도	인구(만 명)	경작면적(만 畝)*
1400	6,500~8000	37,000(±7,000)
1600	12,000~20,000	50,000(±10,000)
1770	27,000(±2,500)	95,000(±10,000)
1850	41,000(±2,500)	-
1873	35,000(±2,500)	121,000(±5,000)
1893	38,500(±2,500)	124,000(±5,000)
1913	43,000(±2,500)	136,000(±5,000)
1933	50,000(±2,500)	147,000(±5,000)
1957	64,700(±1,500)	167,800(±2,500)

*: 목초지를 제외한 작물이 경작되는 모든 토지를 포함.
출처: D. Perkins, 1969.

그런데 농가경영을 보면 최저가로 빈농의 가족노동을 계산할지라도 그들이 얻은 농장의 순이윤은 적자였고, 이는 바로 그들의 노동임금이 시장 임금가격보다 낮았음을 의미한다. 즉 이들 농가는 한계임금이 시장가격 이하로 떨어졌을 때에도 여전히 지속적으로 노동력을 투입했던 것이다. 그렇다면, 그들은 왜 농사를 포기하고 외부로 나가 품팔이노동을 하지 않았는가. 즉 그들은 어떻게 생계를 유지할 수 있었는가. 즉 소농은 어찌 이 같은 상황하에서 여전히 생산의 주도적인 형식으로 존재할 수 있었는가. 이 문제에 답하기 위해서는 먼저 소농의 특성을 분석해야 할 것이다. 소농은 단순히 하나의 생산단위가 아니고 생산과 소비가 결합된 단위이기 때문에 결코 자본주의 기업 행위의 원칙으로 운영될 수 없었다. 예를 들어, 자본주의 기업에서는 손익분기점을 지나 수입이 적어지면 노동력을 계속해서 투입하지 않으려고 하지만, 잉여노동력과 기아의 선상에서 허덕이는 빈농(貧農)한 소농의 경우에는 단지 노동의 한계생산이 '0' 이상만 유지된다면 계속적으로 노동력을 투입할 만하였다. 이런 점에서 소농경제를 지탱한 받침대는 가내수공업이었다. 한편으로는 농업수입으로 생계유지가 불가능하였고, 다른 한편으로는 잉여노동력이 존재하였기 때문에 가내수공업을 필요로 하였던 것이다. 농업은 반드시 계절성을 띠고 있었기 때문에 농한기에 일정한 잉여노동력이 있었다. 더욱이 고도의 탄력성을 지닌 생산단위로서의 가족은 부녀자와 아동(특히 여성노동력)을 보조적 성격의 생산에 동원할 수 있었다. 농장의 면적이 가내노동력으로 경작할 수 있는 것보다 적을 경우는 농사철에도 역시 잉여노동이 생길 수 있다. 예를 들어, 화북평원이 양쯔강 하류에 비해 여전히 낙후된 지역임에도 불구하고 18세기에 이르러 화북평원의 경제는 이미 상품화가 상당히 높은 정도로 발전했다. 밀은 이미 상품작물이 되었으며 면화 또한 광범위하게 재배되었다. 수공업 방면에 있어서 또한 많은 지역이 일찍이 자가소비를 위한 생산의 '자연경제' 단계를 넘어서 시장영역의 일부분으로 변모하였다. 이러한 상업적 가내수공업 생산이 소농경제를 지탱하고 있음은 수공업이 발달한 촌락의 유형 속에서 찾아볼 수 있다. 빈농의 농장이 상업적 수공업 생산에서 보조적인 지원을 받는 것은 이미 일찍이 확립되었다. 예를 들어, 건륭(乾隆) 『낙정현지(樂亭縣志)』에는 "포(布)로서 곡식(粟)을 바꾸는 것이 실로 궁민(窮民)의 호구지책이 되었다"고 기록하고 있다.[40]

그러나 농업의 상업화와 농촌경제의 상품경제화가 인구압박에 직면한 중국농민의 일인당 농업수입을 증가시켰으나 이러한 일인당 수입증대는 다노(多勞)·다비(多肥)·다각(多角)의 노동집약적 소농경영에 기초하고 있었다. 예를 들어, 북중국의 전통적 건조곡물인 기장이나 수수는 무당 각각 6.3일과 6.9일의 노동력이 요구되는 반면, 면화는 무당 11.6일이 요구되었다. 또한, 중국 남부지역에서도 쌀은 무당 11.5일, 그리고 양잠재배와 누에재배는 무당 93일이 요구되었다. 즉 면화재배와 누에재배는 중국북부와 남부지역의 전통곡물에 비교해 경작면적당 높은 수확을 가져다주었다. 예를 들어, 1937년 미창촌(米廠村)에서 1무당 면화의 총소득은 수수와 옥수수의 251%와 140%였고, 높은 비료비용에도 불구하고 여전히 1무당 순소득은 수수와 옥수수의 203%와 108%였다. 따라서 토지가 부족한 곳에서 면화재배는 불가피했다. 반면, 노동일수당 순소득을 보면 면화는 수수의 1.18원보다 낮은 1.04원에 불과했다. 따라서 토지 부족이 아니라 노동

40 片岡芝子, 1959, 「明末清初の華北における農家經營」, 『社會經濟史學』, 25卷 2-3號.

력 부족이 문제였다면 면화재배는 이점을 가질 수가 없었다. 즉 면화재배의 확장은 토지 부족과 풍부한 노동력의 존재의 결과였던 것이다. 그리고 이러한 조건들이 일반농민들에게 작업일수당 한계수확 감소의 대가 속에 경영의 집약화를 요구했던 것이다. 이런 점에서 명・청 시기의 상업화는 노동생산성의 증대를 수반한 서유럽식 발전이 아닌 요소집약형 발전 혹은 내권화(involution; growth without development)였다.

▌표 8-5. 단위경작당 소득과 단위노동력당 소득 비교, 미창촌(1937)

	총소득(元/畝)	비료비용(元/畝)	노동력(日/畝)	순소득(元/畝; 元/日)	
면화	18.34	4.60	13.20	13.74	1.04
수수	7.32	0.54	7.20	6.78	0.94
옥수수	13.12	2.41	9.10	10.71	1.18
밀/보리	5.37	?	7.80	?	0.69

출처: p. C. Huang, 1990, p. 125, table 7.1에서 재인용.

이러한 요소집약형 성장 패턴은 가장 발전한 양쯔강 지역에서조차 확인되고 있다. 겨울밀에 뒤이은 쌀은 1무당 34일의 노동력을 요구한 반면, 뽕과 누에재배는 80일이 요구되었다. 그러나 누에고치 판매로부터 획득되는 총소득은 쌀과 밀을 합친 소득이 무당 12.75원인 데 비해 3.21원이나 높았다.[41] 노동을 제외한 생산비용을 제외한 순소득도 후자의 9.25원에 비해 전자는 11.96원을 획득할 수 있었다. 반면, 노동일수당 순소득은 전자가 0.27원으로서 후자의 0.15원보다 높았다. 결과적으로, 농가 내의 보조노동력의 활용을 확대시키는 '소농생산의 가족화'를 초래하였다.

▌표 8-6. 경지당 소득과 노동력당 소득 비교, 小丁巷(1939): (쌀/밀) vs. (뽕/누에)

	총소득 (元/畝)	생산비용(元/畝)			노동력 (日/畝)	순소득	
		비료	관개	누에		(元/畝)	(元/日)
쌀/밀	12.75	2.0	1.5	0	34	9.25	0.27
뽕/누에	15.96	2.8	0	1.2	80	11.96	0.15

출처: L. Bell, 1992, p. 220, Table 7.1.

41 L. Bell, 1985.

또한, 중국 북부지역보다 상대적으로 보다 노동집약적인 남부지역에서 여성노동(과 아동노동)의 참여는 증대하였다. 여성노동력의 경우 양쯔강 지역과 북부지역 간에 19.1 : 8.5의 비율을, 그리고 아동노동력의 경우는 7.6 : 4.7의 비율을 보이고 있다. 전통적 곡물재배에 비교해 뽕 재배와 양잠의 경우 많은 노동력을 요구하는데 상대적으로 잉여노동력이었던 여성노동력의 투입을 통해 이를 해결하였던 것이다. 즉 뽕 재배와 양잠은 곡물재배에 비해 노동생산성을 하락시켰음에도 불구하고 가족의 현금수입을 증대시킬 수 있었다. 그 결과, 매우 영세한 농가의 경우 까다로운 기후조건 및 시장가격 변동에 의한 위험에도 불구하고 때때로 자신의 모든 토지에 뽕을 재배하고 양잠에 집중적인 노력을 투입해 자신의 전체 수입을 증가시키려 했을 것이다. 이와 같이, 인구압박은 농업의 상업화를 촉진시켰을 뿐 아니라 농업경영의 집약화를 증대시킴으로써 가족농 체제를 보다 강화시키고 정교화시켰던 것이다. 이런 점에서 양잠은 높은 인구밀도와 상대적으로 낮은 (토지/노동력) 비율의 조건들 아래서 가족농이 계속적으로 생존할 수 있게 해준 노동집약화의 한 형태였다.

이런 점에서 농업의 상업화는 그 초기단계에 임노동의 확산과 경영형부농의 증대를 초래하였지만, 자본주의맹아라 불리는 경영형부농은 경쟁력에서 소농에게 자리를 내주고 20세기까지 사실상 소멸되었다. 즉 상업화는 수익성 있는 농업경영의 기회를 증대시켰기 때문에 부농의 출현 가능성 또한 높았고 많은 소농이 농업노동자가 되기도 하였으나, 한편에서는 가족화된 소농생산에 비교해 비경쟁적이었고, 다른 한편으로는 상업농이 상대적으로 (특히 비료의) 높은 투자로 인해 위험 또한 높았기 때문에 환금성곡물 재배의 실패는 생계곡물의 실패보다 더욱 타격이 되었다. 또한, 풍부한 값싼 노동력의 존재는 노동절약적 자본화(기계화)에 커다란 장애가 되었기 때문에 경영형농업은 그 지역의 자연적 환경에 필요한 최소한을 넘어서는 축력 사용조차 하지 않았다. 게다가 기존의 사회경제체제에서 농업보다 상업과 고리대업이 보다 높은 수입을 보장해주었고, 국가 관료로 선발되기 위한 교육수단이 보다 높은 수입의 가능성을 제공했다.[42] 마지막으로 경영형농업은 대개 200무 이상이 필요했는데 균분상속제는 이 정도의 경작 규모에 도달하는 것에 장애로 작용하였다. 이러한 이유들로 성공적인 농민은 대개가 상업이나 고리대업이나 그들의 후손을 위한 교육과 관련을 맺으며 소작을 주었던 지주들이었다.

또한, 상대적으로 수익성 있는 면화와 누에재배는 농가부업의 고용 및 생산기회의 확대와 떼놓고 생각할 수 없다. 자신의 보조 및 잉여노동력을 가내수공업에 사용하려는 농민에게 노동시장에서의 성인노동력, 그리고 계절적으로 적용되는 임금률은 고려할 필요가 없었다. 농민이 유일하게 고려한 것은 원료 및 생산비용을 제외한 총수입이었기 때문에 생계압박하에 있는 농가는 총수입이 생산비용을 초과하는 한 노동을 투하할 것이다. 그리하여, 자본집약적이 아니고 개별 농가가 제공하는 도구를 사용할 수 있는 산업들은 소농생산에 의해 지배되어졌다. 그 결과 도시의 방직공들은 자신의 곡물로 생계를 꾸리고 자신의 면화를 재배하여 자신의 보조노동력으로 방적하였던 소농경영에 대해 경쟁적이지 못하였다. 즉 수공업이 몰락하려고 하는 소농경제를 받쳐주고 있다면 소농 역시 수공업 발전을 받쳐주고 있다고 볼 수 있다. 수공업으로부터의 수입보조는 농업에서의 순수입으로는 생계유지를 못하는 소농이 생활을 지속하는 데 도움을 주었으며, 소농 형태의 농업은 직포업의 가내노동력의 대가로는 생계유지가 불가능한 수공업 농민을 보호해 주었다. 그러나 소농경제에 있어서 수입보조적 성격의 가내수공업은 기아수준의 임금을 참아낼 수 있게 하였다.

예를 들어, 1936년 허뻬이 소왕장(小王莊)촌의 방직농가에서 지출을 뺀 1일 순소득은 0.3~0.4원 정도였다. 당시 산뚱의 직포는 매일 순소득이 0.25~0.5원 정도였다. 1일 0.4~0.5원으로 계산하면, 1일 직포자의 소득과 단기고용 노동자의 소득은 차이가 크지 않으며 대략 1명의 성인 남자의 2일간 식비와 동일하다. 1

---

42 宋의 眞宗皇帝 勸學文.
富家不用買良田 書中自有千鍾粟 安居不用架高堂 書中自有黃金屋
出門莫恨無人隨 書中車馬多如族 娶妻莫恨無良媒 書中有女顔如玉
男兒欲遂平生志 六經勤向窓前讀.

일 소득을 0.25원으로 계산하면 남·녀가 단지 하루에 먹는 식비에 해당된다. 이 같은 임금은 '최저 생계를 유지하는 임금' 원칙보다 낮다. '생계유지'라는 개념은 노동자 자신의 생존뿐 아니라 그 가족까지 포함하고 있기 때문이다. 또한 노동자는 자신을 재생산할 수 있어야만 비로소 생활을 유지할 수 있다. 이러한 관념을 '가족생계의 유지'라고 할 수 있으며, 1일 0.25~0.5원의 노임은 실제 노동자 자신의 생활에 필요한 액수였다.

이와 같이 빈농인 소농들의 취업기회와 생계유지의 긴박성 때문에 부득이 생계유지선보다 적은 노임을 받고도 일을 찾는 수밖에 없었던 것이다. 그리고 수공업노동과 소농의 결합으로 그들은 제각기 다른 두 수입원에서 부분적이며 불완전한 생활비를 취득할 수 있었다. 농촌수공업 노동자의 낮은 임금은 철륜기(鐵輪機)를 사용한 수공업이 근대 면직공장과 더불어 경쟁할 수 있도록 변모시켰다. 1932~1936년간 수공직포는 중국 면포 총생산의 66%를 차지하였고,[43] 허뻬이-산뚱 서북 평원에 있는 고양(高陽)현과 보저(寶抵)현 등지는 기계공장의 전성기에 새로운 수공직포의 중심으로 번창하였다.[44]

그렇다면 자기의 가내 토지의 수익보다 고농(雇農)의 임금이 더 높다면 빈농(貧農)은 어째서 자신의 농장을 포기하고 장기고용 노동자로 변신하지 않았을까? 결국 그들 스스로 농한기에 하듯이 그들의 부녀자와 자식은 전과 같이 여전히 직포(織布)에 종사할 수 있다. 이 경우 그들은 비교적 높은 수익을 얻을 수 있었으며, 어떤 종류의 가내공업이든 간에 그를 통해 부수입을 올릴 수 있었다. 결론적으로, 농가가 소농경영과 가내공업을 결합시켰듯이 고용노동과 가내공업을 결합시키지 않을 이유는 없다. 게다가 단기 고용노동자의 임금은 식비를 가산했을 때, 평균 하루에 장기 고용노동자의 임금보다 약 절반 정도 높다. 계산상 단공(短工)이 연 100~150일 노동한다면 장기 노동자의 1년 임금에 상당하였다. 그러나 빈농

43 C. Kang, 1977, *The Development of Cotton Textile Production in China*, Harvard: East Asian Research Center.

44 嚴中平, 1963, 『中國綿紡織史稿』, 북경: 과학출판사, p. 243.

이 1년 중 그같이 많은 날을 품팔이한다는 것은 극히 드물었다. 이와 같이 빈농의 생활방식은 실제 소농의 경작에 고용노동을 결합시킨 것이다. 만약 노동임금의 획득이라는 경제적 요인 외에 그들이 여전히 자기 땅의 주인이라는 의식을 지니고 촌락에서 장기노동자보다 높은 신분지위를 향유하고 있다는 사실을 충분히 고려한다면, 빈농이 영세한 소농장을 포기하려고 하지 않는 이유를 확실하게 이해할 수 있을 것이다.[45] 즉 기존의 소농경제가 상업적 수공업생산을 흡수하여 수공업생산을 자신의 부차적인 수입원으로 삼았고, 기존의 상업자본은 단지 원가가 저렴한 소농의 노동력을 이용하여 근대 방직공장과 경쟁하였다. 이것이 대개의 방직업이 근대까지 농가에서 이루어진 이유이다.

이처럼 농업의 상업화와 가내수공업은 처음부터 경작규모의 축소로 감소하고 있던 농가소득을 보조하는 수단이었고, 인구압박이 양 부문의 소득을 압박함에 따라 양자의 결합은 더욱 강해졌다. 이런 유형의 농촌산업의 성장은 사회적으로는 새로운 사회적 생산조직을 창출하지 못하고 기존의 것을 정교화했다는 점에서, 그리고 경제적으로는 노동생산성의 성장을 수반하지 못했다는 점에서 내권화였던 것이다. 집약경영하 노동력당 곡물산출의 감소는 농촌부문 내 잉여곡물의 비율을 하락시켰고, 이것은 다시 도시부문의 상대적 성장을 둔화시키고 총인구에서 차지하는 도시인구의 비율을 감소시켰다. 그 결과, 13세기 초 20%를 넘었으리라 추정되는 도시화율이 1820년에는 7%로 하락하였다.[46] 반면, 농촌의 가내보조생산의 확장은 중심지역보다 농촌지역과 인접해 있는 지방도시의 발전을 자극하였다. 1843년에 양쯔강 저지대지역의 인구 중 7.4%가 도시(2천 명 이상)에 거주했던 반면, 덜 상업화된 북중국 지역의 도시인구는 4.2%에 불과하였다.[47] 물론, 1801년에 27.5%를 차지했던 영국의 도시인구[48]에 비교하면 훨씬 낮은 도시화 정도였다.

45 p. Huang, 1985, *The Peasant Economy and Social Change in North China*, Stanford University Press, pp. 185-201.

46 G. Rozman, 1973, *Urban Networks in Ch'ing China and Tokugawa Japan*, Princeton.

47 W. Skinner, 1977, "Regional Urbanization in Nineteenth-Century China," in W. Skinner(ed.), *The City in Late Imperial China*, Stanford University Press, pp. 211-52.

이러한 성격은 기술혁신의 특성에서도 발견된다. 즉 중국은 10세기에서 14세기까지 세계에서 가장 최초의 기계화된 산업을 일으켰다. 이것의 기초는 과학과 기술진보였고 그 추진력은 정부였다. 예를 들어, 산업혁명의 대표격인 직물업을 보자. 중국에서는 북송시기에 명주실을 잣는 기계가 완성되었다. 그리고 13세기에 물레가 대마실을 잣는 데 응용되었다. 즉 전 기계장치에 인력, 축력, 수력과 같은 동력이 공급될 수 있었다. 기계방적으로의 비약적인 발전에 대해 기술한 것으로 현존하는 최초의 것인 1313년의 왕정(王禎)의 농서(農書)에 의하면, 방적기의 32개의 물레가락이 24시간 동안에 약 100근(약 130파운드)의 실을 자을 수 있다고 말하고 있다. 이것은 노동비용의 현저한 절감효과를 가져왔는데, 이 장치는 그것이 대체한 여자 노동자보다 몇 배 값이 쌌기 때문이었다. 이 기계가 분명히 매우 능률적인 것은 아니었지만, 거기에 나타나 있는 발전의 경향이 더 추구되었더라면 중세중국은 직물생산에 있어서 서구보다 400여 년 전에 산업혁명을 달성하였을 것이다. 그러나 당황스러운 것은 그 기계를 훨씬 더 능률적인 것으로 만드는 데 필요한 보다 적절하고 간단한 변화가 발생하지 않았다는 점이다. 디드로(Diderot)의 백과전서에 그려져 있는 17세기 말, 18세기 초의 아마 및 명주 방적기계류가 왕정의 기계와 너무나 유사하여 명주실을 방적하는 이탈리아식 물레의 단계를 거친 중국의 방적기에 기원을 둔 기계였다는 의구심이 들 정도로 중국 방적기에는 이미 유럽의 기계적 천재의 맹아가 보이고 있었다.

도시부문의 이러한 성격은 중국의 도시구조와 관련을 맺고 있다. 즉 기본적으로 중국의 도시는 그보다 훨씬 작은 중세 유럽의 도시가 수행했던 것과 같은 역사적 역할을 수행하지 못하였다. 중국의 도시는 정치적 자유 또는 개인적 자유의 중심도 아니었으며 도시민의 독특한 합법적인 단체도 없었다. 도시민은 시민의식을 발전시키지 못하였으며 자치적인 시민군에 복무하지도 않았다. 그들에게는 도시

48 E. Wrigley, 1985, "Urban growth and agricultural change: England and the continent in the early modern period," in *People, Cities and Wealth: The Transformation of Traditional Society*, Basil Blackwell, pp. 157-93.

외부의 지배자에 대항하는 상인공동체도 없었다. 즉 농촌과 시장 간에는 어떠한 충돌도 없었다. 중국과 유럽의 근본적 차이는 전자의 경우 통일제국 구조의 존속이 진정한 봉건적 정치, 군사조직의 발달뿐만 아니라 중국에서의 독립적인 도시 발달까지지도 불가능하게 만들었다는 데에서 기인한다. 봉건적 정치, 경제구조는 행정적 분열이 장기간 지속되는 상황에서만 발생할 수 있는 것이기 때문이다. 그러나 이런 차이는 중국의 도시화가 단순한 행정도시 수준에 머물렀음을 의미하는 것은 아니다. 단지 명・청 시기의 도시의 성장이 생산과 무관, 즉 농민에게 소비될 도시에서 제조된 상품생산의 중심지가 되지 못했다는 것이다. 즉 농촌은 도시 엘리트에게 실크와 면화, 그리고 지대와 조세의 곡물을 제공했으나 도시로부터는 아무 것도 받지 못하였다.

한편, 열강의 침략과 개항에 따른 중국무역의 급속한 증대는 상품시장과 상인자본의 성장을 가속화시켰다. 즉 개항장을 기점으로 하는 수출입 상품유통체계를 형성시켰으며 이것은 곧 국내 상품유통체계에 기반을 두고 있던 상인들 중에서 수출입 상품유통을 담당하는 상인을 출현시켰다. 상인들은 내권적 소농경제와 발전하는 도시의 시장경제 간에 주요 연관자로서 기능했다. 그들은 자본제적 산업을 위한 농촌의 원료와 값싼 노동력의 구매자로서, 자본제 산업생산물의 배급자로서, 자본제산업의 새로운 투입물과 기술의 통로로서, 그리고 때로는 자본제산업에 투자자로서 다양하게 기능하였다. 특히, 자본제산업을 위한 구매대리인으로서의 역할 속에서 상인들은 매매가격 간의 차액에 기초한 수수료로부터 이익을 보는 중간자로서 기능했다는 점에서 '수탈자'였고 내권적 소농경제는 고리대와 같은 정도의 수취를 허용했다. 물론, 상업화에 있어서 그들의 역할의 중요성을 부정할 수는 없다. 또한, 상인들의 두 번째 주요 연관기능, 즉 자본제산업의 상품배분자로서 상인들은 일본산 직물을 거의 배타적으로 취급했다는 점에서 그들의 기능은 기생적이었다. 게다가 그들은 새로운 방법으로 생산과정에 참가하였는데, 즉 선대제(先貸制, putting-out system)에서 농민들은 약정된 양의 직포(織布)를 인도할 것을 약속하고 일정 양의 방사(紡絲)를 상인들과 계약하였다. 이러한 방법은 소농의 잉여노동을 이용한다는 점에서 방직공을 고용하는 것보다 수익적이었기 때문이다. 즉 선대제에 의한 상인자본의 성공은 내권적인 저비용의 가족농생산에 입각한 것이었다.

이와 같이 소농경제가 자본제산업과 관련된 곳에서 상인은 이중적 역할을 수행하였다. 한편으로 시장발전과 상품유통 그리고 신기술 및 심지어 산업자본의 공급을 도왔지만, 자본 및 기술에 대해서뿐만 아니라 상품의 중간매개자로서 수탈적 기능을 간과할 수 없다. 즉 기본적으로 상품생산의 발전을 위한 투자에서가 아니라 주로 상품의 교환에 투입된 자본의 순환을 통해 수익을 획득했던 상인자본은 유통 및 고리대자본의 성격을 보여주었다. 만약 고전모델들이 강조하는 것처럼 상인들이 산업자본가가 되기 위해 상품의 유통역할을 계속했다면 역사는 이들의 역할을 확실히 착취적이며 내권적 측면보다 발전에 기여한 측면을 강조할 것이다. 그러나 이들의 역할은 일본을 중심으로 하는 외래자본주의와 내권적 소농경제를 잇는 중개자의 역할에 거의 제한되었다는 점에서 적어도 중국농민의 관점에서는 발전의 기여자로서보다는 기생적이었고 매판적인 측면을 강조 안 할 수가 없다. 무엇보다, 개항기에 가내수공업이 농촌공업으로 발전하기 위한 기반이 와해되었던 것은 농가소득의 향상과 농촌시장의 발전을 가로막는 중요한 요인이었다. 게다가 국제무역을 위한 상품유통이 점점 일본상인에 장악당하면서 장시를 경유하지 않게 되어 제국주의 지배가 시장구조 및 사회구조의 근대적 변혁의 전망을 봉쇄하였던 것이다.

한편, 환경과 기후와 현금소득을 벌 수 있는 이용가능한 선택들이 주어졌을 때 무석현 농민의 양잠 결정은 매우 합리적인 것이었다. 그러나 이 방법을 통해 무석현 농민들이 꽤 높은 소득을 획득할 수는 없었다. 노동의 집약적 사용을 통한 양잠이 가져다준 삶의 조건은 거의 생계수준 정도였기 때문에 대부분의 현금소득은 소비수요에 모두 지출되어졌다. 그렇다면, 농민의 합리성과 새로운 형태의 경제성장의 잠재성 간의 밀접한 관련을 생각하지 않을 수 없다. 즉 양잠은 기본적으로 즉각적인 소비수요를 만족시키기 위한 가족소득을 증대시키는 방법이었기 때문에 기술향상을 위한 어떠한 잉여소득의 존재도 가능하지 않았다. 예를 들어, 양잠을 위한 대부분의 근대적 방법이 무석현에 소개되었음에도 불구하고 대부분의 영세가족농들은 그것들을 도입할 수 없었다. 그렇다면 가족농 체제의 진화가 경제성장의 장기패턴에 미칠 수 있는 충격의 성격은 무엇일까?

중국 전통사회의 경제진화패턴: 이론

논의를 간단히 하기 위해 농촌부문에서 하나의 동질적 생산물을 획득하기 위해 두 개의 동질적 생산요소, 토지와 노동을 사용한다고 하자. 그리고 두 개의 생산요소는 두 유형의 집단, 토지소유자와 비소유자에게 소유되어 있고, 생산요소의 시장은 경쟁적임을 가정할 때 3개의 동일한 유형의 생산기술함수(CRS)를 가정할 수 있다. 다시 말해, 임노동(full-time workers)을 고용하는 직영의 경우 $F_1(L_1, H_1)$, 정액지대를 받고 차지되는 경우 $F_2(L_2, H_2)$, 그리고 분익소작의 경우 $F_3(L_3, H_3)$를 생각할 수 있다.

여기서 L_1 = 임금노동력; H_1 = 토지소유자에 의해 경영되는 경지

L_2 = 정액지대를 받는 소작지에 투입된 노동량; H_2 = 정액지대의 소작인이 차지한 경지

L_3 = 정률지대를 받는 소작지에 투입된 노동량; H_3 = 정률지대의 소작인이 차지한 경지

w = 임금률; r = 무(畝)당 정액지대; s = 분익소작인과 지주의 분배 비율

그리고 일반균형조건으로 다음이 성립한다.

$$\frac{\partial F_1}{\partial L_1} = \frac{\partial F_2}{\partial L_2} = \frac{\partial F_3}{\partial L_3} = w \text{ 그리고 } \frac{\partial F_1}{\partial H_1} = \frac{\partial F_2}{\partial H_2} = \frac{\partial F_3}{\partial H_3} = r$$

이제 인구밀도의 증가와 이로 인한 노동의 한계생산물의 하락으로 농업생산은 단위 토지당 보다 많은 노동력을 흡수하기 위해 노동집약적 기술을 도입하는 경향을 갖는다. 노동의 한계생산물이 생계수준을 초과하는 한 균형조건은 성립하지만, 인구가 계속 증가하여 전자가 후자의 수준을 밑돌게 되면 임금수준이 생계수준을 구성하는 임

노동의 고용은 멈추게 되고, 따라서 다음의 조건이 성립한다.

$$\frac{\partial F_1}{\partial L_1} = W_s \text{ 그리고 } \frac{\partial F_2}{\partial L_2} = \frac{\partial F_3}{\partial L_3} < W_s$$

여기서 w_s는 생계임금을 의미한다. 그리고 이는 임노동의 고용에 의한 직영보다 소작을 주는 것이 토지소유주에게 보다 유리함을 의미한다. 따라서 직영으로부터 소작경영으로의 점차적 이동을 예상할 수 있다.

$$\frac{\partial F_1}{\partial H_1} < \frac{\partial F_2}{\partial H_2} = \frac{\partial F_3}{\partial H_3} = r$$

인구밀도의 증가는 동시에 정액소작제와 정율소작제 간의 선택에도 영향을 미친다. 일인당 경지규모가 감소함에 따라 경작자들은 보다 노동집약적 농업경영을 선택하게 되고, 이에 따라 분익소작제는 거래비용을 증가시킨다. 예를 들어, 다각경영, 추가재배, 부수적 수확 등이 지주와 소작인 간에 분배의 어려움을 야기시킬 것이고, 무엇보다 경지당 투입노동력의 증가는 지주로 하여금 경작농민들을 계약대로 수행하게 하기 위한 감독비용(supervisor costs)을 증가시킬 것이다. 그 결과 지주는 자율적인 노동활동의 인센티브를 가진 정액제를 분익소작제보다 선호하게 되었다. 이제 경제활동에 있어서 농업외부문을 포함하여 고려하자. 예를 들어, 자본소유자는 농업경영 이외에도 임노동자를 사용하는 공장제 수공업, 혹은 농촌의 부업활동에 자본의 공급을 통해 선대제 경영을 할 수 있다. 이 경우 추가적인 두 개의 생산함수, 즉 농가부업의 경우에 대해서 $F_4(L_4, H_4)$와 임노동을 고용한 공장제 수공업의 경우에 대해 $F_5(L_5, H_5)$를 생각할 수 있다. 여기서 H_4와 H_5는 두 생산활동에 투입된 자본량으로 토지로 측정된 것이고, 또한 토지와 자본은 상호 교환 가능한 것으로 가정한다. 따라서 제도적 제약을 배제하면 자원소유자의 수익극대화 조건은 다음과 같다.

$$\frac{\partial F_1}{\partial L_1} = \frac{\partial F_2}{\partial L_2} = \frac{\partial F_3}{\partial L_3} = \frac{\partial F_4}{\partial L_4} = \frac{\partial F_5}{\partial L_5} = w, \quad \frac{\partial F_1}{\partial H_1} = \frac{\partial F_2}{\partial H_2} = \frac{\partial F_3}{\partial H_3} = \frac{\partial F_4}{\partial H_4} = \frac{\partial F_5}{\partial H_5} = r$$

경작자나 지주나 부재지주 모두 경쟁적인 요소시장에서 자신이 소유한 자원을 이용해 수익을 극대화할 것이다. 그러나 자유로운 선택을 제약하는 요인들이 존재한다. 예를 들어, 농업생산은 계절적 제약을 가지고 있고, 농한기의 유휴노동력은 F_4에는 흡수될 수 있지만 F_5에는 투입될 수 없다. 세계 모든 지역에서 산업화 이전 시기에 농촌의 부업에 대해 오랜 역사를 갖는 이유가 여기에 있다. 이제 앞에서처럼 중국 전통사회가 직면했던 인구밀도의 증가를 고려하자. 다시 말해, 노동의 한계생산물이 생계수준 이하로 하락할 정도로 인구가 증가하게 되면 생계비용은 경영형농업이나 공장제 수공업의 경우 임금의 하한선을 구성한다.

$$\frac{\partial F_1}{\partial L_1} = \frac{\partial F_5}{\partial L_5} = W_s \quad \text{그리고} \quad \frac{\partial F_2}{\partial L_2} = \frac{\partial F_3}{\partial L_3} = \frac{\partial F_4}{\partial L_4} < W_s$$

이와 같이 농가의 수입을 보조하기 위해 농가의 유휴노동력이 투입됨에 따라 가족농이나 가족노동력에 기초해 수행되는 농가부업 등의 경우 노동의 한계생산물은 생계수준 이하로 하락하게 되고, 이는 다음의 결과를 수반한다.

$$\frac{\partial F_1}{\partial H_1} = \frac{\partial F_5}{\partial H_5} < \frac{\partial F_2}{\partial H_2} = \frac{\partial F_3}{\partial H_3} = \frac{\partial F_4}{\partial H_4}$$

다시 말해, 자본소유자가 토지를 소작주거나 자본을 선대제하의 농가노동력에게 제공하는 것이 경영형농업이나 공장제 수공업을 경영하는 것보다 수익을 얻을 수 있음을 의미한다. 그 결과, 경영형농업과 공장제 수공업은 소멸하게 될 것이다. 이와 같이, 풍부한 유휴노동력의 존재는 산업화 이전의 틀 속에서는 새로운 기술을 가장 역동적이며 동시에 효과적으로 만들어낼 수 있는 생산제도의 발전을 좌절시키는 경향을 보여준다. 또한, 풍부한 노동력의 존재는 해외로부터 선진기술의 수입에도 장애로 작용한다.

이를 〈그림 8-1〉을 통해 설명해보자. 〈그림 8-1〉에서는 일정한 경지를 소유하는 농민을 고려한다. 가로축은 농업생산(A)과 부업(B)에 배분되는 농가 전체 노동력의 양을 나타내는 것이고, 세로축 또한 농업생산(VMP_a)과 농가부업(VMP_b)에 투입된 노동의 한계생산물가치를 표시한다. 예를 들어 VMP_{a1}은 농업생산에서 감소하는 한계생산물을 보여주고, 계절적 제약으로 점 C에서 수직선이 된다. 따라서 CB는 농한기에 이용가능한 노동력을 나타내고, 이는 CF만큼의 수입을 가져다주는 부업생산에 투입된다. 이제 인구밀도가 증가함에 따라 농가의 평균경지규모는 감소하고, 이는 농업생산의 한계생산물곡선이 VMP_{a1}에서 VMP_{a2}, VMP_{a3}로 하향이동함을 의미한다. 이는 동시에 농업의 집약화를 초래하고, 이에 따라 경작기간 또한 점 D(물리적 제약점)까지 확장될 수 있다고 가정하자. 이와 같이 인구압력이 점증함에 따라 두 유형의 가족농생산의 선 HE에서 동일한 한계생산물을 갖게 된다.

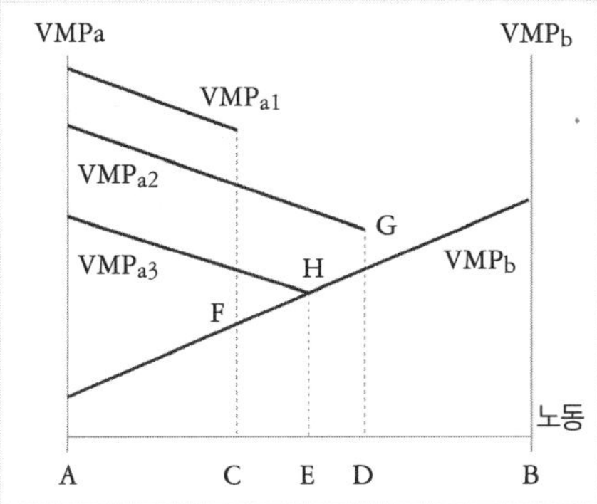

▌그림 8-1. 전통시대 중국농가의 노동력 배분

이것이 소위 "비농업생산의 가정화 및 농촌화"(the domestication and ruralizaion of nonfarm goods production)로 불리는 현상이다. 따라서 농촌수공업 확장의 주요 장애는 농가의 자본부족이 아니라 시장의 문제인 것이다. 시장문제가 해결되지 않는 한 농가는 비농업생산물을 자신의 소비부분 이상 생산할 필요가 없게 되고, 시장의 확대를 통해서만이 잉여노동력을 흡수하고 확대재생산을 이룰 수 있었다. 이런 점에서 1800년대 중국사회에 외적인 수요자극은 절대적이었고, 또한 해외교역은 공급을 촉진시킬 요소를 제공할 수 있었기 때문이다. 이런 점에서 시장질서를 지향하는 중국 특유의 지방공업화는 세계자본주의와 주체적으로 결합할 수 있었던 것이다.

제2절 중국형 사회주의 시장시스템

'중국에 의한 · 중국을 위한 · 중국 중심의 질서', 즉 '중화주의'를 의미하는 '팍스시니카(Pax Sinica)'의 도래를 얘기하듯이 중국 경제의 질주는 거침이 없다. 중국 정부의 장기적인 전략인 '3단계 발전론-원바오(溫飽), 샤오캉(小康), 따퉁(大同)'에서 중국 정부는 일인당 GDP를 2010년에 3천 달러 그리고 2020년에 6천 달러에 도달할 것으로 예상했다. 그러나 중국의 2010년 일인당 GDP는 4,382달러를 기록했다.[49] 2010년 기준 중국의 명목 GDP는 5조 8,883억 달러로 일본의 5조 4,742억 달러를 추월해 경제규모가 세계 두 번째다.[50] 중국의 무역액은 2조 9,730억 달러로 미국의 3조 2,460억 달러에 이어 2위이지만, 수출액은 1조 5,780억 달러로 미국의 1조 2,780억 달러를 앞서고 있다.[51] 중국의 외환보유액은 2011년 9월 기준 3조 2,010억 달러로 2위 규모인 일본의 1조 3,047억 달러[52]의 거의 세 배에 가깝다. 그 결과 오늘날 중국 경제 성장의 글로벌 경제성장에 대한 기여율은 22%에 달하고 있다. 중국 경제 부상의 상징하는 표현이 홍수를 이룬다. 그중 대표적 표현은 "모든 길은 베이징으로 통한다"일 것이다. 중국은 전 세계의 유동성을 빨아들이고, 또한 전 세계에 중국 자본이 투자되고 있다.[53] 제조대국에서 자본수출국과 소비의 용광로로 변신한 것이다.[54] 개혁 · 개방을 추진한

---

49 IMF에 따르면 2010년 PPP GDP는 7,544달러였다.

50 2009년까지만 해도 중국 GDP는 4조 9,850만 달러로 일본의 5조 680억 달러보다 적었다.

51 독일은 수출 1조 2,690억 달러, 수입 1조 670억 달러로 3위를 기록했다. 2011년 중국의 교역 규모는 2010년 대비 22.5% 증가한 3.64조 달러를 기록하였다.

52 2011년 11월 기준.

53 중국은 1982년 스웨덴과 첫 투자보장협정을 맺은 이래 2010년 5월까지 양자 투자협정 125개를 맺으면서 독일 다음으로 세계에서 투자협정을 많이 맺은 나라가 됐다. 특히, 2000년대 초반 중국 정부가 중국 기업의 국외 투자를 적극 장려하는 '저우추취(走出去)'를 국가전략으로 채택하면서 중국 자본의 외국 진출은 선진국뿐만 아니라 아시아, 아프리카, 라틴아메리카 개발도상국으로 전방위적으로 진행되었다. 그 결과 2009년 기준 중국의 해외직접투자는 565억 달러로 세계 5위이며 2002년의 57배에 이른다. 중국의 해외 투자는 농업, 공업, 첨단기술 등 모든 산업에 이루어지고 있다. 투자 지역도 180개국에 달한다. 명실공히 자본수출국인 것이다.

54 2010년 기준 중국은 전체 인구의 46%가 1963년 앞뒤로 7년간 출생한 사람들이다. 엄청난 구매력을 갖춘 베이비붐 세대들인데, 지금 40~50대가 되어 내구 소비재를 대량으로 구매하고 있다. 덕분

지 20여 년 만의 일이다. 중국의 명목 GDP는 1978년 3,624억 위안에서 2010년에 40조 2,012억 위안으로 약 111배가 증가했다. 달러 기준으로도 12배 이상이 증가했다. 세계 GDP에서 중국이 차지하는 비중도 1980년 2.6%에서 2008년 7.3%까지 증가했고, 2012년에는 10%를 넘어설 것으로 IMF는 추정하고 있다. 1953~79년간 연평균 실질 GDP 성장률은 6.7%를 기록한 반면, 1980~2010년간은 9.7%를 기록했다. 특히 WTO에 가입한 이후인 2002~2010년간은 10% 이상을 기록했다. 그 결과 개혁・개방 이전에는 20%에도 미치지 못했던 중국의 도시인구 규모는 2010년에 49.7%에 달했다.[55] 개혁・개방 이후 중국 경제의 성과는 시장시스템의 다양성을 보여주는 중요한 사례다.[56]

중국 사회주의 시장경제론의 형성 과정

1. **주보론(主補論) 시기 ~** 1979년 2월 리셴녠(李先念, 당시 중국공산당 중앙 부주석 겸 국무원 부총리)은 "계획경제와 시장경제를 결합하여, 계획경제를 위주로 하고, 시장경제를 보조 수단으로 하는 체제를 수립하자"고 주장하면서, '시장경제'라는 용어를 사용하였다. 1979년 3월 천윈(陳雲, 당시 중국공산당 중앙정치국 상무위원)은 '계획과 시장 문제'라는 담화 중에, "전체 사회주의시기의 경제는 2부분으로 구성되어 있다. 하나는 계획경제 부분이며, 다른 하나는 시장조절 부분이다. 계획경제 부분은 기본적이고 가장 중요한 것이며, 시장조절 부분은 종속적이고 부차적인 것이지만 필수적인 것이다"라고 주장하면서, 중국공산당의 문헌

에 중국은 세계 사치품 시장의 27%를 소비하는 랭킹 2위 소비국이 됐다.

55 참고로 중국 국가통계국의 발표에 의하면 2011년 말 기준 중국의 총인구는 13억5천만 명이고, 국토 면적은 세계 육지 면적의 1/15 및 아시아 면적의 1/4을 차지하고 있으며, 한반도의 약 44배로 러시아와 캐나다 다음으로 세계 제3위이다. 중국 인구는 대부분 한족(漢族)이고, 몽고(蒙古)・회(回)・장(藏)・묘(苗)・조선족(朝鮮族) 등 55개의 소수민족으로 구성되어 있다. 이들 소수민족은 전체 인구의 약 7%에 불과하지만 이들이 분포되어 있는 지역의 면적은 전체 면적의 약 50~60%로 대부분 변경지역이다. 중국의 도시인구 비중은 50%가 초과했음에도 불구하고 공식적으로는 약 35%에 불과하다. 거주 이전의 자유를 제한해 농촌 출신에 대한 차별로 비판받는 후코우(戶口) 제도의 산물이다. Economist, Jan 18th 2012, Going to town.

56 중국 스스로 중국형 시장시스템을 '사회주의 시장경제'라 부른다. 그러나 많은 이들은 중국 사회주의 시장경제는 사회주의가 아니라 국가자본주의에 불과하다고 비판한다.

중에서는 최초로 시장조절이라는 개념을 제기하였다. 1979년 11월 등소평은 "우리는 계획경제를 위주로 하여 시장경제를 결합시켰다. 그러나 이것도 사회주의 경제이다. 시장경제는 자본주의의 전유물이 아니며, 사회주의도 시장경제를 실행할 수 있다"라고 주장하였다. 당시 중국 지도부는 시장경제의 필요성에 대해 재인식하는 의견을 전개했지만, 여전히 중국 경제체제는 계획경제를 위주로 하는 체제라고 강조하였다. 이런 상황의 인식하에서 1982년 9월 12전대는 계획경제를 위주로 하고, 시장조절을 보충으로 하는 주보론(主補論) 체제를 공식으로 천명하였다.

2. **내재통일론 시기 ~** 제한적이나마 시장의 존재를 인정하게 된 중국은 기존의 계획 생산에 의한 '생산품'이 아닌 시장의 필요에 의한 '상품'으로서의 존재에 대한 이론적 근거를 마련하였다. 이를 바탕으로 1987년 13전대에서는 "사회주의의 계획적 상품경제 체제는 반드시 '계획'과 '시장'이 내재적으로 통일된 체제이어야 한다"라고 천명하였다. 계획과 시장의 내재적인 결합이라는 내재통일론(內在統一論)의 제기는 계획과 시장을 둘러싸고 장기간 지속되었던 이원구조적 논쟁을 종식시켰다.

3. **성사성자(姓社姓資) 논쟁 시기 ~** 1989년 6·4사건, 이른바 '천안문 사건'으로 자오쯔양(趙紫陽, 당시 중국공산당 총서기)은 보수파에 의해 실각되고, 보수 성향의 중국 지도부는 '시장경제'를 '자산계급 자유화'·'화평연변(和平演變, 평화적 정권전복)'과 동일시하며, 공유제 경제의 기초를 전복하는 개념으로 간주하였다. 이에 따라 사회주의와 자본주의의 기준을 어디에 맞출 것인가 하는 중국 경제체제의 경향에 관한 논쟁, 즉 사회주의와 자본주의의 기준에 관한 '성사성자 논쟁'이 가열되었다. 1990년 12월 덩샤오핑은 자본주의와 사회주의의 구분은 '계획'이나 '시장' 성분에 있는 것이 아니고, 사회주의에도 시장이 있고 자본주의에도 계획에 의한 통제가 있으며, 시장경제를 약간 실행한다고 해서 자본주의를 지향하는 것은 아니며, 계획경제와 시장조절은 모두 필요한 것이라며 시장에 어두우면 낙후를 감수해야 하며 세계 정보에도 어둡게 된다는 기존의 의견을 견지하였다. 그러나 천안문 사건의 후유증으로 인해 덩샤오핑의 의견은 더 이상 진전되지 못했다.

4. **남순강화(南巡講話) 시기 ~** 천안문사건 이후 경제가 침체에 빠지자 덩샤오핑은 '제3의 혁명'을 외치며, 중국 남부지방을 시찰하여 개혁·개방을 가일층 고취하고자 시도하였다. 덩샤오핑은 1992년 1월 18일부터 2월 21일까지 무한(武漢)·심천(深圳)·주해(珠海)·상해(上海) 등지를 방문하며 "11기 3중전회 이

후의 노선・방침을 관철하고, 1개 중심(一個中心, 경제건설 중심)・양개 기본점(兩個基本点, 개혁・개방 노선과 4개 기본노선)을 견지"할 것을 주장하였다. 또한, '성사성자의 논쟁'에 대해, "사회주의 생산력 발전에 유리한가 여부가 판단 기준"으로 '계획'이든 '시장'이든 간에 경제발전에 유리하다면 문제가 되지 않는 수단임을 강조하였다. 이른바 '흑묘백묘(黑猫白猫)론'이다(不管黑猫白猫 捉到老鼠 就是好猫, 검은 고양이든 흰 고양이든 상관없이 쥐를 잘 잡는 고양이가 좋은 고양이다). 게다가 향후 현대화 과정에 있어, 일부 지역의 경제가 우선 발달하고 일부 주민의 경제가 우선 부유해지는 '선부론(先富論)'을 제기하며, 마오쩌둥 방식의 평등주의를 타파하였다.

개혁・개방의 정치경제학

중국의 개혁・개방은 1978년 12월 제11기 3중전회(중앙위원회 전체회의)에서 덩샤오핑의 4개 현대화 노선과 개혁・개방 방침 발표로 시작된다.[57] 무엇보다, 중국의 성공적인 경제 발전은 안정적인 체제 전환을 가능케 한 개혁 전략과 관련이 있다. 중국의 경제체제 개혁은 현대화 추진에 걸림돌이 되는 각종 장애요인을 극복하여 사회주의를 완성하려는 필요에서 출발하였다. 즉 생산력 발전에 방해가 되는 각종 요인들을 제거하여 생산력을 높여 이를 통하여 사회주의의 완성, 즉 공산주의를 실현하려는 배경에서 시작된 것이다. 크게 볼 때, 경제체제 개

57 중국의 정치는 국가조직과 중국공산당 조직 및 군 조직을 통해서 살펴볼 수 있다. 첫째, 중국의 국가조직 이론은 민주집중제(民主集中制)와 인민민주전정(人民民主專政, 인민민주독재)이고, 국가의 최고 권력기관은 전국인민대표대회(全國人民代表大會, 약칭 全人大)를 정점으로 하여, 행정・사법・검찰기구가 중앙에서 지방으로 연계되어 중앙이 통일적으로 관할하고 있다. 둘째, 중국공산당은 모든 정치권력의 근원이고, 삼각형 구조의 중앙집권적 위계질서를 통해 다른 정치조직을 통제하는 절대적 권한을 장악하고 있다. 중국공산당은 국가의 중요 정치・경제・사회적 목표와 정책을 결정하고, 이들 정책과 결정이 각 분야의 국가기관을 통해 집행되는 것을 감독・통제한다. 전국대표대회(全國代表大會, 약칭 全大)는 중국공산당의 명목상 혹은 의전상 최고기관이다. 전대의 회의는 5년마다 1회 소집하고, 전대의 회기는 1~2주 동안이다. 중국공산당 중앙위원회는 당의 최고 정책심의기구이다. 중앙위의 주요 기능은 전대 폐회기간 중 전대의 결의를 집행하고, 당의 모든 활동을 지도하며, 대외적으로 중국공산당을 대표한다. 셋째, 중국 군사력의 조직은 인민해방군(人民解放軍), 인민무장경찰부대(人民武裝警察部隊), 민병(民兵) 등으로 구성되어 있다.

혁은 내용별 혹은 시기별로 4단계로 나눌 수 있다. 제1단계(1978~83)는 농촌 지역을 중심으로 이루어졌다. 제2단계(1984~87)는 도시부문의 경제개혁을 중점으로 진행되었으며 이 단계에서는 기업의 자율성과 효율성을 높이기 위해 가격, 세제, 금융개혁 및 대외무역 활성화 등이 추진되었다. 원래 개혁·개방의 기본전략은 농촌에서 출발하여 도시로 이어지게 하는 것이었다. 도시부문의 개혁의 핵심을 이루는 것은 생산의 기본단위인 기업운영메커니즘의 개혁, 즉 도시경제를 지배하고 있는 국가소유 기업에 대한 개혁이라고 할 수 있다. 간단히 말해서 국가소유 기업의 활력과 생산성의 제고다. 제3단계(1988~91)는 개혁의 결과 긍정적 성과와 더불어 인플레이션, 소득분배의 불균형, 각종 권력형 부조리·비리 등의 부작용이 나타남에 따라 경제·사회적 안정을 도모하고 전반적인 경제구조를 조정하기 위해 경제 환경에 대한 정리 경제질서에 대한 정돈을 기치로 긴축 정책을 도입하였다. 제4단계(1992년 이후)는 등소평의 '남순강화' 담화 발표를 계기로 개혁이 심화되고 개방이 확대된 시기이다. 오늘날 중국이 추진하는 사회주의 시장경제론의 탄생에 결정적 계기가 되었다.

향진기업, 중국 사회주의 시장시스템의 주역

중국의 개혁은 먼저 농촌에서 시작되었으며 농촌개혁의 내용은 바로 종전의 인민공사와 같은 방법을 지양하고 책임제를 실시하여 농민의 적극성을 유도하는 것이었다. 그러면 왜 농촌에서부터 개혁을 시작해야 했었는가? 그것은 중국인구의 80%는 농촌에 있으므로 만약 그들의 생활문제를 해결하지 못했다면 사회는 안정을 얻지 못하기 때문이었다. 또한 만약 농촌이 계속 빈곤한 상태로 남아 있게 되면 공업의 발전이라든지 상업 혹은 기타 경제활동들도 불가능하게 되기 때문이다. 이러한 농촌 개혁으로서 농촌개혁은 농민으로 하여금 자주권과 실질적인 혜택을 얻게 하였다. 개혁을 통한 생산력의 발전에 있어서 가장 중요한 것은 인민들의 창조적 활력을 해방시키는 것이었다. 무엇보다 농촌에서는 농업 생산책임제를 도입하여 인민공사가 해체되었고 도시의 기업도 공유제에서 다원화된 소유제 구조로 전환하여 개체소유제, 개인소유경영, 각종 경제연합체 등 다양한 소유형태로 발전하였다. 경영과 소유의 분리가 인정되었으며, 경제활동에 관여하는 의사결정권을 다원화시켰다. 또한 지령성 계획 위주의 경제계획을 지도성 계획으로 전환하고, 국가는 중장기 계획만 담당하여 경제주체들의 자유로운 경제활동을 보장하였다. 분배의 측면에서도 국가 이익을 강조하던 것에서 집단(기업)과 개인(노동자)의 이익을 고려하는 제도로 전환되고 자유시장이 부활되었다. 이 과정의 중심에 향진기업(鄕鎭企業)[58]이 있다.

향진기업에 주목하는 이유는 체제 전환의 핵심은 생산력을 향상시키면서 사회주의 특성을 유지하는 것이기 때문이다. **생산력 향상을 위해 개인이나 기업 등 개체 단위의 자율성을 신장시키고 비효율적 국가 통제를 축소**하는 과정에서 피할 수 없는 문제가 **재산권**이다. 오늘날 중국의 소유제는 개체 소유와 집체 소유, 국(가소)유 등 다원화된 소유구조를 특징으로 한다. 공(동소)유를 유지하는 경우에도 경영과 소유의 분리를 인정하여 경제활동에 관여하는 의사결정권을 분권화시켰다. 개혁의 진수는 향진기업에 나타났다. 중국 경제의 핵심부문에 대한 기존의 국가소유 원칙을 유지하는 가운데 개체 소유의 도입이 확산되었지만, 개체의 자율성과 집단이해가 조화를 이룬, 즉 전통 사회가 추구한 **'개체주의와 공동체주의의 역설적 결합'**[59]을 만들어낸 것이 향진기업이기 때문이다.

사실, 지난 30년간 중국의 사회경제에 많은 변화를 가져온 개혁은 이미 1978년 훨씬 이전부터 진행돼 온 것이었다. 변화는 산업구조 간 균형관계의 재조정, 기업과 농가의 경영자율권 확대, 생산품 유통구조의 전문화, 그리고 경제효율성에 따른 노동분배의 실시에서 출발하였다. 예를 들어, 인민공사하에서는 작업량에 의해 소득이 분배되지 않고 무상노동이 행해졌으나, 1960년 여름에 들어서며 중국 농업과 대중의 생활, 특히 농민의 생활은 심각한 위기적 상황을 맞게 되면서,

58 우리나라의 읍・면에 해당하는 향과 진 소속 주민들이 만들어 경영과 생산, 판매를 자율적으로 결정하는 기업.

59 F. Bray, 1986, *The Rice Economies: Technology and Development in Asian Societies*, Basil Blackwell, p. 7.

마침내 그때까지의 인민공사 정책을 수정하여 인민공사의 규모를 축소하는 한편 많은 권한을 하부단위에 이양하기 시작하였다. 그러나 작목 선택 등 생산계획에 대한 결정권은 계속 상부의 제약을 받고 있었다. 그럼에도 불구하고 이 시기부터 자류지(自留地)가 확대되거나 생산책임제가 일부 지역에서 실시되는 움직임이 나타나기도 하였다. 그리하여 당시 자류지(自留地), 책임전(責任田), 개간지를 합하여 사적으로 경작된 '자유소토지'가 전체 경지의 1/3에 달하였으며, 일부 생산대에서는 전체 경지의 1/2을 넘어서기까지 하였다.[60] 특히, 노동력 격리정책은 동시에 농촌노동력을 흡수하기 위해 농업 이외의 어떤 생산주체를 형성해야 하는 압력을 형성하였고, 그 결과 **'농촌공업화'**는 점차 중국 경제정책의 중요한 과제가 되었다. '3중전회'(1978년 12월에 열린 '중국공산당 제11기 중앙위원회 제3회 전체회의') 이전의 농촌공업은 사영기업과 인민공사 산하에 있는 생산대대(生產大隊)의 대영기업(隊營企業)에 의해 이루어졌다. 이 사영기업(社營企業)과 대영기업(隊營企業)을 '사대기업(社隊企業)'이라고 한다.[61] 1958년부터 시작된 대약진정책하에서 농업노동력을 무리하게 농촌공업에 흡수시켰기 때문에 농업생산이 많이 감소했으며, 그로 인해 사대기업의 활동도 정상궤도를 이탈하게 되어 공업생산에도 많은 영향을 미쳤다. 그 결과, 1961년부터 많은 사대기업이 폐쇄되었고 1962년에는 신규설립도 금지되었다.[62] 즉 **농촌공업의 발전 없이 농업생산재의 공급에 한계가 있었고, 따라서 농촌공업화가 재개되는 것이 불가피했다.** 농촌공업화가 다시 전개되는 계기가 되었던 1970년 북방지구 농업회의에서도 농업기계화의 실현을 위해 농업에 관련된 산업을 지역의 자원부존의 조건과 범위 내에서 진흥하는 것이 목적이었으며, 그 지역의 생활용품의 생산도 제기되었다. 또 도시 근교의 농촌에서는 도시공업의 하청도 허가되어 공업은 도시에서 농촌으로 확대되

60 C.S. Chen and C.P. Ridley, 1969, *The Rural People's Communes in Lienchiang*, Stanford: Hoover Institution, pp. 18, 99.

61 사대기업(社隊企業)은 향진기업(鄉鎮企業)의 전신으로 여기서 사(社)는 인민공사이고 대(隊)는 생산대대(生產大隊)를 지칭한다.

62 張毅, 1983, 「我國社隊企業的歷史, 現狀與今後的發展」, 『經濟調查』, 北京: 紅旗出版社, p. 121.

었다. '3중전회' 이후 도시 근교에 있는 향진기업이 발전한 이유 중 하나가 바로 개혁 전 70년대 사대기업의 발전 때문이었던 것이다. 그러나 농촌 근교를 중심으로 한 농촌공업은 어느 정도의 발전이 가능했으나 농촌 전체에서 농업잉여가 창출되어 그것이 확대되는 순환 메커니즘으로 진전되지 않았다. 그것은 국민경제에 **새롭게 창출된 잉여가 생산자에게 귀속되지 않고 국고에 집중되는 경제구조에 근본적인 원인**이 있었다. 요컨대, 중공업화를 추진한 국가에 농업잉여를 제공한 농촌은 낮은 생산력 때문에 농업생산재뿐만 아니라 공업생산물도 농업부문 내에서 공급할 수밖에 없었고, 이것을 사대기업이 담당했던 것이다.

중국의 농업과 농촌부문에 대한 결정적 개혁은 '3중전회'를 계기로 이루어졌다. 즉 중국에서는 '3중전회' 이후 사회주의 집권적 명령성경제('행정지령형 계획경제')가 분권화된 시장경제로의 이행이 진행되고 있다. '3중전회'에서는 농업발전을 도모하는 방향에서 농산물 수매가격의 인상과 **생산대의 자주권 확대를 내용으로 한 경제관리의 분권화**('신농업정책')가 제기되었다. 첫째, 1965년 이후 십 몇 년 만에 농산물의 수매가격이 인상되었다. 1978년 말까지 농촌에 잉여가 남지 않았던 것은 국가의 농산물 수매가격의 설정과 강제수매제도에 그 원인이 있었다. 농산물 수매가격의 인상은 농가의 수익성을 개선시켰고, 또 농업투입재의 상대가격을 인하시켜 농가 교역조건을 개선하는 등 농민의 잉여 증식에 결정적 역할을 하였다. 그러나 농민의 잉여를 증대시키기 위해서는 무엇보다 인센티브가 필요하였다. 농민에게 인센티브를 제공한 것은 1979년 9월 '농업의 발전을 촉진시키는 약간의 문제에 관한 결정'(이하 '결정')에 의한 '청부제(請負制)'의 도입이었다.[63] 즉 각종 형태의 생산책임제[64]를 도입하고, 변경지역에 대하여 호별청부제를 실시할 것을 결정하였다. 안휘성의 성공적 도입 경험을 토대로 호별청부제는 1980~81년간 지역 구분을 넘어 전국에 확산되었다.[65] 집단농업의 구조는 1982

63 여기서 '청부(請負)'란 기능적으로는 자본주의하에서 행해지는 '임대'와 유사한 의미이지만, 사적 소유를 전제하지 않는다는 점에서 임대와는 근본적으로 구분된다.

64 생산대의 생산과정을 분할하여 소그룹(到組), 개별농가(到戶), 개인노동(到勞) 등에 청부하는 제도를 일컫는다.

년 말 '중화인민공화국 헌법'의 수정을 계기로 하여 그 제도적 틀마저 붕괴되기 시작하였다.[66] 새 헌법에서는 인민공사에 통합되어 있던 경제조직과 국가기관의 기능을 분리하여 향·진(鄕·鎭)의 인민정부와 촌민위원회를 설치할 것을 규정하였다. 이러한 헌법 규정에 따라 1983년 이후 단기간 내에 향·진 정부와 촌민위원회가 설치되었으며 1984년 중에 인민공사의 정사분리(政社分離)가 완료되었다. 이에 따라 인민공사의 해체는 법제적으로나 실제적으로 확인되었다. 이와 같이 중국의 집단농업체제는 1980~82년 사이에 생산책임제가 지방에서부터 급속히 보급되면서 아래로부터 붕괴하였으며 가족농업체제가 확립되었다. 중요한 점은 **농가생산책임제가 심화·보급되는 가운데 인민공사 제도라는 종래의 권력 기구가 소멸하였다는 사실이다.**

이러한 농업·농촌개혁은 증산의욕을 불러일으키는 한편, 농촌 밖으로 유출되던 농업잉여를 농촌 내에 유보하는 데 공헌하였다.[67] 그리고 농민소득의 증대는 농민의 소비수요를 확대함과 동시에 농업생산성을 개선하기 위한 자금을 증대시켰다. 그리고 목축, 임업, 어업의 발전도 장려되어 농촌지역의 경제활동도 다양

---

65 1982년 4월에는 포산도호(包産到戶: 戶別經營請負制)가 사회주의 집단경제의 책임제 형식이라고 정식으로 인정되었다. 포산도호는 1981년 1월 전국 농촌의 1%의 생산대에서 실시되었다가 같은 해 6월에는 19.9%까지 증가하였다. 이후 포산도호는 점차 감소하여 1982년 6월 4.9%에 이르게 되었다. 대신 포간도호(包幹到戶)가 급속히 확산되어 1982년 6월에는 전국 생산대의 67%에, 1983년 말에는 98.3%에 보급되었다. 그리하여 1983년 이후 중국의 농업경영은 포간도호가 지배적인 형태가 되었다. 포산도호(包産到戶)는 집단소유의 토지를 농가에 분배한 후 개별농가는 생산책임을 초과하여 생산한 부분에 대하여는 추가적인 노동점수를 주어 더 많은 배분을 받도록 하는 제도인 반면, 포간도호(包幹到戶)는 생산대가 토지를 개별농가에 분배하고 여기에서 나온 수입은 계약에 따라 국가세수와 집단보유분을 제외한 후 전부 개별농가에 귀속시키는 것이다. 포산도호(包産到戶)와 포간도호(包幹到戶)를 총칭하여 '쌍호'(雙戶)라고 칭한다. 川村嘉夫, 1989, 「家族經營の發展と當面の課題」, 阪本楠彦·川村嘉夫 編, 『中國農村の改革-家族經營と農産物流通』, アシア經濟硏究所, p. 41; 孫潭鎭, 1991, 「農村はどのように變遷してきたか-土地改革·人民公社·生産責任制-」, 渡邊利夫 編, 『中國の經濟改革と新發展メカニズム』, 東洋經濟新報社, p. 60.

66 이일영, 1994, 「중국의 집단농업의 구조 및 제도개혁에 관한 비교연구―소련·중국·북한농업을 중심으로―」, 『농촌경제』 제17권 제4호, 한국농촌경제연구원.

67 가령, 농업은행예금 중 가정예금은 1979~89년간 20.1배나 증가했고, 그 비중은 동 기간 중 7.6%에서 41.3%로 상승했다. 마찬가지로 농촌신용합작사에 예탁된 농가예금의 증가율도 같은 기간 동안 9.0배 증가했고, 예금 중 농가예금의 구성비도 36.3%에서 84.6%로 증가했다. 全載旭, 1994, 「中國 經濟體制 개혁과 鄕鎭企業의 발전」, 季刊 『中國硏究』, p. 174.

화하기 시작했고, 농민은 각 작물, 각 산업 간의 수익성에 민감하게 반응하게 되었다. 특히, 농업과 가공, 운수, 판매도 겸하는 농가와 비농업에 특화하는 농가도 나타났다.[68] 1984년에 향진기업에 포함된 개인영업과 농민합작기업은 이러한 흐름에 속한다고 생각된다. 게다가 새로운 농업정책이 전개됨에 따라 인구 이동에 대하여 과거와 같이 엄격한 제한을 유지하는 것이 곤란해지게 되었다. 1984년에 이르러 "농민이 집진(集鎭)에 들어가고 호적을 옮기는 문제에 관한 국무원 규정"이 공표되었고, 이에 따르면 진(鎭)의 공업·상업·서비스 부문에 종사할 의사와 능력을 보유하고 있고 진(鎭)에 고정적 주거를 가지면서 그 가족이 향진기업에 장기적으로 종사하는 경우 진(鎭)으로의 이주를 허용한다는 것이다. 단, 식량배급을 받을 권리는 부여하지 않았기 때문에 식량은 원래의 호적이 있는 농촌으로부터 공급받아야 했다. 다시 말해, 비농업에 특화하더라도 곡물을 자급할 수 있는 경지만은 보유하게 하는 것이 특색이다. **이러한 사회적 분업의 생성과 심화는 중국의 농촌지역에서 자급부분 이상의 잉여생산물 교환을 전제로 생산되고 그것이 유통되는 이른바 시장경제의 생성을 의미한다.** '3중전회'를 계기로 "시장경제의 발전 없이는 국민경제의 근대화는 있을 수 없다"는 것을 자각하게 된 것이다. 따라서 1984년의 '계획적 상품경제' 그리고 1992년의 '사회주의 시장경제'라고 규정된 중국 경제의 성격은 그 기원을 '3중전회'에서 찾을 수 있다.

새로운 경제주체로서 향진기업은 농촌공업화의 주역으로 급성장하였다. 무엇보다, 청부제 보급에 의해 농촌의 과잉노동력이 비농업부문에 취업할 수밖에 없게 되었고, 농업정책의 전환으로 비농업부문에 투하할 수 있는 잉여가 발생했기 때문이다. 그 결과 농업 편중적인 **농촌경제를 다산업(多産業) 경제구조로 변화**시켰다. 농촌사회 생산액 중 향진기업이 차지하는 생산액의 비중이 개혁 및 개방 정책이 실시된 1979년에 22.3%에 불과하였던 것이 1987년에는 50%를 넘어섰고, 1992년에는 70.8%까지 상승했다.[69] 이는 향진기업이 중국 경제의 고도성장

68 D. Perkins, 1988, p. 612, Table 1 참조.
69 中國年鑑社, 1993, 『中國年鑑』; R. Islam and J. Hehui, 1994, "Rural Industrialization: An

에 결정적 역할을 수행했음을 보여주는 것이다. 둘째, 농촌 내부의 노동 이동을 가능케 한 향진기업의 발달은 농촌지역에 새로운 소도시군을 형성시켰을 뿐 아니라 도시에 인구가 집중하는 것을 상당히 완화시켰다.[70] 농촌의 유휴노동력이 이동하는 형태는 '불이토불이향(不離土不離鄉)', '이토불이향(離土不離鄉)', '이향불이토(離鄉不離土)', '이토우이향(離土又離鄉)'의 네 유형이 있는데, 향진기업이 발전한 지역에서는 '이토불이향(離土不離鄉)' 형이 중요한 형태를 이루었다. 이는 농업을 떠난 노동력을 농촌 내부의 향진기업이 흡수하는 방식이다. 이것은 도시화를 수반하지 않는 노동력의 흡수 방책[71]으로서 서구 공업화나 개발도상국의 공업화에 따른 농촌에서 도시로의 노동력의 이동과 다른 점이다.[72] 즉 중국은 인구가 많고 여전히 농촌인구의 비중이 크기 때문에 도시화는 많은 문제를 야기할 수 있을 뿐만 아니라 실현불가능하기까지 하다. 따라서 농촌의 비농업부문의 발전과 농촌 주변의 소도시 건설을 상호 결합한 향진기업의 발전은 농촌의 잉여노동력을 흡수하면서 도시화의 문제를 피하는 중요한 수단이 되었다. 이는 중국 전통사회가 지향했던 농촌공업화와 시장경제의 결합과 맥을 같이한다. 한편, 농민의 향진기업에의 취업 증가는 농촌소득 중 농외소득을 증가시켰다.[73] 농민 일인당 경지가 극히 영세하여 농업소득을 증대시키는 데는 한계가 있을 수밖에 없기에 농민소득의 향진기업 의존도는 더욱 높아질 수밖에 없다.[74]

셋째, 향진기업은 국가 재정수입의 주요한 원천이 되고 있다.[75] 즉 향진기업

Engine of Prosperity in Postreform Rural China," *World Development*, Vol. 22 No. 11, p. 1647, Table 4.

70 全載旭 1994, pp. 178-81.

71 예를 들어, 1979년 2,909만 명이었던 향진기업의 취업자 수는 1984년 5,208만 명, 1992년 1억 581만 명으로 증가하였다. 中國年鑑社, 1993, 『中國年鑑』.

72 憑蘭瑞 · 姜渭漁, 1987, 「農業余剩勞動力轉移模式的比較研究」, 『中國社會科學』 第5號, 북경.

73 예를 들어, 1980년 농민 일인당 연간 순수입 191.3위안 중 향진기업에서 얻은 임금은 14.7위안으로 7.7%를 차지하였으나 1993년에는 연간순수입 921.6위안 중 향진기업의 임금이 280.2위안으로 전체의 30.4%를 차지하였다. R. Islam and J. Hehui, 1994, p. 1645, Table 1 참조.

74 金衡模, 1997, 「中國의 農村工業化(鄉鎭企業)에 관한 研究-山東省을 중심으로-」, 『東北亞經濟研究』, 제8호, 한국동북아경제학회, p. 301.

75 1980년 향진기업이 납부한 세금은 26억 위안(元)으로 전체 재정수입 1,042억 위안의 2.5%를 차지

은 정부가 부담해야 할 재정지출을 부담하고 있다. 예를 들어, 농촌교육이나 영화관 건설 등 농촌집체(農村集体) 복리사업과 소도시 건설 같은 농촌의 각종 건설사업을 향진기업의 수입으로 건설하였다.[76] 이와 같이 이공보농(以工補農, 공업으로 농업을 육성)의 목적으로 진행된 향진기업이 1978~93년간 농업건설에 직접투자한 자금은 652억 위안으로 이는 동 기간에 국가가 농업에 투입한 자금의 84.3%에 해당하였다.[77] 넷째, 개방과 더불어 대외지향적인 경제가 발전되면서 개방 초기 대외무역에서 향진기업의 역할은 갈수록 증대하였다.[78]

이러한 향진기업의 역동성은 독자적인 성장 메커니즘에서 비롯된다. 국유기업은 국가 계획의 양적 달성에 중점이 주어진 기관으로 개별기업의 채산은 거의 문제가 되지 않고, 또 국가 계획을 담당하고 있는 이상 도산은 있을 수 없다. 그러나 향진기업은 그 전신인 사대기업 때부터 국가 계획과는 기본적으로 직접 관계가 없었고, 설립·경영자금의 조달에서 원료의 조달 및 판매의 확보까지 거의 독자적으로 실시하였다. 예를 들어, 종래에는 농촌에서 마련된 저축은 농촌지역 내에서 순환되지 않고 금융기관을 통해 도시의 상공업에 공급되곤 했다. 그러나 1984년을 기점으로 농촌의 내부에서 자금이 대규모로 순환하게 되었고, 특히 향진기업에 대출된 금액은 향진기업의 예금액을 훨씬 상회할 정도로 증대하였다. 이것은 급증하는 농가예금이 향진기업으로 대출되었기 때문이다. 향진기업은 융자를 통해 투자한 결과 공급량이 증대되어 판로를 찾는 제품은 원격지로 향하게

하였으나 1985년에는 137억 위안으로 7.5%, 1993년에는 947.8억 위안으로 24.0%를 차지하였다. 특히 향진기업이 비교적 발달한 지방(縣)에서는 재정수입의 80% 이상이 향진기업에서 나왔다.

76 향진기업이 부담한 농촌집체 복리사업과 각종 건설사업비는 1980년에 48.7억 위안, 1985년에 129.4억 위안, 1993년에 290억 위안으로 증가했기 때문에 향진기업이 발달한 지역은 농촌의 복지시설과 소도시 건설이 순조롭게 진행되었다.

77 金衡模, 1997, pp. 302-303; R. Islam and J. Hehui, 1994, pp. 1652-53, Tables 7-8.

78 향진기업의 수출이 총수출액에서 차지하는 비중은 1984~85년 4.5%에서 1986년 14.3%, 1988년 16.8%, 1990년 20.8%, 1992년 25.5%, 1993년 41.5%로 빠르게 증가했다. 그러나 외국자본의 역할이 크게 증가함에 따라 상대적으로 수출에서 향진기업의 역할은 축소되었다. 특히, WTO 가입 이후 크게 하락하여 2005년 중국 총수출액에서 향진기업이 차지하는 비중은 4.8%, 중국 기업의 전체 수출액에서는 11.6%를 차지하였다.

▌표 8-7. 중국 산업생산의 소유구조

	1978	1985	1993
국가소유	78	65	43
집체소유	22	32	39
─도시집체소유	13	16	10
─농촌집체소유	9	16	29
개인소유	Neg.	2	8
외국인투자	Neg.	Neg.	10

주: Neg. = 무시해도 좋을 정도의 비중.
자료: 國家統計局, 『中國統計年鑑』, 1994, pp. 373-75.

되었던 것이다.

향진기업이 주도한 중국 시장경제화(the Chinese road to a market economy)의 주요 특징을 요약하면 다음과 같다. 첫째, **농촌공업화와 지역정부의 역할, 그리고 집체소유와의 결합을** 특성으로 한다. 그러나 서구 중심의 사고에 기초한 종래의 중국 사회에 대한 이해방식은 농촌공업화를 통한 중국 시장경제의 역동성과 의미에 대한 이해를 결여하고 있다. 둘째, 대부분의 향진기업은 규모 면에서 중소기업에 비교된다. 즉 대개의 향진기업은 경영 규모가 작고 제품의 가격지배력을 가지지 않는 가격수용자였기 때문에 이윤을 증대시키는 방법은 생산비를 절감하고 대량으로 판매할 수밖에 없었다. 이는 **향진기업의 효율성이 시장경제의 경쟁원칙에서 비롯된** 것임을 의미한다. 셋째, **'사유화를 수반하지 않은 분권화와 시장경제화'**다. 정치영역에서 사회주의 원칙, 즉 공유제 원칙을 고수하면서 진행된 경제영역에서의 시장경제화였다. 다시 말해, **향진기업은 배타적 사유재산권에 기초한 자본주의 시장시스템이 시장시스템의 한 유형에 불과하고, 시장시스템은 다양한 소유와 결합될 수 있음을** 보여주는 중요한 의미를 제공한다.[79]

사실, 향진기업의 소유 형식이나 경영 방식은 전통사회에서의 **다원적 소유제 및 다각경영**과 그 맥을 같이한다. 흔히, 향진기업의 특성으로 '삼다종(三多種)',

79 최배근, 1998, 「유교자본주의(론)의 위기와 상상력의 빈곤」, 『경제와 사회』, 제39호(가을호). 2002년 12월 제16차 전대에서 허용된 자본가의 공산당 입당이나, 사유재산이 보장된 2007년 3월 물권법의 통과 등의 배경이다.

즉 **다종소유형식 · 다종경영방식 · 다종산업**을 지적한다. 이는 중국 전통사회의 생산력 특성과 진화패턴의 '부활'인 반면, 향진기업의 등장으로 전통시대의 농촌사회가 극복하지 못했던 '발전 없는 성장(growth without development)'과는 다른 모습이었다. 향진기업은 성장률이나 생산성에서 국영기업보다 훨씬 앞섰기 때문이다. 사기업과의 차이도 발견되지 않거나, 심지어 사기업보다 큰 것으로 보고되고 있다. 영미형의 시장시스템에 익숙한 사람들은 중국 향진기업의 문제점으로 흔히 '재산권이 불명확하고, 지역 정부와 분리되지 않았다는 것'을 지적한다. 즉 주류 사회과학의 재산권 개념에 따르면 재산권이 명확하게 규정되지 않으면 효율성이 담보되지 않는다고 주장한다. 그러나 중국의 기층정부가 사실상 소유하는 향진기업들의 '모호한 소유권'은 효율성에 심각한 문제를 갖고 있지 않다. 정교한 사적 소유권을 불필요하게 하는 '협조적 문화'의 존재나 사기업과 같은 인센티브제의 작동 등 때문이다. 이 밖에도 정치 민주화 없는 중국의 경제성장은 글로벌 금융위기와 더불어 주류 사회과학의 뿌리를 흔들어 놓고 있다.

투자와 수출주도형 경제성장

중국의 성공적인 경제발전을 도운 두 번째 토대는 개방전략이다. 마오쩌둥 집권하에 중국은 자급자족적 경제를 추구한 나머지 기본적으로 대외개방을 하지 않았다. 덩샤오핑은 과거 중국이 바로 이러한 폐쇄정책으로 인하여 낙후 상태를 면할 수 없었다고 평가했다.[80] 1979년 1월 중 · 미 수교를 시작으로 1980년에는 4대 경제특구가 지정되고, 1984년 4월에는 동남부 14개 연안도시가 개방되었다.[81] 즉 대내적 경제개발을 촉진하기 위해서 서구 선진국의 자본과 기술을 도입

---

80 예를 들어, 덩샤오핑은 "중국이 오랫동안 정체와 낙후상태에 머물러 있었던 주요 원인은 폐쇄성에 있다. 문호를 닫은 상태로 건설을 추진한다는 것은 성공할 수 없는 동시에 중국의 발전이 국제관계를 떠날 수 없다는 사실은 경험을 통해 입증되었다"고 지적하였다.

81 1985~97년간 전체 외국인직접투자의 71.3%가 연안지역에서 이루어졌다. E. Graham and E. Wada, 2001, "Foreign Direct Investment in China: Effects on Growth and Economic Performance," P. Drysdale(ed.), *Achieving High Growth: Experience of Transitional Economies in East Asia,* Oxford University Press.

해야 할 필요성을 느낀 중국은 개혁정책과 더불어 대외개방정책을 실시함으로써 더욱더 경제발전에 박차를 가하게 되었다.

중국의 개방은 중국 내부가 결여하고 있는 부분을 보완하는 성격을 갖는다. 공업화와 경제성장을 추구하는 후발국으로서 중국은 자본 부족과 시장(수요) 부족의 문제에 직면하였다. 따라서 자신이 보유한 노동력과 결합할 수 있는 자본의 유입을 촉진시킬 개방전략(직접투자 중심의 자본 유치 전략)이 필요하였고,[82] 낮은 소득 수준에서 비롯한 제한된 시장의 문제를 해결하기 위한 개방전략(수출 주도의 성장 전략)이 요구되었다. 즉 제한된 내수시장과 자본축적으로 빠른 성장을 위해서는 '외자에 기초한 고투자와 수출'에 의존해야 했다.[83] 그리고 수출은 공업화 과정을 거치며 농촌에서 도시로 유입되는 실업 문제의 해법이기도 하였다. 1992년 이래 중국에 대한 외국인직접투자(FDI)의 규모는 개도국 중 1위였고, 세계에서는 미국 다음이었다. 그리고 2002년에는 미국에 대한 FDI(530억 달러)를 추월하였다. 이처럼 중국 경제, 특히 제조업에서 가장 중요한 역할을 수행한 것은 해외 자본으로, 이들의 활동이 중국 경제를 수출 주도 경제로 전환시켰다 해도 과언이 아니다. 예를 들어, GDP 대비 수출 비중은 1990년 16%에서 2006년에는 40%로 증가했는데, 외국인에 의한 생산·수출 규모는 1985년 전체 수출 중 2%에서 2005년에는 58%까지 증가했다. 특히, 하이테크 제품의 수출은 88%를 차지했다.

초기의 높은 투자는 외국인자본의 유치에 따른 것이었으나, 수출과 무역흑자가 증대함에 따라 국영기업 중심의 투자가 증대하였다. 투자지출이 GDP에서 차지하는 평균 비중은 1980년대(1981~90)는 28%에서 90년대(1991~2000)는 34%, 그리고 2000년대(2000~2005)는 38%로 증가했다. 그 결과 성장에 대한 기여분도 연평균 9.1%로 성장한 1980년대는 26%, 연평균 10.5%가 증가한 90

82 2010년 4월 기준으로 중국에 대한 외국인직접투자액의 누계가 1조 달러를 돌파하였다. 개발도상국을 대상으로 하는 외국인투자 1위를 17년간 유지하고 있다.

83 Martin Hart-Landsberg, Feb. 2010, "The U.S. Economy and China: Capitalism, Class, and Crisis", Volume 61, Issue 9.

년대는 40%, 그리고 2000년대에는 51%로 증가했다. 중국의 수출은 특히 WTO 가입 이후 가속화되었다. 2001~2008년 사이에 중국의 수출은 5.4배나 증가했다.[84] 그 결과 성장에 대한 순수출의 기여율은 80년대와 90년대 1%에 불과했으나 2000년대에는 15%로 15배나 증가했을 정도다.[85] 순수출의 기여 증대는 무역흑자와 외환보유고의 급증으로 나타났다. 무역수지 흑자는 다시 투자와 수출 증대로 이어졌다. 이는 금융위기 이후 세계 교역이 감소하는 가운데도 높은 성장률을 기록[86]할 수 있었던 것도 높은 투자율로 가능한 것이었다. 예를 들어, 글로벌 금융위기로 세계 교역이 크게 침체했던 2009년에 총투자율은 45% 수준까지 상승했고,[87] 2010년에도 고정자산투자는 GDP의 50%에 달하였다. 이처럼 무역흑자, 특히 미국과의 무역흑자가 급증하면서 새로운 단계의 '글로벌 불균형' 문제가 대두하였다. 즉 중국의 무역흑자가 급증하면서 외환보유고 증대는 불태화정책의 일환으로 미국채 투자로 이어졌다. 이는 앞에서 지적했듯이 미국 자본시장을 왜곡시킴으로써 과잉 소비와 부동산가격의 상승 그리고 금융위기의 원인으로 지적된다.

수입(1조 39억 달러)에 있어서도 2009년 기준 독일(9,314억 달러)을 앞질러 미국(1조 6,036억 달러) 다음으로 2위를 기록하면서 세계의 소비시장으로 부상하였다. 이처럼 중국은 세계경제의 가장 역동적인 부분이 되었고, 세계 경제성장에서 가장 큰 기여를 하고 있다. 2009년 기준 브라질 수출의 12.5%, 남아프리카공화국 수출의 10.3%, 일본 수출의 18.9%, 호주 수출의 21.8%가 중국으로 수출되고 있다. 이는 중국이 세계의 공장에서 소비 시장으로 이행하고 있음을 의미한다.

주요 수입시장들에서 중국의 비중은 2001~2009년 사이에 두 배나 증가하였다.[88] 특히, 세계 총 제조업 수입에서 1/5 이상을 차지한다. 일본 제조업 수입에

84 중국의 2010년 수출은 1조 1,940억 달러로 2008년 1조 4,290억 달러보다 후퇴했고, 주요 수출국은 미국(17.7%), 홍콩(13.3%), 일본(8.1%), 한국(5.2%), 독일(4.1%) 등이다.

85 MGI, Aug. 2009, "If you've got it, spend it: Unleashing the Chinese Consumer".

86 중국의 GDP 증가율은 2008년부터 2010년까지 각각 9.6%, 9.2%, 10.3%를 기록했다.

87 Economist, Jan. 21st, 2010.

서 중국의 비중이 35%, EU에서 약 30%, 미국에서 25% 이상을 차지한다. 게다가 중국은 더 이상 저가 제품의 시장이 아니라, 고급 제품에서도 세계 제일의 시장으로 부상하였다. 예를 들어, 2010년 중국 내 아우디의 판매량은 독일보다 많았다.[89]

중국의 세계경제에 대한 영향은 상품에 대한 소비시장에서 자본시장으로 확대되고 있다. 중국은 2010년 9월 말 기준 2조 6,480억 달러의 외환보유고를 무기로 해외 자산의 수요자 역할을 하고 있다.[90] 국제 경제에 대한 영향력을 강화하

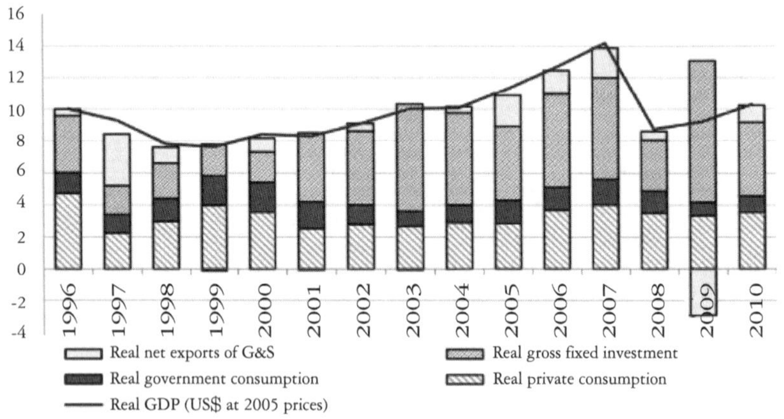

출처: Economist, EIU Country Data.

▌그림 8-2. 중국 경제성장의 원천

88 A. Mattoo and A. Subramanian, Dec. 2011, "China and the World Trading System", World Bank, Policy Research Working Paper 5897. 중국의 2011년 수입 증가분 3,487억 달러는 전 세계 수입 증가액 9,700억 달러의 36%에 달하였다.

89 중국의 2010년 수입은 9,215억 달러로 2008년의 1조 1,310억 달러보다 감소했고, 주요 수입국은 일본(13.3%), 한국(9.9%), 미국(7.2%), 독일(4.9%) 등이다.

90 예를 들어, Thompson Reuters에 따르면 중국 기업에 의한 해외 기업의 인수는 2009년(5월 기준) 58억 달러에 비해 2010년에는 284억 달러로 약 네 배 증가하였다. CFO Zone, June 1, 2010, China acquisitions of foreign companies reach new record. 특히 에너지 등 자원개발 사업의 적극적 추진을 위해 에너지 기업의 인수 · 합병(M&A)을 적극 추진하고 있다. 석유가스기업의 경우 CNOOC, CNPC, 중국석유화공집단공사(Sinopec) 등 3대 국영기업 등이 중심이 되어 인수를 추진하고 있다. 2010년 중국의 해외 석유가스기업 인수 총액은 300억 달러로 사상 최고치를 기록했고, 이는 세계 M&A 거래액의 20%에 달하는 규모였다.

▌표 8-8. 중국의 수출액과 수입액 그리고 무역수지(단위: 10억 달러)

Year	Exports	Imports	Trade Balance
1979	13.7	15.7	-2.0
1980	18.1	19.5	-1.4
1985	27.3	42.5	-15.3
1990	62.9	53.9	9.0
1995	148.8	132.1	16.7
2000	249.2	225.1	24.1
2001	266.2	243.6	22.6
2002	325.6	295.2	30.4
2003	438.4	412.8	25.6
2004	593.4	561.4	32.0
2005	762.0	660.1	101.9
2006	969.1	791.5	177.6
2007	1,218.0	955.8	262.2
2008	1,428.9	1,131.5	297.4

Source: *Global Trade Atlas.*

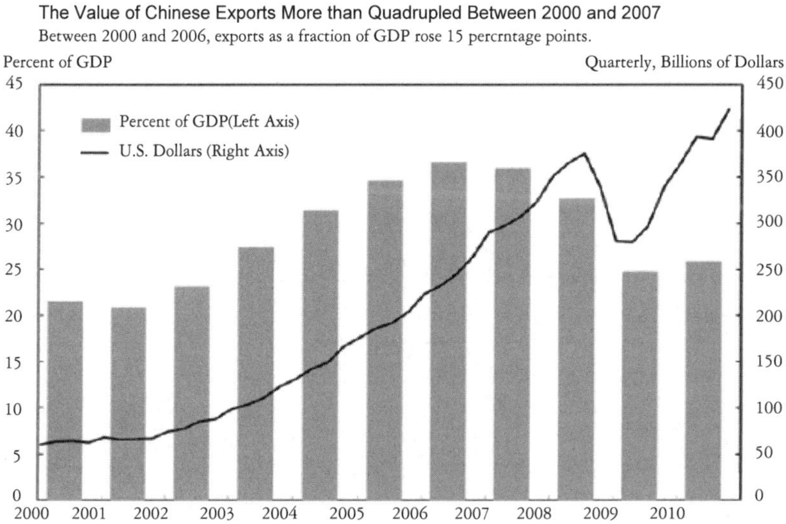

출처: 중국통계국.

▌그림 8-3. GDP 대비 수출 비중

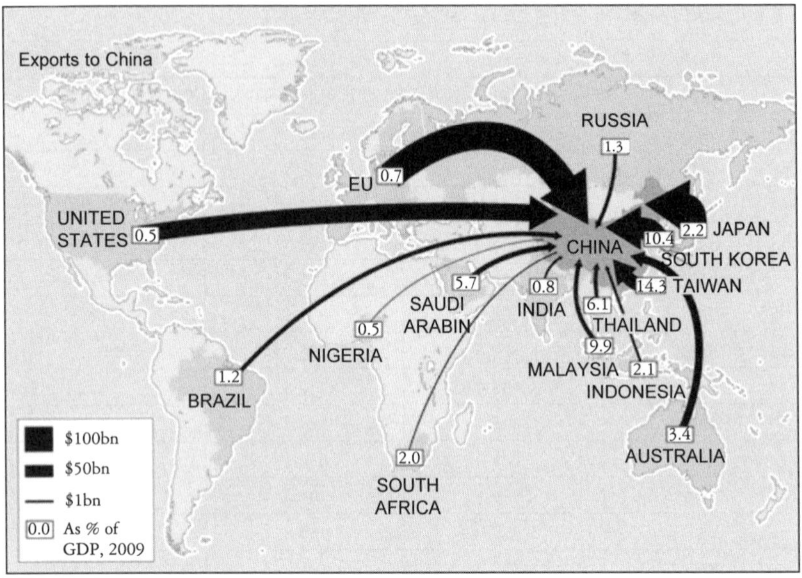

source: IMF; national statistics.

출처: Economist, Oct. 20, 2010.

▌그림 8-4. 세계 각국의 중국에 대한 수출 비중(GDP 대비, 2009년)

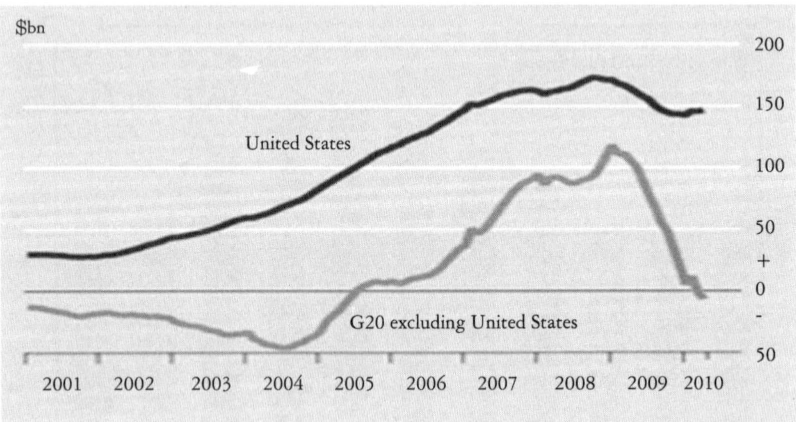

Source: CEIC

출처: Economist, Jun. 17th, 2010.

▌그림 8-5. 중국의 무역수지(10억 달러)

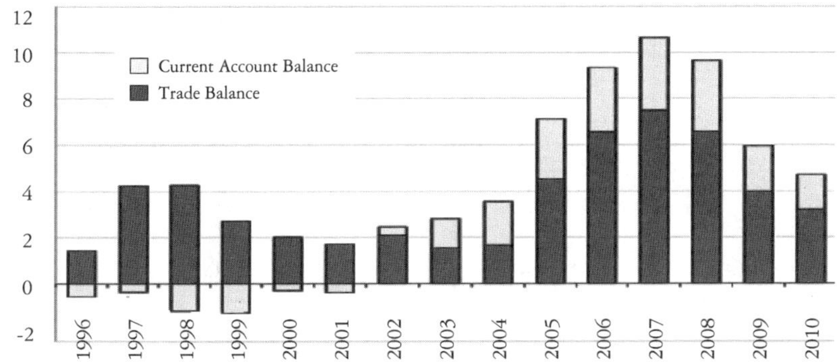

출처: CEIC.

■ 그림 8-6. GDP 대비 대외균형(%)

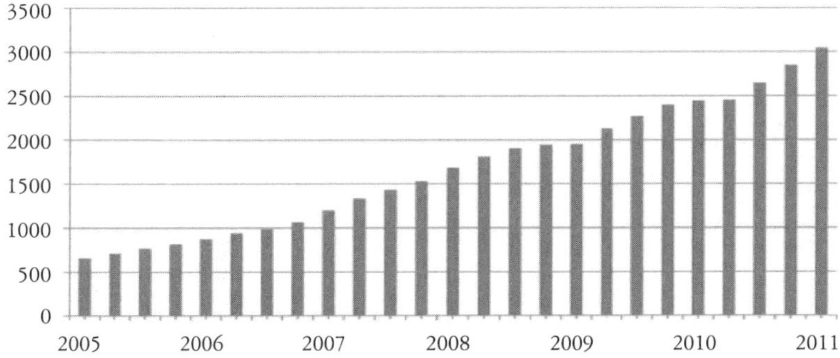

■ 그림 8-7. 중국 외환보유고(십억 달러)

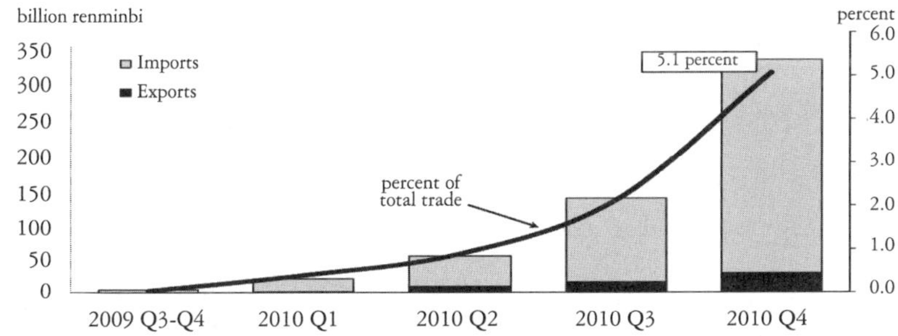

주: 2010년 중국 수출액과 수입액은 1.75조 달러와 1.52조 달러
출처: 중국인민은행

■ 그림 8-8. 중국 무역 결제에서 인민폐의 사용 비중

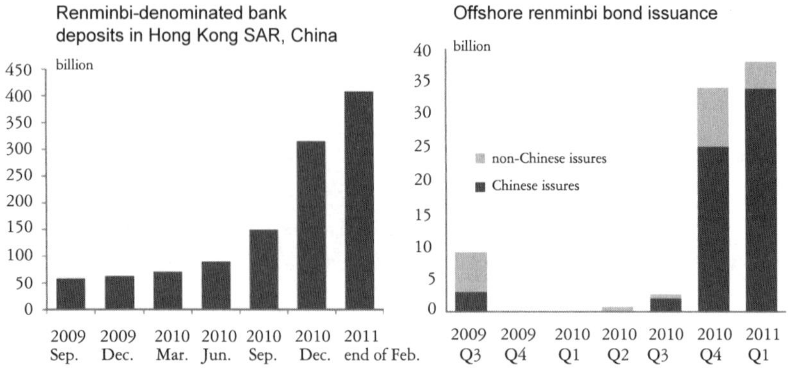

Source: Hong Kong Monetary Authority
Source: Dealogic DCM

출처: M. Dailami, May 17 2011, Multipolarity: The New Global Economy, The World Bank.

▌그림 8-9. 중국 인민폐 역외시장 규모

고, 인민폐 평가절상의 압력을 줄이기 위한 것이다. 물론 중국의 자본 및 자산 시장에 대한 투자는 중국의 무역 규모에 비하면 절대적으로 비중이 낮다. 2009년 말 현재 중국 기업의 해외 자산 총액은 1조 달러가 넘지만, 전 세계 직접투자 총액에서 차지하는 비율은 1.3%에 불과하다. 영국이 1914년에 해외직접투자액의 45%를, 미국이 1967년에 50%를 차지한 것과 비교하면, 홍콩과 마카오를 포함해도 중국은 6%에 불과하다.[91] 문제는 그 속도가 매우 빠르다 보니 해당 국가들의 우려가 증대하고 있다는 점이다. 2009년 중국의 해외직접투자는 565억 달러로 세계 5위를 기록했다. 2010년 중국의 해외기업 매수는 전체의 1/10을 차지하였다. 글로벌 주식시장에서 중국 기업의 비중은 약 1/5를 차지했고, 이는 10년 전에 비해 두 배나 증가한 것이다. 중국의 자본 및 자산시장의 투자 증가는 자본 비용을 하락시키기도 하지만, 원자재 가격을 끌어올리기도 한다. 2009년 기준으로 중국은 세계 석탄 소비의 약 46%를 차지하였고, 아연과 알루미늄도 비슷한 비중을 차지했다. 조강(crude steel) 소비량은 EU와 미국과 일본을 합한 양의 두 배나 되었고, 미국보다 많은 자동차가 소비됐다. 2010년 중국에서 소비된 휴대전화

91 Economist, Nov. 11th, 2011.

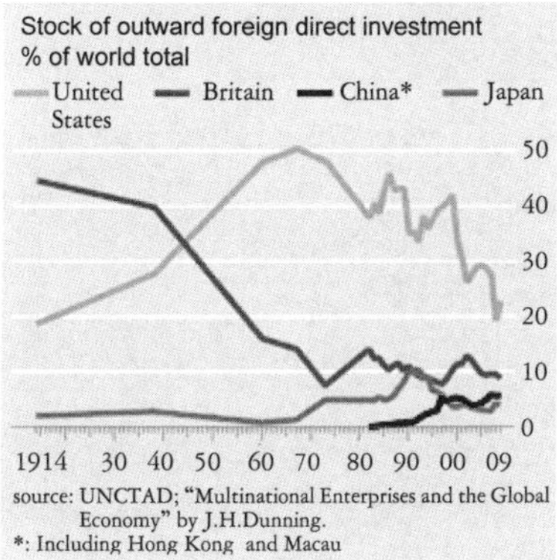

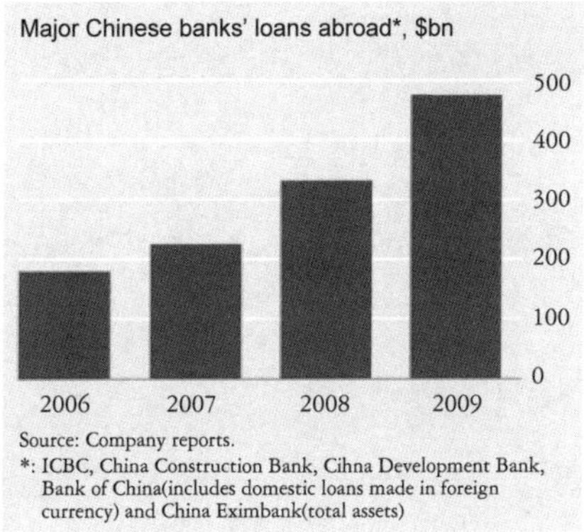

출처: Economist, Nov. 11th, 2010.

▌그림 8-10. 중국 FDI 비중(세계 총액 대비) ▌그림 8-11. 중국 주요 은행의 해외대출(10억 달러)

는 세계 전체 소비보다 많았다.

오늘날 중국은 세계경제에 광범위한 영향을 미치고 있다. IMF에 따르면 중국 경제가 1% 성장할 경우 세계 GDP는 5년 이후 0.4%, 약 2,900억 달러가 증가한다.[92] 2010년 3분기에 기록한 9.6%의 성장률은 상대적 침체를 보여주지만, 세계 경제성장의 기여에서 약 1/5를 설명한다. 구매력 기준으로는 1/4 이상에 해당하였다. 금융위기 이후 경제 활력을 쉽게 찾지 못하는 선진국의 상황을 고려할 때, 중국 경제가 향후 세계경제에 활력을 불어넣는 주요 모멘텀(momentum)이 될 수밖에 없음을 의미한다. 〈이코노미스트〉가 개발한 중국의존지수(Sinodependency index)[93]는 S&P500지수와 같이 움직이고 있음을 보여준다. 실제로 2010년 하반기부터 생활물가 급등, 부동산 등 자산버블, 은행 대출의 급증, 지방부채의 과잉, 자동차 등 일부 산업의 과잉 투자 및 공급 등 과열 억제를 위해 중국 정부가 긴축으로 전환하자 글로벌 경제는 차이나 리스크와 쇼크를 우려하였다. 실제로 2010년 4분

92 V. Arora and A. Vamvakidis, July 2010, "China's Economic Growth: International Spillovers", IMF Working Paper WP/10/165

93 Economist, Oct. 20, 2010. 중국에서의 수입 비중이 높은 22개 기업의 시장 가치와 중국에서의 수입 비중으로 가중 계산한 지수다.

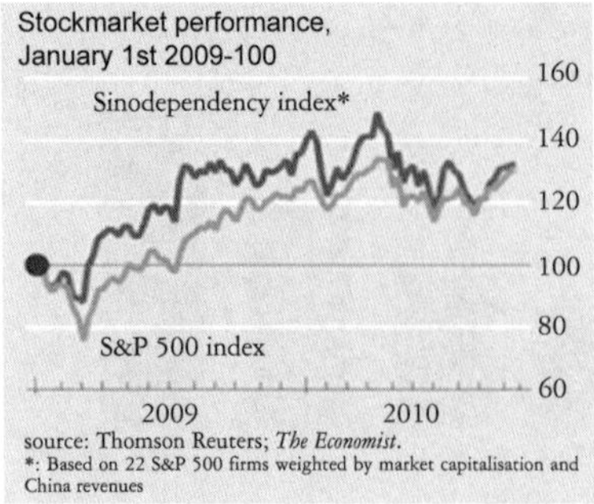

출처: Economist, Oct. 20 2010.

▌그림 8-12. 중국의존지수와 S&P500지수

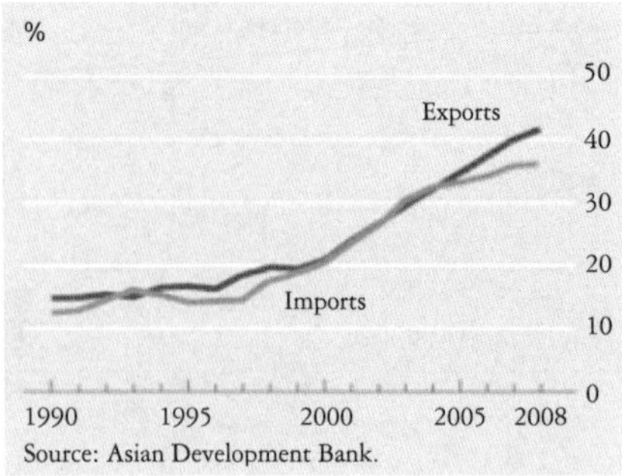

출처: Economist, Sep 2nd 2010.

▌그림 8-13. 동아시아 무역에서 중국의 비중

기 이후 중국 인민은행이 금리를 인상하자 자산 가격과 상품 가격 그리고 금값 등은 바로 영향을 받았다. 글로벌 경제에서 중국 경제가 차지하는 비중을 보여주는 것이다.

한편, 중국의 수출 주도 성장은 경제 논리 이상의 의미를 갖는다. 흔히 중국은 '승천을 꿈꾸는 용'에 비유되곤 한다. 중국의 부상은 주변국뿐만 아니라 세계의 많은 나라들에게 위협으로 다가오기도 한다. 특히 중국의 인접국인 동아시아 국가들의 중국 경제에 대한 의존도가 매우 높다. 아시아 국가들의 수출과 수입에서 중국이 차지하는 비중은 1980~2008년간 각각 10배와 5배가 증가하였다. 아프리카와 중동 국가들에서 중국 비중이 1/10 안팎인 것을 비교하면, 아시아 국가들의 경제가 중국과 깊은 연관성을 가졌음을 알 수 있다. 실제로 2000년대 중반 이래 중국의 위안화는(1980년대와 90년대 유럽 무역의 허브 역할을 하였던 독일의 마르크화가 지배통화 역할을 수행했듯이) 아시아에서 통화가치 움직임의 핵심 동인(a key driver), 즉 '지배 통화(dominant currency)'가 되고 있다.[94] 이는 중국의 안보전략

94 지배 통화란 해당 지역에서 환율과 통화정책에 커다란 영향을 행사할 수 있는 통화를 의미한다. 신흥 경제권으로 불리는 아시아에서 지배 통화의 역할을 수행한다는 것은 이미 국제통화시스템이 삼극(tri-polar) 통화 체제가 되었음을 의미한다. "M. Fratzscher and A. Mehl, Oct. 2011, China's Dominance Hypothesis and the Emergence of a Tri-Polar Global Currency System," ECB Working Paper No. 1392.

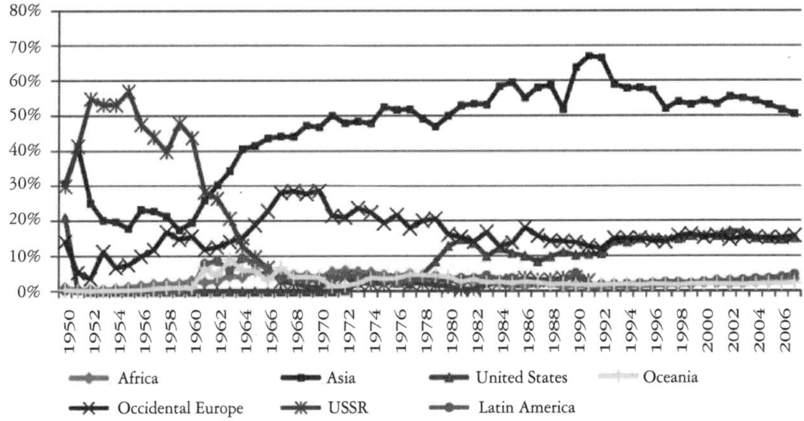

출처: M. Renard, May 2011, China''s Trade and FDI in Africa, African Development Bank Group Working Paper No. 126, Figure 2.

▌그림 8-14. 중국과 지역 무역의 비중 1950~2007(무역액, %)

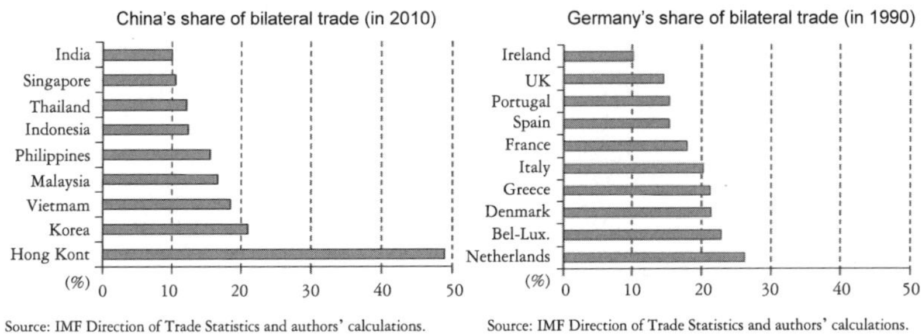

출처: M. Fratzscher and A. Mehl(2011: Figure 2 & 3).

▌그림 8-15. 지역에서의 무역 허브로서의 중국과 독일 역할의 비교

과도 깊은 관련을 갖고 있다. 특히, 타이완과 한국의 경우는 중국에 대한 수출이 각각 GDP의 14%와 10% 이상을 차지할 정도로 중국 경제권에 들어간 상태다. 일본조차 중국에 대한 수출 의존도가 미국이나 EU보다 높다. 일본의 수출에서 중국이 차지하는 비중은 2000년에 5%에도 미치지 못하다가 2010년에는 20%에 육박하고 있다. 반면 일본 수출에서 미국이 차지하는 비중은 같은 기간에 약 30%에서 14%로 하락하였다. 동아시아 국가들이 중국에 수출하는 상품도 대개

가 부품들로, 중국의 해외 수출과 관련이 있다. 그런데 중국의 수입 중 부품 수입 비중이 하락하고 있다는 점에 주목해야 한다. 10년 전만 해도 약 40%를 차지하였는데, 2008년에는 27%로 하락했다. 비대칭적 관계로 전환되고 있는 것이다.

제3절 차이나 모델의 지속가능성

중국의 고속 성장을 만들어낸 중국형 사회주의 시장시스템은 영미의 자기 조정적 시장시스템은 물론이고 일본의 네트워크형 시장시스템과도 차이를 보여주었다. 세계 2위의 경제 대국으로 부상하고, 2020년을 전후로 미국 경제 규모를 추월할 것이 예상[95]되면서 중국식 발전 모델에 대한 관심이 고조되고 있다.[96] 일부에서 중국의 독특한 경제 발전 방식을 '베이징 콘센서스(Beijing Consensus)', 또는 '차이나 모델(China Model)'로 부르는 것이 그것이다. 지금까지 보았듯이 '차이나 모델'은 공산당 1당 체제 속에 경제성장, 국가와 민간의 혼합소유 체제 등에서 다른 모델과 차이를 보인다. 문제는 '차이나 모델'을 다른 나라들이 모방할 수 있는지, 즉 보편적으로 적용이 가능한가 하는 점이다. 그리고 이 모델을 근간으로 중국이 정치적 안정 위에 고도성장을 지속할 수 있느냐

---

95 "자신이 원하는 것을 다른 국가가 하도록 혹은 자신이 원치 않는 것을 하지 않도록 막기 위해 경제적 수단을 사용하는 국가의 능력"인 경제적 지배력의 지수를 한 국가의 GDP와 무역액 그리고 나머지 세계에 대한 순채권의 정도로 결합했을 때 2010년 기준 미국의 우위는 중국보다 1% 포인트 미만에 불과하다. GDP에서 미국이 앞서 있고 무역액은 비슷한 반면, 중국은 순채권국이고 미국은 매우 취약한 채무국이기 때문이다. A. Subramanian, Sep/Oct 2011, "The Inevitable Superpower: Why China's Dominance Is a Sure Thing," *Foreign Affairs*, pp.66-78.

96 구매력을 반영한 명목 GDP(PPP GDP) 기준으로 2010년 중국은 9조 2천억 달러로 일본의 3조 9천억 달러를 크게 넘어섰고, 미국의 13조 3천억 달러를 추격 중이다. IMF는 중국의 PPP GDP가 2011년 11.2조 달러에서 2016년에는 19조 달러로, 반면 미국은 15.2조 달러에서 18.8조 달러가 되어 전 세계에서 차지하는 비중이 2016년에는 중국이 18.0%로 미국(17.6%)을 제치고 1위에 오를 것으로 전망했다. IMF, April 2011, "World Economic Outlook: Tensions from the Two-Speed Recovery Unemployment, Commodities, and Capital Flows", MarketWatch, April 25, 2011, IMF bombshell: Age of America nears end.

이다. 보편성 문제에 있어서는 중국 당국을 포함한 대부분의 전문가들이 부정적 견해를 가지고 있으나, 지속성 문제에 대해서는 의견이 크게 엇갈리고 있다. 보편성의 경우 중국 자신도 동의하지 않는다. '차이나 모델'은 "중국적 특색이 반영된 사회주의"일 뿐이고, 각국은 자신의 고유한 경제 및 사회발전 전략이 필요하며, 다른 국가의 경험은 참고 사항에 불과하다는 입장이다.

지속가능성의 경우 지속이 가능하다는 입장과 민주주의가 수반되지 않는 경제성장은 한계가 있다는 견해가 대립하고 있다.[97] 기본적으로 '차이나 모델'의 지속성은 중국 정부가 부문 간 불균형을 어떻게 해소할지, 일반 국민의 다양한 정치·사회적 요구를 얼마나 수용할지, 미국을 비롯한 국제 사회와 어떻게 공존해 나갈지 등에 달려 있을 것이다. 무엇보다 투자 주도의 고성장은 자본의 한계생산 체감에 직면한다는 점이다. 중국 정부 역시 투자와 수출 주도의 성장 방식에 문제가 있다는 점을 인식하고 11차 5개년 계획(2006~2010)부터 내수주도형 성장으로의 환을 목표로 삼았다.[98] 그러나 2000년대 이후 민간소비의 하락은 지속되었다.

---

97 엄청난 자본 투자와 수출의 집중으로 지난 30년간 연평균 10%의 성장을 만들어낸 '차이나 모델'은 자본의 한계생산 체감, 임금 상승에 따른 수출경쟁력의 손상 등으로 제약에 직면하고 있다는 주장이 한 예다. David O. Beim, Jan. 2011, "The Future of Chinese Growth," Columbia Business School Working Paper.

98 11차 5개년 계획을 통해 중국 정부는 국유자산관리위원회가 2008년부터 담배, 석유화학, 석탄, 전기, 통신업종은 이윤의 10%, 철강, 교통, 전자 등은 5%를 배당하도록 한 것과 2009년 7월 상장국유기업의 주식 10%를 사회보장기금에 납입하는 등 국유기업의 사내 유보이윤 지출을 늘리기로 결정하였고, 정부지출 중 의료, 교육, 연금 등 사회보장성 경상지출을 점진적으로 확대하기로 하였다. 또한 농촌금융기구 설립을 허용한 이래 2011년까지 1,294개의 농촌금융기구를 설립하고, 2010년 초 북경·상해·성도에 소비자금융회사의 설립을 허용하는 등 소비촉진책도 적극적으로 추진하였다.

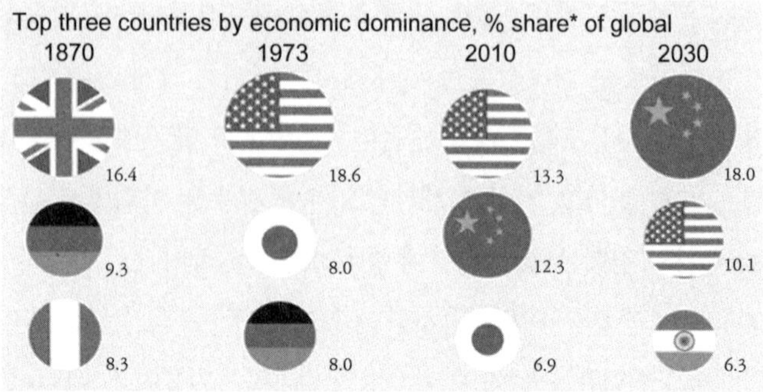

Source: Arvind Subramanian.
출처: Economist(Sep. 10th, 2011)에서 재인용.
*: Weighted by share of world GDP, trade and net capital exports

▌그림 8-16. 글로벌 경제력의 비중

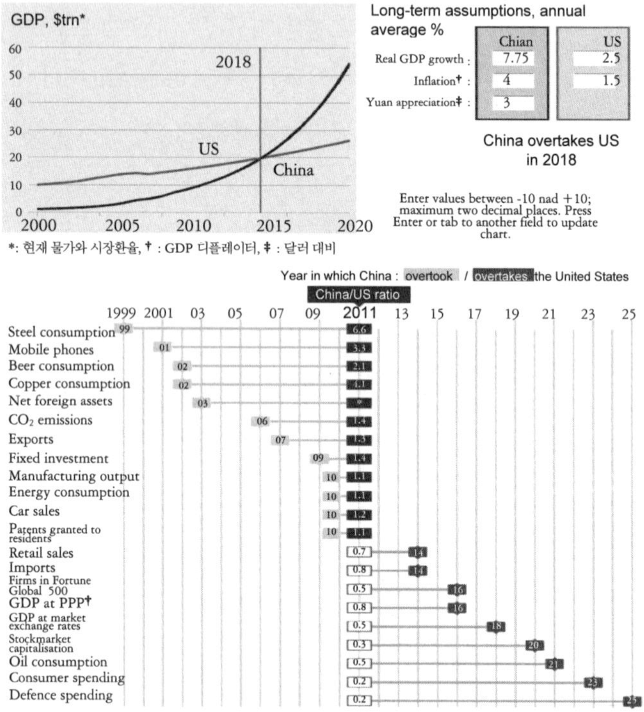

출처: Economist(Dec. 27th, 2011)에서 재인용.
http://www.economist.com/blogs/dailychart/2010/12/save_date

▌그림 8-17. 중국과 미국의 경제력 비교

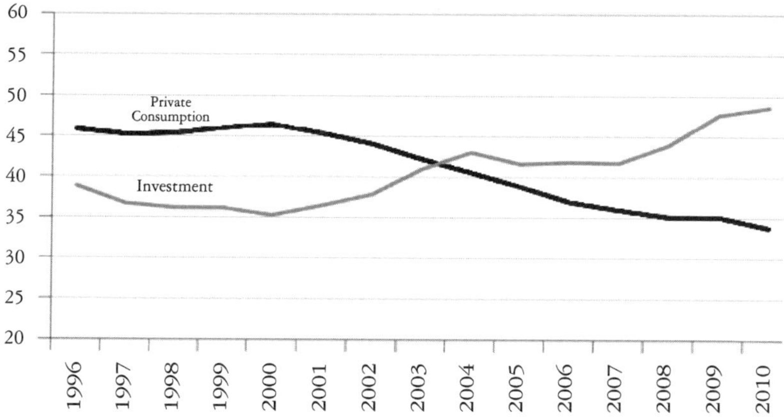

출처: CEIC.

그림 8-18. 중국 GDP에서 민간소비와 투자의 비중(%)

그 결과 GDP에서 민간소비가 차지하는 비중은 1980년대 평균 55%에서 90년대 51%, 그리고 2000년대 38%로 하락하였다.[99] 그 결과 성장에 대한 기여도 역시 80년대는 58%에서 90년대 43%, 그리고 2000년대 22%로 크게 하락하였다.[100]

민간소비의 역할 저하는 기본적으로 임금 소득의 상대적 저하에서 비롯한 것이다. 개혁・개방 초기인 1983년의 노동자 임금이 GDP에서 차지하는 비중은 56.5%였지만 2005년에는 36.7%로 급감하였다.[101] 1990년대 중반 국가보장 시스템을 폐지함에 따라 사회보장시스템 미비는 가계의 높은 저축률로 나타났고, 그 결과 낮은 소비지출의 주요 요인 중 하나로 작용하고 있다. 고투자의 원천인 중국의 높은 저축은 1990년대만 하더라도 GDP 대비 40%에도 못 미쳤으나, 금

99 2010년에는 35% 수준으로 하락했다. Economist, June 23rd, 2011, “Growth prospects: Beware the middle-income trap”.

100 MGI, Aug. 2009, “If you’ve got it, spend it: Unleashing the Chinese Consumer”.

101 중국 정부가 12.5 규획 기간에 “국부(國富)와 민부(民富)가 함께 성장하도록 노동자의 임금 상승을 촉진하기 위해 합리적 소득분배 구조를 만들고, 도시 주민의 1인당 실소득과 농촌 주민의 순소득을 연평균 7% 이상 높여갈 예정”이라고 밝힌 배경이다. 구체적으로 도시와 농촌 저소득층의 기본소득 상승, 최저임금 인상, 소득세 면세점 조정을 통한 중・저소득자의 세금 부담의 경감, 중・저소득층의 주택문제 해결 등을 제시하였다.

융위기 이전까지 50%를 상회하였다. 높은 저축을 주도한 것은 가계저축이다. 가처분소득 대비 저축을 나타내는 가계저축률은 2002년 28.3%에서 2007년 37.9%로 무려 9.7%p 상승하였다. 게다가 동 기간 가계소득 비중이 감소했음에도 불구하고 가계저축 비중은 오히려 상승했다. 물론, 동 기간 중 기업과 정부의 저축도 증가하고 있다는 점을 간과할 수는 없다. 가계저축률 상승은 우선 의료, 연금, 교육 등 사회보장시스템이 취약한 상황[102]에서 물가 상승 등으로 자가 부담이 급증함에 따라 예비적 동기의 저축이 증가한 데 기인한다. OECD 추정에 따르면 2008년 기준 도시가구당 보건의료비는 소비지출 총액의 7%, 교육 및 문화오락비는 12.1%에 이르고 있다. 연금의 평균 소득대체율(퇴직 전 평균임금 대비 연금소득 비율)도 30%에 불과할 정도여서 미래 불안감이 클 수밖에 없고, 이는 높은 저축률로 나타난다. 1979년 한 자녀 정책 시행 이후 나타난 중국의 인구구조 변화도 소득 대비 저축의 여력을 확대하는 데 기여한 것으로 평가된다. 청년기와 노년기에는 소득에 비하여 많이 쓰고 중・장년기에는 적게 쓰게 된다. 중국은 지난 30년간 청소년 부양가족이 감소(14세 이하 인구: 1982년 33.6% → 2008년 17.3%)하고, 노동연령인구가 확대(15~64세: 1982년 61.5% → 2008년 73.2%)[103]되면서 저축 여력이 증가해 왔다.[104] 이 밖에 가계대출과 할부금융 등 소비자금융이 발달하지 않아, 신용 제약에 따른 소비 부진도 저축률 상승에 기여하였다. 실제 전체 대출 중 가계대출 비중은 9.4%(2009년)로 한국(42.8%), 영국(50%), 미국(67.9%)에 비하여 크게 낮은 수준에 머물러 있다.

이러한 저축 유인과 더불어 가계소득 비중의 위축과 기업 잉여재원의 증가에 주목할 필요가 있다. 무엇보다, 자본집약적, 국유기업 중심의 경제성장 과정에서

---

102 중국 정부가 주택 금융, 소비자 신용, 교육비, 의료비, 연금 등에 대해 가계 지원을 증대시켜도 2025년까지 GDP 대비 가계 소비지출의 비중은 45~50% 정도까지만 상승할 것으로 전망된다. J. Devan, M. Rowland, and J. Woetzel, Aug. 2009, "A consumer paradigm for China", McKinsey Global Institute.

103 중국의 생산가능인구(15~64세 인구) 비중은 2015년경부터 감소할 전망이다.

104 다만 향후 노년층 인구 증가와 소비성향이 큰 1980년대와 1990년대 출생 세대(2008년 총인구의 28%)가 증가하면서, 인구구조 변화에 따른 저축률 상승이 이루어지기는 어려울 것 같다.

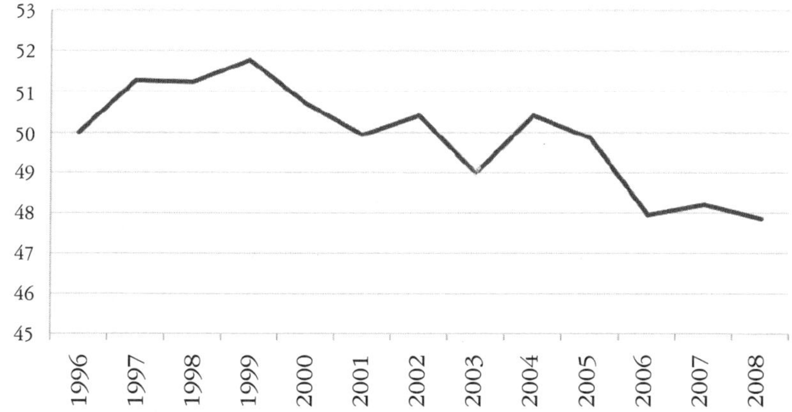

출처: CEIC 자금흐름표. E. Prasad, June 15, 2011, China's Approach to Eocnomic Development and Industrial Policy, Hearing on "China's Twelfth Five-Year Plan, Indigenous Innovations and Technology Transfers, and Outsourcing," U.S.-China Economic and Security Review Commission, Figure 5에서 재인용.

▌그림 8-19. 중국 국민소득 중 노동소득의 비중(%)

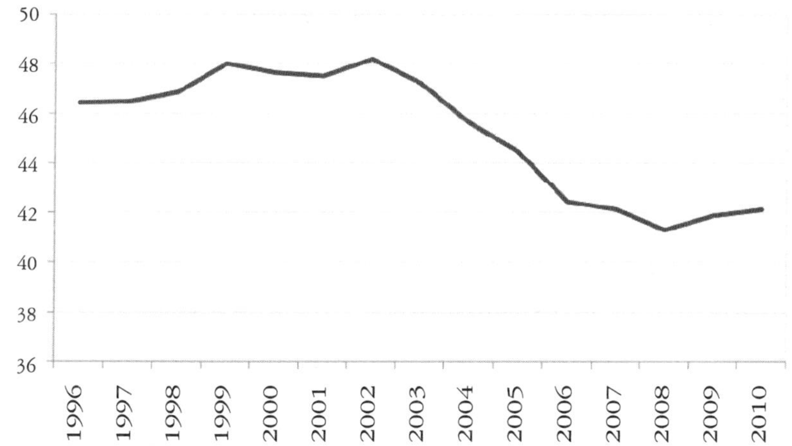

출처: EIU 국가 자료. E. Prasad(2011: Figure 6)에서 재인용.

▌그림 8-20. 중국 GDP 대비 개인 가처분소득의 비중(%)

가계소득의 원천인 임금소득과 투자소득이 상대적으로 정체 상태에 머무른 데 기인한다. 즉 중국은 1990년대 말, 특히 2001년 WTO 가입 이후부터 자본집약적 산업을 집중 육성한 결과, 2005년에는 경공업 비중이 30%선 이하로 하락한 것

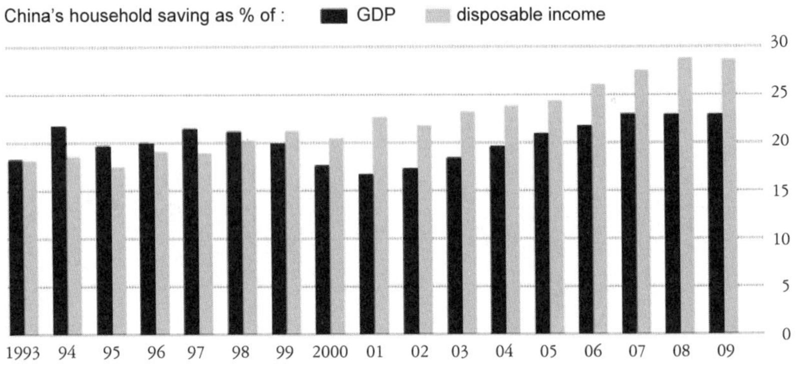

Source: IMF

출처: Economist, June 23rd, 2011.

▌그림 8-21. 중국 가계의 저축률(GDP와 가처분소득 대비)

에 비해 중화학 공업의 비중은 70%를 상회하였다. 수출에서도 섬유, 의복, 신발 등 경공업의 수출 비중이 1990년대 중반 40%에서 2009년에는 15% 전후로 하락한 반면, 전자기기 및 기계의 수출 비중은 같은 기간 15%에서 45% 수준으로 상승하였다. 자본집약적인 산업들은 국유기업이 주도한 것이었다. 자본집약적 국유기업이 경제에서 차지하는 비중도 1999년에 28%에 불과했으나, 2008년에는 43%로 증가하였다. 국유기업이 자본집약적으로 성장을 한 것은 민간기업에 비해 자본 접근이 유리했기 때문이다. 그리고 이는 금융자산에 대한 국가 독점에서 비롯한 것이다. 중국의 금융구조는 기본적으로 4대 국영은행에 의해 지배되고 있다. 중소기업들은 금융서비스에 대한 접근에서 억압받고 있다.

이 기간에 국유기업의 수는 13만 개에서 9,700개로 감소했지만 규모가 크게 증가한 것이다. 그런데 자본집약적 국유기업은 인건비의 비중이 낮다. 즉 자본집약적 성장은 경제활동인구의 증가에 비하여 고용 창출이 작아 임금 상승 압력이 적고 고용 증가도 완만할 수밖에 없는 반면, 부가가치의 많은 부분을 근로자보다는 자본에 귀속시켰다. 중국 전체 주식시장 가치의 80%를 차지[105]하는 국유기

105 Economist, Dec. 17th, 2011, p. 126.

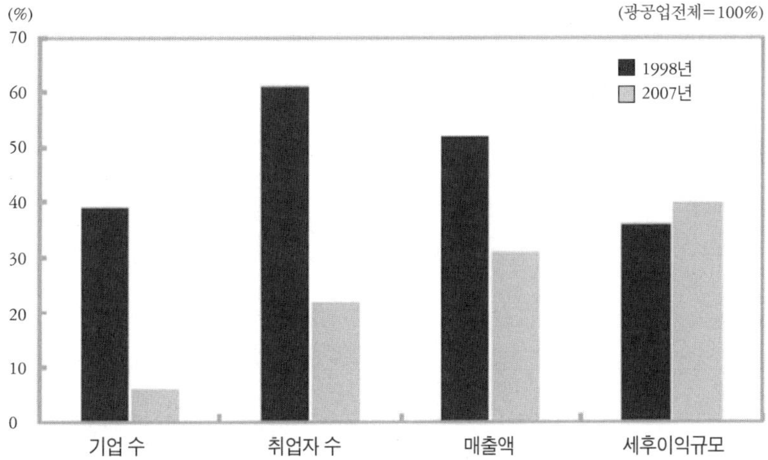

출처: 중국통계연보.

▌그림 8-22. 중국 국유기업의 비중

▌표 8-9. 국유기업과 민간기업의 차입에 대한 이자율

	2011	2002	2003	2004	2005
State Owned Enterprises	2.46	2.23	2.67	2.86	2.61
Private Enterprises	4.84	4.64	4.61	3.81	4.57
Difference	-2.38	-2.41	-1.94	-0.95	-1.96

출처: G. Ferri and L. Liu, April 2009, "Honor Thy Creditors Beforan Thy Shareholders: Are the Profits of Chinese State-Owned Enterprises Real?" *HKIMR Working Paper* 16, Honk Kong Institute for Monetary Research.

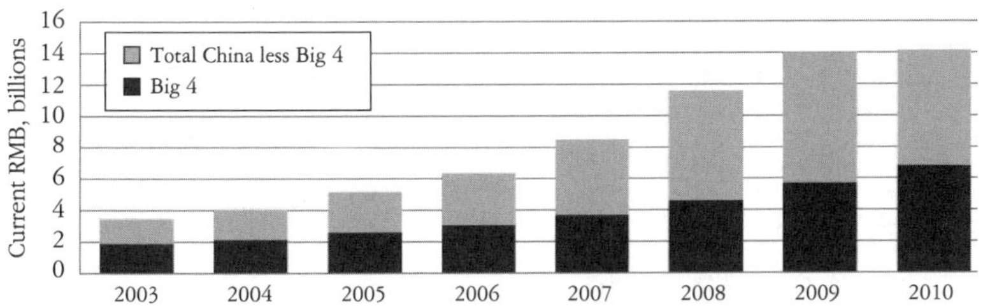

Source: Bankscope.

▌그림 8-23. 중국의 전체 금융자산에서 4대 국영은행의 비중

업의 지분 분산이 이루어지지 않고 있다 보니 가계의 주식 소유도 적기 때문이다. 2003~10년간 5대 은행의 이윤은 536%가 증가하여 2010년에는 5,450억 위안을 기록하였다. 특히 중국농업은행은 4,838%가 증가했다. 비금융 국영기업 역시 마찬가지다.[106] 예를 들어, 1999~2010년간 차이나 모바일의 이윤은 24배가 증가하였다.[107] 그 결과 중국 2004년 이후 중국의 높은 저축 비중에서 정부저축이 차지하는 비중이 크게 증가하고 있다. 이는 중국 경제의 성장률과 수출증가율이 높아져도 고용이나 소비가 크게 증가하지 못하는 이유이기도 하다. 특히, 중국 경제가 두 자리 수 성장률을 기록한 2003년 이후 역설적으로 일자리와 소비가 위축된 배경이다. 예를 들어, GDP 1%가 상승할 경우 일자리 증가 수를 나타내는 고용탄성치가 1990년대에는 240만 명에 달했으나, 2000년대 이후에는 70만 명으로 감소했다. 국가는 부유해지고 있는데, 대다수 인민들의 처지가 비례해서 개선되고 있지 않는 것이다. 이런 상황에서 저축의 필요성은 GDP 대비 소득 비중의 하락폭 이상으로 소비 비중을 떨어뜨리는 결과를 초래했다.

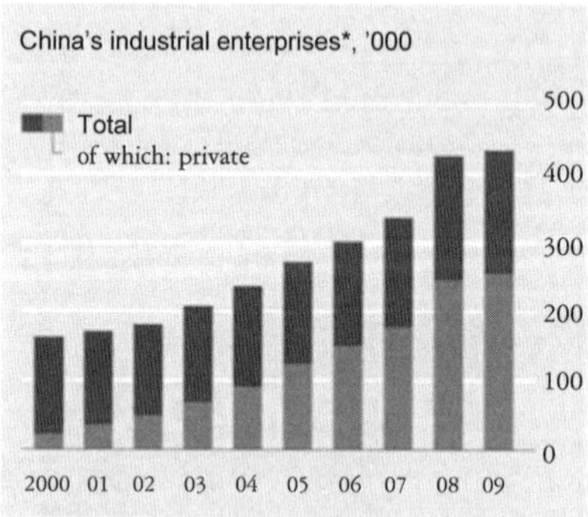

Source: China Macro Finance.
출처: Economist, Mar. 10th, 2011.
*Revenues over 5m yuan

▌그림 8-24. 중국 산업체 중 사기업의 수

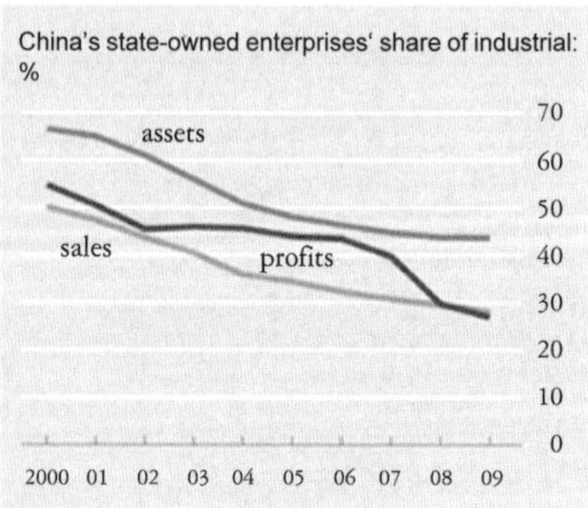

Source: CEIC; Keywise Capital Management.

▌그림 8-25. 중국 국유기업의 비중

106 J. Lin and V. Treichel(2012: 67).
107 China Mobile Limited Annual Report 2010, p.3.

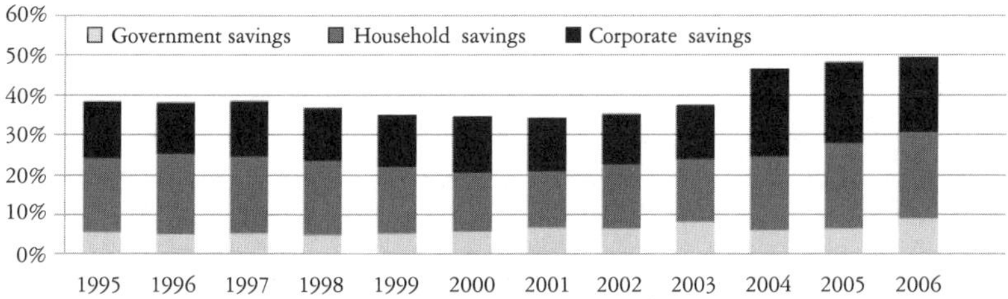

Source: Flow of Funds Account Tables, China Statistical Yearbook, various issues; National Bureau of Statistics of China.

▌그림 8-26. 중국의 기업과 정부 그리고 가계 저축의 GDP 대비 비중

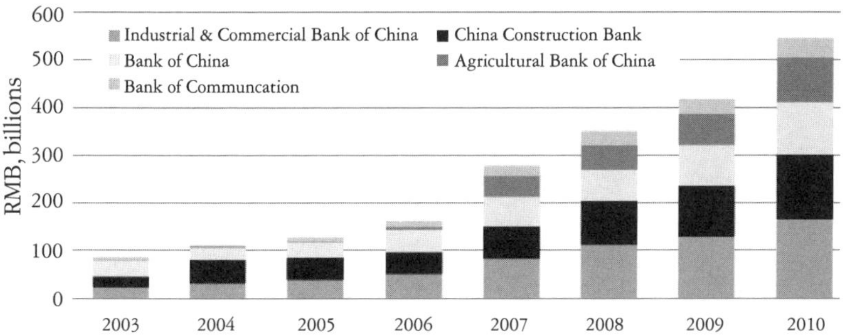

Source: Bankscope.

▌그림 8-27. 중국 5대 국영은행의 이윤 추이

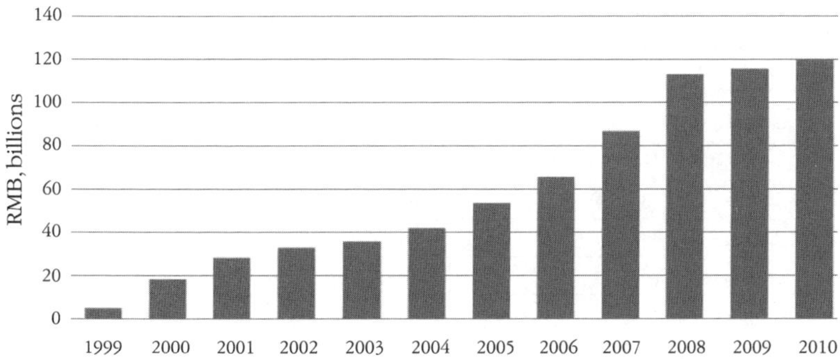

Source: China Mobile, Annual Investor Reports.

▌그림 8-28. 차이나 모바일의 이윤 추이

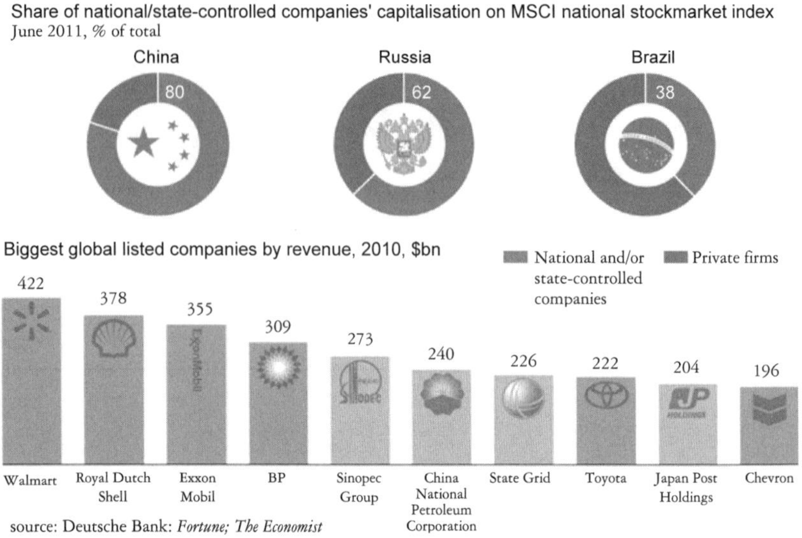

▌그림 8-29. MSCI 국가 주식지수에서 국가 통제 기업의 자본 비중(2011.6 기준, %)

▌표 8-10. 최근 국가 통제의 기업공개(IPOs) 중 최대 규모

Company	Industry	Year	Value, $bn
Agricultural Bank of China	Finance	2010	22.1
Industrial&Commercial Bank of China	Finance	2006	21.9
AIA(Hong Kong)	Insurance	2010	20.5
Visa(United States)	Finance	2008	19.7
General Motors	Automotive	2010	18.1
Bank of China	Finance	2006	11.2
Dai-ichi Life Insurance(Japan)	Insurance	2010	11.1
Rosneft(Russia)	Oil & gas	2006	10.7
Glencore International(Switzerland)	Mining	2011	10.0
China Construction Bank	Finance	2005	9.2
Electricit'e de France	Utility & energy	2005	9.0
VTB Group(Russia)	Finance	2007	8.0
Bancon Santander Brasil	Finance	2009	7.5
China State Construction Engineering Corporation	Constrection	2009	7.3
Iberdrola Renocables(Spain)	Utility & energy	2007	6.6

소비지출을 하락시킨 세 번째 요인으로 소득분배의 악화를 지적할 수 있다.

이론적으로 소득분배의 악화는 시장의 크기를 축소시켜 경제성장에 부정적으로 작용한다. '차이나 모델'은 경제성장에 따른 도·농 간, 지역 간, 직업 간에 수입 격차가 확대되면서 소득분배를 악화시켜 왔다.[108] 예를 들어, 중국 수출의 90%를 31개의 성 중에서 9개의 성이 차지하고 있다 보니 수출에 따른 일자리와 경제적 혜택도 지역 간에 불균등하게 배분될 수밖에 없다. 중국의 소득분배 자료에 대한 신뢰성은 높지 않지만, 세계은행에 따르면 중국의 지니계수는 1993년 0.41에서 2004년 0.47로 증가했고, 2010년에는 0.50을 넘어섰으며 상위 1%가 전체 재산의 41.4%를 보유하고 있다. 또한, 중국 국가통계국에 따르면 상·하위 10%의 소득 격차는 1985년에 2.9배, 1995년에 6.2배, 2005년에 9.2배, 2007년에 23배로 확대됐고, 금융위기를 거치면서 65배까지 벌어진 것으로 나타났다.[109] 커다란 소득 격차가 심각한 사회 불안정으로 발전하지 않는 것은 비록 속도가 더디지만 저소득 계층의 소득도 지속적으로 증가했기 때문이다. 그러나 절대빈곤층이 현저히 감소

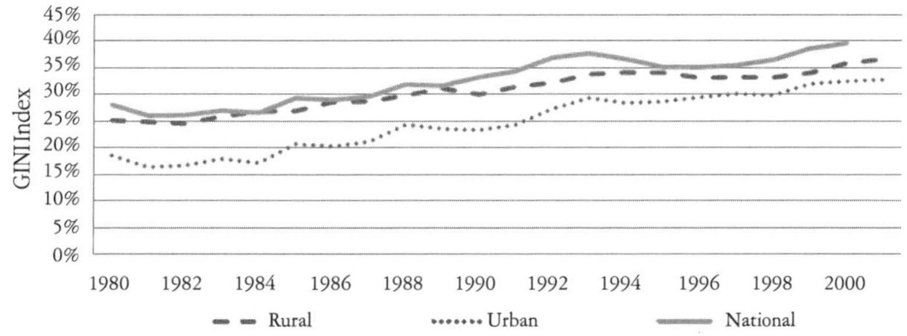

출처: M. Ravallion and S. Chen, 2007, "Absolute Poverty Measures for the Developing World, 1981-2004," *Proceedings of the National Academy of Sciences* 104 : 43, pp.16757-62.

그림 8-30. 중국의 소득불평등, 1981~2004

---

108 예를 들어, 평균수입은 도·농 간 3.3배, 국유기업 간부와 일반 근로자 간 128배, 최고와 최저 직업 간 15배 차이가 존재한다.

109 Businessweek, Jan. 31~Feb. 6, 2011. 게다가 중국 가계의 위장 소득(9.3조 위안, 1.4조 달러)은 GDP의 약 30%에 달할 것으로 추정되고, 80%는 최상위 부자의 것으로 추정된다. Bloomberg, Aug. 16, 2010, "Beware $1 Trillion Lying Under Chinese Mattress: William Pesek".

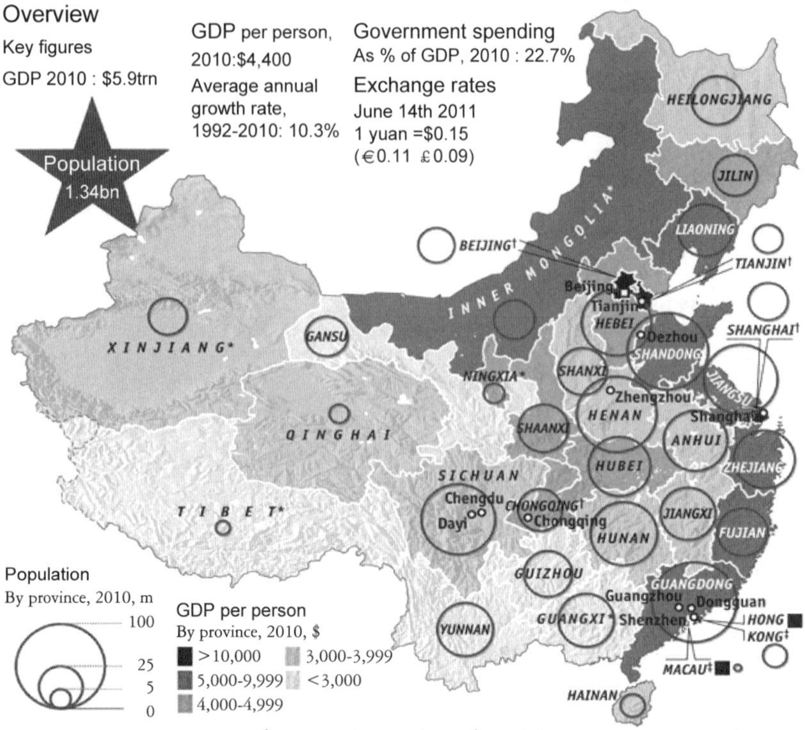

Source: CEIC *Autonomous regions † Province-level municipalities ‡ Special adrministraive regions ⊢500km⊣

출처: Economist, June 23rd, 2011.

▌그림 8-31. 중국의 지역별 인구와 일인당 GDP

했음에도 불구하고 중간소득의 50% 이하인 상대빈곤층의 비중은 2002년 12.2%에서 2007년에는 14.6%로 증가할 정도로 소득불평등은 개선되지 않고 있다.[110] '不患寡而患不均(적은 것을 걱정하지 않고 고르지 않음을 걱정한다)'는 분배균등의 사회경제와 문화를 가진 중국에서는 절대빈곤층의 감소보다 분배의 균등이 더 중요하다. 2000년대 들어 중국 정부가 조화사회를 국정목표로 설정한 배경이다.[111]

---

110 Economist, June 23rd, 2011, "Growth prospects: Beware the middle-income trap".

111 후진타오-원자바오 정권이 등장하는 2002년 16차 당 대회에서 중국은 "의식주 걱정하지 않는 물질적으로 안락한 사회, 즉 비교적 잘사는 중산층 사회"를 의미하는 샤오캉(小康)사회를 2020년까지 달성하겠다고 선언하면서 경제발전뿐만 아니라 사회적 조화의 필요성을 주장하였다. 이는

문제는 내수 확대를 위한 부문·지역·계층 간 불균형을 해소하기가 쉽지 않다는 점이다. 소득불평등이 지속적으로 확대되는 이유다. 도시의 일자리 창출도 소득불평등을 해소하는 데는 기여하지 못하고 있다. 예를 들어, 1978년 중국 도시인구의 비중은 17.9%에 불과했으나 2000년에는 36%, 2008년에는 45.7%, 2010년에는 50%까지 증가했다. 그런데 도시부문은 도시로 유입되는 노동력에 대해 충분하고 적절한 고용 기회를 창출하는 데 실패하였다. 1990년대 이후 도시에서 만들어진 대부분의 일자리는 건설, 건물 청소와 관리, 소매업, 길거리 판매, 수리서비스, 가사 등 일용직이나 자영업이었다. 제조업에서도 정규직 일자리 창출은 이루어지지 않았다.[112] 수출과 성장에 의해 만들어진 대부분의 일자리는 저임금과 열악한 고용조건의 일자리들이었다. 다른 주요국들처럼 중국 역시 '괜찮은 일자리 만들기'의 고통을 겪고 있는 것이다.

사실, '차이나 모델'은 산업화 이후 새로운 산업 만들기에서 다른 모델과 차별적 성과를 만들어내지 못하고 있다. 중국은 자신이 표준을 설정함으로써 글로벌 플레이어(Global Player)가 되려 하고 있다. 즉 최근 중국은 자신의 시장을 활용하여 기존의 패권 국가들처럼 새로운 질서를 주도하겠다는 속내를 드러내고 있다. 중국의 의도는 중국이 산업 사회 이후의 세계를 주도할 수 있는가에 달려 있고, 이는 중국 경제의 혁신 역량에 달려 있다. 중국 경제가 여전히 고도성장을 구가하고 있지만, 혁신의 부족은 지속가능한 성장에 방해가 될 수밖에 없다. 빠르게 증가하고 있는 중국의 연구개발(R&D) 투자는 일본 수준으로 미국의 약 1/3 수준에 불과하다. 2009년 중국의 하이테크 제품의 수출액은 4,160억 달러였다. 대부분 타이완 기업이나 노키아, 삼성, 휴렛팩커드(Hewlett-Packard, HP) 등 외국 기업들의 역할에 기초하고 있다. 물론, 중국의 R&D 투자의 증가 속도는 세계 1위다.

2005년 10월의 제16기 5중전회에서 발표된 '11차 5개년 규획'에서 덩샤오핑의 불균등발전 전략을 수정하여 물질적 발전과 더불어 분배, 환경, 복지를 함께 고려하는 균형발전을 통한 조화로운 사회 건설로 진화한다. 즉 2020년까지 사회주의 조화사회를 구축하기 위해 도시와 농촌, 지역 간 불평등을 억제하고 사회보장제도를 보완하겠다고 밝혔다.

112 Economist, June 23rd, 2011, "Urbanisation: Where do you live?"

특히 2009년 346억 달러를 투자한 신에너지 분야의 투자 규모는 전 세계 1위로, 중국은 이 분야를 전략적 신흥 사업으로 지정하고 표준 체계를 마련해 지원하고 있다.[113] 문제는 중국 정부가 전략적으로 지원하는 신재생 에너지 산업 역시 기본적으로 제조업이라는 것이다. 초기에 거대한 투자가 필요한 신재생 에너지 산업의 장비 개발에서 성과를 거두겠지만, 무형가치의 혁신 능력은 확인되지 않는다.

지난 수십 년간 중국이 육성한 자동차산업의 결과물이라 할 전기차 BYD의 가장 큰 장점은 디자인이나 최첨단 기술, 최고 수준의 제조가 아니라 저렴하게 생산할 수 있는 배터리 분야다. 상업용 비행기 역시 마찬가지다. 90명 안팎이 탑승할 수 있는 중국 최초의 제트 여객기인 ARJ-21의 전자기기나 엔진, 주요 시스템 등은 하니웰(Honeywell), GE, 록웰 콜린스(Rockwell Collins) 등에서 공급한 것들이다. 중국은 아직 서양 기술 없이 항공기를 개발할 능력을 갖고 있지 못하다. 또한, 오래전부터 중국은 반도체 제조를 주요 산업으로 인식하고, 2005년 이래 8개의 웨이퍼(wafer; 반도체의 재료가 되는 얇은 원판) 공장을 지었다. 목적은 외국 반도체 칩 디자인 업체들에게 납품하는 저비용 제조업의 경쟁력을 확보하는 것이었다. 그러나 중국의 웨이퍼 기술은 타이완, 미국, 일본 등에 비해 2세대나 뒤처져 수익성 면에서 경쟁적이지 못하다.[114] 예를 들어, 중국에서 조립된 아이폰(iPhone)의 부가가치 중 중국의 비중은 1%에 불과하다.

중국이 고부가가치의 무형가치 분야에서 혁신을 만들어낼 수 없는 이유는 기본적으로 다양성의 부족이다. 주지하듯이 '차이나 모델'은 자유방임형 시장시스템으로의 급진적인 체제 이행을 추구하였던 러시아나 동유럽 국가들과 달리, 국가와 시장 사이에 힘의 균형을 추구하는 방식이었다. 중국의 선택은 시장이라는

113 중국의 제12차 5개년 계획의 기본 방향에서 재생에너지 산업은 수력발전을 중심으로 풍력발전을 재생에너지의 새로운 동력으로 삼고, 태양에너지를 향후 잠재력이 가장 큰 재생에너지 산업으로 설정했다. 동시에 바이오 에너지를 추진하는 다원화 전략을 수립하고 있다.

114 Businessweek, October 22, 2009, "China's Economy: Behind All the Hype: Despite an impressive rebound, an innovation shortfall may hobble sustainable growth".

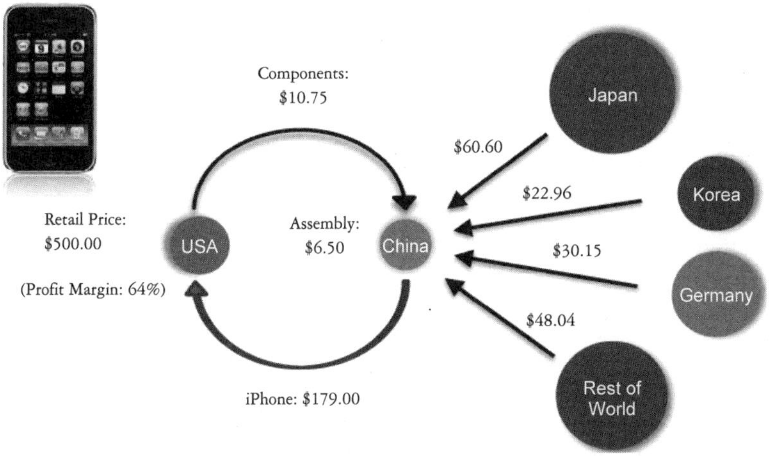

출처: A. Rassweiler, June 24 2009, "iPhone 3G S Carries $178.96 BOM and Manufacturing Cost, iSuppli Teardown Reveals," *iSuppli*.

그림 8-32. 아이폰(iPhone) 생산의 가치사슬

제도가 충분히 갖추어지지 않았다는 점에서 올바른 선택이었다. 그러나 국내에서 권력을 지지하기 위해 국유기업을 사용했을 뿐만 아니라, 국유기업을 통해 글로벌 자본주의의 과실을 축적하고 있다. 국유 제조업체들은 글로벌 시장에 제품을 판매하고 자연자원을 사들인다. 이러한 모든 활동으로부터의 수익을 갖고 있는 중국의 국부펀드들은 글로벌 시장에 투자한다. 중국은 국가에 대부분의 주요 자원이 집중된 사회다. 물론 국가의 비중은 빠르게 축소되고 있다. 2006년 이후 사기업의 숫자가 전체 기업에서 절반이 넘기 시작했고, 국유 기업의 자산과 이윤과 매출액 비중은 2000~2009년 사이 각각 68%에서 43%, 55%에서 28%, 50%에서 29% 수준으로 하락했다. 그럼에도 국가 주도의 경제시스템이 기본적으로 변화한 것은 아니다. 국가 주도의 경제시스템으로 제조업은 육성할 수 있지만, 창의성을 요구하는 무형가치 분야의 혁신을 만들어내기는 어렵다. 독일과 일본은 그 선험자다. 무형가치 분야의 혁신의 원천은 차이와 다양성, 창의성인 것에 비해 다원화는 중국의 권위주의 체제와 양립할 수 없다. 이는 중국이 지속 성장을 하려면 사회의 다원화 추세가 불가피함을 의미한다.

차이나 모델의 지속성은 미국을 비롯한 국제 사회와의 공존에도 달려 있다. 앞에서 살펴보았듯이 글로벌 불균형은 세계경제의 불안정성을 심화시키고 있다. 중국의 위안화 절상 문제[115]는 미국만이 요구하는 사안이 아니다. 2011년 1월 브라질 재무장관 만테가(Mantega)는 "통화전쟁은 무역전쟁이 되고 있다며 중국과 미국을 가장 나쁜 범죄자"로 지적했다.[116] 인도 역시 고위급회담에서 중국과의 무역불균형을 주요 관심사로 다루고 있다.[117] 통화가치의 절상으로 브라질 역시 중국으로부터의 무역적자에 시달리고 있기 때문이다. 중국에 대한 반덤핑 제소는 개도국의 경우 전체 제소에서 2002년 19%에서 34%로 증가했고, 선진국의 경우 11%에서 27%로 증가했다. 문제는 이러한 대응도 중국이 시장경제 지위를 획득하는 2016년에는 어렵게 된다. 이처럼 중국의 시장 점유율 증가에 대한 국제 사회의 우려 목소리가 고조되고 있다. 일자리 감소도 중국의 시장점유율 증가와 관련이 있다. 미국과 EU의 제조업 분야의 무역적자는 2001~2009년간 각각 2천억 달러와 2,500억 달러로 세 배 이상 증가했다. 그런데 중국의 경상수지 흑자가 과잉저축이고, 중국의 높은 저축을 국영기업이 주도한다는 점에서 소득불평등의 해결, 중소기업 및 개인에 대한 신용 접근 기회의 확대, 국영기업 소유지배구조의 개혁(주식 분산) 등이 수반되지 않는 한 중국의 경상수지 흑자는 해소되기 어렵다.[118] 점증하는 소득과 부의 집중, 즉 대내적 불균형이 경상수지 흑자라는 대외불균형과 동전이 앞뒷면을 이루고 있는 것이다.

중국 경제의 지배력 증대에 따른 갈등은 중국 시장점유율의 확대에서 그치지 않는다. 중국은 자신의 경제 지배를 자연자원에 대한 차별적 접근의 획득에 이용

115 중국 위안화 가치의 평가절하는 2000~2007년간 약 19%로 추정된다. A. Mattoo and A. Subramanian, Dec. 2011, "China and the World Trading System", World Bank Policy Research Wp. 5897, p. 7.

116 Moneynews, 10 Jan 2011, "Brazil Threatens Trade War Against US, China; Financial Times, January 10, 2011, Trade war looming, warns Brazil".

117 The Economic Times, Apr 12, 201, "Trade deficit with China matter of concern: India".

118 IMF는 GDP 대비 중국의 경상수지 흑자 규모를 2012년 6.3%에서 2015년에는 7.6%로 증가할 것으로 전망하고 있다. E. Prasad(2011: Table 1)에서 재인용.

한다. 중국은 지금까지 시장에 대한 특권적 접근보다 자연자원에 대한 특권적 접근을 획득하는 데 보다 이해를 드러냈다. 시장 규모가 큰 선진국은 대개 개방되어 있는 반면, 많은 자원들은 중국이 보다 영향을 행사할 수 있는 작은 개도국에 있기 때문이다. 중국의 자원에 대한 우려는 자신이 거대 수요자인 반면, 공급은 소수 국가에 집중된 취약한 수급구조에서 비롯한다. 예를 들어, 중국은 세계 철광석 수입의 65%를 차지하고 있고, 그중 80%는 호주와 브라질과 인도에서 수입한다. 2009년에 중국 해외직접투자(FDI)의 70%가 자연자원에 이루어질 정도로 중국은 자원 의존의 해결을 자원에 대한 장기 접근의 확보를 위한 해외 투자로 대응하였다. 그런데 이 투자의 약 80%가 국유기업 혹은 국가가 통제하는 기업에 의해 이루어졌기에 투자를 받는 국가의 우려를 증대시켰다.[119] 이처럼 국제 협력의 필요성이 증대하는 상황에서 중국 경제의 부상은 초국가 협력을 만들어내기보다는 새로운 힘과 낡은 힘 사이에 이해의 대립을 고조시키며 글로벌 경제에 '또 하나의 리스크'를 추가시키고 있다. 이처럼 글로벌 불균형이나 중국 경제의 지속가능성 등 중국 경제의 핵심 문제들의 근원은 모두 중국 내부에 있다.

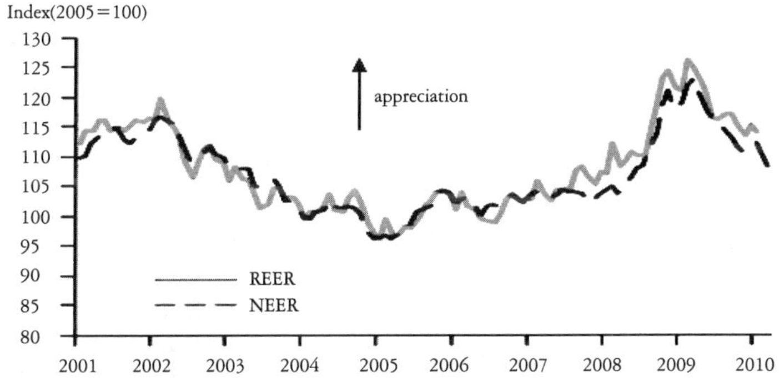

Source: CEIC, World Bank staff estimates.

▮ 그림 8-33. 중국의 실질유효환율 추이

119 D. Rosen and T. Hanemann, 2009, "China's Changing Outbound Foreign Direct Investment Profile: Drivers and Policy Implications, Peterson Institute for International Economics", Policy Brief 09-14.

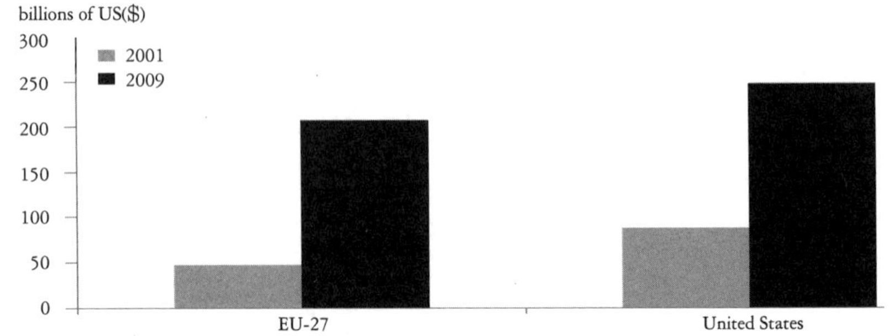

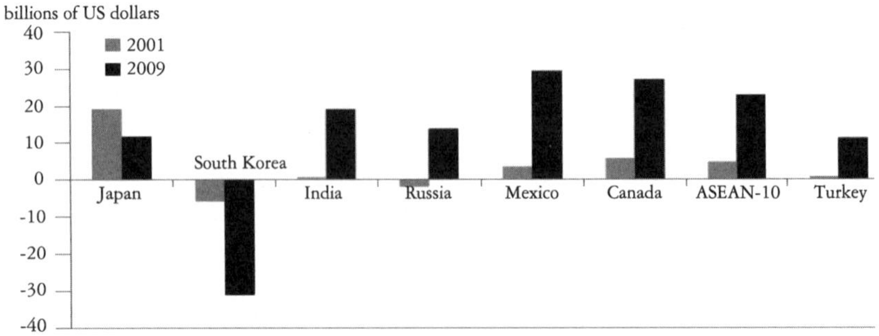

출처: A. Mattoo, F. Ng and A. Subramanian, May 2011, "The Elephant in the 'Green Room': China and the Doha Round, Policy Brief", PB11-3, Peterson Institute for International Economics: Washington, D.C.

▌그림 8-34. 제조업에서 중국의 무역수지(10억 달러)

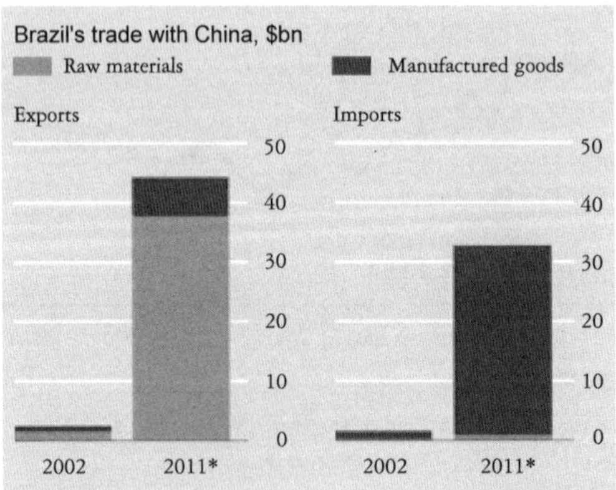

Source: SECEX.
*: 11 months to November annualised
출처: Economist, Jan 14th 2012.

▌그림 8-35. 중국과 브라질의 교역(십억 달러)

▌표 8-11. 중국의 주요 지하자원 수입과 비중(농업원료와 연료 제외)

Product Description	Imports ($ mill.)	Imports as % of Natural Resource	Imports as % of World Imports	Major Suppliers (and their shares)					
Iron ores and concentrates, incl roast	50,140	69.3	64.9	Australia	Brazil	India	40.1	25.7	15.2
Copper ores and concentrates	8,479	11.7	27.9	Chile	Peru	Australia	24.2	16.1	12.7
Zinc ores and concentrates	1,883	2.6	36.8	Peru	Australia	EU27	28.7	27.2	9.9
Manganese ores and concentrates	1,773	2.5	52.3	Australia	South Africa	Gabon	36.6	22.4	12.2
Lead ores and concentrates	1,737	2.4	44.1	Peru	USA	EU27	30.4	16.8	12.1
Chromium ores and concentrates	1,311	1.8	75.3	Australia	Brazil	India	40.1	25.7	15.2
Nickel ores and concentrates	1,057	1.5	54.2	Indonesia	Philippines	Australia	30.4	26.2	22.4
Marble, travertine, ecaussine	861	1.2	55.0	Turkey	EU27	Egypt	39.2	29.1	15.0
Molybdenum ores and concentrates	766	1.1	24.4	Chile	USA	EU27	45.8	20.4	7.1
Sulphur of all kinds, other than sublime	705	1.0	37.8	Canada	Saudi Arabia	USA	18.0	17.9	10.7
Natural resources, exci agric goods	72,332	100.0	41.1						
All goods	1,005,555		8.3						

출처: UN COMTRADE database.

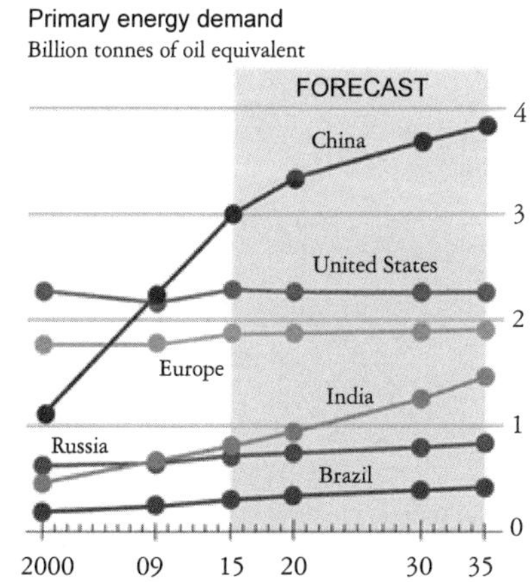

Source: International Energy Agency.
출처: Economist, Jan 21st 2012, The world in their hands.

▌그림 8-36. 1차 에너지 수요(단위: 십억 톤 석유)

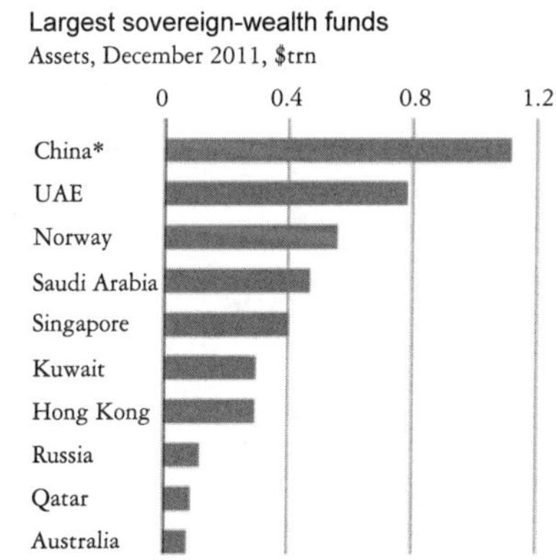

Source: Sovereign Wealth Fund Institute.
출처: Economist, Jan 21st 2012, State capitalism's global reach.
*Estimate

▌그림 8-37. 최대 국부펀드(자산, 조 달러)

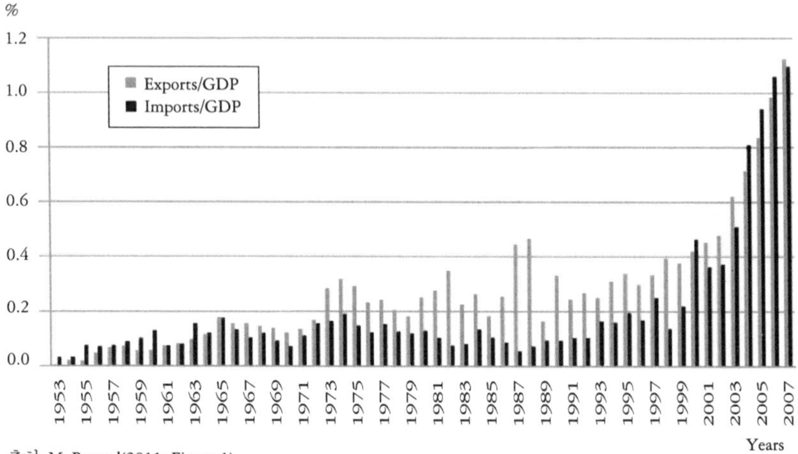

출처: M. Renard(2011: Figure 1).

▌그림 8-38. 아프리카에 대한 중국의 수입과 수출 추이, 1953~2007년(GDP 대비 %)

찾아보기

ㄱ

ㅎ

저자소개

최배근(崔培根)

건국대학교 경상학부 교수(현)
경제사학회 회장(현)
코리아글로브(KG) 이사장(현)
국가인권위원회 전문위원
경향신문 〈경제와 세상〉 고정칼럼 집필
MBC 자문위원
한겨레21, 지구촌경제 고정칼럼 집필
한국경제TV '최배근의 글로벌 이슈' 고정출연 해설
행정자치부 자문위원
하남민주연대 대표
대안학교 민들레학교 교장
전국사립대학교 교수협의회 사무총장
학교법인 지산학원 임시이사(공익관선이사)
건국대학교 민족통일연구소 소장

주요 저서

어게인 쇼크, 팬덤북스, 2011.
대변환의 시작, 집문당, 2009.
시장경제, 진화와 위기, 집문당, 2008.
시장과 네트워크 그리고 경제학, 집문당, 2007.
한국경제의 새로운 길, 박영사, 2007.
헌법 다시 보기: 87년 헌법, 무엇이 문제인가(공저), 창비, 2007.
시장경제와 민주주의의 유형: 영미형과 동아시아형의 비교, 집문당, 2005.
네트워크사회의 경제학, 한울아카데미, 2003.
디지털시대, 새로 쓰는 경제학, 한울아카데미, 2002.
인터넷한국의 10가지 쟁점(공저), 역사넷, 2002.
시장경제들의 역사적 기원과 특성, 법문사, 2000.
한국경제의 역사적 인식: 유럽 중심적 사고의 극복, 박영사, 1998.
참여민주주의와 한국 사회(공저), 창작과비평사, 1997.
우리가 바로잡아야 할 39가지 개혁과제(공저), 도서출판 푸른숲, 1997.
한반도통일론: 전망과 과제(공저), 건국대학교출판부, 1997.
한국경제의 이해: 한국경제성장의 회고와 전망(공저), 법문사, 1997.

시장시스템들의 붕괴와 대변환

값 33,000원

2012년 2월 28일 1판 1쇄

저 자 최 배 근
발 행 인 임 동 규
발 행 처 **집 문 당**
주 소 413-756 경기도 파주시 광인사길 85(본사)
110-360 서울시 종로구 돈화문로 82(서울사무소)
등 록 1971. 3. 23. 제406-2003-000039호
영 업 부 (02)743-3192~3 팩스(02)742-4657
전자우편 sale@jipmoon.co.kr
편 집 부 (02)743-3096~7 팩스(02)743-0227
전자우편 edit@jipmoon.co.kr
홈페이지 www.jipmoon.co.kr

ISBN 978-89-303-1555-5

이 도서의 국립중앙도서관 출판시도서목록(CIP)은 e-CIP홈페이지(http://www.nl.go.kr/ecip)와 국가자료공동목록시스템(http://www.nl.go.kr/kolisnet)에서 이용하실 수 있습니다.
(CIP제어번호: CIP2012000915)